新版
人材開発
辞典

二神 恭一／藁谷 友紀／奥林 康司［編］

東洋経済新報社

まえがき

　ここに『新版人材開発辞典』を上梓申し上げる。

　『人材開発辞典』（以下、旧版）刊行から26年が経過した。この間、社会は劇的な変貌を遂げ、人材開発とそれに関わる環境は急激に、そして急速に変化した。

　持続可能性やダイバーシティ、インクルージョンといった、境界や領域を越えた概念や考え方、理念が掲げられ、企業や人材開発の現場は、避けることのできない新たな課題に直面することとなった。

　情報技術を一つの核とした技術の進展は、変化をもたらす誘因・動因であり、時として変化そのものである。また、変化への対応の手立てともなっている。

　個々のよって立つ生活空間や活動空間、経済空間は揺らぎを見せ、改めてそのあり方、働き方、生き方が一人ひとりのレベルで、そして組織・システムとの関係の中で問われるようになっている。

　企業においては、その存在の意味と向かうべき方向、そしてそれを担う人材の質と量が根本から問われている。『人材開発辞典』の新版が強く求められた理由もそこにある。単に旧版の改訂版でなく、新版としての編集が求められた。

　収録した項目には新規項目が多く含まれている。また、項目選定にあたっては、実務家にも用いていただけるよう配慮を行った。外装函を用いなかったのも、多くの方の傍らで活用の便に供する辞典であって欲しいとの思いからである。

　情報技術の展開の中で辞典のありようや辞典そのものの存在が問われている。現時点で将来を見通すことは難しく、出版形態として紙媒体と電子媒体の2つの形態を取ることとしたのもそのためである。

　辞典編集にあたり、とりわけ3つの視点を、揺るぎない理念として念頭においた。（1）辞典の知的成果蓄積機能とその機能を重視した項目選定、（2）現代的意味、そして（3）知的成果の整理である。時間の流れの中で項目・概念の新陳代謝が進んだ。しかし、使用頻度が減少しても知的成果として辞典にとどめる

べき項目もある。現代的意味が失われていない、あるいは再検討を必要とする項目もある。視点の（1）と（2）である。

　執筆内容についても同様であり、現代的意味の観点からその重要性を増した項目も見受けられた。旧版の執筆内容をそのまま再録した項目、若干の手入れをした項目も含まれる。その場合、編集にあたっては、改めて当該執筆者との接触が求められた。すでに現役を退かれた方、物故された方、そしてその著作権者が不明といった「時間の壁」「個人情報の壁」が立ちふさがった。やむをえない場合、著作権については、当時の編集委員会との間で、一定の合意が形成されていたとの解釈にもとづくこととなった。至らない部分の責任は、本辞典の編集責任者にある。各項目の執筆者の意向を尊重し、一般用語等の調整は原則行わなかった。専門用語の調整については、必要最低限にとどめた。ご理解のほどお願いしたい。

　（3）の知的成果の整理に関しては、項目のそれぞれについて、学問体系（「HRDのタグの見方」図参照、p.30）における位置付けの明確化をはかった。Ⅰ～Ⅱとして表示されるタグが体系における位置を示している。

　時間の流れは容赦ない。旧版の編集責任者であり、新版の編集責任者の一人である二神恭一教授が、編集作業半ばで急逝した。編集の中核を担われていただけに、編集作業は一旦振り出しに戻らざるをえなかった。編集作業の遅れについては、ご関係の皆様に何卒ご容赦くださるようお願い申し上げる次第である。

　編集委員会メンバーの奥林康司教授には、新たに編集責任者にご就任いただき、刊行の実現にご尽力を賜った。奥林先生はもとより、編集作業に携わってくださったご関係の皆様、そして何よりご執筆の労をお取りくださった皆様には衷心より感謝申し上げたい。

　新版は、「巻頭論文」と「辞典」からなり、「巻頭論文」は二神教授による人材開発についての展望論文、およびルソー教授の人材開発についての心理領域を重視した研究の展望論文を含むものとなっている。後者論文は、米国における人材開発の新しい潮流に触れるものである。他にヨーロッパにおける人材開発の潮流についての展望論文も計画された。執筆をお願いするにあたり、既述の3つの視点についての配慮をお願いし、ご快諾をいただいていた。そのうちの

一人は、二神教授のドイツの友人アルバッハ教授であったが、二神教授と前後して急逝され、実現しなかった。結果として2つの展望論文にとどめることとなった。

　編集作業の体制は、編集委員会と編集アシスタント、そして執筆者選定等についての助言をいただいた編集アドバイザーからなる。時間の経過に伴う困難な事柄についても大いに支えていただいた。しごと能力研究学会は、学会をあげて御支援くださった。特別編集顧問の三上芳宏さん、山本訓史さん、四方田良紀さんは、物心両面で支えてくださった。心より感謝申し上げる。東洋経済新報社の寺田浩さん、山川清弘さん、元東洋経済新報社の井坂康志さん（現・ものつくり大学教授）、石井洋平さん、株式会社KWCの大河内博雄さん、沼崎光紀さんには、最大限の手助けをいただいた。

　編集事務局を支えてくれた、当時学生の水本光祐さん、橋本蒼汰さん、井上雄仁さん、齋藤昌文さん、青木元寿さん、浅野翔太さん、林はるかさんは、卒業により交代を余儀なくされる中、作業を次々と引き継ぐ体制を作り上げ、編集事務をつつがなく進めてくれた。秘書の水越留美さん、田邊貴子さんは、特別な事情で発生した案件を含めすべてに対応し、事務局をとりまとめ、編集作業の完成に向けて進んでくださった。

　お世話になった皆様のお名前を一人ひとり挙げることは難しいが、多くの方に支えられ発刊の運びとなった。皆様に心から感謝申し上げる次第である。

編集責任者を代表して
藁谷友紀

凡例

- 項目の配列については五十音順とした。欧文人名は（　）で欧文を付記した。
- 関連項目については各項目末尾に「→」で示した。
- 欧文略語については頭文字を記した後に正式名称を（　）で付記した。
- 巻末に人名索引、事項索引を配置した。
- 各項目の引用文の出典は原則として人名に刊行年を（　）で付記し、巻末に参考文献一覧として配置した。例（Weber（1987））
- 用語
  例えば、「障害」の表記は法令上「障害」として統一しているが、一般の趨勢に鑑み、各項目執筆者の意向を尊重して、「障がい」「障碍」等としている個所がある。その他の用例についてもそれにならうものとする。

目次

まえがき ……………………………………………………………………………………… iii

巻頭論文

人材開発の小史と現況　二神恭一 ……………………………………………… 1

人材開発における心理的契約　デーニス・M・ルソー ……………………… 21

辞典

A〜Z ………… 31	た行 ………… 386	や行 ………… 530
あ行 ………… 54	な行 ………… 435	ら行 ………… 538
か行 ………… 87	は行 ………… 454	わ行 ………… 574
さ行 ………… 226	ま行 ………… 511	

参考文献一覧

和文献 ………… 578　　洋文献 ………… 613

索引

事項索引 ……… 630　　人名索引 ……… 651

編集体制 ………………………………………………………………………………………… 657

執筆者一覧 …………………………………………………………………………………… 658

vii

人材開発の小史と現況

早稲田大学名誉教授

二神恭一

1 プロローグ

　人材開発（Human Resource Development：HRD）という言葉、ないしそれに類する表現は、古今東西、また様々な場所、分野で使われてきた。人類は環境変化に本能的に適応し、生き残ってきたという側面もあろうが、人類の進化と文明の開化は、環境変化の中でその潜在する能力を意識し、開発し高めてきたこと、また後輩が先輩の仕方を学んで継承し、さらに発展させてきたこと、さらに能力を拡大させるシステムをつくり上げ、そのときどきの状況に合わせ発展させてきたことによるところが非常に大きい。

　近年、HRDの分野では、その科学的整序が一段とすすみ、HRDの歴史に関する新しい研究も進捗し、これまでの歴史研究と重ねて、粗い網の目でとらえたものではあるが、古代から現代までの動きを追うことが、何とか可能になったと思われる。

　ただ、そうした歴史研究は欧米人の手になるものであり、欧米の事態が中心である。欧米でも、様々な地域、国によってHRDには独特のものがあり、当然中国、中東、日本にも独自のHRDがあった筈であるが（Alagaraja and Dooley（2003））、そうした解明は今後の研究課題であろう。ちなみに、HRDの発展は産業史と非常に密接な係りがあり、後者の研究も欧米が中心になっている。産業のあり様が変われば、HRDシステムも変化する。その産業のあり様も欧米が主導してきた。HRDでは、その時代を2つに大別することが多い。一つは

何千年にもわたる徒弟制（apprenticeship）の時代と、工場制生産、大規模組織時代のHRDである。両者の分水嶺はいうまでもなく産業革命である。

2 徒弟制の始まり

最近の研究によると、徒弟制は5000年前に始まった青銅時代にまで遡ることができる。当時すでに家畜飼育、車製作、金属加工等が始まっており、とくに銅と錫の合金の青銅の鋳造・加工には相応の技術・技能を要した。地域の軍事力や経済力を保持するには高品質の青銅が是非とも入用であって、そのしごと能力の維持・向上のために徒弟制があった。その多くは父子（father-son）徒弟制であって、家族単位で維持・継承・発展が行われていたという。

徒弟制の存在がはっきりと刻まれているのは紀元前1700年半ばの古代バビロニアの王ハンムラビ（Hammurabi：在位期間1792BC〜1750BC）のハンムラビ法典である。今はルーブル博物館にある赤岡岩に刻まれた282条からなる法典の第188条は徒弟制に関するもので、当地では徒弟制が広く見られ、父子徒弟制をこえて、血縁関係がない徒弟がいたことが分かる。そのためトラブルも多く、規制が必要になったかと思われる。

また当地では楔形文字を刻んだ粘土文書が大量につくられていて、官吏を志す者などはそのしごとの修練が必要だった。バビロンの遺跡からは、修練のために使ったと思われる不完全な粘土文書が一定場所から多く出土し、そこが修練場ではないかと推測されている。

ヨーロッパではギリシャで様々なHRDの仕組みがつくられたというのが定説になっている。「ギリシャ人は教育（instruction）が個人の能力を高める機会になることを知った最初の人びとである」。ただ、よく取り上げられるギリシャのHRDの中に、高いヘレニズム文明とその人びとの生活を下支えした徒弟制にふれるものはほとんどない。ギリシャのHRDというと、プラトン（Plato、427BC頃〜347BC頃）が創設し、アリストテレス（Aristotle、384BC〜322BC）が学んだアカデメイアは、若者に市民の指導者になるべく数学、芸術、音楽、哲学などを教える場だった。それは「最初のフォーマルな政治学の学校」（Chroust（1973））だったという。プラトンは認識論（epistemology）

の元となるつくり出すという意味のepistemeとテクノロジーの元となる知識を使うという意味のtechneを区別し、epistemeのほうを第一主義的なものと考えていたといわれる（Gosney and Hughes（2016））。

ギリシャのHRDではもう一つ、「スパルタ教育」が知られている。アテネの南西に位置するスパルタは軍事国家で、その教育は兵士の社会をつくるようにデザインされていた（Gosney and Hughes（2016））という。苛酷な条件・状況に耐え、忍耐力のある心身を涵養し、そうした中で仲間との絆を強める訓練が行われていた。

3 | 中世

ヨーロッパの中世は紀元300〜1300年の間とされている。その決定的要素はキリスト教であり、僧院・教会である。知性、有用性、効率といった世俗の物差しは後退し、宗教的情熱、信仰心、奉仕・労働が尊重された時代だった。教会を中心に小規模な農家、パン屋、肉屋その他が集っていて、教会がそれらを束ねていた。ブリューゲルの絵にあるような光景である。

こうした時代を象徴するHRDが修道院学校（monastic school）である（Graves（1910））。それは修道院の中に設けられ、あるいは修道院そのものであったりした。修道を志す者は農作業、食品加工、パン焼きなどの労働に従事しつつ、一方で写経・読書などの時間を送る。修道院制と「修道院会則」をつくった聖ベネディクトゥス（Benedictus、480頃〜547年頃）は「1日7時間労働し、2時間本を読みなさい」と告げていた。ただ、修道院学校での労働は、宗教的意味ないし修道院経済の維持のためであって、後でふれる徒弟制のマニュアル・トレーニングが理由ではなかった。加えて、修道院学校では成人がHRDの対象であって、純潔、従順、清貧を重んじる人間の育成が目的だったのに対し、徒弟制のマニュアル・トレーニングは子ども・若者が対象だった。もっとも、後年修道院学校も子どもも受け入れるようになった。

中世半ばから、中部ヨーロッパ、イギリスでは都市が出現するようになり、その中に市民が相応の自治を享受する自由都市があった。自由都市では様々の業種のギルドが組織され領主から上納金と引き換えに地域の独占販売権の付与

などの特権に保護され、その活動が目ざましかった。都市の自治はこれらギルドの幹部のものであった。市庁舎や市議会はギルドホールと呼ばれるほどだった。ギルドの発展とともに徒弟制がクローズアップされてくる。この時代には各ギルドはそれぞれに徒弟制を取り込み、そのハイラーキ、ガバナンスのベースにするとともに、HRDの主要手段にした。

　ギルドと徒弟制の研究はこの時代に集中していて、両者のイメージは中世の自由都市の状況によってつくり上げられている。

　徒弟制には下から徒弟（apprentice）、職人（journeyman）、親方（master）という階層があり、これは産業革命まで変わらない。自由都市の時代にも父子徒弟制は残っていたが、ギルドの同業者の子弟その他、親方と血縁がない子どもが徒弟になることが多かった。子どもが10歳前後になると、親・保護者は親方のもとを訪れ、彼の徒弟に就くことを依頼する。承諾を得ると、前者は金品・物品を渡す。ギルドにも金品・物品を渡すきまりもあり、親・保護者には二重の負担になる。子ども時代に親が当人のしごとを決めてしまうので、職業選択の余地はない。徒弟は住み込みで、しごとを習得する。つまり、親方が衣食住の面倒をみる。親方を変えることはできない。徒弟の平均的期間はクラフト・ギルドの場合、業種により異なる。徒弟が一人前にしごとができるようになると、職人になる。職人とは一人前にしごとができる人である。職人になっても、親方の工房で働き続けることもあれば、他の工房に移ることもあり、自前のしごと場を設けることもある。journeymanと表現するように、移動することも多かったのではないか。そして職人の夢は親方になることだった。

　ギルドは徒弟のため学校を設けることもあった（ギルド学校）。ギルド学校では徒弟に世俗のリテラシーを教えるのではなく、通常司祭が宗教的熱情、信仰心、献身などを語る場であり、しかも、日曜日だけの開校、夏のウイークデーの複数回というケースも多かったという。

　中世末期のキリスト教世界のヨーロッパでも大学が設立されるようになる。当時中東やムスリム勢力下のスペインには大学に類する組織がすでにあった。ヨーロッパの最も古い大学はナポリ近郊のサレルノに設けられたヘレニズム医学系のものであった。よく知られているのは、1159年の当地の支配者「赤ひげ王」バルバロッサ（Barbarossa, F.、1122〜1190年）がつくったボローニャ

大学であろう。後年までに神学、宗教法、法学、医学が教授された。現在も市の中心部に医学が講じられたという階段教室が残っている。この頃になると、神学、法学、医学などを実務上の必要から、あるいは興味上学びたいという大人がいて、それが次第に増えていった。大学はイギリスでは12世紀後半にオックスフォードに、12世紀末にケンブリッジに設立された。ドイツ語圏の最初の大学はプラハにつくられ、ハイデルベルク、ケルン、エルフルト等が続いた。

中世の大学はギルドに酷似していた（Graves（1910））。それは「勉学のために集った仲間」（a company of persons that had assembled for study）だった。特徴的なのは学生はほとんどが成人であり、教授団と学生団体が一緒になって授業料を決めたり、学長を選んだりしていた。

4 ルネッサンス、経済のグローバル化、宗教改革、啓蒙主義、国権拡大

ルネッサンスの時代は商業・交易が活発化し、経済がグローバル化する大航海時代と重なる。ルネッサンスは再生（rebirth）という意味で、禁欲的な中世とは違い、宗教的な束縛から人間を解き放つ運動がみられた。ルネッサンスはイタリアで始まったが、そのきっかけは諸都市の支配者の宮廷に設けられるようになった、その子弟のための宮廷学校（court school）だといわれる（Graves（1910））。これらの学校ではラテン語、ギリシャ語、その文芸などの教育が行われ、そうした授業の中で人間の能力開花の努力、挑戦といったことを彼らは身に付け、支配者になったとき、多くの人びとに伝播する。宮廷学校は「ヒューマニスティクな教育」のキャンプともいわれた（Gosney and Hughes（2016））。

大学でも、知識の探求、理性（reason）の強調、人間へのいわれなき拘束への告発が目立つようになり、教会の免罪符販売に端を発し、大学人の中から宗教改革運動が起こる。プラハ大学のフス（Hus, J.、1369頃〜1415年）は1415年焚刑に処せられる。市民に与えた衝撃、悲しみ、怒りを表すように、同市の処刑跡広場にはフスの大きなモニュメントがある。ビュルツブルク大学のルター（Luther, M.、1483〜1546年）も宗教改革の旗手として有名である。彼は

また教育改革も主唱し、教会による教育への強い拘束を「僧侶の圧制」として批判し、教育は宗教的教義を押し付けるのではなく、世俗生活に役立つ古典、算数、論理、歴史、科学等を教えるべきだとした。また貧富に関係なく、男女を問わずそうした教育を施すべきだとした。ルターの影響もあって、ドイツ語圏では初等教育の義務化がヨーロッパ諸国で一番早かった。ワイマールでは1619年頃6〜12歳までの子どもの教育義務が親に課され、1717年にはプロシャで冬は毎日、夏は週2日の通学が義務付けられた。ちなみに、初等教育の義務化は意外に遅く、イギリスでは1870年だった。しかも月謝は必ずしも無料でなかった。

いくつかのHRDの歴史書によると（Graves（1910）; Gosney and Hughes（2016））、啓蒙運動（enlightenment movement）の考え方もHRDの発展上、大きな役割を果たした。デカルト（Descartes, R.、1596〜1650年）、ベーコン（Bacon, F.、1561〜1626年）、ロック（Locke, J.、1632〜1704年）などがその旗手であって、理性、帰納法・科学的方法、占いなどによらない科学的予測法などを主張した。後世これらは機械の設計・製作、工場制生産の設計、科学的管理法の発想などに大きな影響を及ぼした。

これらの時代、ギルドや徒弟制はどのような状況にあったか。当時、フランス、イギリスなどでは王権、国権が強くなる。「ギルドは王権、国権が強大になり、産業に対する影響力を強める中で、また経済のグローバル化が進み、競争力が問われるようになって衰退する」（Cole（1918））。もっとも、イタリアでは、14世紀になってギルド組織の重要性が増大したという（Schmoller and Hintze（1892））。クラフト・ギルドの親方たちは商人の「完全な指揮下のもと」に入ることになり、商人の才覚で繁栄を謳歌するケースもあった。ヴェネチアのシルク関係の従業者はそのギルドの見積もりだと1529年で約2万5000人、1561年には3万人以上になっていた（Molá（2000））。また親方の人数は1430年が400人、1493年が500人、1554年が1200人だった。職人の人数は親方の人数とほぼ同じだった。しかし、同じイタリアでも、パン屋に60歳の徒弟がいたとか、親方になれない職人が大勢いて、老齢化しているところもあった。この時代になっても、親方・徒弟・職人の間の契約は文書によらず口約束でトラブルが多いといった問題もあった。

やがて国権による徒弟法が生まれる。フランスではアンリ4世時代に勅令でそうなる。ルイ14世（Louis ⅩⅣ、1638〜1715年）の財政総監だったコルベール（Colbert, J. B.、1619〜1683年）は同国の主要産業だったシルク産業の徒弟制の上に重商主義を載せた産業のガバナンス・システムを構築した（二神（2020））。シルク産業に従事する者は3グループに分けられ、トップがシルクの織物等を売買する商人、とりわけ有力大商人、次が織物等を売るとともに織機での作業を監督するマーチャント・マスター、3番目が商人との短期契約を結んで工房で機械を動かすマスター織工である。シルク産業のガバナンスはこれら3グループの代表が会議体をつくり担う。職人と徒弟はガバナンスの外にいる。

　後年のフランス革命直前のシルク産業の中心地リヨンの数値だが、リヨンとその郊外の人口は約14万3000人、シルク産業での直接従事者は3万4762人だった。このうち308人が商人、マーチャント・マスターが42人、マスター織工が5572人、その配偶者で織機で働いている者が3924人、職人が1796人、徒弟はたったの507人、そして驚いたことに資格無しで働く者が2万人以上いた（Bezucha（1974））。徒弟制はもはや産業全体をカバーするシステムではなくなっている。しかも、この頃になると、商業主義は露骨になって、働き手は自分たちが搾取されていると感じるようになり、産業では「取引の貴族政治（trade aristocracies）」（Bennett（1926））が行われているという批判も強まっていた。ルイ16世は徒弟制改革を試みたが果たせず、1791年に徒弟制は廃止される。そして、ライセンスを取得すれば、一定の規則のもとで自分が望むしごとに就けるという方向に歩み始める。

　イングランドでは1562年に徒弟制は同国のシステムになった。エリザベス1世の治下では「エリザベス法」と呼ばれる徒弟法（statute of apprentice）（1601年）が制定された。同法では親方、職人、徒弟、召使い（servant）などの関係、賃金、労働時間、休日、教会での年間礼拝回数等が規制されている。たとえば夏は12時間、冬は日出から日没までといった労働時間規制、子どもの深夜労働禁止のほか、賃金は地域の治安判事（justice of peace）が毎年イースターの後の最初の会議において決めるなど。この徒弟法は当時のイングランドの工房で何が問題になっていたかを示唆している。公権力で規制する必要があった。

人材開発の小史と現況　　**7**

ちなみに、「エリザベス法」はこの国の最初の工場法といわれる「工場徒弟法」とは関係がないとされているが（Hutchins and Harrison（1911））、そうだろうか。なお、この時代になると、工場徒弟、工場徒弟法という用語も生まれる。

　ここで、徒弟制とは別に、マニュアル・トレーニングを主軸としたHRDが16世紀に始まったことにふれておきたい。その源流はイングランドのエドワード6世（Edward VI、1537〜1553年）の最晩年に設けられたブルーコート・スクール（bluecoat school）である。ここは貧しい子ども、捨子、孤児などの収容・保護施設で、子どもたちはブルーの衣服を着用していた。ブルーは慈善のシンボル・カラーだった。スクールと呼ばれていたのは彼らに教育も行っていたからである。その後同国ではホスピタル・コロニー、孤児の家（orphan's home）、保護ホーム（home of refuge）などと呼ばれる施設が篤志家、慈善団体、宗教団体などの手でつくられ、その動きは他国にも波及した。

　これらスクールのHRDの主要部分はマニュアル・トレーニングであった。子どもが将来自立し生計が立てられるようにするための、また彼らが非行や犯罪に走り、社会不安の種になるのを防ぐため、「手に職をつける」のが早道だと考えられた。男子には大工、鍛冶、仕立、農芸などの技法を、女子には裁縫、編物の仕方を教えた。

　後年スイスにペスタロッツィ（Pestalozzi, J. H.、1746〜1827年）がルソー（Rousseau, J. J.、1712〜1778年）の『エミール』（*Émile, ou De l'éducation*（1762））の自然とのふれ合い、経験学習に重きをおく教育論に共鳴し、ベルン郊外に近隣の村の貧しい子どもの教育のため「ノイホーフ」（Neuhof）を設け、彼らが農芸を通じて人的成長する教育を施した。彼によると、子どもの育成には「言葉から入るのではなく、物事から入るべき」だとし、物事を描写する図画・製図（drawing）を重視し、生活に直結した教育を行った。試行錯誤しながら、後に後継者になる裕福なフェレンベルク（von Fellenberg, P. E.、1771〜1844年）などにも支えられながら、ペスタロッツィは「マニュアル・トレーニングの父」と呼ばれるようになり、内外から多くの視察団も訪れるようになった。チューリッヒ中央駅近くの小さな広場にはペスタロッツィの銅像が立っている。

　いよいよ産業革命が始まり、子どもや女性の苛酷な就労状況が目立つように

なると、各国で未成年者の学校（infant school）が設けられるようになる。フランスではオベルリン（Oberlin, J. F.、1740～1826年）がアルザスに、イギリスではオーエン（Owen, R.、1771～1858年）などがニューアークに、アメリカではアルコット（Alcott, A. B.、1799～1888年）がボストンにそれぞれこの種の学校をつくった（Bennett（1937））。これらの学校もこの系譜のものである。

5 | 産業革命

　マニュアル・トレーニングを軸に、親方の個人的経験と知識を継承していく徒弟制が大きく後退し、新しいHRDシステムへ移行するきっかけとなったのは産業革命である。産業革命は産業のあり様を大きく変えるとともに、そのHRDシステムも一新した。

　もっとも、徒弟制が全く消滅するわけではない。数千年にわたり存続してきた徒弟制は社会の各方面に伸びていて、別の表現で今も残っている（商家の丁稚、工場の見習工など）。いな徒弟はいまも現役の言葉でヨーロッパ、とくにドイツでは手工業分野で新しい装いで存続している。アメリカでさえも、2005年9月末日時点で、電気工、大工、配管工など1万9887人の徒弟がいた。彼らは一定期間に、一定の研修と実習を受ければしごとに就く資格が得られる。

　マーシャル（Marshall, A.、1842～1924年）は「最近までの産業上の画期的な発明はほとんどイギリスから起こった」（経済学原理 I ～IV（1891））というが、確かに綿紡績の機械などは18世紀前半に次々と発明され、同国の綿紡績産業の発展の原動力になった。

　機械、とくに動力付機械は効率が良く、熟練を要したしごとは機械がやってくれ、高い品質の製品が安価にできる。主婦たちはこれまで家事の合間に裁縫や編物をして自家用以外の品物を近辺のマーケットで売っていたが、自分たちの品物よりも質の良い品物が安く出回るようになり、稼ぎがなくなって、子どもを連れて工場に働きに出る。男子も「囲い込み運動」その他で失業し、工場労働者にならざるをえなかった。少数の資本家vs.大勢の労働者、ブルジョア

ジー vs. プロレタリアートというおなじみの図式ができる。

　ただ、イギリスでは当時、機械に対する一般の関心は高かった。カートライト、クロンプトンなどのように新機械を発明し、大金持になろうとする人、単に機械に興味のある人から、労働者に機械操作を教え、工場で働けるようにしたい人、貧しい子どもに機械の扱い方を教授し、彼らの脱貧困を押しすすめたい人など。機械学校（mechanics institute）を設立しようという民間の運動が19世紀前半に起こり、やがてアメリカにも飛火する。前者ではグラスゴー、ロンドン、マンチェスターなど、後者においてはニューヨーク、フィラデルフィア、シンシナティ等で機械学校がつくられ、一時は盛況だった。しかし、新しい試みはうまくいかないことが多く、この運動は「失敗」に終わった。

　公的教育分野においても、新しい事態に対応する試みがみられた。とくにドイツとアメリカで公的教育に実務教育を取り入れるのに熱心だった。ドイツでは都市がもともとそうした取り組みに熱心だったが、普仏戦争を勝利に導いたビスマルク（Bismarck, O. E. L.、1815～1898年）が最大級の産業国家建設を目指し、産業化に乗り出し、技術教育に力を入れ、4種類の新しい学校をつくった。1）継続学校（gewerbliche Fortbildungsschule：continuation school）。工場で働く18歳以下の徒弟と職人のためのパートタイムの学校で、図画・製図、科学技術、衛生・体育、ドイツ語などを教えた。最初は州の規制に差異があったが、次第に通学は強制的になり、国法で統一的な仕組みになった。ドイツのデュアル・システムの原型ができた。2）産業学校と中等技術学校（trade schools and secondary technical school）。徒弟制を補完し、新しい産業のしごとの準備をする。ほとんどの業種の学校があった。3）産業芸術学校（industrial art school）。産業のデザイン、色彩、模型。最初は私立だったが、国立になる。4）技術単科大学（Technische Hochschule）。造船、化学、農業、建築、金属などの学科があった。また後年、商科大学も設立されるようになる。ドイツの産業力・技術力はこのようなHRDの積み重ねによりもたらされた。

　アメリカでも産業の新しい事態に対応したHRDの多様な取り組みが行われたが、その特徴的な訓練の一つが職業教育（vocational education）とその運動である。その源流はヨーロッパだというが、アメリカでは重要なHRDシステムの一つになった。それはボストンで始まり、若年者に自分に見合った職業を

選び、選んだ職業習得のためのカリキュラムを履修することを奨めるものだった。この運動は反響を呼び、20世紀初頭にはマサチューセッツ、ウイスコンシン、ニュージャージーなどの州で職業教育推進の法律ができた。1862年にはランド－グラント法とも呼ばれるモリル法（the Morrill Act）、連邦法が可決され、公的基金を設けて平均的市民も高等教育が受けられる包括的スキームが出来上がった。女性の受講生も少なくなく、ジェンダー平等に資するところがあった。

　アメリカの大学も、他の国の場合と同様、プラトンのepistemeを重視してのアカデミック志向だったのが、職業教育運動のこうした影響を受け、農業、産業、家政などの分野で職業訓練プログラムも用意されるようになり、プラグマティックな教育が加味されることになった。1917年にはスミス・ヒューゲス法（the Smith-Hughes Act）が連邦議会で可決され、農業、産業、家政、教員養成の分野の訓練プログラムに連邦の基金が使えるようになり、職業教育推進に拍車がかかったとされる。

　従来の徒弟制に代わる以上のような様々な試み、運動のほかに、会社でも独自に工場制生産の担い手を養成する取り組みを始めていた。ファクトリー・スクール（factory school）の設立である。アメリカでは農業機械のハウ・アンド・カンパニー（R. Hoe & Company）がそれを1872年に設けたのが最初で、ウエスティンハウス、GE、NCR、フォードなどが続いた（Gosney and Hughes (2016)）。その訓練法は会社により様々で、当初は徒弟制に近いやり方だったというが、やがて実習と座学のデュアル・システムになる。座学では機械工学、製図などのほか、読み書きも教えた。やがてファクトリー・スクールでは、以上のような訓練のほか、習得労働者訓練、管理者教育、品質改善の仕方、事故防止法などの訓練も始まる（Beatty (1918)）。さらに訓練のレパートリーは拡大し、生産領域だけでなく、マーケティング、ロジスティック、管理、財務・会計などの分野にも拡がり、ファクトリー・スクールはコーポレーション・スクールと呼ばれるようになる。スクール間の交流も盛んになり、1913年にはギルドの感覚で「コーポレーション・スクール協会」ができる。この協会こそがアメリカ経営協会（America Management Association）の前身である。1940年代にはアメリカ訓練・開発協会（American Society for

Training & Development：ASTD）も発足する。

　以上のような動きは、産業革命、工場制生産のもう一つのエッセンシャルな帰結を示唆しているように思う。工場制生産では、非常に多くの未熟練労働者の就労を可能にするが、一方では大量生産・販売による競争の激化で効率化、品質向上に一層注力し、規模・組織の拡大により専門化が進む。結果的に高度の知識・スキル・経験を有する人材も大勢必要になる。産業において初めて多様なプロフェッションが生まれる。むろん、プロフェッショナルの定義に当てはまる人材から必ずしもそうでない人材までグラディションはあるが、ウェーバー（Weber, M.、1864～1920年）がいう私的官僚制、後年いわれたテクノストラクチュア（Galbraith, K.）といった表現がみられるようになる。またそれぞれのプロフェッションのための学科やカリキュラムが組まれ、そのプロフェッションを目指す者はそうした学科、カリキュラムを履修し、場合によってはそれが資格要件にもなる。

6 ┃ 科学的管理法とTWI

　20世紀前半、アメリカではHRDの上で極めて大きな2つの動きが生じた。アメリカ産業は飛躍的発展を遂げていて、産業のあり様を主導し始めていたが、これら2つの動きによって、HRDをリードすることになった。一つには20世紀初頭からの科学的管理運動（scientific management movement）であり、いま一つがTWI（Training Within Industry）である。前者のリーダーはいうまでもなく、機械技師だったテイラー（Taylor, F. W.）で、当人が意識していたかどうかは不明だが、悟性を重視し、科学的方法（ベーコン）を力説し、「全体は部分の総和」（デカルト）だと考えるなど多分に啓蒙運動の考え方を下敷きにして科学的管理法を立てた。当時、「科学的」という接頭語は、たとえば「科学的農業」というように、よく用いられた。

　HRDの観点からすると、科学的管理法は徒弟制下の工房での仕方をご破算にして、工場制生産に適した全く新しいしごと人間を育成するものであった。その4原則は以下のとおりである。1）しごとに関し古い大雑把な方法に代わる科学を発展させること、2）人を科学的に選び、教育訓練し、ベストのしご

と人間を育てること、3）科学的原則に従い、すべてのしごとが遂行されるように、人は心から他と協働すること、4）管理者と作業者の間の責任は均等であること、管理者は作業者よりもうまく遂行できると思うしごとはすべて引き受けることである。ちなみに、テイラーは複雑なしごとは分割し、分割したしごとの部分を有効性・能率の観点から精査し、しごと部分の新しい仕方を見出すことが大切だと強調していた（Swanson and Holton III（2009））。ただ、彼は科学的管理法の原則論を展開したが（Taylor（1911））、HRDの具体的システムには言及しなかった。

もう一つのTWIは第2次世界大戦中に生まれた。アメリカ軍部は大戦が始まると、軍需産業の契約会社の人材面や能率や品質の改善を支援するため、ドウリー（Dooley, C. R.）をヘッドとする戦時人材委員会（War Manpower Commission）を立ち上げた。日本の真珠湾攻撃によりアメリカ人の間で反撃の戦意が高揚し、国民の一体感が強まった時期だった。ドウリーたちは3つの訓練プログラムを策定した。JIT（Job Instruction Training）、JMT（Job Methods Training）、JRT（Job Relations Training）であり、いずれも第一線の管理者（監督者）用の訓練プログラムだった。

最初に作成したのがJITで、監督者が部下、とくに新入者にしごとをどう教えるかの訓練プログラムである。前者は後者にしごとを効率的、経済的に、また安全に知的に遂行する仕方、作業量・機械・設備、材料を正しく使う仕方、職場をよく整頓するやり方を教えなければならない。そして監督者はしごとの準備・遂行・フォローアップを自ら演じて部下に手本を示す必要がある。JMTはしごととその品質（quality）の絶えざる改善のための訓練プログラムで、しごとを一連のステップに分け、各ステップを有用性の2点から詳細に分析し、これまで見落としていた点がなかったかどうか見出し、改善する訓練プログラムである。JMTはデミング（Deming, W. E.）のモデル、シックスシグマ、カークパトリックモデル（Kirkpatrick model）などのアメリカの品質改善運動の源流になり、日本のQC運動にも影響を及ぼした。

JRTはしごとをめぐる監督者と部下との人間関係の円滑化のための訓練プログラムである。JITとJMTがしごとそのものに関する訓練であるのに対し、JRTは監督者が部下をどう扱うべきかの訓練で、やや異質である。JRTにはい

人材開発の小史と現況　13

くつかのヴァージョンがあるが、最初から部下が人間であること、また個人（individual）であることを認識し、本人がどう感じているか（how they feel）を知ることが極めて重要だとしていた。

このほか、TWIは1942年にGMと一緒に4ステップからなる人材開発法プログラム（Program Development Method：PDM）や、業務安全プログラム（Job Safety Program：JSP）を作成した。ちなみに、皮肉なめぐり合わせというか、これらの訓練プログラムを日本の敗戦後、占領軍のGHQが日本の産業復興のために活用させた。

TWIの訓練プログラムは科学的管理法のパラダイムをベースにしたもので、しごとサイドから、その遂行の有効性と効率の観点から訓練を行うプログラムだった。その後監督者レベルから、ミドルさらにトップの訓練プログラムがつくられ、また機能別訓練プログラムが策定されるようになる。ようやく、徒弟制に代わる、現代の会社のHRDがプログラムされることになった。

7 ┃ HRDの心理学的・組織理論的傾斜、そしてキャリア問題

ところが、すぐにまた新しいHRDのパラダイムが台頭する。ヒューマン・リレーションズの考え方に立つHRDである。TWIでは、担当するしごとの分析から、訓練ニーズを見出し、プログラムを組むアプローチをとっていた。ヒューマン・リレーションズは1920年代に行われたウエスタン・エレクトリックのホーソン工場での実験結果に由来する。それは予想外のもので、従業者の態度（attitude）、センチメント、欲求、動機などの変数のほか、当人の所属するインフォーマル組織の規範などが、訓練結果に大きく作用する戦略要因だということだった。また実験では、これらを測定するサーベイ手法も使われた。実験のリーダーのメイヨー（Mayo, G. E.）はスイスのピアジェ（Piaget, J.）の臨床面接法を使ってインタヴューを試みた。

いずれにしても、これらの変数を分析し、訓練ニーズを探り、効果的な訓練プログラムを組むためには心理学の知見がどうしても必要になる。とくに心理学の学習理論やモティベーション理論の助けを借りなければならない。20世紀後半からは、HRDの分野でも、様々な心理学モデルが紹介されたり、新た

に登場したりして、HRDの分野は百花繚乱、心理学のお花畑のようになった。むろん、HRDには心理学知見だけでは解けない問題も多い。訓練やOD（Organization Development）が業績との関連で取り上げられるようになると、業績論（performance theory）もHRDの領域に入ってくるが、このモデル、業績パラダイムでは心理学というよりも、経済学、人的資本会計、管理会計の知見が必要不可欠である。

　もう一つ、ヒューマン・リレーションズの考え方がHRDにもたらしたのは、HRDにおける集団の重要性である。徒弟制を含むこれまでの訓練はtrainerとtraineeという人間関係だった。前者の経験、知識、スキル等が後者に移転する問題だった。ところが、ヒューマン・リレーションズの考え方で当人が所属する集団が、当人の行動に様々な作用を及ぼす側面も強調される。つまり、集団をてこにし、利用してHRDを推進する仕方が浮上してくる。

　その最初の試みがGグループとも呼ばれるラボラトリー訓練（laboratory training）で集団的心理療法（therapy）のセッションを意味する。このセッションは3、4週間続けられ、集団もあまり構造あるものでなく、会話の話題も明確でないし、コンテクストもはっきりしていない。ファシリテーターも受け身で議論をリードしたりすることもない。参加者はお互いの交流から感受性を育み、また経験を共有する（Swanson and Holton Ⅲ）。ラボラトリー訓練は多くの会社で実施された。

　今日も集団を媒介する訓練方式は多用されている。アドベンチャー訓練、アクション・トレーニング、クリティカル・アクション・トレーニングなど。またITを使ってのコラボレーティブ・トレーニングも、そうした側面をもっている。

　ODもいまやHRDの主要領域になっている。ODの定義は現在、非常に多様化し、多義になっているが（Swanson and Holton Ⅲ（2009））、1960年末にそれが登場した当初は、「新しいテクノロジー、市場などにうまく適応しうるように、組織の信念、態度、価値と構造を変えることを意図した複雑な教育戦略」（Bennis（1969））だとされていた。今日、HRDからみたODの変数としては学習、開発の推進、問題解決法の改善、チェンジ・マネジメントの推進、システム・プロセスの改善、生産性向上、収益力・競争力の強化、従業者の健

康・ウェル・ビーイングへの配慮、組織文化の変革が挙がっている（Egan
(1993)）。

　当初ODは組織全体の様々な部分の改善がテーマだったが、HRDでは20世
紀末から、学習という視点から改めてODを取り上げる傾向が強まった。学習
とはずっと個人レベルの問題だったが、ここにきて組織学習（organizational
learning）という新しい分野が生まれた。現在、2つの議論がある。一つが組
織学習であり、いま一つが学習組織（learning organization）である。前者で
は組織のステイクホルダーの満足度を持続的に高めるため、組織を絶えず変容
すべく個人、集団、システムのレベルで学習プロセスを意図的に活用すること
（Dixon（1994））だという。後者では、センゲ（Senge, P. M.）の著書がよく
知られている。彼によると、組織には製品・サービスをつくり出し、売るしご
との層と、これらを開発・設計するしごとの層と、これらに影響を与える組織
メンバーの思考と相互作用をつくり出す層があり、この第3の層こそ組織の中
枢部分である。とくに第3層を意識しての個人的熟達（personal mastery）、メ
ンタル・モデルの共有、チーム学習、システム思考の学習が大切だとする。

　キャリア開発（career development）も個人学習、ODに続くHRDの3番目
の領域だとされる。キャリアには4つほどの定義があるというが（Hall（1994），
Noe（2010））、「ひとの生涯でのしごとに関しての活動・経験に関する個人の
態度・行動のシークェンス」（Hall（1994））という定義が広く受け入れられて
いるように思う。

　キャリア問題には両面性がある。人にとってどんなしごとに就き、成功する
かは生涯の最大関心事であり、そのため学業を選び、また就職先を吟味する。
人それぞれにキャリア・プランニングを行う。一方、組織の方も、その戦略ニ
ーズに合わせ、本人のしごと能力とキャリア・プランも考慮しつつ、より高い
能力が必要なしごとを割りふる（昇進）。組織のキャリア・マネジメントには
1）人材に自らの興味、価値、強味、弱味を気付かせ、2）組織内のしごとの
機会に関する情報を伝え、3）本人と組織でキャリア目標を確認し合い、その
目標達成のアクション・プランを立てるというプロセスがある。

　ただ、昨今世の中が流動的でトランスフォーメーショナルな変化が多く、不
透明感が顕著になり、技術やスキルの劣化のスピードが早まっている。また組

16　　巻頭論文

織のフラット化が進み、人びとの上昇志向にかげりがみられるようになり、自分の心理的成功とかエンプロイヤビリティが重視されるようになったともいわれ、変幻自在な海神の「プロテウスのキャリア」という新モデルが提示されたり、「キャリア・クライシス」という表現がみられたり、「HRDに対するキャリア問題のウエートは最近小さくなっている」(Swanson and Holton III（2009））とする指摘があったりする。

8 ┃ その他の現況

　あといくつか、20世紀後半からのHRD分野の新たな特徴的動きを挙げるなら、一つは成人学習論（adult learning）の展開だろう。その主唱者のノールズ（Knowles, M. S.）は孔子や老子の門弟は成人だったという。すでにふれたように、初期の大学の学生も成人だった。教育の歴史的経緯からして、子どもと若者が主たる教育対象だったが、ノールズは教育上子ども・若者と成人とでは異なるアプローチが必要だとする。彼は前者を主たる対象とするこれまでの教育学（pedagogy）を刷新し、成人教育学（andragogy）を打ちたてようとする。ノールズはすでに「成人学習の父」と呼ばれている。

　成人学習の内容は、その5原則といわれるものに集約されている。1）学習者には学習前に何を、なぜ、いかにして学ぶかを知りたい欲求がある、2）自己観念（self-concept）をもち、自ら決めるというのが重要な要素である、3）学習者のこれまでの経験が、これからの学習のための豊かな資源になる、4）成人は生活やしごと上必要だと思えば、すぐに学習を始める、5）成人学習は生涯にわたるものであり、能うるかぎり自分のコンピテンシーの向上をはかる。成人の学習モティベーションは外向的というよりは内向的である。成人学習論に立ったHRDは少なくない。

　訓練方法も大きく変化している。アメリカでは20世紀末から、IT、ICTを使った訓練が増え、それが加速している。オンライン・ラーニング、デジタル・ラーニング、コラボレーティブな学習といった表現がよく使われるようになった。インターネット・イントラネット、ウエブ、CD-ROM、レーザーディスクなどを使っての学習ではいつでも、いかなる場所にでもアクセスできる

人材開発の小史と現況　　17

し、インストラクターと学習者間だけでなく、様々な関係者にも迅速にアプローチでき、コラボレーションが可能である。

ただ、2008年でのフォーマルな訓練時間調査では、オンライン・ラーニングが16％、クラスルームでのインストラクターによる学習が67％、その他17％で、意外にも伝統的な対面での訓練方法が依然人気があって使われている。対面での学習は中々捨て難いのであろう。訓練計画を立てるにあたっては、どの部分をオンライン形式にし、いかなる部分を対面形式にするか、両者をブレンドすること（混合学習：blended learning）が重要だといわれている（Noe (2010)）。

最後に学科としてのHRDの最近の状況にふれておきたい。HRDは長年HRMの一部門として位置付けられてきた。しかも、賃金や労使関係の部門ほどのウエートもなかった。個人や組織でのHRDの重要性が広く認識されるようになり、HRDをめぐる議論が活気付く中で、HRDの地位も高くなってきたが、様々な反省もみられるようになった。従来多かったレイ・セオリー（lay theory）からエビデンス・ベースへの動きはその一つである。これには1993年にHRD学会（the Academy of HRD）が設立され、エビデンス・ベースの研究に力を入れる大学の研究者が大勢HRDに係るようになったことが大きかったかもしれない。HRDの哲学や歴史に関する研究も増え、また学科としてのHRDの整序も試みられるようになった。この点で現在、HRDはいくつかの基礎学科からの知見に支えられた応用学科（applied discipline）だと理解されている。ただ、基礎学科が何かに関しては色々と意見があって、心理学、経済学、システム理論を挙げる3本柱論（three-legged theory）であるとする意見や、もっと多様な科学的知見を要する蛸足論（octopus）や百足論もある（McLean（1998））。こうした科学的HRDはHRM、マネジメント論、戦略論などと相互に交叉し、お互いに影響をもちつつ、訓練、組織開発、キャリア問題などの広大な裾野をもった独立峰としての様相をみせている。

引用・参考文献

Alagaraja, M. and Dooley, L. M.（2003）Origins and Historical Influences on Human Resource Development: A Global Perspective, *Human Resource Development Review*, 2（1）.

Beatty, A. J. (1918) *Corporation schools*, Public school publishing company.

Bennett, C. A. (1926) *History of Manual and Industrial Education up to 1870*, the Manual Arts Press.

Bennett, C. A. (1937) *History of Manual and Industrial Education 1870 to 1917*, the Manual Arts Press.

Bennis, W. G. (1969) *Organization Development: its Nature, Origins, and Prospects*, Addison-Wesley Pub. Co.

Bezucha, R. J. (1974) *The Lyon Uprising 1834*, Harvard University Press.

Bratton, J. and Gold, J. (2003) *Human Resource Management: Theory and Practice* (上林憲雄・原口恭彦・三崎秀央・森田雅也訳 (2009)『人的資源管理：理論と実践』文眞堂).

Chroust, A. H. (1973) *Aristotle: New Light on his Life and on some of his Lost Works*, Routledge & K. Paul.

Cole, G. D. H. *ed.* (1918) *Guilds in the Middle Age*, G. Bell.

Dixon, N. M. (1994) *The Organizational Learning Cycle: How We can Learn Collectively*, McGraw-Hill.

Dooley, C. R. (1945) *The Training within Industry Report 1940-1945*, *War Manpower Commission, Bureau of Training*, TWI Service.

Egan, G. (1993) *Adding Value: a Systematic Guide to Business-Driven Management and Leadership*, Jossey-Bass.

Gosney, M.W. and Hughes, C. (2016) *The History of Human Resource Development. Understanding the Unexplored Philosophies, Theories, and Methodologies*, Palgrave Macmillan.

Graves, F. P. (1910) *A History of Education during the Middle Ages and the Transition to Modern Times*, the Macmillan.

Hall, D. T. *ed.* (1994) *Career Development*, Dartmouth.

Hutchins, B. L. and A. Harrison (1911) *A History of Factory Legislation*, P.S. King & Son.

Knowles, M. S. (1980) *The Modern Practice of Adult Education: From Pedagogy to Andragogy*, Follett.

Marshall, A. (1891) *Principles of Economics* (馬場啓之助訳 (1965)『経済学原理Ⅰ～Ⅳ』東洋経済新報社).

McLean, G. N. (1998) HRD: A Three-legged Stool, an Octopus, or a Centipede? *Human Resource Development International*, 1 (4).

Molá, L. (2000) *The Silk Industry of Renaissance Venice*, the Johns Hopkins University Press.

Noe, R. A. (2010) *Employee Training and Development*, McGraw Hill.

Senge, P. M. (1990) *The Fifth Discipline: The Art and Practice of the Learning Organization*, Doubleday Currency.

Schmoller, G. and O. Hintze（1892）*Die preußische Seidenindustrie im 18. Jahrhundert und ihre Begründung durch Friedrich den Großen*, P. Parey.

Swanson, R. A. and Holton Ⅲ, E. F.（2009）*Foundations of Human Resource Development*, Berrett-Koehler Publishers.

Taylor, F. W.（1911）*The Principles of Scientific Management*, Harper & Brothers.

二神恭一・二神常爾・二神枝保（2020）『シルクはどのようにして世界に広まったのか：人間と昆虫とのコラボレーションの物語』八千代出版.

二神枝保・村木厚子編著（2017）『キャリア・マネジメントの未来図：ダイバーシティとインクルージョンの視点からの展望』八千代出版.

人材開発における心理的契約

ハインツ・カレッジ テッパー・スクール・オブ・ビジネス
カーネギー・メロン大学教授

デーニス・M・ルソー

二神恭一教授に捧ぐ。H．J．ハインツⅡ教授の支援に感謝する。

心理的契約の概念

　心理的契約（Psychological Contract：PC）は、雇用関係を理解するうえで基本であり、人材開発活動において考慮すべき重要事項である。心理的契約とは、他者との交換の合意に関する個人の信念をさす。概して、心理的契約とは、個々の従業員が雇用主に対して何を互恵的な義務であると信じているか、つまり、雇用主が従業員に何を義務として負っているのか、そして従業員はその見返りとして何を義務として負っているのかということである（Rousseau（1995））。心理的契約の概念は、学者（Conway *et al.*（2013））と実務家（イギリス人事教育協会（2011））の双方の人材開発関連業務の中で生じている。その際、従業員と雇用主の双方の目標に沿って心理的契約を作成し、維持することが、有効な雇用関係にとって基本である。心理的契約が個人と組織の目標と一致しているとき、当事者たちは相手が将来どのように行動するかをよりよく予測できる（Rousseau（1995））。

　心理的契約は、どのように個人が彼（彼女）の仕事に関連する目標を追求するかを導く認知的かつ精神的モデルである。この精神的なモデルは、個人と雇用主との相互作用（例えば、将来の報酬に関してなされるコミットメント）や雇用一般に関する彼（彼女）の従来からの信念（例えば、基本的な職場の安全

性に関する義務）に基づいて発展する。心理的契約は、彼（彼女）の個人的な雇用に関連する目標に向けて努力し、注意を払うと同時に、その目標の進展について時間をかけてフィードバックを受けることでもある（Lord *et al.*（2010）; Rousseau, Hansen and Tomprou（2015））。いったん形成されると、心理的契約は従業員の目標に関連する行動を導くし、職場の経験を評価するために個人が用いる基準を提供する。心理的契約は、個人が自己統制をすることを可能にするし、契約以外の娯楽や魅力的な競合する目標（例えば、余暇を享受すること）があるにもかかわらず、彼（彼女）の義務を遵守することを可能にする。心理的契約があるところでは、上司がいなくなると怠慢になることやこれまでのコミットメントに相反するような利己主義な行動に陥ることもほとんど生じない。

　心理的契約の概念は、従業員を引き付け、動機づけ、定着させるための組織による実践を啓発するために人材開発の中で活用されている。心理的契約の理論と研究は、熟練労働者の高い職務関与によってなされる仕事の場合のように、とりわけ仕事が従業員にとって価値あるものになるように、従業員と雇用主の間の高い機能の関係性を育てるための指針となっている。従業員たちが現在、雇用主に何を期待し、将来、その代わりに何が自分たちの義務であると考えるかについての信念を形成するので、人材開発の実務についての心理的契約のインプリケーション（含意）は、人的資源戦略の基盤を形成する（Conway *et al.*（2013））。心理的契約の概念の人材開発へのもう一つの一般的な応用は、解雇などの雇用崩壊や従業員が雇用主に責任があると考える義務を雇用主が果たせないなどの影響を予測したり、管理することにおいてである。

心理的契約の段階

　4つの明確な段階が心理的契約の発達と機能を特徴づけている（Rousseau, Hansen and Tomprou（2015））。すなわち、これらが人材開発に関連する活動を特徴づけている。

（1）**成立段階**は、雇用開始時、通常仕事に就いて2、3か月をさしている。その間に、新入社員は、雇用主が自分に対してどのような義務を負っているか、

その見返りとして自分たちがどのような義務を負っているかに関する信念や社会化プロセスの主な焦点を形成していく。成立段階に作成される心理的契約は、雇用における目標を実現するために従業員たちがどのように考え、行動するかを形成するようになる。個人の目標と一致した組織の指示（人材開発責任者や管理者からの約束やコミットメント）は雇用主へのポジティヴな感情と安定した心理的契約の成立につながると期待される。対照的に、個人の目標と一致しない組織の指示は、雇用主へのネガティヴな感情、低いコミットメントや高い辞職意欲につながる。

（2）**維持段階**は、従業員と組織の間の持続的で継続的な交換を反映しており、いったん最初の心理的契約が成立するとそれが効力をもっている。この段階において、心理的契約は、従業員側がほとんど意識することなく、従業員個人の考え方や行動を導いている。維持段階において、2つの主なプロセス、すなわち（a）雇用義務における受動的調整と更新、（b）心理的契約履行の評価が働いている。

　調整と更新。従業員たちは、維持段階の間、雇用関係についての新しい情報を取得し続け、それに応じて心理的契約の義務を更新し、修正する。従業員が受け取る新しい情報が個人の一般的な心理的契約の信念と一致する限り、この更新はほとんど無意識のうちに続けられる。例えば、顧客に特別な努力をして奉仕することを義務であると感じている従業員は、どのように同僚が実際の顧客に仕事上配慮するのかを観察することによって、その理解を深めている。こうした調整が、心理的契約を維持する、より精巧で正確な信念を従業員が発展させるのに役立っている。維持期間は、従業員が強い感情的反応を引き起こすような交換における破棄を経験しない限り、あるいは経験するまで継続する。

　心理的契約履行の評価。雇用主によって心理的契約の義務が継続的に履行されていると従業員が体験することは、維持段階を継続するうえできわめて重要である。雇用主がその義務を履行していると従業員が信じるとき、従業員もその見返りに自分自身の義務を履行するように対応する傾向がある。維持段階の間、心理的契約は行動基準と評価基準の両方の役割を果たしている。行動基準として、心理的契約は、従業員が自分自身の行動を規制する基準を提供し、従

業員と雇用主の双方がその人が行う貢献を予測するのに役立つ（Rousseau（1995））。評価基準として、心理的契約はどのくらいコミットメントが守られたか、あるいは履行されたかを評価する基準として役に立つ。心理的契約条件とその従業員が経験する環境要因の間にほとんど、あるいは全く矛盾がないときに、心理的契約が履行される（Rousseau（1995））。他方、上記の例にもどると、更新された顧客サービスの要件が既存の心理的契約の信念と矛盾すると従業員が認知するならば、雇用主は心理的契約を履行できなかったことを非難されるかもしれない。もし見破られた矛盾が感情的反応（矛盾が不愉快であるならば、例えば、怒りや失望）を引き起こすほど十分大きなものであるならば、心理的契約は新しい段階、すなわち修復段階に移行しうる。

（3）**修復段階**とは、従業員が個人的な目標と相反するような状況やこの新しい情報を既存の心理的契約に適合させる能力や意欲を超えるような状況に遭遇する際に生じ、心理的契約が否定的に破棄されるという悪影響を招いてしまうものであり、結果として修復段階に従業員を移行させるものである。この段階は、従業員の高い認知的な努力によって特徴づけられるものであり、雇用主の義務と誘因の間の矛盾を見破ることや人間関係の質への警戒も含まれている。特に、心理的契約の矛盾への否定的な感情が、従業員に環境からの手掛りを綿密に検査する動機づけとなり、さらなる矛盾の認識を刺激し、維持段階に戻ることを遅らせたり、阻止するように警戒することになる。修復段階の間、従業員は否定的な感情を軽減し、目標と一致する機能的な心理的契約を再確立しようと試みる。このことは、認知された矛盾や否定的な感情を軽減するため、雇用主によって提供される救済策や調整（例えば、違反した義務を履行することや適切な報酬を提供したり、返還すること）、あるいは心理的契約（従業員と雇用主の義務）の全体もしくは一部を修正することによって、行われるだろう（Tomprou *et al.*（2015））。ラインマネジャーと人材開発の代表者の両者は、従業員の心理的契約の破棄を修復するのを助けることができるような救済策と支援を提供するうえで、重要な役割を果たしている。

（4）**再交渉段階**は、従業員が既存の義務を修正し、新しい義務を交渉する段階

をさしている。非常に優れた業績評価もしくは魅力的な昇進機会によって、従業員が個人の目標に沿った雇用条件を手に入れる場合には、既存の雇用契約を積極的に破棄することの結果として、再交渉は概して生じるものである。このような積極的な破棄は、従業員側の興奮や喜びの感情や楽観的な期待、そして協力的な交渉戦略を用いることを奨励することによって特徴づけられるものである。再交渉は、新しい個人的な目標（例えば、高齢の親や新生児を世話する必要性）が生じるような個人的な環境変化によって起きるかもしれない。再交渉は、従業員が労働条件の特別な取り決めや調整を求める場合のように、雇用主や代理人（例えば、マネジャーや人材開発の代表者など）との会話を通して生じるかもしれない。この再交渉の範囲は、ある一面（特定の職務）に限定されることもあれば、完全にカスタマイズされた取り決めをすることもありうる。再交渉は、特に、高く評価された従業員が個人の目標に沿った特別な労働条件を求めている場合（Rousseau（2005））や雇用主が職務の拡大、臨時業務の受け入れや転勤のような従業員の特別な貢献を求めている場合によくあることである。このような状況において、特別な処遇を与えなければ、否定的な結果を招きうる。したがって、重要な人材開発施策とは、特に個人や組織の変化の状況の中で、効果的な心理的契約の再交渉の支援を提供することである。

人材開発にとっての心理的契約の含意

義務の源泉としての人材開発。人材開発活動は、それ自体が数多くの心理的契約の条件と状況を生み出す可能性がある。採用、訓練から業績管理、昇進にいたるまで主な人材開発施策は、従業員にとって何が義務であり、彼（彼女）らはその見返りに何を得るのかについて従業員の信念の基礎を形成している（Rousseau（1995））。これらの義務は、雇用主側の将来のコミットメントに関する直接のコミュニケーションや合図から生じることがある。例えば、採用活動は、従業員がもし就職した場合には享受できるであろう将来の機会（例えば、手厚い昇給や迅速な昇進の約束）を示唆することもできるし、うまく業績を出した従業員には高い給与を支払い、昇進させるという雇用主の義務に対する信念を生み出すこともできる。従業員が企業特有の技能を習得するため時間

と労力を投資する訓練プログラムは、その職務上の技能を高める努力をする従業員を、組織が定着させる義務があるという信念を生む可能性がある。同様に、年功ベースの昇進制度は、従業員が順番を待てば自分も将来いつか昇進するというシグナルを送る可能性がある。雇用主は人材開発活動への従業員の参加によって利益を得るのであるから、人材開発施策が送る心理的契約の様々なシグナルに注意を払うことは、雇用主の関心事である。

心理的契約には雇用主を代表する複数の異なる当事者が関与していることがある。一つの組織で働いていても、同じ個人が同時に複数の心理的契約の当事者になることもある。採用担当者や人的資源の専門家から現場のマネジャーやその他管理者に至るまで、組織の多くの代表者が人材開発活動に関与している。このように複数の当事者が心理的契約の形成に関与することから、2つの結果が生み出される。第1に、従業員は、マネジャー、人的資源担当者、訓練指導者、または管理的役割にある他の者が行ったコミットメントを組織によるものであると考えることができる。人材開発活動の結果、従業員は通常、職場の様々な当事者とのやり取りを通じて生じることを心理的契約の義務であると考えている。人材開発を効果的にするには、従業員が雇用主の代表者から送られるシグナルをどのように理解するかに注意を払う必要がある。第2に、従業員は組織内の他の人たちとは異なる心理的契約を信じるようになる可能性がある。個々の従業員は、マネジャーやチームのメンバーと交流関係をもつので、それぞれの個人を対象とした別々の心理的契約を作り出すことがありうる。これらの別々の心理的契約は、雇用主との心理的契約とは異なる場合がある。例えば、上司が親族に病人がいる従業員に対して、通常会社が提供しないような特別な柔軟性を提供することで支援するような場合に、マネジャーは組織全体に関連するコミットメントとは異なると認められるコミットメントを従業員に対して行うことができる。他方、古い上司に代わって新しい上司が同様の柔軟性を提供できなかった場合に、その波及効果は組織に責任があるという形で表れるかもしれない。マネジャー（またはその他の人たち）による心理的契約の履行が低いと、従業員の組織全体に対する見方に波及効果が生じてしまうことをこれまでの実例は示唆している。人材開発の視点からみると、従業員との継続的な交流や施策の実施者としての役割があるので、組織政策の効果的な実施

にマネジャーを関与させることが重要である（Conway *et al.*（2013））。

海外赴任者の本国組織および受入組織との間の心理的契約の波及効果。海外赴任の管理は、大変困難で費用のかかる人材開発活動である。特に、海外赴任者の海外での職務や提供されるべき支援に関する心理的契約の信念に対処することが主な課題である。海外赴任中の駐在員は、海外に派遣する親会社（本国組織）と赴任先の海外子会社（受入組織）の両方と同時に心理的契約を結ぶ（Schuster *et al.*（2021））。このような複数の当事者による雇用契約により、海外赴任者の心理的契約は従来の雇用契約で観察されるものよりももっと複雑になっている。つまりこれらの2つの心理的契約は異なる可能性があり、どちらかが満たされなかった場合の結果は複雑になりうる。例えば、本国組織は海外赴任者との心理的契約を履行しているが、受入組織が履行していないことを考えてみよう。従来の概念では、海外赴任者は本国組織に対して肯定的な勤務態度や行動を示すことによって本国組織の心理的契約の履行に報いるし、受入組織の心理的契約の履行が低い場合には受入組織に対して否定的な態度や行動を示すことで報いると予測される。しかし、これは単純すぎるように思われる。海外赴任者は、受入組織が心理的契約を履行しなかった後、本国組織に対して否定的な感情をもつようになり、心理的契約の履行について両者に責任を負わせるようになる可能性がある（Schuster *et al.*（2021））。本国組織や受入組織のそれぞれ代表者は、他方との心理的契約に関連したコミットメントを意識する必要はないが、それでもなお、そのコミットメントが守られないと認識される場合には、その影響を受けるかもしれない。

人材開発の専門家は、海外赴任者が自分の心理的契約をどのように解釈しているか、また彼らが本国組織と受入組織にどのような責任を負っているかに注意を払う必要がある。本国組織は、海外赴任と海外赴任者の扱いに関する受入組織の期待を管理する責任がある。海外赴任者の海外経験について継続的に対話し、監視することで、複雑なシグナルが伝わり、防ぐことのできる問題で非難されることを避けることができる。コミュニケーションを通じて質の高い関係性を促進することで、海外赴任者と複数の雇用主との間の絆が生まれ、強められ、それぞれ組織とのより強い一体感を共有し、非常にプラスの成果をもた

らす。また、他の複数の雇用主との関係性（例えば、コンサルティング会社や顧客組織）については、今のところほとんど研究がなされていないが、同じような波及効果が生じるかもしれない。

目標の進捗状況は、人材開発における心理的契約の履行にとって重要である。雇用主がどれだけ一貫してコミットメントを守るかは、心理的契約の履行にとって重要な側面である。しかし、人材開発において見落とされている側面は、心理的契約の履行スピードまたは適時性である。取り決めが迅速かつ確実に履行されればされるほど、従業員は雇用されながら追求する目標の進捗状況を楽観視するようになる。訓練の遅れや昇進の遅れは、たとえ最終的に雇用主が訓練や昇進を提供したとしても問題となりうる。研究によると、重要な目標が達成される際の認知スピードは、どれだけ訓練が提供され、昇進するかよりも、心理的契約に関連する感情に影響を与えることが示されている（Lord *et al.*（2010））。報酬配分の一貫性とスピードは、心理的契約の履行に対する評価、安定した心理的契約の成立、その他の契約段階の移行に影響を与える。人材開発を効果的にするための成功要因は、将来の報酬配分のスケジュールに関して現実的な期待をもたせることである。

要約

心理的契約は、雇用関係の礎であり、それはどのように従業員が組織の人材開発活動に対応し、理解するのかを形成していく。人材開発は、従業員側の心理的契約に関連する信念の源泉に直ちになるものであるのみならず、これらの信念が実行される中心的な手段でもある。人材開発の実践は、マネジャーや人材開発責任者などによって提供される心理的契約に関連する情報に依存している。有効な人材開発の実践は、人材開発活動が従業員に対して送るシグナル、とくに将来生じる報酬や機会について従業員に示すコミットメントに注意を払う必要がある。心理的契約の成立と履行において目標が中心的な役割を果たすと考えると、人材開発が従業員と企業に提供する価値は、ニーズと目標が変化するにつれて人材開発の実践を更新し、修正する能力に依っている。

（翻訳：二神枝保）

引用文献

Chartered Institute of Personnel and Development (2011) The psychological contract. Downloaded June 28, 2012. http://www.cipd.co.uk/hr resources/factsheets/psychological-contract.aspx

Conway, E., A. M. McDermott, D. M. Rousseau and P. C. Flood (2013) The missing link in HR strategy: Leaders able to make effective psychological contracts. *Human Resource Management*, 52.

Lord, R., J. Diefendorff, A. Schmidt and R. Hall (2010) Self-regulation at work. *Annual Review of Psychology*, 61.

Rousseau, D. M. (1995) *Psychological Contracts in Organizations: Understanding Written and Unwritten Agreements*. Sage.

Rousseau, D. M. (2005) *I-deals: Idiosyncratic Deals Employees Bargain for Themselves*. ME Sharpe.

Schuster, T., B. Bader, D. M. Rousseau and K. A. Bader (2021) When foreign waves hit home shores: Organizational identification in psychological contract breach—violation relationships during international assignments. *Journal of Organizational Behavior*, 43 (3).

Tomprou, M., D. M. Rousseau and S. D. Hansen (2015) The psychological contracts of violation victims: A post-violation model. *Journal of Organizational Behavior*, 36 (4).

掲載項目の見出しの右端にあるⅠ～Ⅱのタグは、下記の領域の項目であることを表す。

Ⅰ　HRDに対し、大きなインパクトをもった、またもつ外的環境要因などに係る分野
Ⅰ－1　組織外
　　　　社会的・経済的・文化的な要因、動き、立法、理論モデルなど
Ⅰ－2　組織内
　　　　Ⅰ－2－A　組織の制度、活動、管理（マネジメント）、理論モデルなど
　　　　Ⅰ－2－B　HRMの考え方。理論モデル、システム、プログラム、技法など

Ⅱ　HRD分野
Ⅱ－1　HRDの哲学
Ⅱ－2　HRDの考え方、パースペクティブ、理論モデル、枠組みなどを提供している
　　　　諸科学（組織理論、心理学・行動科学、経済学、情報科学、システム論など）、HRD
　　　　に係る知見
Ⅱ－3　HRDの技法、プログラム、システム、ベスト・プラクティスなど
　　　　Ⅱ－3－A　訓練分野（当面のしごと能力アップ）
　　　　Ⅱ－3－B　開発分野（将来に向けたしごと能力アップ）、キャリア開発など
　　　　Ⅱ－3－C　組織開発、チェンジ・マネジメントなどの分野

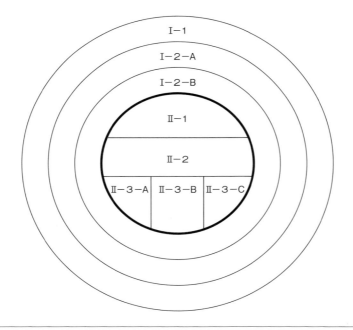

A〜Z

ADDIE（Analysis, Design, Develop, Implement, Evaluate）................. Ⅱ−2

　アメリカでのHRD実務においてひろく使われている訓練や開発のすすめ方の枠組み。ADDIEの枠組みはすでに20世紀半ばに生まれたTWIの中にみられるというが、軍部のISD（Instructional Systems Development）や、製造業の訓練を通じての業績改善のTPS（Training for Performance System）などがADDIEのよく知られた適用例である。

　ADDIEでは、人材の訓練による業績改善は一連のプロセスからなると考えていて、それが分析（analysis）、企画（design）、開発（develop）、実施（implement）、評価（evaluate）という5つのステップからなるプロセスである。プラン・ドゥ・シーあるいはマネジメント・プロセスに類似しているということができる。分析では、業績を診断し、問題点を見出し、改善の方向をさぐり、目標を設定し、それらを文書化する。企画においては訓練計画を策定する。また、教課計画も立てる。開発は策定した訓練・教課計画を実行するための紙ベースの教材やスライドなどを作成することである。インストラクター用の資料と参加者用のそれが別々に作成されるかもしれない。実施は訓練計画を実行し、その管理を行うことである。評価ではいうまでもなく、訓練がうまくいったかどうかを評価し、報告書をまとめる。訓練はこのADDIEの反復である。　　　　　　　（二神恭一）

→TWI、訓練ニーズ、訓練評価

ADEA... Ⅰ−1

　アメリカの年齢差別禁止法（The Age Discrimination in Employment Act of 1967）の略語。雇用における年齢による差別の禁止に関する特別法（公民権法第7編が差別に関する一般法）として制定され、40歳以上の者についての雇用における差別を原則として禁止している。従って年齢により一律に退職、あるいは解雇とする定年制はアメリカでは州の警察官、消防士、一部の上級管理職等の例外を除き違法となる。　　　　　　　　　（廣石忠司）

→EEOC

AFL-CIO（American Federation of Labor-Congress of Industrial Organizations）
.... Ⅰ−1

　アメリカ労働総同盟・産業別組織会議。1955年にAFL（American Federation of Labor：1886年結成）とCIO（Congress of Industrial Organizations：1938年結成）が合同して設立されたアメリカ合衆国の全国労働組合中央組織（ナショナルセンター）。AFLは熟練労働者主体の職種別労働組合の連合体。CIOは鉄鋼・自動車等、大量生産型産業を中心に組織された産業別労働組合の連合体。2005年、非正規雇用者の待遇など改革路線をめぐり、全米運輸労働組合（チームスターズ）などが脱退した。　　　　　　　　（百田義治）

→労働組合、職種別労働組合、企業別労働組合

AHRD（the Academy of Human Resource Development）……………………Ⅰ−1

1993年に設立された、主に大学に籍を有する研究者（教員と学生）の学会で、HRDのエビデンス・ベースの研究気運が高まる中で生まれた。学会定款では研究を通じHRDに寄与するというミッションがうたわれている。この点で実務家、プロフェッショナルの協会であるASTD（the American Society for Training & Development）とは対照的だが、両者の合同研究会などもある。AHRDは国際性を標榜しており、アメリカ以外の会員も増えている。　　　　　（二神恭一）
→ASTD

AI→人工知能

ASTD（the American Society for Training & Development）……………………Ⅰ−1

アメリカ訓練・開発協会のこと。1940年代に設立された「アメリカ訓練責任者協会」（the American Society of Training Directors）が前身の組織で、HRDの実務家・プロフェッショナルの情報交換・共有、相互啓発、情報発信・出版などを行っている。ASTDのHRDのコンピテンシー・モデルはよく知られている。ちなみに、HRDのコンピテンシー・モデルとはその担当者が高業績をあげるための人的要件を示すものである。（二神恭一）
→コンピテンシー・モデル

BPR（Business Process Re-engineering）……………………Ⅰ−2−A

ビジネス・プロセス・リエンジニアリングの略で、企業の抜本的な業務改革のこと。より具体的には、事業の業務プロセスを再設計し、業務フローや職務、管理機構、情報システムなどの構造や体制をその根幹から変革することを指す。ITツールを用いつつ、企業における全ての活動を市場・顧客志向へと変革することが企図されることが多い。抜本的な変革という意味で、既存の体制を前提とした局所的修正を意味する業務改善とは区別される。　　　　　　　　（上林憲雄）
→業務革新、リエンジニアリング

CAD（Computer Aided Design）……………………Ⅰ−1, 2−A

これは電子設計のフィジカルレイアウトを支援する手段としてコンピュータを活用する技法のことである。もう少し具体的に説明すると、コンピュータ・グラフィックディスプレイ・自動製図機等の情報処理機器を用いて製図や設計を対話的・自動的に行うことであり、これらに含まれる設備は入力装置・コンピュータ（中央処理装置）・外部記憶装置・出力装置等である。この中、入力装置としてはキーボード・デジタイザ・ライトペン・画像入力装置等があり、出力装置としては自動製図機・プロッタ・ハードコピー装置等がある。このCADシステムの本来の目的は、一つは設計者の生産性向上であり、もう一つは製造データベースの作成である。個々の機能としては、部品表の作成、部品構造の解析、図面の作成、設計データベースの作成と利用、グループテクノロジーの適用、形状の分類、NC（Numerical Control）テープの準

備等が考えられる。

上記のような部品形状を決定するための技法であるCADと、その部品を加工するためのNC情報の作成とが結合されれば部品製図を作成する必要がなくなり、設計や生産の効率が大いに向上することになる。コンピュータにより設計と生産を統合化させたものをCAD／CAMシステムと呼ぶが、統合化の完全な対応はなかなか難しい問題である。

（二神恭一）

→CAM、CIM

CAM（Computer Aided Manufacturing）

……………………………………Ⅰ－2－A

これは製造工程における生産装置のプログラムや管理を支援する手段としてコンピュータを活用する技法である。言い換えれば、企業の物的・人的資源に関するコンピュータ共有データを直接的・間接的に利用することにより、製造工程の管理や作業を効率的に行うためのコンピュータ活用技法であるといえよう。製造工程には素材から製品に至る物の流れとそれを支援する情報の流れの基本的な2つの流れが考えられるが、コンピュータの支援に置き換えられてきた近年においては、後者の流れを明示しながら作成していく必要性が広く認識され、その重要性が大いに確認されるようになった。

このようなCAMは機械加工・組立工程・工程設計・生産管理等の自動化に利用されているが、コンピュータ活用の技術は60年をこえる歴史を経ながら知識の蓄積がなされ、それがCAMの中核となっている。NC（Numerical Control）自動プログラミング・NCソフトウェア・自動工程設計・自動生産管理・自動スケジューリング等がそれである。

なお、部品形状を決定するための技法であるCADと、上記のCAMを統合化させたものがCAD／CAMシステムと呼ばれるものである。さらに、生産のための計画・管理の諸問題解決を支援するCAP（Computer Aided Planning）をも加えた統括されたシステムをCIMと呼んでいる。　　　　　　　　　（二神恭一）

→CAD、CIM

CCS（Civil Communication Section）**研修**

……………………………………Ⅱ－3－A

第二次世界大戦後、GHQ（在日駐留軍総司令部）の民間通信局（Civil Communication Section）によって紹介された経営幹部に対する研修プログラムである。当初は、電気通信産業分野の経営層に対し、科学的経営の方法に関する教育が行われたが、その後、日経連によって内容がまとめられ、CCS研修として実施された。教育内容は、品質管理、人事管理、財務管理、原価管理、経営方針管理、組織運営と統制などから構成されている。　　　　　　　　　（谷内篤博）

CDP→キャリア開発プログラム

CEO（Chief Executive Officer）……Ⅰ－2－A

最高経営責任者と訳され、組織における最高の地位で業務執行を行う役職員を指す。米国においては、法人の理事会（会社の場合には取締役会）によって選任されるのが一般的であるが、定款の定め

により社員総会（株式会社の場合は株主総会）で選任される場合もある。ただし、日本においては、会社法の規定により、あくまでも会社の代表権を有するのは代表取締役（委員会設置会社については代表執行役）であり、CEOの権限や責任に法的裏付けは何もなく、社長や会長と同じく会社の内部職制の呼称でしかない。要するに、日本では実質的に社長や会長など、いわゆるトップ・マネジメントと同義に理解しても差し支えない。

こうしたCEOという呼称法は1990年代に入り日本の実務界にも急速に広まったが、この背景には、当時、グローバリゼーションの進展に伴って、日本的な経営システムをより国際標準に近づけようとしていたことと無関係ではない。実体の変化は伴っていなくとも、せめて呼称だけは国際標準に合わせることで、グローバルに活躍する企業という印象を社会からは持たれやすいと考えられたためである。昨今では、同様の理由からCOO（Chief Operating Officer：最高執行責任者）やCFO（Chief Financial Officer：最高財務責任者）、CTO（Chief Technology Officer：最高技術責任者）、CHO（Chief Human Officer：最高人事責任者）、CIO（Chief Information Officer：最高情報責任者）といった呼称を用いる企業もある。　（上林憲雄）
→トップ・マネジメント

CHRO（Chief Human Resource Officer）
....Ⅰ-2-A, B
　企業経営陣における人事最高責任者のこと。CHROの役割は、従来の人事部長とは異なり、持続的な企業価値の向上を実現するために、企業理念や存在意義（パーパス）、経営戦略を明確化したうえで、経営戦略と連動した人材戦略を策定・実行することである。また、CHROは、従業員や投資家に対して、経営戦略を実現するにあたり不可欠となる人材戦略を積極的に発信するとともに対話を行い、そこで得た気付き等を人事戦略や人事施策へ反映させることが期待されている。　　　　　　　　　　　（徳田展子）
→戦略的人的資源管理、戦略的人材開発

CI（Corporate Identity）.................Ⅰ-2-A
　CIとは、企業の自己革新力の育成とコミュニケーション力の統合を図ることで企業文化を革新・確立し、次に企業イメージの革新と存在価値の明確化を図ることで行う組織変革のマネジメント施策体系である。CI活動とかCI計画といった用語で使われ、具体的な施策はVI（デザイン）系、MI（理念）系、BI（行動）系に分類でき、多様にある。

　CIは、欧州と米国において1950年代に主にデザイン面の統合による事業効率の向上を目的に企業のマーケティング活動として始まっている。日本においては、1970年前後に小売業の大企業が米国から導入し、その後製造業や中小企業が導入し、さらに公共団体、学校、組合、商店街等の多様な組織が導入し、その隆盛は1990年代初頭である。1970年代は企業の名称変更を含むイメージやデザイン面の開発に、1980年代は新しい経営理念の制定や従業員の意識・行動変革とモラールの向上に、1990年代以降は新事業の創造・展開に目的をおいた新

CIが登場している。2000年代に入り、CIという用語は聞かれなくなったが、今日でも名称や内容を変えて組織変革のマネジメントのツールや施策として継続・実践している企業もある。

（松田陽一）

→コーポレート・カルチャー、マーケティング、組織変革

CIM （Computer Integrated Manufacturing）
....I－2－A

これは、米国ヒューレットパッカード社によると、技術と製造を結合して計画・管理や直接の生産にわたる全機能を自動化する具体的行動とその総合生産システムと定義づけられている。これを別の視点から眺めると、総合生産システムを構築して従来は別々であった機能を一元化して管理するため、既存の技術と人間を結び付ける戦略的活動と見ることができる。具体的には、これは生産活動における3つの技法、すなわちCAP（Computer Aided Planning）、CAD（Computer Aided Design）、CAM（Computer Aided Manufacturing）を統括したシステムと考えられる。この中、CAPは生産のための計画・管理の諸問題解決を支援する手段としてコンピュータを使用する技法であり、CADは電子設計のフィジカルレイアウトを支援する手段としてコンピュータを使用する技法であり、CAMは製造工程における生産装置のプログラムや管理を支援する手段としてコンピュータを使用する技法である。

このCIMシステムには、生産の固有技術を中心に統括化を図ろうとするボトム・アップ型アプローチと、企業経営全般の流れの統括化を図ろうとするトップ・ダウン型アプローチの2つが考えられるが、後者は同じCIMでもむしろComputer Integrated Managementと表現されるべきであろう。 （二神恭一）

CS （Customer Satisfaction）..........I－2－A

CSとは、顧客の期待値を上回る商品・サービスを継続的に適用できる管理システムを稼働することによって顧客の支持を得て新規顧客創造とリピート率が維持・向上される状態をいう。

顧客満足の事例として、満足を超える「感動」で差別化しているザ・リッツカールトン（ホテル）の戦略を紹介する。「ゲストがパソコンをホテルの部屋に置き忘れてしまったとき、パソコンを見つけた清掃係は、自らそのパソコンを持ってアトランタからハワイまで飛行機で飛び、お客様に国際カンファレンスでのスピーチ直前に届けた」という。

管理の進め方は、顧客の顕在的・潜在的ニーズを発見し、それを満足させるように経営活動を方向づければ、企業その他の組織目的を達成できる機会が醸成される。全組織的な立場から顧客満足に向けて統合・調整を図る経営活動が要求されている。

顧客満足を測定するモデルとしてACSI（American Customer Satisfaction Index：米国顧客満足度指数）がある。ACSIは、顧客の期待、知覚品質、知覚価値を測定することにより、顧客満足を図り、その成果の満足度が高ければ推奨意向（口コミ）となりロイヤリティ（今後も継続して商品

やサービスを利用する）が高まるとしている。

顧客満足の向上が、顧客の再購買、価格弾力性、口コミ、他者紹介といった意図ないし行動に対して正の影響を持つか否かの検証が繰り返されている。

（井上博文）

CSR→企業の社会的責任（CSR）

EdTech ································ Ⅱ－3－A，B
Education（教育）とTechnology（技術）を組み合わせた造語。科学技術を用いて教育を支援する仕組みやサービスを指す。AIやVR（Virtual Realityの略語、仮想現実又はこれを体験できる仕組み）などの先端技術のほか、オンライン学習を可能とする汎用的な情報通信技術を広く含む概念である。EdTechを利用した学習には、時間や場所を選ばずにできるという利点があり、学校教育現場のほか、企業研修や職業訓練の現場においても広く利用が進められる傾向にある。

（石﨑由希子）

EEOC ································ Ⅰ－1
アメリカにおける雇用機会均等委員会（Equal Employment Opportunity Commission）の略語。公民権法第7編等に基づく各種の雇用差別に対する救済、法違反の是正のため、1965年に連邦政府に設置された行政機関。日本における行政機関である都道府県労働局の雇用環境・均等部とは、①取り扱う差別は性別に限らず、年齢、人種、宗教等多岐にわたる点と、②委員会自らが差別是正のために民

事訴訟を提起できる点が異なる。

（廣石忠司）

→ADEA

ERG理論 ································ Ⅱ－2
ワーク・モティベーションに関する内容理論の一つである。アルダーファー（Alderfer, C. P.）は、マズロー（Maslow, A. H.）の欲求階層説で5つに分類されていた欲求を、生存欲求（Existence）、関係欲求（Relatedness）、成長欲求（Growth）の3段階に整理・集約し、ERG理論を提唱した（Alderfer（1972））。

最も低次の欲求である生存欲求は、食糧や住環境など人間の生存のために必要なあらゆる物質的・生理的欲求であり、マズローの生理的欲求と安全の欲求に対応する。関係欲求は、家族や友人、職場の同僚・上司・部下など、周囲の重要な人たちとの良好な人間関係の維持、発展を求める欲求であり、マズローの所属と愛の欲求、承認の欲求に対応する。そして最も高次に位置付けられる成長欲求は、マズローの自己実現の欲求に対応するものであり、人間らしく生きることや成長を求める欲求、創造的かつ生産的であろうとする欲求のことである。ERG理論では、マズローの理論と同様に、生存欲求と関係欲求は充足されると強度や重要性が減少するが、成長欲求は充足されても強度や重要性が減少しないとしている。ERG理論におけるマズローの欲求階層説との相違は、複数の次元の欲求が同時に生じることがあるとしている点にある。

（久保沙織）

→欲求階層説、動機づけ

ESG経営 (Environment Social Governance Management) ……………………Ⅰ−2−A

社会と企業の持続的発展に求められる諸問題の解決に向けた経営をいう。ESGとはEnvironment（環境）、Social（社会）、Governance（ガバナンス）の頭文字による造語である。環境問題とはCO_2の排出削減や再生可能エネルギーの使用による温暖化防止、プラスチックごみや産業廃棄物の低減などであり、社会問題とはサプライチェーンにおける人権問題の解消、ダイバーシティやワークライフバランスの実現、労働時間の短縮などである。ガバナンス問題とは情報の開示、ステークホルダーとの利害調整、外部取締役や女性管理職の登用などである。こうした環境・社会・ガバナンスの諸問題の解決に取り組み、企業の長期的発展と持続可能な社会の実現を目指すものがESG経営である。

ESG概念への社会的関心の高まりが国連による「責任投資原則（PRI）」（2006）におけるESGの提唱にあったように、ESGはまず投資基準として注目された。CSRやSDGsとの相違はこの点にある。ESG投資は、従来の投資のように売上高や利益ではなく、「環境・社会・ガバナンス」の観点から投資対象が選定される。ESG経営は、このようなESG投資の要請に応えることで資金調達を有利にすると同時に、ブランド価値も向上させようとする取り組みである。（百田義治）
→ESG投資、企業の社会的責任（CSR）、SDGs、ROESG

ESG投資 ……………………………Ⅰ−1

環境（Environment）・社会（Social）・ガバナンス（Governance）を評価・考慮して行う投資のこと。2006年に国連が「責任投資原則（PRI）」を提唱したことによって、世界の年金基金などのアセット・オーナーやアセット・マネジャー等の機関投資家に急速に受け入れられるようになったコンセプトであり、その根底には、市場機能を十分発揮するための土台ともいえる環境や社会への持続可能性に対する強い危機感がある。

機関投資家は、企業の財務情報に加えて気候変動問題や人権問題への取組み、人的資本への投資やガバナンス体制の在り方などESGに関する非財務情報を中長期的視点で分析・評価することにより、様々なリスクや機会を見極めた投資判断につなげることが可能となる。同時に機関投資家は、社会課題の解決に取組む企業への投資を通じて、豊かで持続可能な社会の実現に貢献することができる。

ESG投資の手法は様々で、例えば、従来の投資プロセスにESGの要素を組み入れて総合的に投資判断を行う「ESGインテグレーション」や、特定のセクターや個別企業をポートフォリオから除外する「ネガティブ・スクリーニング」などがある。　　　　　　　　（徳田展子）

FA (Factory Automation) ……………Ⅰ−2−A

ファクトリー・オートメーション（Factory Automation：FA）とは、工場を中心とした生産工程の自動化を図るシステムを指す。

FAのタイプは装置工業を対象とする

プロセスオートメーションと機械工業を対象とするメカニカルオートメーションに大別される。前者のプロセスオートメーションは計装管理を中心に比較的早くから実用化されているが、近年のFA化の主体である後者のメカニカルオートメーションの方は若干遅れて完成化の道をたどってきた。

メカニカルオートメーションの初期段階はトランスファーマシンを中心にした固定型オートメーションであったが、その後NC（Numerical Control）マシンの台頭によりプログラム型オートメーションに移行していった。1960年代から、フレキシブルな生産システムであるFMS（Flexible Manufacturing System）やマシニングセンターが台頭した。70年代以降、ME（Micro Electronics）技術等の導入により、コンピュータ制御型のオートメーションが実用化された。

近年、製造業を中心とする企業のDX（Digital Transformation）化、スマートファクトリーの実現、インダストリー4.0といったコンテクストのなかで改めて注目が集まっている。

FAは、生産や技術の合理化に大いに貢献していることは事実であるが、他方、資本投資の過大化により企業間格差を生むこと、管理の集中化により人間間のコミュニケーションが希薄になりやすいこと、合理化により失業問題が起こりかねないこと等、留意すべきことも多い。　　　　　　　　　　　（二神恭一）

→無人工場

FMS……………………………Ⅰ－2－A

Flexible Manufacturing Systemの略称であり、「フレキシブル生産システム」という。生産方式の一つ。一つの生産ラインにおいて複数の製品の製造を可能とする柔軟な生産システムのことをさす。産業ロボットなどによる作業工程の自動化と、コンピュータ化による作業工程の一元管理がFMSの基盤となっている。FMSのメリットとしては、多品種少量生産などの消費者のニーズの多様化への対応や、生産計画の変動への柔軟な対応が可能となることなどが挙げられる。

（大野貴司）

H1Bビザ（H-1B visa）………………Ⅰ－1

アメリカの非移民の就労ビザの一つであり、これにより外国人がアメリカで大学教授、医師、弁護士、エンジニア、ITスペシャリストなどの専門職で働ける。アメリカの企業が、これらの分野の専門知識を持っていて学士か同等以上の学歴を持つ非移民の外国人を、労働者として期間を定めて雇うときに雇用主が申請する。

H1Bビザ取得者の大半はIT関連の人材である。雇用主は同様の経験・資格を持つ他の労働者に払う賃金以上の賃金をH1Bビザの非移民の外国人に払わないとならない。これは外国人を守るためだけでなく、アメリカ人を守るためでもある。2019年度（2018年10月〜2019年9月）のH1Bビザの発行数は約18万8000件だったが、対象者の国籍はインドが70％、中国が15％となっている。H1Bビザは3年間有効であり、さらに3年まで延長可能である。アメリカ人の雇用を守るた

め、アメリカのトランプ政権はビザの審査を厳格化した。H1Bビザの承認率はオバマ政権下の9割台からトランプ政権下では8割台に低下した。その後、バイデン政権はH1Bビザの審査の厳格化を実施していない。　　　　　　（二神常爾）

HRD （Human Resource Development）

························· Ⅱ－1, 2, 3－A, B, C

企業における人的資源（human resource）の需要と供給を調整して経営計画に必要な人的資源を確保することを人的資源開発という。現在、企業が直面している人的資源についての問題は、必要な人材が不足している一方で、必要でない人材を抱えているということである。産業社会がネットワーク情報社会へ移行しており、それに伴い産業構造の転換が迫られている。転換の過程で、新しい事業機会が拡大されるが、その時求められるのは、これまでとは違った質の人的資源である。産業社会がネットワーク社会へ移行している以上、情報システム能力を中心とした専門能力をもった人材の育成が重要となる。それは今までのゼネラリストとは異質のもので、経営システムの構造を解明し、必要なシステムを設計し構成する能力が必要とされる。また、システムから得た情報に流されることなく自分固有のプログラムを組めるだけの能力が要求される。この固有の情報分析とプログラムを作成できる専門能力がこれからの人的資源開発の基本となろう。そのような専門能力という資産をもつ者だけが生き残れるともいえる。企業はそのような人材を求め、育て、蓄積し活用して

いくことが重要な経営戦略となっていくだろう。　　　　　　　　（鴇田正春）

→巻頭論文P1～20

HRDの動向 （current streams of HRD）

··· Ⅰ－1, 2－A, B, Ⅱ－1, 2, 3－A, B, C

良し悪しはさて置き、また例外は多々あるにしても、あえていえば、20世紀後半からのHRDは実務も理論もアメリカが牽引している。同国のHRDの実務の流れは、以下のように要約できるだろう。1）上司と部下、トレーナー（trainer）とトレーニー（trainee）の濃厚な人的関係による、担当職務の能力向上を目指す教育・訓練から、ひとがもつ様々な潜在能力を引き出し、顕在化させることで本人を開花させ、同時にそれが組織への貢献にもなるという人材開発（development）への移行（資源ベース）、2）HRDを事業戦略と結び付ける戦略的HRD、戦略的訓練の台頭、3）さらにHRDを戦略のアウトカム、組織業績（performance）とリンクさせようという動きの加速化、HRDからの業績改善システムの構築、4）グループ、チームや組織をてこにした人材開発実務の発展、HRDとODとの相互浸透、5）グローバル化の進展へのHRDの対応、6）ダイバーシティ、インクルージョンへの加速する取り組み、7）OJT、クラスルームでの座学といった伝統的訓練方式のほかに、ITを活用したeラーニング、オンライン・ラーニング、コラボレーティブな学習などの活用。

20世紀末から顕著な進展が見られるが、これは1993年にHRDのアカデミー

（AHRD）が設立されたことと無関係ではないだろう。このアカデミーの大多数の会員はレイ・セオリー（lay theory）でなく、エビデンス・ベースの理論を志向し、HRDに寄与しようとしている。またギリシャ・ローマ時代から現代にいたるHRDの哲学や、古代から産業革命までの主要なHRDのシステムだった徒弟制の研究なども行われている。さらに、応用学科（applied discipline）を意識してのHRDの理論的整序もこころみられている。たとえば、心理学と経済学とシステム論をベースにすべきだとする3本柱論（three-legged stool（Swanson, R. A.））や、もっと多くの学科がHRDのベースになるという蛸足（octopus）論や百足（centipede）論（McLean, G. N.）などが議論されている。　　　　　　　　　　（二神恭一）

→HRD、OD、戦略的訓練、業績パラダイム、ダイバーシティ、インクルージョン

HRM （Human Resource Management）
···Ⅰ－2－B
　人的資源管理と訳される。一般に企業あるいは組織はヒト・モノ・カネ・情報から構成されている。企業がその時々の目標に向かって経営資源を動員する行為を管理と呼ぶ。そこでヒトを重要な経営資源と考え、このヒトを対象とした企業の管理活動が人的資源管理である。モノを管理の対象とした管理と区別して人的資源管理という。

　ヒトを対象とした管理は、1960年代以前では、労務管理あるいは人事労務管理といわれ英語ではpersonnel management　と呼ばれてきた。しかし今日では、世界においてpersonnel managementに代わり、human resource managementという言葉が使われている。

　人的資源管理という言葉がよく利用されるようになった要因の一つは、ヒトは経営における重要な資源であり、その人的資源には作業現場の労働者のみならず、ホワイトカラー労働者、技術者、専門家、管理者、経営者も含まれることである。現場労働者を対象とした労務管理とは異なり、対象としている人材が多様になり、その管理の仕方も多様であることを前提としている。

　第2の要因は、ヒトを機械やカネのようにモノとして扱うのではなく、人的資源の人間的側面を重視しようとしていることである。例えば、人的資源管理の中にQWL（Quality of Working Life：勤労生活の質）なども含めて研究することである。勤労者の作業現場を離れた生活においてもより人間的な生活に配慮しようとしていることである。従来の労務管理では、現場の作業者を機械のように見なし、経済的動機のみで行動するとみなされていた。そこから管理手法としても、無駄のない機械的な行動や金銭的刺激が重視されてきた。組織の中の人間は人間としての基本的欲求を仕事の中に求めていると想定されるようになったのである。

　第3の要因は、労使関係の確立に伴い、ヒトを対象とする管理の中でも、団体交渉の対象となる管理項目とそれ以外の管理制度を区別する必要が出てきたことである。例えば管理者を対象とした年俸制は団体交渉の対象にならないが、年俸制をどのような形にするか、どのよ

うに運用するかは人的資源管理の重要な研究対象である。人的資源管理の中には、労使の交渉のみならず経営者のイニシアティブで導入される管理制度も研究対象に含まれる。

　人的資源管理が取り扱う制度としては、募集・採用の諸制度、教育訓練制度、配置転換や昇進、人事考課、賃金制度、福利厚生制度、目標管理制度などがある。　　　　　　　　　　　（奥林康司）
→組織行動、人事管理

ICT （Information and Communication Technology）······································ I−1

　1980年代から使われてきたICTという略語は時代とともにそのコンセプトが変化してきた。当初インターネットを始めとした様々な機器を結ぶシステムのための技術という意味合いだったが、2000年代になり機器が広く使われるようになってからは、IT（情報技術）を活用した対人コミュニケーションの意味合いももつようになった。2014年頃からICT教育の中でプログラミング教育が重要視されると、ICT教育にプログラミングの意味合いも含まれるようになったが、これはICTの本来の意味を逸脱するとの考えもあり、プログラミング教育をICT教育と分離して、コンピューティングと区別するようになった。近年ICTの先進国であるイギリスでは日本でいうICT教育をコンピュータサイエンスと命名し、プログラミングを含む全般的な情報・統計、コンピュータに関する学問を確立している。

　ICTのバリエーションは現在も進化し

ており、コロナ禍においてテレワークやオンライン授業もICTの活用の一つと位置づけられるようになった。（安藤　昇）

IE （Industrial Engineering）········ I−1, 2−A

　経営目的を定め、それを実現するために、社会環境及び自然環境との調和を図りながら、人、物（機械、設備、原材料、補助材料及びエネルギーなど）、金、情報などを最適に計画、運用し、統制する工学的な技術・技法の体系である。現在では、制御、情報処理、ネットワーク、最適化、シミュレーションなど様々な工学的手法が取り入れられ、その体系自身が経営体とともに進化している。

（蓮池　隆）

ILO （International Labour Organization）
　······································ I−1

　国際労働機関のこと。1919年に設立。1946年に国連システム内の最初の専門機関となる。ILOの目的は国際労働基準の制定を通し世界の労働者の労働条件と生活水準の改善を図ること。主要活動は、国際労働基準の作成、開発途上国への技術協力、各種研修・教育・調査研究。政策の策定時、労働者と使用者の代表が政府代表と平等の発言権を持つ。2023年9月現在、187か国が加盟。日本はILO設立時からの加盟国。本部はスイスのジュネーブ。　　　（横山和子）

IQ （Intelligence Quotient）···················· I−1

　「知能指数」のことである。知能の水準と発達の程度を「知能検査」で測定して、その結果を数値化したものである。

主に2つの測定方法がある。一つは、実年齢に対して精神年齢がどの程度発達しているかを、その比率を100倍した数値にして計算する方法である。これには、異なる年齢の人の知能を比較できず、年齢が高くなるほど値が低く計算されるなどの問題がある。もう一つは、年齢別の平均値を基準に算出する「偏差IQ」と呼ばれる方法である。同年齢の集団においてどの程度の発達レベルなのかをより正確に把握することが可能なため、現在広く用いられている。

　一般的に知能指数が高いということは、頭が良いことを指している。ビネー式をはじめ知能検査の方法は多種多様である。しかし、測定された知能は、検査法によって意味も構造も異なるため、数値そのものが頭の良さを示していると即断すべきではない。また、知能指数の高い人の中には、社会的な適応能力に欠けているとみなしうるような人もおり、その高さがそのまま人的資源として有能であるとも言えない。検査法は精神遅滞児の発見のために開発されたという事情もあり、それ以外の利用には注意すべきである。　　　　　　　　　　　（王　英燕）

ISO ……………………………………… I−1
　ISO（国際標準化機構：International Organization for Standardization）は、スイスのジュネーブに本部を置く非営利法人で、国際規格を定めている。ISOの目的は世界で共通する基準を定めることによって国際間の取引を円滑にすることにある。

　人材マネジメントに関連する国際規格としては、投資家が非財務情報の中でも特に人的資本に強い関心を寄せるようになったことをうけて2018年に発行されたISO30414「人材マネジメントに関する情報開示のガイドライン」が挙げられる。　　　　　　　　　　　（團　泰雄）

JIT （Job Instruction Training） ……… II−3−A
　監督者は部下、とくに新しい部下にしごとの仕方をどう教えたらよいか、監督者のための定式訓練で、TWIにおいて最初に開発された訓練方式である。監督者は部下にしごとを効率的、経済的に、また安全に知的に遂行すること、道具、設備、材料を正しく使うこと、職場をよく整頓しておくことを教えなければならない。このため、監督者は準備、自らのスキルのプレゼンテーション、自らの実施、そしてフォローアップをしなければならない。　　　　　　　　　　（二神恭一）
→TWI、JMT、JRT

JMT （Job Methods Training） ……… II−3−A
　絶えざるしごととその質（quality）の改善のための訓練プログラム。TWIの有名な訓練方式。JMTではしごとを個々のステップに分け、各ステップを有用性と能率の2点から詳しく、慎重に分析し、これまで見落としていた点がなかったかどうかをチェックし、新しい遂行方法を見出そうとする。JMTはデミング（Deming, W. E.）のモデル、シックス・シグマ、カークパトリック・モデルなどのアメリカの品質改善運動の源流にもなる。　　　　　　　　　　　（二神恭一）
→TWI、JIT、カークパトリックの訓練評価

モデル

JRT（Job Relations Training）……Ⅱ−3−A
　しごとをめぐる監督者と部下の人間関係に関する訓練プログラム。TWIの訓練方式で、JITとJMTがしごとそのものの訓練であるのに対し、JRTは監督者は部下をどう扱うべきかという人間関係の訓練方式であって、当時の職場では人間関係のトラブル、アブセンティズムの問題が多発していた。JRTにはいくつかのヴァージョンがあるが、最初のものでは部下が人間であり、また個人であることを認識し、本人がどう感じているか（how they feel）知ることがきわめて重要だとしていた。　　　　（二神恭一）
→TWI、JIT、JMT

JST（Jinji-in Supervisory Training）
……………………………………………Ⅱ−3−A
　JSTは、人事院がMTP、TWIなどを参考にして、事務部門監督者層を対象にして開発した監督者研修コースで、人事院式監督者研修と呼ばれている。公務員だけでなく、民間企業にも広く普及した。訓練は討議法に基づく定型訓練コースで、15名前後の小集団で実施され、内容としては組織と監督者、仕事の管理、仕事の改善、部下の教育訓練、部下の扱い方の5コースから成り立っている。正式な資格を有する指導員のもとで、1回2時間の訓練を13回受講するのが標準コースである。　　（谷内篤博）
→監督者教育・訓練

KJ法……………………………………Ⅰ−1
　川喜田二郎教授の創案による発想法であり、名称は教授の氏名の頭文字に由来する。10人内外をチームに編成し、チーム各人のもつ断片的な情報を出し合い、それらを分析し、整理し、相互関連性を考察する中で新しい発想を生み出そうとするものである。教育訓練の方法としても用いられ、表現力、判断力、分析力、整理・総合力、発想力の育成に効果があるとされている。教授の現地調査研究の過程から生まれた手法である。
　　　　　　　　　　　　　（関口　功）

LAN（Local Area Network）……………Ⅰ−1
　同一の建物や大学構内など比較的狭い範囲に限定された空間で、複数のコンピュータやプリンタ等の情報機器を相互に接続することによって形成される分散型ネットワーク。
　代表的な例としては、企業の各部署における共用のプリンタのように複数の端末による共通の周辺機器の使用や、文書や顧客などの各種データをネットワーク上に保存し、そのネットワークへのアクセス権限が認められたユーザ間でデータを共有できるシステム等の総称。
　　　　　　　　　　　　　（田村正文）

LMS→学習管理システム

ME化………………………………Ⅰ−1, 2−A
　Micro Electronics化の略称であり、数値制御（NC）機械や産業用ロボットなどに代表されるマイクロエレクトロニクス（ME）技術を応用して開発された技術を工場における各工程に取り込むこ

と。従来は人間が行っていた作業を機械に行わせる自動化の促進により、作業における省人化が可能になること、作業効率の改善や品質の向上などのメリットがある。また今後、ME技術の進化により、企業が新規事業の進出を可能とするなどの効果も期待できる。　（大野貴司）

MPS（Motivating Potential Score）
....Ⅰ-2-B, Ⅱ-3

仕事が潜在的にどれだけ個人を動機づけるかを表した数値である。ハックマンとオルダム（Hackman, J. R. and Oldham, G. R.）によって提唱された「職務特性モデル」（Job-Characteristics-Model）理論から開発されたもので、調査票の数値と計算式で導き出すことができる。スキル多様性（skill variety）とタスク・アイデンティティ（task identity）とタスク重要性（task significance）を足して3で割り、さらに、それに自律性（autonomy）、フィードバック（feedback）を掛けた数値である。スキル多様性、タスク・アイデンティティ、タスク重要性は仕事の有意味感を喚起し、自律性は責任を認識させ、さらに、フィードバックには仕事の把握度が反映される。それらが合わさると、仕事それ自体に強く動機づけられるとされる。

計算された数値を比較することで、それぞれの仕事が、どの程度動機づけに貢献するかを診断するための手がかりを与える。数値が高ければモチベーションの向上を通して、欠勤や離転職を少なくし生産性や効率の向上に貢献する。逆に、この数値が低ければ、高くなるように仕事を再設計することを示唆している。ただし、これらの要因による動機づけには個人差があり、数値が高ければ必ずモチベーションが高くなるというわけではない。　　　　　　　　　　　（王　英燕）

NM法（NM method）.................Ⅱ-3-A

創造工学研究所所長の中山正和によって考案されたアイデアや発想を生み出すための技法。中山のNと正和のMをとってNM法という。NM法は類比（アナロジー）を使って発想をする技法で、もともとは製品開発に用いられていたが、マーケティングなど幅広く利用されている。手法はある与えられたテーマに対するアイデアを1枚ずつカードに記入して並べる。そしてこれらのカードから理論的に関連しうるヒント（発想）を発見し、これらを組み合わせることで製品開発などにつなげる。　　　　（松原敏浩）

NPO（Non-Profit Organization）
....Ⅰ-1, 2-A

NPOは、営利を目的とせずに社会的課題を解決しようとする組織であり、非営利性、非政府制、組織的実在、自立性、自発性を共通要素として持つと定義される（Salamon（1995））。NPOでの働き方や人材育成に特殊性があるわけではないが、ミッションの達成とNPOの持続性の両方に貢献することが求められる。NPOが営利事業を行わない限り、資金調達は寄付や助成金に頼る必要がある。資源を獲得するメンバーが有能なNPO成員ということになれば、評価は大きく変わる。資源をもたらすこととミ

ッションの達成が常に一致するわけではなく、それぞれの貢献を行う人物が同じである必要もない。

多くのNPOはボランティアによって支えられており、積極的なボランティアの参加が増えるほど良い成果が得られるとされている。NPOでの労働は、資源の供給による場合もあるが、心理的報酬として報酬が与えられる場合もある。ボランティア労働を活用することで人件費を節約し、NPOの持続性を確保することもある。報酬が少ないことに不満があるかもしれないが、ミッションを強調することでその不満を抑え込むことができる。一部のNPOではガバナンスの不備が見受けられる場合もある。特に利益が絡む大規模なNPOでは、ロビー活動や金銭の授受が頻繁に行われ、ガバナンスの不全によって富裕なNPOの成立が可能となることもある。しかし、こうした要素を考慮しつつも、NPOは社会的課題解決と持続性の両面で貢献を追求することが特徴である。　　　　（大木裕子）
→ボランタリー組織、ボランタリズム

OA（Office Automation）…………Ⅰ－2－A

パソコン、ワープロ、ファクシミリ等の情報機器の支援によって、事務作業の生産性を高めることを目的としたオフィス・システムを構成・運営することをいう。この言葉はオートメーションの考え方が一般化した1950年代末にも使われたが、情報機器の発達に伴い、1970年末頃から本格的に用いられるようになった。OAの定義は確定的なものはないが、例えば、デイビス（Davis, G. B.）と

オルソン（Olson, M. H.）は、「販売、生産、物流、人事といった組織機能のうち、OAは情報処理機能に含まれ、文書処理、電子メール、電子ファイル等によって知識労働や事務作業を幅広く支援するものである」としている。

現在、OAの意味は拡大している。オフィス空間の概念が、出張先、工場や店頭、自宅まで拡張してきたこと、事務の性格が多岐にわたり複雑化してきたこと等の理由による。具体的には、従来のオフィス内での文書作成や計算処理等の情報処理支援だけではなく、時間・空間を超えて、幅広く人々の行動を支援する機能が付加される。パソコンの小型化・軽量化によって、社外でも容易に事務作業ができ、電話回線を通じて本社にデータを送ることが可能となっている。グループ作業を支援する「グループウェア」も発達してきている。さらに、設計データを複数の企業間で共有することによって同時並行的に開発を進める「コンカレント・エンジニアリング」にみられるように、異質な空間を連結する、組織間の関係を創造し変化させるという機能も注目される。　　　　　　　　　（涌田幸宏）

OD（Organizational Development）
………………………………………Ⅱ－3－C

一連の系統的な手法を用いて、組織における効率性や生産性を向上させるために組織戦略、構造と文化を変革する継続的なプロセスを意味する。グループ構成メンバーの教育というソフトの面に主眼をおき、小グループに分かれた協働活動を通して問題解決能力を育成し、個人の

感情の抑制やコンフリクトに立ち向かう態度を養成する。系統だったトレーニングを受けることによって組織特有の文化や思考方法を排除することで、組織目標を達成するための効率的なグループを作ることが組織開発の主要な課題となっている。

ODが発達した背景には第2次世界大戦後の急速なテクノロジーの進歩がある。産業が飛躍的に拡大するとともに、多様化して様々な職種を作り出した。古典的な「労働者＝肉体労働者」の図式は当てはまらなくなり、社会は新しい労働者の台頭に対して、新しい枠組みを必要としていた。これに伴い、経営の主眼は単純労働者からどう効率的な労働を引き出すかという単一的な視点から、様々な専門能力を持った人員で構成される組織という大きな単位をどう効率的に動かし、アウトプットを得るかというメタ視点へ移った。そこで考え出されたのが、グループを効率的に機能させていくためにメンバーを内面からグループに適応させていく手法であった。

従来の代表的なODは1950年代から60年代にかけて流行したセンシティビティ・トレーニングである。レヴィン（Lewin, K. Z.）の研究を基に1940年代にアメリカで開発された。参加者はTグループといわれる初対面の人々で構成されたグループに属し、様々なプロセスを通じて各個人の行動の深層心理を知り、かつ他人がそれをどう感じたかフィードバックを受け、また自分も他人の行動に対してフィードバックを行う。現在のODには様々な手法が開発されているが、その一例はコーチングである。相手の話を傾聴して、詳しく観察しながら内面の答えをより引き出すことで、物事に取り組む姿勢、新しい価値観に到達しようとするポジティブな気持ちといった内面の変化を促す。組織全体を対象とする時に、目的の決定、現状の把握、課題の設定を行い、試験的アプローチにより効果を検証してフィードバックを行う。更に、成功事例を全社に展開しながら、様々な課題解決をすることで組織全体の効率性や生産性の向上に寄与することを目的としている。　　　　　　　　　　　（王　英燕）

OECD（Organization for Economic Cooperation and Development）·················· I－1
経済協力開発機構のこと。欧米先進加盟国が世界経済全般を協議する機関として1961年に設立。目的は自由な意見交換・情報交換を通じて、経済成長、貿易自由化、途上国支援（OECDの三大目的）に貢献すること。近年は持続可能な開発目標（SDGs）、ガバナンス分野等の政策提言に貢献。2022年11月現在、38か国が加盟。日本は1964年から加盟国。本部はフランスのパリ。　　　（横山和子）

OEM（Original Equipment Manufacturing）
·· I－2－A
販売先のブランドで製品を製造、供給すること。供給元企業は大手ブランドや複数ブランドで生産することにより、自社ブランドだけの生産と比較してスケールメリットによるコストダウン効果を享受することができる。また供給を受ける側は、開発コストの節約や過当競争の回

避、さらには生産能力をもたずに最先端の製品を販売できることなどのメリットがある。

もともとは家電などの業界で中小メーカーが大手のブランド力を頼って生産を受託するケースが多かったが、流通業の発展に伴い、大手小売業独自のブランド、すなわちプライベート・ブランドのためのOEMがさまざまな業種で見られるようになった。

現在では技術革新のテンポが速いコンピュータ関連、情報通信機器分野で多く見られる。同時に、OEMは国際規模で行われており、日本の家電製品のかなりの部分がアジア諸国のOEMで供給されている。　　　　　　　　　（三枝　匡）

OFF-JT ································· Ⅱ−3−A

OFF-JTは、OFF the Job Trainingの略で、職場外教育・訓練（研修）のことである。OFF-JTは企業が実施する集合研修であり、企業内学校、社外のセミナー・講習会、外部の勉強会、国内外の留学等のうち、教育訓練の意図が明確であるものを指す。

OFF-JTは仕事を離れて専念できるため効果的な教育訓練を実施できること、また基礎的・体系的知識や能力の向上に効果的であること、専門家による高度なレベルの教育内容を多数の社員に効果的に教育できること、さらには企業のミッションや経営戦略の共有や社員の一体感の醸成に効果的であるといった特徴を有する。

これまで日本企業の教育訓練は、長期安定雇用の下で中長期の視点で人材の能力啓発を図るうえで、上司や先輩が部下や後輩と職場で仕事をしながら指導・育成するOJTが中心的役割を果たしてきた。しかし、経営環境が大きく変化し、離職者や中途採用者が増大する一方、同じ職場内でも正社員だけでなく、派遣社員、パートといった非正規社員など多様な人材が協働するという職場の変化が進んできたこと、さらにはDX（デジタル転換）の時代の中で新しい技術や仕事が増える中でリスキリング（学び直し）が求められるOFF-JTの役割はますます重要性を高めている。　　　　　（風間信隆）

→OJT

OJT ································· Ⅱ−3−A

OJTは、On the Job Trainingの略で、「職場内訓練」とも呼ばれ、「職場外訓練（OFF-JT）」や「自己啓発」と並んで企業内教育訓練の三本柱の一つで、日本企業の競争力である「現場力」を生み出す基盤として企業内教育訓練で最も重視されてきた。

OJTは、職場内の日常業務において、上司や先輩が部下や後輩を意図的かつ自覚的に現場の実践において必要な知識、技能、問題解決能力、仕事に対する態度を計画的に教え込むことで職場の能力開発を支援する教育訓練である。

（風間信隆）

→OFF-JT、職場ぐるみ訓練

PM理論（PM theory）·················· Ⅱ−2

三隅（1984）が提唱したリーダーシップ理論。三隅はP、Mという2種類の集団機能概念を用いてリーダーシップ現象

の解明を試みる。P（Performance）機能とはリーダーの集団の目標達成に関連した機能（行動）であり、M（Maintenance）機能とは集団を維持強化しようとする機能（行動）である。多くの実証研究により、最も効果的なリーダーシップ・パターンはP機能とM機能共に高い「PM型」、最も非効果的なのは両機能共に低いpm型であることが実証されている。

（松原敏浩）

→リーダーシップ

QC .... I－2－A, B

QCとは「品質管理（Quality Control）」であり、狭義には生産活動において事前に定められた機能を一定の品質水準で最も経済合理的に達成することを目的とする。広義には開発と設計、製造、物流の各段階を通じて、製品やサービスの品質水準を保ち、顧客に最良の品質の製品やサービスを供給する管理活動でもある。

品質管理は生産工程での製品品質のばらつきを統計的手法によって把握する統計的品質管理（SQC：Statistical Quality Control）として始まった。この管理手法によって、生産工程における不具合が統計的に検出できるようになった。こうした管理手法として多段型ないし調整型抜取方式等の統計手法を活用した検査法が開発されてきた。

その後、こうした品質管理手法は、検査部署やエンジニアの問題だけではなく、パレート図や散布図といったQC七つ道具と呼ばれる、より分かりやすい形で広く一般従業員への教育・研修がなされ、現場の従業員がこの手法を活用して自主的に品質改善活動を行う取り組みが展開されることになった。さらに製造だけでなく、営業や開発といった他の部門にも、さらには現場だけではなく、全社的に品質改善意識をもってその仕事や経営の質を高める努力の必要性が認識される中でTQM（Total Quality Management）として展開されるようになっていった。同時に経済のサービス化やデジタル化の下で製品という有形財だけではなく、各種サービスの品質改善もこの品質管理の対象として重要性を高めている。

（風間信隆）

QCサークル活動 .... I－2－A, B

同じ職場内で品質管理活動を自主的に行う小集団の活動であり、毎日の職場における問題点を自分たちで見つけ出して、分析し、対策を立て、解決しようとする自主的な職場改善運動である。こうしたQCサークル活動は日々の仕事の改善を通じて品質向上やコスト削減を実現するとともに、会社帰属意識を高める効果が期待されている。QCサークル活動は、戦後日本が生み出してきた「現場力」の基盤であり、「カイゼン」とも呼ばれ、世界のモノづくりの現場に広く普及している。

（風間信隆）

ROE .... I－2－A

Return On Equityの略。自己資本利益率、株主資本利益率などと訳される。企業活動の効率性を表す指標の一つであり、自己資本に対してどれだけのリターンが生じているかを表している。計算式は、次のとおりである（パーセントで表

示する場合には、100を乗じる)。

$$ROE = \frac{利益}{自己資本}$$

分子の利益としては、営業利益、経常利益、当期純利益などが考えられるが、最も一般的には、企業の最終的な成果である当期純利益が用いられる。分母の自己資本としては、貸借対照表における純資産(＝資産－負債)をとる場合と株主資本(純資産のうち、株主に帰属する部分)が考えられる。純資産と株主資本との差には、その他有価証券評価差額金などの評価・換算差額等が含まれる。分母に純資産を用いることによって、その他有価証券の含み益なども含めて自己資本を効率的に使用しているかを見ることができる。

なお、ROEは次のように売上高利益率、資本回転率およびレバレッジ比率(自己資本比率の逆数)に分解して、その原因を分析する手法が採用されている。

$$ROE = \frac{利益}{自己資本}$$

$$= \frac{利益}{売上高} \times \frac{売上高}{総資本} \times \frac{総資本}{自己資本}$$

例えば、ROEを向上させるためには、売上高利益率を向上させるか、資本回転率を高めるか、またはレバレッジ比率を高めなければならない。また、ROEは、しばしば自己資本コストと対比される。市場が要求する自己資本コストに対して、ROEが高ければ、当該企業は超過利潤を獲得することができるから、当該企業の価値(株主資本価値)は、のれん(超過利潤の現在価値)の分だけ、自己資本の簿価よりも高くなる。　　(川村義則)

ROESG　　　　　　　　　　　Ｉ−２−Ａ

ROESGとは、「伊藤レポート」(2014)の筆者である伊藤邦雄の造語である。企業の収益力を示すROE(自己資本利益率)と、企業のESG(環境、社会、ガバナンス)課題への取組の両面から企業を評価するための指標である。持続的な価値創造を通じてグローバル競争力を高めていくためには、資本生産性という観点、そして持続可能性という観点の両面からの進化が必要である、という意識から提唱されたものである。

企業の収益力を強化するためにはROEを向上させる必要があるが、これには企業の視野が短期的になりやすい、会計的な利益調整を誘導しやすいといったリスクがある。一方で、ESGの重視は、資本生産性の低さを覆い隠してしまうというリスクがある。これらのリスクを回避し、企業の持続的成長と中長期的な企業価値の向上を実現させるために、ROESGが提唱されたのである。ROEは企業の決算書から算出され、ESGスコアは評価機関により算出される。ROESGは、ROEとESGスコアより算出される。

(高橋　賢)

ROI　　　　　　　　　　　　Ｉ−２−Ａ

Return On Investmentの略。資本利益率、投下資本利益率、投資利益率などと訳される。企業活動の効率性を表す指標の一つであり、投下した資本に対してどれだけのリターンが生じているかを表している。計算式は、次のとおりである(パーセントで表示する場合には、100を乗じる)。

$$ROI = \frac{利益}{資本}$$

分子の利益と分母の資本にどの指標を用いるかは、目的によってさまざまであるが、最も一般的には、企業の最終的な成果である当期純利益を、すべての資源を表す総資本（＝総資産＝負債＋自己資本）で除した総資本当期純利益率として計算される。分母に総資本をとる場合、総資産と同額となるから、総資産利益率（Return On Assets：ROA）を表すことになる。

ROIは、次のように売上高利益率と資本回転率に分解して、その原因を分析する手法が採用されている。

$$ROI = \frac{利益}{資本} = \frac{利益}{売上高} \times \frac{売上高}{資本}$$

例えば、ROIを向上させるためには、売上高利益率を向上させるか、資本回転率を高めなければならない。　（川村義則）

RTW （Return To Work）…………… I－2－B

RTWはしごと復帰（計画）のことで、ディスアビリティ・マネジメントの重要な柱の一つであり、近年重要視されるようになった。疾病、障害などにより、しごとの遂行ができなくなったが、一定期間内に復帰の見通しがある場合には、個人別に復帰計画が立てられ、ケース・マネジメントが行われる。元のしごとに復帰することもあれば、同じ組織の他のしごと、あるいは他組織のしごとに就くこともある。RTWでは当該組織と医療機関、リハビリセンター、職業訓練施設、就労支援機関との緊密なコラボレーションが大切になる。　　　　（二神恭一）
→ディスアビリティ・マネジメント

SDGs （Sustainable Development Goals）
……………………………………… I－2－A

2015年9月の国連総会で採択された「持続可能な開発のための2030アジェンダ」で具体的に示された17の世界的目標、169の達成基準、232の指標からなる、持続可能な開発のための国際的な開発目標の略称。先行プログラムであったミレニアム開発目標（MDGs）が2015年に終了することに伴い、MDGsが達成できなかったものを実現することを目指し、2016年から2030年までの国際社会共通の目標として設定された。

17の世界的目標は、①「貧困をなくそう」、②「飢餓をゼロに」、③「人々に保健と福祉を」、④「質の高い教育をみんなに」、⑤「ジェンダー平等を実現しよう」、⑥「安全な水とトイレを世界中に」、⑦「エネルギーをみんなに、そしてクリーンに」、⑧「働きがいも経済成長も」、⑨「産業と技術革新の基礎をつくろう」、⑩「人や国の不平等をなくそう」、⑪「住み続けられるまちづくりを」、⑫「つくる責任、つかう責任」、⑬「気候変動に具体的な対策を」、⑭「海の豊かさを守ろう」、⑮「陸の豊かさも守ろう」、⑯「平和と公正をすべての人に」そして⑰「パートナーシップで目標を達成しよう」から成る。一見、多種多様な領域に跨っているようにみえるが、各目標は2030アジェンダが掲げる5つのPであるPeople（人間：①、③、④、⑤、⑧、⑩、⑫）、Planet（地球：②、③、⑦、⑪、⑬、⑭、⑮）、Prosperity（繁栄：②、⑥、⑨、⑫）、Peace（平和：⑯）、Partnership（パートナーシップ：⑰）のそれぞれに対

応する目標となっており、とりわけ人間と地球に関わる目標の比重が高いことが窺える。

我が国でも、政府が外務省などを中心にSDGsの普及啓発を進め、民間企業もこれらの目標を経営目標の一部に掲げたりCMを流したりするなど積極的に目標の達成に努めており、大学や自治体、NPO、NGOなどの多様な主体の関与も相俟って、SDGsの社会的な認知や関心は先行プログラムであるMDGsよりもはるかに高まっているといってよい。

地球温暖化や食糧不足といった社会課題への危機意識は従前から存在していたものの、経済成長をなお優先しようとする考え方が産業界を中心に蔓延しており、そうした意識を根幹から変革するために世界共通の目標の設定が不可欠であると考えられてMDGsやSDGsの設定へと繋がった。SDGsへの取組み機運が、利潤追求を至上目的とする民間企業をも巻き込む形で世界的に高まりつつある背景には、国連が金融業界に対して企業の財務情報に加えて環境や社会への責任をいかに果たしているかを重視して投資すべきと提言したことを契機に、そうした情報開示の重要性が産業界にも認知されるようになったことがある。　（上林憲雄）

SE（System Engineer）……………Ⅱ－3－A

情報システムを構築する情報技術者の一つであるシステムエンジニアの略称である。

システムとは「複数の要素が有機的に関係しあい、全体としてまとまった機能を発揮している要素の集合体」（広辞苑）

ということができる。したがってSEは情報システムの全体、あるいは一まとまりのサブシステムの構築に関与するエンジニアということになる。またここでいう要素とはソフトウェアだけでなく、ハードウェアや人間を含むものである。システムエンジニアリングとはそれらの要素の適切な関わり合いを構築することと言えるのである。

一般に情報システムの構築は、上流工程にあたる「ニーズ調査・要求分析」と「システム要件定義」、中流工程にあたる「設計（基本設計と詳細設計）」、下流工程にあたる「プログラミング」「テスト」の順で行われる。その中でSEはプログラミングだけでなく、中流工程以上に関与することが特徴となる。そこで要求分析や要件定義を適切に行うためには、情報システムが適用される業務に関連する知識、ユーザー（企業）に対する深い理解が必要になる。それゆえSEには高度なコミュニケーションスキルやビジネス、マネジメントに関する知識が求められることになる。　　　　（三輪卓己）

SL理論（Situational Leadership Theory）
…………………………………………Ⅱ－3－A，B

SL理論とはハーシー（Hersey, P.）とブランチャード（Blanchard, K. H.）によって開発されたリーダーシップ理論である。SL理論はリーダーシップの有効性をリーダーシップが発揮される状況（situation）との関連において捉えようとする。この場合の状況とは部下の成熟度（maturity）である。この理論によれば、リーダーは部下の成熟度が低い段階で

は、教示的スタイル、成熟度が高くなるにつれて説得的、参加的、権限委譲的スタイルに変化させることが有効であるとしている。　　　　　　　　　（松原敏浩）
→部下の成熟度

ST→感受性訓練

TA訓練→交流分析

TQC活動（Total Quality Control activities／
　TQC initiatives）……………… Ⅰ－2－A，B
　全社的品質管理あるいは総合的品質管理と呼ばれており、すべての部門、すべての組織成員が参加する品質管理のことである。
　品質管理は、製品の不良や品質のバラツキを無くすために生まれた管理技法である。統計的手法を活用した統計的品質管理（Statistical Quality Control：SQC）として開発され、最初にアメリカで普及した。1950〜1960年代頃にアメリカの先進的大量生産方式とQCサークル（Quality Control circle）活動が一緒に日本へ導入された。
　QCサークルは、主に生産現場で製品や部品の不良品を無くして品質管理を改善する小集団活動である。少人数で業務終了後の時間を利用して自主的に参加して現場の問題を解決するのが特徴である。さらに、品質管理を効果的に維持するためには、全社レベルで行うことが重要になってくる。生産、販売、技術、総務、財務等、すべての部門にわたって、また経営者から現場の従業員まですべての組織成員にわたって品質管理を実施す

るとより効果が高い。そこで、アメリカで開発された総合的品質管理（TQC）を日本へ導入した。日本のQCサークルもTQCもアメリカから導入されたが、独自の日本的手法に転換され、日本製品の品質と競争力を高めたことで世界的に評価されている。日本的TQCの担当者は、特定の専門家ではなく、すべての組織成員が参加して担当するという点が特徴である。　　　　　　　　　　　（李　超）
→QC、チームワーク、小集団活動、ZD運動

TWI（Training Within Industry）
　………………………………………… Ⅱ－3－A
　産業内訓練。アメリカで第2次世界大戦中、戦時人材委員会（War Manpower Commission）が作成しはじめた、軍需産業など国との契約企業の能率や品質の改善を支援する訓練プログラム。訓練とは「工場生産を改善するため」のものである。最初に作成されたのがJIT（Job Instruction Training）プログラムであって、大勢の従業員のしごとの訓練を担当する第一線あるいは第二線の監督者向けのものである。その要点は監督者が、1）しごとの準備の仕方をみせ、2）スキルのプレゼンテーションをおこない、3）そのスキルを使ってしごとを遂行し、4）フォローアップをするという4ステップである。
　このあとJMT（Job Methods Training）、JRT（Job Relations Training）などのプログラムが作成された。JMTはしごとの持続的改善をすすめるためのプログラムであって、現行のしごとのやり方を有用

性と能率の観点から慎重に詳しく分析し、新しいベターなやり方ができないかどうかをさがす訓練法である。JRTは監督者に部下との良好な関係をつくり上げるにはどうすべきかを教え、訓練する。当時は監督者－部下関係の改善が大きな課題だったという。

TWIは当初は訓練の問題だったが、その中には様々なHRDの課題が含まれていて、訓練の中でそうした諸課題が顕在化し、それらを克服する努力が続けられてきた。その意味でTWIはHRDの源流であるともいわれる。　　（二神恭一）
→ JIT、JMT、JRT

UNIVAS（Japan Association for University Athletics and Sport：大学スポーツ協会）
....Ⅰ－1
UNIVAS（ユニバス）とは、2019年3月1日に設立された日本の大学スポーツを統括する団体である。正式な名称は「一般社団法人大学スポーツ協会（Japan Association for University Athletics and Sport）、略称（UNIVAS）」である。UNIVASの目指すところは、スポーツを通じた学生の人材育成とその人材の輩出に寄与することであり、ひいては社会のよりよい発展の実現である。UNIVASは、1910年に発足した米国のNCAA（National Collegiate Athletic Association）がモデルとなっている。　　　　　　（関　朋昭）

VDT作業（Visual Display Terminal work）
....Ⅰ－1
VDT（Visual Display Terminal）とはパソコン、スマートフォン、タブレット端末、監視カメラなどの表示画面（ディスプレイ）とマウス、キーボードなどを合わせて指す。VDT作業とはこれらを使って、データの入力、文章・画像の作成、プログラミングなどを行う作業を指す。IT化の進展により、VDT作業により身体的疲労やストレスを感じる作業者が増えたことから、厚生労働省は1985年12月の通達以降、指導を行ってきた。2019年7月には「情報機器作業における労働衛生管理のためのガイドライン」を策定した。　　　　　　　　（二神常爾）

VE（Value Engineering）..................Ⅰ－2－A
これは価値工学の略で、最低の総コストで必要な機能を確実に達成するため製品やサービスの機能分析に注ぐ組織的な努力であると定義されている。VEは1947年に米国GE社で提唱されたVA（Value Analysis）が、1955年に国防省により改称されたものである。この特色は機能（目的・手段）を中心に各部門の専門知識を動員しユーザ本位で活動を進めていくところにある。　　　（二神恭一）

WHO（World Health Organization）......Ⅰ－1
世界保健機関のこと。WHOは1948年に設立された国連システム内の専門機関。「全ての人々が可能な最高の健康水準に到達すること」を目的とする。これまでに天然痘の撲滅を達成し、数々の伝染病や風土病の予防、保健条約の提案・勧告・疫病の診断基準の標準化、環境問題への取り組みに貢献。COVID-19（新型コロナウイルス感染症）対策では世界に情報や指針を提供。2023年4月現在、194

か国が加盟。日本は1951年からの加盟国。本部はスイスのジュネーブ。

（横山和子）

XR（Extended Reality）…………Ⅰ-1，Ⅱ-2

XR（Extended Reality）とは、VIRTU-ALITY と REALITY の間に存在している対象（物、想像）を体験する interface を含めたシステム環境の総称である。XRは、宇宙空間や地球上に存在し、人間が知覚・認識できる実体、すなわち、物理学的、化学的、生物学的な現象、事象、物質、生物、製造物を REALITY とし、さらには、人間や生物が脳において想像する対象を VIRTUALITY とし、REALI-TY と VIRTUALITY を組み合わせた対象を具現化して表現するシステム環境である。

XRは、歴史的には、VR（Virtual Reali-ty）、AR（Augmented Reality）、MR（Mixed Reality）として発展してきた "REALITY と VIRTUALITY を組み合わせた対象の具現化" の総称であり、VRはVIRTU-ALITY を中心とし、ARはREALITY を中心とし、MRはそれらを組み合わせたシステム環境の総称である。REALITY と VIRTUALITY を知覚するためのヒューマン・インタフェース（human inter-face）のハードウェアを用いて、XR（VR、AR、MR）を体験できる。XRの応用分野は拡大しており、それらの応用におけるXR利用時に人間が使うインタフェースとなる次のようなハードウェアの開発も活発である。（1）ヘッドマウントディスプレイ（HMD）：応用領域：ゲームなどのエンターテイメント、手術トレーニングや診断支援などのシミュレーション、（2）バーチャルリアリティカメラ（360度カメラ）：応用領域：観光・イベントなどのエンターテイメント、建造物の可視化など、（3）空間音響技術：応用領域：3Dオーディオなどのエンターテイメント、聴覚補助などの身体拡張、（4）触覚伝送技術：応用領域：ゲームコントローラなどのエンターテイメント、医療手術トレーニングや診断支援などのシミュレーション。　　　　　（清木　康）

ZD運動（Zero Defects movement）……Ⅰ-2-A

基本的には製造現場での組織的「欠陥ゼロ（Zero Defects）」活動を指す。製品市場が成熟化するなどして販売量が大きく伸びない場合、収益確保のためのコスト削減施策の一環である。不良品率を下げれば無用コストを削ることができるとして、欠陥が生じた際、製造現場で管理者、作業者、技術者がチームを組んで、欠陥原因を徹底的に究明し再発防止策を講じる。その結果、コスト削減だけでなく品質向上へとつながり、製品と企業の市場評価も高まる。　　（児山俊行）

あ行

アイデンティティ（identity）……………Ⅱ-2

精神分析家のエリクソン（Erikson, E. H.）が、青年期の中心的な発達課題として提唱した概念である。エリクソンは、

私たちの人間的成長には、8つの心理・社会的な発達段階があり、その一つ一つにおいて、個人が超えるべき発達課題が存在すると考えた。その5段階目にあたる「青年期」の発達課題としてエリクソンが提唱したのがアイデンティティ（identity）という概念である。

青年期になると私たちは、自分が認識する「私」に比べて、他人の目に映る「私」がどのようなものであるかということや、教育の過程において身につけたり獲得したりした役割や技術などをどのように自分の理想に結びつけていくかということに悩むようになる。このような問題、つまり「私は何者か」という極めて素朴かつ根源的な問いに対して、私たち自身が見出す答えとしての「自己同一性」がエリクソンのいうアイデンティティである。

エリクソンによれば、アイデンティティは、過去から現在までの時間的連続性、そして幼少期から現在まで自分が時間的に連続して同一の自己であるという記憶の一貫性に支えられている。このような「自己の一貫性」によって、自分は他の誰でもなく自分として生きるという「自己の独自性」と結びつき、アイデンティティが形成されるというのである。

その後、このアイデンティティが実は「社会的」なものであるという議論が、社会心理学者や社会学者によって行われ始めた。例えば社会心理学者のタジフェル（Tajfel, H.）らは、集団・組織との関わりが私たち自身の態度・行動に重大な影響を与えると主張している。直感的にもわかるように、私たちは、一人の孤独

な状態では「私らしさ」を確立することが出来ない。他者との日常的なやりとりや社会的な活動のなかで獲得される様々な属性（職業・地位・評価）を強く意識したり、あるいは逆に、そうした属性から距離を置いたりすることによって、自身のアイデンティティが確立されていく。社会的行動や社会的属性（国家・民族・地位）によって自己の存在意義や役割行動を強く自覚するという意味でのアイデンティティを、社会心理学の世界では社会的アイデンティティと呼び、研究が蓄積され続けている。　　　（服部泰宏）

アウトソーシング…I−2−A, B, II−3−A

外部委託の意。人を委託先とした場合、研究開発等を委託するKPO（Knowledge Process Outsourcing）、情報システム機能等を委託するITO（Information Technology Outsourcing）、総務人事等を委託するBPO（Business Process Outsourcing）などの、ある程度専門性が高く人間が行う必要性がある業務をアウトソーシングする場合の他、経理等の基幹システム、生成AI等を活用した判断を伴う非定型業務、RPAなどを活用した判断基準が明確な定型業務などIT関連業務をアウトソーシングする場合もある。

いずれにしても、外部委託するには、委託するビジネスプロセスあるいはビジネスユニットを明確にし、委託する先は人間かITかを判断、当該業務の前後を含めたビジネスプロセスの設計が必要となる。　　　（松谷葉子）

アウトプレイスメント（outplacement）

I-2-A

　日本において人材の流動化が進展する中、個人と組織の関係はもはや永続的なものではなくなり、その新しい関わり方が模索されつつある。アウトプレイスメント（outplacement）は、日本企業においてリストラクチャリングの一つの局面としてみられることも多く、最近とくに注目されている。アウトプレイスメントは、企業の戦略的人的資源計画（Strategic Human Resource Planning：SHRP）のプロセスにおける重要なイシューである。今日のSHRPのプロセスの特徴の一つは、企業の戦略に結び付くように、企業に必要なスキル、知識、能力をもつ人的資源を最適な規模で、適正に人員配置することである。適正な人員配置というのは、企業の戦略の方向性と一致しないスキル、知識、そして能力をもつ従業員を常に減らさなければならないことをも意味しており、今日的表現をすればライトサイジング（rightsizing）というのがふさわしい。このように、企業はライトサイジングの影響をうけて解雇されたり、早期退職したり、出向する従業員が新しい仕事へ移行することを円滑にするためにSHRPのプロセスの一つとして、アウトプレイスメントを実施している。アウトプレイスメントの目標は、解雇される従業員が、①モラールを落とさないようにすること、②訴訟をおこさないようにすること、③できるだけ迅速に再就職先を見付けるのを支援することなどであり、その概念は、①精神的な支援と、②職探しの支援である。現在では、企業がアウトプレイスメント業務を人的資源管理機能の一つとしてアウトプレイスメント・ビジネスにアウトソーシングするようになっている。企業は、コスト削減や専門性の活用、不安・リスクの軽減などといったオペレーショナルな理由のみならず、戦略的フォーカスやキャリア開発などの戦略的理由からもアウトプレイスメント業務をアウトソーシングしている。なお、今日ではアウトプレイスメントをキャリア開発プログラム（Career Development Program：CDP）の重要な一部として位置づけている企業もあり、個人がどのように自分のキャリアを形成するのかを考える上で、アウトプレイスメントは非常に重要な概念となっている。

（二神枝保）

アカウンタビリティー（accountability）

I-2-A

　説明責任と訳され、企業や政府等の社会に大きな影響を及ぼす組織体の権限行使者が、株主や従業員、消費者、取引業者等の全ての利害関係者（ステークホルダー）に対し、その活動内容等を説得的に報告する責任のことを指す。転じて、自身のとった行為を相手が納得するよう説明する責任の意で使われ、「アカウンタビリティーを果たす」といった語法で用いられることが多い。1990年代以降、我が国でも会計不正や隠蔽等の企業不祥事が相次ぎ、コーポレート・ガバナンスを強化し企業にその社会的責任を果たさせる必要が生じたことから、企業の活動内容の透明性を求める機運が高くなり、とりわけ経営学やビジネス界においてアカウンタビリティーの重要性が叫ばれる

ようになった。

　なお、同じく責任を意味する用語としてレスポンシビリティー（responsibility）があるが、こちらは部下が上司から任された業務を遂行するに際し、その最終責任を上司がとることを意味しており、アカウンタビリティーとは区別される。レスポンシビリティーが業務遂行それ自体の責任を指すのに対し、アカウンタビリティーは業務遂行の結果を踏まえ、それを対外的に説明する責任を指すといってよい。　　　　　　　　　　（上林憲雄）

→コーポレート・ガバナンス、ステークホルダー、権限

アクション・ラーニング（action learning）
····················Ⅱ－3－A, B, C
　イギリスのレヴァンズ（Revans, R. W.）が20世紀中頃に創始した学習法（Rigg and Trehan（2014））で、実際の問題やプロジェクトに仲間と取り組み、行動することこそ学習の手段と考え、集団学習を行う。チームやグループに業績改善、組織文化変容、技術の利用度のアップなどの実践課題を与え、それらを解決するプロセスを学習する。発案者、学習すべき課題、アクション・ラーニングを行うチーム、グループ、そのコーチを確認したら、チーム、グループに課題を説明したうえで課題に関する討議をし、解決に向けての情報収集を行い、分析する。そして、チーム、グループとしての課題解決の提案をまとめる。

　肝心なのは、このプロセスにおいて、チーム、グループ、構成員個人が何を学習したかという点である。学習したこと

についての反省と報告が不可欠である。

　アクション・ラーニングで取り上げる課題は大小様々である。チーム、グループは特定部署に属する人だけで構成されることもあれば、組織横断的に課題に係る様々な担当者により編成されることもあれば、別の組織の人間が参加することもある。アクション・ラーニングに関しては専門誌もあり、またヨーク（Yorks, L.）、オネール（O'Neil, J.）、ドットリヒ（Dotlich, D.）などの多くの文献がある。
　　　　　　　　　　（二神恭一）

→学習、チーム、クリティカルなアクション・ラーニング

アクション・リサーチ（action research）
····················Ⅱ－3－A, B, C
　アメリカで1940年代にレヴィン（Lewin, K. Z.）、コリア（Collier, J.）、ホワイト（Whyte, W.）などの手で開発された研究法ないし問題解決法。レヴィンが軍部の要請で、牛の胃袋を家庭の夕食メニューの中心にとり入れるべく、主婦達にそれを習慣付けようとしたアクション・リサーチは有名である。今日では多くの国で、様々なイシューにこの手法が使われている。

　アクション・リサーチは研究に力点があるとする主張もあれば（Greenwood, D. J. and Levin, M.）、「研究方法というよりも問題解決法だ」とする人もいるが（Swanson, R. A. and Holton, E. F.）、研究に力点を置くにしても、「何のための、誰のための研究か」という点に留意するのが重要である。アクション・リサーチでは、取り上げるイシューにアクション・

リサーチャー（専門研究者）をはじめ、関係する組織メンバー、エージェントが参加し、調査・研究、課題の設定、解決策の探求・発見、評価が行われる。イシューに係る様々な人の参加が好ましく、参加的アクション・リサーチ（Participative Action Research：PAR）という表現もある。それはOD、組織変革の手法にもなる。また、アクション・リサーチャーの役割が重要で、個人的研究関心事や専攻の見地をこえてイシューに取り組む必要がある。対話者であり、説明者であり、ファシリテーターであり、コーディネーターであり、能力開発者の役割を果たすことが求められる。　　（二神恭一）

アージリス，C.（Argyris, C.、1923〜2013年）･･････････････････････････････････II−2
　ハーバード大学やマサチューセッツ工科大学などで教鞭をとった組織行動論の研究者である。数多くの著作を残した彼の代表作の一つが、1957年に出版された著書『組織とパーソナリティ』である。ここでアージリスは、仕事の専門化、指揮の統一、指令系統、統制の幅といった組織原則が、成熟を求める個人の欲求と不適合であるとし、両者の両立・統合を目指す混合モデルを提唱している。その後彼の関心は、混合モデルが示す方向に組織と個人を導くための組織開発に向かうことになる。　　　　　　（服部泰宏）
→パーソナリティ

アストン研究･･････････････････････････････II−2
　英国アストン大学のピュー（Pugh, D. S.）が中心となって1960年代に行った組織行動に関する一連の研究を指す。彼らは英国のバーミンガム地域に実在する組織を対象に、因子分析、主成分分析、パス解析等の多変量解析技法を駆使しながら、組織の構造と機能、集団の構成と相互作用、個人のパーソナリティと行動の3つの次元の相互依存関係を捉え、さらにそれらが外部環境といかに関わるかを明らかにしようとした（北野（1976）; Pugh and Hickson(1976); Pugh and Payne(1977)）。
　　　　　　　　　　　　　　（王　英燕）
→コンティンジェンシー理論

アセアン工学系高等教育ネットワーク
（AUN／SEED-Net：ASEAN University Network／Southeast Asia Engineering Education Development Network）
･･････････････････････････I−1，II−3−A
　国際協力機構（JICA）により2001年に始められたプロジェクトであり、東南アジア（アセアン）と日本の工学分野での持続的な人材育成を行うことを目的とする。例えば、アセアンの学生が他のアセアンの国と日本の大学の工学系の博士後期課程で学び、2つの大学から博士学位を授与される（ダブル・ディグリー）ための奨学金を提供したり、またアセアンの企業の技術者がアセアンの工学系の大学のプログラムで研究活動を行うことを支援するなどしている。　　（二神常爾）

アセスメントセンター（assessment center）･･････････････････････････II−3−A
　専門的なトレーニングを受けた評価者（アセッサー）によって、人材の評価を集中的に行う方法である。対象者に求める

コンピテンシーを明確化した上で、面接、グループ討議、ケーススタディ、心理検査、各種エクササイズなど、様々な方法を用いて、対象者を多角的に評価し、当人のコンピテンシーを見極めていく。もともとは軍隊において、様々な状況下で適切に行動できる人を見極める目的で考案されたものであるとされる。

（服部泰宏）

アドベンチャー学習（adventure learning）
……………………… I－1，II－3－A，B，C
　野外での経験学習（outdoor experiential training）の一つで、野外でのチームの訓練（Outdoor Team Development：OTD）である。アドベンチャー訓練ともいう。
　冒険（adventure）はひとが心身ともに強くなり、成長する機会になると考えられている。アドベンチャー学習は古くから年少者や軍人を対象としてきたが、産業界においてもチームの学習の一つとして実施されている。ハードな登山、少し高いところでの梁やロープを伝っての移動といった学習などが行われている。むろん、コーチがいて、参加者の安全は確保されている。それはまた、リスク対処や問題解決の能力を高め、行動変容にもつながるとされている。さらに、参加者は強烈なエモーショナルな体験を共有することで、人間間のきずなも強め、それらがしごと遂行上、プラスに働くともいわれている。　　　　　　　（二神恭一）

アートマネジメント（arts management／
arts administration）……………… I－2－A
　アートマネジメントとは、文化・芸術

活動の社会的意義を探求するという問題意識から、「芸術と社会の出合いをアレンジすること」（Byrnes（1992））として提唱された概念である。1960年代頃から、英米において文化助成の意義や、芸術家・芸術団体の役割が議論されるようになった。公共文化施設が増える中で、わが国でも地域文化拠点創りの担い手となる「作り手と受け手をつなぐ役割」の重要性が認識され、専門知識を有する人材の育成が課題となっている。また近年では、審美性にこだわる「ものづくり」に注目した「アートと経営の融合領域」の探究も行われている。　　（大木裕子）
→文化政策、パトロン、プロデューサー

アビリンピック（Abilympics）… I－1，II－3
－A
　障害者が日頃培った技能を互いに競い合うことにより、職業能力の向上を図るとともに、企業や社会一般の人々に対して、障害者に対する理解と認識を深め、その雇用の促進を図ることを目的として開催されるもの。正式名称は全国障害者技能競技大会であり、アビリンピックはその愛称。能力を意味するアビリティ（ability）とオリンピック（olympics）を組み合わせて作られた語である。アビリンピックは、当初、身体障害者を対象としていたが、1997年の障害者雇用促進法改正により、知的障害者が雇用義務化されたことに伴い、知的障害者も参加できるようになった。また、2005年の障害者雇用促進法改正により、精神障害者が実雇用率の算定対象となったことに伴い、精神障害者もアビリンピックに参加

できるようになった。なお、国連で定められた国際障害者年である1981年以降、国際アビリンピックも概ね4年ごとに開催されている。　　　　　　　（石﨑由希子）

→障害者、障害者の雇用の促進等に関する法律（略称：障害者雇用促進法）

アファーマティヴ・アクション

　（affirmative action）…………………Ⅰ－1
　アメリカで1965年ジョンソン大統領（Johnson, L. B.）が行政命令11246号（Executive Order 11246）を発布し、少数民族や社会的弱者への差別を早期に解消する積極的措置として指示したもの。1967年には、行政命令11375号によって、禁止行為の中に、性差別が追加された。格差是正のために少数民族や社会的弱者に一定の比率を割り当てるクォータ制は、その手法の一つである。ポジティヴ・アクション（positive action）ともいう。
　　　　　　　　　　　　　　　（二神枝保）

→ガラスの天井、ジェンダー平等、女性雇用

アメリカ自動車労組・フォード社合同訓練プログラム（UAW-Ford university）

　……………………………Ⅰ－2－B, Ⅱ－3－A
　労使による共同訓練プログラム（joint union-management program）の好例。アメリカでは、グローバルな競争の激化に直面して、失業者を大勢出す事態が生じ、こうした失業者が新しいしごとに就くこと、スキルを身に付けることを助けるため、労使双方が資金を出し、彼らに訓練プログラムを提供している。とくに自動車産業でそれが見られる。アメリカ自動車労組（UAW）とフォード社の間だけでなく、UAWとGM、ダイムラー・クライスラーとの間、他産業でも、労使共同訓練プログラムが見られる。（二神恭一）

アルバッハ, H.（Albach, H.、1931～2021年）

　………………………Ⅰ－2－A, B, Ⅱ－2
　ドイツの経営経済学者。ケルン大学グーテンベルクのもとに学ぶ。ドイツ現代経営経済学の中心的担い手。ボン大学、ベルリン大学教授。経営経済学者としては初めてドイツ政府経済諮問委員会（五賢人会）委員に就任。国際経営学会連合IFSAMの初代会長として研究者交流、若手研究者養成に力を注ぐ。ドイツにおける最初の企業データベースBonner Stichprobeを構築、同時に有価証券報告書を用いて日本企業のデータベースKaisha Datenbankを構築。東西ドイツ統一の際には、国民経済と企業の再編、大学・研究システム再構築に尽力。
　　　　　　　　　　　　　　　（藁谷友紀）

安全委員会（safety committee）……Ⅰ－2－B

　労働者が事業場内の危険性やその対策などを調査審議し、事業者に意見を述べる組織。事業者は、労働安全衛生法施行令で定められた業種・規模の事業場ごとに安全委員会を設置しなければならない。委員会は、事業場で事業を統括管理する者あるいはこれに準ずる者、安全管理者、安全に関する実務経験を有する者からそれぞれ事業者が指名して構成される。労働者の危険防止の基本対策、労働災害の原因及び再発防止対策、その他危険防止の重要事項について調査審議が行われる。　　　　　　　　（熊﨑美枝子）

→安全マニュアル、安全衛生教育、労働安全衛生法、総括安全衛生管理者、衛生委員会

安全衛生教育（safety and health education）……………………Ⅱ－3－A
　事故・災害を防ぎ、安全に健康を損なうことなく事業場で作業ができるための知識や訓練を与えるもの。実際に作業を行う者に対する法定教育としては、新たに雇い入れられた時または作業内容変更時、法令で定められた危険または有害な業務に従事する時に行うものや、現在その作業に従事している場合には安全衛生の水準を向上させるために行うものがある。また、事業者は安全衛生管理を担い災害防止のための業務に従事する安全管理者、衛生管理者などに能力向上のための教育・講習等を受ける機会を与えるよう努める責務がある。同様に、労働安全衛生法施行令で定められた業種においては、事業者は新任の職長や労働者を直接指導・監督する者に対して教育を行う義務がある。
　教育の内容は、安全衛生に関する規則のほか、緊急時対応などがある。災害発生状況や適切に選んだ災害事例を用いた教育は、事故を他人ごとではなく、事故発生の可能性を身近に感じさせることにより、安全対策をないがしろにせず、規則を遵守する価値観・心構えの醸成に役立つ。　　　　　　　　　　（熊﨑美枝子）
→安全マニュアル、安全委員会

安全衛生政策（national policy on safety and health）……………………Ⅰ－2－B
　労働者の安全および健康確保のための課題に対して国が定める方針。労働者の安全および衛生は労働条件の一つであり、事業者は、労働安全衛生法や関係法令に規定された措置を講ずることにより、労働者の安全と健康を確保する責務がある。法の実効性は、違反に対する罰則規定や、労働基準監督機関の活動によって担保されているが、さらに国は、事故・災害防止対策のために政策を定めている。
　主要な対策や労働災害の防止に関して国が重点的に取り組む事項を定めた中期計画は「労働災害防止計画」と呼ばれ、策定の際には公・労・使三者の代表委員からなる労働政策審議会の意見を聴くことで内容の妥当性が確認されている。労働災害防止計画は1958年を第1次として5年ごとに策定されており、2013～2017年度の第12次労働災害防止計画（12次防）では、雇用者数の増加に伴って労働災害発生割合も増えた第三次産業への対応や東日本大震災の復旧・復興工事で労働災害が増加する建設業への対応、2018～2022年度の第13次労働災害防止計画（13次防）では副業・兼業やテレワークへの対応、2023～2027年度の第14次労働災害防止計画（14次防）では高年齢労働者の労働災害防止対策やメンタルヘルスを含めた労働者の健康確保対策の推進など、社会環境・就業構造の変化を受けた対策も盛り込まれている。
　　　　　　　　　　（熊﨑美枝子）

→労働安全衛生法

安全管理……………………Ⅰ－2－B

あ行

企業や事業場等において、安全を目的に行われる各種の管理のこと。安全な業務遂行のための体制・基準・組織の整備やそれらの維持、そのための安全教育の他、設備・手順などに不具合・不都合が生じた際に安全確保のため適切に変更し、また変更によって事故・災害が発生することを防ぐためのレビューを行う変更管理も含まれる。 （熊﨑美枝子）
→労働安全衛生法、安全委員会、安全管理者

安全管理者······························Ⅰ－2－B
　労働安全衛生法および政令により、任命することが規定されている事業場における安全管理の担当者。総括安全衛生管理者の指揮の下、安全に関わる技術的事項を管理する。労働安全コンサルタント資格、あるいは理科系の学歴と産業安全の実務経験を持ち、所定の研修を修了した者が有資格者として選任される。事業者から安全に関する措置を行う権限が与えられ、作業場を巡視し、危険な箇所があるときは直ちに必要な措置を講ずる。
（熊﨑美枝子）
→総括安全衛生管理者、安全委員会

安全配慮義務····························Ⅰ－2－B
　労働者が使用者の指示の下に労務を提供する過程において、労働者がその生命、身体等の安全を確保しつつ労働できるよう、必要な配慮をすべき使用者の義務のこと。この義務が適用される範囲は多方面に広がっている。具体的には、直接の雇用関係にない下請、孫請けの労働者に対しての元請けの使用者や、国や地方公共団体も公務員に対して当該義務を信義則上負う。損害を受けた労働者やその遺族は、使用者に対して損害賠償を請求することができる。 （村上由美子）

安全マニュアル（safety manual）
································Ⅰ－2－B, Ⅱ－3－A
　安全を確保するための作業の仕方、安全対策の手順等を、具体的に詳述した手引。設備や装置の新設時に製造者から提供されたものや、同様の職場に共通した問題について専門家がまとめたものを、職場固有の状況に合うようにまとめたり、修正が加えられている場合が多い。手順を成文化し、作業の目的・意図（設計思想）を明らかにすることにより、口頭指示による誤解を防ぎ、誤操作・誤判断を防ぐ。作業の変更時には変更により安全性を損なうことがないよう、関係者によるレビューを行い記録に残す。
（熊﨑美枝子）
→安全委員会、安全衛生教育、安全管理

安定賃金制度·······················Ⅰ－1, 2－B
　春闘においては、単年度での賃金交渉が行われることが通例であるが、他の企業や同業種との賃金の不均衡を回避するため、また労使間の紛争の回避、従業員の長期的生活設計に資すること等を目的として、複数年に亘る協定が締結されることがある。この長期賃金協定のことを言う。日本では、1959年の春闘において日本私鉄労働組合総連合会傘下の東京急行電鉄・名古屋鉄道の労使間で2～3年間の賃金協定が締結されたことがある。 （大津章敬）

暗黙知 vs. 形式知（tacit knowledge vs. explicit knowledge）……………Ⅰ－2－A

　暗黙知と形式知は、ポランニー（Polanyi, M.）が『暗黙知の次元』の中で示した知識の認識論的な分類である。ポランニーによれば、私たちは、言葉で表現できる以上の多くのことを知っている。その上で、ポランニーは、言語などの明示的・形式的表現では伝達することができない知を暗黙知、言語などの明示的・形式的表現での伝達が可能な知を形式知と呼んだ。暗黙知は、特定の状況に関わる個人的な知識であり、形式化（言語化、データ化）したり、他人に伝えたりするのが難しいものである。他方で形式知は、明示的な性格を持ったものであり、論理的な伝達・表現手段によって伝達することが可能であるという。仕事のやり方について、マニュアル化したり具体的に指示したりすることが可能なものが形式知、どうしてうまくいくのかということを本人ですらうまく表現できないようなものが暗黙知に、それぞれ該当する。

　野中郁次郎と竹内弘高は、このポランニーの分類を援用し、組織の中で行われる知識創造を説明する、SECI モデルを提唱している。彼らのモデルは、組織の中で行われる人々の協働を通じて、知識がどのように変化していくかを説明している点が特徴的である。このモデルは、知識の創造における暗黙知の重要性に注目する。形式化された知識であれば、容易に伝達したり共有したりすることが可能であり、すでに人々の間で流布している可能性が高いのに対して、暗黙知は、本人ですら表現が難しく、人々の間で共有されることが難しいからである。

　繰り返しになるが、個人の中に内面化（internalization）された暗黙知は、他の人にはわかりづらく、本人ですら自覚しづらい。ただし、このような暗黙知も、他者と直接一緒に過ごし、共感し合い、対話と観察を繰り返すことによって、共有することが可能になる。このことを共同化（socialization）と呼ぶ。ただ、そのようにして他者に伝わった暗黙知も、そのままでは知識として十分に活用することが難しい。そこで優れた組織では、試行錯誤を繰り返しながら、暗黙知を具体的に言語化していくということが行われる。これが表出化（externalization）である。おぼろげに見えてきた顧客ニーズを、メタファーやコンセプトとして言語化する、といった過程がこれにあたる。最後に、こうして言語化された形式知を、他の形式知と結合させ、体系的な知識として結晶化させていく過程が連結化（combination）である。言語化されたメタファーやコンセプトを、社内の既存の知識や技術と組み合わせて、それを具体的な製品やサービスとして実現していく過程、がこれに該当する。最後に、このような過程を経て体系化された形式知を活用する中で、メンバーの中に再度、様々な暗黙知が内面化され、それがあらたな知識創造のきっかけとなっていく。この共同化、表出化、連結化、内面化という一連のサイクルを繰り返すことで、組織は新しい学習を行い、深め、新しいものを生み出していくことができることを説明するのが、SECI モデルなのであ

る。 　　　　　　　　（服部泰宏）

eラーニング （e-learning）…………Ⅱ-3-A

学習者がインターネット等ネットワークに接続した電子端末を用いて、インタラクティブな情報環境で学ぶ管理運営されたシステムである。遠隔教育の手段の一つであり、オンラインのみと対面学習を組み合わせた形態がある。学習者にとって時間と物理的空間がフレキシブルであり、質問等の双方向性が確保され、適切な学習評価等が行われる。社員研修での利用や、社会人が社会活動に必要な資格等のコースを個人で受講するなど、仕事と学習を直接的、総合的に結びつけることを目指すことができる。

コース開発と運営を代行する民間企業や団体の登場により、小規模なコース開設が可能になり、汎用的・基礎的な知識・技能スキルや資格、専門的技能などの特徴を活かす様々な分野に広がりをみせている。また、学習塾・予備校のほか通信制高校、高等教育機関など学校教育でもその利用が広がっている。VR（バーチャル・リアリティ：仮想現実）技術を用いた疑似体験を組み込むなど、これまで困難といわれた実技演習の可能性も高まっている。その一方、学習の質保証の課題と持続性などの対策が求められる。

（三尾忠男）

→ディスタンス・ラーニング

家元制度 …………………………………Ⅰ-1

家元は芸道、技芸などにおける教育のシステムと考えてよいが、かなり広く日本社会の中核を為す組織原理とする理解

もある。その範囲は、武道から日常組織に及ぶ。家元という名称を持たなくとも、ヤクザは典型的な家元であり、政界派閥から企業内の閥まで同じ構造を持つ。このことから、日本の組織の基本モデルは家元であると論じたのは濱口恵俊である。

流祖の血統によって権威づけられた家元が模範を示し、それにメンバーを従わせるというイメージで理解されてきたが、現実の家元の多くはイノベーションを生み出して生き延びている。見直すべきだろう。

（日置弘一郎）

異業種交流 …………………………Ⅰ-2-A

異なった業種の企業、特に中小企業がそれぞれ持つ固有の技術やノウハウ、製品等をもち寄り、情報を交換したり、共同開発を行ったりして、事業展開の機会を作り出そうとするものである。特定の分野で高度の技術やノウハウ、ユニークな製品・アイディア等をもちながらも単独では事業展開の機会に恵まれない中小企業に対して、異業種企業との交流の場を提供し、複数企業の技術・ノウハウ・情報等を結合することにより、事業展開の可能性を生み出すことを狙いとしている。1988年に「異分野中小企業の知識の融合による新分野の開拓の促進に関する臨時措置法」（略称「融合化法」）が制定され、中小企業活性化の方策として普及した。単なる名刺交換会・情報交換会レベルのものから、技術・製品の共同開発を行うものまで交流の形態はさまざまである。地方自治体、商工会議所、通産省等が支援し、さまざまな便宜を提供し

ているが、業種だけでなく技術レベル・経営理念が異なる企業同士の交流をスムースに継続していくことはなかなか難しく、実際に共同での事業展開まで発展するケースはそれほど多くはない。

（松本芳男）

→ネットワーク、組織間関係

育児（・介護）休業法……………Ⅰ−1

1991年「育児休業等に関する法律」として成立。1995年の改正で「育児休業、介護休業等育児又は家族介護を行う労働者の福祉に関する法律」（育児・介護休業法）となる。

この法令により、育児・介護等を行う労働者が離職することなく休業できるようになった。これまでに、子が2歳になるまでの期間延長、男女同時の取得、有期契約社員の取得要件の緩和など、制度の拡充が進む。2021年の改正では、①男性が育休とは別に配偶者の出産後8週以内に取れる「出生時育児休業」、②育児休業の分割取得、③労働者への個別の周知・意向確認措置の義務付け、④従業員1000人以上の企業に対する取得状況の公表義務付けなどが追加された。

（浅井希和子）

意思決定（decision-making）………Ⅰ−2−Ａ

組織や個人が複数の代替案や手段の中から最終的に一つを選択する行為のことを指す。組織にしても個人にしても、日々の活動や行動は意思決定の連鎖から成り立っており、その意味であらゆる合理的行動の前提にあるのがこの意思決定という行為であるため、意思決定は経営学における最も重要な鍵概念の一つと位置づけられる。

意思決定を行う主体として個人と組織を明確に区別したのは、近代組織論の祖といわれるバーナード（Barnard, C. I.）である。個人は、組織活動を行うに際し、当該個人の目標を達成するために組織への参加や貢献の程度を決定しようとする個人的な意思決定と、組織目標の達成のために行う組織的な意思決定の双方を行う。前者を行う個人は個人人格、後者を行う個人は組織人格と呼ばれる。誘因と貢献を比較し、組織への参加を決定した個人人格は、組織での意思決定に関与すると組織人格へと移行し、個人の行動は組織の行動体系の一部となる。要は、個人の意思決定が組織のそれとは必ずしも一致するわけではないため、個人が組織活動に積極的に協力する場合とそうでない場合とが存在しうることを理論的に明確化したのが重要なポイントである。

バーナードの後継者となるサイモン（Simon, H. A.）は、意思決定を定型的意思決定と非定型的意思決定の2種に分類した。前者は毎度同一の処理手続きが反復的に適用できる意思決定であり、後者は決定すべき問題が新規であるために事前の処理手続きや行動プログラムが存在しない意思決定である。前者の場合は、最初に一定の処理手続きを定めておけばその後はそれに従って意思決定すればよく、型が定まっているという意味で定型的な意思決定であると呼ばれる。後者の場合は、決定すべき問題の標準的な処理手続きや行動プログラムをまず開発し、

それに従って意思決定を行わなければならない。なお、サイモンによるこの2種の意思決定の分類は、後にマーチ（March, J. G.）とともに著した書籍では「ルーチン化された意思決定」と「革新的な意思決定」の2種に分類し直されており、前者の「ルーチン」がサイモンのいう事前の処理手続きや行動プログラムを指している。加えて、マーチとサイモンは、組織における個人の認知には限界があることから、個人は、当時の経済学で主張されていたような、あらゆる選択肢を合理的に吟味しその中から最適な解を見出して意思決定を行っているわけではなく、最低限必要とする当該個人自身の満足基準に従って意思決定を行う存在であると主張した。

なお、1990年代以降のコンピュータ科学の飛躍的な発展とともに、ゲーム理論に見られるような数学的意思決定モデルの開発も進んでいる。　　（上林憲雄）
→個人人格 vs. 組織人格、ゲーム理論、不確実性

遺族年金（survivor's pension）············Ⅰ－1
　年金の加入者か受給者が死亡したときに、その者によって生計を維持していた遺族に対し、生活を保障するために支給される年金をいう。遺族基礎年金は、18歳未満の子がいる残された配偶者か、配偶者がいない場合は18歳未満の子に、老齢基礎年金満額相当（子の数に応じ加算）が支給される。遺族厚生年金は、厚生年金の加入者か受給者が死亡した場合に、子の有無に関係なく、一定の範囲の遺族のうち法律の定める最も高順位の者

に、死亡した者の老齢厚生年金の75％相当額を基本とする年金が支給される。片方の要件に該当すればその片方の、両方の要件に該当すれば両方の年金が支給される。なお、遺族年金以外の年金も受給できる場合は所要の調整が行われる。
　　　　　　　　　　　　　　（福山圭一）
→基礎年金、厚生年金

依存症（dependence／addiction）·······Ⅱ－2
　依存症とは日常生活に支障をきたしているにもかかわらずアルコール、薬物、たばこなどの特定物質やギャンブル、買い物など特定の行動をやめることが出来なくなってしまう状態をいう。嗜癖ともいう。依存症には2つの種類がある。一つはアルコールなど「物質への依存」、もう一つはギャンブルなど特定の行為に熱中し、のめり込んでしまう「プロセス依存」である。特に薬物依存は脳の神経に変化が起き、やめたくてもやめられない状態になり、個人だけでなく、周りの人にも迷惑をかけることになる。
　　　　　　　　　　　　　　（松原敏浩）

委託募集·····································Ⅰ－2－B
　労働者募集方法の一つである。採用を行う者（募集主、使用者）が、自ら採用事務を行わず、第三者（募集受託者）にその代理業務を行わせようと、業務委託する募集方法が委託募集である。第三者が入ることからその適格性が求められ、厚生労働大臣または募集する事業所を管轄する都道府県労働局長の許可を得なくてはならない。労働関係法令に係る重大な違反がないこと、募集に係る労働条件

が適正で、明示されていること等が求められる。　　　　　　　　　（花岡正夫）

→募集、文書募集

一時解雇（レイオフ）……………Ⅰ-2-B
　企業が、業績不振を理由に一時的に解雇する場合をさす。業績が回復した場合、再雇用することが前提となっている。その点でリストラとは異なる。企業にとっては、人件費の観点からの業績不振への対応策であり、同時に貴重な人材を簡単に失わないことを意図した策である。他方、一時解雇期間中は、雇用関係は解消されており、労働者側の求職活動は自由である。　　　　　　　（丹羽浩正）

→解雇

一時帰休→一時解雇（レイオフ）

一時金（one-time payment）………Ⅰ-2-B
　月例賃金などの定期的に支払われるもの以外のすべてのお金。毎月の賃金の一部が後払いで一時に支給されるお金、会社の利益や従業員個人の功績に応じて支給されるお金、退職に伴い一時に支給されるお金、社会保険や労働保険などの規定に基づいて支給されるお金などがある。わが国では、一時金と賞与がしばしば同じ意味で使われることが多いが、一時金は生活補てん的性格として、賞与は収益分配的性格として区別される見方もある。　　　　　　　　　　（一守　靖）

一子相伝………………………………Ⅰ-1
　一子相伝とは、製造や芸道などでの秘技、ノウハウなどを一人の子どもにのみ

伝え、拡散させないことで家業を守ろうとする行為である。前近代ではこのような知的財産管理が普通に行われていた。現在では特許がそれに置き換わっているかというと、必ずしもそうではない。継承してきた秘伝の発明は百年以上前ということになると、特許は困難で、申請にともなう特許内容の公開によって公示されてしまう。

　実際に一子相伝になっているケースとしては京都の香辛料店がある。材料の下加工、配合までは従業員が行い、最終加工は当主が一部屋にこもって行う。その間従業員はもちろん家族も入室させない。まだ一子相伝が生きている。しかし、この店はそれを宣伝していない。

　これに対して意図的に権威付けするために一子相伝が言われることも多い。さらに別のタイプとして、結果的に一子相伝になってしまうものもある。手仕事でのノウハウの獲得には時間がかかり、さらに修業中の製品は商品にならないようなケースでは、技能の継承者は家族に限定されるという状況になる。作るための道具や材料、半製品に囲まれた子ども時代を持つことが継承につながる。

　　　　　　　　　　（日置弘一郎）

一斉休憩の原則………………Ⅰ-1, 2-B
　使用者は、労基法で保障されている労働者の休憩時間を一斉に与えなければならないとする原則（32条2項）。工場労働を想定した規定であるが、あらゆる業種が法の適用対象となるため、労使協定により別の定めを行うことができる（同項但書）。また、坑内労働、運送、商業、

金融・広告等、一定の業務、事業については適用除外されている。　（小山敬晴）
→労働基準法

イノベーション（innovation）…I－1，2－A

　シュンペーター（Schumpeter, J. A.）によれば、イノベーションとは、資本と労働の新結合による「新製品の開発」「新生産方法の導入」「新市場の開拓」「新資源・新原料の獲得」「新組織の採用」等、経済発展の契機となるような変革を意味しており、これを行うことは企業者（entrepreneur）の機能と考えられている。このようにイノベーションは、単に技術革新のみならず、組織革新や経営革新をも含んだ概念であり、新しい技術、製品、知識、制度等が生み出され社会に受け入れられていく現象を意味している。

　イノベーションは経済発展の動因であると同時に企業に新たな利益の源泉をもたらすから、産業社会においては絶えずイノベーションが要請され、イノベーション・マネジメントは経済政策的にも、経営戦略的にも重要な課題となる。しかし、イノベーション・プロセスにはしばしば偶然性や意外性が作用しており、目的志向的・合理的な活動だけでイノベーションを生み出すことは難しい。一方、「幸運」という偶然的な要素だけに頼っていてはイノベーションを生み出すことが難しいことも事実である。イノベーション・マネジメントの本質は、目的志向的な活動の中にいかにして偶然的要素を取り込むかということにある（伊丹（1986））。

　組織のイノベーション創出能力を高め

るためには、次のような方法が考えられる。まず第1は、挑戦的で明確な目標を設定することである。これにより人々の問題意識・テンション・投入エネルギー等を高めることができる。第2は、試行錯誤の機会を増やし、偶然を取り込む機会を多くすることである。そのためには「失敗を許容する」文化を醸成し、一見無駄とも思えるほどの資源や情報を与え、各人の行動の自由度を大きくし、異質的なメンバーが接触する機会を多くすること等が必要になる。第3は、原理・本質を大切にし、これを徹底的に追求する姿勢と、常識や先例にとらわれない柔軟な姿勢という一見パラドキシカルな要素を両立させることである。　（松本芳男）
→プロセス・イノベーション、プロダクト・イノベーション、敗者復活とキャリア・トゥリー

異文化教育（cross-cultural training）
　　　　　　　　　　　　　　　I－1，II－3－A, B

　ビジネスの国際化（globalization）が避けられない現在、異文化に対する十分な理解がないとさまざまなトラブルや摩擦は避けられない。そのため、国際業務担当者や海外派遣者（expatriates）などの研修参加者に対し、自国の文化をしっかりと理解させると共に、それを相対化させ、文化的感受性（cultural sensitivity）あるいは文化的知性（cultural intelligence）を向上させること、すなわち自国との文化的違いを認識させ、その違いがどういうものであり、それにどのように対処するかということを理解させる必要性が強くなっている。これを促進するのが異文

化教育である。

　ブラック他（Black, *et al.*（1999）（邦訳（2001））は、異文化教育に必要とされる精神的関与と努力の程度（これを「密度」と呼ぶ）は、3つの要因により決まると述べている。第1の要因は、文化的困難度であり、これは異文化への適応の困難度といってもよい。これは多分に個人の過去の海外経験の有無により影響を受けるもので、過去に海外経験のある人はその程度が低くなるであろう。第2の要因は、コミュニケーション上の困難度であり、これは、海外派遣者がどの程度現地国の人々と深く交流することを求められているかに依存する。もし、想定されるコミュニケーションが頻繁で、双方向で、インフォーマルなものであればあるだけ、トレーニングはより密度の高いものとなろう。第3の要因は、仕事の困難度であり、これは、海外勤務に伴い職責がどの程度重くなり、職域がどれくらい広がり、どれくらい新しい課題が求められるかに依存する。仕事内容が本国での仕事と大きく異なる場合や、制約が大きい場合、さらには自由度が低い場合には、仕事の困難度は高まり、それに応じてトレーニングの密度も高くなろう。いずれにせよ、異文化教育を設計する際には、文化的困難度、コミュニケーション上の困難度、それに仕事の困難度に応じて、適切な「密度」の異文化教育プログラムを設計する必要がある。また重要な点は、赴任者が海外勤務に着任してから数か月の段階でより密度の高いトレーニングが求められる場合が多く、またそれが効果的であるということである。

（白木三秀）

→異文化適応訓練（海外適応訓練・異文化理解訓練）、コミュニケーション、コミュニケーション・スキル

異文化適応訓練（海外適応訓練・異文化理解訓練）（cross-cultural adaptation training） Ⅱ－3－A, B

　海外派遣者（expatriates）ならびに家族に対する企業側の事前研修の一環として通常、実施される研修の一つで、赴任後の現地での仕事ならびに生活環境への適応がスムーズにいくようなされるものである。日本では、外国語研修ほどではないが、近年、様々な形・レベルで異文化適応訓練を導入する企業が増えてきている。

　異文化適応訓練の方法には、研修対象者の人数や属性、赴任先の国・地域の文化的距離の大きさ、研修期間の長さ、予算規模の大きさ等により様々なものがある。1日だけの赴任先の文化的特徴に関する簡単な紹介から、赴任先の文化に全身をさらさせるような研修まである。具体的には、地域説明や講義の受講、関連書籍の読書から始まり、参加者同士の役割練習（ロール・プレイング：role playing）、事例に基づく参加者間での討論、さらには、模擬練習（シミュレーション：simulation）までいろいろあるが、それらを通じて、異文化社会においては本国と異なる価値観、規範、それに行動様式があり得るということを体得させることになる。

（白木三秀）

→異文化教育、外国語研修、ロール・プレイング

あ行

移民政策（immigration policy）…………Ⅰ－1

　移民とは、ある国に永住するために別の国から移ってきた人を指す。カナダ、オーストラリア、スウェーデンなどの政府は移民に寛容な政策を行っている。欧米諸国が移民を受け入れる利点の一つは、国外から安価な労働力を調達できることである。しかし近年、移民が国内の中間層の雇用を奪っているという世論があることを背景に、移民に厳しい政策をとる欧米の国が多い。イギリス政府は欧州大陸からの低技能労働者の受け入れを厳しくしている。アメリカのトランプ政権はビザの発給を厳しくしたほか、メキシコからの不法移民（移住先の国の正式な許可なく移住してきた人）の流入を防ぐため、メキシコとの国境に壁の建設を始めた。バイデン政権になってから中止されていたが、バイデン大統領（Biden, J.）は2023年10月に壁の建設を再開することを表明した。

　日本政府は基本的に「移民政策はとらない」との立場を維持しているが、少子化が進むなか、人手不足が深刻な介護・農業などの業種14分野（2022年より12分野）で、2019年4月に「特定技能」の在留資格を設け、外国人労働者への門戸を広げた。特定技能1号は最長5年日本に滞在することが可能であるが、特定技能2号の在留資格を持つ外国人労働者は日本の永住権を取得することも可能になった。　　　　　　　　　　（二神常爾）

インキュベーター（incubator）……Ⅰ－2－A

　もともとの意味は鶏等の孵卵器や人間の保育器のことで、ビジネスの世界ではベンチャー起業家が創業準備期の活動を行うのを支援するための施設をいう。小規模なオフィススペースを低廉な家賃で起業家に提供するだけのものから、実験設備の提供、新事業のシードキャピタルの提供、法律問題、特許申請、事業計画立案等に関するコンサルティング指導、人材捜しや資金調達の支援等、多彩なサービスを提供することを標榜する施設まで、さまざまな形態がある。（鵜飼宏成）
→ベンチャー企業、ベンチャー・キャピタル

インクリメンタリズム（incrementalism）
………………………………………Ⅰ－2－A

　環境の変化に適応するために組織がその戦略や構造を変化させる場合、少しずつ・断片的・漸増的・連続的に変化させるのが有効であるとする考え方である。インクリメンタルな変化が必要とされる理由の一つは人間の認知能力に限界があるからである。「制約された合理性」のために、組織は個別的な危機に部分的に対応し、断片的・漸進的に適応することにより、認知上の負担が大幅に軽減される。また、インクリメンタルな変化は、変化に対する心理的抵抗・政治的障害が小さく、最も経済的で安全な対応方法といえる。さらに、組織を緩やかに結合したシステム（ルース・カップリング・システム）と考えれば、組織を構成する下部単位は、他の組織単位に大きな影響を与えることなく変化することができるから、変化に個別的に対応しても問題は生じない。

　一方、システムとしての一貫性を保持

するため、また変化に伴うコストやリスクを最小化するために、一挙に劇的・不連続的に変化する方がよいとする見解もある。一般的には、小さな変化が連続的に起こる状況では、インクリメンタルな微調整で対応するのが有効である。

（松本芳男）

インクルージョン（inclusion）… I−2−A，B
　人的資源管理協会（Society for Human Resource Management：SHRM）によれば、インクルージョンとは、すべての個人が公平に処遇され、尊重され、機会と資源を手に入れる平等な権利をもっており、組織の成功に十分貢献できるような仕事環境が実現されていることであるとされる。また、ミラーとカッツ（Miller, F. A. and Katz, J. H.）によれば、インクルージョンとは、社会の一員であると感じること、ありのままの自分が尊重され、評価されていると感じること、自分が最善を尽くすことができるような他の人からの支持力や貢献度を感じることをいう。
　そして、ショアーら（Shore, L. M. *et al.*）は、最適弁別性理論（Optimal Distinctiveness Theory：ODT）に基づいて、インクルージョンの概念と理論的フレームワークを提示している。ショアーによれば、インクルージョンとは、帰属欲求や独自性（自分らしさ）への欲求を満たすように処遇されることによって、従業員が職場集団の一員として尊重されていると認知する度合いであるとされる。なお、最適弁別性理論は、ブリューワー（Brewer, M. B.）によって提唱されている。ブリューワーによれば、人は本来、差異化欲求、すなわち独自性への欲求と同化欲求、すなわち他者の正当性を認め、他者に同化する欲求という、相反する2つの欲求をもっており、そのバランスを取っている。したがって、人は職場集団の内部者として扱われ、独自性をもち続けることが認められ、奨励されると、インクルージョンという感情を作り出す。さらにショアーは、職場集団へのインクルージョンに関する従業員認知の先行要因として、インクルージョン風土、インクルーシブ・リーダーシップ、インクルージョン施策を提示している。そして、成果として、職務満足、定着、職務業績、ウェル・ビーイング、創造性などを提案している。
　インクルージョンは、ダイバーシティと一緒に使用されることが多いが、この2つは異なる概念である。ダイバーシティが多様性それ自体を強調しているのに対して、インクルージョンは、その多様性を認め、受容するのと同時に、人びとが共生し、包摂される存在だという基本的な考え方に重きをおく点において、より先進性がある。　　　（二神枝保）
→ダイバーシティ、ダイバーシティ＆インクルージョン、ディスアビリティ・インクルージョン

因子分析（factor analysis）………………I−1
　因子分析は、観測された変数の間の複雑な関係を単純化するために、共通の要因を抽出し、データの背後の構造を明らかにするものである。例えば、複数の変数をその数より少ないグループに分ける。各グループ内で変数の相関は強くな

るようにする。各グループから因子が抽出され、これはデータの背後にある観測されない要因を表す。例えば、車を選ぶのに14の変数で評価することを考える。この14の変数から快適さ、コスト、かっこよさ、操作性という4つの因子が抽出されれば、データ構造を理解するのに14個の変数でなく、4つの因子で済み、問題が単純になる。

因子分析は多数の変数から新たな少数の変数を抽出するという点では主成分分析と同じである。異なるのは、因子分析は個々の変数に共通して潜在する観測されない因子を抽出することを目的にしている点である。因子の抽出はデータを統計ソフトを使って分析して得られる結果をもとに行う。

1904年に心理学者のスピアマン（Spearman, C. E.）は、人間の知的能力は一般的知能という共通因子と個別能力に特有の独自因子に分けられることを示したが、これが因子分析の始まりである。
（二神常爾）
→主成分分析、多変量解析、相関分析

インセンティブ給 （incentive pay）
....Ⅰ－2－B
成果に応じて変動する給与のこと。従業員個々人が達成した契約件数や販売額などの個人成果の他に、チームや店舗の売上高といった集団・組織の成果を基準に支給する場合もある。よく似た報酬支払形態に歩合給がある。インセンティブ給があらかじめ定められた目標の達成度にしたがって支払われるのに対して、歩合給は成果の度合いに基づいて支給され

る形態（保険営業職の例では、1契約当たり〇円）を指すことが多い。　（厨子直之）
→歩合給、ラッカー・プラン、スキャンロン・プラン、出来高給、能率給

インダストリー4.0 （Industry 4.0）.....Ⅰ－1
インダストリー4.0は、デジタル革命が進展する中で、製造業分野にデジタルの先進技術をいち早く取り入れて第4次産業革命を実現し、産業競争力を高めようとするドイツで生まれた概念。ネットワーク化されたデータ駆動型のスマートファクトリーやそれを支える基盤を指すものとして使われる。構成要素としては、現実と仮想の双方の空間で機械や人、その他の経営資源を広範につなぐサイバーフィジカルシステム（CPS）、Internet of Things（IoT）、人工知能、クラウドコンピューティング等が含まれる。　（坂田一郎）

インターネット （internet）..................Ⅰ－1
コンピュータをつなぐ世界規模のネットワークを指す。インターネットでつながったコンピュータ（サーバー）にはIPアドレスと呼ばれる住所に当たるものが割り当てられ、IPアドレスをもとに目的のサーバーまで電子メールなどのデータを送る。パソコンやスマートフォンなどから送られた電子メールは、これらの情報機器につながったメールサーバー経由でインターネットに入り、目的のメールサーバーまで届く。インターネットは光ファイバーと呼ばれる素材を用いた有線のケーブルより成り、これにより高速かつ大容量のデータの通信が可能にな

る。インターネットは、1969年にアメリカで開発された軍事用コンピュータ・ネットワークに起源を持ち、1990年頃から世界的に広く使われ始めた。

インターネットなどのネットワークを介して、商品の売買を行ったり、契約を行うことを電子商取引という。経済産業省の調査によれば調査開始年度の1998年度から2019年度まで消費者向け電子商取引の市場規模は増え続けている。一方で、企業などの特定の組織や個人のコンピュータシステムに対し、インターネットを介して破壊活動やデータの窃取、改ざんなどを行うサイバー攻撃は近年大きな社会問題になっている。（二神常爾）
→電子メール、ネットワーク

インターネットによる訓練 (internet-based training) ……………………………… Ⅱ-3

オンライン学習、eラーニングの一つ。インターネットによる訓練は、会社のコンピュータだけを使い、会社の人間だけに限定したイントラネット訓練と区別されることがある。インターネット訓練では、インストラクター・メンター・ファシリテーター、上司、同僚、場合によっては外部の人びととっとも会社のネットワークとともにインターネットを使ってコラボレーションを行う。いつでも、いかなる場所にもアクセスでき、迅速に、短時間で訓練ができるとされる。また音声、テキスト、ビデオ、グラフィックスなど様々のメディアが使え、お互いの直接の会話も可能である。　（二神恭一）
→eラーニング

インターンシップ (internship)………… Ⅰ-1

学生が在学中に自らの専攻や将来のキャリアに関連した就業体験を行うこと。元来、医師や理容師等の志願者が就学後に免許を得るための要件として義務づけられた実習訓練を指す用語であったが、昨今ではその概念対象が拡大され、広く一般の学生に勤労観・職業観を醸成させる教育の在り方として位置づけられるようになっている。背景には、とりわけ1990年代以降、学校における教育内容・方法を不断に改善し、高い職業意識を備えた人材の育成を産学連携で取り組む必要があるとの認識が社会的に高まってきたことがある。　　（上林憲雄）

インテグレーション・プロジェクト (integration project) ……………………… Ⅰ-1

ドイツの「社会法典」第9編第132条に規定がある、重度障害者の雇用を通常の法的規定以上にすすめている公私組織やその事業所のこと。インテグレーションとは重度障害者包摂を意味する。2004年に連邦政府が重度障害者のための職業教育・雇用のいっそうの拡大を呼びかけ（「イニシアティブ・ジョブ－ジョブ－バリアフリー・ジョブ」）、労使をはじめ各界の団体がこれを支持し、プロジェクトの数も増え、内容も充実した。

　　　　　　　　　　　　（二神恭一）
→障害者、障がい者雇用、重度障害者雇用法

イン・バスケット法 (in-basket test) …………………………………………… Ⅱ-3

企業・政府等の団体が被雇用者の採用

あ行

や昇進の際に用いるテストまたは訓練法。参加者は、セッション中、複数のメール、電話、書類、メモといった未決済の案件（イン・バスケット）に取り組む。限られた時間内に、優先順位の決定、優先順位に基づく仕事のスケジュールの整理、問題の解決が求められる。処理能力、マネジメント、判断力等が評価され、管理職としての能力が判断される。フリデリクセン（Frederiksen, N. O.）らによって開発された。　　　（玉利祐樹）

→教育・訓練、教育・訓練予算

インフォーマル組織（informal organization） ……………………………… I−2−A

公式の職制による組織とは別に、仲間や同僚相互の感情や関心によって自然発生的にできた組織。非公式組織とも呼ばれ、フォーマル組織（公式組織）に対置される。インフォーマル組織が経営上重要な意義を有する存在であることを初めて明らかにしたのは、メイヨー（Mayo, G. E.）やレスリスバーガー（Roethlisberger, F. J.）が主導した1924〜32年のホーソン実験である。ホーソン実験では、組織図上の公式な職制とは独立に、独自の規範を有した仲間集団（ピア・グループ）があり、その集団規範が成員の働き方に影響を及ぼしていることが明らかになった。実際、ホーソン実験においては、「働き過ぎてパフォーマンスを上げ過ぎれば、経営者から標準を上げられてきつくなるので、あまり働き過ぎてはいけない」といったような規範を有しているインフォーマル組織の存在が明らかになった。

そこから、組織経営においては、公式のフォーマル組織の整備に加え、こうしたインフォーマル組織の存在に配意し、むしろそれを積極的に活用することが有益であるとされ、今日の労使協議制や苦情処理、提案制度、小集団活動といった、人間関係を活用したさまざまな制度や取組みの導入に繋がっている。

（上林憲雄）

→ホーソン工場実験、メイヨー , G. E.

インフォーマル・ラーニング（informal learning）…………………………… II−2

教育工学の分野では、学習環境デザインを考える際、体系化された「教室の中」での学びを「フォーマル・ラーニング」、学習者が日常生活の中で自律的に創出する学びを「インフォーマル・ラーニング」と呼ぶ（山内（2013））。本来OECDではこの2つの概念を生涯教育の観点から定義づけており（OECD（2011））、情報化の進展に伴い、後者を実空間に加えてサイバー空間のカテゴリで位置付ける傾向がある（藁谷（2023））。（藁谷郁美）

→フォーマルな学習 vs. インフォーマルな学習

インフォーマルリーダー（informal leader） ……………………………………… I−2−B

非公式なリーダーであり、公式な地位や権限は与えられていなくとも、メンバーを動機づけるリーダーとしての立場を得ている。インフォーマルなリーダーは、メンバーの態度や価値観を反映する人として選ばれ、集団や組織におけるコミュニケーション、対人関係、コンフリ

クトの解消、モラール、生産性、資源の分配等に対して大きな影響をもたらす。彼ら彼女らは「正しいことをする」という倫理観から行動し、「影の英雄」と表現されることがある。一方で、影響力を持ちすぎるインフォーマルリーダーには負の側面もある。個人的な利害で行動する、必要な情報を勝手に取捨選択して拡散する、組織目標に沿わない影響力を行使するといったことで組織運営を困難にする場合がある。

1924年から1932年にかけてウェスタン・エレクトリック社のホーソン工場で行われた作業効率に及ぼす要因に関する実験（ホーソン実験）によって、人間関係を形成する要素としてインフォーマル組織やリーダーの在り方が注目され、その意義が明確に認識された。観察、面接、ソシオメトリー調査等によって測定される。　　　　　　　　　　（藤村佳子）

→ホーソン工場実験、インフォーマル組織

ウェーバー , M.（Weber, M.、1864〜1920年）……………………………………Ⅰ−1

経済、政治、法学、宗教、科学等を対象とした社会科学全般に幅広い影響力をもつドイツの社会学者。プロテスタントの宗教倫理が、近代社会を大きく発展させた論理をとく著作に始まり、現代社会における官僚制の機能を体系的に分析した。社会科学の客観性を担保する科学方法論や理念型概念に至るまで、今日も幅広い観点から参照されている。

　　　　　　　　　　　　　（松嶋　登）

ウェル・ビーイング（well-being）……Ⅰ−1,

Ⅱ−2

当初WHO（世界保健機関）は「心身ともに健康な状態のこと」を意味したが、2007年欧州委員会、OECD、ローマクラブなどでGDP（国内総生産）に代わる「国の豊かさ」を示すものとされ、2015年の国連のSDGs（持続可能な開発目標）の中に組み込まれた。

OECDではこれを「人の幸福・健康・福祉」とし、BLI（Better Life Index ＝ より良い暮らし指標）によって各国の豊かさを測定し、公表している。

これは（1）物質的生活状況と（2）生活の質、の2つのカテゴリーからなるが、さらにそれぞれには具体的な指標項目がある。

OECD の Better Life Index

（1）物質的生活状況　①住宅：基本的衛生条件（トイレの非水洗トイレ割合、家の値ごろ感、1人当たり部屋数）、②所得と富：家計収入、資産、③雇用と収入：1年未満の失業状況、就業可能人中の就業率、長期失業率（1年以上の失業）、所得（労働者の平均年間報酬）

（2）生活の質　①社会的つながり：社会的支援の可能性、②教育と技能：教育達成（25−64歳中の後期中等教育卒業者率）、認識能力（読解力、数学・科学リテラシーの平均点）、成人力（読解力と数的思考力）、③環境の質：大気汚染状況、水の質への満足度、④市民生活とガバナンス：投票率、⑤健康状態：寿命、健康状況（15歳以上）

わが国では2015年政府の「成長戦略実行計画」においてウェル・ビーイングへの取り組みが叫ばれ、現在内閣府によ

って「満足度・生活の質」としてその指標群が公表されている。これはOECDの指標に準拠しているが、全体を「総合主観満足度」とし、それを客観的に示す指標として、①家計と資産、②雇用と賃金、③住宅、④仕事と生活のワークライフバランス、⑤健康状態、⑥あなた自身の教育水準・教育環境、⑦交遊関係やコミュニティへの社会的つながり、⑧生活を取り巻く自然環境、⑨身の回りの安全、⑩子育てのしやすさ、⑪介護のしやすさ・されやすさ、などに着目する。

一方、企業においても従業員のウェル・ビーイングは企業経営に好影響をもたらすものと重視されつつある。従業員の会社・仕事への「幸せ感」は彼らの創造性・業務パフォーマンスに大きく寄与するとともに、企業の健康保険への負担は軽減され、特にメンタル不全による離職者も減らすことができる。ゆえに従業員の心身の健康チェック（健康診断とストレスチェック）および時代に合った労働環境の改善・整備は従業員の心身の健康維持・促進につながり、結果ウェル・ビーイングは向上しよう。また、USの心理学者セリグマン（Seligman, M. E. P.）は従業員がウェル・ビーイングを高める要素として「PERMAの法則」を提唱している。それは、P＝Positive Emotion（積極的肯定感）、E＝Engagement（仕事への愛着・誇り）、R＝Relationships（良好な人間関係）、M＝Meaning（人生の意義・目的の確認）、A＝Achievements（仕事への充実・達成感）である。（樋口清秀）

請負（contract）……………………I－1

ある一定の仕事の完成に責任をもつことを条件として報酬契約がなされることを請負といい、このような作業方式を請負制という。請負は、個人が仕事の完成を条件に契約を行う個人請負と集団で契約を行う団体請負の2つが存在する。個人請負は、今日でも独立自営の職人的な業務領域に残っているが、一般的には報酬決定基準や作業区分の明確な設定が難しい業務を多く含んでいる建設・土木といった業種で広く見られるものである。団体請負は組請負ともいわれ、日本でも明治初期から第1次世界大戦前後の重工業化の時期まで広く存在した。親方請負制は、企業等から独立した労働者集団がその長である親方を中心として一定の仕事の完成に対して一定の報酬を受けるという契約の下で仕事を行う方式である。

この制度の特徴は、親方が配下の労働者の雇用・労働条件・解雇に至る労務管理と作業の指揮監督を行うことである。この制度の下では親方が絶対的な権力の持ち主であるため、往々にして配下の労働者の労働強化やいわゆるピンハネによる中間搾取が生ずることがある。請負方式は、戦後になると自動車・電機・繊維産業での下請制度、造船・建設等での社外工制度・組請負制度として多様な展開が見られることになる。とりわけ、中小・零細企業が大企業の下請として併存していく構造は、日本経済の二重構造として知られてきたものである。近年では、経営業務の一部である総務・経理・人事といったスタッフ業務から研究・開発といった中心業務までも外部に委託するというアウトソーシングが普及しつつ

あるが、これも請負側の1形態である。
（石井脩二）

→アウトソーシング、社外工

内田クレペリン性格検査 ………… Ⅱ−3−A

ドイツの精神医学者クレペリン（Kraepelin, E.）の研究に着想を得て内田勇三郎が開発した、作業検査法による心理検査である。ランダムな1桁の数字が印刷された検査用紙を用いて、隣り合う数字を加算し、その下1桁の数字を、印刷された数字の間に記入する。この連続加算作業を1行1分で前半と後半15分ずつ行い、その結果を総合的に評定することで、能力面の特徴及び、性格・行動面の特徴を測定する。職種の適性を見つけ出す検査として官公庁や企業等で広く使用されている。
（久保沙織）

売上高人件費率 ……………………… Ⅰ−2−A

売上高に対する人件費の比率をいう（パーセントで表示する場合には100を乗じる）。

この比率は、企業の（発生主義でみた）総収入である売上高からどの程度人件費に分配されたかをみる指標である。設備費などに比して、人件費がどの程度を占めるかを知る指標ともなる。また、売上高人件費率は、売上高営業利益率などとも関係しており、売上高人件費率が高いと売上高営業利益率を圧迫することになる。逆に、売上高営業利益率が高いのに売上高人件費率が低い場合には、従業員に対する分配の程度が低い可能性もある。なお、人件費は、企業が生み出す付加価値を構成するが、付加価値に対する

人件費の割合は、経済学などでいう労働分配率に相当する。
（川村義則）

→人件費、総人件費、スキャンロン・プラン

衛生委員会 （health committee） …… Ⅰ−2−B

労働安全衛生法第18条により、労働者数50人以上の全業種の事業場で設置が必要とされている、労働者の健康障害の防止や健康の保持増進に関する事項等を調査審議する委員会。従業員の健康に関する事業主の取り組みを従業員に周知したり、従業員の意見を事業主に伝えたりする役割を担っている。

安全委員会及び衛生委員会の両方を設置しなければならない時は、各委員会の設置に代えて、安全衛生委員会を設置することができる。
（森田雅也）

→労働安全衛生法、総括安全衛生管理者、安全委員会

衛生管理 （health management） …… Ⅰ−2−B

衛生管理は、職場における衛生管理と食品等事業者が取り組む食の安全のための衛生管理とに一般的には大別されるが、ここでは前者のことを指す。

職場における衛生管理とは、事業場において労働者を災害や健康障害から守り、健康を保持増進するための様々な管理の総称である。

労働安全衛生法では、「第3章 安全衛生管理体制」第10条第1項第1号から第4号で、総括安全衛生管理者らは、（1）労働者の危険又は健康障害を防止するための措置に関すること、（2）労働者の安全又は衛生のための教育の実施に関する

こと、（3）健康診断の実施その他の健康の保持増進のための措置に関すること、（4）労働災害防止の原因の調査及び再発防止対策に関すること、に取り組まなければならないことが謳われている。

衛生管理が適切に行われていない職場では、労働者による事故やけが、体調不良の発生、やる気の低下、遅刻や欠勤の発生、結果としての生産性の低下が起こりやすくなり、事業経営に悪影響を与えることにつながる可能性が高くなる。それゆえ、衛生管理には安全衛生上の必要性から取り組むだけでなく、経営的な視点から取り組む必要性がある。こうした考え方は、健康経営にもつながる。

（森田雅也）

→健康経営、労働安全衛生法、衛生委員会、衛生管理者

衛生管理者（health manager）……Ⅰ-2-B

労働安全衛生法第12条により、事業場における労働者の健康障害や労働災害の防止、健康保持の増進等のために、衛生に関する技術的事項を管理する者として定められている。少なくとも週1回作業場等を巡視し、問題がある場合は、健康障害防止のための措置を講じる必要がある。

常時50人以上の労働者を使用する事業者は、その事業場専属の衛生管理者を選任せねばならず、選任人数は事業場の規模に応じて異なる。また、選任資格も業種によって異なる。 （森田雅也）

→総括安全衛生管理者、衛生委員会

永年勤続表彰 ……………………Ⅰ-2-B

勤続年数に応じて表彰する制度で、5年～10年単位で副賞を付けた表彰を行うことが多い。元々終身雇用が前提であった日本企業では、過半数を超える企業がこの制度を導入しているが、その企業数は年々減少傾向にある。また副賞は、かつては社名入りの時計が多く見られたが、賞品（もの）ではなく、賞金（金一封）が増加傾向にある。 （松谷葉子）

エコシステム（ecosystem／ecology system）………………………………Ⅰ-2-B

エコシステムは生態系を意味する用語であり、1935年にタンスレー（Tansley, A. G.）によって提唱された。これは、一定の地域に生育・生息する生産者（緑色植物）、消費者（動物や細菌）、分解者（微生物）といった生物と、それを取り巻く気象、土壌や水、大気などの無機的（非生物的）環境のまとまりとの相互関係を機能的に捉えた概念である。例えば、森林というエコシステムは、土壌とそこに生育する樹木・草花や生息する昆虫・微生物によって形成され、これらが相互に影響し合うことにより均衡が保たれている。 （金藤正直）

エージェンシー・コスト …………Ⅰ-2-A

エージェンシー問題が発生することによって被る損失やその対策として要する費用を「エージェンシー・コスト」と呼ぶ。エージェンシー・コストは、エージェントに対する監視のコスト（モニタリング・コスト（監視費用））、エージェントが自らの行為の妥当性を証明し、その情報を開示するためにかかるコスト（ボン

ディング・コスト（保証費用））、これら2つの費用を払った後でもなお残るエージェンシー問題による損失の可能性（レジデュアル・ロス（残余損失））の合計となる。　　　　　　　　　　　（山崎尚志）

→エージェンシー理論

エージェンシー理論……………Ⅰ−2−A

　Aという主体が、自己の利益のための労務をBという主体に委任するとき、Aのことをプリンシパル（依頼人）、Bのことをエージェント（代理人）と呼び、この関係を「プリンシパル＝エージェント関係」あるいは「エージェンシー関係」という。ここで、エージェントはプリンシパルの利益のために働くことを委任されているにもかかわらず、エージェントの行動をプリンシパルが完全に把握できなければ、エージェントはプリンシパルの利益ではなくエージェント自身の利益を優先した行動をとる可能性がある。これを「エージェンシー問題」と呼ぶ。典型的なエージェンシー問題として、所有と経営が分離している株式会社において、株主（プリンシパル）と経営者（エージェント）の関係から生じる利害対立があげられる。

　エージェンシー理論では、こうしたエージェンシー問題を前提として、その解消のためにどのような対策を取りうるのかを考察する。エージェンシー問題を解消する手段として、エージェントを監視するためのモニタリング・システム、エージェントがプリンシパルの利益と合致するように動機づけるためのインセンティブ・システムの設計・導入などがあ

る。　　　　　　　　　　　　（山崎尚志）

→エージェンシー・コスト

越境学習（cross-boundary learning）……Ⅰ−1

　所属企業や職場の垣根を越え、他企業・他組織での就業体験を持つことで、一企業や組織のなかだけでは得難い新たな視点や学びを得ること。「他社留学」や「留職」とも呼ばれる。越境学習の種類としては、「プロボノ」や「レンタル移籍」、「社外武者修行」等がある。

　プロボノとは「pro bono publico（公共善のために）」の略語で、仕事で身につけた知識やスキルを活用してボランティア活動を行うこと。レンタル移籍とは、在籍企業や担当業務とは全く異なる業種や企業で一定期間働くこと。社外武者修行とは、文字通り所属組織を離れて修行の旅に出ることである。

　越境学習が求められる背景には、昨今の産業構造や労働環境の変化に伴い、サービスや知識を主体とした「知の探索」によるイノベーション創出の必要性が増していることが挙げられる。創造力の開発のためには新たなアイディアや知識・経験が必要なため、従業員の異質体験が問われてくる。所属企業のなかで同一業務に携わるだけでは、従業員の学びや成長の機会は限定される。越境学習により、異なる環境に身を置くことで、若手世代に限らず、これからのミドルやシニア世代も学びや成長の機会が得られる仕組みや制度の充実が求められている。

　　　　　　　　　　　　　　（吉田　寿）

X理論vs.Y理論（Theory X vs. Theory Y）

あ行

............................I−2−B

マグレガー（McGregor, D. M.）が、マズロー（Maslow, A. H.）の欲求階層モデルを基礎に提唱した組織管理の理論。X理論では、人は低次欲求（生理的欲求、安全の欲求）に基づき行動し、Y理論では、人は高次欲求（所属と愛の欲求、自尊と承認の欲求、自己実現の欲求）に基づき行動すると考える。

X理論は、古典的管理論（合理的経済人モデル）の考え方であり、次の3つの仮定がおかれる。（1）普通の人間は生来仕事が嫌いで、なろうことなら仕事はしたくないと思っている。（2）たいていの人間は、強制されたり、統制されたり、命令されたり、処罰するぞと脅されたりしなければ、企業目標を達成するために十分な力を出さない。（3）普通の人間は命令されるほうが好きで、責任を回避したがり、あまり野心を持たず、何よりもまず安全を望む。

Y理論では、次の6つの仮定がおかれる。（1）仕事で心身を使うのはごく当たり前のことであり、遊びや休憩の場合と変わりはない。（2）外から統制したり脅かしたりすることだけが、企業目標達成に努力させる手段ではなく、人は自分が進んで身を委ねた目標のためには自ら自分にムチ打って働く。（3）献身的に目標達成につくかどうかは、それを達成して得る報酬次第である。（4）普通の人間は、条件次第では責任を引き受けるばかりか、自ら進んで責任をとろうとする。（5）企業内の問題を解決しようと比較的高度の想像力を駆使し、手練をつくし、創意工夫をこらす能力は、たいていの人

に備わっている。（6）現代（発表当時）の企業においては、日常、従業員の知的能力はほんの一部しかいかされていない。

X理論とY理論のどちらを前提におくかによって、管理の仕組みが変わる。X理論では、人間は「アメとムチ」で動機付けられるとみなすため、「階層の原則」に基づく組織作りがなされ、権限の行使による命令と統制の管理が行われる。Y理論では、条件さえ整えば、人間は自発的に仕事を遂行し、自らが認めた目標の達成には、自己命令と自己統制を行い、進んで責任を引き受け、創意工夫などの潜在能力も発揮するとみなす。企業目標と従業員個々人の目標ないし欲求と統合する「統合の原則」に基づき、従業員が企業目標の達成に努力することで自分自身の目標（欲求）も達成（充足）できるような条件（環境）を作り出す組織作りが志向される。Y理論の考え方は、ドラッカー（Drucker, P. F.）による「目標管理」に理論的基盤を与えた。　（玉利祐樹）
→欲求階層説、動機づけ

エビデンス・ベースド・エデュケーション

（evidence-based education）............II−2

エビデンス（evidence）とは、実証、根拠を意味する言葉であり、エビデンス・ベースド・エデュケーションとは、教育研究によって科学的に証明された根拠に基づいて、教育政策や実践を行うことを指す。1996年、ケンブリッジ大学教授であったハーグリーブズ（Hargreaves, D.）が英国教員養成研修局（Teacher Training Agency：TTA）の年次講演会にお

いて、「教職は、研究に根ざした専門職ではない」という言葉を発したことから始まったと言われる。エビデンス・ベースド・エデュケーションにおいて求められるエビデンスには、①政策立案の根拠、②予算獲得の根拠、③説明責任の根拠、④政策評価の根拠などがある。

（服部泰宏）

内容は多様であるが、多くのモデルが、4〜5次元からなり、①自己の感情の認識、②自己の感情の管理、③他者の感情の認識、共感、④人間関係の管理、を含んでいる。特に①の自分の中にある感情を認識していることは基本であり、最も重要な要素であるとされる。

（髙橋南海子）

エモーショナル・インテリジェンス

（Emotional Intelligence）⋯⋯⋯⋯⋯Ⅱ−2

「情動知能」と訳される。自分自身や他者の感情を理解したり、感情を適切に表現したり、コントロールしたりする能力であり、対人コミュニケーション場面や社会生活の中で用いられる。サロベイとメイヤー（Salovey and Mayer（1990））によって提唱され、ゴールマン（Goleman（1995））によって広く知られるようになった。

学術的には、エモーショナル・インテリジェンス（EI）と呼ぶが、メディアがIQ（知能指数）との対比を強調した形で大々的に取り上げて話題となったことから、一般的には、「EQ」（Emotional Intelligence Quotient：こころの知能指数）という用語が幅広く使われている。EI、EQは、社会に出て成功するのに必要な能力として注目され、組織全体のパフォーマンス向上につながる役割をという観点からも盛んに研究が行われるようになった。キャリア発達に必要な力として、安直な測定や指数化には慎重であるべきであるとしながらもEI、EQを伸ばす教育も注目されている。

エモーショナル・インテリジェンスの

エラスムス・プラス（ERASMUS＋：

European Region Action Scheme for the

Mobility of University Students）⋯⋯⋯Ⅰ−1

欧州の産学官連携によるグローバル人材開発の取り組みである。その前身は、1987年に開始したエラスムス（Erasmus）であり、EU域内の学生を対象にした留学支援プログラムである。プログラムの名前は、15世紀から16世紀に活躍したオランダの人文主義者エラスムス（Erasmus, D.）に由来する。2004年よりEU域外の学生を対象にした留学支援プログラムのエラスムス・ムンドゥス（Erasmus Mundus）が開始された。

これらのプログラムを2014年から発展させたのが、エラスムス・プラスであり、就学前教育・初等教育・中等教育のコメニウス（Comenius, J. A.）、高等教育のエラスムス、職業訓練のレオナルド・ダ・ヴィンチ（Leonardo da Vinci）、生涯教育のグルンドヴィ（Grundtvig, N. F. S.）、エラスムス・ムンドゥス、青少年の海外ボランティア支援、スポーツ分野の支援などを統合している。エラスムス・プラスは、大学生や大学院生の留学以外にも、海外インターンシップも支援している。

なお、エラスムス・プラスの成果をまとめた報告書のエラスムス・インパクト・スタディによれば、全体の8割以上の学生がグローバルな経験によって、トランスバーサルなスキル（transversal skill）、すなわち、新しい挑戦を受け入れる姿勢や好奇心、問題解決スキル、意思決定スキル、自信、他者の価値や行動への寛容さが向上したと感じている。そして、全体の9割以上の企業も、学生に対してグローバルな経験で培われたトランスバーサルなスキルを求めている。さらに、グローバルな経験がある学生はそうでない学生に比べて失業する割合が低いことも報告されている。つまり、エラスムス・プラスのグローバルな経験によって、学生のエンプロイアビリティ（employability）が高まっていることが明らかになっている。このようにエラスムス・プラスによって、若年者のエンプロイアビリティ、専門技能、キャリアが効果的に育成されている。　　　（二神枝保）
→グローバル人材

遠隔教育→ディスタンス・ラーニング

エンゲージメント（engagement）
.... Ⅰ－2－B, Ⅱ－2
　働く個人と組織とが一体化し、双方の成長に貢献し合う状況のこと。英語のengagementはもともと約束や制約、婚約といった意を表す単語であるが、そこから組織経営の文脈では、個人と組織とが心理的に結びついている強さを示す概念として使われるようになった。モチベーションやコミットメント、ロイヤリティ（忠誠心）といった諸概念は、個人が組織に対して有するものであり、組織が上位にくることが暗黙の了解となっているが、エンゲージメント概念では、組織も個人を信頼し、場合によっては組織も個人によって動かされることが前提とされる点で異なっている。

　昨今の日本企業では、終身雇用や年功賃金といった従来の年功的労務管理の体系が崩壊し、せっかく採用した従業員が容易に会社を辞めてしまうことが問題化しており、そうした従業員の引き留め（リテンション）対策として、組織と個人の進むべき方向性を合致させ、心理的関係性を近づけること、即ちエンゲージメントを高めることが有用であると考えられるようになった。

　エンゲージメントの高い組織では、個人は組織に定着し、組織の価値観（文化や理念、ビジョン等）が社員に浸透しているとされ、組織活動が活性化し組織のパフォーマンスや生産性が向上することが期待されている。　　　（上林憲雄）
→動機づけ、心理的契約

エンゲージング・リーダーシップ（engaging leadership）............................... Ⅱ－2
　エンゲージメント、即ち個人と組織が一体化し、双方の成長に貢献し合う関係性を築くよう導くリーダーシップのこと。

　組織成員のエンゲージメントを高めるリーダーは、個人と組織の進むべき方向性を合致させて目的を共有させたり、個人の他者との関わりを促進させたり、時間をかけて個人の能力や個性を伸長する

よう育成したりするといった行動特性を有している。

リーダーシップ論において、組織変革に重点を置くトランスフォーメーショナル・リーダーシップ（transformational leadership）が1990年代以降注目されてきたが、そもそも組織変革をなすには個人が組織と一体化してともに成長する関係性を築いていることが肝要であるという認識が広がり、2010年代後半以降になってエンゲージング・リーダーシップが注目されるようになった。

エンゲージメントはアメリカで開発された概念であるが、昨今の日本企業では、従来の年功的労務管理の体系が崩壊し、せっかく採用した従業員が容易に会社を辞めてしまうことが問題化しており、そうした従業員の引き留め対策として、エンゲージメントを高めることが有用であると考えられるようになってきた。こうした文脈で、エンゲージング・リーダーシップは我が国においても注目されつつあるリーダーシップ類型の一つとなっている。　　　　　（上林憲雄）
→エンゲージメント

エンゲル係数 ……………………………… Ⅰ−1

家計の所得に占める食料品への支出の割合のこと。総消費支出に占める食料品への支出の割合を指す場合もある。ドイツの統計学者エンゲル（Engel, E.）の名に由来する。エンゲルは、家計調査データから、所得の低い家計ほど食費の消費支出に占める割合は大きいという経験則、いわゆる、「エンゲルの法則」を発見した。これらは、現在、各国間あるい

は時系列上の生活水準を測る指標として使用されることが多い。　　　（友利厚夫）
→生計費

エンパワーメント（empowerment）
……………………………………Ⅰ−2−B

広義には、人々に夢や希望を与え、勇気づけて人間が本来有しているべき生きる力を湧き出させることと定義される。もともと、1980年代に市民運動やウーマン・リブ運動などで使われてきた用語であるが、これが経営学や組織管理の文脈にも導入され、組織で働く個人に活力（パワー）を与えることをエンパワーメントと呼ぶようになった。

組織で個人が活力のある状態とは、個人が然るべき地位について業務の公式な権限を有する状況であるから、本来的には職位を上昇させたり、職位は必ずしも上昇しなくとも、その職位にとどまりながら上位の意思決定に参画したりといった手法がエンパワーメントの具体的な方途となる。

ただし、1990年代以降、経営学においても、心理学の知見の影響を受けることにより、個人に活力を吹き込み、元気づけて課題達成へ向かわせるという文脈においてこの概念が用いられることが多くなった。そこでは、組織で働く個人の能動性・主体性を高め、自律的学習を支援して自己評価と自己効力感を高め、自己決定の信念を強化していくことがエンパワーメントの具体的内容であると捉えられる。

今日では、エンパワーメントは経営学や企業経営以外にも保健医療福祉や教育

学の領域等でも広く用いられる用語となっている。　　　　　　　　（上林憲雄）

→権限、意思決定

エンプロイヤビリティ（employability）
……………………………… I−2−B、II−3−A

「雇用されうる能力」と訳される。より具体的には、従業員が現在雇用されている企業に将来的にも雇用され続けうる能力や、当該企業のみならず他企業でも通用する能力、労働移動を可能とする能力を指す。

この概念は、元来、労働市場が発達し転職が盛んな米国で議論されていた概念であったが、我が国でも1990年代後半以降に議論されるようになり、例えば1998年版『労働白書』においては、労働者は今後予想される労働移動に備え、エンプロイヤビリティを磨くことが必要となると明記された。年功的労務管理体系の崩壊に伴い、雇用関係が流動化するとともに、かつての終身雇用制のもとでみられたような教育訓練投資を企業がすべて負担するといった慣行が見直され、むしろ従業員が自発的に自らの職業能力を高めていく能力が求められるようになってきたことが背景にある。

同時に、ちょうどその頃から、経営学や企業経営の実践においても、いわゆるキャリア開発（career development）が盛んに議論されるようになってきた。エンプロイヤビリティを身につけるには、従業員が企業に依存しているのではなく、むしろ主体性・自律性を発揮して自身のキャリアを自ら設計し、行動を起こすことが必要となると考えられたためである。　　　　　　　　　　　（上林憲雄）

→キャリア

縁辺労働力（peripheral worker）………I−1

経済情勢の変動に左右されて労働市場への参入と退出を繰り返し、労働力となったり非労働力となったりと、就労状況が安定しない労働者層のこと。具体的には、パート・アルバイトや派遣労働者、臨時工などを指す。この層の労働者は、長らく経済情勢や環境の変化の際の雇用の調整弁的な役割を果たしてきた。

これに対し、終身雇用などを理由に常に労働市場の内部にいて、経済情勢の変動にあまり影響を受けない労働者層を基幹労働力と呼ぶ。　　　　　（吉田　寿）

→労働力人口、パートタイマー

オハイオ研究（ohio study）……………II−2

アメリカのオハイオ州立大学のシャートル（Shartle, C. L.）らによって1940年代後半から開始されたリーダーシップに関する一連の研究である。特にこの研究によって軍隊、大学、企業など、現実の組織におけるリーダーシップ行動について「配慮」（consideration：対人関係調整にかかわる行動次元）と「構造づくり」（initiating structure：課題達成にかかわる行動次元）の2要因の存在が指摘され（Shartle (1956); Shartle and Stogdill (1953); Stogdill and Coons (1957))、その後のリーダーシップ研究に大きな影響をもたらした。

　　　　　　　　　　　（王　英燕）

→リーダーシップ

オーバーオール・レイティング（overall

rating) ·····································Ⅰ-2-B

　人事考課の手法の一つで、相対評価の方法。評価要素を能力・業績・行動などの細かい項目に分け、それぞれについて判定し合計しても、全体的・統一的な評価と一致するとは限らず、部署が異なると評価項目も異なるため被考課者間の比較ができないといった欠点を補完するために考えられた。「勤務ぶり」など評価要素を大きく包括した共通項目を設け、比較をしやすくする。被考課者を全人的に見て比較し、判断できるという長所があるが、評価が主観的で曖昧になりやすいという欠点がある。他の手法と併用して実施されるケースが多い。

（浅井希和子）

オープン・イノベーション（open innovation）·····································Ⅰ-2-A

　イノベーション実現を目指し、企業が自社内の技術や知識に依存するのではなく、他社や他機関のそれらを積極的に取り込むこと、あるいは、自社の技術や知識を積極的に外部に提供し、他社のイノベーション実現に貢献することをいう。利点として、多様な技術や知識の組み合わせが相対的に低いコストで可能になること、より高いイノベーションのパフォーマンスを発揮できること等が指摘されている。インバウンド型（例：ライセンス・イン）、アウトバウンド型（例：ライセンス・アウト）、カップルド型（例：コンソーシアム）の3タイプがある。対義語はクローズド・イノベーション。

（鵜飼宏成）

→イノベーション、プロセス・イノベーション、プロダクト・イノベーション

オープン・システム（open system）···Ⅰ-1

　システムとは、個別の機能をもつ構成要素が複数集まって相互に関係しながら新しい機能を全体で実現する存在である。細胞の有機的結合体である生命体、部課の有機的結合体である企業組織、ハードウェアとソフトウェアの結合体である情報機器などは、システムの例である。

　システムには、次の2種類がある。第1は、資源などの必要物をほぼ自給自足でまかない、全体の構造や機能が外部の環境に影響されにくいクローズド・システム（closed system）である。第2は、必要物を外部の環境と交換し合い、全体の構造や機能が外部の環境に影響されやすいオープン・システムである。

　社会科学では、クローズド・システム観は組織の内部要因が組織の機能を決めるという考え方（官僚制論、科学的管理論、管理過程論など）につながり、オープン・システム観は組織と環境との関係が組織の機能を決めるという考え方（ソシオ・テクニカル・システム論、コンティンジェンシー理論など）につながっている。

　他方、情報科学では、システムの仕様が公開されることで構成要素（デバイス）の結合がサプライヤーの垣根を超えて可能になる仕組みのことをオープン・システムといっており、社会科学とは用語法を異にしている。

（藤岡　豊）

→ソシオ・テクニカル・システム、コンティンジェンシー理論

オポチュニティ・コスト（opportunity cost）………………………Ⅰ-2-A

　ある特定の生産要素を用いてある特定の財・サービスを生産する時、用いてしまった生産要素はもはや他の財・サービスの生産に利用することはできない。失われた財・サービスの価値、すなわち他の用途に用いたら得られたであろう価値を、その生産要素のオポチュニティ・コスト（機会費用）と呼ぶ。例えば、自己資金で投資を行った時、その自己資金をもはや他の用途に用いることはできない。投資しなければ他で得られたであろう利益が、当該投資の機会費用である。
　　　　　　　　　　　　　　（薬谷友紀）

親方………………………………………Ⅰ-1

　伝統技能の伝承は個人の職人魂に委ねられ、場を共有することで親方の背中を見て学ぶ方法が一般的である。日本での徒弟制度は機能的というよりは人格的関係・運命的であり、技は親方固有、一子相伝である。欧州にも古くから親方・職人・徒弟の明確な身分資格が存在していた。ドイツ語圏での親方はマイスターと称される国家資格であり、技の標準化も進んでいる。一方、英国での徒弟制度は組合的構成であり、特定の人格的親方を必ずしも必要としないといった違いも見られる。
　　　　　　　　　　　　　　（大木裕子）
→ギルド、職人、徒弟制度、手工芸マイスター、請負

オランダ・モデル（Dutch model）……Ⅰ-1

　パートタイム労働者の雇用創出によって、驚異的な経済回復に成功したオランダの雇用政策モデルをさす。ポルダー（干拓地）・モデルともいわれる。1982年のワッセナー合意を契機に、パートタイムとフルタイムの均等待遇が実現し、失業率の改善と経済成長をもたらした。オランダ・モデルは、柔軟性と保障が両立するという、フレキシキュリティ（flexicurity）の視点において、日本にとって示唆に富んでいる。　　　　（二神枝保）
→フレキシキュリティ、ワッセナー合意

オンライン・システム………………Ⅰ-1

　各種端末から通信回線を利用して、遠隔地からホストコンピュータやデータベースに接続し、データの入出力を行うシステムを意味する。組織内の専用線を用いるものとして、銀行のATM、コンビニエンスストアの店頭端末、鉄道の発券システム、病院内で用いる電子カルテなどが挙げられ、公衆回線を用いるものとして、インターネット上のWEBサイトの閲覧やEC（Electronic Commerce：電子商取引）などが挙げられる。

　オンライン・システムは大きく分けて2つの処理方法がある。一つは、一定時間あるいは一定量のデータを蓄積し、それらひとまとまりのデータをある時点で一括して処理するリモートバッチ処理であり、もう一つは、データ発生の都度、即時処理するリアルタイム処理である。前者の例としては、多店舗展開する企業の一日の売上高の集計が挙げられ、後者の例としては、航空券の座席予約が挙げられる。

　このように、今日では組織や個人が何らかのネットワーク環境を利用する場面

が多く、オンライン・システムにおいて
は、データ通信のさらなる高速化や情報
漏洩に備えるセキュリティの強化も進め
られている。　　　　　　（加納郁也）

か行

海外派遣（expatriation）‥‥‥Ⅰ－2－B，Ⅱ－3
－A

　日本企業の国際化（globalization）が進
展するに伴い、本社から海外子会社
（overseas subsidiaries）へ派遣される海外
派遣者（expatriates）の数も増大してい
る。ただし新型コロナの世界的広がりに
より2020年初めから海外渡航が制限さ
れ、海外派遣者数も減少せざるを得なく
なった。
　海外派遣者には次の4つの機能が期待
されている。第1に、海外子会社の管理
統制を行うこと（control）、第2に、親会
社・子会社間のコミュニケーションを密
にし、利害を調整すること（adjustment）、
第3に、親会社独自の技術・ノウハウ等
を海外子会社に移転すること（transfer）、
それに第4に、海外派遣在任中に自身の
後継者を育成すること（development）で
ある。
　親会社から海外派遣を継続する場合、
次のようなメリットとデメリットが存在
する。メリットとして、グローバル組織
の統制と調整が効率よくなされる、マネ
ジャーに高い職位で国際経験を積ませる
ことができる、企業目的や政策を浸透さ

せやすい等が考えられる。
　他方で、デメリットとして現地従業員
の昇進可能性が制限される、海外子会社
の現地社会への適応に時間がかかる等が
考えられる。
　最近では、海外派遣者にとって海外勤
務が必ずしも魅力的なキャリア・パス
（career path）となっていない、海外派遣
中ならびに帰国後の処遇に納得できな
い、配偶者のキャリア中断や親の介護等
の家族問題が大きくなってきているとい
う問題が指摘されている。　　（白木三秀）
→キャリア、キャリア開発（企業による）

海外赴任手当（海外勤務手当）

　　（expatriation allowances）‥‥‥‥‥Ⅱ－3－A
　海外赴任手当とは、企業が海外派遣
（expatriation）に伴い支給する手当（allow-
ances）のことである。一般的なものと
して、現地住居費手当、子女現地教育手
当、帯同家族手当（家族帯同者を対象）、
残留家族手当（単身赴任者や一部家族帯同
者を対象）、海外役付き手当、自動車手
当、海外勤務インセンティブ手当、一時
帰国（home leave）手当等がある。これ
ら以外に、気象条件や治安等が特に厳し
い地域での勤務者に対しては、ハードシ
ップ手当が支給されている。
　海外派遣者の報酬算出の制度には、基
本的に2つの制度が存在する。バラン
ス・シート・アプローチ（the balance
sheet approach）と現行レート・アプロー
チ（the going rate approach）である。バ
ランス・シート・アプローチは、どこに
赴任するかは関係なく、赴任前と遜色な
いだけの海外派遣者の購買力、生活水

準、貯蓄率を保障するという制度である。他方、現行レート・アプローチは、海外派遣者の基本給を受け入れ企業の給与構造に直接リンクさせ、現行の市場レートに合わせるという制度である。現在、バランス・シート・アプローチの方がより一般的であるとされている。

（白木三秀）

→海外派遣、家族手当

解雇（discharge／dismissal）………Ⅰ－2－B

解雇とは、使用者による労働契約の一方的な解約である。有期契約の期間満了に伴う更新拒絶（雇止め）、両当事者による合意解約、事実行為としての退職勧奨とは区別される。

民法は使用者の解雇の自由を認めているが（627条1項）、解雇が労働者の生活にもたらす経済的影響の大きさなどを考慮して、解雇権の行使に対しては、労働法上、種々の制限が加えられている。すなわち、国籍や思想・信条（労働基準法3条）、性（男女雇用機会均等法6条4号）、婚姻・妊娠・出産（同9条2項、3項）などを理由とする差別的解雇や、育児休業・介護休業（育児・介護休業法10条、16条）、公益通報（公益通報者保護法3条）などの適法な権利行使を理由とする報復的解雇は、法律により禁止されている。解雇一般についても、客観的に合理的な理由を欠き、社会通念上相当として是認することができない場合は、権利の濫用により無効となる（労働契約法16条。これを解雇権濫用法理という）。有期労働契約の期間途中の解雇の場合は、契約期間の満了を待つことを困難とするやむを得ない事由

が必要である（同17条）。使用者の解雇権は、就業規則や労働協約を通じて制約を受けることもある。　　　　（古賀修平）

→労働契約、就業規則、労働協約

介護休業（caregiver leave）………Ⅰ－2－B

育児休業、介護休業等育児又は家族介護を行う労働者の福祉に関する法律（以下、育児・介護休業法）に定められた休業制度である。労働者が要介護状態（負傷、疾病または身体上もしくは精神上の障害により、2週間以上の期間にわたり常時介護を必要とする状態）にある対象となる家族（配偶者、父母、配偶者の父母、子、祖父母、兄弟姉妹、孫。ただし、「子」は養子を含む法律上の親子関係に限定）を介護するための休業である。

対象となる家族1名につき3回まで取得でき、通算93日まで休業が可能となっている。日雇い労働者を除く全ての労働者が取得でき、有期契約社員については申出の時点で取得予定日から起算して、93日を経過する日から6か月を経過する日までに契約期間が満了し、更新されないことが明らかでないことが要件となる。休業中は、要件を満たすことで介護休業給付金を受給でき、最大で7割程度の収入保障がある。

仕事と介護の両立を図るためには、介護休業の他、柔軟な労働時間を選択可能とする視点も重要となる。　（眞保智子）

外国語研修（foreign language training）
……………………………………Ⅱ－3－A

人事部は、派遣前研修を準備する必要がある。派遣前研修において、外国語研

修は必須で、その対象は、英語および（または）派遣先国で日常的に使用される英語以外の言語（例えば中国語やスペイン語）である。派遣前研修の中で、外国語研修は中長期の取り組みが必要なプログラムである。

現在では、ほとんどの企業がグローバルな視点を養うためのツールとして、外国語（特に英語）研修に力を入れている。全社員の国際化マインドならびにコミュニケーション能力を底上げしておかないと、事業の国際化（globalization）が従来のように一部の突出した部門・グループだけの業務にとどまり、国際化が全社的な動きとならないためである。

企業によっては、一定の英語能力を昇格の条件としている場合もあるし、特定のレベルの英語力を身に付けた場合には手当を支給している場合もある。

各社に共通する基本的スタンスとして、外国語は、従業員本人の自己啓発により習得させることを原則とするが、業務上、語学力の向上が必要である場合には会社が全面的あるいは部分的な支援を行う。　　　　　　　　　（白木三秀）
→コミュニケーション、コミュニケーション・スキル

外国人技能実習生（technical intern trainee）⋯⋯⋯⋯⋯⋯⋯⋯⋯⋯ I－1

入管法に基づく在留資格「技能実習」を付与され、日本企業で3年間ないしは5年間の限定された期間にOJTにより技能を習得する外国人のこと。制度としては1993年に創設された。1997年には実習期間が2年間から3年間に延長され、

また2009年の入管法改正で在留資格「技能実習」が創設された。しかし2016年の技能実習法が成立するまで、同制度は法務大臣告示に基づくものに過ぎず、技能実習生の権利保護などの側面で不十分な点がみられた。同法の成立により、法務省と厚生労働省が所管する認可法人の外国人技能実習機構が設立され、技能実習制度の適正な普及が図られるようになった。

技能実習生の就労分野は2022年4月時点で86職種158作業であり、年々拡大している。業種では建設、食品製造、機械・金属が多い。2022年6月末時点の技能実習生数は32万7689人で、出身国はベトナム55.5％、インドネシア12.0％、中国11.0％であった。

技能実習制度は設立当初は、縫製業など良好な労働条件を示せない中小企業向けの人手不足対策と中国を中心とする近隣アジア諸国への技能移転を目的としていたが、設立後30年を経て、受け入れ職種と人数が拡大し、また近隣諸国の経済発展により制度自体の見直しが問われている。2018年成立の特定技能制度との関連づけは一つの見直し方向であろう。　　　　　　　　　（上林千恵子）

外国人研修生（foreign trainee）⋯⋯⋯⋯ I－1

入管法に基づく在留資格「研修」を付与され、日本の企業・団体・公的機関で技能等の修得活動を行う外国人のこと。就労資格はなく、滞在期間は最長1年間である。類似の在留資格に「技能実習1号」（滞在1年目の技能実習生）があるが、技能実習生は労働者と見なされる一方、

か行

89

研修生は労働者ではない。日本企業が海外関連会社から訓練目的で受け入れる場合と、技能実習生の受け入れを認められない業種、職種で技能実習生の代替として受け入れられている場合もある。

（上林千恵子）

外国人雇用 （employment of foreigners）

··Ⅰ−2−B

出入国管理及び難民認定法（入管法）で定められた在留資格の範囲内で、日本での就労活動を許可された外国人との労働契約を指す言葉。事業主が外国人を雇い入れる際には、外国人の在留カードまたは旅券（パスポート）等により、就労が認められるか否かを確認する必要がある。

少子高齢化が進み、労働力人口の減少が著しい日本では、外国人雇用が進んでいる。国内で不足する労働力を外国人雇用によって補おうとする動きである。

働き手の確保が必要な企業と、働く意志や意欲を持つ外国人との間でwin-winの関係が成立し、外国人雇用は実際に増加傾向にある。外国人雇用を採用枠の一つとして適切なバランスで推進していくことが、日本経済の今後を大きく左右するといえる。

一方で、言語の問題や文化・習慣の違い、宗教や価値観の相違などが職場で思わぬ衝突を生むケースがある。加えて外国人労働者を巡る周囲の理解も必要となる。雇用を巡る手続きの複雑さも指摘されている。

ダイバーシティ（多様性）の重要性が当たり前のような状況にきているが、このあたりの課題をどう克服していくかがポイントとなる。高度専門人材の領域での外国人活用も、今後の大きな課題として浮上してきている。　　　（吉田　寿）

→外国人労働者、外国人研修生、外国人技能実習生

外国人労働者 （foreign worker／immigrant

worker） ································Ⅰ−1, 2−B

国境を越えて働く労働者のこと。日本語では低熟練職種に就労する外国人を意味し、ホワイトカラー職種では、外国人社員、高度外国人材と称されることが多い。外国人労働者の類型には、①就労資格の上から合法就労者／不法就労者、②滞在年数の上から、短期出稼ぎ型の循環型労働者／定住化する移住型労働者、③世代の上から、外国生まれの第1世代／移住先で出生あるいは教育を受けた第2世代以降、に区分できる。

日本では正式な外国人労働者受け入れ政策が不在のまま、1980年代後半に不法就労外国人が増加した。そのため1989年の入管法改正によってその削減を図りつつ、留学生や技能実習生を代替労働力としてきた。正式な低熟練の外国人労働者受け入れ制度は2018年創設の特定技能制度まで待たねばならなかった。日本の外国人労働者の実態は、毎年、全数調査が実施され、厚生労働省「外国人雇用状況報告」として公開されている。海外諸国についてはOECD編 *International Migration Outlook* 各年版が参考となる。

2021年10月末時点での日本の外国人労働者数は172万7221人で過去最高と

なった。外国人労働者は、それぞれの言語や宗教、文化的背景を持つので、受け入れ社会は社会的統合政策が必要とされる。また非正規労働者として請負・派遣・下請け労働に従事する可能性が高いので、彼らの権利保護も必要となる。

（上林千恵子）

解雇制限······························Ⅰ－1，2－B
　解雇規制一般を指すこともあるが、労働基準法は、特に、業務上の傷病の療養のための休業期間とその後30日間、および、産前産後の休業期間とその後30日間について解雇を禁止している（19条）。解雇制限は、天災事変その他やむを得ない事由により事業の継続が不可能になった場合、および、療養開始から3年を経過して治癒しない場合において、使用者が打切補償（81条）を支払うとき、解除される（19条1項但書）。　（古賀修平）
→労働災害

介護保険制度（long-term care insurance system）·································Ⅰ－1
　日本では、2000年より公的介護保険制度がスタートした。この目的は介護を必要とする人が少ない負担で介護サービスを受けられるように、社会全体で支える制度である。
　介護保険は、40歳以上の国民の保険料と公費を財源とした社会保障制度であるが、介護給付（予防給付）を受けるためには、市町村に申請し、要介護認定（もしくは要支援認定）を受けなければならない。具体的には、居宅介護支援、施設サービスなどがあり、利用者のニーズ

に合ったサービスをケアマネージャーがケアプランを作成し、介護対象者を支えていく社会保障制度である。　（武田淳史）

解雇予告制度····························Ⅰ－2－B
　労働基準法は、突然の解雇が労働者の生活に与える影響を考慮して、労働者を解雇しようとする使用者に対して30日以上前に解雇の意思表示をすること、または、30日分以上の平均賃金（解雇予告手当）を支払うことを義務づけている（20条1項）。解雇予告期間は、使用者が労働者に支払った解雇予告手当の日数分だけ短縮することができる（同2項）。解雇予告義務を遵守する場合であっても、解雇が直ちに有効となるわけではない。

（古賀修平）

→解雇、労働基準法

解雇予告制度の例外··············Ⅰ－2－B
　労基法上の解雇予告制度は、1か月以内の日雇い労働者、2か月以内の有期契約労働者（季節労働の場合は4か月以内）、14日以内の試用期間中の労働者には適用されない（21条）。天災事変その他やむを得ない事由のために事業の継続が不可能になった場合、または、労働者の責めに帰すべき事由による解雇の場合は、行政庁（労働基準監督署長）の認定を受けることを条件に、労働者を即時解雇することができる（20条1項但書）。　（古賀修平）
→労働基準監督署

解雇予告手当（dismissal notice allowance）
····················Ⅰ－2－B
　解雇を事前に通知すること（解雇予告）

91

をせずに解雇した際に支払う手当を指す。労働基準法20条に拠ると、解雇通知は原則30日前になされなくてはならない。当該従業員の横領や経歴詐称、無断欠勤、遅刻などを理由として除外認定される場合には支払い免除となる。また自然災害で事業継続が不可能となった場合にも支払い義務は免除される。

（丹羽浩正）

階層別教育 ································ Ⅱ－3－A

階層別教育は、新入社員教育とか新任課長教育のように共通の資格や職位をもつ人を対象として行うもので、その職位や資格に必要な知識・技能を習得させると共に、誇りをもたせ動機づけを行うことを目的としている。

企業における能力開発は、OJT（On the Job Training）とOFF-JT（OFF-the Job Training）と自己啓発（self-development）によって行われる。OFF-JTの柱は、教育スタッフが担当する集合研修で、「階層別」と「職能別」の2つが主なものである。

階層別の分類は、新入社員から経営者にいたるピラミッド組織を、階層ごとにヨコ割りにしたものであり、職能別の分類は、販売や生産等の職能部門別に、組織をタテ割りにしたものである。

昭和40年代に入って、わが国の経済が高度成長を始め、企業が長中期経営計画を作成し、資金計画や設備投資計画と並んで要員計画が注目され、長期的、計画的な観点から人材育成が検討され、新入社員→中堅社員→監督者→管理者→経営者という企業内のさまざまな階層を対象とする教育体系が整えられた。

階層別教育を実施するに際しては、①会社生活の全体を通じて、計画的かつ継続的に実施されること、②本人の自己啓発意欲を増進するように成長段階に即して計画、実施されること、③OJTや育成的配置など、他の人事施策と連携すること、などを配慮する必要がある。

（桐村晋次）

→新入社員教育、OFF-JT、OJT

外的報酬 ···································· Ⅰ－2－B

行動の結果得られる報酬は、外的報酬と内的報酬の2つに大きく分けられる。仕事の場における外的報酬を具体的にあげてみると、給与・賞与、昇進・昇格、地位に伴うさまざまな特典等がある。これらは、当人以外の外部（会社）から与えられる報酬である。一方、内的報酬とは仕事や課題に取り組むこと自体で得られる成長・やりがい・充実感といった当人の内面における報酬（喜び）のことである。自己実現を重視する考えでは、外的報酬より内的報酬を評価する傾向があるが、働く人々を長期的に動機づけるには、外的報酬をめぐる努力は不可欠である。

（若林正清）

→動機づけ、動機づけ-衛生理論

外部不経済（external diseconomies）

··· Ⅰ－1

むろん、外部経済（external economies）に対する用語。外部経済の状況では、生産や消費は他の人々に支払いをさせることなく、便益を生む。これが外部不経済の状況では、生産や消費が他の人々に埋め合わせできないコストを課する。製鉄

所が亜硫酸ガスを含んだ煤煙を出し、地球の建物、自然環境を損ね、地域住民の健康を害する場合、損害を蒙った側に対しては、そうした損失について支払いがないとすると、そうした公害は外部不経済の典型例である。企業活動には公害のほかにも、さまざまな外部不経済を随伴し、企業の社会責任は、こうした外部不経済にかかわって問われるわけである。また、政府の規制の正当性も外部不経済の問題からも生じる。　　　（二神恭一）

外部労働市場（external labor market）

……………………………………… I−1

　労働の取引を行う場を労働市場と呼び、労働の配分と賃金を決定する。人事制度のように、企業内部にもその機能を持つメカニズム（内部労働市場）が存在するが、これと相対して企業外部に存在するのが外部労働市場である。外部労働市場の活用は雇用主・被雇用者双方にとって常に一つのオプションであり、被雇用者の留保利得を定めたり、企業外部へのシグナリングを介して、企業内の職務の割当、昇進や賃金の決定に影響を与える。　　　　　　　　　（川村一真）

→内部労働市場、人的資本

カウンセリング・マインド ……… I−2−B

　アメリカの臨床心理学者のロジャーズ（Rogers, C. R.）が創始したクライエント（来談者）中心療法に基づくカウンセリングの考え方。カウンセラーは指示や助言を行うのではなく、クライエントの話を傾聴する、非指示的（来談者中心）カウンセリングが行われる。パーソン・セ

ンタード・アプローチとも呼ばれる。人間は本来的に自己の可能性を発展させ成就させようとする実現傾向をもっているというロジャーズの考えの下、クライエントの考えや気持ちをあるがままに理解・受容してくれるカウンセラーの存在がクライエントへの自己洞察に寄与し、効果的な援助になるとされる。

　カウンセラーには次の3つの条件が必要とされる。(1) クライエントに対する無条件の肯定的配慮、(2) クライエントに対する共感的理解、(3) カウンセラーが自身の感情を否定することなく意識化できかつその内容を必要であれば表現できるという自己一致した状態にあること、である。3条件の下で、非指示的なリードで、クライエントの感情を受容し、クライエントの話したことを繰り返したり、言い直したりしてクライエントに戻すことで、クライエントは十分に機能する人間として自己実現できるとされる。　　　　　　　　　（玉利祐樹）

→ライン・カウンセリング

カオス理論（chaos theory）……… I−2−A

　カオスとは、まったくランダムに描かれた軌跡ではなく、同時に、周期性の軌跡でもない中間的な現象を指す。カオスは初期値をわずかに変えただけでも大きく異なる結果をもたらすという性質を持っている。従って、例えば、ある自然現象を解明し完全に再現できたとしても、初期値が正確にわからないと未来は予測できないことになる。カオス理論は、このような予想がつかない複雑な振る舞いを引き起こす力学系や微分方程式を扱う

か行

93

理論である。交通システムや株式市場、流行の変動などの社会現象への応用が期待されている。　　　　　　（坂田一郎）

科学的管理法 ·····················Ⅰ−2−A, B

米国の機械技師であるテイラー（Taylor, F. W.）によって提唱された管理理論と思想である。19世紀末の米国の製造業では、最新の機械を導入しても工場現場の生産性が改善しないことは大きな問題となっていた。当時の工場現場で生産性改善や無駄排除問題に取り組んだのが機械技師（エンジニア）と呼ばれる人々であった。彼らはこの問題の解決のために工場の「組織的怠業」問題の解決に集中し、これを各種賃金制度の改革（「能率給」制度の導入）によって労働者の創意と工夫を引き出すことで生産性を向上できると考えた。

テイラーはこうした改革を労働者の仕事そのものをコントロールせず、労働者の気まぐれや成り行きに委ねる「漂流式管理」と呼んで批判するとともに、「科学的管理法（scientific management）」を提唱した。彼の主要業績は『一つの出来高給制度』（1895）、『工場管理』（1903）、『科学的管理法の原理』（1911）であるが、こうした一連の著作の中で、差別的（ないし異率）出来高給制度、計画部制度、職能的職長制度そして作業指導票制度といった一連の管理制度が提唱された。

テイラーの科学的管理は現場の生産性を労働者自身の創意と工夫の奨励によって高めるのではなく、労働者の仕事を経営側が直接管理し、コントロールすることの重要性を主張した。このため、各作業の最も能率的・標準的な作業手順と作業時間の決定を時間研究や動作研究による科学的・合理的設定に求めた。これによって設定された労働者の「一日当たりの公正な作業量」を「課業（task）」と呼び、これが管理の基準となるべきであると主張したのであり、そのためテイラーの科学的管理は「課業管理」とも呼ばれる。

こうして、テイラーは作業の科学を確立し、工具や材料の置き方等を含めて一連の作業の標準化を通じて現場の管理・統制の可能性を経営側にもたらすことになった。テイラーは、動作研究により労働者が行う作業を一連の要素動作に分け、無駄のない一連の動作に再編成するとともに、ストップ・ウォッチを使って各要素動作に必要な時間を計測し、作業の最速時間を科学的・客観的に測定し、こうした科学的・客観的分析によって無駄な動作を省き、作業の標準動作を確立し、標準化・マニュアル化することの重要性を説いたのである。

この科学的管理によって、現場作業を経営側が直接的にコントロールし、それによって作業現場の生産性向上を図る体系的な方法を確立したことや熟練工の仕事を徹底的に分解することで不熟練工化したことは大量生産システムの基盤となった。しかし、この科学的管理法は「頭の労働（計画と統制機能）」と「手の労働（直接作業機能）」とを徹底的に分離することによって「労働疎外」現象を深刻化させ、また労働者を単に経済的・物質的動機によってのみ行動する「経済人」として捉え、賃金以外の動機付け要因への

配慮を欠いていたことなどが批判されることになった。　　　　　　（風間信隆）

夏季休暇（summer vacation）‥‥‥‥Ⅰ−2−B
　わが国では、数多くの休暇の中でも代表的な存在となっている。厚生労働省の調査によると、夏季休暇用特別休日は4.4日となっており、国民の祝日、年末・年始の休日に次いで実施率が高い。また、夏季休暇は年末・年始やゴールデン・ウィークと共に連続性がうかがえる。　　　　　　　　　　　（本多壮一）

課業（task）‥‥‥‥‥‥Ⅰ−2−A, B, Ⅱ−3−A
　経営学の祖であるテイラー（Taylor, F. W.）が、20世紀初頭に提唱した科学的管理法における中核概念であり、労働者が一日に達成すべき標準作業量を指す。テイラーによると、課業は、当該作業場で最も優れた熟練労働者（一流労働者）の作業を時間研究や動作研究により測定し、決定するものとされる。こうして定められた標準作業量の達成を目指して、全ての労働者が一流労働者と同じ行動をとるようにすれば、作業場における怠業はなくなり、生産性は向上すると考えられた。この考え方の基礎には、達成すべき目標となる仕事量である課業が明確に定まっていなければ、人間は能率的に業務をこなすことができないという認識がある。
　科学的に設定された課業を基礎に、工場全体を管理するのが課業管理の基礎にある考え方である。加えて、この課業を達成できた労働者には高い賃率で賃金を支払い、達成できなかった労働者には低い賃率で賃金を支払う差率出来高賃金制度を導入するべきとテイラーは主張した。科学的管理は、作業の行い方に関する課業管理と、賃金の支払い方法に関わる差率出来高賃金という概略2つの部分から構成されるので、テイラーは科学の重要な要件として、課業を通じた標準作業量の設定を考えていたということになる。テイラーがこうした科学的管理を編み出した背後には、当時の作業場には組織的怠業が蔓延しており、労働者一人ひとりをいかに一生懸命に働かせてパフォーマンスを上げるかが課題となっていたという事情がある。現代でも、職場で最も優れた従業員の行動をつぶさに分析し、標準化して職場の行動規準に据えるといった手法が例えばコンピテンシー・モデルに用いられており、課業の考え方は標準の設定方法として今日でもなお有効であることが窺える。
　なお、米国で開発されたこの課業という概念は、旧ソビエト連邦にわたりノルマ（Норма）と呼ばれた。現在でも日本語で一定量の業務をこなすことを「ノルマを果たす」といった表現をする場合があるが、このオリジナルはテイラーによる課業の考え方にあったのである。
　ただし、今日の経営実践や日常用語としては、テイラーの主張した意味において課業という語が使われることはほとんどない。単に、いくつかの要素作業のまとまりや作業遂行上のステップを表す用語として課業という語が使われるケースが大半であり、職務（job）を構成する一部分という意味合いでこの語が用いられることが多い。　　　　　　（上林憲雄）

か行

→経営学、科学的管理法、時間研究、動作研究、コンピテンシー・モデル、職務

学習（learning）……………………… Ⅱ－2

学習は一般に、「ある経験を契機とした比較的永続的な行動変容」と定義される。ある経験とは、何らかの教育的経験であり、行動変容とは今まで知らなかったこと、また出来なかったことが可能となることを意味している。まず教育的経験としては、授業や研修、セミナー等だけではなく、職場での実地訓練（OJT）や、試行錯誤、他者の行動の観察と模倣、成功の体験等も含まれる。次に永続的な行動変容であるが、まず永続的とは生理的な変化や気紛れ・その場だけの変容ではなく、安定性・予測性をもった変化を意味する。また行動変容としては、外面的な行動の変化だけではなく、内面的な知識・思考様式、態度、感情における変化も含んでいる。そのため学習の種類は、概念の習得、問題解決法の獲得、習慣・行動様式の形成、創造的思考法の獲得等多様な形態をとる。学習は中立的概念であるため、行動変容は望ましい方向・望ましくない方向の両面で生ずる。そのため、組織は望ましい行動（生産的、達成的行動）を強化し、望ましくない行動（怠惰や非生産的行動）を消去するため、学習内容について明確な規準を示し、その規準を効果的に適用する必要がある。加えて、学習活動の効率を図るため、学習環境の整備が求められる。学習を促進する要因としては、教材、設備、学習指導者、カリキュラム、誘因の提供等の外的要因に加え、学習動機を高めるための意欲作り、目標設定、雰囲気作り等を通じて内的要因を強化することも必要となる。　　　　　　　　　　（若林　満）

学習環境（learning environment）……… Ⅱ－2

学習環境という用語は一般定義の少ないもので、非常に説明が難解な用語である。しかし、心理学及び教育工学の歴史の観点から考えると、1980年代に栄え現在の学習理論に影響を与えている構成主義にその起源をたどることができる。

構成主義とはピアジェ（Piaget, J.）の発達研究に基づく認識論であり、行動主義心理学における刺激反応連合形成の受動的プロセスとしての学習を批判的に検討したものであるが、ここで注目に値するのは、ピアジェが学習者自身の学習における能動性も認識していたことである。構成主義の観点からすれば、学習を支えるのは、学習における学習者の活動と、学習者が存在する環境である。そして、この学習志向の環境は、その後、研究者や実践者の間で学習環境という概念で表現されてきた。

また、学習環境をデザインする方法があるとして方法論の学問として進んできたのが教育工学や学習科学といった領域である。学習環境をデザインする要因としては、空間・活動・共同体があるとする説もある。　　　　　　　　（森　玲奈）

学習管理システム（Learning Management System）…………………………Ⅱ－1, 2, 3

LMSとも呼ばれる。学習管理システムとは、インターネット、コンピューター、スマートフォンを介してeラーニン

グを実装するための基本システムのこと
を指す。殆どの学習管理システムは、学
習者がログインして学習できるコース機
能と、教師と管理者がコースの記録と成
績を管理できる管理機能で構成されてい
る。これはeラーニングを提供するため
のコアシステムであり、eラーニングシ
ステムまたはeラーニングプラットフォ
ームと呼ばれることもある。これらは通
常Webブラウザを使用したWebサービ
スとして提供される。

　学習管理システムは、学習を管理する
ためのシステムと見なされることがよく
あるが、その主な焦点は、管理者による
学習管理ではなく、学生に簡単で効果的
な学習環境を提供することである。

（森　玲奈）

学習棄却（unlearning）·······················Ⅱ－2
　学習棄却とは、過去の経験や学習を通
じて獲得した知識・行動・プログラム・
パラダイム等を意識的に捨て去ることで
ある。経験を通じて学習することは、個
人にとっても組織にとっても成長進歩す
るために不可欠である。学習により獲得
された事柄はメモリーに蓄えられ、必要
に応じそれ以降の行動に反映される。こ
うして行動の安定性や慣性がもたらされ
る。

　しかし、環境は絶えず変化しており、
個人や組織が追求する目的や戦略も変化
する。変化する状況に適応するために、
さらに学習を継続する必要があるが、既
存の枠組み・パラダイムの範囲内での学
習（シングル・ループ・ラーニング）に
よる適合には限界がある。そこで既存のパ

ラダイムや学習内容を棄却し、新たなパ
ラダイム・規範を導入し、再学習する必
要が生じる。このように、既存の学習を
棄却して行われる再学習のプロセスをダ
ブル・ループ・ラーニングないし高次学
習という。学習棄却を促すために重要な
のは、「自らの知識やスキルが古くなっ
ている」という自覚を持つことである。
企業では多様な価値観のある人材を採
用・育成して部署間・業種間の交流機会
を設けることで、棄却による個人の新た
な意識変化を促進する施策を行う。

（王　英燕）

→組織学習、シングルループ学習とダブル
　ループ学習

学習曲線（learning curve）················Ⅱ－2
　学習の進捗状況を定量的に示すグラフ
のことを指す。通常、横軸は試行回数、
試行時間を扱う。縦軸の学習尺度とし
て、例えば学習の進行に伴って増加する
肯定的な回答の数、回答の大きさ、作業
量などを取ると学習曲線は上昇曲線にな
る。一方、学習の進行に伴って減少する
作業時間、誤応答数、応答待ち時間など
を取る場合、学習曲線は下降曲線にな
る。このように学習曲線は多様である。

（森　玲奈）

→学習、学習理論

学習する組織（learning organization）
······································Ⅱ－2，3－C
　学習する組織とは1990年代以降多く
の研究者や実務家によって提唱された概
念であるため、以下のようなさまざまな
定義が提示されている。たとえば、学習

する組織の代表的な提唱者であるセンゲ（Senge（1992））によれば、革新的で発展的な思考パターンが育まれる組織、共同して学ぶ方法をたえず学びつづける組織と定義される。また、ガービン（Garvin（1993））は知識を創造・習得、移転するスキルを有し、新しい知識や洞察を反映しながら既存の行動様式を変革できる組織であると述べている。両者の定義を受けて、ダフト（Daft（1997））は組織内のすべてのメンバーが、問題の発見や解決に取り組み、実験・変化・改善をくり返すことにより、成長・学習・目標達成をする能力を高める組織と概念の整理を行っている。

以上の指摘を踏まえると、学習する組織とは組織内で革新的な知識や問題解決策が生成されること、およびそうした知識創造や問題解決プロセスが円滑に達成できるように組織内のメンバーが継続して学習することで組織そのものが成長することを特徴とする組織である。すなわち、学習する組織では、革新やイノベーションが重視され、メンバー一人一人が主体的に実験や試行を行うことで、それまで組織内に存在しなかった新たな知見や問題解決方法が生まれることを通じて、自律的かつ継続的に環境適応を行える組織と考えられる。

変化が激しく、予測困難な競争環境においては、トップダウン的に戦略を遂行する組織では環境変化に適応することが困難である。経営トップたちだけでなく、組織内のあらゆる階層のメンバーがそれぞれ環境変化に対応するために日常的に新たな知見を学習し、さまざまな問題解決を図ることが求められる。学習する組織の構築はまさにそのための有益なマネジメント手法でもある。

こうした新たな知見や問題解決方法が継続的に生まれるように、マネジメント側もメンバーの学習行動を奨励する必要がある。権限委譲や獲得した知見に対する公正な評価といった人事制度の整備も必要である。同時に試行錯誤に伴って予想される失敗に対して寛容に対処する必要もある。挑戦や試行の成功確率は必ずしも高くないため、失敗を否定的に評価することは、メンバーの意識や行動を萎縮させてしまう。むしろ失敗に対する寛容さを示し、メンバーの心理的安全性を高めることで挑戦を引き出すことが学習する組織を構築するために重要となる。

（開本浩矢）

→シングルループ学習とダブルループ学習

学習転移 （transfer of learning）

.... Ⅱ−2, 3−A, B

学習転移とは、ある状況において獲得した知識がその他の状況における問題解決や学習につながる現象を指す。人材開発の文脈でとりわけ注目されてきたのは、研修において獲得された知識・スキルの定着・活用を促進／阻害する要因とはどのようなものだろうか、という問題である。

研修における学習転移の代表的なモデルであるボールドウィンとフォード（Baldwin and Ford（1988））では、研修のインプット、研修の直接的なアウトプットとしての学習・定着、転移の状態という、3つのフェーズが想定されている。

一つ目は、研修のインプットである。研修そのものの内容やデザインに加えて、認知能力や事前の仕事知識といった受講者の特性、さらには、学習内容を生かす機会の有無など、受講者が属する職場環境が重要になるという。こうしたインプットの結果として、研修の直接的なアウトプットである、学習・定着がもたらされる。多くの知識・スキルが伝達され、その多くが受講生によって習得されているかどうか、ということである。ただ研修の成否は本来、そこで獲得された知識・スキルが、実際の仕事の場面で活用されるかどうかということによっても評価されなくてはならないはずである。研修によって獲得された知識・スキルが、実際の仕事環境において応用され、一般化され、長時間維持されるということであり、これが3つ目の転移の状態にあたる。　　　　　　　　　　　（服部泰宏）

→学習

学習理論（learning theory）……………Ⅱ-2

今日の学習理論は個人レベルのものと、組織レベルのそれに大別できる（Swanson, R. A. and Holton, E. F.）。学習は長い間、個人の問題だった。学習とは人間を含めた個々の動物が、より高い行動能力を一定のタイムスパンにおいて獲得する仕方のことだとされてきた。理論の焦点は個人の能力（capability／competency）、とくにしごと能力の拡大はいかにして可能か、その動機づけのメカニズムはどうなっているかだった。それはモティベーション理論としての側面ももち、人材開発論の中核部分だった。それに対

し、組織レベルの学習理論の対象は、個人というよりも、グループや組織であって、個人レベルの学習理論、組織理論、業績理論の知見を動員しながら、不断の学習を通じ組織変革を行い、組織業績を改善しようとする。組織レベルの学習の効果は、個人レベルの学習効果の総和よりも大きいとされる。しかも、学習効果は組織変革、業績改善の程度により評価されている。

個人レベルの学習理論は今日非常に多様化していて、よく挙げられるパラダイムには、次のようなものがある。（1）パブロフ（Pavlov, I. P.）、スキナー（Skinner, B. F.）などの行動主義の強化理論。この理論では学習上、環境からの刺激で行動を変えられる点が強調される。（2）バンデューラ（Bandura, A.）等の社会的学習理論。他人との交流・その観察を通じ、新しい役割モデルを学ぶ。（3）ロック（Locke, E. A.）らの目標設定理論。ひとの行動、学習において目標がエネルギー、注意、努力を方向づけるとする。（4）マズロー（Maslow, A. H.）、アルダーファー（Alderfer, C. P.）たちの欲求理論。学習上、とりわけ承認欲求と自己実現欲求が重要だとされる。（5）ブルーム（Vroom, V. H.）などの期待理論。有望な期待・見込みと、成果が得られそうな手段（instrumentality）と成果のねうちの3要素が組み合わさって、やってみようという努力が生じるという。（6）ノールズ（Knowles, M. S.）の成人学習理論。これまでの教育学とそのシステムの対象がほぼ子ども・若者だったのに対し、この理論は高い自主性、豊かなしごと経験等を

か行

99

有する成人に対象を特化する。(7) ピアジェ（Piaget, J.）、トールマン（Tolman, E. C.）等の認知（ゲシュタルト）理論。記憶、洞察、情報処理などのひとの内面のメンタル・プロセスが学習にとっての鍵だとする。

組織レベルの学習理論にはディクソン（Dixon, N. M.）、マークアット（Marquardt, M. J.）らの組織学習理論と、センゲ（Senge, P. M.）の学習組織論とがある。前者の課題は変化する環境に対処できるように、組織レベルにおいて認知構造である、メンタル・モデルを共有化することであり、後者の学習組織とは「人びとが真に望んでいる結果を創造する能力を絶えず拡大している組織、新しい思考パターンや展開を育てる組織…」（Senge）であり、学習はその主たる手段である。

（二神恭一）

各種学校 ………………………… I−1

各種学校は、学校教育法第1条に掲げる学校（小学校、中学校、高等学校、大学等）以外の教育機関である。

各種学校の学科やコースの分野は、専門技術・知識の習得から教養・趣味に至るまで幅広い範囲にわたっている。

また、学校、学科によっては、卒業すれば国家資格等の受験資格が得られたり、卒業と同時に資格や免許が取得できるものもある。

特に最近では、社会で役立つ即戦力の専門技術を養成する各種学校へのニーズが高まっている。　　　　（丹羽浩正）

→公的資格、資格試験

確定拠出年金vs.確定給付企業年金
………………………………… I−2−B

企業年金の種類であり、両者は何を確定しているかに違いがある。確定拠出年金は年金原資となる企業の拠出額が、確定給付企業年金は従業員が将来受け取る年金額があらかじめ決まっている点にそれぞれ特徴がある。確定給付企業年金は、企業年金を支える主要な役割を果たしてきた。ただし、従業員に給付する年金額が確約されており、経営環境の鈍化や運用実績によっては積み立て不足が生じ、その分の補填が必要となるリスクが付きまとうことから、近年、確定給付企業年金から確定拠出年金に移行する企業が増えつつある。

確定拠出年金は、企業型と個人型に分類される。企業型は企業が掛金を拠出するが、従業員は元本保証型の定期預金から変動性の高い株式や債券まで幅広い金融商品の中から選択して運用する責任を負うことになる。個人型は加入対象者の種別、企業型と確定給付企業年金に加入しているかによって拠出限度額が設定されているが、掛金の拠出も運用も従業員に委ねられる。なお、日本では個人型は、「iDeCo」（individual-type Defined Contribution pension plan）という呼称で周知されている。企業型も個人型も税制面で優遇措置が講じられる点が、企業と従業員双方で普及を後押しする要因となっている。　　　　　　　　　　（厨子直之）

→企業年金

カークパトリックの訓練評価モデル
（Kirkpatrick model）………………… Ⅱ−2

カークパトリック（Kirkpatrick, D. L.）はアメリカ訓練・開発協会（the American Society for Training & Development：ASTD）で長年訓練のアカウンタビリティ、訓練評価の問題に取り組んでいた人物。その訓練評価モデルには若干の変遷があるが、4つのレベルにおいて訓練評価を行うという基本は変わらない。下から被訓練者の反応（満足とか不満）、学習（知識、スキル、態度が身に付いた程度）、行動（実際のしごと遂行上での改善の程度）、アウトカム（被訓練者によるビジネス上の貢献の程度）という4つのレベルである。このモデルに対する批判はあるものの（Alliger, G. M. and Janak, E. A., Holton, F. E.など）、訓練評価のレベルアップの方向性を示すものとして、よく引用されるモデルである。　　　　　　　　　　　（二神恭一）
→訓練評価、ASTD

隠れた失業（hidden unemployment）…Ⅰ－1
　公式の失業統計に反映されない潜在的な失業のこと。仕事がなく積極的に職を探している完全失業者や、社会保障給付を受ける資格のある人のみが、失業者としてカウントされる。就業意欲喪失者や政府の職業訓練プログラムへの参加者、生産可能年齢に達していてもフルタイムで教育を受けている人などは、失業者とはみなされない。公的統計においては、隠れた失業（潜在的失業）を考慮しないことで、失業率が過小評価されている場合が多い。　　　　　　　　　（吉田　寿）

可処分所得（disposable income）…Ⅰ－1
　所得の中で自由に処分可能な部分。国民経済計算では、国内総生産（国内総所得）に海外からの所得の純受取を加えたものを国民総所得と呼び、さらに固定資本減耗を除いたものを市場価格表示の国民所得と呼ぶ。これに海外からの経常移転の純受取を加えたものを国民可処分所得と呼び、各制度部門全体あるいは国民全体の処分可能な所得を表す。とりわけ、「家計の可処分所得」はGDP項目である消費を決定する要因として重要である。　　　　　　　　　　　（友利厚夫）

家族手当（family allowance）………Ⅰ－2－B
　扶養家族を抱えて生活費の高まる労働者の生活の安定を図るために基本的な賃金に付加して支給される手当。一般に配偶者と子が主な対象となる。配偶者の収入に応じて支給制限を設ける場合や、支給対象とする子の数に上限を設けることがある。成果主義賃金制度の拡大に伴い、仕事内容や成果に関連のない属人的な手当の縮小が始まり、民間企業における家族手当の普及率は2010年まで減少傾向であったが、その後はほぼ横ばいの傾向にある。　　　　　　　（一守　靖）
→基本給、生計費

カタルシス（catharsis）………………Ⅱ－2
　ギリシャ語が語源で「精神の浄化」の意味。個人が何らかの感情を内部にため込んだままでいないで、他の誰かに話してしまえば、それでかなり気持ちが晴れてしまうものだという精神医学の考え方から生まれた。カタルシスは心理学用語であるが、ビジネスの場でもカタルシス効果が活用される。例えば相手の話を聞

か行

き、また自己開示をすることが自分のストレスの解消だけでなく、相手との心理的距離感を縮め、信頼関係を構築する上で有効である。　　　　　　　（松原敏浩）

学校教育法 ……………………… Ⅰ－1

日本国憲法と教育基本法の理念に基づき、民主的文化的国家建設の基盤となる学校制度を定めた法律。1947年3月に制定され、これにより戦後の新学制が47年4月から発足した。具体的な改革事項として、義務教育年限の9年への延長、教育の機会均等化、男女差別の撤廃、学制の単純化（単線型）が図られた。戦前には教育関係法規は、天皇の命令である勅令によって定められていたが、教育基本法・学校教育法は法律として制定された。

その後何回か改正が加えられ、2007年には大きな改正がなされて今日に至っている。

この法律の構成は、第1章「総則」、第2章「義務教育」、第3章「幼稚園」、第4章「小学校」、第5章「中学校」及び「義務教育学校」、第6章「高等学校」、第7章「中等教育学校」、第8章「特別支援教育」、第9章「大学」、第10章「高等専門学校」、第11章「専修学校」などで全14章からなっている。

総則では、全学校種に適用される基本的事項が示され、第2章では小中学校を通じた義務教育について、第3章以降では幼稚園から大学に到る学校種ごとの目的・目標、教職員、教育課程などの基本的枠組みを定めている。　　（湯川次義）

学校訪問 ……………………… Ⅰ－2－B

外部の者が学校に何らかの目的をもって訪問すること。人材開発の視点にかかわっては企業による求人を目的としたものがあげられる。企業は求人にあたって、求人票を各学校に送付するが、多くの企業が実施しているため、それだけでは十分な効果が期待できない。そこで高校の進路指導担当教員などに直接自企業を紹介するために学校訪問を実施する。大学の場合、就職担当部局などが働きかけの主な対象となる。　　（長谷川鷹士）

加点主義 （point addition system）
……………………… Ⅰ－2－B

先入観を持たず0点からスタートし、意欲的な態度や優れた成果に対して加点していく立場や態度のこと。短所やできない部分に目を向けるのではなく、個性や才能、その人の優れている部分に注目し、それを引き出し伸ばすように支援しようとする、いわゆる「ほめて育てる」やり方である。減点主義のように「叱って矯正する」アプローチとは異なり、失敗をしてもその後の努力や成功で敗者復活が可能となるのが特徴である。

（小西琴絵）

加点主義人事 ……………………… Ⅰ－2－B

チャレンジ意欲や改善、提案、工夫などを強く評価する人事評価の手法。長らく日本企業では、加点主義人事とは逆の考え方を持つ減点主義人事を行ってきていたが、これは失敗をすると持ち点から点数が引かれていく評価手法である。この場合、従業員は失敗を恐れ、持てる力

の発揮を躊躇してしまうことが危惧される。そこで1990年頃から、従業員のチャレンジ意欲を高めるべく各自の多様性を尊重し、減点主義人事に代えて加点主義人事が多く採用されるようになった。

（小西琴絵）

→加点主義、人事考課

カフェテリア・プラン（cafeteria plan）
Ⅰ－2－B

福利厚生等の領域において、全ての従業員に対し画一的施策を行わず、選択メニューを提供して、従業員が持ち点の範囲において自分の好みに合わせて選択できるようにした制度であって、個性化時代のやり方として評価されている。福利厚生費は増える動きにあり、その分それを抑制したい気持ちもある。そうしたなかで、限られた福利厚生資源で従業員をできるだけ満足させる工夫だといえる。カフェテリア・プラン的な仕方は、メニューの豊かさは別とすると、例えば、総合職と一般職のコース選択等の労務管理上に拡がる可能性がある。（二神恭一）

家父長制→パターナリズム

ガラスの天井（glass ceiling）Ⅰ－1

女性やマイノリティなどの組織内の昇進の障壁をさす。トップの地位がすぐそこにみえてはいるけれども、なかなかその地位まで昇進できないことを透明なガラスの天井が立ちはだかっていると表現している。最近では、アメリカの女性管理職比率は4割を超えているが、女性役員比率は依然として低い。日本では、女性管理職比率が低く、さらに女性役員比率もかなり低い。したがって、女性たちはトップの地位をみることも昇進することも難しいので、障子の天井（rice paper ceiling）があると表現される。（二神枝保）

→アファーマティヴ・アクション、ジェンダー平等、女性雇用

カリスマ（charisma）Ⅱ－2

語源はギリシャ語で神からの賜物（たまもの）という意味。それが神の恩寵によって特定の人間に与えられた特殊な資質を意味するようになった。その特殊な資質とは①預言・啓示能力、②弁舌力、③英雄性、そして④呪術・奇跡の遂行である。現在学術用語で使われているカリスマは社会学者ウェーバー（Weber, M.）による社会の正当な支配形態の一つ、カリスマ的支配に由来する。心理学ではカリスマ的リーダーシップとしてトップ・リーダーを対象にその特性とその効果が研究されている。（松原敏浩）

→リーダーシップ

カリヨン・ツリー型キャリア
（career of carillon tree）Ⅱ－3－B

教会のカリヨン・ツリー（組み鐘のタワー）のように、いくつもの小さな釣鐘が連なって形成されるキャリアの概念をさす。エリクソン（Erickson, T. J.）は、学業に専念するために仕事のペースを落としたり、次の段階になってすべてのエネルギーで仕事に打ち込んだりすることで、その人のキャリアはいくつもの小さな釣鐘が連なるように形成されるとし、これをカリヨン・カーブ（carillon curve）

と呼んでいる。

グラットン（Gratton, L.）は、活力を失わず、精力的に仕事に打ち込み続けるために、様々な要素を取り込んでキャリアのモザイクを描き、カリヨン・ツリー型キャリアを形成することを提案している。カリヨン・ツリー型キャリアは、伝統的なキャリアと比べて、柔軟性が高く、生産的な活動を続ける期間も長い。カリヨン・ツリー型キャリアは、これからの働き方として注目されている。

（二神枝保）

→キャリア、ワーク・シフト

カルマル（Kalmar）工場 ………I−2−A

スウェーデンの自動車メーカーのボルボ社の乗用車工場（1974年操業開始）で、フォード（Ford, H.）によって確立された伝統的なベルト・コンベア作業による流れ作業方式を廃止し、労働者の小集団に一台の車全部を組み立てさせる組立て方式に転換し、また小集団内で職務充実・職務交代を図るとともにチーム内の自律性も高めるといった「労働生活の質的改善（QWL）」を実践した工場として世界的な注目と議論を集めることになった。しかし、1990年代初頭の欧州自動車市場の戦後最悪の不況による販売不振のため、1994年に閉鎖された。

（風間信隆）

→タビストック研究所

過労死（karoshi／death caused by over-work）………………………………I−2−B

長時間労働などの過度な労働により心疾患や脳血管疾患などを発症し、死に至ることをいう。過労死の労災認定基準は見直しが重ねられており、今日では労働時間のほか業務の不規則性や精神的負荷の度合い、作業環境などを総合的に考慮したうえで判断される。日本での過労死の実態が注目されたことなどから、海外でもそのまま「karoshi」という表現が用いられることもある。 （柴田好則）

環境アセスメント（environmental impact assessment）………………I−1, 2−A

環境アセスメントは環境影響評価ともいう。これは、事業者が自然環境に大きな影響を与えるおそれのある大規模な開発事業を実施する前に、その環境への影響について事前に調査、予測、評価を行い、その結果を地方公共団体や一般住民などに公表して意見を聴くことにより、適正な保全対策を行っていくための手続きである。日本では、1997年に環境アセスメント法（環境影響評価法）が制定（1999年に施行）され、制度化された。なお、この法律は2011年に一部改正（2013年に施行）されている。 （金藤正直）

→企業環境

環境基準（environmental quality standards）………………………I−1, 2−A

環境基準は、環境基本法（1993年（平成5年）法律第91号）の第3節に定められ、その第16条第1項には、「政府は、大気の汚染、水質の汚濁、土壌の汚染及び騒音に係る環境上の条件について、それぞれ、人の健康を保護し、及び生活環境を保全する上で維持されることが望ましい基準」と示されている。この基準は、行

政が環境保全政策・施策を総合的に実施していくために設定される目標であり、公害などの発生源（個別の工場や事業所）を規制するための基準ではない。

（金藤正直）

→環境アセスメント

関係会社管理 ……………………Ⅰ-2-A

関係会社は親会社の出資によって設立された会社であり、出資比率や人事面での関係性によって、さらに子会社と関連会社に分類される。

親会社はその事業に貢献させるために関係会社に対して出資を行う。そのため、親会社と関係会社は事業上のつながりがあることが多く、強弱の程度は異なるが何らかのかたちで関係会社を管理することになる。その際には、親会社において専門部署を設けたり、各関係会社を所管する事業部門を設定したりすることにより、関連会社の業績を管理する。

また、親会社は関係会社とのコミュニケーションを円滑に行うために、関係会社に対してさまざまな階層レベルに属する従業員を出向・転籍のかたちで異動させることが多い。　　　　（團　泰雄）

→関係会社・関連会社

関係会社・関連会社（affiliated company／associated company）……Ⅰ-2-A, Ⅱ-2

50％以上の議決権保有比率を占めている会社は親会社であり、占められている会社は子会社である。また20％以上の議決権保有比率を占める会社は関連会社である（比率はいずれも一定の要件を満たす場合に緩和される）。関係会社は、親会社、子会社、関連会社及び当該会社を関連会社とする場合の他社から成る（財務諸表等の用語、様式及び作成方法に関する規則　第8条8項）。出資、人事、技術、取引等において緊密な関係にあり、新規事業への進出、生産・販売の系列化、海外進出、雇用・賃金対策等の円滑な実現に寄与すると言われる。　　（山倉健嗣）

観察学習（observational learning）
………………………………………Ⅱ-3-A

手本（モデル）を見習うことによる行動の変容を指す。モデリング（modeling）とも呼ばれる。提唱者のバンデューラ（Bandura, A.）は、自ら行動を実行し、その結果の効果を自身の身をもって習得していく過程を「直接学習」とした上で、人間はこのような直接学習なしでも行動の習得や変容ができることを見出した。他者の行動を観察することで、自らも新たな行動を習得していく、または既存の行動を変容していく、というのである。これが観察学習である。

バンデューラによれば、観察学習には、当人の認知能力が必要である。具体的に、観察学習は以下の4つの過程から構成されるという。一つ目の段階は、注意過程であり、観察対象としてのモデルやその行動特徴に注目し、「適切な行動」であるか「不適切な行動」であるかといったように、行動を弁別することを指す。2つ目の段階は、保持であり、注目した行動についての観察内容を、自身の中で記憶することを指す。注目した行動の結果として報酬がもたらされたのか、それとも罰がもたらされたのかなど、行

か行

動の結果までを記憶として保持するのである。3つ目は、観察した行動の再生、または新たな行動の産出である。注目した行動が、結果として報酬を得ていた場合には、その行動の再生が、反対に、罰を受けていた場合には、新たな行動の産出（つまり観察した行動とは異なった行動の実行）が行われる。4つ目は、動機づけである。3つ目の段階で行われた自身の行動が、報酬をもたらしたのか罰をもたらしたのかによって、その行動への動機づけが変わることになる。例えば、観察された行動を模倣した結果、自身にも同じように報酬がもたらされた場合にはその行動は強化される。反対に、報酬がもたらされた行動を模倣したのにもかかわらず、自身の行動は罰につながったような場合、その行動は弱められる。

このように人は、他者の行動を単純に観察するだけでなく、その人のとった行動の結果が報酬や罰を受けるところまでを観察しており、それが観察者の行動に影響するというのである。このような過程を代理強化と呼ぶ。自身の行動の結果として、報酬が得られること、さらには得られるという予期があるだけで、人々は特定の行動をとるようになる。このことを外的強化と呼ぶ。さらに、人々は、自分自身がコントロール可能な報酬を自分自身に与えることで、特定の行動を維持したり、さらに強化したりすることもできる。これを自己強化と呼ぶ。

（服部泰宏）

監査役会 （audit & supervisory board）
·· Ⅰ−2−A

取締役の職務の執行を監査する監査役すべてで組織する会議体。取締役会設置会社、かつ監査役設置会社である株式会社は、監査役会を置くことができる。公開大会社は、監査役会を置かなければならない。なお、委員会型の会社では、監査の職務は監査等委員会または監査委員会が行うため、監査役は置かれない。

監査役会設置会社の監査役は、3人以上で、そのうち半数以上は社外監査役でなければならない。監査機能を高めようとする趣旨である。また、実効的な監査のためには会社業務に精通した者が必要との考えから、監査役会は、監査役の中から最低1人の常勤監査役を選定しなければならない。

監査役会は、監査報告の作成、常勤監査役の選定・解職のほか、監査の方針、業務・財産状況調査の方法その他の監査役の職務の執行に関する事項を決定する。ただし、監査役は各自が独立して監査権限を行使できる（独任制）ため、各監査役の権限の行使を妨げることはできない。監査役制度は日本独自の制度であり、取締役の選定及び解職等につき取締役会での議決権を有していないことなどからも、海外の機関投資家を中心にその監査機能の限界が指摘されており、委員会型の機関設計に移行する会社が増えている。

（村澤竜一）

感受性訓練 （sensitivity training）
·· Ⅱ−3−A, B

感受性訓練とは、センシティビティ・トレーニング（Sensitivity Training：ST）、ラボラトリー訓練、あるいはTグループ

など、さまざまな呼び方をされているが、その主な狙いは組織メンバーの自己洞察力や対人感受性を高め、集団内での望ましい人間関係のあり方についてグループ体験を通じて学ぶ教育訓練技法の一種である。その基礎は、レヴィン（Lewin, K. Z.）のグループ・ダイナミックス（group dynamics）とロジャーズ（Rogers, C. R.）のグループ・アプローチ（group approach）の考え方にある。

企業で実施される訓練は、アメリカのNTL（National Training Laboratories）が開発したTグループと呼ばれる方法により実施されることが多い。Tグループは、10人から15人程度の小グループを構成し、合宿形式により行われる。グループの中では、1回約2時間、1日3回以上、合計で15〜20回程度の会合を持ち、自主的な自由討議が展開される。

グループには、トレーナーがつくが、あくまでも助言者としての位置づけで、討議は参加者の自発性に任される。これらの会合を通して自己や他人に対する理解力、集団形成過程への洞察を高めて社会的な感受性や行動の柔軟性を体得していく。　　　　　　　　　　（谷内篤博）

完全雇用 （full employment）……………Ⅰ−1
労働市場において需要と供給が均衡する状態を指す。つまり、均衡で定まる賃金率で働きたいと思う人たちは全員働くことができるし、企業はその賃金率で望む量の雇用が可能である。しかし、このような状態でも現実的に失業者はゼロにならない。職を求める人は企業に関する完全な情報を持っていないため、適職を

見つけるためにはジョブサーチ（職探し）が必要である。職探しに時間をかけることで、いわゆる摩擦的失業が発生する。

（川村一真）

→摩擦的失業、自然失業率

完全週休2日制 …………………………Ⅰ−2−B
1週に必ず2日の休日を与える制度。労働基準法では週1回の休日を法定しているが（35条）、それを上回る休日を与えるものである。厚生労働省令和4年就労条件総合調査によると、完全週休2日制を採用している企業は企業規模計で48.7％とされているが、従業員1000人以上の企業では65.8％、30〜99人では47.1％と規模によって導入率に差がある。なお週休2日制より休日数が多い企業は企業規模計で8.6％である。

（廣石忠司）

→休日

寛大化傾向 （leniency tendency）…Ⅰ−2−B
人事考課の際に、評価が甘くなり上位レベルの評価が多くなりすぎる心理的エラーの一種。厳しい評価よりも容易であることや、被評価者にフィードバックしやすいことから、評価者の評価能力が十分でない場合には、寛大化傾向が起きやすい。寛大化傾向、その反対の厳格化傾向、ある特定の出来事が評価の全体に影響を与えるハロー効果等の人事考課の心理的エラーを回避するためには、継続的、反復的な評価者訓練によってその存在を知り、評価の際には十分に点検することが必要である。　　　　　（奥野明子）

→評価者訓練

監督者教育・訓練

（supervisor training）……………Ⅱ－3－A

　監督者は、現場で直接的に労働者に指揮・命令をする職長や作業長といった職にある者を指しており、現場作業の計画・調整・統制という管理職能を担っている。こうした監督者に対する代表的な教育・訓練としては、戦後GHQから労働省を経て民間企業に導入されたTWI（Training Within Industry）が挙げられる。TWIは、1回2時間で15回から20回の会議方式で進められ、仕事の教え方（job instruction）、仕事の改善の仕方（job method）、人の扱い方（job relations）から成り立っている。　　　　　（谷内篤博）

→階層別教育、JST

ガントチャート（gantt chart）……1－2－A

　ガントチャートは、テイラー（Taylor, F. W.）の弟子とされるガント（Gantt, H. L.）によって1910年代に考案された管理手法で、生産活動に関する計画と実績を視覚化し、管理に役立たせる図表である。この図表では、縦軸に機械や作業者などの管理対象が、横軸に時間がとられ、作業の計画値と時間の経過とともに推移する実績値が一目でわかる横棒グラフなどで図示される。これにより各時点の作業の進捗状況を簡単に把握することができ、必要な対応を適時講ずることが可能となる。今日でもプロジェクト管理や生産管理などで工程管理に用いられている。　　　　　　　　　（風間信隆）

カンパニー制……………………1－2－A

　多角化企業が事業分野別に独立採算制をとる社内分社制度。各カンパニーは、全社的な統合機能をもつ本社から、資本金、資金、人員等を割り振られ、予算に加え、投資や人事など大きな権限を与えられ、事業部制より高い自律性と自己完結性をもち、損益だけでなく資本効率についても責任を負う。一方、本社は、各カンパニーの縦割り化による弊害を回避するため、カンパニー間のシナジー効果を活かせる全社戦略の立案やカンパニーの経営上の透明性・公正性を確保する必要がある。　　　　　　　　（齊藤　博）

→事業部制、分権化

かんばん方式（Kanban system）…Ⅰ－2－A

　フォードシステムによる生産性の限界を越えるために大野耐一が創始したトヨタ生産方式の肝となる部分。ジャスト・イン・タイムによって無駄を排除するための用具として生産ライン上に「かんばん」を用いたことから命名された。生産ラインでは前工程の出来高に後工程が応じることが基本とされたが、後工程が前工程から引き受けられる量と種類を看板で指示することで、無駄を排除し生産がスムーズに流れるようにできるという方式である。　　　　　　　　（大月博司）

→ジャスト・イン・タイム

管理者（manager）………………1－2－A, B

　組織は大別すると、作業や業務の実行（operation）部門と、組織活動全体を統制する管理（management）部門からなるが、後者の機能を遂行するのが管理者である。管理者は組織の中で、上層のトップ・マネジメント（取締役層）から、中

間管理職であるミドル・マネジメント（部課長層）、それから組や係の長である下層のロアー・マネジメント（係長・職長層）と、管理職ピラミッドの全階梯（hierarchy）に亘って分布し、それぞれの管理的職能を遂行している。トップの機能は、企業全体の経営すなわちジェネラル・マネジメントであり、ミドルは人事・財務・販売・生産といった個別機能部門ごとの業務管理、ロアーは第一線での実務を管理する作業管理の機能を担っている。また一般に、それぞれの機能は長期戦略目標、中期業務目標、短期作業目標の達成に向けられている。ミンツバーグ（Mintzberg, H.）は管理者の具体的職務内容を明らかにするため調査を行い、以下の10の管理者役割を明らかにした。すなわち、代表者、リーダー、連絡係（以上、対人的役割）；監視者、伝達者、代弁者（以上、情報伝達役割）；起業家、混乱処理係、資源配分者、交渉係（以上、意思決定役割）である。管理機能は古くから論じられ、ファヨール（Fayol, H.）は計画、組織化、命令、調整、統制の5つを、またフォレット（Follett, M. P.）は命令、指揮、調整の3つを、アレン（Allen, L. A.）は計画、組織化、調整、動機づけ、統制の5つをあげている。これらは管理階層を問わず、管理者一般の機能であるといえよう。　　　　（若林　満）

管理職組合 ･･･････････････････････Ⅰ－2－A

労働組合は、被雇用者の組織であって、雇用者の利益を代表する者は組合員にはなれない。通常管理職は後者に属する者と想定されてきたが、実際には組合

毎に当該企業の経営側と管理職を含め、非組合員の範囲は交渉によって定められてきた。ただ近年は管理職のありかたが曖昧となり、サービス業では店長でもその業務実態は被雇用者と変わらぬ状況が常態化してきた。管理職組合は、組織実態としては小規模であるが、こうしたあいまいな業務や経営管理の状態が一般化する時代を象徴する存在として注目されてきた。　　　　　　　　　　（篠田　徹）

管理職研修（management training）
･････････････････････････････････････ Ⅱ－3－A

管理職やリーダー候補者を対象に行う研修で、階層別研修にあたる。管理職に必要な指導力やマネジメントに関わる知識、ノウハウ、スキル等を蓄積し、その運用力を向上させるための研修である。育成力・指導力やコミュニケーション力が含まれる。研修を役職別に分類すると、係長や課長補佐を対象とする新任管理職研修、課長を対象とする中間管理職研修、部長や役員を対象とする上級管理職研修に分けられる。　　（丹羽浩正）
→職種別研修、管理者

管理職定年制 ･･･････････････････Ⅰ－2－A, B

役職定年制とも呼ばれ、一定の年齢に達した段階で管理職がラインから外れる制度である。1980年代に組織の新陳代謝、人件費増加の抑制などを目的に、90年代以降は社員の高齢化に伴うポスト不足の解消を目的に、主に大手企業で導入された。しかし、2021年4月の高年齢者雇用安定法の改正により、事業主に70歳までの就業確保が努力義務化され

たことを契機に、本制度の見直しや多様な処遇形態が各企業で検討されている。

（瓜生原葉子）

管理職適性検査………Ⅰ−2−B，Ⅱ−3−A

　管理職への昇進は、人事考課によって本人の資質や業績を評価して行われるのが一般的であるが、客観性、納得性の観点から、検査によって潜在的な性格や適性能力を測定することが行われる。これを管理職適性検査という。

　管理職適性検査は、狭義には、管理者適性検査NMAT（New Managerial Aptitude Test）および中堅社員適性検査JMAT（Junior Managerial Aptitude Test）などのペーパーテストを指す。広義には、Human Assessment（ヒューマンアセスメント、人材アセスメント：以下HA）を指す。

　HAは、管理職就任前の社員の潜在能力を事前に評価することを目的として、1970年頃、アメリカから日本へ導入された。過去の人事評価の結果、担当業務での成果貢献・実績、上司の推薦などから選ばれた社員を対象とし、管理職に必要とされる個人特性、対人関係スキル、業務遂行スキル、意欲等を、面談、多面評価、アセスメント・センター方式（研修中の行動を観察）、ペーパーテスト、プレゼンテーションなどにより検査する。これらの検査は、社内外から選ばれたアセッサー（評価者・観察者）により行われる。HAは、管理職の選抜以外にも、採用、育成、配置・異動などを目的として導入されることがある。　　（中村志保）

管理職登用試験制度……………Ⅰ−2−B，

Ⅱ−3−A

　企業内部において、長期にわたる人材育成や人材開発を前提として、管理職に要求される資質、知識、能力を試験によって審査し、これを選抜しようとする制度である。その目的として、主に次の3点が挙げられる。第1に、管理職適性を確認することである。第2に、管理職の選考における手続きの公平性を確保することである。第3に、候補者の知識と能力を向上させるための仕掛けとすることである。管理職登用試験の設計および実施方法としては、筆記試験、小論文、役員面接などの方法が一般的に用いられる。そこで審査される内容は、職務遂行上必要とされる業務知識、部下への対応やリーダーシップ、論理的思考力、課題発見力などである。また、受験資格として、当該企業での一定の在職年数、現在の職位または職階での一定の滞留年数、TOEIC等の外部試験のスコアが設定されていることが多い。

　管理職登用試験の運用においては、組織と候補者にとって納得のいく結果をもたらすために、評価項目および要求水準の明確化、適切な測定手法の設定、審査結果のフィードバックの内容および伝達方法の選択など、審査結果に至るまでの手続きの公平性の確保に努めることが重要である。　　　　　　　（加納郁也）

管理職任期制…………………………Ⅰ−2−B

　管理職の任期をあらかじめ限定する制度で、役職の任期制とも呼ばれる。管理職を一定期間で改選することを前提として、役職在任期間中の業績を厳しく管理

し、期末にその役職にとどまるのに的確
であると判断された者に対しては再任、
昇進が行われるのに対して、的確ではな
いと判断された者については降職、異
動、関連会社への出向・転籍が行われ
る。なお類似の制度として、一定の年齢
に達したことをもって役職を解任する
「役職定年制」がある。　　　（團　泰雄）
→出向

官僚制（bureaucracy）…………Ⅰ－1, 2－A
　官僚制は組織・管理の制度として、ま
た政治制度として論じられるが、ここで
は前者に焦点を当てる。
　ウェーバー（Weber（1987））によれば、
官僚制にはつぎのような特徴がある。①
官庁的権限の原則。②職務体統と審庁順
序の原則。③書類に基づく職務の執行と
公私の分離。④専門的訓練を前提とする
専門化した職務活動。⑤専任としての職
務従事。⑥規則に基づく職務執行。
　このように官僚制はピラミッド型の組
織と、ルールに基づいた上意下達式の業
務遂行を特徴とする。それに携わる職員
は、業務に必要な専門能力を備えていな
ければならない。なお官僚制の特徴は行
政組織のほか、私企業など大規模な組織
にも共通してみられる。
　官僚制には長所と短所の両面がある。
長所としては、公平・公正で一貫した業
務が行われること、業務の遂行はルール
に基づくため正当性があること、業務が
定型化されるので効率的なことなどがあ
げられる。また官僚制には、制度や規則
によって管理職の権力行使を制限し、個
人の権利・自由を保障する「立憲的」

（constitutional）な側面もある（太田
（1993））。一方、短所としては形式的で
融通が利かないこと、秘密主義やセクシ
ョナリズムに陥りやすいこと、前例を重
視するため保守的になりやすいことなど
が指摘されている。このような短所は、
一般に「官僚主義」「官僚制の逆機能」
などと呼ばれる。
　官僚制の評価は時代とともに変わる。
企業の場合、少品種大量生産を中心にし
た工業社会から、多品種変量生産へ、そ
れにソフト化やデジタル化が進んだポス
ト工業社会への移行にともない、官僚制
の短所が表面化してきた。とりわけ環境
の変化に適応する柔軟性の欠如は、官僚
制組織の限界を示しているといえよう。
　行政組織の場合、それは政治や民意へ
の応答性の低さとして表れることが多
い。　　　　　　　　　　　（太田　肇）
→脱官僚制化、ハイアラーキ

機械的組織（mechanistic organization）
　　　　　　　　　　　　　　　Ⅰ－2－A
　機械の歯車のような構造を持つ組織形
態をさす。この場合、組織はさまざまな
要素で構成されると想定されるため、一
つの要素でも変化すれば他の要素も変化
することが求められる。代表的には官僚
的組織が該当し、その特徴は、非人格
化、権限階層、業務の専門化、規則・手
順の明確化にみることができる。この組
織は、環境が安定し確実な場合に最も適
合して維持が容易であるが、その反面、
変化させることは難しくなる。

　　　　　　　　　　　　　　（大月博司）

→組織形態、官僚制

機会費用→オポチュニティ・コスト

期間工……………………………Ⅱ−2
　期間工は一定の期間、例えば3〜7か月間雇用され、それが繰り返されることからジャーナリズムにそのように呼ばれるようになった。期間工は労働力不足が深刻であった1960年代後半から70年代前半にかけて、自動車産業を中心に多く利用された。労働力不足対策として農閑期の農業労働力を利用したものであり、自動車生産の量的変動への対策として活用された。鎌田慧（1973）『自動車絶望工場』はその実態をよくとらえている。
（奥林康司）

→非正規労働者

基幹従業員（core employee）
　……………………………Ⅰ−2−A, B
　将来的に企業の経営幹部や管理職への昇進・昇格など中核的な役割や業務を担うことを期待されて採用・処遇される従業員の区分。企業により、基幹職や基幹社員、あるいは総合職と呼ばれるケースもある。多くの企業では、基幹従業員として一括採用を行い、各従業員の能力や適性に応じて配属先を決定し、キャリア形成を図る。これに対して一般従業員という場合には、定型的・補佐的な業務に携わり、基幹従業員のサポートの役割を担う。
（吉田　寿）
→マネジメント、キャリア・マネジメント、戦略的人的資源管理

機関投資家（institutional investor）……Ⅰ−1
　個人投資家などの顧客から拠出された資金を運用・管理する法人や団体。資金の出し手である年金基金、生命保険会社、大学基金など、またその資金の運用等を受託する投資信託会社、投資顧問会社、信託銀行などが該当する。受託者責任に基づき顧客の利益最大化を目指す。証券市場においては巨額の資金を運用し、株主の立場から投資先の企業価値向上を求める。積極的な株主行動で経営に関与するアクティビストも含まれ、その影響力は大きくなっている。（村澤竜一）

危機管理（crisis management）……Ⅰ−2−A
　昨今、国際関係、政治その他多くの分野において危機管理が重視されるようになっているが、産業の領域でも例外ではない。危険管理（risk management）、災害危機管理（disaster crisis management）、セキュリティ等の類似の表現と概念があるが、危機管理（クライシス・マネジメント）は危機の予防と、危機処理を内容とする。
　産業分野でのそれが着目されるようになったのは、アメリカ、スリーマイル島原子力発電所事故、ユニオン・カーバイドのインド・ボパール工場災害事故、ジョンソンの子会社のタイレノール毒物混入事件であったといわれている。それらはそれぞれの企業にとって予期せざる事故であって、巨大な企業損失をもたらした。
　企業の危機管理には、シグナルの発見、準備・予防、封じ込め・損失の限定化、損失からの立ち直り、学習という5つの局面がある（ミトロフ（Mitroff, I. I.））。前の2局面が広義の予防であり、

あとの3局面が生起した危機への対処の問題である。危機管理論は危機の予防論と処理論を中心とするのである。むろん、危機は避けるにこしたことはない。そのためには危機の引き金になりうる事件、原因についての認識と予兆（シグナル）の発見が重要になる。それはリスク・コミュニケーション、早期警報システムの問題である。シグナルを早期にキャッチすることが大切である。ちなみに、多様ともみえる危機の引き金になりうる事件、原因は構造的類似性により、いくつかに分類できる（クライシス・ファミリー）。ミトロフはbreak、精神病理、経済的性質の攻撃、外部からの情報攻撃の4ファミリーを識別している。重要な点は一つのファミリーにはさまざまの原因が含まれているが、それらへの対処は比較的類似しているため、各企業は蓋然性が高いと思うもの、ないし最悪の結果をもたらしそうなものに対して、予防訓練などの予防策をしておけば、そのプログラムは同じファミリーの他のものにも転用しうる。

不幸にして予防ができず、危機が現実化することもある。危機処理は多分に組織的問題である。平時体制から緊急事態体制に切り換え、緊急連絡、リスク・コミュニケーション、救済措置、波及阻止といった危機処理策を講じる。その処理は組織的に非常に動揺し、異常心理状況の中での対応である点に留意しなければならない。そして、きっかけをつかみ、立ち直り、危機体験からの教訓を将来に生かし（学習）、企業改革を行うことになる。　　　　　　　　　（二神恭一）

→リスク・コミュニケーション

企業家（起業家）(entrepreneur)
....I－2－A

企業家は、シュンペーター(Schumpeter, J. A.)によってイノベーションの担い手として位置付けられた。企業者あるいは起業家とも呼ばれる。ルーティンをこなす経営者とは峻別される。企業家は進取の気性にあふれ、リスクを恐れず、新機軸を遂行する。そこでは、創意、先見の明、権威、指導といった資質や能力が求められる。企業家精神と呼ばれる。なお、企業家精神に溢れる企業家にとっての障害は資金調達であり、そこに銀行家の役割が与えられる。この点でシュンペーターのイノベーションの理論は、間接資本市場における資本蓄積を前提とするヨーロッパ型の理論である。ヨーロッパに遅れて、新しい資本主義経済システムとして出来上がった米国では、その前提は充たされず、米国型では直接資本市場であるベンチャーキャピタル市場の役割が強調されることになる。　　（藥谷友紀）

企業家精神 (entrepreneurship) ....I－2－A

アントレプレナーシップ (entrepreneurship) の翻訳語である。起業家精神といわれることもあるが、企業家精神というのがより一般的になってきている。企業家は新たな事業を創造したり、企業内でも新規事業開発に取り組む人達をいうが、企業家精神は彼らに求められる特性、生き方をいう。具体的にはリスクに対しても積極的に取り組む姿勢、発想、態度などである。ドラッカー(Drucker,

P. F.）は著書『イノベーションと企業家精神』（1985）の中で企業家精神にはイノベーションが不可欠としてその事例を紹介している。　　　　　（松原敏浩）
→企業家（起業家）

企業環境（business environment）……Ⅰ-1

　企業経営に影響を及ぼす諸要因のことをいう。社会全体のシステムにおいて、企業は経済的機能を担うサブシステムであって、社会にとって有用な財やサービスを提供している。企業環境は、①経済環境、②技術環境、③社会環境、④政治的環境、⑤自然環境に分類される。

　経済環境は、経済成長率や消費構造の変化、労働力の変化など経済的要因から構成されている。技術環境は、物流や情報技術、原材料など技術的要因によって構成され製品技術革新に大きな影響を与える。社会環境は、人口統計学上の推移や、都市化や過疎化などの地域社会の動向、人々の価値観の変化などの諸要因から構成されている。政治的環境は、国の立法政策や予算の動向などを指している。自然環境は、河川や海、大気の状態など企業を取り巻く地球環境を意味している。

　時代を経るに従い、企業の直面する環境領域は拡張しており、今日の企業は諸環境を複合的に捉えた戦略的行動が求められるようになっている。企業は、経営戦略の策定と実行によって、これらの企業環境との相互関係を適切に決定し、絶え間ない環境変化に適応することによって自らの存続を目指すのである。

　　　　　　　　　　　　　　（庭本佳子）

→環境アセスメント、企業の社会的責任（CSR）

企業制度……………………………Ⅰ-2-A

　現代企業の代表的形態である巨大株式会社が、出資者である株主から独立した社会的制度ないし機関（institution）としての性質を有していることを意味する。企業の制度化、制度的企業ともいう。株式会社においては、規模の利益と新技術の導入を可能にするために巨額の資金調達が行われてきた。資本の証券化、大衆資本化によって所有の分散が進む一方で、企業活動の複雑化に伴って経営管理機能が高度化すると、専門経営者の企業支配が進んだ。巨大化した株式会社が社会経済に大きな影響を及ぼすようになると、株式会社は社会的存在として、株主以外の多様なステークホルダーとの関係性が問われるようになった。

　ヴェブレン（Veblen, T. B.）によれば、制度とは思考慣習のことであり、人々の共通意識が社会的に固定化されたものである。制度化された企業は、継続的組織体（ゴーイング・コンサーン）であって、人と人との相互作用において利益をもたらす社会心理的関係を基礎とする。したがって、企業の存続・発展には、関係する各種ステークホルダーからの信頼の創造・維持・革新が重要であり、株主利益の追求のみを目的とすることなく企業存続に必要な多元的な目的に向かって事業活動が展開されるのである。（庭本佳子）
→ステークホルダー

企業大学モデル（corporate university

model) …………………………… Ⅱ−1

企業内に大学を設けて社員教育を行う
モデルを指す。最初の企業内大学は、
1953年アメリカのゼネラル・エレクト
リック社（GE）のものだと言われてい
る。その後アメリカでは1960年代にディ
ズニー大学とマクドナルド社のハンバ
ーガー大学が作られた。企業内大学を設
ける第1の理由は知識の陳腐化を防ぐた
めである。第2の理由は学習内容と企業
戦略を整合化するためである。第三の理
由は求職者に選んでもらう企業になるた
めである。

日本の最近の例として2020年7月に
設立された日本コカ・コーラ株式会社の
日本コカ・コーラ大学がある。日本コ
カ・コーラ大学は、会社を変革し、新し
い価値を生み出し、会社を成長させるこ
とができる次世代のリーダーを育成する
ことを目指している。日本コカ・コーラ
大学の課程は3つに分かれている。第1
は部長を対象にした課程、第2は課長を
対象にした課程、第3は課長になる可能
性が高い社員を対象にした課程である。
日本コカ・コーラ大学は教室での講義を
最小限にして、参加者が困難だと思うこ
とに取り組む機会を与えている。最近で
は、日本コカ・コーラ社の社員が他企業
の社員や大学生と一緒に、地域の人口減
少が進む中、地域社会を持続させるには
どうしたらよいかについて議論した。

（二神常爾）

企業特殊的人的資本（firm-specific human
capital）………………………………Ⅱ−2
企業内での訓練や経験により蓄積され

た、その企業でのみ通用する能力や技
能。ベッカー（Becker（1962））は、労働
者が別の企業に移っても通用する「一般
的人的資本」とは区別している。企業特
殊性の高い訓練は、育成後も従業員の市
場価値は変化しないため転職されるおそ
れは少なく、人的資本への投資のインセ
ンティブは高まる。日本では、長期雇用
の従業員が、しばしば企業特殊的な人的
資本に対する投資を行っており、それが
企業の競争力の源泉になっていると主張
されてきた。　　　　　　　　　（村澤竜一）

企業年金……………………………Ⅰ−2−B
従業員が退職後に安定的な生活を営む
ことを目的に、一定期間に分割して支給
する退職給付金のこと。退職給付金には
企業年金の他に、退職時に一括もしくは
一部支払われる退職一時金がある。年金
は、大きく公的年金（国民年金（老齢基礎
年金）、厚生年金（老齢厚生年金））と私的
年金（厚生年金基金、確定給付企業年金、
確定拠出年金等）の2種類から構成され
る。公的年金は老後の最低限の生活資金
形成の役割を担うが、より良い暮らしや
ライフスタイルの変化に備えた将来の年
金額の充実を図る機能を私的年金は果た
している。このように企業年金は福利厚
生の一環として重要な意味を持つ一方
で、年金の原資は基本的に企業が拠出す
るため、経営環境によっては収益を圧迫
する可能性がある。近年では、そうした
リスクを低減することや、従業員の多様
なニーズに対応することを企図して、将
来の給付額を変動させたり、年金資産の
運用責任を従業員サイドにも持たせたり

か行

する企業年金の仕組みを導入する傾向にある。 （厨子直之）

→確定拠出年金vs.確定給付企業年金、厚生年金、私的年金、厚生年金基金

企業の休職命令（order a temporary leave of absence） ……………………Ⅰ-2-B

ある企業の労働者としての労働契約関係を維持しながら一定期間労働義務を免除し、あるいは就労を禁止すること。原則として、病気、留学、兼業等により労働者本人が一定の期間労働できない場合、その期間経過後には復職することを前提として発令される。また、懲戒処分としての休職（懲戒休職）、起訴された場合、刑が確定するまでの間の出勤を禁じる停止等、懲戒に結びつく場合も休職を発令することがある。通常の場合、労働していないため賃金は支給されないが、社命での留学等、会社都合の場合は例外的に支給されることがありうる。

（河野憲嗣）

→自宅待機、休職、解雇制限、解雇予告制度、解雇予告制度の例外、一時解雇（レイオフ）、レイオフ、復職、懲戒、休日

企業の社会的責任（CSR） ………Ⅰ-2-A

CSRは企業の社会的責任（Corporate Social Responsibility）の頭字語である。企業の社会的責任は社会の視点から企業が負うべき社会的責任を問う概念であり、CSRは企業の視点から企業活動に起因する社会的諸課題に対する企業の主体的・自主的な取り組みを表す概念であると区別する議論もある。

企業の社会的責任に関する議論は、大企業の経済的権力が社会的影響力を行使し、その影響力に社会的批判が向けられはじめた20世紀初頭以降に欧米において登場した。第二次大戦直後には「CSRの父」ボーエン（Bowen, H. R.）の *Social Responsibilities of the Businessman*（1953）が刊行され、企業の社会的責任が初めて体系的・理論的に展開された。他方、企業の社会的責任が実践的に大きな社会的関心を集めたのは、1960年代後半から1970年代初頭に、アメリカではGMキャンペーンやフォード・ピント事件に代表される欠陥商品に対する企業批判として、日本では公害や買占め・売り惜しみに対する企業批判としてであった。

その後、企業の社会的責任（CSR）は、企業主体の取り組みに、さらには経営戦略に組み込まれた経営実践に大きく変化し、近年ではCSRはCSV（Creating Shared Value）に転化したとも言われる。企業の社会的責任（CSR）は理論内容もアプローチも多様であり、「本質的に論争的な概念」とも特徴づけられるように今日に至るも確立した定義はなく、まさにジャングルの様相を呈しているともいえる。

それでもなお、企業の社会的責任（CSR）が注目され重要視されるのは、それが問われる理由（社会的背景）にある。今日、企業活動に起因する労働・人権などをめぐる社会的諸課題や気候変動・環境汚染などの環境的諸課題の解決が地球環境と人類の社会生活の維持に不可欠であり、現代社会ではその社会的責任を果たすことが企業の活動継続に関する社会的認知（社会的ライセンス）の獲得

に不可欠なのである。その実践が「社会的ライセンス」の獲得の証であるとも言われるCSRの国際規格 ISO26000 では、社会と環境のサステナビリティへの貢献、ステークホルダーの利害の尊重、ハードローとソフトロー（国際規範）の遵守、経営戦略へのCSRの統合、企業活動の透明性とアカウンタビリティの確保などが企業の社会的責任（CSR）に求められる今日的特徴とされている。こうしたCSR国際規範を遵守するCSR実践は、現代のグローバル・ビジネスでは、企業活動に関する義務的規制であると理解されている。　　　　　　　　（百田義治）

→企業倫理、ステークホルダー、ハードロー vs. ソフトロー

企業福祉（corporate welfare）‥‥‥Ⅰ－２－Ｂ

　企業が従業員に対して支給する給与以外の報酬やサービスのうち、健康保険や雇用保険など法律で定められているもの以外で企業が独自に提供する福利厚生。企業福祉の対象は全ての従業員である。大企業のみならず中小企業においても、派遣やパートタイム、有期雇用といった非正規雇用労働者と正規雇用労働者の間で不合理な待遇差をつけることは法律で禁じられている。会計上、企業独自の福利厚生にかかる費用は法定外福利費に仕訳される。これに、法律で事業者負担が義務づけられている福利厚生の費用である法定福利費を合計したものが福利厚生費である。個人事業主やその家族のための支出は福利厚生費として認められない。

　企業福祉の種類は多岐にわたる。具体的には持株会や確定拠出年金などの財産形成関連、結婚・出産祝い金や従業員や家族の弔慰金など慶弔事、災害見舞金や遺族年金など生活保障、社宅や家賃補助などの住宅支援、通信教育や資格試験の受験料補助などの教育支援、保養施設や社員旅行、運動会やサークル活動などの文化活動支援、社内食堂の設置や朝食の無料提供、通勤手当や在宅勤務など就労環境に関するものなどがある。退職金制度、法律で定められた以上の有給休暇や育児・介護休業も企業福祉に含まれる。

　企業福祉を導入する目的は従業員の獲得と定着、勤労意欲や生産性向上、企業への忠誠心の醸成等である。企業が独自の福利厚生を提供する背景として、国による福祉制度の整備不足を補完する役割を果たすとの見方がある。公的な健康保険制度がない国では企業福祉として医療費を支援するケースもある。日本では、集団主義的な「イエ」組織の伝統を受け継いだ企業が、従業員の人生や家族を含めた生活全般の面倒をみる仕組みとして企業福祉を位置づけることもある。近年は、従業員の生活様式の変化、価値観の多様化、能力給制度や業績主義導入、転職環境の拡充などを背景として、企業福祉のあり方も変化している。従業員による選択性の高いカフェテリア・プランを導入したり、専門性やスケールメリットをもつ企業福祉の代行サービスを利用するケースが増えている。自社で保有していた保養施設を手放したり、企業福祉のメニューを絞り込んで、その分を給与に反映させる企業もある。低成長期の経済環境下では企業福祉の規模を示す法定外

福利費は抑制される傾向にあり、企業福祉の存在意義があらためて問われている。 （河野憲嗣）

→動機づけ、所定内賃金vs.所定外賃金、カフェテリア・プラン、法定外福利、法定外休暇

企業別労働組合 （company union）
....I－1, 2－B

欧米流の業種毎の組合と異なり、企業毎に形成される日本独自の組合様式である。たとえば、アメリカの全米自動車労働組合は自動車産業や航空宇宙産業に従事する労働者で構成され、企業側との交渉を数の論理で進める。一方わが国では、自動車総連や私鉄総連など企業別の労働組合が結集した組合連合体はあるものの、企業との賃金交渉は、トヨタ自動車労働組合といった企業別組合が交渉主体なので、数の論理が通用しない。 （大月博司）

→産業別労働組合、職種別労働組合、労働組合

企業目標 ....I－2－A

企業が何を目指して経営するかの目標（target）のこと。経営学で目標という語を使う場合、何らかの定量的な数値が設定され、比較的短期間における、その数値の達成いかんが議論される場合が多い。例えば、利益や収益性といったように、経済的・金銭的側面に関わる形において企業目標が設定されることが大半である。これに対し、より質的で定性的な側面、例えば企業の社会的責任や従業員の幸福といった定量的な数値化が困難な側面を含む場合には、目標という語に代えて目的（goal）という語が使われることが多く、複数の段階的目標を達成した先に目的を設定することが多い。

古典的な経済学・経営学の支配的立場では、企業目標は利益ないし収益性の極大化が唯一最大の目標であるとされてきた。ただし、一口に利益や収益性の極大化といっても複数の解釈があり、一定期間における総収益と総費用の差額（期間利益）の最大化を指す場合もあれば、個々の取引における利益の極大化を含意する場合もある。期間利益と、そのために一定期間内に投下された資本の関係性は収益性と呼ばれるが、総資本収益率や自己資本収益率（ROE）など、さまざまな収益性の概念があり、企業がいずれの数値目標を企業目標として設定するかは、古典的にも多種多様な立場がある。

しかし、現代経営学においては、こうした短期的な企業目標の設定よりも、比重は明らかに、定性的な側面をも包摂したより長期視点の企業目的の議論に置かれるようになりつつある。例えば、ドラッカー（Drucker, P. F.）は企業の究極的目的は「顧客の創造」にあるとし、利益や収益性の最大化のみが達成すべき目標であるわけではなく、他にもイノベーションや経営者・管理者の育成、従業員の態度、社会的責任といった多様な企業目標が存在すると主張した。

こうした企業目標から企業目的への議論の重点移動の背後には、1990年代以降、資本主義から社会主義への体制変革論が完全に消滅し、金融資本の巨大化やグローバル化、情報通信技術の発達がま

すます進展するにつれ、短期的な利益や収益性の極大化のみを目指す企業経営の在りように対し、社会から大きな疑義が呈せられているという事情がある。2000年代に入り、こうした論点は経営学ではコーポレート・ガバナンス論や企業の社会的責任（CSR）論において主にアプローチされているが、昨今ではSDGsへの社会的気運の高まりもあり、企業は究極的に何を目指して経営すべきか、企業理念を再検討すべき時期に差し掛かっている。　　　　　（上林憲雄）

→利益、企業の社会的責任（CSR）、コーポレート・ガバナンス、SDGs

企業理念（corporate philosophy／company philosophy）……………………Ⅰ－2－A

経営者または組織としての価値が明文化されたものである。一般には、創業者の個人的な経験にもとづいた思いが経営理念として掲げられ、それを組織成員と共に実現していくことが目指される。社是、社訓という名称の場合もある。経営理念は仕事の結果として実現したり、仕事それ自体が経理念の実現に寄与する。経営者が代わり時間を経るに伴い、経営理念が現代的な言葉に置き換えられたり、社会環境にあわせて内容自体を変えたりする。経営理念は組織の指導原理として組織成員をモチベートしたり、組織成員の結束を強め組織としての一体感を醸成する機能がある。他方で、組織外部に対して組織活動の正当性を与えたり、存在意義を知らしめる機能もある。

経営理念に対する否定的な声もある。例えば、経営理念があっても読まれない、仕事に影響を及ぼさない、または現場からは業務の妨げになることを指摘されることがある。経営理念を組織に浸透させて仕事に反映させることは難しいが、経営者が唱えた経営理念が長い時間をかけて組織文化として定着することもある。一般従業員への経営理念の浸透には上司の行動が影響を与えたり、職階が高い方が理念の理解度が高いことが明らかになっている。　　　　　（寺本佳苗）

→リーダーシップ、エンゲージメント

企業倫理（corporate ethics／business ethics）……………………………Ⅰ－2－A

経済社会環境を捉えた上で、公正さの実現に向けて企業がどのように行動をするべきかを考える領域である。企業そのもの、企業構成員の倫理を問うもの、論者によってその主体は分かれるが、企業の場合は企業行動が、企業構成員では意思決定と行動が倫理的に評価される。アメリカにおける企業規模の拡大に伴う環境へのネガティブインパクトを背景に企業倫理研究が進められて、日本の企業倫理研究に影響を及ぼした。日本においては1980年代にバブル経済が崩壊し経済が冷え込み、1990年代以降には多くの企業不祥事が表面化した。安全性に欠ける商品の販売や、金融業界や建設業界と政官との癒着などが取り沙汰され、法令を遵守した企業行動が求められた。

企業活動がグローバル化していく中で、競争、租税、個人情報保護など、国境を超えて適用される法律もあり、違反した場合には重い罰則が科される。企業では倫理綱領、担当役員の任命、担当部

署や相談窓口の設置など、企業倫理の制度化が進められ、説明責任を積極的に果たすようになった。未だ組織不祥事は発生し、意図せずに法令違反をしてしまう場合もあり、行動倫理学で研究されている。企業行動の倫理性が評判となり競争優位の源泉となることもある。

（寺本佳苗）

→組織行動、企業理念、企業の社会的責任（CSR）

危険手当 ……………………… I−2−B

危険、不快、不健康、困難な作業環境・作業条件の下で勤務する者に対して、通常の賃金とは別に支給される特殊勤務手当の一種。特殊勤務手当は主に公務員が対象となるが、2020年に新型コロナウイルス感染症が蔓延した際には、感染リスクの高い介護職員に危険手当が助成された。 （熊﨑美枝子）

→特殊作業手当、度数率、強度率

危険予知訓練 ……………………… II−3−A

職場の環境や作業内容に潜む危険要因を指摘し、それらによって引き起こされる災害を想定して対策立案を行う訓練。住友金属工業によって、1970年代の前半に開発された方法である。Kiken（危険）、Yochi（予知）、Training（訓練）の頭文字をとってKYTとも呼ばれる。多くの場合、危険な状況を示したイラストを使って、あるいは現場での作業内容を題材として、小集団で不安定な状態や不安全な行動を指摘・想定し、その結果生じる労働災害や事故について考え、そして不安全な行動や不安定な状態となるよう

な要因の排除方法や安全に作業するための対策について話し合う活動である。

この活動を通じて、労働災害や事故を未然に防ぐとともに、参加者の危険に対する感受性（潜在する災害を誘発する要因に気付く能力）を向上させることを目的とするほか、自ら考えた対策が取り入れられる、あるいは自ら実践することによる参加者個人の意欲向上や、安全を指向する職場風土の醸成などの効果が期待できる。一方で、継続して行ううちに生じるマンネリ化、そしてマンネリ化による訓練の形式化には注意が必要であり、その防止のためには事業主・管理者の積極的な姿勢が重要となる。 （熊﨑美枝子）

技術移転 （technology transfer）
……………………… I−1, 2−A

高度な技術を所有・保有する国や組織、個人から、その技術を、発展途上国やベンチャー企業など別の国や組織、個人に移転させること。一般的には、国際的な移転をさす場合が多いが、一国の国内で完結する場合もある。

移転のパターンとしては、大学その他の研究機関から企業、あるいはその逆。政府などから他の研究機関や企業、あるいはその逆のケースもある。

技術移転の対象となる技術はさまざまで、製品などの加工技術だけでなく、ハードの生産技術や生産流通体制、マーケティング・システムなどソフトの経営技術なども含まれる。

技術移転の方法としては、①マニュアルの整備、②現地への技術者派遣、③直接投資を通じた自社技術の伝播、④政府

間の技術協力などが挙げられる。

技術移転を行うメリットとしては、業界全体の技術力の底上げや、新規市場の開拓につながることなど。一方、デメリットしては、特に企業の場合、他社に技術的優位に立たれる、機密情報の漏洩リスクがあることなど。

技術移転を成功させるポイントは、①技術移転に関する双方の権利を明確にする、②必要以上の技術は伝えない、③長期的な双方の利益を想定する、④定期的に監査を実施するなど。　　　（吉田　寿）
→技術者教育、技術進歩、イノベーション

技術革新→イノベーション

技術者教育 ································ Ⅱ－3－A
　技術者の担当分野は、設計技術、開発技術、製造技術、生産技術などさまざまで、働く業種もさまざまである。技術者の専門的な知識、技能の向上を図るため、教育訓練を実施する必要があるが、一般に企業における教育訓練は以下の3つの方式からなる。①OJT（On the Job Training：仕事をしながらの教育訓練）、②OFF-JT（OFF the Job Training：仕事を離れての教育訓練）、③自己啓発である。

①OJTは、職場において働きながら上司や先輩の指導により行われる教育訓練である。②OFF-JTは、担当している仕事を一定の期間離れて、別の場所などで集中的、集合的に行われる教育訓練で、代表的なものに研修がある。たとえば階層別研修（新入社員研修、中堅社員研修、管理職研修など）、部門別研修（技術者研修）、目的別・課題別研修（語学研修、

海外赴任前研修など）がある。③自己啓発としては、専門的な技術に関する資格取得やセミナー、学会への参加などがある。

さらに、技術者に対して専門的な知識、技能を高めるだけではなく、技術者倫理に関する教育や、技術をもとにいかに企業収益、企業価値を向上させていくのかという視点で技術経営（MOT：Management of Technology）、知的財産に関する教育なども重視されている。

（飛田正之）

技術進歩（technical progress）············ Ⅰ－1
　インプットである生産諸要素の組み合わせとアウトプットである産出高の組み合わせは、採用される生産技術に従って決定される。インプットの量が定まれば、アウトプットの量は一定に定まる。一定の値をとるはずのアウトプットを、時間の経過に伴って増大させるのが技術進歩である。

技術進歩は、生産関数の上方へのシフトとして表される。技術進歩は、中立性の定義に従って、労働増大的な効果をもたらすハロッド型、資本増大的なソロー型、いずれにも偏らず産出量増大的効果をもつヒックス型の3タイプに分けられる。

技術進歩は新しい生産要素にこそ実現されるという立場に立ち、体化された（embodied）技術進歩の概念が主張される。例えば、新設される設備・機械こそが技術進歩を享受できるとして、資本のヴィンテージ（vintage）理論が展開される。

技術進歩を、時間の経過に従う産出量増大として捉えることは、技術進歩を外生的に扱うことを意味する。技術進歩と経済のメカニズムの関係、すなわち他の経済諸変数との関係が指摘され、技術進歩の内生化が主張される。アロー（Arrow, K. J.）の学習理論（theory of learning by doing）、カルドア（Kaldor, N.）等、ケインジアンが論じた技術的進歩関数（technical progress function）、あるいは発明の内生化理論が成果としてあげられる。

（藁谷友紀）

規準・基準 ……………………… Ⅱ−2

評価をするとは、事物や事象の価値を、ある目的や要求との関連で測ることであり、追求する目的に応じて価値基準は変動する。したがって、評価を行うには、「何を評価するか」という質的な判断の根拠（規準：criterion）と、「目標に対してどの程度であるか」という量的な判断の根拠（基準：standard）の2つが必要となるのである。集団内の相対的な位置を知るためには、集団の代表値（集団基準）からの距離が用いられ、平均値や中央値などが用いられている。

（河村茂雄）

基準職務（key job）………………… Ⅰ−2−B

企業などの組織において職務評価を行う際に基準として選ばれた職務を表す用語である。職務評価には要素比較法や点数法という職務を評価要素に分けて評定する技法が存在するが、それらの方法において最初に実施される手順は、比較分析を行う前に代表的な基準職務を選び出

すことである。例えば、点数法を用いる上で基準職務を選ぶ時には、多数の従業員がその職務を担当していることなどの条件を考慮する必要がある。（井川浩輔）

季節労働者 ……………………… Ⅰ−2−B

季節的な業務の繁閑が激しい産業において、ある季節だけ繁忙期の業務に従事するために雇用されている労働者を指す。季節労働者は期間工ともいう。農業や漁業の閑散期に製造業や建設業など他の産業などで働く場合や、農業や漁業の繁忙期に他の産業から移り業務に従事することなどがある。総務省「就業構造基本調査」では、年間200日未満就業者のうち、農繁期や盛漁期など特定の季節だけ仕事をしている場合を季節的就業と定義している。

（飛田正之）

基礎自治体における人材育成

……………… Ⅰ−1, 2−A, Ⅱ−2, 3−B

2000年の地方分権一括法の施行により、地方と国の関係は一定の整理が整い、国の出先機関的性格は払拭されることになった。これに伴い、自立した組織として、その担い手である人材の開発・育成は、地方自治体の責任で行うこととなり、人材育成基本方針の策定とその取り組みが求められている。

広域自治体等にあっては、職員研修所等独自の人材育成組織を置き、職層研修や業務研修などを行い職員の育成に取り組んでいる。また、広域自治体に比して規模の小さい基礎自治体は、独自の人材育成組織を持つことは難しく、共同での研修所設置や、広域自治体の研修所への

研修派遣等によってその担い手の育成に取り組んでいるのが現状である。

国と基礎自治体の中間にあって広域的業務を担う広域自治体は言わばB to Bの業務形態であるのに対し、典型的な自治の機関である基礎自治体は、直接多様な顧客（住民）を対象とする、言わばB to Cの機関であることから、その職員に求められる能力は、画一的職務知識だけでは足りず、どのような住民の期待にも応え得る、柔軟性と寛容性、教養が必要だと考え、そのための人材開発プログラムを構築しようとする自治体も現れている。東京都荒川区が2005年に設置した組織内大学「ABC（荒川区職員ビジネスカレッジ）」はその先進事例である。職員が自主参加するこのABCは、研究者に限らず、外交官や経済界、或いは医療・福祉の現場で社会を支え続けてきた者など、広く各界の第一人者を講師に招く一方、幹部職員がゼミを担当して職務とは離れて「人材」を育成していくなどの仕組みで運営されている。基礎自治体における人材育成のあり方を模索していく上で重要な取り組み事例と言えるであろう。
（猪狩廣美）

基礎年金（basic pension）⋯⋯⋯⋯⋯⋯Ⅰ−1
国民年金法に基づく定額の年金。国民皆年金の下で一定の要件に該当する全ての国民が受給できる。老齢基礎年金、障害基礎年金、遺族基礎年金の3種類がある。

65歳になると老齢基礎年金を受給できる。ただし、少なくとも120月分の保険料を納付したか、その免除又は猶予を受けたことが必要である。年金額は、78万900円×改定率×保険料納付月数÷480、で計算される。改定率は、2004年度を1とし、賃金や物価の変動に応じ毎年度改訂される率である。保険料納付月数は国民年金保険料又は厚生年金保険料を納付した月数である。国民年金は20歳から59歳までの全ての国民に強制適用され、その間480月分の保険料を完納すると満額を受給できる。低所得等により国民年金保険料の免除を受けた場合は、年金額は一定程度減額される。なお、未納期間があっても、60～64歳の間に国民年金に任意加入して補うことが可能である。

障害基礎年金は、1級又は2級の障害状態になると受給できる。年金額は、1級が老齢基礎年金満額相当の1.25倍、2級は同満額相当である。

遺族基礎年金は、世帯の生計を維持していた者が死亡した場合に、18歳未満の子がいる配偶者か、18歳未満の子が受給できる。年金額は老齢基礎年金満額相当が基本だが、子の数に応じ加算される。
（福山圭一）

期待理論（expectancy theory）⋯⋯⋯⋯Ⅱ−2
組織の中の個人の行動の説明原理として、私たちが持つ期待が果たす役割に注目するものである。期待理論の提唱者であるブルーム（Vroom, V. H.）によれば、期待理論の重要な構成要素には、大きく分けて3つがある。一つ目は、報酬の魅力であり、読んで字の如く、報酬に対してその人がどの程度魅力を感じているかを指す（V）。2つ目は、努力が業績につ

ながる期待であり、これはどの程度の努力をすれば業績を上げることができると当人が考えているか、である（E→P期待）。3つ目は、業績や報酬につながるという期待であり、どの程度業績を上げれば、報酬がもらえると本人が考えているかを意味する（P→O期待）。

期待理論において、期待は、この3つの要素の積として定義される（下式）。報酬の魅力が大きいほど、努力が業績につながるという期待が強いほど、そして業績や報酬につながるという期待が強いほど個人の期待は強くなり、高いモティベーションが喚起され、人は行動を起こすようになる。ただし、これらの要素のうち一つでも0になると、人は行動を起こさなくなる、というのである。自動車のセールスパーソンを例にとろう。セールスパーソンが、顧客に自動車を売るという行動を起こすためには、彼らに与えられる報酬（給与）が彼らにとって魅力的なものであること（V）に加えて、一人一人の努力によって車の売れ行きがある程度左右されるような状況であること（E→P）、さらに、車を売った結果が報酬の増加として反映されるような人事制度が存在すること（P→O）が必要になるのである。

$$期待 = V \times (E \to P) \times (P \to O)$$

期待理論は、ブルーム以降の研究者によって継承され、発展することになる。ポーター（Porter, L. W.）とローラー（Lawler, Ⅲ E. E.）は、EとPの間には、当人の資質・才能と努力の方向が介在し

ているという。いかに努力を投入したとしても、当人の資質・才能が不十分であったり、努力が間違った方向へと投入されたりした場合には、十分な成果は得られないからである。さらに彼らは、業績の結果として得られる報酬には、給与のような外的な報酬だけでなく、周囲からの称賛のような内的な報酬も含まれること、さらに、そのような報酬がもたらされ、当人の満足が増減する結果として、将来におけるVやE→P及びP→O期待の水準にも影響が出てくる、という。期待理論は、現時点においてもなお、最も精緻なモティベーション理論とされる。

（服部泰宏）

技能オリンピック（WorldSkills Competition）……………………………………Ⅰ-1

世界各国・地域から選抜された技能労働者の技能を競い合う大会。日本語正式名称は国際技能競技大会。通称、技能オリンピックまたは技能五輪国際大会とも呼ばれる。参加各国における職業訓練の振興と参加者の国際親善を図ることを目的に、隔年で開催されている。

1950年にスペインの職業青年団が提唱して隣国ポルトガルとの間で各12人の選手が技能を競ったことが起源。日本は第11回大会（1962年）から参加、代表選手は大会前年の技能五輪全国大会で選出される。　　　　　　　　（村澤竜一）

技能競技大会 ……………………………Ⅰ-1

若手職人や技能者が技能・技術を競い合う各種大会。若者の就業意欲の喚起や円滑な技能継承を目的とする。日本で

は、就労前の若者を対象とした「若年者ものづくり競技大会」、技能レベルの日本一を競う「技能五輪全国大会」、熟練技能者を対象とした「技能グランプリ」が開催されている。1963年から毎年開催されている技能五輪全国大会は、1000人を超える選手が参加、技能尊重機運の醸成を図ることを目的としており、広く国民が技能を身近に触れる機会にもなっている。　　　　（村澤竜一）

技能検定制度（skill testing system）‥‥Ⅰ－1

　働く人々の有する技能を一定の基準により検定し、国として証明する国家検定制度。技能検定は、技能に対する社会一般の評価を高め、働く人々の技能と地位の向上を図ることを目的として、職業能力開発促進法に基づき実施されている。1959年に実施されて以来、年々内容の充実を図り、機械加工、電子機器組立て等のものづくり産業に関係の深い職種を中心に、100を超える職種について実施されている。

　技能検定は、国（厚生労働省）が定めた実施計画に基づき、試験問題等は中央職業能力開発協会が作成、試験の実施は各都道府県がそれぞれ行う。等級区分は、特級、1級、2級、3級に区分するものと、単一等級として等級を区分しないものがある。これらの区分以外に、外国人技能実習生等を対象として随時に実施する2級、3級及び基礎級がある。検定職種ごとに実技試験及び学科試験が行われ、試験に合格すると合格証書が交付され、「技能士」と名乗ることができる。

　技能検定合格者には、他資格試験の受験資格や一部試験免除など、検定職種、等級に応じたメリットがある。また、企業にとっても、技能士がいることで高い技術力を持つ証明となる。　（村澤竜一）

→職業能力開発促進法

技能者訓練（skilled workers training）

‥‥‥‥‥‥‥‥‥‥‥‥‥‥‥‥‥‥‥‥‥‥ Ⅱ－3－A

　技能者訓練は労働力の質の向上、生産性の向上のために不可欠であるし、高度な熟練工の育成、多能工の育成、さらには職種転換のためにも欠かすことができない。しかしながら今日、技能者訓練を取り巻く環境が大きく変化し、その対応に迫られている。その理由は①我が国の産業を支えてきた高度熟練技能者が定年で職場を去って行くため技能の伝承が難しくなっている、②少子化、高学歴化に伴う技能者不足が深刻になっている等である。

　技能者訓練は、大きくOJTとOFF-JTに分類されるが、その基本はこれまではOJT中心であった。それは「技術」が標準化され、体系化されていて汎用的な形式知であるのに対して、「技能」はそこまでに到らないノウハウの部分、すなわち暗黙知が中心であることから各企業、現場での習得・錬磨が不可欠であった。ジョブ・ローテーションによる多能工の育成もその典型である。しかしながら熟練技能者の育成のためにOFF-JTの効率的な活用も重要である。OFF-JTには製造業ではトヨタなどの企業内学校などを持つものもあるが、多くの業種、とりわけ建設業などでは自社内で実施するほか、業界団体、他社、および認定訓練施

か行

設等で実施されている。その結果はほぼ期待どおりの有効性が認められているという。また、技能検定制度や技能オリンピックなども技能者訓練を促進する役割を担っている。　　　　　　　（松原敏浩）

→OJT、OFF-JT、ジョブ・ローテーション、技術者教育、技能検定制度、技能オリンピック

技能手当（skill allowance）…………Ⅰ－2－B

技能手当は、業務に活用できる特別な技能や技術、資格、免許を保有する従業員に対して支払われる手当のこと。

技能手当の対象となる仕事には、危険物取扱主任者、衛生管理者、情報処理技術者、建築士などがある。また機械加工など業務における熟練が技能レベルをアップさせる職種においては、段階的な技能手当を設けると技能の熟達した従業員の離職を防ぐ効果が見込める。技能手当の金額は求められる技能や資格によって違う。同じ技能であっても、難易度が高くなるほど手当の額はアップする。

（鈴木寿信）

→基本給

規範／集団基準（norm／group norm）
…………………………Ⅰ－2－A, Ⅱ－2, 3－C

ある集団においてその成員が守らなければならない、暗黙裡に共有されている行動の規範。この規範を守ることにより、人はその集団の一員として受容され、所属要求の満足を得られる。他方、規範をはずれる行動は、他の成員からの反発を招き、規範を守るよう圧力をかけられたり、何らかの制裁を受けたり、場

合によっては疎外されたりする。

集団におけるこのような現象は、ホーソン実験によって明らかにされ、働く場でのインフォーマル集団の重要性が認識されるようになった。

集団基準は、その集団の一体感を醸成し、成員の行動の予測を可能にし、集団機能を阻害するような事態を回避させ、結果として集団自体の存続に役立つとされている。

しかし、集団基準は、場合によっては個人の価値観との葛藤を生じさせ、結果として個性や創造性を抹殺してしまうこともある。

今日、価値観の多様性、個の確立の必要性や創造性をもつ人材の必要なことが認識され、また、新しい日本的経営の構築が求められている中で、どのようにして集団の論理と個人の論理とを統合していくかは、早急に考え研究を進めていかなければならない問題であろう。

（馬場昌雄）

→規準・基準

希望退職（voluntary retirement）…Ⅰ－2－B

企業が業績不振や事業所統廃合、M&A（企業の合併・買収）などで生じた余剰人員を削減するため、時期限定で早期退職者を募るもの。これに応じて退職する従業員には、退職金の割増し加算や再就職支援などの優遇措置がパッケージとして用意される。また、一定期限を決め時限的に応募者を募るため、多くの場合、従業員への退職勧奨の意味合いを持つ。このあたりが、常設制度として運用するケースも多い早期退職優遇制度とは

異なる点となる。　　　（吉田　寿）
→早期退職優遇制度、任意退職

規模の経済（economies of scale）……Ⅰ－1
　企業の営利生産において、ヒト・モノ・カネの経営資源（機械設備や人員、土地等）を大量投入して工場を大規模化させ、製品を量産することで単位あたりのコストが減少するので、規模の拡大がかえって経済性を上げるというもの。結果として企業は製品の販売価格を下げることが可能となり、より多くの購買者に販売し市場を拡大しうる。生産分野を中心に大企業（ビッグ・ビジネス）が成長・発展してきた基礎にはこの原理が働いている。　　　（児山俊行）

基本給……………………………Ⅰ－2－B
　従業員各人が受け取る給与の総額のうち、給与総額の基本的部分を占め、かつ同一給与体系を適用する従業員全員に同一の計算基準（月給、日給、時間給等）にて支給される給与項目を言う。基本給は、本人給、年齢給、職能給等の名称のもとで一本化されている場合（単一型）もあるが、決定要素ごとに複数で構成される場合（複合型）もある。なお、これらの構成要素としては、属人給（年齢給や勤続給等）、仕事給（職務給や職能給等）に大別される。近年は従来の職務給と比して成果が重視される、役割や職責を重んじた役割給も採用されている。
　なお、基本給は①初任給を出発点に定期昇給の積み重ねを続けることから、従業員の組織内人的序列を表す、②給与総額に占める基本給の割合は、給与収入の

安定度を示す、といった意義を有していると言われる。また、基本給は時間外手当等が法律上、基本給と固定手当（除外される手当あり）に割増賃金率を乗じることから、基本給が低いと時間外手当も少なくなる可能性がある。更に、基本給は賞与、退職金の金額にも影響を与える可能性がある。それは多くの会社で、これらが基本給（あるいは退職時の基本給）の何か月分として算定されることがあるからである。　　　（若林正清）
→賃金、賃金体系、出来高給、職務給、職能給、仕事給、属人給、総合決定給、初任給、定昇（定期昇給）、退職金、賞与、手当

基本的人権………………………………Ⅰ－1
　人間が生まれながらにもっている基本的な権利をいう。基本的人権は、当初、国家成立以前から人間がもっていた自由であるがゆえに、国家が決して奪うことのできない権利、すなわち自由権を意味するものであった。かかる立場からは、参政権は基本的人権の範疇に含まれない。しかし20世紀に入ると、自由権を真に保障するためには参政権の保障が不可欠であり、また社会権の裏打ちがあってこそ自由権の保証も現実に確保されることになるとの考え方が強くなり、今日では、参政権や社会権も基本的人権に含まれると考えられている。わが国の現行憲法も、このような立場に立って制定されており、例えば、社会権に含まれる労働3権を勤労者の基本的人権として保障している（憲法28条）のはその典型である。もっとも、憲法は基本的人権の保障

か行

を唱いつつも、その行使については「公共の福祉」による制約を課しているが、実際上、その調整は困難な問題を提起する。

（清水　敏）

期末手当……………………Ⅰ−2−B

　主に公務員を対象とした、生計費が一時的に増大する時期（主に6月と12月）に、生計費を補充するための生活補給金としての性格を有する手当。在職期間に応じて定率で支給される手当であり、勤務成績に対する査定評価となる勤勉手当とは別物。地方公務員の期末手当は基本給を基に計算されるため、基本的に、年齢が上がればボーナス支給額もそれだけ上がっていく。公務員の期末手当は民間の給与や賞与の調査を基に支給額の大枠が決められていくが、民間の賞与のようにその企業の業績によって、支払われないことがあったり大幅に減額されたりということはない。

（中川有紀子）

→賞与

きまって支給する給与……………Ⅰ−2−B

　労働契約、労働協約あるいは事業所の給与規程等によってあらかじめ定められている支給条件、算定方法によって支給される給与を言い、基本給、職務手当、精皆勤手当、家族手当等に加えて、超過労働給与（時間外手当等）を含む合計額である。厚生労働省が行う「毎月勤労統計調査」等で使われている用語であり、定期給与とも言う。ちなみに所定内給与とは、きまって支給する給与のうち、超過労働給与を差し引いたものを言う。

（若林正清）

→特別に支払われた給与、基本給、家族手当、職務手当

キャピタル・ゲイン（capital gain）

………………………………Ⅰ−2−A

　証券投資には2つの収益の源泉がある。一つは、証券を保有していることで得られる利益（例えば、株式配当）であり、これを「インカム・ゲイン」と呼ぶ。もう一つは、保有する証券価格が購入時点よりも値上がりすることによる利益（値上がり益）であり、これを「キャピタル・ゲイン」と呼ぶ。通常、インカム・ゲインはゼロになることはあってもマイナスになることはないが、キャピタル・ゲインは価格変動リスクの影響を受けるため、証券価格が値下がりすると損失が発生する。その場合は、「キャピタル・ロス」と呼ばれる。

　証券保有によって得られる収益の総額を購入時点の証券価格で割った値を、「投資収益率（リターン）」と呼ぶ。第 $t-1$ 期末に証券を購入し、第 t 期末まで保有することによって得られる証券のリターンは、以下の式で計算される。

$$r_t = \frac{P_t - P_{t-1} + D_t}{P_{t-1}}$$

　ここで、r_t は t 期のリターン、P_t および P_{t-1} はそれぞれ t 期末および $t-1$ 期末の証券価格、D_t は t 期のインカム・ゲインである。したがって、当期のリターンは、キャピタル・ゲイン（$P_t - P_{t-1}$）とインカム・ゲイン（D_t）の合計額を、前期末の証券価格で割った値として求められる。

上式はあらゆる証券投資に適用することができる。例えば、株式投資の場合、P_t は t 期末の株価、D_t は t 期の受取配当となり、債券投資の場合、P_t は t 期末の債券価格、D_t は t 期の受取利息となる。

（山﨑尚志）

キャリア（career） ……………… Ⅱ−3−B

シャイン（Schein, E. H.）によれば、キャリアとは人の一生を通じての仕事、あるいは、生涯を通じての人間の生き方・表現と定義される。キャリアには、いくつかの考え方がある。

一つめは、キャリアが人間としての発達、つまりライフステージやライフサイクルと深く相互に関連、影響し、その変化に対応しながら発達するという考え方である。キャリア発達理論といわれる。キャリア発達理論の代表的なものが、スーパー（Super (1980)）のライフ・キャリア・レインボー（life career rainbow）である。スーパーは、ライフステージを成長段階（0–14歳）、探索段階（15–24歳）、確立段階（25–44歳）、維持段階（45–64歳）、下降段階（65歳以降）の5つの段階に分けている。この一連のライフステージにおいてキャリアが発達するし、節目においても成長、探索、確立が螺旋状に繰り返され、キャリアが発達すると述べている。ライフ・キャリア・レインボーでは、一生を通してキャリアは発達すること、人はライフサイクルを通して様々な役割を果たすことを指摘する。

2つめは、個人の性格と職業タイプのマッチングに注目することで、職業選択に役立てる考え方である。代表的なものが、ホランド（Holland (1973)）のキャリア・パーソナリティ（career personality）とシャインのキャリア・アンカー（career anchor）の概念である。ホランドは、個人がその性格と環境との相互作用を通して、職業選択することを説明し、キャリア・パーソナリティの概念を提唱している。シャインが提唱するキャリア・アンカーとは、自覚された才能と動機と価値の型であり、個人のキャリアを導き、制約し、安定させ、かつ統合するのに役立つものである。最近では、個人が職業選択に対して発言権を増しつつあり、個人がキャリア・アンカーを一生追究し続けることが注目される。そうした中で、キャリア・アンカーが自分自身のキャリア選択を行うセルフ・アセスメントとして大いに役立っている。

最後は、組織環境の変化に適応する人びとの最近の働き方に注目する考え方である。代表的なものが、ホール（Hall (1996)）のプロティアン・キャリア（protean career）とアーサー（Arthur (1994)）のバウンダリレス・キャリア（boundary-less career）の概念である。プロティアン・キャリアとは、組織環境の変化に適応しながら、自ら姿を変えるような、変幻自在なキャリアをさす。そこでは、適応力とアイデンティティの学習が重要な能力になる。バウンダリレス・キャリアとは、専門的なスキル・知識を磨きながら、どの会社にも自分を縛り付けることなく、キャリアを積んでいこうとする働き方である。組織環境の変化の中で注目されており、境界を超えたキャリアともいえる。

なお、人生100年時代の現在、カリヨン・ツリー型キャリアも注目される（Gratton（2011））。カリヨン・ツリー型キャリアとは、教会のカリヨン・ツリー（組み鐘のタワー）のように、いくつもの小さな釣鐘が連なって形成されるキャリアの概念をさす。柔軟性が高く、生産的な活動を続ける期間も長いことから、カリヨン・ツリー型キャリアがこれからの働き方の主流になるともいわれている。

（二神枝保）

→ライフ・キャリア・レインボー、キャリア・アンカー、キャリア・マネジメント、キャリア開発プログラム、プロティアン・キャリア、バウンダリレス・キャリア、カリヨン・ツリー型キャリア、ワーク・シフト

キャリアアップ助成金……………Ⅱ−3−B

有期雇用労働者、短時間労働者、派遣労働者といった、いわゆる非正規雇用労働者の企業内でのキャリアアップを促進するため、正社員化、処遇改善の取組みを実施した中小事業主に対する助成制度である。助成対象の中小事業主とは、資本金の額・出資の総額ないし常時雇用する労働者の数で判定される。支給対象の要件としては、①雇用保険適用事業所、②キャリアアップ管理者の設置、③キャリアアップ計画の作成とその実行などがあげられる。 （齊藤　博）

→非正規労働者

キャリア・アンカー（career anchor）
………………………………Ⅱ−2, 3−B

シャイン（Schein, E. H.）によれば、キャリア・アンカーとは、自覚された才能と動機と価値の型であり、個人のキャリアを導き、制約し、安定させ、かつ統合するのに役立つものである。シャインは、キャリア・アンカーを①専門・職能別能力（technical ; functional competence）、②経営管理能力（general managerial competence）、③自律・独立（autonomy ; independence）、④保障・安定（security ; stability）、⑤起業家的創造性（entrepreneurial creativity）、⑥奉仕・社会貢献（service ; dedication to a cause）、⑦純粋な挑戦（pure challenge）、⑧生活様式（lifestyle）の8つのカテゴリーに分類している。

最近、キャリアの概念は、キャリア・マネジメントの視点から、その内容に変化が見受けられるが、とくに個人が職業選択に対して発言権を増しつつあり、個人がキャリア・アンカーを一生追求し続けることが注目されている。したがって、キャリア・アンカーは、自分自身の職業選択を行うセルフ・アセスメントとしても役立っている。 （二神枝保）

→キャリア、キャリア・マネジメント、キャリア開発プログラム

キャリア・イノベーション………Ⅱ−3−B

キャリア・イノベーションという用語は欧米のキャリアの基本テキストの中にみることは難しく、日本で作られた和製英語の一つである。この用語の使用はベイリン（Bailyn（2006））の著書 *Breaking the Mold* を三善勝代が『キャリア・イノベーション』と翻訳して紹介したことで知られている。この本はベイリンのキャリアに関する基本的な考え方、「仕事と

私生活の統合」を論じたものである。それは組織のニーズと従業員のニーズを統合させるための仕事再設計を組織に求めたものである。それによって、組織もそこで働く個人も共に望ましい結果を得ることができるとしている。そしてそのためには組織だけでなく、社会も協力して思い切った改革が必要であるとも論じている。したがってこの考え方は政府が推進している「働き方改革（work style reform）」の考え方と極めて近く、その基本的な考え方の一つを提供している。その意味でこの本の果たした役割は大きい。

しかしながらキャリアは本来個人の職業経歴を意味するものであって、「キャリア・イノベーション」という用語はベイリンのいう組織と個人の双方を考慮した仕事再設計の考え方とはなじみにくく、学術用語としての使用は少ない。民間企業ではこの名前を冠した人材育成会社もある。　　　　　　　　（松原敏浩）

→キャリア、キャリア・マネジメント、キャリア開発プログラム

キャリア・ガイダンス（career guidance）
……………………………………Ⅱ－3－B
職業支援もしくは職業指導の意味で用いられる。本来、キャリア・カウンセリングとは別義であるが、アメリカ心理学会（American Psychological Association）が示しているように、現在では両者はほぼ同義とみなされる。ただし、OECD（2004）では、政策的観点を含むより広いキャリア形成支援の意味で用いられている（*Career Guidance：A Handbook for Policy Makers*）。日本では、キャリア・ガイダンスに代わり、教育分野ではキャリア教育が、雇用分野ではキャリア・コンサルティングが近年の主流となっている。

（櫻田涼子）

→キャリア・カウンセリング

キャリア開発（企業による）（career development in a company）……Ⅱ－3－B
キャリアは、長期にわたる組織と個人の相互作用によって構築される。キャリア開発とは、この相互作用において、異なる欲求をもつ組織と個人双方にとって有益な関係となるよう結合させる「調和過程」である人的資源管理の諸施策の観点から、組織内のキャリア形成を捉えることである（Schein（1978））。

つまり、キャリア開発では、変化する個人のニーズに対応しながらも、企業の戦略的ニーズに鑑みた採用、職務設計や割り当て、選抜、評価、昇進・昇格、異動、能力開発等を設計・運用することが求められる。

個人の職業人生全体としての包括的なキャリア開発が求められるようになったことを受け、企業内の教育訓練や人材育成をキャリア開発と総称する潮流がある。

また、雇用関係の不安定化や従業員ニーズの多様化などの変化を受けて、自己選択型のキャリア開発の必要性が増している。例えば、企業主導で実施されてきた異動やローテーションに、個人の意思を反映させるための仕組みとして、従業員自身が応募できる社内人材公募制度や自分を売り込む社内FA制度が導入され

ている。さらに、従業員の希望を汲みとるために、上司にキャリア・パスの希望を伝える自己申告制度を定期的に実施する企業も増えている。　　　（櫻田涼子）

→キャリア、キャリアの発達、キャリア・マネジメント、キャリア・カウンセリング

キャリア開発プログラム（Career Development Program：CDP）‥‥‥‥‥‥Ⅱ－3－B

　従業員に対する資源ベース・パースペクティヴ（resource-based perspective）の良い例であって、長期的に従業員の能力を開発するシステムのことである。キャリア開発プログラムでは、入社後、早期に従業員の潜在能力を見出して、そのターゲット・ポジション（目標職位）とキャリア・パスを設定し、ジョブ・ローテーションと教育訓練を繰り返しながら、従業員に将来必要な経験と知識を身に付けさせる。

　ただし、このように早期に人材を選別することによって、選抜されなかった人のモティベーションが下がるなどのマイナス面が指摘されるようになっており、配置の段階において従業員のターゲット・ポジションを本人に知らせるか否かについて意見が分かれている。

　したがって、最近ではキャリア開発プログラムも一層フレキシブルに運用されることが必要になっている。つまり、キャリア開発プログラムは人的資源を管理する企業組織の立場からとともに、従業員個人の立場からもライフサイクルに沿って柔軟に運用されなければならない。従業員一人ひとりがキャリア・アンカーを追求し、ワーク・ライフ・バランスを実現しながら、多様なキャリアを形成できるように、キャリア・マネジメントも組織主導から個人主導へシフトしている。いくつかの企業では、キャリア開発プログラムの中で、キャリア・プラン、キャリア・ヴィジョンの作成やキャリア・カウンセリングなどを実施し、個人を尊重した能力開発を行っている。

　　　　　　　　　　　　　（二神枝保）

→キャリア、キャリア・アンカー、キャリア・マネジメント、ワーク・ライフ・バランス

キャリア・カウンセリング（career counseling）‥‥‥‥‥‥‥‥‥‥‥‥‥Ⅱ－3－B

　キャリア・カウンセリングは、主に学校教育、企業、そして職業相談や斡旋に関する場（ハローワークや人材紹介会社など）で用いられるが、各分野によってその目的や役割が異なる。

　企業で用いられるキャリア・カウンセリングとは、組織でのキャリアを形成する異動、昇進・昇格および能力開発などに関して、従業員が抱える問題や悩みを聞き取り、自己理解を深め、解消へと導くための心理的援助およびその過程のことである。従業員自身の自律的キャリア・デザインが求められる中で、キャリア・カウンセリングのニーズも高まっている。

　カウンセリングは、相談者（クライアント）とカウンセラーの対話形式で行われ、相談内容については原則守秘される。企業の場合、外部のキャリア・カウンセラーに委託する場合と、人事部など

の企業内のスタッフが対応する場合がある。

キャリアの意向を伝える仕組みとしては、従業員が直接上司に報告する自己申告制度などもあるが、この場合には従業員の本音が隠されてしまうリスクがある。それに対して、キャリア・カウンセリングは、第三者に相談することで、従業員が抱えているキャリア上の問題を明確にすることができ、かつメンタル面でのサポートが可能になる。　（櫻田涼子）
→キャリア・ガイダンス、キャリア開発（企業による）、キャリアの発達

キャリア権……………………………Ⅱ－3－B

諏訪康雄が提唱する法理念であり、労働者の権利の呼称である。人は誰でも自ら望む職業キャリアを主体的に開発・形成する権利をもち、企業や社会は個々人のキャリア形成を保障・支援すべきであるという考え方である。また、企業組織が有する人事権に対して、労働者の権利自体をキャリア権と称している。

憲法には「個人の尊重」「幸福追求権」（13条）や「意に反する苦役からの自由」（18条）「職業選択の自由」（22条）「教育・学習権」（26条）、さらには「労働権」（27条）など、働くことやキャリア形成につながる権利が規定されている。憲法に散在するこれらの権利を、個人の職業人生の観点から整理し体系化したものがキャリア権の理念だとする。つまり、教育と学習によって職業の能力形成を準備、継続し、就業を開始し、終焉していく一連の過程を自ら主体的に決定することの重要性を認め、職業を核に人生を有意義な

ものとし、人間的にも成長していく生き方を、法の世界においても尊重し明確に位置づけていこうとする考え方である。

キャリア権の議論は、職業経験による能力の蓄積やキャリアを個人の財産として法的に位置づけようとする試みであり、雇用政策や職業能力開発政策の展開を支える新しい理念として注目されている。　（齊藤　博）

キャリア自律（career self-reliance）
……………………………………Ⅱ－2, 3－B

所属する企業や組織に依存することなく、個人が自分のキャリアに責任をもち、自ら切り開いていくこと。

これまでの日本企業に特徴的に見られた終身雇用や年功序列型人事のなかで、予定調和的に考えられていたキャリア形成ではなく、自らの意志で将来キャリアを創造していこうとするもの。そこでは、自らの将来キャリアに対する仮説を立て、試行錯誤を繰り返し、多少の失敗も糧として、偶然をも味方につけていく覚悟が求められる。　（吉田　寿）

キャリア・ストレス（career stress）
……………………………………Ⅱ－3－B

職業人として、就職してから引退するまでに遭遇する心理的・社会的ストレスのこと。これには、初職入職後の不適応によるストレス、異動・昇進に伴う不安によるストレス、管理者としての過重な責任に対する不安や緊張によるストレス、中期キャリアの危機に伴う不安によるストレス、退職・引退に対する不安や空虚感によるストレス等がある。これら

キャリアへの不適応により、心身症や神経症、うつ状態になったりする。

（福地一雄）

→ストレスの管理

キャリアセンター（大学）
··· I－1, 2－A

日本の大学に広く見られるキャリアセンター・就職部等の組織は、職業安定法第33条の2（学校等の行う無料職業紹介事業）の規定に基づき、大学が学生に就職情報を提供する目的で1950年代に設置し始めたことが出発点である。2000年前後に、学生に対するキャリア教育・キャリア支援の必要性がさけばれるようになり「全学生を対象とする多様なキャリア支援サービス」を担う組織であることを明示する「キャリアセンター」などへの名称変更が広がった。

近年の大学における対学生就職支援サービスは、就職情報が、企業・学生・就職情報会社の三者間においてネット上で直接流通することを前提として展開されている。また「外資系企業・海外企業を志望する学生への支援」「外国人留学生への支援」といった時代の要請に応じたサービスも広がっている。

一方、企業の採用行動には、①9月入学制度の一般化、帰国直後に就職活動をする留学経験者の増加に伴う採用活動時期の多様化、②特に理工系学生に対する大学院修了者採用の一般化や求人業種の多様化、③インターンシッププログラムの「採用活動の入口化」をはじめとする採用活動の早期化などの特徴が見られ、これらを見据えつつ大学の学生支援が行われている。

（中村正道、鈴木義秀）

キャリアの3次元モデル（Schein's three-dimensional model of an organization）··· II－3－B

シャイン（Schein, E. H.）が、外的基準である移動（mobile）に着目し、組織内キャリアを概念化したモデルである（図）。

組織内キャリアは、3方向の移動から成る。第一に、昇進・昇格などの職階（「階層」）上での動きを表す垂直軸での移動、第二に、異動などの「職能」及び「技術次元」での動きを表す水平軸での移動、第三に、どれだけ重要な情報にアクセスできるかなどの「部内者化」や「中心性」を表す、組織の核へ向かう中枢軸での移動である。各次元の動きにより、キャリアを外的に捉えることができる。

〈図〉Scheinのキャリアの3次元モデル

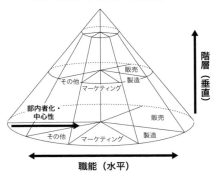

（出所）Schein, E. H.（1978）*Career Dynamics: Matching Individual and Organizational Needs*, Reading, MA（二村敏子・三善勝代訳（1991）『キャリア・ダイナミクス』白桃書房）を基に筆者作成。

（櫻田涼子）

→キャリアの発達、キャリア開発（企業による）

キャリアの発達 （career development）

··· Ⅱ−2，3−B

キャリア発達の定義は、キャリア概念同様多岐にわたるが、一般的に、個人が組織や他者とのかかわり合いの中で、地位や役割等を引き受けかつ発達課題に向き合うことで、獲得する経験や能力、自己アイデンティティの蓄積、及びその過程を意味する。この過程を生涯全体から捉えるとライフ・キャリア（life career）に、職業人生として捉えるとワーク・キャリア（work career）となる。

career development は、キャリア発達とも、キャリア開発とも表記される。そもそもキャリアは組織と個人の相互作用から構築されるが、組織の面から職業経験や能力形成に焦点を当てると「キャリア開発」に、個人の面からキャリアの節目において直面する発達課題とその対応に焦点を当てると「キャリア発達」になると考えられる。そのため、前者は組織とのかかわりを重視する経営学や社会学の分野で、後者はより個人に力点を置く心理学の分野や発達に力点を置く教育学分野で用いられる傾向がある。

キャリア発達には、エリクソン（Erikson, E. H.）が人生をその発達課題に応じて各段階に分類したのと同様に、キャリアにおける発達過程に着目し、その各々において想定される発達課題やリスクに応じた発達段階を示す段階モデル（stage model）がある（Super（1957）；Hall（1976）；Levinson *et al.*（1978）；Schein（1978））。キャリアの発達段階は、総じて初期キャリア、中期キャリア、後期キャリアに分類することができ、順にキャリアの探索、

キャリアの確立・維持、キャリアの下降・退出に関わる事柄が各々のキャリア段階における発達課題となる。それに加えて、個人のキャリア発達を考える際には、各段階の移行期をいかに乗り越えるのかということも重要になる。この移行期（節目）に着目するのがトランジション（transition）である（金井（2002）；Anderson, Goodman and Schlossberg（2012）；Bridges（2004）；Nicholson（1984））。移行期に順応するためには、移行期の始まりを意識するのではなく、むしろ終わりを意識することが重要とされる。

また、組織のかかわり、すなわち人的資源管理諸制度や仕組みが、キャリア発達に与える影響は大きい。この観点から、組織内で構築されるキャリアを捉えているのが、シャイン（Schein（1971, 1978））の3次元からなるキャリア・モデルである。その形態からキャリア・コーンとも呼ばれる。このキャリア・モデルは、昇進や異動といった外的キャリアの動き（移動）を捉え、組織内での客観的キャリアを捉えるとともに、個人のキャリアにおける成長や発達（内的キャリア）を把握するための外的な基準を提供している。 （櫻田涼子）

→キャリア、キャリア開発（企業による）、キャリア・マネジメント、キャリアの3次元モデル

キャリア・プランニング （career planning）

··· Ⅱ−3−B

キャリア・プランニングとは、個人が自分のキャリア目標を設定し、その目標を実現するために計画を立てることであ

る。

シャイン（Schein（1978））によると、より現実的に達成しやすいキャリア・プランニングができるためには、まず自分のキャリア評価をする必要がある。つまり、自分の強みと弱みは何か、何を望むのか、やっていることはどのぐらい好ましいものであるのか、を分析する必要がある。これらのキャリア評価は、生活している社会の価値体系、成功基準、および雇用制度等の影響も受けて行われる。

また、個人のキャリア・プランニングは、組織の要望とマッチングして調整されなければならない。募集、選抜、訓練、職務割り当て、業績評価、昇進等、すべての活動に組織の要望とうまくマッチングすると、より実現しやすいキャリア・プランニングができる。一方で、組織側も個人のプランニングに対してできるだけマッチングして個人のキャリア・プランニングの実現に協力する必要がある。

さらに、キャリア初期、キャリア中期、キャリア後期といったキャリアのそれぞれの段階で、キャリア・プランニングを調整する必要がある。　　（李　超）
→キャリア、キャリア・アンカー、キャリア開発（企業による）

キャリア・マネジメント（career management）..........................Ⅱ－3－B

キャリア・マネジメントとは、将来のキャリア目標を遂行するために、どのようにキャリアを計画し、実行し、モニタリングするかの生涯を通じてのプロセスをさす。キャリア・マネジメントは、従来のような組織主導のものから個人主導のものにシフトしている。組織のニーズと個人のキャリア目標、専門性をすり合わせるために、個人も自分のキャリアを戦略的にマネジメントしなければならない。

戦略的キャリア・マネジメント（strategic career management）には、キャリアの羅針盤（career compass）が必要である（Simonsen（2000））。キャリアの羅針盤には、①戦略的セルフ・マネジメント（strategic self-management）、②戦略的キャリア診断（strategic career diagnosis）、③価値に基づいたキャリア・マネジメント（value-based career management）、④戦略的ヴィジョン（strategic vision）、⑤戦略的アドバイザー（strategic advisors）、⑥戦略的目標航海法（strategic goal navigation）の6つの要素がある。

そして、戦略的キャリア・マネジメントには、3つのステップがある。一つめのステップは、内省することである。仕事の満足感を得るには何が重要かを認識すること、自分の興味や欲求、価値、才能に気づくことである。セルフ・アセスメントによって、キャリア・アンカーやキャリア・パーソナリティを意識することも、大切である。2つめのステップは、外側に目を向けることである。自分のキャリアの意思決定や機会に重大な影響を与えるような外部の情勢に注意を払うことである。つまり、自分のスキルや嗜好が市場のそれとかみ合っているのか、どのように自分は貢献できるのかについて精通していることが、大切である。外部環境に常に目を向けることで、

それに適応することは、戦略的キャリア・マネジメントにとって極めて重要な能力である。3つめのステップは、将来に目を向けることである。内側と外側に目を向けた結果をふまえて、将来の目標を設定し、短期および長期に行うべき仕事は何かを明確にすること、専門技能と専門知識を習得することも有効である。

（二神枝保）

→キャリア、キャリア・アンカー、キャリア開発プログラム

キャリア・モティベーション (career motivation) ……………………… Ⅱ－2, 3－B

キャリアとは、生涯を通して経験する立場や役割の連鎖や組み合わせのことであり、それを通じて蓄積される能力や価値づけなども含む。従って、キャリア・モティベーションは、立場や役割の連鎖を構築していく上で、行動選択や意思決定を促す動機といえる。

動機には、お金や地位などの外発的なものと好奇心や探求心などの内的欲求から生じる内発的なものがあり、後者の方が質が高く継続性が高いと言われている。ライアンとデシ（Ryan and Deci (1985)）によれば、内発的動機の基本的欲求として、自律性や有能感、関係性などがあると指摘されている。最初にキャリア・モティベーション理論を提唱したロンドン（London (1983)）によれば、それはキャリアレジリエンス、キャリアインサイト、キャリアアイデンティティの3つの個人的特性とそれに対応するキャリアの決定と行動で構成される。

キャリアレジリエンスとは、状況が落胆したり混乱したりしている場合でも、変化する状況に適応する能力のことであり、自己への信念、リスクを冒す意欲、達成の必要性などの特徴で構成されている。キャリアインサイトとは、自分のキャリアを現実化する能力であり、明確で実行可能なキャリア目標を設定し、自分の長所と短所を明確に理解することで構成される。キャリアアイデンティティとは、自分の仕事によって自分自身を定義する範囲のことである。（粟野智子）

休暇 (vacation／holiday) …………… Ⅰ－2－B

休暇とは、労働者が労働する義務を負う日に会社が労働を免除する日をいう。休暇は、法定休暇と法定外休暇に分けられる。法定外休暇は、会社の就業規則等のルールとして位置付けられた休暇である。法定休暇は、年次有給休暇、育児休暇、介護休暇、看護休暇、生理休暇等からなり、法定外休暇には慶弔休暇やリフレッシュ休暇、夏季休暇などが含まれる。（丹羽浩正）

休業手当 ……………………………… Ⅰ－2－B

「使用者の責に帰すべき事由（会社都合による）」による休業の場合においては、使用者は、休業期間中当該労働者に、その平均賃金の100分の60以上の手当を支払わなければならない、これが休業手当である。具体例としては、機械の検査による操業中止、資材不足による操業停止、監督官庁の勧告による操業停止などがある。地震などの天変事変の場合は、「使用者の責に帰すべき事由」にはあたらない。また、「休業」とは、労働義務

のある時間について労働ができなくなることをいい、休業は時間単位でカウントされるので、所定労働時間の一部のみ休んだ場合も「休業」時間としてカウントされる。

休業手当の金額は、「平均賃金×60％」以上。昨今の社会問題である新型コロナウイルスに感染した場合は、休業手当ではなく傷病手当が支給される。発熱や咳の症状があり、コロナの感染が疑われて且つ「使用者の判断」で休業させる場合は、休業手当の対象になる。一方、従業員の自主的な判断で休業した場合、病欠扱いになり休業手当の支給対象外とされ、会社独自の病気休暇制度を活用することが考えられる。　　　　（中川有紀子）

→平均賃金

休業補償……………………………Ⅰ-2-A, B
　労働基準法に定められている災害補償の一つ。労働者が業務上を原因とする負傷または疾病による療養のため、労働することができず賃金を受けられない場合に、使用者は労働者に平均賃金の100分の60に相当する額を休業補償として支払わなければならない（労働基準法第76条）。なお、労災保険法に基づいて給付が行われるときは、使用者は補償の責を免れると規定されており（労働基準法第84条）、実際には労災保険法の給付が代行している。　　　　　　　（若林正清）

休憩時間（rest periods）……………Ⅰ-2-B
　労働者が権利として労働時間の途中に労働から解放されることを保障されている時間。労働基準法では労働時間が6時

間を超えた場合には45分、8時間を超えた場合には1時間与えることとされており、一斉付与の原則（広範な例外規定あり）、自由利用の原則が定められている（34条）。なお作業に従事していないが、命令があれば作業に従事しなければならない時間は休憩時間とは認められず、手待時間として労働時間に算入される。

（廣石忠司）

休日（days off）……………………Ⅰ-2-B
　労働契約上労働義務を免除された日のことをいう。労働基準法では週1回の休日を原則とし、例外的に4週4日の休日を認めている（35条）。完全週休2日制の場合には1日は法定の休日であるが、他の1日は法定外の休日と位置付けられる。法定休日に労働させる場合には労働基準法36条により協定締結と休日労働割増手当を支給する必要がある。ただし事前に他の日を休日として指定し、振り替えた場合には割増手当は発生しない。

（廣石忠司）

→完全週休2日制

休職（leave of absence）……………Ⅰ-2-B
　公務員や会社員などが、身分を保証されたまま一定期間職務を休むこと。労働者が長期の傷病、公職への就任、他企業への出向、労働組合の専従等の理由により、長期にわたって就業できない場合、雇用関係は維持させながら、一定期間の就業義務を免除する制度。一般には、休職理由や期間、休職中の賃金やその他の処遇条件、休職が終了した時の取扱い等については就業規則の中に規定されてい

る。　　　　　　　　　　（村澤竜一）

求職者支援法 ……………………………Ⅰ－1

　2008年秋のリーマンショックにより、長期的な景気の低迷を受けた大量の失業者が発生し、とりわけパートタイム労働者、派遣労働者、契約社員等の非正規労働者への影響は深刻であった。

　労働市場のセーフティネットとしては雇用保険制度があり、非正規労働者へのセーフティネットの強化として、適用範囲の拡大等が行われてきたが、なお雇用保険を受給できない求職者への支援が課題となっていた。

　そうした中、2009年から、雇用保険を受給できない者等を対象として、無料の職業訓練と訓練期間中の生活給付を内容とする緊急人材育成支援事業が時限措置として実施された。この制度を求職者支援制度として恒久化したのが、2011年に制定された求職者支援法である。

　求職者支援制度は、雇用保険を受給できない求職者に対して、その就職促進を目的として、職業訓練の実施と、当該職業訓練を受けることを容易にするための給付金の支給を行う（求職者支援法第1条）。雇用保険の附帯事業として実施されており、財源としては、2分の1は国庫、残り2分の1は労使からの雇用保険の保険料が充てられている。（吉本明子）

求人活動 ……………………………Ⅰ－2－B

　求人活動は、必要な労働力の種類、応募者に求められる能力要件、募集の人員と対象、求人の方法および採用の決定等を含んでいる。わが国では、求人と求職の結びつきを円滑にするために、全国各地に公共職業安定所を設置して無料の職業紹介を行う。職業安定法は、公共職業安定所や公的な職業安定機関については第二章で、それ以外のものについては第三章で詳細を定める。求人に対する一定の法的規制を課し、求職者を保護している。

　労働力の量的な需給バランスを表す求人倍率は、求職者数に対する求人数の割合を示すもので、新規求人数を新規求職申込件数で除した新規求人倍率と、有効求人数を有効求職者数で除した有効求人倍率がある。　　　　　　（桐村晋次）

→募集、リクルーター

求人広告 （job ads）……………………Ⅰ－2－B

　企業の求人情報を掲載し求職者を集める媒体で、最近はウェブサイトの求人広告が主流になってきている。掲載料金は、無料から有料までさまざまである。

　求人情報誌と新聞の事例を考察する。求人情報誌は、コンビニやスーパー、駅の売店や書店など、暮らしの身近な場所で気軽に購入できる求人情報専門の雑誌である。求職者が応募先を探しやすいように、求人情報が職種別、沿線別に整理されている。求職者は求人情報を比較し、年間休日や給与など少しでも労働条件の良い企業を選ぶ。求人広告では、自社のセールスポイントを強調し魅力を印象づけないと、他社の求人広告に圧倒され、応募者ゼロの結果になる恐れもある。

　新聞には、全国紙、ブロック紙、地方紙、専門紙、スポーツ紙などがあり有力

か行

な求人媒体である。新聞の求人広告は2種類ある。一つは、活字を組んで1行いくらという「行数もの」で、「給30万」とか「駅10分」のように表現のスリム化をしている。もう一つは、一定のスペースを基準にした「人事規格もの」で、イラストや写真を活用して、自社の労働条件の良さをアピールし、求職者への訴求力を高めることができる。（木谷光宏）

教育基本法 .... I−1

日本国憲法の精神に基づいて、戦後の民主的教育の基本理念と原理を定めた法律で、1947年3月に制定・公布された。米国教育使節団の勧告に基づき、教育刷新委員会の建議によって法案が作成された。戦前の教育の目的を規定した教育勅語に代わるものとして制定され、「教育の憲法」とも称された。全体は11条からなり、教育目的としては、戦前の国家中心の教育を反省し、個人の「人格の完成」を中心にして、社会的目的、文化的目的からなっている。その他、教育の機会均等、義務教育の中学校までの延長、男女共学制の承認、学校教育の公共性、教育の宗派的政治的中立性、社会教育の振興など、戦後の民主的教育の原理を指し示した。この法律に基づいて学校教育法などの諸法規が定められた。

その後、国際化・情報化など国内外の状況の変化に伴い、2006年に全面的な改正がなされた。その背景に愛国心を強調する狙いがあるとの強い批判が見られる中で、改正が行われた。現教育基本法の概要は、①教育の目的・目標、②教育の機会均等、③義務教育、④学校教育、⑤教員の使命、⑥家庭教育、⑦教育の中立性、⑧教育行政、⑨教育基本計画である。　　　　　　　　　　　　（湯川次義）

教育・訓練

...........................I−2−B, II−3−A, B

企業は従業員の人材開発を行う上で、教育訓練を行うことが欠かせない。教育訓練には、①OJT（On the Job Training：仕事をしながらの教育訓練）、②OFF-JT（OFF the Job Training：仕事を離れての教育訓練）、③自己啓発の3つの方式がある。

①OJTは、職場において働きながら上司や先輩の指導により行われる教育訓練である。②OFF-JTは、担当している仕事を一定の期間離れて、別の場所などで集中的、集合的に行われる教育訓練で、代表的なものに研修がある。たとえば階層別研修（新入社員研修、中堅社員研修、管理職研修など）、部門別研修（営業部門研修、経理部門研修、技術者研修など）、目的別・課題別研修（語学研修、海外赴任前研修など）がある。

厚生労働省「能力開発基本調査」（令和元年度）によると、正社員または正社員以外に対してOFF-JTを実施した事業所の割合は76.0％で、その内訳を見ると、正社員と正社員以外の両方に対してOFF-JTを実施した事業所は35.1％、正社員のみに対して実施した事業所は39.8％、正社員以外に対してのみ実施した事業所は1.1％で、OFF-JTは正社員を中心に実施されている。そして、正社員に実施したOFF-JTの内容を見ると、「新規採用者など初任層を対象とする研修」が75.4％と最も多く、続いて「新たに中堅

社員となった者を対象とする研修」48.0％、「マネジメント（管理・監督能力を高める内容など）」47.0％などとなっており、階層別研修の実施が多い。

③自己啓発は、業務上必要な知識を得るために従業員本人の希望をもとに、通信教育の受講、資格取得などを行う教育訓練である。通信教育の受講費や資格取得の受験料、合格した際の報奨金の支給などの金銭的援助や、教育訓練休暇の付与や教育訓練短時間勤務制度の導入を行う企業がある。同調査で正社員を雇用する事業所のうち、正社員の自己啓発に対して支援を行っている事業所は82.3％と高い割合になっている。そして、正社員に対する支援の内容を見ると、「受講料などの金銭的援助」が最も多く81.0％で、「教育訓練機関、通信教育等に関する情報提供」47.5％、「就業時間の配慮」39.9％などとなっている。

また、厚生労働省「能力開発基本調査」（平成30年度）では、正社員に対する教育訓練として、OJTを重視するのか、OFF-JTを重視するのか聞いている。「OJTを重視する」が20.5％、「OJTを重視するに近い」が53.1％で、OJTとする企業は73.6％と多くを占めている。一方、「OFF-JTを重視する」が4.2％、「OFF-JTを重視するに近い」が20.3％で、OFF-JTとする事業所は24.5％となっており、OJTを重視する企業が多い実態となっている。　　　　　　（飛田正之）

教育・訓練課 …… I－2－B，II－3－A，B
　教育・訓練課は、全社的な従業員の教育訓練を計画・実施する部署である。一般には人事部門内の一つの組織として置かれ、人材育成・教育訓練計画の策定、OFF-JT体系の策定、さまざまな研修プログラムの計画・実施、自己啓発支援等を担う。

OFF-JTにおいては、階層別研修（新入社員研修、中堅社員研修、管理職研修など）や目的別・課題別研修（語学研修、海外赴任前研修など）などを教育・訓練課が実施している。特に日本の大企業では、新卒者の一括採用を実施している企業が多く、新入社員研修の実施には教育・訓練課が大きな役割を担う。また、研修には部門別研修（営業部門研修、経理部門研修、技術者研修など）もあるが、教育・訓練課が各部門に対して支援を行うこともある。

近年、経営に貢献できる人材開発、教育訓練を求めるニーズが高まってきている。これまでは人材開発や教育訓練を人事部門内で行ってきたが、それらを専門的に行うため、人事部門とは別に、人材開発部やキャリア開発部などの組織を作ったり、別会社を設立したりする企業も出てきている。さらには、日本の大企業では、これまでの国内の管理職研修以外に、グローバル・タレント・マネジメント（GTM：Global Talent Management）として、日本および海外の拠点から優秀人材を選抜し、グローバルな重要なポジションを担う人材を育成する取り組みを行う企業も増えている。教育・訓練課にはこうした新たな教育訓練に対する役割も出てきている。

教育訓練を計画し推進するためには、経営側、各事業・職能側、従業員側から

の教育訓練ニーズを把握する必要がある。まず、経営側のニーズとしては、経営理念、企業戦略から中長期的にどのような人材を育てる必要があるか、そのためには具体的にどのような教育訓練が必要かを把握する必要がある。そして、各事業・職能側のニーズとしては、たとえば各現場では従業員に対してどのような能力やコンピテンシーが求められているのか、あるいはどのような研修ニーズがあるかを収集する必要がある。また、全社的に従業員の能力や行動特性の強み、弱みを測り、そこから新たな研修を企画することも必要となる。そして、従業員側からも向上させたい能力や行動を収集し、そのための研修の機会を提供することも重要となる。こうした経営側、各事業・職能側、従業員側からの教育訓練ニーズを把握し、それらがリンクした教育訓練体系を企画し、実際の研修などを提供していくことが教育・訓練課の大きな役割である。　　　　　　（飛田正之）
→能力開発部門

教育訓練休暇……………Ⅰ－2－B, Ⅱ－3－A
　労働者が教育訓練を受けるために与えられる休暇をいう。休暇は有給であるか無給であるかは問われない。厚生労働省「能力開発基本調査」（令和2年度）で企業における教育訓練休暇制度の導入状況をみると、「導入していないし、導入する予定はない」が82.3％と多くを占めている。それに対して「導入している」は8.8％と、導入割合は低い実態となっている。
　また、同調査では労働者に対し教育訓練休暇制度の有無、利用を聞いており、

「勤務している事業所に制度があるか分からない」が57.4％と最も多く、続いて「勤務している事業所に制度がない」29.3％、「勤務している事業所に制度があるが、利用したことはない」8.4％、「勤務している事業所に制度があり、利用したことがある」1.6％となっており、制度があるのか分からない、制度がないという回答が多くなっている。
　その他に、労働者が教育訓練を受けるために所定労働時間を短縮する教育訓練短時間勤務制度もあるが、同調査によると、教育訓練休暇制度と同様に導入が進んでいない実態がある。企業がこれらの制度を導入する予定がない理由は、「代替要員の確保が困難であるため」が47.4％で最も多く、続いて「制度自体を知らなかったため」38.8％、「労働者からの制度導入の要望がないため」35.5％などとなっている。　　　　　　（飛田正之）

教育訓練給付…………………………Ⅱ－3－A
　労働者が主体的に能力開発に取り組むことを支援するため、労働者が自ら費用を負担して、厚生労働大臣が指定する教育訓練を受けた場合に、その教育訓練に要した費用の一部を支給する給付金である。
　1998年の制度創設以来、指定対象となる教育訓練講座、給付内容、支給要件等について数次の改正が行われてきているが、2021年時点では、公的職業資格、民間職業資格等の取得を訓練目標とする講座を指定対象とし、趣味的・教養的な教育訓練は対象とされていない。
　2014年に、中長期的なキャリア形成

を支援するため、最大で受講費用の70％を支給する「専門実践教育訓練給付制度」（例えば、看護師、社会福祉士の養成課程、専門職大学院の課程が指定対象）が、2019年に、速やかな再就職及び早期のキャリア形成を支援するため最大で受講費用の40％を支給する「特定一般教育訓練給付制度」（例えば、介護職員初任者研修が指定対象）が創設され、従来の枠組みを引き継いだ、最大で受講費用の20％を支給する「一般教育訓練給付制度」と合わせて3本立てとなっている。

（吉本明子）

教育訓練給付制度（educational training benefits system）……… I－1, II－3－A, B
　主体的な能力開発やキャリア形成を支援し、雇用の安定と就職の促進を図ることを目的として、厚生労働大臣が指定する教育訓練を受け、これを修了した際に、受講費用の一部が支給される制度。対象となるのは雇用保険の被保険者（在職者）又は被保険者であった者（離職者）であるが、被保険者であった期間が一定期間以上であることなどが求められる。給付の対象となる教育訓練は、そのレベル等に応じて、専門実践教育訓練、特定一般教育訓練、一般教育訓練の3種類があり、支給条件や給付割合が異なる。

（石﨑由希子）

→特定一般教育訓練給付金vs.一般教育訓練給付金、専門実践教育訓練給付金

教育・訓練計画……………………II－3－A
　人材開発を行うには、OJT（On the Job Training：仕事をしながらの教育訓練）、OFF-JT（OFF the Job Training：仕事を離れての教育訓練）、自己啓発（通信教育の受講、資格取得など）の3つの教育訓練について、どのレベルの従業員に、どのような教育を行うか体系的に計画を策定し実施する必要がある。

　教育・訓練計画の一つに、CDP（Career Development Program：キャリア開発計画）がある。これは従業員の人材開発、キャリア形成を図るため、各従業員レベルで具体的にどのような業務に配置をさせるかを定め、さらには研修をどの段階で実施するかなどを全社的、あるいは部門別に計画するものである。たとえば、若手社員に対して入社後10年間に3つの異なる部署を経験させ、社内の幅広い業務を経験させ、本人の適性を測ることを計画し、実施する企業もある。CDPを積極的に推進するため、CDP委員会を設置し、配置や異動、キャリアに関するプランを策定したり、個別従業員の配置・異動先、キャリアについて検討を行ったりする企業もある。教育・訓練計画は、全社的な取り組み（階層別研修など）については、人事部門の教育・訓練課などが主体となり計画・実施を進め、部門別研修については各部門で進める企業が多い。

（飛田正之）

→訓練ニーズ

教育・訓練効果…………………………II－3－A
　教育・訓練の効果は、企業が労働者に対して施した業務上並びに業務外における教育・訓練の具体的成果であり、労働者個人に帰属するとともに集団や組織にも影響を及ぼすものである。教育・訓練

か行

効果として個人に帰属するものは大きく分けて、①知識や技能に類するもの、②能力に類するもの、③価値観や態度に類するものに分類される。

知識や技能に類するものとしては、労働者が担当する当該業務を遂行する際に用いる知識及び技能、当該業務に関連する業務に対する知識等が代表的なものである。

能力に類するものとしては、職務上潜在的あるいは顕在的に使用する、判断力、創造性、責任感、協調性、積極性、批判的思考力などがある。さらに、組織全体を理解する認知能力、経営理念や経営方針に対する理解力、組織や業界を取り巻く状況理解力などもある。また、ネットワーク構築力やマネジメント能力なども含まれる。

価値観や態度に類するものとしては、担当職務への誠実性、労働価値観、勤勉さなどの価値観、組織に所属する存在としての役割知覚など多岐にわたる。加えて、業界、企業、組織に対する知識やこれら所属あるいは関与対象に広く共有されている共通認識や価値観なども含まれる。

教育・訓練効果は、一定程度評価可能である。労働者個人レベルにおいては、個人に帰属する知識や社内外における資格や検定などによって評価される。これらは必要に応じて人事記録として残される。また、当該労働者の欠勤、作業効率をはじめとした業務の質の向上並びに改善等によっても評価される。集団・組織レベルにおいては、生産性やサービスの質などによって評価される。これら

は、部分的かつ可変的ではあるが最終的に財務指標に反映されることになる。ただし、労働者個人の資格や検定などに関連するもの以外の教育・訓練効果は、当該教育訓練とその評価基準との結びつきが不明瞭である部分も多く、その全てが測定可能であるわけではないことに留意する必要がある。

教育・訓練施策は、そのインプットが一様なアウトプットをもたらすとは限らないという特徴を持つ。そのため、教育・訓練効果は、労働者の個性、集団や組織の特性によって効果に違いが出る。また、教育・訓練効果は、当該職務が複雑になるほど、個々の労働者の個性が組織成果に影響を及ぼしやすくなるため、価値観や態度に類する効果の重要性が増すことにも留意する必要がある。

（原口恭彦）

→**教育・訓練**

教育・訓練費（education and training cost）⋯⋯⋯⋯⋯⋯⋯⋯⋯⋯⋯Ⅱ－3－A

社内の人材育成に係わる費用である。これには、以下の費用のうちの会社負担分が含まれる。

①会場費用、②宿泊・飲食費用、③社内講師費用、④外部講師費用、⑤教材費用、⑥外部セミナー参加費用、⑦通信教育受講費用、⑧公的資格取得援助費用、⑨研修受講者の日当・手当・交通費等、⑩事務局費用、⑪教育訓練施設に関する費用、⑫上司、先輩が指導に費やした諸費用、⑬各種教育指導団体の会費・加入費などである。

これらの費用は教育・訓練費予算によ

って予算化される。予算の検討にあたっては、職業能力開発に関する各種給付金等の公的援助制度の活用も考慮に入れる。これらの費用は、ただちに効果が現れるという性質のものではないので、その予算管理については、業務予算のように厳密に管理するのではなく、中長期的な視点から効果を測定していく必要がある。また、これらの教育・訓練活動は人材育成の「手段」であるが、時としてそれそのものが「目的化」してしまう場合があるので注意を要する。　（高橋　賢）

→教育・訓練予算

教育・訓練予算（education and training budget）………………Ⅰ-2-B, Ⅱ-3-A

　教育・訓練とは、企業内の構成員に対して各自の職務を有効に達成させるために、知識、技能の習得や能力開発の機会を公式に与える人材育成方法の一つである。これらの活動に対する予算が教育・訓練予算である。教育・訓練計画にしたがい、予算が設定される。設定の方法には、過去の支出額ベースに予算総額の増減率を各費目に連動させて設定する増分予算方式か、もしくはまったく白紙の状態から予算額を積み上げていくゼロベース予算方式がある。

　この予算は、その大半が予算編成時にその金額が政策的に設定される自由裁量費である。このような費用は、業務量との増減と関係が薄い、費用対効果がわかりにくい、売上高など他の財務指標との関連性がない、などの特徴がある。そのため、ほかの業務予算で用いられるような予算差異分析などの手法が馴染まな

い。差異分析を厳格に行うと、手段の目的化が生じてしまい、必要な予算の執行の抑制や、予算のムダな執行といった好ましくない行動を誘発するおそれがあるため、注意を要する。　　（高橋　賢）

→教育・訓練費

か行

教育心理学（educational psychology）
……………………………………………Ⅱ-2

　教育の実践においては、教育を受ける者と教育に関与する者の精神的営みの重要性が指摘される。ここに、教育活動を心理学的に把握し、教育実践の上で求められる技術と知識を提供するのが教育心理学である。教育心理学の伝統的な研究対象としてあげられるのは、発達、学習、適応、評価の4分野であるが、教師の心理や学級社会、あるいは近年の社会変化を反映してデジタルテクノロジーとの関わりが、重要領域として取り上げられてきている。　　　　　（藁谷友紀）

教育投資効率（rate of return to human capital investments）………………………Ⅱ-2

　人的資本の増大をもたらすのが人的投資であり、主に学校教育や職場教育を通して実現する。すなわち、教育投資は人的投資の主要形態と理解される。教育投資の効率は、実物資本の投資効率と同様、アウトプットとインプットの比較、すなわち投資から得られる収益と投資のために費やした費用を比較することにより求められ、投資の意思決定に影響を与える。

　学校教育の場合、義務教育では教育を受けることが強制的に義務づけられてお

り、投資の意思決定は問題にならない。日本においては、進路選択可能な高等学校以降の教育についての意思決定が、費用と収益の比較に基づくことになる。

学校教育の投資費用は直接費用と間接費用からなる。授業料や本代、生活費は代表的な直接費用である。他方、教育には時間を要し、その時間を労働等、他の用途に振り向けた時に得られるであろう収益を考慮する必要がある。教育を受けることは、これら得られるであろう収益の放棄を意味する。ここに機会費用が発生し、間接費用として捉えられる。

学校教育の投資収益は、将来所得の増大であり、通常の投資収益がそうであるように、費用の発生に対し時間的遅れを伴う。その他、教育投資は将来一般に、就業環境の改善や雇用機会、昇進機会の増大をもたらすとされ、それらも期待収益に含まれる。　　　　　　（藁谷友紀）

→人的資本、人的投資、**教育の経済学**、オポチュニティ・コスト

教育の経済学（economics of education）

.... Ⅱ-2

教育に関する諸事象について、経済学の理論と手法を用いて分析する学問。

教育の経済学の理論的体系化は、人的資本理論に負うところが大きい。とりわけ、1960年代のシュルツ（Schultz, T.）とベッカー（Becker, G. S.）の貢献により、教育の経済学の基礎が形作られた。

人的資本理論は、技術や技能の生産的価値が、生産的貢献という点で実物資本と同等であることを示した。教育・訓練は、人的資本を増大させる人的投資の形

態として捉えられる。したがって、教育投資は、人的資本理論を用いて、例えば費用・収益分析により、その意思決定が論じられることになる。

シュルツは、労働の質的上昇が経済成長に寄与した程度を計量的に測定した。シュルツ以降、米国における人的資本と教育についての実証分析が積極的に行われ、賃金ギャップの存在や、大学教育の収益率が計算された。例えば、学校教育全般の投資収益率は15％、大学教育の収益率は10％と計測され、教育投資においても、限界生産力逓減の法則が妥当することが示された。また、教育の私的利益と社会的利益の乖離が問題にされ、教育の面において、社会的利益が十分に考慮されないことが指摘された。すなわち、社会的利益は個人の意思決定に関する説明変数には含まれず、教育需要は過小化の傾向を有する。ここに、義務教育の必要性が経済学的に根拠づけられることとなった。

ベッカーは、新古典派経済理論に基づく人的資本理論を展開した。社内教育についての分析では、他の企業を含めた企業一般に妥当する技術・技能と、個別企業特殊的技能・技術について、明確な区分を行った。企業一般に有用な技術や技能をもたらす社内教育投資は、労働の一般的生産力を増大させ、当該労働に対する需要を増大させる。当該労働力が他社に引き抜かれた時、教育投資を行った企業は、負担した投資費用に見合う収益を回収できない。したがって企業は、企業特殊的技術・技能をもたらす特殊教育・訓練により、他社の労働引き抜きを阻止

しようとする。しかし、教育投資の目的であり、企業が必要とする技術・技能の多くは、一般的性格と特殊的性格の両者を有する教育的投資・訓練により獲得される。企業特殊的技能が向上し、企業にとどまる人的資本は、企業が投資コストの回収をはかるため、限界生産力より低い賃金を受けとるとされる。（藁谷友紀）

→人的資本、人的投資、教育投資効率

強化理論（theory of reinforcement）‥‥Ⅱ−2

　心理学における学習理論の中で、反応の習得にあたって強化（reinforcement）が必須であるという立場の理論。この理論は、生理学者パブロフ（Pavlov, I. P.）が犬を使って行った条件反射の研究（レスポンデント条件づけ）と心理学者スキナー（Skinner, B. F.）により考案されたスキナー箱でのハトのつつき実験（オペラント条件づけ）に分けられる。

　レスポンデント条件づけでは条件刺激（ベルなど）と無条件刺激（食べもの）とを対提示することによって、やがて条件刺激だけでも唾液反応（無条件反応）の一部（条件反応）が引き起こされるというもの、オペラント条件づけでは自発的行動（オペラント行動）の直後に随伴して起こる刺激によって行動が変化することが問題にされる。

　日常生活の場面では、特にオペラント条件づけの原理が応用される。例えば望ましい行動があれば褒めて強化し、望ましくない行動があれば罰することで弱めるというやり方である。強化には望ましい刺激（賞賛、ボーナス等）と望ましくない刺激（罰、解雇等）がある。前者を強

化子（好子）、後者を嫌子（罰）という。そして次の4つのタイプの強化の仕方が考えられる。①正の強化（好子を与える）、②負の弱化（好子を取り除く）、③正の弱化（嫌子を与える）、④負の強化（嫌子を取り除く、または避ける）である。

（松原敏浩）

→パブロフの犬、動機づけ、動機づけ理論

競業避止義務 ‥‥‥‥‥‥‥‥‥‥‥‥Ⅰ−2−B

　労働者が使用者に対して負う義務の一つで、労働者が使用者の営業や、同一の事業の部類に属する取引をしてはならないというもの。在職中には、労働者が競合他社の役員となること、自ら競合事業を行うこと、顧客を勧誘すること等が信義則上禁止される。他方退職後は、同業他社への転職や、同業の会社設立などが禁止されるが、これは退職者の職業選択の自由を不当に制限することから、判例により合理的内容の特約が必要とされている。

（村上由美子）

共済制度（mutual aid system）‥‥‥‥‥‥Ⅰ−1

　特定の団体や組織の構成員が、相互に支え合い、保障を提供し合う仕組み。共済は、様々な災難に対する経済的損失の補填と生活の安定を目的に、組合員の協同救済（相互扶助）を制度化したもので、一定の地域や職域などで構成される団体によって行われる。

　将来発生するかもしれない事故に備え、組合員が予め一定の金額を拠出して協同の財産を準備し、万一共済事故が発生した時にはそこから共済金を支払う。つまり、組合員の誰かが困った時に、他

か行

の組合員が全体で助ける仕組みである。

　共済の種類には、組合員の暮らしを取り巻く様々なリスクへの備えとして、生命保障分野と損害保障分野がある。共済制度はその目的や組織において保険制度と類似している。共済も保険も「リスクに対する経済的保障（補償）を行うもの」という意味では同じである。しかし、保険は通常、不特定の人々を対象としているのに対し、共済制度は加入者の範囲が特定の地域、職業、職域等に属する人々に限定される。共済は、利用者と制度提供者が互いに同一の目的を持って運営に携わっているという特徴があり、「自分たちのリスクを皆で分担し合う」という助け合いの価値を重視している。

（村澤竜一）

教材費（teaching material fees）····Ⅱ−3−A
　教材とは、教育の目的を達成するために用いられる文化的素材である。また、教授・学習の必要に応じて用意される材料である。教育の具体的目標、学習者の発達や興味の水準や、教育・研修内容そのものに応じて、教材は選択、編成されるのである。

　教育や研修で使用される教材にかかる経費が教材費である。教材費には、使用するテキスト、副教材、プリント教材、ITソフト、検査等の購入・開発費などの費用が含まれる。　　　（河村茂雄）

業績（operating performance）
　················Ⅰ−2−A, B, Ⅱ−3−A, B, C
　業績とは、端的にいうと事業の成果である。企業全体で見れば、財務諸表に現れている会計年度における売上高や利益を指す。また、時価総額などで測定されることもある。

　企業内では、様々なセグメント（部分要素）単位で業績が測定・評価される。セグメントには、事業部、支店、工場、営業所、部署などの単位がある。これらの単位毎に業績を測定・評価するのには、主に2つの目的がある。一つは、報酬制度と結びつけて構成員のモチベーションを上げることである。いま一つは、セグメント毎の業績をもとに、ヒト・モノ・カネ・情報といった経営資源を適切に再配分することである。

　会計的にセグメント毎の業績を測定しようとする場合、セグメントに委譲した責任と権限にしたがって適切な指標によって測定しなければならない。このような会計システム設計の考え方を責任会計という。委譲した責任と権限の範囲によって、業績測定の単位は、原価センター、収益センター、利益センター、投資センターに分類される。原価センターとは、原価に対する責任と権限を委譲された単位である。工場などがその典型例である。発生した原価によって業績が判断される。収益センターとは、収益に対する責任と権限を委譲された単位である。獲得した収益によって業績が判断される。販売部門がその典型例である。利益センターとは、原価と収益の両方に責任と権限を委譲された単位である。管理可能利益やセグメント・マージンといった利益で業績が判断される。支店や事業部などがその例である。投資センターとは、利益に対する責任と権限に加え、あ

る程度の調達や投資に対する責任と権限を委譲された単位である。利益に関する指標に加え、投資効率を測定する投下資本利益率（ROI）や残余利益（RI）等によって業績が判断される。事業部が典型的な例である。

業績は主に財務的な指標によって測定されるが、非財務的な指標も合わせて用いることが必要である。特に、収益獲得に直接的には関与していない間接部門の従業員の業績測定では、この非財務的指標を重視しなければならない。また、業績の測定においては、年度の利益のような短期的な指標を重視しがちであるが、中長期的な効果というものも考慮に入れなければならない。このような非財務的な指標や中長期的な効果を測定するツールに、バランス・スコアカード（Balanced Scorecard：BSC）がある。

（髙橋　賢）

業績改善のためのルムラー・ブラッチェ・モデル（Rummler & Brache's performance model）……………………Ⅱ－2

業績改善はいかにして達成できるかに関して様々なモデルがあるが、ほとんどは組織全体か個人の業績に関するものである。ルムラー（Rummler, G. A.）とブラッチェ（Brache, A. P.）が『業績改善の技法』（1993）で提案しているモデルは多段階（multilevel）で非常に包括的な性格をもつ。競争優位を得るには、組織全体、しごと（業務）の流れ・プロセス、しごと担当の個人の3つのレベルにおいて業績改善問題をとらえることが大切だとする。しかも、3つのレベルそれぞれ

に、目標、デザイン、マネジメントという3つの変数があり、これらを適切に理解し、操作することこそが、組織変革、業績改善のカギになるという。

したがって、ルムラー・ブラッチェ・モデルは図であらわすと、9つのセルをもつ。各セルには克服すべき重要課題のいくつかが記入されるのであるが、ここでは1例だけを挙げている。

	目標	デザイン	マネジメント
組織全体	例 目標と戦略が外的な脅威ならびに機会、内的な弱味・強味に適合しているか	例 すべての組織機能が適切か	例 組織の業績は適切に測定され、評価されているか
しごとの流れ・プロセス	例 主要プロセスでの目標が市場と組織活動にマッチしているか	例 プロセスの目標達成のため、プロセスは効率的か	例 プロセスの各ステップの間（インターフェイス）は適切に管理されているか
個々のしごと担当者	例 個々のしごと担当者のアウトプットがプロセスの要件に合っているか	例 しごとのステップは論理的であるか、それに支援はあるか	例 しごと担当者はそのしごとの目標を十分に理解しているか

（二神恭一）

→業績パラダイム

業績診断（performance diagnosis）
…………Ⅰ－2－A, B, Ⅱ－2, 3－A, B, C

企業の業績診断は、主に財務諸表を分析することで行われる。財務諸表分析では、収益性の分析、安全性の分析、成長性の分析が行われる。これらの分析から、企業の業績診断を行う。収益性の分

析では、企業の儲ける力を見る。各種の売上高利益率（売上総利益率、売上高営業利益率、売上高経常利益率、売上高当期利益率）、各種の資本利益率（総資本利益率（ROA）、自己資本利益率（ROE）、経営資本利益率）、資本回転率（総資本回転率、売上債権回転率、棚卸資産回転率、固定資産回転率）などから儲ける力を見る。売上高利益率は売上がどれだけ利益に結びついたのか、ということを表しており、費用の効率性を同時に見ることができる。資本利益率は、資本が有効に活用され、利益の獲得に結びついたのかを見ることができる。資本回転率は、各種の資本がどれだけ有効に活用されて売上収益につながったのかを見ることができる。安全性の分析では、企業の支払能力を見る。流動比率、当座比率、固定比率、固定長期適合率などの指標がある。流動比率は短期的な支払手段である流動資産によって短期的に支払の義務が来る流動負債をどの程度まかなうことができるのかを見る指標である。当座比率は、基本的に流動比率と同じ考え方を採るが、支払手段としてより現金化しやすい当座資産を用いる。固定比率は、長期的に資金を拘束する固定資産が安全な資本である自己資本でどれだけまかなえているかを見る指標である。固定長期適合率は、固定比率と同じ考え方を採るが、資本の調達源泉として自己資本に加えて長期的な負債である固定負債を加えて比率を計算する。成長性の分析では、財務諸表の各項目についてどれだけ成長したのかを見る。たとえば、総資産成長率、株主資本成長率、売上高成長率、営業利益成長率などが用

いられる。収益性は短期的な視点であり、安全性は中長期的な視野からの分析になるが、成長性を見ることで、収益性と安全性がお互いに高め合う速度を確認することができる。

　個人の業績診断においては、収益、費用、利益などが指標として用いられる。そのほかに、非財務的な指標も用いられる。ここで注意しなければならないのは、それらの指標が、評価される従業員の責任と権限の範囲で管理可能なものであることである。管理不能な指標で業績診断をされると、その従業員のモチベーションを著しく下げてしまう場合がある。　　　　　　　　　　（高橋　賢）

業績パラダイム（performance paradigms）
.... Ⅱ−2

　戦略的人材開発という端的な表現があるように、20世紀後半からの人材開発は組織の戦略とのコンテクストを次第に意識するようになってきたが、世紀末になると、たんに戦略というよりも、戦略が目指すアウトカム、業績との関連で人材開発が問われるようになった。業績ベース（performance-based）の、いわば成果主義の人材開発が重視されるようになった。業績パラダイムの登場である。

　このパラダイムの特色は一つには、訓練・学習そのものよりも、訓練、学習のアウトカムを問う（the primary outcome of HRD is not just learning, but also performance）ことである。学習そのものも大切だが、目指すべきはそのアウトカムであるという。カークパトリック・モデルでいうと、学習そのものよりも、学習に

よる業績改善のほうがレベルが上になる。人材開発において学習理論とならび、あるいはそれ以上に業績論（performance theory）が重要である。

いま一つの特色は個人が学習し、しごと能力がアップして、そのアップが個人の所属する組織、システムの業績改善に結び付くことが強調される点である。しかも、訓練、学習のアウトカムは、その訓練、学習が組織、システムの業績改善にどのように貢献したかで評価される。業績パラダイムでは、組織、システムの充実と繁栄があってこそ、そこで働く個人の充実があると考える。個人が雇用の継続を望み、キャリア・アップを求めるなら、個人は組織、システムの中で生産的な存在でなければならない。ちなみに、組織業績に個人業績が直結しているわけではなく、両者の間にもう一つの、あるいはいくつかの段階があるとする多段階（multilevel）業績論があり（たとえば、ルムラー・ブラッチェ・モデル）、この多段階のあり様が議論になっている。

業績パラダイムの大きな特色は、学習理論・モティベーション理論等の知見によりながら、個人の内発的な動機により、そのウエル・ビーイングにつながる形で組織業績改善をすすめようとする点、個人のミクロ・ドメインと組織というマクロ・ドメインをうまく噛み合わせようとする点にある。　　　（二神恭一）

→学習理論、動機づけ、カークパトリックの訓練評価モデル、業績改善のためのルムラー・ブラッチェ・モデル

競争戦略……………………Ⅰ−2−A

企業が属する業界ないし携わる事業分野において他企業といかにうまく競争して収益性を上げるかに焦点を当てた戦略である。元来、競争問題はマーケティングという一つの職能分野に関わる問題として扱われてきた。しかし、グローバル化、IT化の進展とともに競争が一層多様化・激化し、持続的な競争優位の確立という観点から、マーケティングだけでなく、例えばメーカーの場合、研究開発、製造、物流、人的資源管理、事業部門、あるいは企業全体の諸職能（機能）の活動を統合することが必要だと認識されるようになった。

競争戦略は、その統合に指針を与えるものである。理論的には、マーケティング論、ミクロ経済学、産業組織論等の成果を取り入れながら発展した。ポーター（Porter, M. E.）が展開した精緻な競争戦略論が最も有名である。彼によれば、事業の収益性は、自社の相対的な市場地位だけでなく、業界自体の5つの構造的特徴、つまり、①業界内の既存企業との競争、②買い手（顧客）の交渉力、③サプライヤーの交渉力、④新規参入者の脅威、⑤代替品や代替サービスの脅威の5つの競争要因により左右される。これらに対応しながらより高い収益を得るための基本戦略として、①コスト・リーダーシップ、②差別化、③集中の3つを提示した。　　　　　　　　　（齊藤　博）

競争優位……………………Ⅰ−2−A

ポーター（Porter, M. E.）が、競争戦略論において提示した概念であり、同業他社に対する有利な競争地位、つまり業界

か行

の競争状況を左右する5つの競争要因にうまく対応しながら相対的に高い収益性を実現できるポジションを意味する。

競争優位は企業が買い手のために創造できる価値から生じる。価値は、買い手が企業の製品・サービスによってもたらされる便益に、進んで払う金額であり製品・サービスの価格と販売量の積である総収入額で測られる。競争優位の基本的タイプは、同等の便益を他社より安い価格で提供する（低コスト）か、他社よりも高い価格でも、そのプレミアムを相殺して余りある独自の便益を提供する（差別化）かだという。長期にわたり業界平均以上の業績を上げられる持続的な競争優位の確立が重要だと主張する。そのためには買い手に製品・サービスを提供するまでの企業の諸活動を価値活動と呼び5つの主要活動（購買、オペレーション、出荷、マーケティング・営業、サービス）と4つの支援活動（企業インフラ、人的資源管理、技術開発、調達）からなるバリューチェーン（価値連鎖）として分析的・体系的にとらえることを提案する。それにより自社の競争優位の源泉が理解しやすくなり、その維持・強化を図るうえで効果的だからという。　　　（齊藤　博）

共同決定法（Mitbestimmungsgesetz）
................................I－2－A，B

旧西ドイツ時代の法律。当時の基幹産業だったモンタン（石炭と鉄鋼）産業の従業者数1000人以上の株式会社等が対象のモンタン共同決定法（1951年）、その持株会社も対象とした共同決定法補足法（1956年）、従業者数2000人以上の一般産業の株式会社に向けた1976年の共同決定法がある。株式会社等の企業の業務執行を監督・監査する監査役会に従来の株主側の役員と同数の従業者と労働組合の代表の役員が選出される。ドイツ大企業の特徴的システムである。なお、従業者代表が監査役会に役員の3分の1参加する経営組織法の規定もある（「少数派モデル」）。このモデルはオーストリアやEUのウルトラナショナルなヨーロッパ会社（Societas Europaea：SE）の一部にもみられる。　　　　　　　（二神恭一）
→労働者の経営参加、監査役会

協同労働（workers cooperative）
................................I－1，2－A

2020年の労働者協同組合法により位置付けられた労働組織。株主と経営・管理者（使用者）と一般労働者という3階層に分断され、労使が対立することが多い一般の資本主義企業とちがい、協同労働では労働者が出資し、経営・管理を行い、労働をする。この組織で意思決定をするとき、出資額、年齢・勤続年数、担当職務に関係なく、ひとり1票であり、民主的である。

協同労働の思想上の源流は、小生産者や労働者の自主性を重んじようとしたイギリスのギルド社会主義（guild socialism）やフランスのラディカルなサンジカリズムにあるが、それはやがて労働者自主管理運動となり、日本も含め各国に労働者自主管理企業がみられるようになった。20世紀後半には旧ユーゴスラビア、ペルー、ボリビアにおいて国家的規模でこのシステムが運用されたが、いずれも資

本主義企業との競争に打ち勝てず、後退せざるをえなかった。

今日、福祉・医療等の分野が拡大し、公的助成もあって社会企業（social firm）の活動が多くみられるようになり、協同労働のかたちでの事業展開の可能性も拡大している。資本主義企業の職場では働きづらく、能力が十分に発揮できないが、協同労働の職場でなら、働き甲斐を感じるという人もいる。ただ協同労働の組織は一般に収益力が低く、報酬も多くないという課題がある。　　　　（二神恭一）

→ソーシャル・ファーム

強度率 ························· I−2−B

労働災害統計等で用いられる指標の一つ。発生した労働災害の重篤さを表している。期間中に発生した労働災害の延べ労働損失日数を、同じ期間中で危険にさらされた全労働者の延べ労働時間数で割り、1000倍した値である。労働損失日数は、死亡・永久労働不能の場合7500日、永久一部労働不能は身体障害等級別に応じて決まった基準、障害が残らない一時労働不能の場合には延べ休業日数に300／365（うるう年の場合には300／366）を乗じた日数を用いて算出する。

（熊﨑美枝子）

→度数率

業務革新（business innovation）

························· I−2−A, B

組織効率の飛躍的な向上を目的として、全体のプロセスを構成する個別業務の必要性にまで遡って行われる抜本的な業務の再構成を意味する。この点で、漸進的な変化の積み重ねである改善（カイゼン）や事業分野の再構成であるリストラクチャリングとは区別される概念である。

業務革新は情報の共有と同時利用を可能にする情報技術の進歩とともにある。1990年代に入ると製造、販売、開発といった職能別構造を、顧客志向の視点によって業務のプロセスごとに再構成するリエンジニアリング、製品開発において複数の工程を同時並行的に行うコンカレントエンジニアリングなどが提唱された。AIとビッグデータを活用するためのデータプラットフォームを構築し、データ統合を進めることによって、予測や日常業務の自動化を図る2020年代のデジタルトランスフォーメーション（DX）は業務革新の最新版といえよう。

このように、その時代に利用可能になった情報技術の活用を前提としつつも、業務革新はトップの打ち出す新たな理念、レベルの高低はあるもののデータの統合と利用を促進するための研修、データと知識の共有利用を当然視する文化の形成など組織全体に関わる課題でもある。　　　　（日野健太）

→BPR

業務上災害（work-related disaster）

························· I−2−B

労働者の業務上の負傷・疾病・障害・死亡のこと。業務上災害が認められるためには、労働者が労働契約に基づいて事業主の支配下にある状態という業務遂行性を前提として、傷病等が業務に起因して生じたものであるという業務起因性が

認められなければならない。

業務起因性は、事業主の支配・管理下にあるか、業務中か否か、により、次の3つの場合に分けて考えられる。まず、事業主の支配・管理下で業務に従事している場合である。通常言うところの、仕事をしている時がこれにあたる。この場合、労働者が故意に災害を発生させるなど、業務上と認め難い事情がない限り、業務起因性は認められる。

第2に、事業主の支配・管理下にあるが、業務に従事していない場合である。休憩時間などがこれにあたり、その時の行為である私的行為による災害は業務災害と認められない。ただし、事業場の管理状況等が原因で発生した災害は業務災害と認められる。

第3に、事業主の支配下にはあるが、管理下を離れて業務に従事している場合である。これは営業に出ている場合や出張中などであるが、積極的な私的行為を行うなど特段の事情がない限り、業務起因性は認められる。　　　　（森田雅也）
→業務上疾病

業務上疾病（work-related illness）
……………………………………Ｉ－2－Ｂ
業務に起因することが明らかで、業務との相当因果関係が認められる疾病。

災害による負傷の場合に比べて疾病の場合には、業務上であるか否かの判断が難しくなるため、業務上の疾病の範囲は、法令上、以下の通り例示されている。労働基準法 第75条第1項で、労働者が業務上、疾病にかかった場合の、事業主の療養補償の義務が謳われ、第2項

で、疾病の範囲は厚生労働省令で定めるとされている。労働基準法施行規則第35条で、上記「第2項の規定による業務上の疾病は別表第1の2に掲げる疾病とする」とされ、同別表及び告示で業務上の疾病が具体的に例示されている。いわゆる過労死・過労自殺につながる、過重負荷による脳・心臓疾患および心理的負荷による精神障害も同別表8号、9号に掲げられている。

労働者が事業主の支配下にある状態において発症した疾病が業務上疾病というわけではなく、一般的には、仕事の場における有害因子の存在、健康障害を起こすほどの有害因子への暴露、発症経過の医学的妥当性の要件が満たされた時に、原則として業務上疾病が認められる。業務上疾病が認められると、労働者災害補償保険の給付対象となる。　　（森田雅也）
→職業病

業務分掌規程（policies of dividing duties）
……………………………………Ｉ－2－Ａ
企業活動を構成するさまざまな業務について、その範囲・内容と権限と責任を明確にしたものである。企業が分業の法則から部門毎に業務を分割すること、たとえば、企画、管理、総務、経理、財務、システム、営業、商品開発、マーケティングといった複数の業務に分けることが必要であるのは当然だが、他方でそれぞれが重複せずに整合的であることも求められる。そしてこの場合、業務毎に何をすべきかが分からないと企業目標の達成に資する仕事を進められない。そのため各業務の範囲・内容を記述し、その

権限と責任を明確にしたものが必要とされ、それが業務分掌規程の存在意義である。

　具体的にみると、企画部門の場合、「中・長期計画に関する業務」、「年度事業予算に関わる業務」、「組織、制度、業務の改善に関する業務」、「関係会社に関する業務」などの大項目を設定し、さらに項目毎に細かい規定が設けられる。また業務分掌規程があることで、業務担当者にとっては仕事の優先度合いや効率性が図れる上、権限・責任が明確なことから相互に牽制・抑制された業務運営となるため、内部統制やリスクマネジメントの実効性が高められる。この点からその有効性は高いといえる。　　　（大月博司）

→職務、職務分掌

ギルド（guild）·······································Ⅰ−1

　ギルドの起源には諸説あるが（Renard, G.）、12世紀頃から中部ヨーロッパとイギリスの都市、とくに自由都市で出現・発展した手工業者や商人の共通利益を守り、またお互い切磋琢磨するためのボランタリー組織。手工業のクラフト・ギルド（ドイツでいうツンフト）と商人のギルド（merchant guild）の両方があった。ちなみに、ギルドは男社会だが、ごくわずかながら、パリ等には女性のギルドもあった（Rivière, P.）。中世の産業活動は少なからずギルドを通じ行われていた。

　ギルドは古代からある徒弟制を取り込み、それが親方、職人、徒弟というギルドの階層になるとともに、スキルの維持・向上の仕組みにもなっていた。ギルドは王権・国権が伸長し、産業に対する影響力を強める中で、また経済のグローバル化の中で競争力が問われるようになって衰退する（Cole, G. D. H.）。

　　　　　　　　　　　　　（二神恭一）

→徒弟制度

勤続年数 ···Ⅰ−2−B

　同一企業に継続して勤務した年数を指す。企業を退職した際には勤続年数が終了し、その後、他の企業に勤める場合、勤続年数はゼロからのスタートとなる。企業によっては従業員の定着を図るため、勤続年数を賃金に反映させる勤続給を用いたり、勤続年数をもとに退職金を支給したりしている。また、勤続年数がある一定の年数に達した際には、永年勤続表彰を行ったり、リフレッシュ休暇などとして特別休暇を付与したりする企業もある。　　　　　　　　（飛田正之）

勤務延長制度 ·····························Ⅰ−2−B

　定年に達した従業員を退職させずに、退職時期を延長する制度を指す。これに似た制度として、定年に達した従業員を一度退職させたうえで、あらためて雇用する再雇用制度がある。勤務延長制度は、雇用形態（正社員）が維持されたまま働くが、再雇用制度は、嘱託社員や契約社員など雇用形態が変わることになる。これら2つの制度は、高年齢者が就業を希望する場合、定年後も引き続き雇用する制度で、まとめて継続雇用制度という。　　　　　　　　　　　（飛田正之）

→再雇用制度

勤務間インターバル制度············Ⅰ−2−B

か行

155

1日の勤務終了後、翌日の出社までの間に、一定時間以上の休息時間（インターバル）を設けることで、労働者の生活時間や睡眠時間を確保することを目的とする制度である。例えば、始業時刻の後ろ倒しや、一定時刻以降の残業を禁止し、始業時刻前の勤務を認めないなどの方法がある。

2018年の働き方改革関連法による労働時間等設定改善法の改正により、2019年4月から、勤務間インターバル制度の導入は企業の努力義務となっている。

（吉本明子）

金融リテラシー教育 ……………… Ⅰ－1

金融に関する知識や情報を正しく理解し、判断する力を身につけるための教育。社会人として経済的に自立し、より良い暮らしを送るためには、計画性を持った家計管理やライフステージの各場面において、貯蓄・資産運用、住宅ローン、保険加入等、それぞれの生活設計に合わせた金融商品を適切に利用選択する知識・判断力を身につけることが重要である。我が国においても金融リテラシー教育は、学校、社会人、高齢者等のいずれの段階においても様々な教育活動が行われている。

最低限習得すべき金融リテラシーとしては、家計管理、生活設計、金融知識及び金融経済事情の理解と適切な金融商品の利用選択に加え、外部の知見の適切な活用などがある。特に、現状の収入や支出をきちんと把握し、適切な収支管理の習慣を身につけることは全ての前提となる。また、金融商品を利用選択するうえ

では、基礎となる金利、インフレ、デフレ、為替、リスク・リターンといった重要な事項を十分理解することが重要である。金融リテラシーの向上は、生活スキルの向上を通じた個人の生活の改善にとどまらず、国民がより良い金融商品を求めることや成長分野へ中長期的な投資を行うことを通じて、国民経済全体の成長に貢献することが期待される。

（徳田展子）

苦情処理 （grievance procedures）
……………………………………… Ⅰ－2－B

労働協約や就業規則の適用・解釈を巡って発生する契約当事者間の紛争の解決や、職場での労働生活において労働・作業条件、配置、人間関係等に関して発生する個別的な苦情や不満の解決を行う活動である。苦情は労使双方あるいは使用者により設置される苦情処理機関によって処理されるほか、労働組合が独自に苦情相談を受け付けることもある。ただし、日本では労働者が苦情を申し出る場合、まずは直属の管理者に相談することが多い。 （福井直人）

→労働協約、就業規則

苦情処理と労使関係 ……………… Ⅰ－2－B

労働者と使用者の間の社会関係一般を労使関係というが、良好な労使関係を取り結ぶためには労使間の紛争が少ないことが期待されるため、紛争の要因となる苦情はなるべく早く解決される必要がある。苦情をもつ労働者が斡旋制度や労働審判制度といった個別労使紛争手段を利用することもあるが、使用者側からすれ

ば審判にかかる費用負担や円満な問題解決の観点から、できるだけ企業内部において苦情段階で問題処理するほうが望ましい。この苦情を早めに吸い上げることが苦情処理の役割である。

苦情処理の方法としては、企業内部に苦情処理機関を設け苦情を受け付ける方法、あるいは現場の管理者が苦情相談窓口となる方法などが主である。申し立てられた苦情内容が改善されない場合、あるいは苦情に対応してもらえない場合は、労働組合によって労使協議事項あるいは団体交渉事項として使用者と話し合いがもたれることもある。この点で苦情処理は個別的労使関係のみならず、集団的労使関係のあり方をも規定する概念といえる。なお、アメリカにおいては苦情内容が団体交渉事項として扱われることが多いのに対し、日本では末端職制において苦情の解決方法が話し合われることが多い。　　　　　　　　　（福井直人）

→団体交渉と労使協議

口入れ屋 ……………………………… I－1

奉公人等の周旋を業とする人。口入れ人、人置き、桂庵、請宿、人宿ともいう。公共的職業紹介制度が成立する以前にあった労働者周旋を業とする人のことをいう。

口入れ屋の始まりは、村の親方が出稼ぎに行く集団の労力配賦にあたる形態にあったともいわれる説や、江戸京橋の大和慶庵という医者が、縁談や奉公人の紹介を頼まれ、それが評判となったことから、医者をやめて奉公人などの紹介に専念したことから始まったともいわれている。

なお、昭和の初めまで、営利の職業紹介事業は、一般に口入れ屋とか桂庵と呼ばれていた。　　　　　　　　　（丹羽浩正）

→有料職業紹介事業

クライエント中心療法（client-centered therapy）………………………………… I－2－B

アメリカの心理学者・心理療法家ロジャーズ（Rogers, C. R.）によって創始、展開された、人間性心理学に基づく心理療法である。1940年代当時のカウンセリングや心理療法は、カウンセラーがクライエントに助言や説得等の指示を積極的に行う手法が主流であった。これに対してロジャーズは、非指示的療法（non-directive therapy）を提唱した。1950年代に入ると、「非指示」という用語により方法論が強調される誤解を解くため、クライエント中心療法（client-centered therapy：来談者中心療法）へと発展した。

クライエント中心療法では、人間は生まれながらにして自己実現へ向かう力を有しているという成長仮説のもと、クライエントの自己成長の力による回復を期待する。ロジャーズは、不適応状態や病理は自己概念と経験の不一致、すなわち自己不一致により生じると考えた。クライエント中心療法では、クライエントが自分やその経験を歪曲・否認することなくありのままに受容し、自己一致の状態に至ることを目標とする。その実現のためにカウンセラーに求められる基本的態度として、無条件の肯定的配慮（受容）、共感的理解、カウンセラー自身の自己一致（純粋性）の3つの条件が示された。

か行

（久保沙織）

クラスター分析 (cluster analysis)
································· I−2−B, Ⅱ−2

例えば、高等学校を国公私立別（国公立、私立）と課程別（全日制、定時制、通信制、併置校）という2つの変数によって分類するとき、8個のカテゴリーのいずれかに分類する。この例の国公私立別と課程別のような分類基準が何もないときに、対象を探索的にいくつかのグループに分類するのがクラスター分析である。距離の近い対象同士や類似性の高い対象同士から順次グループ化していく方法とあらかじめ決められた数のグループに一度に分類する方法がある。後者の方法は対象の数が非常に多い場合に用いられる。 （二神常爾）

→多変量解析

グランゼコール ································· I−1

フランスの国立の高等教育機関のうち、国立総合大学とは異なり、高度な技術者の養成のために設立された高等教育機関の総称である。高等教育の入学資格であるバカロレアを取得後、グランゼコール準備課程を経て入学する。

その権威は大学よりも高いが、今日では、外国人を積極的に受け入れており、大学や他の教育研究機関との関係を深めようとする動きが見られる。 （雨宮和輝）

クリティカル思考 ················· I−2−A, B

対象となる問題の本質を突き詰めて考え抜き、より根本的な問題の抽出と解決を目指す思考方法。クリティカル・シンキング、批判的思考ともいう。

哲学や心理学で使われてきた用語であり、現在ではビジネスに活用できる手法として経営学でも用いられている。企業の経営課題が明確であった時代には「余計なことを考えずに与えられた課題や目標に対して結果を出す」という問題解決能力が重視される傾向にあった。しかし、経済が停滞し、グローバル化やIT革命が進む時代にあって、業績改善や将来の変化に対して解決すべき課題の所在を明確に見出すことは簡単なことではない。そこで問題解決の前に「真に取り組むべき問題は何か」という適切に課題を設定する能力が注目されるようになった。

クリティカル思考の活用例として「地方を活性化したい」という問題を取りあげる。クリティカル思考を使わない場合、地方活性化という問題提起を文字どおりに受けとめて、「どうすれば地方が活性化するか」という問いの解決に取り組み、「企業誘致や移住促進を進めてはどうか」といった議論を展開することが予想される。これをクリティカル思考に基づいて考えた場合、まず、地方活性化という問題自体を様々な論点で見直すことから始まる。「地方とはどこまでを指すのか」、「何を実現すれば活性化したと言えるのか」、「そもそも地方は活性化していないのか」といった問いを重ねて、当初提示された問題の意図を掘り下げる。その上で「本当に解決すべき問題」を定めて解決策を検討する流れとなる。また、「なぜ、今、ここで、この人は、この問いを発したのか」と、問題提起の

状況自体を俯瞰でみる姿勢もクリティカル思考の一環といってよい。提示された問題について内省せず反射的に対応するのではなく、その問題が投げかける本質を探求するプロセスがクリティカル思考の要諦である。

　クリティカル、批判という表現は一見否定的で皮肉な印象を与える。しかしクリティカル思考という用語には、提起された問題への浅慮や的外れな議論への労力の浪費を戒める主張が込められており、むしろ積極的、建設的な意味をもつ。そもそも、提示された問題に対して誠実に向き合わず、単に論点をずらすだけの言動や不毛な指摘はクリティカル思考ではない。類似の文脈で目にする用語としてロジカル・シンキング、論理思考がある。こちらは因果関係や結論に至るプロセス、結論の根拠を重視する立場を示す思考法であり、示す意味は異なる。

（河野憲嗣）

クリティカルなアクション・ラーニング

（critical action learning）……… Ⅱ－2，3－A
　グェス（Geuss, R.）の『クリティカル理論のアイディア』（1981）に端を発すると思われるクリティカル理論。クリティカル思考（critical thinking）は人びとの啓発やエンパワーメントに有効だとされて、今日は学習分野だけでなく、様々のところで流行のように取り上げられ、定義も多様化した。

　グェスによると、人は社会的抑圧と自ら課した（self-imposed）抑制のため、人それぞれに誤った意識をもち、フラストレーションになっている。こうした状況

から人びとを解放する（emancipate）ことが肝要であり、それが内省（reflection）である。内省とは知識には客観性があるというイルージョンを排し、自分自身（own origin）、とくに自らの本当のコンピテンシーに気付き、行動の無意識の因子を可視化することである。そのうえで、変化の可能性と必要性を示し、クリティカル思考を受け入れ、運動として展開する。ただ、これをもっと一般化しあるいは心理分析面を捨象して、「事実を入念に分析し、いくつかの考え方の関連を理解し、過去を勘案し、新しい方法で状況を考察することに係る」（Brookfield（1987））ととらえることも多い。

　こうしたクリティカル思考をアクション・ラーニングの分野に取り入れて、従来の（conventional）やり方との違いを強調するのがクリティカルなアクション・ラーニングである。　　　　　（二神恭一）
→クリティカル思考、アクション・ラーニング

グールドナーの官僚制理論

…………………………………… Ⅰ－1，2－B
　アメリカの社会学者であるグールドナー（Gouldner, A.）は、師であるパーソンズ（Parsons, T.）によって切り拓かれた機能分析を拡張した。官僚制の規則が異なった利害を持つ階層の人々によって利用されている実践的な機能（明示機能、遠隔操作機能、隠蔽機能、懲罰正当化機能など）を、経験的研究を通じて明らかにするとともに、代表的官僚制、懲罰中心的官僚制、擬似官僚制という3つの官僚制類型を見出した。　　　　　（松嶋　登）

か行

→官僚制

グループ（group）………Ⅰ－2－A，B，Ⅱ－2

　様々な定義の仕方があるが、「相互に依存し合っている2人、またはそれ以上の人々」というのが最も一般的な定義であろう。ここで「依存し合う」とは「ある人の行動が他者の行動へ何らかの社会的影響を与える」という意味である。集団は役割（成員に対し集団内で割り当てられる機能）、地位（成員の相対的な位置）、規範（適切な行動に関する決まり）、凝集性（成員を集団にとどめようとする力）等を通じて成員に影響を与える。

　これまで集団の意思決定の特徴と効率については多くの研究が行われている。個人と集団の効率について、「社会的促進」（Zajonc（1965）;白樫（1993））のように集団場面のほうが高い場合と、逆に「社会的手抜き」（Latané, Williams, and Harkins（1979）;白樫（1993））のように個人場面のほうが高い場合の両方が存在する。集団による意思決定を経ることによって個人の意見・態度がどのように変化するかについて、人々の意見や態度は最も優勢であった傾向がさらに促進されるという「集団分極化」（Moscovici and Zavalloni（1969））の現象が注目された。また、集団凝集性が高い場合、集団における意思決定が、むしろ誤った方向へ進んでしまうこともあり得ると指摘されている。これは「グループシンク」（Janis（1982））と呼ばれる。　　　　　　（王　英燕）
→グループ・ダイナミックス

グループウェア（groupware）………Ⅰ－2－A，B，Ⅱ－2

　グループやチームの共同作業を支援するシステムの総称をグループウェアと呼ぶ。概念的には、複数のメンバーでの協働作業を進めやすくするための仕組みはすべてグループウェアと呼ぶことができるが、一般的には大規模の会議の進行ややり取りを円滑にするための会議支援システムやチームによる大規模なソフトウェア開発の支援システム、CADなどを活用した設計支援システムなどが代表的なグループウェアとされる。そこには暗黙的にコンピュータやインターネットの存在があり、ICTを活用することでチームやグループでの協働作業を効率化するという共通の手法が見られることが多い。また、狭義にはセールスパーソンの業務日報作成のために活用される営業支援アプリケーションなどの特定のパッケージソフトウェアをグループウェアと呼ぶこともある。

　こうしたグループウェアの活用にあたっては、ICTという技術的側面だけでなくチームやグループを構成する人間的側面との協調が求められる。たとえ技術的に優れたシステムであっても、それを活用する人間のスキルや態度とマッチしていない場合、メンバー同士の協働作業は円滑に行われず、グループウェア本来の機能が発揮されない。　　　（開本浩矢）
→CAD、ICT

グループ・ダイナミックス（group dynamics）…………………………Ⅰ－2－A，B，Ⅱ－2

　通常「集団力学」と訳される。心理学者のレヴィン（Lewin（1939））らの研究

では、集団の中で、人の行動や思考は集団から影響を受け、また、集団に対しても影響を与えることが示された。初期の研究では、小学生を被験者とする小集団を成人のリーダーに引率してもらい、民主的、専制的、自由放任的という3種類のリーダーシップ行動が成員の行動や集団過程に及ぼす影響を測定した。その後社会心理学の一分野として発展しつつ集団規範、集団目標、集団凝集性、集団の意思決定の在り方などが研究されている。

　集団力学には集団内力学（intragroup dynamics）と集団間力学（intergroup dynamics）がある。集団内力学については、集団の形成、集団参加、集団の類型、集団成員性と社会的アイデンティティ、集団構造と集団業績が研究されてきた。一方、集団間力学については、集団間葛藤・衝突と衝突の緩和等が調べられている。経営学の分野では、グループ・ダイナミックスの知見を活かして、グループ・マネジメントの研究が数多く行われてきた。例えば、小集団管理のノウハウ、集団規範が従業員の組織行動に及ぼす影響、集団凝集性を高める方法、集団内の目標設定、集団目標に対する協力行動等一連の実証研究が注目されている。

（王　英燕）

→グループ、社会的勢力、チーム、チームワーク、PM理論、リーダー、リーダーシップ、条件適合モデル

グループ討議（group discussion）
.... I−2−B, II−2, 3−A
企業内研修の場や職場ミーティングに

おいて、新規企画や課題解決を検討する際に、複数名のグループがテーマを決めて討議を行い、制限時間内に結論を導き出すもの。グループ討議では、建設的な意見を出し合い、メンバーの意見に耳を傾け、最善の結論に導くことが目的となる。最終的に重要なのは、個人の見解ではなくチームとしての結論となる。

　グループ討議のテーマは、当該企業の事業や業界に関する事項、組織や職場の問題解決などであるが、まったく無関係なテーマで議論することもある。いずれにせよ、正解のないものがテーマとして設定されるのが基本となる。グループ討議には制限時間があるため、決められた時間内で有意義な議論を交わし、結論を導くことが重要となる。

　討議の進め方は、例えば次のとおり。

　①役割を決める、②時間配分を決める、③テーマを掘り下げる、④アイディアを出しあう、⑤結論をまとめ発表する。

　アイディア出しを行う際には、「ブレーンストーミング（ブレスト）」などの手法を活用することが有効。ブレーンストーミングには、次の4つのルールがある。

①自由奔放：どんなアイディアでもよい。制限は全くなし。

②批判厳禁：メンバーのアイディアへの批判や評価はしない。

③便乗歓迎：他のメンバーの意見にどんどん便乗し、発想の枠を拡げていく。

④質より量：まずは量。質の高いアイディアは量から生まれる。

　グループ討議の効果としては、次のと

おり。一定のテーマに沿って参加メンバーが意見を出し合うことで、まずは問題の整理ができる。次に、自分一人では解決できない問題の解決法が明らかになり、気づきが得られる。さらに、同じ気持ちや考えを持つメンバーがいることを知り、安心感が生まれる。最後に、まったく異なる考え方に出会い、視野が広がる。

討議のなかで活発な意見を交わすことで、参加メンバー同士の相互理解が深まり、一人で考えるよりも大きな効果が生まれる。これは、チームビルディング（チームづくり）やグループダイナミクス（集団力学）の醸成にも寄与する。

グループ討議では、グループ内で自分の意見が共感を得たり、受け入れられたりすることで、自分の仕事に対する姿勢や考え方にも自信ができ、次のグループ討議への動機づけにもつながっていく。

グループ討議は、参加者や時間、目的等の事情を考慮して、最も効果的な方法で実施することが望ましい。（吉田　寿）
→教育・訓練、教育・訓練予算、学習

グループによる訓練（training by group）

······························Ⅱ－3－A

グループ（集団）という手法を用いた訓練の仕方。訓練の仕方には個人場面を中心とする場合と、集団場面を活用する場合があるが、何を目的として訓練するかによってその有効性も異なってこよう。集団による訓練はコミュニケーション能力、感受性、リーダーシップ能力、創造性などの訓練ないしは開発の方法として特に有効である。

集団の持つ有効性についての研究は古くはレヴィン（Lewin, K. Z.）らのグループ・ダイナミックス研究まで遡ることができる。そこでは集団における個人の行動が集団から影響を受け、また個人の行動が集団に影響を与えるというダイナミックな関係が問題にされている。集団決定、集団の凝集性、集団への帰属意識が研究のテーマであった。

その後、レヴィン、モレノ（Moreno, J. L.）、ロジャーズ（Rogers, C. R.）らによってコミュニケーション能力、感受性を高めるための様々な集団技法が開発された。Tグループ、センシティビティ・トレーニング（ST）、サイコ・ドラマ、エンカウンター・グループ、ロール・プレイングなどがこの範疇に入る。これらの技法によって自己に対する態度、行動、および他者に対する感受性、態度、行動が変化し、メンバーの集団、組織への適応力、そして集団および組織の有効性が高まるという。これらの方法はいわゆる人間関係訓練、およびリーダーシップ訓練の方法として現在でも有効な方法である。

一方創造性の開発として集団技法が用いられてきている。最も有名なのはオズボーン（Osborn, A. F.）によって開発されたブレイン・ストーミングであるが、そのほかにもKJ法、NM法やそれらの改良型がグループ・トレーニング・ワークとして活用されている。

新しいものとしてアクション・ラーニングやチーム・コーチングがある。アクション・ラーニングは実践上の問題を解決するために、集団討論、プレゼンテー

ションといった集団技法を用いて解決策を提案、実行し、その中で個人および組織の成長を狙ったものである。また、最近注目されているのがチーム・コーチングである。これは個人を対象としたコーチではなく、チーム単位、例えば企業の経営者チームに対して適切なコーチングを行おうとするものである。その有効性が指摘されている。

しかしながらグループによる訓練はそれらの技法を用いれば、すぐにその成果が期待できるというのではなく、集団思考、時間的コスト等、ネガティブな側面もあるので利用者は有効活用のための細心な準備と努力が必要である。

（松原敏浩）

→グループ・ダイナミックス、レヴィン, K. Z.、Tグループ、感受性訓練、ロール・プレイング、サイコドラマ、アクション・ラーニング、ブレインストーミング、KJ法、NM法

グローバル人材 （global human resources）
..............................I−2−A, B

日本の多国籍企業の中でグローバル人材への需要が高まっており、そのための育成方法についての議論が高まっている。ここで、グローバル人材とは、日本と比べてより複雑性が高く、人材構成の多様性が格段に高い海外ビジネス環境の中で、自分の立ち位置を客観的に把握しながら、確実に成果の出せる人材のことである。

グローバル人材という人的資源がそもそも育成できるものかどうかについては各種の議論がある。というのも、グロー

バル人材には、知識やスキルを超えて、率直性や柔軟性など一定の性格的な資質が必要で、その育成は困難とみられているためである。このため、グローバル人材の育成・確保には、もともとそれに適した人材を採用・選抜し、トレーニングや経験を積ませるのが適切であるということになる。

他方で、若いうちであれば、その持って生まれた性格や気質をグローバルな仕事環境に耐えうる能力にまで伸ばすことも可能であるという見方も存在する。少なくとも企業は、採用した人材をできる限り必要とされる方向、レベルにまで育成し、活用していく必要があるであろう。

（白木三秀）

グローバル人材開発 （Global Human Resource Development：GHRD）
..........................I−2−A, B, II−3−A

日本企業の中でグローバル人材（global human resources）への需要が高まっているが、そのための育成方法が「グローバル人材開発」に他ならない。ここで、グローバル人材とは、日本と比べてより複雑性が高く、人材構成の多様性が格段に高い海外ビジネス環境の中で、自分の立ち位置を客観的に把握しながら、確実に成果の出せる人材のことである。こういう人材をどのように育成すればよいのだろうか。

一般的には以下のような方法、手順が考えられる。第1に、グローバル化（globalization）の意識を醸成することである。現代のビジネスは一国内で閉じたものでなく、グローバルな取引、活動の中で成

か行

り立っていることを理解させる。企業であればグローバル化関連図書を、対象となる従業員に推奨することや、外国語研修や異文化研修を国内外で実施することもその一部に入るであろう。

第2に、グローバル化を体験させることである。海外出張、海外トレーニー制度、海外派遣もこれに含まれるであろう。

重要な点は、上記のような様々な機会をとらえて、グローバル人材の質と量を高めていくことであるが、そのためには、「槐より始めよ」ではないが、本社人事部こそがグローバル人材開発を進める姿勢である「内なる国際化」（inner internationalization）を示す必要があるかもしれない。　　　　　　　　（白木三秀）

→グローバル人材、外国語研修、異文化教育、海外派遣

グローバル・タレント・マネジメント

（Global Talent Management：GTM）

···Ⅱ－2

多国籍企業が掲げた事業目標を達成し、長期にわたり発展を続けるには、高い技能と高いモチベーションを有する従業員の獲得、育成、確保が求められるが、この高い技能と高いモチベーションを有する従業員（タレント）の獲得、育成、確保こそが、グローバル・タレント・マネジメントに他ならない。この選抜されたタレント人材グループのことを「キー・タレント・プール」（key talent pool）と呼ぶ。

キー・タレント・プールの構築と管理こそが、グローバル・タレント・マネジメントということになるが、そこには以下の3つのステップが必要となる。

第1が、識別である。人事部門は、従業員のスキル、能力、キャリア展望に関する情報をグローバルに収集し、経営幹部とともに、将来会社が必要とするスキルや能力を保有するキー・タレント人材を識別する。

第2に、検証が求められる。人事部はキー・タレント人材が実際にその使命に値するかどうかを、経営幹部とともに観察するか、コミュニケーションをとるかして観察するとともに、フォーマルなタレント・レビュー会議を通じてキー・ポジションの状況とそのポジションにどのキー・タレントがふさわしいかを検証する。

第3に、育成が関連する。キー・タレントには、プロフェッショナルとしての成長の機会が提供される。その機会には、ストレッチ目標の設定、部門を超えるプロジェクト業務への配置、コーチングの提供、エグゼクティブ教育機会の提供などが含まれる。

このようにグローバル・タレント・マネジメントは多国籍企業における長期的な人材育成策の一環であるといえる。

　　　　　　　　　　　　　　（白木三秀）

→動機づけ、コーチング

訓練ニーズ ·································Ⅱ－3－A

人材開発、教育訓練の実施には、求められる人材育成像を明確化することや、社内の訓練ニーズを把握することが必要となる。訓練ニーズには、企業側と従業員側のニーズがある。企業側のニーズと

しては、経営側、各事業・職能側からのニーズがある。経営理念、企業戦略から中長期的にどのような人材を育てる必要があるのか、そのためには具体的にどのような教育訓練が必要かを把握する必要がある。そして、各事業・職能側のニーズとしては、たとえば各現場では従業員にどのような能力やコンピテンシーが求められているのか、あるいはどのような研修ニーズがあるかを収集する必要がある。また、従業員側からも向上させたい能力やコンピテンシーを収集し、そのための研修の機会を提供することも重要となる。

厚生労働省「能力開発基本調査」（令和元年度）は、企業が従業員に対して重要と考える能力・スキルと、従業員が向上させたい能力・スキルの両方を調査している。まず、企業に対しては、企業の発展にとって重要と考える正社員の能力・スキルについて聞いており、「マネジメント能力・リーダーシップ」が50.8％で最も多くなっている。続いて「チームワーク、協調性・周囲との協働力」47.1％、「職種に特有の実践的スキル」37.4％となっている。この調査からは、実務に関するスキルよりも、部下の管理や、チームワークという対人能力を重視していることがわかる。また、同調査では労働者に対して向上させたい能力・スキルの有無について聞いており、向上させたい能力・スキルがあると回答した割合は、正社員では93.3％となっている。そして、具体的な向上させたい能力・スキルの内容については、「マネジメント能力・リーダーシップ」が42.5％で最も

多く、続いて「課題解決スキル（分析・思考・創造力等）」38.1％、「ITを使いこなす一般的な知識・能力」30.3％、「コミュニケーション能力・説得力」30.2％などとなっている。以上から、企業側も、従業員側も「マネジメント能力・リーダーシップ」のニーズが最も多くなっている。

その他にもコミュニケーション能力など対人能力に関するニーズがある。教育訓練の主な担当部署である人事部門は、このように企業側、従業員側のニーズを収集し、実務に関する研修、そして仕事を進める上で必要とされる能力・コンピテンシーなどに関する教育訓練、研修メニューを企画していく必要がある。

（飛田正之）

訓練評価 ································· Ⅱ−3−A

教育訓練には、①OJT（On the Job Training：仕事をしながらの教育訓練）、②OFF-JT（OFF the Job Training：仕事を離れての教育訓練）、③自己啓発の3つの方式があるが、それぞれの教育訓練が従業員の職務遂行、能力開発などに効果をもたらすのかを測る必要がある。

教育訓練の評価は、企業側と従業員側に対する評価が必要となる。企業側の評価としては、各部門の管理職などに対して、現場で従業員に対して求める専門的知識、職務遂行能力、行動などが教育訓練によりどの程度向上したのか、またどのような効果をもたらしたのかを調査することが求められる。また、教育訓練を受けた後で従業員の人事評価の結果がどのように変化したのかを分析することに

より、実際の教育訓練の効果を測定することができる。

教育訓練に対する評価は現場の管理職が行うが、各現場からの訓練評価の収集や、全社的な訓練評価は人事部門の役割となる。人事部門が全社的に評価を収集し、各種教育訓練施策の見直しを行い、さらには全社的な教育訓練体系の見直しを図っていくことも人材開発の向上には重要となる。

そして、企業側、つまり現場からの評価だけではなく、教育訓練を受ける側である従業員からの評価を収集することも、教育訓練の効果を測ったり、今後の教育訓練のあり方を検討したりする上で欠かせない。たとえば、厚生労働省「能力開発基本調査」（平成30年度）は、従業員にOJT、OFF-JTに対する評価を調査している。まず、OJTでは、「上司から受けた指導やアドバイス」に対する評価を見ると、正社員では「役に立った」が51.9％、「どちらかというと役に立った」が41.1％で、両者を合わせると93.0％になり、効果があるとする回答が多くを占めている。つぎに、受講したOFF-JTに対する評価を見ると、正社員では「役に立った」が46.4％、「どちらかというと役に立った」が46.9％であり、両者を合わせると93.3％になり、これも効果があるとする回答が多くを占める。

企業では、さらにこうした調査をそれぞれの教育訓練施策別に実施し、評価していくことが求められる。たとえば、OFF-JTは階層別研修（新入社員研修、中堅社員研修、管理職研修など）や、部門別研修（営業部門研修、経理部門研修、技術

者研修など）、目的別・課題別研修（語学研修、海外赴任前研修など）など、さまざまな研修プログラムが存在する。そこで、それぞれの研修ごとに現場の管理職からの評価、従業員側からの評価をもとに、教育効果、問題点・課題などを明確にし、今後の研修、教育訓練計画に繋げていくことが必要となる。　（飛田正之）

ケア・アシスタント・プログラム

(care assistant program)……………… I－1

地域住民を主な対象者とし、対象者が介護の周辺業務を体験できるようにする制度。その結果として、施設における継続雇用につなげることを目的としている。

高齢化社会を迎え、介護ニーズの急増と多様化への対応は急務。従って、介護の質を確保し、向上させていくための人材確保は必須であり、その養成プログラムとしてのケア・アシスタント・プログラムの設計および運用は国と地域における重要テーマ。

一方、介護専門職人材およびその業務への社会的評価は定まらず、業務負担の大きさと報酬の不釣り合いも要因として、離職率の高い状態が続いている。

専門職人材を養成するためのプログラム内容の充実と共に、社会的評価を高めていくことが欠かせない。　（福留浩太郎）
→高齢化社会

経営科学 (management science)

……………………………… I－2－A

アメリカを中心に発展をした経営科学は、企業の組織的な活動における様々な

管理的活動を対象として、そのプロセスに関する経営判断の合理化、標準化、効率化を進めるための科学的な方法を探求する学問の総称である。経営管理の問題を数理的なモデルや数理的過程で規定できるシステムとして捉えるところに特徴がある。

経営科学の起源は、第2次世界大戦中に、作戦の研究のために考案されたオペレーションズ・リサーチにあるとされている。また、経営科学は、ドイツにおいても長い伝統を持ち独自の発展を遂げてきている。

経営科学の具体的な成果としては、作業方法の改善と標準化を行い、工場における生産性の向上に大きく貢献したテイラー（Taylor, F. W.）の科学的管理法が有名である。具体的な手法としては、オペレーションズ・リサーチに加え、統計理論、線形計画法、ゲーム理論、統計的意思決定論、データマイニング、計量経済学等も広く利用をされている。そうした手法の多くは、工学分野で利用されていることから、経営工学と重なりが大きい。近年では、機械学習や深層学習、自然言語処理といった成長著しい人工知能技術が盛んに利用されるようになっており、今後、情報科学分野との重なりを大きくしつつ発展することが見込まれている。　　　　　　　　　　　　　（坂田一郎）

経営学（business administration／management studies）……………………Ⅰ−2−A
経営学は、極めて単純化していえば、企業をはじめとする組織体の適正で円滑な管理のあり方について研究する社会科学の一領域である。しかし、経営学がどういった学問であるかに関しては専門の研究者の間でも多様な認識や見解があり、確定的な定義は存在しない。一般に、広義の経営学には、経営学（狭義）、会計学、商学の3領域から構成されるとする理解が一般的であるが、これに情報学等の工学的なアプローチを加えて4領域とする理解もある。

一般に、経営学（狭義）は20世紀初頭の米国でテイラー（Taylor, F. W.）による科学的管理法の樹立によって成立したとされることが多いが、事情はそれほど単純ではない。学術として認知されることを目指して、企業における商品生産の経済的側面に注目して成立した経営経済学（狭義のドイツ経営学）は19世紀末にはほぼその骨格が形作られており、それをもって経営学の源流と解釈されることもある。その他、イギリスやフランス、日本、ロシアなどの各国においてもほぼ同時期に経営学の原型が形作られ、その後それぞれが各国の置かれた状況を反映しつつ独自の発展を遂げてきている。狭義の経営学領域には、経営戦略論や経営管理論、経営組織論、工業経営論、経営労務論・人的資源管理論、経営財務論などの諸領域から構成され、それぞれにアプローチされている。

会計学の基礎である複式簿記に関する書物が出版されたのは15世紀のイタリアであり、早くから専門職業団体が組織されるなど専門技能として発達していたが、学術として意識され学会が組織される時期は狭義の経営学と大差はない。会計学領域は、投資家のために会計情報を

適正に伝えるための財務会計論と、経営管理者のための会計情報を扱う管理会計論とに大別されるが、これらの内部でも細分化されたり、他にも新たに研究領域が生み出されたりして、発展を遂げてきている。

商学は商品の流通過程における取引関係を主に研究する領域である。企業をはじめとするあらゆる経済主体は、商取引すなわち商品の貨幣との交換を経ることなしには利益を実現できないため、商学は商人のための知識の体系として、マーケティング、市場、流通、貿易、交通、銀行、証券、保険、消費などを含む学術領域として19世紀には既に発祥していた。今日では、マーケティング論、消費者行動論、流通論、ファイナンス論、ロジスティクス等を指すものとして商学を捉えることがわが国では一般的で、それぞれがさらに細分化され、研究されている。例えばマーケティング研究においては、経済のサービス化を背景としてサービス・マーケティング研究が、データサイエンスの台頭によってマーケティング・サイエンス研究が、それぞれ飛躍的な進展を見せている。

このように、経営学には多様な領域が存在し、それぞれが独自の発展をしつつある。経営学の各領域の精確な理解には、経済学、社会学、心理学、情報工学、人文学といった隣接諸学問の知見も必要であり、経営学の研究教育にはこれら諸学問との連携の必要性が昨今ますます高まっている。　　　　　（上林憲雄）
→テイラー , F. W.

経営家族主義（paternalistic management）
　　　　　‥‥‥‥‥‥‥‥‥‥‥‥‥‥I−2−A, B
資本家・経営者と従業員の関係を家族になぞらえ、両者の利害は一致するものだという労使一体論。このような情誼によって結ばれた家族的労使関係は、欧米のような契約的労使関係とは異なり、わが国の伝統的美風だという家族主義イデオロギー。それが経営家族主義の基本的立場であり、第一次大戦前後に広く普及したといわれる（間（1963））。

経営家族主義に基づく制度や慣行として、終身雇用制、年功序列制や広範な福利厚生制度などがあげられる。また個人的な事情や健康状態を配慮して仕事を割り振ったり、厳格なルールの適用を控えたりする温情主義も経営家族主義の特徴とされる。

第二次大戦後、日本国憲法の施行によって家制度は廃止されたが、上記のような制度や慣行は、見直しが行われながらも今日まで残存している。人材の安定的な確保と、従業員の企業に対する忠誠を期待する企業が今なお多いことを物語っているといえよう。　　　　　（太田　肇）
→パターナリズム

経営・管理（職）→マネジメント

経営計画（plan）‥‥‥‥‥‥‥‥‥I−2−A
経営計画、プランは経営計画活動（planning）のアウトプットである。つまり、経営計画活動は各種の経営計画を作り、決定するために展開されるのである。組織で策定される経営計画はじつに多様であり、その整理が必要である。経

営計画を広範囲に捉えると、それは1回使用計画（single use plans）と常例計画（standing plan）と目標に分かれる。実施計画、プロジェクト、日程計画等が1回使用計画であり、経営方針、標準方法、マニュアルなどが常例計画の例である（ニューマン（Newman, W. H.））。標準方法、マニュアル等も経営計画に含めて考えている点が注意されなければならない。ちなみに、目標とは一般的には達成すべき結果のことを指し、具体的には今日の販売目標、年間生産目標等がその例である。　　　　　　　　　（二神恭一）
→経営計画活動

経営計画活動 （planning）…………Ⅰ－2－A

アメリカの伝統的経営学では、経営・管理をプロセスないしサイクルとして捉える見方が支配的である（いわゆる管理過程学派、プロセス・スクール）。経営計画活動はそうした経営・管理プロセスの最初の段階として位置づけされる。それは実施することをあらかじめ決定し、あるいは実施のための準備をすることである。経営計画活動の中核は意思決定（decision）にあるが、良い意思決定をするには、情報を収集・分析し、将来を予測し、いくつかの代替案を作成することが前提になる。そうした諸活動も経営計画活動に含まれる。

また、意思決定にもいくつかの順序がある。まずは組織の基本に関わる意思決定、大局的・長期的な意思決定があり、それから次第により具体的・部分的・短期的意思決定が行われていく。それらのさまざまな意思決定について、それぞれ情報の収集・分析、予測、代替案作成が先行する。ただ、そうした際に、先行する意思決定は、あとのそれの決定前提になっている。先行の計画はあとの計画を制約する。もっとも、後続の計画策定に際し、どうしても先行の計画を手直ししなければならない場合も多い。つまり、フィードバックである。いずれにしても、経営計画の間においてバランスがとられていなければならない。　（二神恭一）
→経営計画、意思決定、フィードバック

経営経済学 （Betriebswirtschaftslehre）
……………………………………Ⅰ－2－A

ドイツの経営学。その展開と特徴は、官房学あるいは国家学、即ち領邦・国家を治めるための学問と結びつく。そこでは先ず、版図における秩序と収支バランスが取り上げられ、行政、法律、財政が論じられた。続いて国民経済の豊かさに関心が向けられ、その後、経済主体である私経済・私企業が扱われた。経営経済学において、国民経済学（経済学）との近接性、さらには分析の焦点としての私経済が特徴付けられた。企業は、活動領域である市場との結びつきの視点から開放システムとして認識され、機能・要素の統一的意思決定主体として理解されることになる。その全体的統一性は、現代経営経済学の骨格を与えたグーテンベルク（Gutenberg, E.）により、生産性関係、すなわち投入・産出関係によって基礎付けられ、全体最適化が論じられた。伝統的アメリカ経営学の閉鎖性・部分最適化との対比がなされる。他方、営利経済原理の想定により、利潤極大化原理は相対

化された。ミクロ経済学的な伝統的生産関数はA型生産関数として位置付けられ、生産の現場に対応したグーテンベルク型生産関数、あるいは産業特性を反映した生産関数が多数提示された。

経営経済学の内容を時間軸で辿るなら、産業革命の進展に伴う1900年前後の商科大学の設立が出発点である。1920〜30年代の工業経営学、商業経営学、銀行経営学といった制度的諸分野別の学問展開の時代、1950〜1960年代の調達、販売、資金調達、生産といった機能を念頭に置いた学問の展開、1980〜90年代の会社設立、会社間協調、吸収・合併、市場参入、株式公開等の状況的要素を取り入れた展開という区分がなされる（Albach, H.）。また、ドイツ固有の社会的市場経済体制のもとで、非営利組織が分析対象として明示的に包含された。オープンシステムとしての企業論は、外部環境要素の急激な変化を分析対象に積極的に取り込み、例えば、環境問題、人材育成、あるいは戦略が取り上げられた。他方、機能の自立性・独立性さらには操作性の立場からの部分理論の展開は、経営経済学の一般理論（allgemeine Theorie）としての特徴を弱めたという指摘もなされる。　　　　　（藁谷友紀）

経営権 ………………………… I−2−A

経営権とは、企業の経営者が持つ固有の権利を指す。具体的には、従業員に対して雇用契約に基づいて指揮命令する権利、事業の買収・譲渡や生産計画などを行う権利、生産・財務・人事などに関する意思決定を行う権利などが該当すると考えられるが、法律上明確に定義されたものではない。株式会社の場合、過半数の株式を保持していれば、経営権を所持していると見なすことが可能である。

歴史的には、第2次世界大戦後、労働者の労働権に対応するものとして、労働組合に拘束されない経営者に固有の権利（専権事項）として経営権が主張されるようになった。例えば、上記の権利に加え、団体交渉権の範囲を制限する（経営に関する計画や人事などは団体交渉事項にはなり得ない）ことなどが主張された。

しかし、2000年代以降、企業の買収や譲渡が活発に行われるようになり、敵対的買収によって経営権が移転するという状況が多く発生するようになるにつれて、経営権については労働組合への対抗手段としての側面よりも、経営権を誰が持つのか、経営権が買収に伴って移転されるか否かといった側面が注目されるようになっている。　　　　　（團　泰雄）

経営資源 （management resources）
…………………………………… I−2−A

企業等の組織体を経営するにあたって必要な要素や能力を指す。必要不可欠な基本的経営資源として、ヒト（人的資源）、モノ（物的資源）、カネ（貨幣的資源）という3種（基本3資源）があるとされ、これら以外にも「第4の経営資源」とも呼ばれる情報のほか、新技術や社風（企業文化）、時間といった諸要素も、新たな経営資源として認識されることもある。

基本的経営資源が論じられるとき、慣例的にヒト、モノ、カネは必ずこの順序

で列挙され、また多くの場合カタカナで表記される。これは、ヒトが経営にとって最重要な経営資源であり、モノやカネやその他の経営資源をも動かす原動力として一般に認識されているためである。

一口にヒトといっても多様な分類方法があり、例えば正社員と非正社員といった雇用形態によって分類もできるし、階層（取締役、中間管理職、現場作業員など）に応じた分類も可能である。同様に、モノやカネも多くの分類方法が存在し、例えばモノには原材料や半製品、製品、機械設備、備品などが挙げられるし、カネは自己資本（資本金、株式、利益準備金など）や他人資本（銀行からの借入、社債など）に分類が可能である。

いずれの経営資源も経営にとって重要であるが、その重要度の濃淡は時代によって変遷を遂げてきた。経済史家のガルブレイス（Galbraith, J. K.）によると、封建時代には最重要な経営資源は土地であり、土地さえ持っていれば多くの農作物を大量に作ることができたが、産業革命が起こり、資本主義の時代となって機械の発明に伴う工業生産が盛んに行われるようになると、土地に代えてカネやモノの重要度が相対的に増すようになったとされる。その後、資本主義が成熟してゆき、モノ余りやカネ余りの社会になると、今度はヒトがモノやカネを動員するうえで戦略的に重要な経営資源として認識されるようになり、さらに昨今では、新たに情報や知識、企業文化、新技術といった可視化しにくい無形資産が重要な経営資源と認識されつつある。

なお、これらの新しい経営資源の具体的動員にあたってもヒトが決定的に重要な役割を果たしている。例えば、単なる数字でしかない生データに、ヒトが何らかの意味を加えることを通じ「データ」は経営にとっての「情報」となり、さらに「知識」（knowledge）へと発展する。ヒト資源は他社からの模倣困難性も高いことから、あらゆる経営資源の中でヒトこそが企業経営の基幹となる経営資源であるという見方が昨今さらに強まりつつある。　　　　　　　　　　（上林憲雄）

→戦略的人的資源管理、ナレッジマネジメント、外部労働市場、内部労働市場、知識産業、グループウェア、経営情報、範囲の経済、知識創造

経営者→トップ・マネジメント

経営社会政策（Betriebliche Sozialpolitik／Betriebssozialpolitik）……………Ⅰ－2－A

経営社会政策とは、企業が自発的に労働者を対象として行う政策を言う。特にドイツの産業合理化の段階時にみられ、国家政策に加え企業による自助努力の必要性を背景としていた。

経営社会政策は、労働者の生活面を対象として生活保障等を実施する意味と、生産面を対象として労働力の効率活用に向けて労働条件の改善や人材開発等に努める意味に大別される。前者を狭義の経営社会政策、後者を社会的経営政策と言い概念的に区別される。　　　（相原　章）

経営者教育（manager education）
　　　　　　………………… Ⅰ－2－A, B, Ⅱ－3－A

階層別教育の中で最上位に位置するも

か行

ので、経営幹部を対象とした教育である。近年では、次世代リーダーの育成や経営人材の育成などと呼ばれることもある。グローバルレベルでのナレッジ競争の激化やVolatility（変動性）・Uncertainty（不確実性）・Complexity（複雑性）・Ambiguity（曖昧性）、いわゆるVUCAの時代と言われるように、社会経済環境が極めて予測困難な時代においては、将来に向けて経営のかじ取りをするとともに、企業を変革・誘導していく経営者の役割は企業内教育において喫緊の課題となっている。

経営者教育の教育内容としては、経営方針・経営戦略・マーケティングなど経営全般に関するもの、財務管理、資金調達・運用などのファイナンスに関するもの、マネジメントやリーダーシップに関するもの、内外の経済や社会の動向に関するもの、などが中心となっている。ハーバード・ビジネス・スクール（HBS）のエグゼクティブ・エデュケーション（経営人材養成プログラム）においても、戦略論、ファイナンス、マーケティングなどが教育内容に入っている。最近では、経営者育成に向け、ビジネスゲームや戦略シミュレーション研修、経営トップ自らが直接経営者候補の教育にあたる経営塾なども増えつつある。（谷内篤博）
→監督者教育・訓練

経営者退職金……………………Ⅰ-2-A
一般の従業員の退職に伴う退職金の場合、就業規則等の規定に基づき支給されるのに対し、経営者の退任に伴う退職金の場合は、在任中の職務執行の対価（役員報酬）の一部として、会社法の規定により、定款または株主総会の決議に基づき支給される。もっとも定款で規定する企業は少なく、多くは株主総会の決議による。株主総会で認められた役員退職金規程に基づいて、取締役会で細目を決定することも可能である。具体的には、退職時の報酬月額×在任期間×功績倍率を退職金額とし、このうち功績倍率は同業種同規模企業の退職金データにより算出する企業が多い（2～3倍程度が多い）。

経営者に対する退職金が損金算入できるのは、在任期間や退任の事情（任期満了、自己都合、死亡、業務上の過失など）、同業種同規模企業の退職金支給状況などから、妥当とされる金額に限られる。また、金額が巨額になることがあるため、退職金保険を利用して原資を確保する企業も少なくない。近年では、機関投資家などの株主の同意を得にくいことがあるため、経営者退職金を廃止して毎月の報酬の増額やストックオプションの付与などで対応するところが上場企業を中心に増えている。　　　　　　　（石毛昭範）

経営者報酬……………………Ⅰ-2-A
日本企業の場合、一般の従業員の報酬（賃金）が労働基準法など労働法に従う必要があるのに対し、経営者（企業の業務執行を担う取締役）の報酬は会社法に従う必要がある。また、東京証券取引所上場会社の場合はコーポレートガバナンスコードに従うことが求められる。会社法により、経営者をはじめとする役員の報酬は定款または株主総会の決議により定めることとされている。実際には株主総

会で役員の報酬の総額および役員ごとの報酬決定方針を決め、役員ごとの報酬額は取締役会で決めている企業が多い。公開会社の場合、役員の報酬は事業報告や有価証券報告書への記載が求められる。なおコーポレートガバナンスコードは、役員の報酬について、健全なインセンティブとして機能する決定方式の採用、および決定プロセスの独立性（例えば独立した報酬委員会による決定）を求めている。

経営者報酬は一般に固定報酬と変動報酬で構成される。このうち変動報酬は業績等によって変動するもので、いわゆる役員賞与やストックオプションがあげられる。近年、報酬に占める変動報酬（とりわけ中長期の業務目標に連動する報酬）の割合を増やすところが大企業を中心に増えている。　　　　　　　　　（石毛昭範）
→ストック・オプション

経営情報 ……………………………… I－2－A
経営組織およびその外部環境におけるすべての情報を指す。すなわち、組織の内部構成員や外部の利害関係者が意思決定を行う際に必要とされるあらゆる情報を意味する。

今日の組織は、きわめて不確実性の高い社会環境、市場環境、技術環境に直面しており、組織内部の調整だけでなく外部環境への迅速な適応が求められている。このとき、組織は外部環境との情報的相互作用によって、環境変化に受動的に適応するだけでなく、能動的に適応し、さらには環境そのものを再構成しなければならない。情報的相互作用とは、情報の処理、創造、交換、蓄積などによって展開される人々の間の相互作用を意味するが、この情報的相互作用を支援するメカニズムが情報システムとして認識される。特に、経営組織における情報的相互作用を支援するメカニズムは、経営情報システム（MIS：Management Information System）と呼ばれ、経営情報論において主たる研究対象とされてきた。

経営情報は、さまざまな基準によって分類されている。主たる分類として、数量化が困難な説明や解釈である定性的（または質的）情報と、財務情報や測定尺度を用いた心理統計といった数量化された定量的（または量的）情報が挙げられる。また、取引情報や人事情報といった組織内部で利用される情報と、IR（Investor Relations）活動の一環として株主や投資家に提供される財務諸表や業績見通しといった組織外部で利用される情報という分類も一般的である。

経営情報論ないし経営情報システム論において、伝統的には、情報システムの設計と運用、データベースの設計と管理、情報通信ネットワークの管理などの技術に関する研究が中心であった。しかし、近年では、AI（Artificial Intelligence：人工知能）、IoT（Internet of Things）、クラウド・コンピューティング、ビッグデータ解析など、高度化された情報通信技術を複合的に駆使することに関する研究が進められている。こうした高度な情報通信技術が人間生活のあらゆる側面に影響を及ぼす変化は、DX（Digital Transformation）と呼ばれる。また、組織活動の変化として、所定の事業所に出社せずに職務を遂行するテレワークと呼ばれる働き

か行

方、あるいはバーチャルオフィスの設計によって、バーチャル空間と現実空間を高度に融合させようとする取り組みが進められている。特に、バーチャル空間の呼称については、VR（Virtual Reality：仮想現実空間）やメタバース（metaverse）とも呼ばれるようになってきている。

（加納郁也）

経営人類学 ································· I－2－A

経営人類学は国立民族学博物館の共同研究から始まっている。共同研究とは領域の異なる研究者が特定のテーマを、それぞれの立場から報告し、討論した結果が報告書として刊行されるという研究のスタイルで、いわゆる京都学派での共通のスタイルになっている。このスタイルをとっているからといって研究が成功するわけではない。人類学と経営学がそれぞれ手を伸ばしたコラボレーションとして成立している。

経営学と経営の実践は文化的な差異は最適実現の障害と見なしてきた。先進国文化を前提として計算された最適な行動の様式が実現しないのは現地文化がそれを妨げているためと考え、その排除を求める。しかし、職場集団の構成原理を排除して最適が実現できるのか。先進国以上の生産性を上げている場合に現地文化の排除を求めるのか。

生活の場から職の場に入るときに日本の文化は多く場の移行の儀礼、例えば朝礼や体操などで、異なる場への移行がなされる。合理的必然をともなわないように見える儀礼的行動が非常に大きな枠組を提示する。現在はこの研究領域が、む

しろ海外で評価され、フォーラムや学会につながろうとしている。（日置弘一郎）

経営政策（business policy）········· I－2－A

経営政策は経営方針と混同されがちであり、実際両者はともに英語ではbusiness policyである。しかし、日本、ドイツ等では重要な意味をこめて経営政策という表現が用いられる。企業の経営政策とは、その全般的・長期的目標の設定と、それを実現するための戦略の策定のことである。前者にはそうした目標設定のほかに、経営理念・ミッションの創出も含めるかもしれない。そうした意思決定が政策決定であり、企業家的決定、企業家行動を意味する。

このような経営政策論が登場するのは、経営学的戦略論のそれとほぼ同じ1960年代であって、出現の背景も類似している。ただ、その後戦略の理論も実務も大発展したけれども、経営理念・ミッションや目標設定のそれらにはごく最近までみるべきものがあまりなかった。したがって、経営政策論は戦略論として跛行的な発展を遂げている、といいうる。

経営政策の具体的内容として、経営理念・ミッションの創出がある。それは当該企業の存在理由を、端的に表現するものである。それは企業の価値観の中核である。経営政策的問題としては、次に、そうした経営理念・ミッションのために、企業全体としての5年先、7年先に到達すべき目標設定の問題がある。目標は通常、複数になる（多目標）。いかなることを目標とするか、目標間を経営資

源投入との関係においてどのように調整するか、個々の目標数値をどうするかといった問題が処理されることになろう。

さらに、設定した目標を達成するための戦略策定が続く。ここがさきにふれた戦略論のアリーナである。　（二神恭一）

→企業理念、企業目標、戦略

経営責任→責任

経営組織（management organization）
....Ⅰ-2-A

一人では成しえない目的を達成するために編成される協働の体系。近代組織論の祖とされるバーナード（Barnard, C. I.）によると、組織とは、複数の人々による意識的に調整された諸活動や諸力の体系として定義される。この組織を経営すべき対象と見なす場合に経営組織という呼称がされるが、実体的には組織も経営組織も同一と考えて差し支えない。要するに、共通目的に向かって成員が協力し合いながら活動に従事している集団が組織であり、具体的には、企業はもちろんのこと、官公庁や病院、学校、クラブ活動や趣味のサークルなども全て組織である。

逆に、組織ではない集団は何かを考えることで、より組織とは何かが理解しやすい。組織ではない典型的な例は、バス停でバスが来るのを待つ人々の集団である。この集団は、確かに複数の人々の集まりではあるが、皆が協力しながら何らかのことを成し遂げようと活動しているわけではない。よって、これは組織ではなく、単なる集団として位置づけられる。

組織における協働には、成員の役割分担を構造化し、効率を上げることが必要不可欠である。しかし同時に、組織は絶えず変動する経営環境へ適応したり、経営戦略の変更に伴って自らを変えたりできる柔軟性や革新性、創造性を備えておくことも必要であり、経営者にはこの双方を両睨みする能力が求められる。

（上林憲雄）

→バーナード, C. I.、機械的組織、権限、組織概念、組織形態、組織図、組織理論

計画活動のグレシャムの法則（Gresham's law of planning）.........................Ⅰ-2-A

サイモン（Simon, H. A.）が指摘した問題であって、人々には計画活動ないし意思決定にあたって、重要な新奇な意思決定の方は後回しにして、手慣れた日常の意思決定の方を優先させる性向があるという。また、プログラム化された意思決定がプログラム化されないそれを駆逐する傾向があるともいう。グーテンベルク（Gutenberg, E.）が言う「組織の代位法則」も類似の事態を表す。グーテンベルクによると、近代企業において、一般的規則が次第に個別的な、場合ごとの意思決定にとって代わる傾向がある。いずれも近代企業、特に大企業における意思決定の状況を明らかにするものである。

（二神恭一）

→サイモン, H. A.、意思決定

経験学習（experiential learning）
....Ⅱ-3-A, B

個人の学習において当人の経験・実践

と、経験の内省（reflection）を重視する考え方である。様々な考え方が存在するが、それらの源流にあるのが、プラグマティズムの哲学思想に根ざしたデューイ（Dewey, J.）である。デューイは、「現実の生活から切り離された場所で、現実の経験からは切り離された記号や抽象的概念を注入することこそが学習である」という伝統的な学習観を批判し、代わりに、日常における直接的な経験に根ざし、日常において偶発的に生起する学習に注目する必要性を主張した。

このデューイの考え方を、実践家にとって直感的に理解しやすいモデルとして提示したのが、コルブ（Kolb, D. A.）らであった。コルブによれば、複雑で、不安定で、不確実な現場で活動する実践家は、具体的経験⇒内省的観察（省察）⇒抽象的概念化⇒能動的実験というサイクルを通じて、自分が直面する状況に対処するための、実践的な知見を見出していく。このサイクルを継続しつづける、終わりの無いプロセスこそが、学習だというのである。「能動的実験・具体的経験」と「内省的観察・抽象的概念化」という、大きく分けて2つのモードの間を循環しながら、知識が創造されるものとして学習を捉えたものである。（服部泰宏）

経済性（Wirtschaftlichkeit）…………Ⅰ-2-A
グーテンベルク（Gutenberg, E.）によると、経済性の程度は、一定の生産給付を最小可能な手段投入で達成するか、所与の手段で最大可能な生産給付を達成する時、最高となる。要素結合間に選択の可能性があれば、経済性の原則に従って行動することができる。経済性は、所与の生産給付の場合、現に実現された実際費消と達成され得る最有利な標準費消の比率で測定される。その他、シュマーレンバッハ（Schmalenbach, E.）やニックリッシュ（Nicklisch, H.）等の独自の経済性概念がある。 （佐々木常和）

経済性工学（economical engineering）
………………………………………Ⅰ-2-A
企業では経済的な有利さを具体的に検討する必要性がある意思決定問題に出会うことが多い。例えば、どの設備投資案が経済的に最も有利か、外注すべきか、自社で製造すべきか、本当に利益の多い製品はどれか、どの機械で生産するのが最も経済的であるか等である。このような技術と経済との関わりの仕組みを理解しなければ解決できない問題のために生まれた学問がエンジニアリング・エコノミー（engineering economy）である。しかし、これはどちらかといえば個々の技術問題に関する採算計算の方法をあまり体系を考えずに説明する立場をとってきた。もちろん、それはそれなりに役立つものといえるが、このような叙述法では学習上の効率という点からみればあまり合理的とはいえない。このような反省の上に立って構成し直した学問がこの経済性工学（千住鎮雄・慶應義塾大学元教授が名付け親）である。これの主な内容には、経済的な有利さを判定するための比較対象の明確化や費用と利益の本質的相違部分の把握等を前提にした採算分析の研究、生産能力と需要とを考慮した採算分析の研究、経営管理の方策を制約する条

件と経済性の評価尺度の研究、現価・終価・年金の考え方に基づく投資資金の時間的な価値の分析（投資の経済計算法）の研究、投資計画の諸方式の研究、減価償却会計と経済計算の関連性の研究等が含まれる。 （二神恭一）

契約社員 ……………………… Ⅰ-2-B

一般に高度な専門的知識・技能を有し、それをもとに企業と契約を結び働く社員のことを指す。その他の特徴としては、企業に直接雇用されていること、そして雇用期間の定めのある有期雇用社員という特徴がある。正社員とは直接雇用という点では同じであるが、雇用期間の有無に違いがある。また、有期雇用であるパート・アルバイトとは、直接雇用、有期雇用という点では同じであるが、求められる専門性の度合いが異なる。 （飛田正之）

→嘱託

系列 ……………………… Ⅰ-2-A

スポットではなく継続的、長期的、安定的に、取引を行う企業間に成立する関係を指す。完成品メーカーと部品メーカーの間の生産系列、メーカーと卸、小売店の間の販売系列に加え、かつては6大企業集団を系列と呼ぶことがあった。

株式の所有、役員の兼任、融資の有無、部品図面作成への関与の有無など、関係は多面的であり、その浅深は個別的である。また閉鎖性や支配性を問題とされることも、機能性が評価されることもある。 （日野健太）

ゲシュタルト心理学 （gestalt psychology）

……………………… Ⅱ-2

ドイツで生まれた心理学の学派の一つ。ゲシュタルト（形、形態）はもともとドイツ語であるが、英語に適訳がないのでそのまま使われている。日本では形態心理学と訳されることもあったが、現在ではゲシュタルトと原語のまま使用されている。その基本的考え方は「全体は構成部分の総和とは異なり、相対的かつ依存的であり、部分の性質も全体の構造によって規定される」とした。

1912年にウェルトハイマー（Wertheimer, M.）がケーラー（Köhler, W.）とコフカ（Koffka, K.）の協力によって行った仮現運動の実験がその始まりである。この実験はある刺激を異なる場所に一定の速さで連続的に提示すると、目には運動として見えるという現象をいう。いわゆるアニメーション映画の原理である。すなわち刺激の変化と感覚とは一対一には対応しないとしてヴント（Wundt, W. M.）らの要素主義的な心理学を否定した。その後この3人はアメリカに亡命し、数十年にわたってゲシュタルト学派の中心になった。この考え方は知覚研究にとどまらず学習、記憶、思考、子供の発達、さらには心理療法の領域にも適用され、多くの研究を生み出した。

社会心理学の分野ではレヴィン（Lewin, K. Z.）が「場理論」に基づいたグループ・ダイナミックスという考え方を展開して小集団、リーダーシップ研究を発展させた。 （松原敏浩）

→ゲシュタルト療法、レヴィン, K. Z.

ゲシュタルト療法（gestalt therapy）

.... Ⅱ－3－A

1950年代にユダヤ人の精神科医、フレデリック・パールズ（Perls, F. S.）とゲシュタルト心理学者であった妻ローラ・パールズ（Perls, L.）らによって開発された心理療法である。その考え方はゲシュタルト心理学、実存主義思想、さらには東洋的な瞑想や禅の考え方も基礎にしている。彼らによると精神的に健康な人は過去や未来にとらわれずに現在を強く生き、神経症の人は現在と過去あるいは未来との間に横たわる問題にとらわれて悩んでいるという。したがって、今どうするか（now and how）が健全なる生き方において最も重要な問題である。

この療法は「今ここ」の気づきに焦点をあて、過去にとらわれることなく、未来を恐れることなく、自らが求める人生を得るためのお手伝いをする心理療法。セラピー姿勢としてはロジャーズ（Rogers, C. R.）の来談者中心療法などと一緒に人間性心理学の中に分類されている。具体的な治療に関しては、ロールプレイング等のゲームや実習を通して言語以外の運動的、非言語的コミュニケーションにも注目しながら、クライアントに対して「いま―この瞬間」の経験を直視させることを重視する。現在では心理療法の枠を超えてTグループのような人格訓練にも広く取り入れられている。

（松原敏浩）

→Tグループ、ゲシュタルト心理学

ケース・スタディ（case study）....Ⅱ－3－A

ある特定の事例（case problem）を調査、分析することから、一般的な法則や理論を見い出そうとする方法であり、わが国では「事例研究法」ともいわれている。ケース・スタディの中では、ハーバードのビジネススクール（経営大学院）の開発した「ケース・メソッド」や、マサチューセッツ工科大学（MIT）の「インシデント・プロセス」が、代表的なものになっている。

ケース・スタディという方法論は、すでに一定の基本的な知識や経験を有する人々を対象として、彼らの分析能力と実践的な問題解決能力の育成を目的として利用され、定着してきた。

ケース・スタディは、経営学の研究方法であると共に、人的資源の能力開発の方法でもある。具体的には、ケース・スタディでは、①ケース（事例、問題）が学習する参加者に提示される、②ケースの事実を参加者が確認する、③ケースの確認または分析からケースの中に隠されている問題点を発見する、④問題点に対する解決案を作成し、その評価を行う、⑤最終的な解決案を決定する、⑥現実へのフィードバックを行う、という一連のプロセスがとられる。ケース・スタディの参加者は、これらの過程への参加を通じて、問題解決能力、なかでも認知力、分析力、判断力、洞察力等を育成することになる。

このようにケース・スタディは研究だけでなく、学習や能力開発の方法でもあるが、ある企業のある特定の具体的な問題を対象にする「臨床的なアプローチ」でもある。

（池田玲子）

→教育・訓練、教育・訓練予算

ケース・メソッド（case method）Ⅱ−3−A

　具体例を取り上げ、参加者の討論を通して、分析し解決のための最善策を導き出す教育手法である。実際に起きたことに対する問題解決・意思決定能力を高めることを目指す。具体例を分析し、関連する理論や手法を学習する方法は一般にケース・スタディと呼ばれる。

（丹羽浩正）

→ケース・スタディ

月給（monthly salary）·····················Ⅰ−2−B

　1か月いくらと月単位で賃金が定められた賃金（支払）形態のこと。月給には、日給月給と完全月給の2種類が存在する。日給月給は欠勤、遅刻、早退があった場合に未就業時間分が減額されるが、欠勤等の有無に関係なく毎月決まった額が全額支払われるのが完全月給である。なお、月給制が適用されていても、労働基準法の規定に基づき、法定労働時間を超えた労働、休日出勤、深夜労働に対しては、割増賃金の支給が義務付けられている。（厨子直之）

→割増賃金、法定労働時間

結婚退職制度（system of resignation because of marriage）·················Ⅰ−2−B

　かつてはしばしば見受けられた制度で、女子雇用者を対象に、結婚と同時に退職することを定める制度。これと同類の制度には「女子若年定年制」（例えば25歳定年制等）がある。女子の正規雇用は独身若年層に限るのが一般的だった時代があった。しかし、昭和40年代以降多くの違法判例が下され、昭和56年には男子55歳、女子50歳という5年の差別定年をも違法とする最高裁判決が出された。雇用機会均等法が制定され、現在では、差別定年はもちろん、性別を理由とするあらゆる差別は違法である。

（山岡熙子）

ゲーミフィケーション（gamification）
···Ⅱ−3−A

　身の回りのことにゲーム要素を用いて、対象者をワクワク楽しくやる気にさせること。仕事や勉強などでの活用事例も増えている。特徴は、楽しいをキーワードにしたモチベーションメソッドで、ゲームに慣れ親しんだ若い世代との親和性が高い。ゲーミフィケーションデザインには、①能動的な参加、②達成可能な目標設定、③称賛の演出などの要素がある。対象者が楽しいと思う環境を用意することは手段であり、目的は対象者が能動的に行動することである。（岸本好弘）

ゲームベースドラーニング（game-based learning）·····································Ⅱ−3−A

　ゲーミフィケーションや学習ゲームを学習環境に用いて、学習者をワクワク楽しくやる気にさせる学習または学習環境のこと。企業研修にアナログゲームを用いたり、授業でゲーム体験を通して学習対象に興味を持たせたり、クイズを振返りに使う事例も増えている。またその研修や授業に、ゲーミフィケーションを用いることが効果的であると言われている。アクティブラーニングとの相性が良い。楽しい環境づくりは手段であって、対象者が能動的に学習できるようになる

か行

ことを目的とする。　　　（岸本好弘）

ゲーム理論 ················ I－2－A

　チェスや将棋などのゲームのように、複数の主体が戦略的相互依存関係にある状況を分析するための数学理論。多くの社会・経済問題の分析に応用されている。ハンガリー出身の数学者フォン・ノイマン（von Neumann, J.）によって生み出された。

　ゲームの構成主体を個人とする非協力ゲームと複数人による提携（coalition）とする協力ゲームとに大別される。一般的に、ゲーム理論といった場合は非協力ゲーム理論を指すことが多い。

　非協力ゲーム理論において、ゲームは、戦略的依存関係にあるプレイヤー（player）、各プレイヤーがとりうる戦略（strategy）、結果として各プレイヤーにもたらされる利得（payoff）の3つを特定化することで定式化される。また、これらの要素について各プレイヤーが持つ情報の観点から完備情報ゲーム、不完備情報ゲームに区別される。更に、明示的に時間要素を取り入れるか否かによって、各プレイヤーが同時に戦略を選ぶ戦略形ゲーム、交互に行動することも含めた展開形ゲームに分かれる。

　非協力ゲーム理論の解概念としてはナッシュ（Nash, J. F.）によるナッシュ均衡が有名。生物学における進化ゲームなど、各分野への応用も盛んである。

　　　　　　　　　　　（友利厚夫）

研究開発 （R&D） ············ I－2－A

　企業内における研究開発は、新しい知識の吸収のための調査、既存製品・サービスの改善や改良、新製品の製造方法の開発、新サービスのコンセプトや提供方法の開拓、それらを市場投入するための実証試験、知財取得や標準化等の多様な活動の総称である。研究開発のプロセスは、企画、基礎研究、探索、応用研究、プロトタイプの試作・実証、量産開発等からなる。

　近年、デジタル革新が進むとともに、研究開発のスピードアップやコスト低減への要請が高まるなかで、開発の方式やそれを担う組織に大きな変化が見られている。具体的には、他の企業やスタートアップ、大学・国立研究機関等の外部との協力による研究開発（チェズブロウ（Chesbrough, H.）が提唱した「オープンイノベーション」）、大学・国立研究機関で行われた基礎研究の成果を導入した研究開発（「産学連携」、「サイエンス・リンケージの上昇」）、製品・サービスのユーザーが持つ具体的なアイデアやニーズを導入した研究開発（ヒッペル（Hippel, E. V.）が提唱した「ユーザーイノベーション」）、デジタル技術とものづくり技術との融合（「サイバー・フィジカル」）が増加している。また、脱炭素や超高齢化といった社会課題の解決を目指した研究開発を重点に掲げる企業が多くなっている。

　　　　　　　　　　　（坂田一郎）

→研究開発戦略

研究開発戦略 （R&D strategy） ······ I－2－A

　研究開発戦略とは、企業が持つビジョンやパーパスの実現に対し、技術面からアプローチするための戦略。それを用い

て目指すものとしては、既存の製品・サービスの競争力の向上や市場の拡大と、新しい製品・サービスの開発の双方を含む。戦略によって決定されるものとしては、技術への投資ポートフォリオ、開発する技術の優先順位、開発にかける期間、他社との提携も含めた開発のための組織の在り方、知財確保の方策等がある。近年、脱炭素等の社会課題に対応するための戦略の重要性が高まっている。

（坂田一郎）

→研究開発

減給・減俸 ································ Ⅰ-2-B

一般的には給与の額を減らすことを減給、俸給の額を減らすことを減俸というが、年俸の額を減らすことを減俸ということもある。懲戒処分の一種としての減給は、懲戒に関する規定が就業規則に記載されていることを前提に労働基準法に定められた範囲内でのみ行うことができる。また、降格等による減給も、就業規則等における減給ルールの明確化やその周知、減給回避努力、対象者への説明など、公平性のある運用実績が求められる。 （一守 靖）

→懲戒

権限（authority）·················· Ⅰ-2-A

職務を組織の中で公に遂行しうる正当な権利ないし権力（パワー）のこと。管理者に権限が付与される管理権限、作業者に付与される作業権限がある。管理権限は、部下に職務を遂行させるために行使される命令を発する権利であり、作業権限は作業者が自身の担当職務の遂行に

必要な諸資源を排他的に使用できる権利である。一般には、単に権限といえば管理権限を指すことが多い。

経営組織論では、こうした権限が何ゆえに発生するか、その正当性の根拠について長らく議論の焦点となってきた。古典的管理論においては、権限は組織の上位者から委任されたものと解釈される。こうした考え方は「上位権限説」と呼ばれる。この上位権限説を突き詰めると、権限の源泉はより上位者へと次々に遡っていくことになり、最終的には私有財産権といった法律に依拠して発生するものとして捉えられることとなる。つまり、権限は、組織の各職位従事者が自身の職務の遂行のために法的に付与された権利ないし権力として捉えられ、組織上のルールや規範としての性格を有していると理解される。こうした考え方は「権限法定説」と呼ばれる。

これらの考え方に対し、近代組織論の祖とされるバーナード（Barnard, C. I.）は、人間のもつ主体性を重視し、組織の個々人を意思決定者・問題解決者と見なす視点から、権限は上位から与えられるものとして捉えるのではなく、下位者による受容によって初めて成り立つものであると主張した。即ち、上司が権限を保有するか否かは、その発する命令が部下によって受容されるか否かがポイントとなるのであり、権限と呼びうるか否かの確定は、命令の発令者側ではなく受令者側に存するとされたのである。こうした考え方は「権限受容説」と称され、以後サイモン（Simon, H. A.）やマーチ（March, J. G.）などの近代組織論者に受け継がれ、

か行

踏襲されることとなった。

　下位者による権限の受容の促進には、組織制度上ないし組織文化上のさまざまな要因、例えば発令者が報酬権や処罰権等を有しているか否かといった点や、個人的にいかに豊富な情報や知識、技能等を有しているかといった点、さらには発令者がカリスマ性などの人間的魅力を有しているか否かといった点などが鍵になる。　　　　　　　　　　（上林憲雄）
→権限委譲、バーナード, C. I.

権限委譲（delegation）…………Ⅰ－2－A
　上位者の権限の一部を下位者に委譲すること。組織において権限が委譲される最も基本的理由は、組織規模の拡大に伴って業務量が増大するにつれ、上位者が有している能力に限界が生じ、全ての業務を単独でこなすことができなくなることによる。上位者が行っている業務のうち、比較的ルーチンで、下位者でも適切な指導があればこなせる類の業務から漸次委譲していくこととなる。実務的には、こうした場合、上位者は下位者に完全に任せっきりにしてしまうのではなく、とりわけ委譲の初期段階では適宜チェックを行い、適正に業務遂行がなされているかを確認することが肝要となる。
　なお、権限移譲は、上位者のこうした業務負担量の軽減といった観点からのみではなく、下位者のモチベーションを向上させるという観点からも積極的に行われる場合がある。ハーズバーグ（Herzberg, F.）の動機づけ－衛生理論によれば、従業員の職務満足度が高まるのは、上位者から権限が委譲され、自身が普段従事する業務内容よりも少し困難で挑戦的な課題が付与された場合であるとされており、権限委譲の有効性が説かれている。この場合にも、上位者による業務進捗の随時のチェックは不可避な要素となる。
　　　　　　　　　　（上林憲雄）

→動機づけ－衛生理論

健康経営（health and productivity management）……………………………Ⅰ－1, 2－B
　従業員の心身の健康状態を高めることに積極的に取り組むことが、生産性の向上や結果としての業績向上につながることを目指して行われる経営管理の総称。英語表記にみられるように、従業員の心身の健康と生産性の両方をうまく追求していこうとする考え方や取り組み。健康経営の源流の一つとして、臨床心理学者ローゼン（Rosen, R. H.）の著書 *Healthy Companies*（1986）による、ヘルシー・カンパニーという概念の提示があげられる。
　政府も「『日本再興戦略』改訂 2014 ―未来への挑戦―」にて、「国民の『健康寿命』の延伸」というテーマの下、健康経営に取り組む企業が社会で評価される枠組み等の構築や健康投資の促進が図られるための措置に言及している。また、経済産業省は、東京証券取引所と共同で、企業による「健康経営」の取り組み促進を目指して、健康経営に戦略的に取り組む上場企業を「健康経営銘柄」として 2014 年度から選定している。
　健康経営への取り組み方は多様であるが、基本的には、組織としての健康経営に関する考え方や方針の周知・共有、従

業員の健康に関するデータの収集・分析、それらに基づく具体的施策の策定・実施・検証といった手順で取り組まれている。 （森田雅也）

健康保険 ································· Ⅰ-1, 2-B

日本の健康保険は、国民皆保険制度で、世界最高レベルの平均寿命と保健医療水準を実現している。全国民は何らかの健康保険に属する。医療機関を自由に選べ、安い医療費で高度の医療が受けられる特徴を有する。その国民医療費の負担構造は保険料49.4％（被保険者28.1％、事業主21.3％）、公費38.3％（地方12.8％、国庫25.4％）、患者負担11.7％である。

医療保険制度としては、国民健康保険（加入者数2660万人）、全国健康保険協会（協会けんぽ）管掌健康保険（加入者数4044万人）、組合管掌健康保険（加入者数2884万人）、共済組合（加入者数854万人）と後期高齢者（加入者数1803万人）を対象とする後期高齢者医療制度がある。国民健康保険は、被保険者本人が保険料を全額負担する。協会けんぽは、保険料の半分を勤め先の会社が負担する。また社会保険には、国民健康保険にはない扶養制度が設けられており、所得額の少ない家族を自分の扶養者として健康保険に加入させることができる（数値は令和元年値：厚労省ホームページによる）。

（灰田宗孝）

健康保険組合 ···································· Ⅰ-1

健康保険組合は、健康保険事業を行う公法人で、常時700人以上の従業員を雇用する事業所や同種・同業で3000人以上の従業員が集まる事業所が、設立することができる（組合健保）。厚生労働大臣の認可が必要である。これに対して、主に健康保険組合を設立していない中小企業が加入するのが、協会けんぽで、国内最大規模の健康保険事業を運営する保険者である。他に、公務員や私学教員を対象とする共済組合・共済制度、船員保険、そして自営業、自由業、農林業従事者等を対象とする国民健康保険がある。

加入者数は令和4年予算ベースで、協会けんぽが3930万人、組合健保が2884万人、国民健康保険が2850万人で、この3制度で国民の80％をカバーしている。

（灰田宗孝）

→健康保険制度

健康保険制度 ···································· Ⅰ-1

医療保険制度としては、国民健康保険、全国健康保険協会、管掌健康保険、組合管掌健康保険、共済組合と75歳以上の後期高齢者を対象とする後期高齢者医療制度がある。自己負担割合は年齢により異なり、義務教育就学前（6歳になった年の年度末（3月31日まで））は2割負担、6歳～70歳、現役並み所得の有る人は3割負担、70歳～75歳未満は2割負担、75歳以上で一定以上の所得の有るものも2割負担、75歳以上の一般所得者は1割負担であり、保険制度によらない。 （灰田宗孝）

→健康保険組合

研修センター （training center）···· Ⅱ-3-A

企業等が研修を実施する目的で、職場とは別に確保する施設。研修による経営

か行

183

理念の浸透や人的交流の促進など人材育成の実効性を高める目的で使用される。研修センターは自社で建設、所有されるケースのほか、外部の業者が保有する施設が利用されることもある。自社で建設する場合、トップ・マネジメントの強力なリーダーシップを必要とする。建設にあたって考慮すべき点は、その規模、付帯施設、施設運営コスト、施設保有のメリットの明確化等である。

施設の運営に関しては、研修センターを独立した機能をもつ組織として位置づけるか、あるいは単なる施設として運営するかによって業務のあり方は異なってくる。前者の場合、集合研修の企画立案や実施計画の策定、実際の研修運営に関わる実務等が生じる。また学習意欲を高める雰囲気の醸成、施設の稼働率や効率性の向上、日々の管理基準等を明確にした合理的な運営が重要な業務となる。後者の場合、会社資産としての建物設備の管理が主になるため、寮管理等と同様に施設の維持管理が中心業務になる。

自社所有の研修センターは稼働率が低く、経営上の負担になることもある。建設にあたっては事前の検討が重要である。　　　　　　　　　　　　（河野憲嗣）

→入社前教育、入職前教育、新入社員教育、職場ぐるみ訓練、職種別研修、教育・訓練計画、教育投資効率、管理職研修、監督者教育・訓練、階層別教育

現地適応力 (local adaptability)
　　　　　　　　　　　　 I－2－B, II－3－A

現地適応力とは、従業員が海外派遣された場合にどれくらい現地の仕事環境、生活環境に適応できるかという能力のことであり、異文化適応力（cross-cultural adaptability）ということもできる。

企業が海外派遣者（expatriates）を選抜する場合、一般的に重視する資質は、技術的・専門的スキルや経営スキルの程度であり、多くの場合、現地適応力については見過ごされがちである。しかし、技術的・専門的・経営的スキルの高い人が、現地適応力も高いという保証はどこにもない。

海外派遣の失敗、すなわち、不満足な成果または任期途中の帰任は、多くの場合、技術的・専門的・経営的スキルの不足の結果よりは、派遣者およびその家族の現地への不適応の結果として生じている場合が多いのである。

このため、海外派遣者の選抜に際しては、技術的・専門的・経営的スキルに加えて、該当者の現地適応力を見極め、現地適応力が不足する場合にはその能力向上策である異文化適応訓練（cross-cultural adaptation training）を受講させることが必要である。　　　　　　　　（白木三秀）

→海外派遣、異文化適応訓練（海外適応訓練・異文化理解訓練）

現物給与 ························ I－2－B

労働の対償として金銭の代わりに物又は権利その他の経済的利益をもって支給される給与。企業が経費節減や売上増進、在庫調整などの目的で導入する場合があり、主なものに食事の現物支給や自社や取引先の商品の値引き販売などがある。ただし労働基準法第24条では、「賃金は、通貨で、直接労働者に、その全額

を支払わなければならない」と規定され
ており、労働協約等によって定める場合
を除き現物支給は原則として禁止されて
いる。　　　　　　　　　　（一守　靖）
→賃金支払五原則

コアコンピタンス（core competence）
………………………………………Ⅰ-2-A
　企業が保有している、競争力の基盤と
なる組織的な中核能力のこと。即ち、顧
客に対し、競合他社がなしえない独自の
価値を提供でき、多様な市場の開拓を可
能とする、他社からは模倣・複製・代替
されにくく持続的競争優位の源泉とな
る、当該企業特有の能力を指す。とりわ
け、顧客・市場を包含するバリューチェ
ーン全体の中の、特定の技術力や製造能
力、スキルやノウハウを指して用いられ
ることが多く、バリューチェーン全体が
包括的に有する能力を示すケイパビリテ
ィという用語とは区別される。
　この概念が最初に用いられたのは、ハ
メルとプラハラード（Hamel, G. and Prahalad,
C. K.）が1990年に *Harvard Business Re-*
*view*誌（Vol. 68）に発表した論文におい
てである。その後、1995年に『コア・
コンピタンス経営』の刊行により、日本
の実務界でも経営戦略論における重要概
念として知られるようになった。
　1980年代までの経営戦略論において
は、具体的なヒット製品や成果を取り上
げての分析が中心的に行われ、それがな
ぜヒットに至ったかや、その成功を産み
出す原動力は何であったのかといった点
の分析は不十分であった。こうした欠陥
を補うべく開発されたのがコアコンピタ

ンスの概念である。　　　（上林憲雄）
→戦略、リストラクチャリング

公益通報者保護法（Whistleblower
Protection Act）………………………Ⅰ-1
　勤務先の犯罪行為などを通報した者に
対する不利益取扱いを禁止する法律であ
る。従業員から通報があった場合、それ
を組織内で適切に処理して自浄作用をは
たらかせる経営が好ましい。行政は
1990年頃より事前規制型から事後チェ
ック型へと管理方法を段階的に変化させ
た。事後チェック型は事前規制型よりも
行政の管理コストが小さくて済むが、違
反者を取り締まれないと公正な市場環境
を維持することができないため、公益通
報者保護法により、組織内の違反行為を
報告しやすい環境を作った。（寺本佳苗）
→リスク・マネジメント、コーポレート・
　ガバナンス、倫理的リーダーシップ

降格・降職………………………………Ⅰ-2-B
　降格は職務遂行能力や業績等の考課に
基づく資格等級（グレード）が下がるこ
とを言い、降職は部長が課長になるとい
ったように組織上の職位（ポスト）が下
がることを言う。対比される言葉として
は、昇格・昇進となり、昇格・昇進は通
常人事評価の上昇によるものであるが、
一方降格・降職は人事評価の下降の他
に、懲戒処分として行われることもあ
る。従業員の資格等級や職位の変更は、
労働意欲に大きな影響を及ぼすので、納
得のいく公平な運用が大切で慎重に決定
されなければならない。　（若林正清）

考課昇給 ························· Ⅰ-2-B

　定期昇給（定昇）のうち、人事考課の結果を反映させて賃金の上昇幅が決まるものを指す。一般的に考課昇給の決定基準として、能力考課（従業員が保有している能力やスキル・知識）、成果考課（目標の達成度）、情意考課（仕事に対する取り組み姿勢や態度）の3つが挙げられる。考課昇給は個人の頑張りを賃金決定に活かすことができるが、公平で納得感を高める評価基準の整備が従業員のモチベーションを左右する点に注意が必要である。

（厨子直之）

→定昇（定期昇給）、自動昇給、昇給、人事
　考課

公教育（public education）··············· Ⅰ-1

　階層や男女の別など無く、すべての国民の教育を受ける権利を保障する目的で、国あるいは州が組織化した教育制度。教育における親の義務を共同化・社会化したもので、公費で条件を整備し、公共的な性格をもつ。公教育の対概念は、家庭教育や習い事などの「私教育」である。私立学校も関係法規に基づいて設置されていることから公教育機関であり、また義務教育以外の高校・大学も公教育と言える。公教育関連の事項としては、教育財政、教育内容・方法、教育設備、教員養成など広範囲に及ぶ。

　制度的に成立したのはドイツ・プロイセンを先駆とし、当初は国家に忠誠を尽くす従順な国民を育てる目的で国民に教育を義務付ける、言わば国家的観点に基づくものであったが、フランス革命期にコンドルセ（Condorcet, N. D.）によって自立した市民の育成を目的とする公教育思想が形成された。

　近代以降の国民国家の成立・発展過程で、国民全体を対象とする体系的・組織的な公教育制度が成立した。各国での制度的成立の背景には、ナショナリズム、産業革命、デモクラシーの思想があるとされ、国により独自の公教育が成立した。先進諸国における近代公教育制度の成立は19世紀半ば以降とされ、日本では1872年の「学制」によりすべての国民に小学校への就学が奨励され、制度的に確立したのは1900年頃であった。日本の場合はナショナリズムの色濃い、国家主導の性格が強かった。戦後は、憲法26条で国民の教育を受ける権利が規定され、その権利を保障するために、公共の責任で教育機会を提供する点に重点が置かれている。

　公教育においては、①義務、②無償、③非宗派（中立）が原則とされている。義務とは、子どもの教育権を保障するために保護者や国・地方公共団体に課すもので、保護者には子どもを就学させる義務、地方公共団体には学校を設置する義務、国には教育を保障する義務がある（義務教育の構造）。無償は、教育を受ける権利を経済面から保障する意味をもち、どの学校段階まで無償にするかは、その国の財政や政策により異なる。中立性は、主に教育以外の権力（党派、宗派）によって教育が歪められないことを目的とするもので、教育行政、教育内容、教員の中立性が求められている。

　教育機会の保障や少子化対策の観点から、政府は教育の無償化政策を進め、

2010年から高校教育の授業料無償化、2019年から幼児教育・保育の無償化、さらに2020年から高等教育の一部無償化を実現させている。　　　（湯川次義）

公共職業安定所 ······················Ⅰ-1
　公共職業安定所は、職業紹介等を行う国の機関であり、民間の職業紹介事業等では就職へ結びつけることが難しい就職困難者を中心に支援するセーフティネットとしての役割を担う。通称「ハローワーク」と呼ばれる。
　職業紹介、職業相談、求人開拓などの「職業紹介業務」、雇用保険、職業訓練の受講指示、受講給付金の支給などの「雇用保険・求職者支援業務」、障害者の雇用率達成指導、雇用維持支援などの「雇用対策業務」を一体的に実施している。
　　　　　　　　　　　　　　（吉本明子）

公共職業訓練 ·······················Ⅰ-1
　国及び都道府県は、その責務として「職業を転換しようとする労働者その他職業能力の開発及び向上について特に援助を必要とする者に対する職業訓練の実施（職業能力開発促進法第4条第2項）」に努めなければならないこととされており、この規定を受けて国及び都道府県は、労働者が多様な職業訓練を受けることができるよう、離職者、在職者、学卒者に対する職業訓練を実施している。
　公共職業訓練の種類としては、新規学卒者等若年者に対する普通課程（長期の訓練課程）の普通職業訓練、職業転換を必要とする離職者等に対して再就職に資する職業訓練を行う短期課程の普通職業

訓練のほか、さらに高度な技能、知識を習得させるための高度職業訓練がある。
　公共職業訓練は、国及び都道府県の設置する公共職業能力開発施設において行われるほか、職業を転換しようとする労働者等に対して迅速、効果的な職業訓練を実施するため、専修学校等の民間教育訓練機関等を活用した委託訓練により行われている。近年、離職者訓練における委託訓練の割合は、7割近くとなっている。　　　　　　　　　　　　（吉本明子）

公共職業能力開発校 ·················Ⅰ-1
　都道府県が設置している職業能力開発校は、地域における職業訓練の基盤となる公共職業能力開発施設として、主に新規学校卒業者等若年労働者に対する普通課程（長期の訓練課程）の職業訓練のほか、労働者及び事業主の必要に対応して短期課程の職業訓練も併せて総合的に行う施設である。地域のニーズによってはいずれかの訓練課程がないこともあり得る。なお、1992年の職業能力開発促進法改正により、職業訓練校から職業能力開発校に改称されている。　（吉本明子）

公共職業能力開発施設 ···············Ⅰ-1
　国及び都道府県は、労働者が段階的、体系的に職業に必要な技能、知識を習得できるよう、普通職業訓練及び高度職業訓練その他多様な職業訓練を行うための職業能力開発施設を設置している。
　公共職業能力開発施設には、職業能力開発校、職業能力開発短期大学校、職業能力開発大学校、職業能力開発促進センター及び障害者職業能力開発校の5種類

か行

がある。職業能力開発校は都道府県が、職業能力開発短期大学校、職業能力開発大学校、職業能力開発促進センター及び障害者職業能力開発校は国が設置することを原則としている（職業能力開発促進法第16条）。

このほか、公共職業能力開発施設は、地域における総合的な職業能力開発センターとして、労働者が職業生涯にわたり職業能力開発の機会を確保できるよう、事業主、労働者その他の関係者に対し、職業能力開発に関する情報、ノウハウの提供や相談などの必要な援助を行うことが定められている。さらに、海外の開発途上地域における訓練担当者の訓練を行うことができるとされている（職業能力開発促進法第15条の6）。　（吉本明子）
→職業能力開発促進法

工業マイスター（Industriemeister）……Ⅰ－1
工業マイスターは、第2次世界大戦後、西ドイツ商工会議所によって、新しい職業像として創設され、その育成と資格認定制度が確立された。マイスターになるためには一定期間にわたる職業教育と実習的な訓練を経験した後、それぞれの専門技能によって指定されたマイスター試験に合格することを要す。資格を得た工業マイスターは、熟練した専門的な技能労働者であると同時にそれぞれの生産現場における監督スタッフとして活動する。　（佐々木常和）

貢献意欲……………………………Ⅱ－2
バーナード（Barnard, C. I.）が示した組織の成立要素の一つで、協働意思（will-ingness of cooperation）ともいう。彼によれば、複数人による調整された活動としての組織が成立するために必要十分な条件は、①共通目的、②協働意思、③コミュニケーションである。貢献意欲ないし協働意思は、共通目的のもとで各人に与えられた役割について責任をもって遂行する意思のことである。個人は、様々な個人的な動機を持っているが、いったん組織活動に参加すれば組織目的を達成するために組織人格として職務を全うする。

個人の貢献意欲を確保するには、組織は、個人にとっての誘因が協働への貢献を同等か上回るように、様々な誘因を提供し続ける必要がある。誘因には、客観的側面と主観的側面がある。客観的側面として、組織が給与やポストなどの積極的誘因を個人に提供したり、個人の負担を削減するなどの消極的誘因を提供したりする誘因の方法がある。もっとも、組織の客観的な誘因提供能力には制約があるため、個人が欲求水準や質を変更することを意図して組織から様々な説得・働きかけが行われることがあり、誘因の主観的側面という。組織が個人から継続的に貢献意欲を確保するためには、客観的誘因の組み合わせとある程度の説得が必要となる。　（庭本佳子）
→能率、誘因と貢献、バーナード, C. I.

公式組織→フォーマル組織

工場法（Factory Acts）………………Ⅰ－1
工場法は一般に子どもと女性の労働保護の法律だと解されている。工場法の前

身は徒弟制に関する徒弟法（apprentice act）だが、すでにイングランドのエリザベスⅠ世治世晩年の徒弟法（通称エリザベス法）には労働時間、賃金、雇用などの労働法的規制が含まれていた。中世の人びとは日没でしごとを終える習慣、道徳心があったが、この時期にはそれが少し崩れつつあった。

工場法成立のきっかけは18世紀前半、紡績機械が次々に発明・改良され、綿紡績等で工場制生産が増え、子どもと女性の労働力化が進み、その過酷な労働状況に対する社会的批判が高まったことである。1802年の徒弟法（「工場徒弟の健康・道徳法」）が成立し、次いで1833年法で9歳未満の子どもの就労禁止、13歳未満・18歳未満の子どもの労働時間規制、夜間労働禁止、工場監督官制などが盛り込まれた。1844年法では、女性も労働保護対象になった。その後労働保護は手厚くなる。

日本では農商務省が工場法制定を意図し、繊維産業の工場を中心に調査して報告書『職工事情』（1903）をまとめたが、工場法制定は1911年だった。16歳未満の子どもと女性の労働時間規制、12歳未満の子どもの就労禁止、深夜労働禁止などの条文があるが、適用範囲は常用従業者15人以上の工場であり、例外規定も色々あった。1947年に労働基準法が制定され、工場法は廃された。

（二神恭一）

→徒弟制度、労働基準法、職工事情

交渉理論（bargaining theory）⋯⋯⋯⋯Ⅱ−2
交渉理論とは、ゲーム理論、紛争の研究、認知心理学など、多様な分野における研究に基づいた、交渉に関する理論全般を指す用語である。ここでの交渉とは、2人以上の交渉者間で実施される利害調整のプロセスであり、利害の不一致を解消するための当事者同士の話し合いを意味している。

交渉は、当事者たちの置かれた状況に応じて、分配型交渉と統合型交渉の2つに分けられる。分配型交渉とは、利害が対立した当事者同士が限られた利益を分け合う、いわゆるゼロサムな状態で行われる交渉である。限られた利益から「どちらがより多くの利益を得るのか」を巡る交渉が展開されることから、こうした交渉はゼロサム交渉やwin-lose交渉とも呼ばれる。

これに対して、統合型交渉とは、当事者同士がそれぞれの利害を示しながらそれを調整し、双方の利益の最大化に努める交渉である。この交渉においては、当事者間の利害が完全な対立関係にある訳ではなく、交渉によって分配される利益そのものを大きくする解決策がしばしば存在する。その解決策によって限られた利益の新たな価値の創出を目指すことから、こうした交渉は価値創出型交渉やwin-win交渉とも呼ばれる。　（櫻井雅充）

向性検査（extroversion-introversion test）
⋯⋯⋯⋯⋯⋯⋯⋯⋯⋯⋯⋯⋯⋯⋯⋯⋯Ⅱ−3−A
ユング（Jung, C. G.）の考えに基づいた性格検査である。人間のエネルギーは外界（環境）か内界（自我）かに向けられ、いずれが強いかにより、それぞれ外向性（extroversion）と内向性（introversion）に

類型化される。2つのタイプはそれぞれ4つの下位特性を持つと考えられ、結局、人間の性格を、(1) 外向的—①思考型、②感情型、③感覚型、④直観型、(2) 内向的—①思考型、②感情型、③感覚型、④直観型の計8つの型に分類して理解しようとするものである。

（河村茂雄）

→性格検査

構成主義 (constructivism) ....Ⅱ−1

　構成主義とは、認識論の一つで、人は能動的に知覚を形成し、すでに知っていることから物体や現象を解釈するという理論的立場を意味する。構成主義に立てば、知識を獲得するということは一人一人の頭の中で情報をかみ砕き、自分なりの意味を形成することであるといえる。したがって、同じ情報を提供したとしても、一人一人の理解や解釈は異なるため、学習効果を高めるために学習者を丁寧に観察し、適切な学習支援を行うことが必要となる。

　また、人は受動的に情報を解釈し、学習するだけの存在ではない。したがって、講演やセミナーのように知識や情報の一方向的な提供よりも、学習者が主体的にかかわることのできるグループワークや問題解決学習といった手法がより有効であるという主張の理論的背景ともなっている。

　構成主義には心理的構成主義と社会的構成主義という2つの立場がある。心理的構成主義は知識や現象の意味構成は個人の解釈に基づくと考えるが、社会的構成主義では個人の解釈よりも集団や社会の間主観的な解釈によって形成されると考える。したがって、前者の分析単位は個人であるが、後者のそれは集団や文化となる。

（開本浩矢）

→問題解決学習

厚生年金 (employees' pension) ....Ⅰ−2−A

　厚生年金保険法に基づく被用者を対象とした報酬比例年金。基礎年金に加えて支給される。法人又は従業員5人以上の個人事業所で常用される70歳未満の者は原則強制的に適用される。かつて公務員等は共済年金に加入していたが、被用者年金一元化により2015年からこれらの者も厚生年金の被保険者になっている。

　勤務時間が通常の被用者の4分の3未満であるパート・アルバイトなどは原則非適用だが、段階的に従業員数が一定以上の事業所を対象に、週の勤務時間が20時間以上などの短時間労働者への強制適用化が進んでいる。2024年10月には従業員51人以上の事業所が対象になる予定である。

　保険料は標準報酬の18.3％であり、これを労使折半で負担する。年金給付は、老齢厚生年金、障害厚生年金及び遺族厚生年金の3種類がある。

　被保険者が原則65歳になると老齢厚生年金を受給できる。年金額は、標準報酬の累計額×0.5481％、で計算される。

　被保険者が一定の障害状態になった場合には障害厚生年金を受給できる。年金額は障害の程度により1級が老齢厚生年金相当額の1.25倍、2級と3級は同相当額である。なお、1級と2級はそれぞれ

障害基礎年金の1級と2級を同時に受給できる。

被保険者か受給者が死亡した場合は、生計維持関係にあった遺族が遺族厚生年金を受給できる。年金額は死亡した者が受け取るべきであった老齢厚生年金相当額の75%が基本である。　（福山圭一）

→**厚生年金保険法、障害年金、遺族年金、標準報酬**

厚生年金基金 （employees' pension fund）

···Ⅰ−1

厚生年金保険法に基づき企業年金を実施することを目的に設立された特別法人をいう。老齢厚生年金の一部を代行する機能を有することが特徴である。

かつては日本の企業年金の中心的な役割を担っていた。しかし、運用不振によって代行部分にまで影響が及ぶおそれが生じたことなどからその在り方について見直しが行われ、2013年の法律改正により、新設は認めず、既存基金も解散や他の企業年金への移行を促すことになった。今日では残存基金数はごくわずかである。　（福山圭一）

→**企業年金、私的年金**

厚生年金保険法 （Employees' Pension Insurance Act） ·····························Ⅰ−1

厚生年金の根拠法。1941年に制定された労働者年金保険法が前身であり、1944年に現名称に変更された。当初は報酬比例の年金であったが、1954年に新法として再スタートし、定額部分と報酬比例部分の2層構造の年金となった。1985年の改正で、定額部分が実質的に基礎年金に移行し、厚生年金はこれに上乗せする報酬比例年金となった。被用者年金一元化により2015年から公務員等にも適用されている。　（福山圭一）

構造づくり （initiating structure） ····Ⅰ−2−A

リーダーシップ研究においてミシガン研究と双璧をなすオハイオ州立研究において、優れたリーダーに共通する行動として提示されたのが、構造づくりと配慮の2つである。オハイオ州立研究者達は、当初、この2つの行動以外にも、代表、対立的要請の調整、不確実性への耐性、説得力、自由の許容、役割の堅持、業績強調、先見性、統合、上方指向など、様々な行動を想定していたが、実証研究を重ねた結果、この2つによって多くのリーダー行動を説明しうると結論づけるに至った。

構造づくりとは、部下が目標の達成に向けて効率的に職務を遂行するのに必要な構造ないし枠組みを部下にもたらす行動である。自分自身ならびに部下の役割やなすべき課題を明確化し、部下にタスクを割り当て、職務遂行の手順やスケジュールを設定することにより、優れたリーダーは、部下の仕事環境にある種の構造を作り出すという。オハイオ州立研究の研究者達によれば、構造づくりと配慮は、相互に独立した次元であり、これらを共に高度に行うことが高い業績をもたらす。　（服部泰宏）

拘束時間 ·····································Ⅰ−2−B

実労働時間と休憩時間を合わせた時間を拘束時間と呼んでいる。実際に働いた

か行

労働時間は実労働時間と呼ばれているが、これには休憩時間は含まれていない。労働基準法が規制する労働時間はこの実労働時間である。一方、休憩時間は労働者が自由に利用できる時間でなければならないが、事実上企業内で休憩をとることが多く、その結果、使用者の拘束の下におかれているという意味で、実労働時間に対して拘束時間と呼ばれている。
（若林正清）

→所定労働時間、休憩時間

交替勤務（shift work）……………Ⅰ－2－B
　化学工業、鉄鋼業など装置産業はじめ長時間稼働せねばならない業種においては、1日8時間の労働時間では一人で対応できない状況が生じる。そのため同一の職務を複数人で交替して遂行する必要がある。交替勤務には4直3交替制、3直3交替制など様々な態様があるが、労働衛生上深夜業を含む場合には、特定業務従事者に対する健康診断を行わねばならない（労働安全衛生規則45条）。
（廣石忠司）

→労働時間

公的資格（public qualification）………Ⅰ－1
　一般的に「資格」の種類は、「国家資格」、「公的資格」、「民間資格」の3つに分けることができる。その中で、「公的資格」とは、文部科学省・経済産業省などの省庁や大臣が認定している資格で、試験の実施機関は公益法人や民間団体など。知名度が高い資格が多い。法令に基づく資格ということで、国家資格に準ずる信用度があるために、就職、転職、キ

ャリアアップに有用とされる。
　なお、「公的資格」は「国家資格」と「民間資格」との中間的な資格であり、殊に民間資格との境目があいまいである。「○○省認定」や「○○省後援」との表現が付与されることもある。公的資格の具体例として、圧入施工技士、オートレース審判員、ケアマネージャー（介護支援専門員）、福祉用具専門相談員、司書教諭、消費生活アドバイザー、食品衛生責任者、伝統工芸士、日商簿記、パソコン技能検定Ⅱ種、メンタルヘルス・マネジメント検定、ビル経営管理士などが挙げられる。
（鈴木寿信）

→資格取得援助制度

公的年金（public pension）…………Ⅰ－2－A
　国が社会保障の一環として実施する年金をいう。日本の公的年金は社会保険方式が採られており、適用されると被保険者となり、保険料を負担する。制度として、国民年金と厚生年金がある。
　国民年金は20歳以上60歳未満の全ての者に強制的に適用され、国民皆年金を形成している。その適用種別は3つに分かれる。第1号被保険者は、自営業者など第2号及び第3号被保険者以外の全ての者、第2号被保険者は厚生年金の被保険者、第3号被保険者は第2号被保険者の被扶養配偶者である。第1号被保険者は国民年金保険料を、第2号被保険者は厚生年金保険料を負担する。厚生年金保険料は第3号被保険者分を含むという考え方から、第3号被保険者自身は保険料を負担しない。いずれに対しても一定の要件に該当すれば基礎年金が支給され

る。

　雇用されて働く勤労者には、原則厚生年金が強制的に適用される。国民年金の第2号被保険者であるので基礎年金が支給され、これに加えて厚生年金が支給される。

　基礎年金は保険料納付期間に比例する定額の年金であり、厚生年金は報酬比例の年金である。被用者にとっての公的年金は、基礎年金に厚生年金が上乗せされた2層構造の年金である。　（福山圭一）
→私的年金、厚生年金、基礎年金

行動科学（behavioral science）…………Ⅱ−2
　行動科学とは、ヒトの行動を心理学、社会学、文化人類学などの学際的知見を応用し、科学的手法を通じて実証的に明らかにしようとする学問を意味する。心理学などの他領域との連携による学際性および科学的手法を用いて実証的に研究する方法論において、行動科学と組織行動とを厳密に区分することは難しいが、組織行動は組織という舞台での人間行動に焦点を当てて分析しようとする一方、行動科学は必ずしも組織という舞台を意識せず、人だけに留まらず動物を含めた行動全般を分析することもある。また、組織行動は組織の効率性や組織への統合というマネジメント志向が見られるが、行動科学は純粋に人の行動を科学的に探求しようとする傾向が強いともいえる。さらに、行動科学では実験や観察という手法が積極的に用いられる一方、組織行動ではインタビューやサーベイ調査が積極的に用いられる傾向もある。このような相違を踏まえると、行動科学は組織行動を含む包括的概念であるともいえる。

　行動科学という用語はシカゴ大学の心理学者であったミラー（Miller, J. G.）によって命名されたといわれる。その後フォード財団が1952年にCenter for Advanced Study in the Behavioral Sciencesを設立し、米国の有力大学に活発な資金援助を行うことで広く社会に知られることになった（二村（2004））。その背景には、科学的管理法にはじまる経営学における人間観の限界が指摘され、モチベーションをはじめ人の心理や行動をより実態に即して明らかにすることが希求されたこと、経済人モデルに基づく人間観だけでは多様な欲求や価値観を持つ人的資源の管理が困難になってきたこと、実験や調査によって得られたデータを用いて人間行動に関する仮説を実証的に検証しようとする研究アプローチの重要性が高まったことなどが指摘される。

　行動科学の研究領域は多岐にわたり、マネジメントに関する領域としては従業員や消費者の行動などが主に取り上げられた。特に、モチベーション理論に行動科学の知見が応用されるようになったことで、経営分野における行動科学研究として組織行動という領域が確立していったと考えられる。また、米国においては心理学の新しい領域として、組織心理という学問領域も発展した。組織行動ときわめて近接している領域であるが、組織心理が主に心理学部で教育される一方、組織行動はビジネススクールで教育されるといった相違が指摘できる。

（開本浩矢）

→組織行動、科学的管理法

か行

高等教育機関と基礎自治体の人材開
発・育成 ………… I−1, 2−A, II−3−B

　一定の規模を有する広域自治体や政令市等は独自の人材育成機関を設置し、組織的にその育成に取り組んでいる一方、小規模の基礎自治体にあっては、広域自治体の研修所や民間事業者が開催する研修等に職員を参加させるなど、その担い手たる職員の能力開発・育成の機会は少ないのが現実である。

　近年、大学等高等教育機関が地方公務員を対象とした育成コースを開催する事例が増えてきた。大学院の修士課程に位置付けるもの、正課外のプログラムとして開設するものなど、その形態は様々であり、その殆どが一定の費用負担を求め、執務時間中の修学を必要とするなど、受講には一定のハードルがある。近年では、例えば聖学院大学（埼玉県）にみられるように、大学の社会貢献事業として位置付け、近隣自治体の職員を対象に、無償で就業時間外にコースを開催する取り組みも現れており、小規模な基礎自治体の人材開発・育成の一形態として、その拡大が期待される。　（猪狩廣美）

行動経済学（behavioral economics）‥ II−2

　心理学的要素を取り込み、伝統的な経済学が前提とする合理的経済人を用いるモデルとは異なる仮定を組み入れた経済学の一領域である。伝統的な経済学における個人の意思決定モデルは、個人が効用関数を持ち、与えられた情報に基づく何らかの信念を持っていること、そのような情報や信念を所与として、自らの効用関数を最大とするような意思決定をす

るということを想定する。その仮定には、例えば、選好の一貫性、指数割引、期待効用の最大化、利己性、無限の認知能力、無関係なフレーミングや文脈からの独立性、といったものがある。行動経済学は、このような仮定を拡張したり、修正したりした行動経済学的モデルを、様々な経済現象にあてはめて議論をおこなう。

　行動経済学の権威であるラビン（Rabin, M.）によれば、行動経済学の潮流は①バイアスの発見、②バイアスの経済理論モデルへの定式化、③行動経済理論の諸分野への応用、の3段階に分類される。ノーベル経済学賞を受賞したカーネマン（Kahneman, D.）やセイラー（Thaler, R. H.）などは主に①の領域で貢献を成した研究者であり、一般向けのテキストなどでしばしば紹介されるのも、①に関わるものが多い。しかし実際、行動経済学の研究上のフロンティアになっているのは、むしろ、③の領域である。

　　　　　　　　　　　　　　（服部泰宏）

行動主義 …………………………… II−2

　行動主義は科学的および客観的な調査を強調する心理学研究の学派である。19世紀以前の心理学は内面心理を内省する「内観法」が主流であったが、主観的で抽象的という批判があった。19世紀初めに心理学の行動主義アプローチが誕生した。最初の代表的人物はアメリカのワトソン（Watson, J. B.）であった。彼は1913年に「行動主義者から見た心理学 "Psychology as The Behaviorist Views It"」という論文を発表した。内的心理

状態または心と意識に依拠せず、人間の行動は、刺激に対する直接的な反応として科学的に説明可能だと提唱した。客観的・実証的な研究方法として、環境条件を統制して実験を行う実験法と客観的な行動記録を行う観察法が採用された。内的要因や遺伝的要因等をほとんど排除して行動は環境と経験から影響されると主張した。ワトソンの行動主義はのちの新行動主義や徹底的行動主義と比較して古典的行動主義と呼ばれる。

　古典的行動主義は刺激と反応（S-R理論）という単純な結びつきに注目したのに対して、新行動主義者はより複雑な行動の生起メカニズムとプロセスを研究した。例えば、ワトソンの古典的行動主義の限界を克服するために、ハル（Hull, C. L.）は方法論的行動主義の研究方法と媒介変数を導入してより複雑な行動メカニズムを理解しようとした。刺激と反応の結びつきに影響する内的要因として有機体（Organism）の存在を主張し、S-R図式を改良したS-O-R理論を提唱した。ほかに、新行動主義の研究者のスキナー（Skinner, B. F.）は徹底的行動主義のアプローチを新たに提唱した。彼は自発的な反応の直後に、報酬・懲罰など特定の刺激を与えることでその反応が起きる頻度を変化させるオペラント条件付け（operant conditioning）という手法を考案した。この手法は動物に行動課題を訓練するための方法に広く使われた。スキナーはハルによって提唱された方法論的行動主義に異議を唱え、認知・意識は行動の原因ではなく説明されるべき行動主義の研究対象という立場を取っていた。

　行動主義の方法は組織マネジメントにも活かすことができる。例えば、報酬と懲罰のようなポジティブまたはネガティブな刺激を与えて行動の頻度を変えることが可能であれば、同様に従業員の行動も様々なインセンティブを提供することによって変えられるという発想である。しかし、実際の人間の行動は複雑なものであり、観察しにくい部分や個人では制御できない要因も存在しており、行動課題の解決に適さないこともある。

（王　英燕）

行動的原価企画 （behavioral target costing） ………………………………… Ⅰ−2−A

　原価企画とは、製品の企画・設計段階で、顧客が望む機能や品質を維持しながら、利益と原価を作り込む、組織横断的な原価削減活動である。予想販売価格から所要利益を控除することで、許容原価と呼ばれる目標原価が設定される。この目標原価と、設計図に基づいた見積原価を比較し、目標原価≧見積原価となるまで設計のやり直しを行う。原価企画の活動では、製品開発に係わる従業員に対して短納期と低コストという過酷な制約の中で品質・機能の維持が求められる。原価企画の実施に応じてシステムやツールが洗練されていくと、次第にそれらに依存し始め、創造的な能力が失われて来るという現象が起きる。

　これは手法依存症候群と呼ばれ、設計担当エンジニアの疲弊や、品質問題に影響を与えるとされている。このような人間心理による悪影響を排除しながら原価企画を進めていく方法の一つが、行動的

原価企画である。そこでは、目標原価の設定などにおいて、個人の心理に着目し、心理学研究の知見を応用することで、原価企画における創造性の担保、目標原価達成に向けたモチベーションの向上、逆機能の回避ということが考えられている。 （高橋　賢）

行動のモデル化 （behavior modeling）
.... Ⅱ−2

行動のモデル化とは、反応と結果を実演することによって行動を教示することを意味する。根拠となる基礎理論は社会学習理論である。人間の行動は動機づけまたは橋渡しとなる認知的プロセスを通して成り立つ。人間は観察を通して学習できるため、学習者の前に正しい行動が確実に示されれば、学習者は目の前のロールモデルを観察して、その行動を模倣する。行動のモデル化が有効になるためには、学習者に対して参加と模倣のスキルを正しく示す必要がある。更に、学習者は示された行動を注意深く観察し、示された通りに再現しなくてはならない。成功した特定の行動を十分に理解して同じ行動を取ることができれば、成功の道筋となる。

行動のモデル化は教育方法を考える上で有効である。簡単な行動と複雑な行動の双方に有効であることから、従業員教育などで活用されている。例えば、接客マナーを学ぶために、スキルの高い先輩の仕事ぶりをよく観察することで、自分も先輩を模倣してお客様に喜んでもらえるスキルを会得することができる。ただ、モデル化の方法は数多くあり、様々

な状況において、更にできるだけ必要な回数を繰り返し模倣しなくてはならないこともある。 （王　英燕）

行動のリーダーシップ （leadership behavior）
.... Ⅱ−2

リーダーシップをリーダーの行動に注目して説明しようとする試み、ないしはその立場に基づく一連の研究が指摘するリーダーの行動を意味する。

「行動」としてまず指摘できるのは、計画や目標達成に関わる課題指向行動、人間関係や集団の維持に関わる社会情緒指向行動である。三隅二不二のPM理論は前者を業績達成（performance）行動、後者を集団維持（maintenance）行動と呼んでいる。

またレヴィン（Lewin, K. Z.）以来注目されてきた行動は意思決定である。フォロワーを関与させる度合いとして、リーダー行動は、自由放任vs.参加（民主）的vs.専制的行動としてとらえられる。

ただし、コンティンジェンシー理論が主張するように、いずれの行動であっても、その有効性は状況変数の影響を受けることに留意する必要がある。

さらに、1970年代以降行われるようになったカリスマ／変革型リーダーシップの諸研究は、外部環境／内部環境についての分析行動、ビジョンや目標の提示行動、ビジョン実現のために自発的関与を引き出す行動を指摘している。

参考までに、リーダーシップをリーダーの「資質」、リーダー・フォロワー・状況間の「プロセス」、フォロワーによる「帰属」としてとらえる研究と対置す

ると、「行動のリーダーシップ」の意義は明確になる。　　　　　　（日野健太）

→リーダーシップ、リーダー

行動変容（behavioral change）…………Ⅱ−2

　行動変容とは、本来練習や経験の結果として比較的安定した行動の変化が起こることを意味する。人材育成の文脈でとらえるならば、目標やビジョンの達成に向けて、従業員が自発的に行動を変化させることといえる。ここでいう行動は必ずしも身体的行為だけを意味するものではなく、思考や認知といった心理的過程を含むとされる。行動変容の手法として、古典的条件付け、オペラント条件付け、社会的学習理論などがあるが、現代の人材育成場面では社会的学習理論を応用した手法が一般的である。厚生労働省では行動変容の過程をその準備性によって、5つの段階に分類している。すなわち行動を変える関心が低い時期である「無関心期」、関心がある時期である「関心期」、行動を変える準備が整った時期である「準備期」、新しい行動を実行する時期である「実行期」、新しい行動が定着する時期である「維持期」に区分される。こうした変容段階モデルは当初、禁煙という行動変容に関して提唱されたモデルであり、その後も健康教育の場面などで活発に応用されている。準備性の段階に応じた適切な介入や支援を行うことが行動変容に効果的である。

　また、行動変容を促すには、自己効力感を高めることが効果的であるという指摘もある。自己効力感を高めるためには、バンデューラ（Bandura（1977））に

よれば4つの手法があるとされ、まず、従業員に成功経験を積ませることが重要である。成功体験がある行為に対する自信を生み出し、自己効力感を促進する。つぎに観察学習（モデリング）である。たとえば自身と境遇の似た同僚が行動変容に成功した場面を観察することで、こらも行動変容が出来そうだという自信が生まれる。直接の成功体験がない場合でも自己効力感が刺激されるのである。さらに上司や周囲の同僚から褒められる、励まされるという言語的説得によって自信が生まれることもあるだろう。最後に緊張状態を緩和し、リラックスした気分になることで出来そうだという感覚が高まることもある。成功経験が本人の自信につながり、変容した行動を継続することで、新たな行動が定着する。行動変容が達成され、自己効力感が高まることで、さらなる行動変容に向かうモチベーションが刺激される。くわえて行動変容の目標が徐々に高まっていくという好循環が期待できる。　　　　　　（開本浩矢）

→社会的学習理論、自己効力感

行動療法（behavioral therapy）……Ⅰ−2−B

　行動主義の諸原理に基づいて考案された心理療法の総称で、問題行動の多くは学習性行動であると考える。古典的条件づけ理論に基づく代表的技法では系統的脱感作法、オペラント条件づけ理論ではトークン・エコノミー法、社会的学習理論ではモデリング法があげられよう。精神分析に立脚する療法の臨床成績不良や精神分析理論が仮定する原因変数が測定不能であることなどから、60年代から

行動療法が勃興したと言われている。

（吉田　悟）

→行動主義、精神分析

高度人材（highly skilled human resources）
....I−2−B

専門分野において高度な知識や技術、経験をもつ優秀人材のこと。特に海外から受け入れる人材を指す場合が多いため、「高度外国人材」とも呼ばれる。

海外の主要先進国では、高度人材の学歴や職歴などに応じたポイント制を導入済みで、高度人材を巡るグローバル獲得競争が起きている。日本では、「出入国管理及び難民認定法」などを改正して2012年から高度人材のポイント制を導入したが、受け入れについては想定人数を下回る状況にある。　　　　（吉田　寿）

→外国人雇用

高度プロフェッショナル制度............I−1

高度の専門的知識等を有し、職務の範囲が明確で一定の年収要件を満たす労働者を対象として、労使委員会の決議及び労働者本人の同意を前提として、年間104日以上の休日確保措置や健康・福祉確保措置等を講ずることにより、労働基準法に定められた労働時間、休憩、休日及び深夜の割増賃金に関する規定を適用しない制度である。

対象業務は金融商品の開発、コンサルタント、研究開発等に限定され、年収要件は1075万円以上となっている。

（吉本明子）

高年齢者雇用.........................I−1, 2−B

日本はいま世界に類を見ない少子高齢化を経験しつつある。少子高齢化のもたらす最大の問題は経済社会の支え手である労働力人口の減少だ。これは、国内の生産水準、消費水準を低下させて経済成長を妨げ、また社会保障制度の持続可能性を低下させる可能性を持つ。そこで高齢になっても、経済社会の支え手として、その能力を発揮し続けてもらえるような社会、「生涯現役社会」を実現しなければならない。

総務省「労働力調査」によれば、すでに2022年平均で、15歳以上の労働力人口6902万人の内65歳以上は927万人（全体の13.4％）と、15〜24歳の572万人（全体の8.3％）を大きく上回っており、高齢者抜きに日本の経済社会は成り立たなくなっている。その意味で、15〜64歳を生産年齢人口と呼ぶのは時代遅れである。厚生労働省の雇用政策研究会によれば、このまま何もしないと2040年には労働力人口は5500万人程度まで減少すると予測されており、少しでもこの減少を緩和するため高齢者の就業、雇用の促進は必須の条件となっている。そのためには定年退職年齢の引き上げ、就労を促進するような年金制度改革、高齢期の健康増進策など、あらゆる方策を講じるべきである。

（清家　篤）

高年齢者雇用安定法.....................I−1

高年齢者雇用安定法（正式名称は、高年齢者等の雇用の安定等に関する法律で、この法律の言う「高年齢者」とは55歳以上を指す）は、高年齢者の雇用の安定、促進を目的とする法律で、1986年に制定さ

れた。当時はまだ、55歳を定年年齢とする企業も3割近くあり、60歳定年はやっと半数に達した頃である。

この法律では、まず定年年齢の60歳への引き上げを目指し、1998年度に施行された改正によって、企業は定年を設ける場合少なくとも60歳以上としなければならないこととした。

次いで同法は2006年度に施行された改正（および2013年度施行の改正）によって、年金支給開始年齢の引き上げに合わせ、①定年を無くす、②定年を65歳に引き上げる、③定年後に希望する労働者は再雇用・雇用延長などして65歳まで雇用する、のどれかの措置を講じることを義務付けた。これらによって60歳以上の定年と65歳までの雇用確保は徹底された。さらに2021年度には70歳までの「就業機会確保」を目指す改正法も施行され、70歳まで継続的に業務委託契約を結ぶ制度、継続的に事業主等の行う社会貢献事業に従事する制度を講じることなどを、雇い主の「努力義務」とした。

（清家　篤）

高年齢者雇用確保措置……………Ⅰ－２－Ｂ

高年齢者雇用安定法は、65歳までの高年齢者雇用確保措置を事業主に義務付け、また65歳から70歳までの高年齢者就業確保措置を事業主の努力義務としている。

まず、高年齢者雇用確保措置は、定年制（65歳未満に限る）を採用している事業主に、雇用している高年齢労働者の65歳までの安定雇用を確保するために、①定年年齢を65歳とすること、②継続

雇用制度の創設、または③定年制の廃止のいずれかを講ずることを義務付ける。このうち、継続雇用制度とは、正社員として雇用が定年により終了した者が、希望するときに同じ事業主が有期雇用により65歳まで再雇用するものである。これら3つの雇用確保措置のうち、継続雇用制度を採用する事業主が圧倒的に多い。正社員としての雇用の継続は、経済的に負担が多いのに比べて、継続雇用においては、新たな契約として一般に労働条件を引き下げることが可能だからである。

高年齢者就業確保措置としては、①定年の引上げ、②65歳以上の継続雇用制度及び③定年制の廃止に加えて、従業員の過半数代表の同意により④創業支援等措置（高年齢者の希望により、新事業を始める高年齢者と委託契約等を締結すること）、及び⑤事業主またはその委託を受けた、または、その援助を受けた団体が実施する社会貢献事業において高年齢者との委託契約を締結することが定められている。

（島田陽一）

幸福→ウェル・ビーイング

幸福度指数（happiness index／well-being index）……………………………Ⅰ－１, ２－Ｂ

幸福に関しては、客観的な幸福と主観的幸福とが存在するが、主に主観的幸福に関して、議論されている。主観的幸福感（subjective well-being）は、感情状態を含み、家族・仕事など特定の領域に対する満足や人生全般に対する満足を含む広範な概念であり（Diener, Suh, Lucas, and

Smith（1999））、ある程度の時間的安定性と状況に対する一貫性を持つと考えられている。主観的幸福感の研究は、QOL（クオリティ・オブ・ライフ）研究の発展の中で生まれてきたもので、QOLの主観的あるいは心理的側面といえる。

主観的幸福感は、認知的側面と感情的側面の2つの領域があり、その2つの観点から測定する尺度が構築されている。例えば、セリグマンら（Seligman *et al.*(2011)）は、ポジティブ感情、関与、関係性、意味、達成感という5つの側面からなる指標を提示している。また、主観的幸福感の一つとされる心理的幸福度の研究においては、リフ（Ryff（1989））の尺度などがある。具体的には、自律性、環境の習得、個人の成長、他者との前向きな関係、人生の目的、および自己受容などの観点から測定される。他には、ディーナーら（Diener, *et al.*（1985））が開発した人生満足度の指標などがある。

（粟野智子）

→キャリア開発（企業による）、キャリア・ストレス、企業福祉

衡平理論（equity theory）·················Ⅱ−2
アダムス（Adams, J. S.）によって提唱されたモティベーション理論の一つである。衡平理論は、相手に対してなんらかのインプット（貢献）を提供し、相手がそれに対するアウトカム（報酬）を提供する交換関係を想定する。例えば、従業員が組織に対して行う時間や努力などの様々なインプットと、組織からその対価として得られる報酬や昇進などのアウトカムをイメージすると分かりやすいだろ

う。

個人（従業員）は、自己のインプットとアウトカムの比率を、同僚や同期などの他者のそれと比較し、その比率が釣り合っている（式3）と感じれば満足を、自分の方が「割りが悪い」（式1）あるいは自分の方が「割りが良い」（式2）といういずれかの意味で釣り合っていないと感じれば不満足を、それぞれ知覚する。前者がアダムスのいう衡平な状態、後者が不衡平な状態である。このうち行動への強いエネルギーを喚起するのは、不衡平な状態の方である。衡平状態は個人を満足させるので、それ自体がなんらかの行動へとつながることはない。対して不衡平状態は、式1であれば不満を、式2であれば罪悪感を、それぞれ喚起し、なんらかの行動に繋がりうるのである。

もちろん、衡平理論のいうインプットやアウトカムというのは、当人の主観的な認識でしかない。それは給与や労働時間など数値で計測できるものだけでなく、努力や褒められる度合いといった、極めて心理的なものも含まれる。こうしたものの主観的に総合されたものが、ここで想定されるインプットやアウトカムなのだ。そのため、傍目から見れば「不衡平」に見える状態が、当人にとっては「衡平」な状態として経験されたり、その逆だったりということも十分にありうる。

$$\frac{O_p}{I_p} < \frac{O_a}{I_a} \;（式1） \qquad \frac{O_p}{I_p} > \frac{O_a}{I_a} \;（式2）$$

$$\frac{O_p}{I_p} = \frac{O_a}{I_a} \;（式3）$$

$I_p\,O_p$：個人が知覚した自己のインプットと
アウトカム

$I_a\,O_a$：個人が知覚した比較対象のインプッ
トとアウトカム

（服部泰宏）

→動機づけ

号俸給……………………………Ⅰ−2−B

　級と号俸によって決定される賃金。公
務員の個別賃金は横軸に「級」、縦軸に
「号」をとる俸給表によって管理される。
「級」とは組織内の役職と紐付いている
格付けであり、「号」とは各級の賃金範
囲を細分化した一区分を指し、各号の金
額を号俸という。各個人には何級職何号
と定められた俸給が適用される。賃金制
度の全部または一部に職能給を採用して
いる企業でも、同様に「職能等級」と
「号」からなる職能給表を用いて個別賃
金管理が行われる。　　　　（一守　靖）

公務………………………………Ⅰ−1

　一般に、国および地方公共団体が行う
事務一般を指す。その事務の法的根拠の
有無や労務の性質は問わない。国におい
ては、各府省の設置法、組織令、組織規
則等により、また、地方公共団体におい
ては、各団体の条例、規則等により、所
掌する事務の範囲が規定されている。

　公務の主な特徴は、「公共の利益に奉
仕すること」、「公権力の執行権限を有す
ること」、「租税で賄われていること」と
される。ただし、その範囲・概念は、時
代、地域、国家形態等によって異なる。
日本においても、行政改革のたびに、国
や地方公共団体が担うべき業務＝公務の

範囲がその中心的なテーマとして論じら
れてきた。特に近年は、ニュー・パブリ
ック・マネジメント（NPM：New Public
Management）の考え方にもとづき、官民
の役割分担の見直しが進められてきた。

　NPMとは、民間部門の経営管理手法
とその考え方を公共部門に導入すること
により、硬直化した行政を改革し、行政
運営の効率化と行政サービスの質の向上
を図ろうとするものである。1980年代
以降、イギリス、ニュージーランドをは
じめとするアングロ・サクソン諸国や北
欧諸国が先導する形で世界中に広がり、
日本においてもその影響を受けてさまざ
まな改革が行われてきた。

　中でも官民の役割分担に関する代表的
な改革としては、1980年代半ばの三公
社民営化や、2000年代の郵政民営化、
道路公団民営化をはじめとする公共部門
の民営化、政策の実施部門等を中央省庁
から分離・独立させた独立行政法人制度
の創設（2001年）、官と民が対等な立場
で競争入札に参加し、質・価格の観点か
ら総合的に最も優れた者がそのサービス
の提供を担う官民競争入札制度の導入
（2006年）、地方公共団体が設置する公の
施設の管理を民間事業者等に担わせるこ
とができることとした指定管理者制度の
導入（2003年）などが挙げられる。

　特に小泉純一郎政権（2001〜2006年）
においては、「官から民へ」のスローガ
ンの下、官民の役割分担の見直しが強力
に進められた。しかし、公務を受託した
民間事業者による不適切な管理運営が相
次いだこと、さらには、相次ぐ自然災害
や新型コロナウイルス感染症の感染拡大

か行

により国や地方公共団体にさまざまな対応が求められたことなどから、近年、縮小傾向にあった国や地方公共団体の守備範囲を改めて見直すべきとする意見も見られるようになっている。　（大谷基道）

公務員 ……………………………… I−1

　一般に、国または地方公共団体の事務＝公務に従事する者をいう。公務員に該当するか否かの判断基準は、①従事すべき職務が国または地方公共団体の事務であること、②国または地方公共団体の任命権者から任命されていること、③国または地方公共団体から勤務の対価として報酬を受けていること、の3点とされるが、その一部だけを満たす場合でも公務員に該当することがある（例えば、③を欠く民生委員など）。公務員に該当するか否かの決定権は、国家公務員の場合は人事院、地方公務員の場合は当該地方公共団体の任命権者にある。

　大多数の公務員には、国家公務員法または地方公務員法が適用され、民間の労働法制は一部を除き適用されない。また、日本の公務員制度は、任期の定めのない常勤職員（いわゆる正規の公務員）が中心であり、その人事システムは、新卒で採用され、内部で異動・昇進を重ねながら定年まで勤務する閉鎖型任用制（closed career system）が特徴である。

　近年は、正規職員の削減に伴い、臨時・非常勤の職員（いわゆる非正規公務員）が増加し、その待遇改善を求める声が高まったことなどを受け、2017年に会計年度任用職員制度が創設された。

（大谷基道）

公務員試験 ……………………… I−1, 2−A

　公務員の採用は、広く門戸を開き、かつ、公平な能力実証を図るため、公開・平等の競争試験によることを原則としている。国家公務員の採用試験には、幹部候補生を採用するための総合職試験のほか、一般職試験、専門職試験がある。地方公務員の場合は、地方公共団体ごとに試験区分が異なるが、事務、土木などの職種ごとに大卒程度、高卒程度などの区分が設けられるのが一般的である。近年は、多様な人材を確保するため、従来型の学力試験を廃止し、民間で用いるような選抜方法を導入する団体も増えている。

（大谷基道）

効用関数（utility function）……………… I−1

　消費者行動の理論においては、消費者は予算制約の下で消費により得られる満足を最大化するように各財の購入量を決定する。この消費による満足を効用（utility）と呼び、各財の効用はその購入量の関数として表される。いま n 種類の財 $x_1, x_2, \cdots\cdots, x_n$ があり、この負ではない消費集合について定義された選好関係の大小が関数 u の大小と一致する時、u をこの選好関係の効用関数と呼び、$u = u(x_1, x_2, \cdots\cdots, x_n)$ と表される。選好順位が実数値による効用指標を表すとする時、この効用関数を x_i について偏微分した $\partial u / \partial x_i$ を第 i 財の限界効用（marginal utility）といい、他の財の量を一定として第 i 財を1単位増加させる時の効用の増加分の近似値を与える。また、基数的（cardinal）な効用を仮定した場合に $\partial^2 u / \partial x_i^2 < 0$ が成り立つことを、第 i 財に関

する限界効用逓減という。効用概念による消費者行動の分析は、19世紀の限界革命（marginal revolution）の論者達に始まり、当初は、基数的概念として効用の数字そのものに意味をもたせようとしたが、今日の消費者行動理論は序数的（ordinal）概念に基づいた無差別曲線（indifference curve）分析の手法を用いて整合的体系を組み立てており、ほとんどの場合、こうした効用概念を用いてはいない。もっとも実際上は、選好順位を数字に変えて表現した序数的な効用関数を想定することは可能であり、これによって消費者の選好が表明されるとして分析が行われることも多い。　　　（馬場正弘）

合理化（rationalization）……………Ⅰ-2-A

自社の製品やサービスの提供を最小の経営資源投入で素早く実現しようとする経営実践。そこでは、開発・設計・調達・製造・物流・販売といったサプライチェーン個々の分野とそれらの連動による全体での効率向上（より安く、より速く、より良いものを市場へ）が求められる。

もし業務の進捗が従事者個人に委ねられている場合、「成り行き管理」（drifting management）の状態となり、製品企図から市場投入までの時間や具体的プロセス、製品完成度が極めて不安定かつ不確実なものとなる。そこで、個人任せをできる限り排除し迅速性と確実性の向上を図るため、プロセスを客観化することで従事者それぞれの課業（タスク）を明確にし、経営者側はその遂行度合を管理・統制していく。さらに、各業務範囲での部分最適が全体の機能不全にならないよ

うプロセス間で情報を共有し連動性を高めることで、（例えば購買・製造・販売の統合を通じて）コスト抑制とタイムリーな市場投入を両立させようとする。

このような合理化の中で、従事者のスキル向上が促される場合もあるが、機械化や電子化の進展に伴い人間労働はその不確実性とコストが相対的に高まってしまうことから、プロセスから排除されていく傾向がある。　　　（児山俊行）

合理的配慮………………………Ⅰ-2-B

2006年に国連で採択された障害者権利条約で示された考え方で、「障害者が他の者との平等を基礎としてすべての人権及び基本的自由を共有し、又は行使することを確保するための必要かつ適当な変更及び調整であって、特定の場面において必要とされるものであり、かつ、均衡を失した又は過度の負担を課さないもの」と定義されており、これを行わないことは障害を理由とする差別に当たるとされた。

条約を受けて、国内では、障害者雇用促進法で、全ての事業主に対し、雇用の分野における差別を禁止し、合理的配慮の提供を義務づけた。また、障害者差別解消法を制定し、行政機関、民間事業者に対し、事業を行う際に障害を理由とする差別を行うことを禁止し、行政機関に対しては合理的配慮の提供を義務づけ、民間事業者に対してはこれを提供する努力義務を課した。

例えば、車いすの人のためにスロープをつける、聴覚障害の人のために手話通訳や、筆談のボードを用意するなどが典

型例だ。何をどこまで行えばよいかについては、分野別の指針等はあるものの、個々のケースで多様な障害に対応してどういう合理的配慮を提供するかについては、障害当事者としっかりコミュニケーションをとり、ニーズを把握して適切な対応を追求していくことが求められる。

（村木厚子）

交流分析（transactional analysis）········Ⅱ－2

交流分析とは、1950年代にアメリカの精神科医バーン（Berne, E.）によって提唱された統合的な心理療法である。人間関係における関わりを分析することで、人の心や行動を快適にし、自律したパーソナリティの獲得、個人の成長、自己実現などを目指す心理療法である。臨床心理だけでなく、介護、看護、教育をはじめ、職場のメンタル・ヘルスやコミュニケーションの活性化などの分野でも活発に応用されている。

交流分析は構造分析、やり取り分析、ゲーム分析、脚本分析の4つの基礎理論に基づく（日本交流分析学会）。これら基礎理論の基盤には人と人とのやり取りであるストロークが存在するとされている。構造分析では、人の心を親のように振る舞う自身を表す親（P）、現状の自分自身を表す大人（A）、子供のように思うままに振る舞う自身を表す子供（C）の3層構造でとらえ、自我状態の特性を知ることで、人間関係などの改善を図ることが目指される。また、脚本分析では、人生を幼少期に作り上げた人生のストーリー（脚本）に影響を受けて展開されるととらえ、現在のトラブルをその脚本の

脚色に問題があると考える。（開本浩矢）
→メンタルヘルス

高齢化社会 ································Ⅰ－1

高齢化とは人口に占める65歳以上の高齢人口の比率増加を意味している。日本では65歳以上の人口比率はすでに29％に達しており（2021年）、世界で最も高い水準となっている。さらに国立社会保障人口問題研究所の将来人口推計によると、この比率は2040年には人口の3分の1を超え、2060年には5分の2に近づくと予想されている。また日本ではその速度も速く、これまで日本よりも先に高齢化の進んだヨーロッパ諸国の2〜4倍の速度で65歳以上人口比率は上昇してきた。さらに高齢者の中でもより高齢の75歳以上人口の比重も急速に高まっており、団塊の世代が全て75歳以上となる2025年には、75歳以上人口は、65歳以上の高齢人口の中でも比較的若い65〜74歳の1.5倍、2060年には2倍に達する。きわめてトップヘビーの人口構造になるということである。

こうした顕著な人口の高齢化は一面では経済発展の結果でもある。というのは高齢化をもたらす要因である長寿化も少子化も経済の発展とともに進展するからだ。その意味で、経済成長率の鈍化、社会保障給付の増加といった高齢化のもたらす問題は、経済の発展成長の結果ということもできる。 （清家　篤）

高齢・障害・求職者雇用支援機構
································Ⅰ－1

高齢・障害・求職者雇用支援機構は、

2003年に日本障害者雇用促進協会（1971年設立）と高年齢者雇用開発協会（1978年設立）が統合し、さらに2011年に雇用・能力開発機構（前身は雇用促進事業団、1961年設立）が統合して発足した厚生労働省所管の独立行政法人である。

業務内容は、①高齢者の雇用促進のための給付金の支給及び事業主への相談・援助、②障害者の雇用促進のための納付金関係業務（納付金の徴収、助成金等の支給、障害者技能競技大会、講習・啓発等）及び障害者職業センター、障害者職業能力開発校の設置運営、③公共職業訓練のための職業能力開発促進センター、職業能力開発大学校等の設置及び運営等を行っている。このうち公共職業訓練に関しては、職業能力開発促進センター（通称ポリテクセンター）で行う離職者訓練（標準6か月）及び在職者訓練（同2〜5日）、職業能力開発大学校・同短期大学校（通称ポリテクカレッジ）で行う高度技能者養成訓練（2年または4年）と併せて、企業のものづくり分野の人材育成支援、求職者支援制度に係る業務、職業訓練指導員の養成等を行っている。　　（村木太郎）
→障害者職業センター、職業能力開発促進センター、職業能力開発大学校

顧客満足→CS

国際障害者年（International Year of Disabled Persons）……………………Ⅰ−1
1976年の国際連合第31回総会で決議され、1979年には障害者の完全参加と平等をうたった国際障害者年行動計画が採択され、1981年が国際障害者年とな

った。2006年には第61回総会において「障害者権利条約（Convention on the Rights of Persons with Disabilities）」が採択された。障害者問題への関心の高まりと対策の推進は、少なからず国連のこのイニシアティブによる。　　　　　（二神恭一）
→障害者、障がい者雇用、ディスアビリティ・マネジメント

国際労働機関→ILO

国民年金法（National Pension Act）……Ⅰ−1
国民皆年金を形成する公的年金の法律である。元々は自営業者など被用者以外の者のための年金制度として1959年に制定された。これが、1985年の改正で、被用者やその被扶養配偶者にも適用されるようになり、年金給付は全国民共通の基礎年金となった。これに伴い、従来は縦割りで併存していた厚生年金など被用者のための年金は、基礎年金に上乗せして支給されるものとなった。（福山圭一）
→確定拠出年金vs.確定給付企業年金

個人型確定拠出年金（イデコ）
（individual-type Defined Contribution pension plan：iDeCo）……………………Ⅰ−2−A
個人が任意で加入することができる確定拠出年金。イデコはその略称である。65歳未満の公的年金加入者が加入できるが、公的年金の被保険者区分や、勤務先での企業年金の有無やタイプなどによって、拠出できる金額は細かく分かれる。なお、従業員300人未満の中小企業に限り、加入する従業員の掛金に追加して事業主も拠出することができる（これ

はイデコ・プラスと呼ばれる）。このことから、個人年金であるイデコは、中小企業向けの企業年金としての側面も併せ有する。 　　　　　　　　　　（福山圭一）

→確定拠出年金vs.確定給付企業年金

個人情報保護法（Act on the Protection of Personal Information）……………………Ⅰ－1

　個人情報の有用性に配慮しつつ、個人の権利・利益を保護することを目的として、公的機関や事業者が守るべきルールを定める法律。氏名、生年月日、住所等の個人を識別できる個人情報を取得・利用、保管・管理、第三者提供する際の要件や本人からの開示・訂正・利用停止などへの対応、情報漏えい時の対応について規制を置く。人種、信条、社会的身分、病歴、犯罪歴等、不当な差別、偏見等が生じないよう特に配慮を要する要配慮個人情報の取得に際しては、原則として予め本人の同意を得る必要がある。

　　　　　　　　　　（石﨑由希子）

個人人格vs.組織人格（individual personality vs. organizational personality）

………………………………………Ⅰ－2－A

　近代組織論の祖であるバーナード（Barnard, C. I.）により提示された、人間個人が組織において働くうえで持つ2つの人格のこと。組織で働く個人は、いうまでもなく個人的な動機を持ち、かつ意思決定の自由を有する能動的な行動主体として捉えられる。個人人格が、個人の目的ないし個人の動機を満足するために合理的に行動する人格の側面を指すのに対し、組織人格は、個人が組織目的の達成へ向けて合理的に行動する人格を指している。こうした双方の人格を同時に有する個人が組織を構成しているため、個人は組織で働くに際してさまざまな心理的葛藤に対処せねばならず、組織としては、業務の円滑な遂行のために、できる限りこの双方の人格が合致するよう努力することが不可避となる。

　バーナード以前の古典的管理論にあっては、働く人間は誰であっても基本的に同一の欲求を有しているという暗黙の前提があったが、バーナードによって初めて、働く人々は一人ひとり異なる特性や能力を有しており、ゆえに組織コミットメントの程度も異なるという点に着眼した立論がなされたのである。こうした「組織における個人」という視点は、その後の行動科学や人的資源管理論の基盤となる基本視座を提供したといってよい。 　　　　　　　　　　（上林憲雄）

→意思決定、バーナード, C. I.

コスト・リーダーシップ戦略……Ⅰ－2－A

　ポーター（Porter, M. E.）が提示した3つの基本戦略の一つである。コスト・リーダーシップ戦略は、規模の経済と経験曲線効果を最大限享受することを狙った戦略であり、製品やサービスを大量生産・販売できるように、生産などのオペレーション施設・設備への事前の巨額投資、攻撃的な価格設定、厳しいコスト管理、市場シェア確保のためのスタートアップ時の赤字覚悟等、コスト優位の実現を目指して統合された一連の行動が必要になるという。 　　　　　　（齊藤　博）

→競争戦略、競争優位、規模の経済

コース別人事管理 (personal management based course path) ……………… I−2−B

従業員を、その進むコースによってグループ分けし、グループによって異なる人事管理をする方法。

かつては新入社員を学歴別のバランスを考えながらまとめて採用し、時間を掛けて次第に選抜、選別していくという人事管理が多かった。

しかし最近では、若者の意識も変わり、自分の進む道を自分で決めようとする傾向が強くなっている。そのために会社が選択肢の形で複数のコースを用意し、従業員に選択させるコース選択制が多く見られる。コースとしては、採用時に見られる幹部要員としての総合職コース、補助職としての普通職コース、あるいは転勤のある全国型社員、転勤のない地域限定勤務型社員、中堅社員についての管理職コースと専門職コース、さらには中高年齢層についての継続勤務コース、関連会社コース、独立コース、早期退職コース等々、企業によってそれぞれに工夫されたコース別がある。

これらは長期雇用型（期間の定めのない雇用契約）の従業員についてのものだが、期間の定めのある従業員について見ると、家庭の主婦等を中心にしたパートタイマー、学生を中心にしたアルバイト、専門分野をもった派遣社員、優れた専門能力をもった契約社員等といった多様な従業員が一つの会社で働いているのが現実で、こうした異なったグループの人事管理はそれぞれ異なったものとならざるを得ない。

そうした中で、期間の定めのある雇用契約の従業員、いわゆる雇用柔軟型の従業員は、単純業務、あるいは特定の分野の熟練や専門能力をもち、特定の職務を担当するために雇用されている場合が多いので、人事管理の主要な目的は、十分な能力発揮であり、そのための動機づけやリーダーシップが重要になる。

一方、長期雇用型の従業員については、会社のベテラン、中堅あるいは幹部、トップになって仕事をしてもらうことを期待する対象であるから、企業の人事管理としては最も重要視しなければならないもので、人事管理の中に、人材育成という色彩が色濃くなる。

特に総合職の人事管理は、企業の中核を担う人材の管理だから重要で、年功制から能力主義、さらには成果主義へといった変化は、この部分で急速に起こりつつある。　　　　　　　　（成瀬健生）

→進路選択制度、選択定年、ジョブ型雇用

コーチング (coaching) ………………………… I−2−B, II−2, 3−A

コーチングは心理学において、21世紀に入り英国を中心に、臨床心理学、カウンセリングとは異なる独立した研究・実践領域として、急速に確立しつつある。カウンセリングや臨床心理学が悩みやこころの病気に焦点をあてるのに対して、コーチングはポジティブな側面に焦点をあてる。心理学領域においてコーチングの理論と実践は「コーチング心理学」（coaching psychology）と呼ばれ、英国心理学会（The British Psychological Society）では2021年の年次総会で正式部会となった。このことは、コーチングが

臨床心理学、カウンセリングと同等の正式な心理学実践になったことを意味する。今後、英国心理学会のコーチング心理学部会は、認定コーチング心理師資格（Chartered Coaching Psychologist、国家資格）を創設したため、英国ではコーチの専門職としての基盤が確立するであろう。

英国心理学会においてコーチング心理学は、「個人およびグループの成果・達成・幸福感についての理解を深めかつコーチング内の実践を促進するための、行動・認知・感情の科学的研究と応用」と定義される。この定義を踏まえると、コーチングとは、「科学的証拠がある心理学の主要理論やエビデンスがある主要な心理療法に基づいて、個人やグループの成果・達成・幸福感を高めること」、と定義することができる。

人材開発の見地からコーチングと特に関連が深い心理学理論は、成人の学習理論である。その主要なものとして、第1に1970年代にノールズ（Knowles, M. S.）によって提唱されたアンドラゴジー（andragogy）、第2にコルブ（Kolb, D. A.）の体験学習（experiential learning）、第3にメジロフ（Mezirow, J.）の変容学習（transformational learning）を挙げることができる。これらの理論は成人のコーチング実践に特に参考になる。

コーチング実践で多く使用される心理療法は認知行動療法と解決指向アプローチであり、実践活動の中心はビジネス領域である。英国心理学会のコーチング心理学部会が正式部会以前に行った調査（2003～04年実施、回答者は英国心理学会認定心理師かつコーチング実践家あるいは関心者、199名）では、回答者の指向する心理療法は、認知・行動アプローチ、解決指向アプローチが半数以上と圧倒的に多かった。またコーチングの活動領域として回答者の半数以上が挙げたのは、ビジネス、エグゼクティブ、リーダーシップであった。

対照的に日本においては、2015年に心理学の専門書として初めて日本の心理学者によって『コーチング心理学概論』（ナカニシヤ出版）が刊行されたものの、公認心理師（国家資格）のカリキュラムにコーチングの理論と実践は含まれていないという状況である。　　　（吉田　悟）

コーポレート・ガバナンス（corporate governance）……………………Ⅰ－2－A

企業価値を損ねる企業経営者の専横的な行為を抑制する仕組み（メカニズム）のことであり、企業統治と呼ばれることもある。法律上、株式会社の場合、株主総会、取締役会、監査役会などの機関を設けて企業活動が正当に行われるように意図されているが、実際には、各機関が形骸化する傾向が見られる。また株式会社は、大規模化すると所有と経営の分離が生じるという傾向が見られる。これは、株式の所有を前提としない雇われ経営者が会社の支配者となることを意味する。この場合、経営者をして、株主が出資する資金の受託者としてその有効活用と企業価値の増大（株主に対するリターン）を認識して行動すれば問題ないが、経営者自身が企業の支配力を行使して企業価値を損ねることもある。たとえば、

身の丈に合わないM&Aや海外進出が失敗する場合である。そうならないために、株主は経営者の専横的行為が起こらない透明な仕組みを期待する。こうした要求は、より多くの資金を市場に集めて経済の活性化に繋げたい政府や株式市場の健全性を保持したい証券取引所にとっても同様であることから、経営者チェックの制度化が進められてきたのである。具体的に欧米では、社外取締役による経営者のチェックを期待する委員会設置会社の形態が基本であり、わが国でも伝統的な監査役会設置会社の他に、指名委員会等設置会社（2003年に委員会等設置会社として導入され、2015年からこの名称）、監査等委員会設置会社（2015年に導入）の3形態が認められるようになった。

政府は欧米式のガバナンス体制の構築を期待して委員会等設置会社を推奨したが、わが国の上場会社の多くはそれに抵抗し、その採用は当初の60社程度からあまり増えていない。それに対して、監査等委員会設置会社の数は2015年度に上場会社全体の5.9％だったが2021年度には34.2％になるなど次第に増えつつある。

コーポレート・ガバナンスが注目される中、監査役会設置会社でも監査役会メンバーの過半数は社外取締役であることが求められるなど、社外取締役による経営者監督はより強化されている。そして、コーポレート・ガバナンスの実効性を高めるために設けられたのが、機関投資家を規制するスチュワードシップ・コード（SSC：2014年〜）と企業側を規制するコーポレート・ガバナンス・コード（CGC：2015年〜）である。いずれも、コンプライ・オア・エクスプレイン（順守、さもなければ説明：comply or explain）というソフトローの精神がベースとなっている。こうして、わが国も社外の声を取り入れたガバナンス強化の道を進んでいるが、課題も多い。たとえば、専門家とはかけ離れた数あわせの社外取締役、役員任期の妥当性、役員のダイバーシティ問題などである。　　　　　　（大月博司）

コーポレート・カルチャー（corporate culture） ……………………………… I−2−A

経営学における企業文化の代表的な定義は、企業の構成員に共有されている価値観・仕事規範であり、それらを実践するための知識・行動の体系である。シャイン（Schein, E. H.）のようにそれらを進展させて基本的仮定のパターンまでを含む定義もあり、その数は多様であるが、企業の構成員の思考や行動に影響を与えることは共通している。この用語は組織文化として文化人類学にルーツがある。企業の組織文化を企業文化と捉えても大きな差異はない。

企業文化の研究は、1970年代後半から1980年代初頭の米国にその嚆矢がある。我が国にはピーターズ（Peters, T. J.）とウォーターマン（Waterman, R. H.）やディール（Deal, T. E.）とケネディ（Kennedy, A. A.）の著作が同時期に輸入されている。そこには、当時、米国の高業績企業はMBA保持者らによる戦略経営と数値分析中心のマネジメントが主流であったという従来の観点から実は人が中心のマネジメントであったという発見とパラダ

イム転換がある。また、人材開発において主流であった組織開発は、企業文化の変革としてさらに進展すると指摘する研究者も登場した。我が国でも研究の隆盛が見られ、とくに1980年代以降、多くの企業が導入したCIの基礎理論にもなっている。

企業文化と類似概念に企業風土（社風、体質等とも呼称）がある。その異同についてリットビン（Litwin, G. H.）とストリンガー（Stringer, R. A.）は、人のモティベーションと行動に影響を及ぼす仕事環境の測定可能な特性であるとし、加護野も文脈・議論のされ方、背景理論（文化人類学、心理学）、分析レベル（組織や集団、個人）に差異があるとして異なる立場をとっている。

企業文化の機能には、その共有度による一体感や活性度の向上、不合理性や曖昧性の保持・維持によるマネジメントの適応・柔軟性の向上がある。その一方で、逆機能として思考・行動様式の均質化と固執や変革への抵抗の生起がある。

今日、研究・調査方法には、機能主義的アプローチと解釈主義的アプローチがある。前者は、企業文化の機能と業績との関係性（要件と程度）の解明を主とし、定量的な研究方法が主になる。後者は、優れた企業文化の創造や伝承（構成員間の意味構成）の解明を主とし、定性的な研究方法が主になる。

また、坂下らは、機械観と有機体観に続く第3の組織観として組織シンボリズム（組織は共有されたシンボルと意味の体系）論を提示しているが、ドラマトゥルギー論やシンボリック相互作用論と並んで企業文化論も関連が強い。（松田陽一）

→CI、組織変革

コミッション制 ……………………… Ⅰ−1

給与体系の一つで、歩合制のことを指して言う。歩合制は営業職等に適用されることが多く、毎月の固定給と売上成績等に応じて支払われる歩合給を合わせた金額が給与になる制度である。通常、歩合給は売上高あるいは売上粗利益等に対して割合率を乗じて設定される。コミッション制は社員のモチベーションを向上させる効果がある反面、月々の収入が安定しなくなる、社員同士の競争から顧客の争奪が生じる、後輩への指導がないがしろにされる等の問題点がある。

（若林正清）

コミュニケーション（communication）
……………………… Ⅰ−2−A, B, Ⅱ−2

情報内容は、どのような形であるにせよ、データ、インフォメーション、そしてインテリジェンスに分けて考えられる。

例えば、ある人間集団の個人の名前、身長、体重等が文字、数字で表記されている状態はデータであり、それらが何らかのフォーマットに従って利用しやすい形に整理されていればインフォメーションである。さらに、そのインフォメーションにどのような背景や意味があるか、どのような利用価値があるか、他の情報内容とどのような関係があるかまで付した状態をインテリジェンスと考える。例えば、アメリカ合衆国CIAのⅠはこの意味でIntelligenceのⅠである。

ここでは主にインテリジェンスの共有

を目的として、それを伝えたい、受け取りたい主体のとる行動をコミュニケーションと考える。

主体は個人や集団、組織、マス、環境等、多様である。インテリジェンス・レベルでは、伝えられる情報内容とそれが何を意味するかの意味内容までが問題となる。

主体間の共通認識の程度の高さにより、伝達すべき内容の質と量、方法が異なる。共通の認識がある部分は伝達しなくてもよい。つまりコミュニケーションは少なくとも送受信者の一方が双方の認識の差異をなくそうとして行われる。しかし、共通すると一方が思っていることが他方では異なっている場合には誤解が生じる。最もズレが少ない場合には、複数の主体がある状況に対して「あ」・「うん」の呼吸で、具体的なコミュニケーションをほとんどせずに適切に対処することも可能である。

それを考慮に入れると、コミュニケーションはそれ以前の送受信可能な状態の形成も含まれる。つまり共有される情報またはその解釈に必要な知識を形成する過程である。その過程は情報の交換と確認の過程である。

共有内容の形成やズレの解消は、一方から他方へのメッセージの伝達とこの影響後の確認作業によってなされていく。情報の記号化、メディアによる伝達、記号解読、内容の解釈が双方で相互に繰り返しなされることで進んでいく。

記号化は音声、文字、画像等、受け手の五感に訴えるものに行われる。それらは適切なメディアに乗せられ、運ばれる。例えば音声は、電話やテープ、CD、放送、対面等のメディアで受け手に伝えられる。

記号の解読もすでにある共通知識に基づいて行わなければ、送り手の伝えたい意味内容は伝わらない。日本語を解さない人間に日本語の音声や文章を送っても受け手は理解できない。

結局、コミュニケーションにはその意味・内容・情報の伝達の前にそれを両者が解読できるチャネルの形成、メディアの選択も必要である。コミュニケーション過程の分析とコミュニケーション・スキルの向上によって、より効率的・効果的なコミュニケーションが可能となっていく。 （宇野　斉）

コミュニケーション過程（communication process）……………………… Ⅱ－2, 3－A

コミュニケーション過程は、伝えられる意味・内容の送り手と受け手の行動、伝えられる内容（コンテンツ）の伝わり方、媒質、媒体、時空などでの伝送によっている。

送り手と受け手の意欲の違いによる手段の採り方の違いがある。意味・内容を伝えようとする送り手は、その内容を相手が理解できるはずの形に記号化し送り出す。それは例えば、声や文字や絵、映像等、またはその複合利用である。送り出す際にはその内容が載る媒体も選択される。

音声であれば、電話、テープレコーダ、CD等のディスク類もありうる。文字であれば、紙やディスク・ファイル、ビデオテープで画像として等が考えられ

か行

る。これらのものを媒介して意味・内容は受け手に伝えられる。

受け手では、その記号化された内容を受け取り解読し、それを自分の知識によって解釈することで意味を理解しようとする。

伝達記号が不明の場合は、受け手側では内容について何も受け取ったことにはならない。また、受け取った記号を解釈可能な状態にするそれに関する既存の知識がなければ、内容を理解できない。

あるいは、異なった知識による解釈は送り手との理解の差異を生じさせる。この場合には、両者間で確認がされない限り両者はそれぞれズレがあることに気づかないことになる。ある送り手はある時は一方の受け手に同時になっている。

（宇野　斉）

コミュニケーション・スキル（communication skill）………………… Ⅱ-3-A, B

コミュニケーションにより何らかの内容を共有しようとする送り手と受け手またはその両方が、より効率的にそれを行うために身につけるべきこと。

主に伝える意欲の高い送り手がいかに受け手に共通認識を形成させるかのための手段である。一方、受け手が自分の必要とする内容あるいは相手がうまく表現できない内容を、いかにうまく引き出せるかも重要である。

送り手として身につける内容としては、受け手に注意の喚起と集中を促す方法、五感に訴える方法で話法、書き方、AVの作り方、表現などのプレゼンテーション方法等があげられる。

受け手として送り手から必要なことをうまく引き出す方法として身につけることは、インタビュー法、ヒアリング方法、アンケート作成方法等である。

面接で話しながらの場合には、自己概念、傾聴、明確な表現、感情の扱い、自己開示が、相手の話しやすさを向上させる上で重要である。

文字情報や画像情報、ビデオ情報などによって、あるまとまった内容を一方的に伝達する場合には、受け手の許容力を考慮して、簡潔で誤解の生じにくい表現が必要になる。それを受け取る場合には、要領よく内容をまとめて意味内容を理解できる訓練が必要とされる。

（宇野　斉）

コミュニケーション理論（communication theory）………………………… Ⅱ-2

コミュニケーションの理論については、特にそのモデル化の側面からさまざまなモデルが提唱されている。2者間を取り扱うものが多い。

ラズウェル（Lasswell, H.）は、ある人が他の人に何らかの目的をもって話す時の要素を、誰が、何を、どのチャネルで、誰に、どのような効果をもって、いうか、の6つをもって示した。

シャノン（Shannon, C. E.）とウィーバー（Weaver, W.）は、コミュニケーションを技術的、意味的、効果上の3つのレベルの問題として捉えた。それぞれシンボルの伝達の正確さ、意図したい旨の伝達の正確さ、受け手の行動への影響の程度を示している。

シュラム（Schramm, W.）は、コミュ

ニケーション主体の中で記号化、記号解読、解釈が行われ、相互に記号化されたメッセージが伝達されるとしている。

バーロ（Berlo, D. K.）は、コミュニケーションをプロセスと捉え、主要な要素としてS（Sender）-M（Message）-C（Channel）-R（Receiver）モデルを示している。

さらに、複雑なスタイルでバーンランド（Barnlund, D. C.）、ギフィン（Giffin, K.）とパットン（Patton, B. R.）、ルイス（Lewis, P. V.）等もモデル化を行っている。

以上に共通する主要な要素は、送り手、記号化、メッセージ、チャネル（メディア）、記号解読、受け手、フィードバック等である。これらの相互作用によって意味の共有がなされればコミュニケーションが上手にいっていることになる。　　　　　　　　　　　　（宇野　斉）

コミュニティ・カレッジ（community college）……………………………………I－1

教育機関の種別であり、地域住民のための教育機会提供の場として設立された高等教育機関を指す。国によって制度が異なる。アメリカの場合は、公立であり、当初は地域住民のために開講された、望めば誰でも受け容れられる学習機会であった。現在は海外からの学習者も受け容れている。

武井正人の『米国における高等教育の現状』によれば、コミュニティ・カレッジはアメリカの高等教育機関であり、学位（準学士号）取得を目指すもので1901年にできたイリノイ州のJoliet Junior Collegeがアメリカ最古だという。第二次世界大戦が終わる頃から、退役軍人の受入れ先として大きく発展した。この頃から、コミュニティ・カレッジは「すべての人に門戸を開く」という役割を担うようになり学費も安く設定された。さらに1947年には、当時の政府が「コミュニティ・カレッジは、すべてのアメリカ国民が〈通学できる〉位置につくられるべきである」ことを提案し、都市部を中心として、通学が可能な人が住んでいるところに設けられるようになった（武井（2022））。　　　　　　　　　（森　玲奈）

コミュニティ・ユニオン（community union）……………………………………I－1

「地域を職場とする勤労者」を組織する労働組合。中小零細企業従業員、非正規労働者など雇用形態にかかわらず、同一地域が職場となっている勤労者を組織化対象とする。性別、年齢、国籍、有／無職を問わない「ひとりでも誰でも加入できる」個人加盟が基本。労働・生活相談、企業・団体・行政との交渉、共済活動、地域労働環境の改善など、組合員個人の権利救済、個別労働紛争の解決を軸に、組合員の抱える問題について地域プラットフォームでの課題解決に取り組もうとする点が特色。他の社会運動、地域活動との連携、ネットワーキングを重視する社会的労働運動と位置づけられる。

（藤井浩司）

雇用安定資金………………………I－1，2－B

雇用保険では、雇用保険の被保険者等に関し、失業の予防、雇用状態の是正、雇用機会の増大その他雇用の安定を図るため、雇用安定事業が行われ（雇用保険

法62条）、この事業に充てるための資金
として、雇用安定資金が置かれている。
この雇用安定資金は、不況期に雇用安定
事業の経費として機動的・集中的に支出
しうるため、平常時に将来必要となる資
金を積極的に積み立て、その事業を目的
に即して円滑に実施できるようにするも
のである。　　　　　　　（若林正清）
→雇用保険法

雇用関係助成金 (employment-related subsidies)……………………… I－1

　失業の予防、雇用構造の改善、能力の
開発、労働者の福祉の増進などを積極的
に推進することを目的として事業主等に
支給される各種の助成金の総称。雇用保
険法に規定される雇用安定事業・能力開
発事業に基づく。雇用維持を図るための
休業等に要した費用を助成する雇用調整
助成金や再就職支援を行う労働移動支援
助成金、就職困難者等の採用を促す特定
求職者雇用開発助成金やトライアル雇用
助成金、雇用情勢が厳しい地域における
採用を促す地域雇用開発助成金、高齢者
の雇用継続を促す65歳超雇用推進助成
金、仕事と家庭の両立支援を促す両立支
援等助成金、非正規労働者の正社員化を
促すキャリアアップ助成金、教育訓練の
実施や教育訓練休暇の導入等を促す人材
開発支援助成金等がある。（石﨑由希子）
→雇用調整助成金、地域雇用開発助成金、
　特定求職者雇用開発助成金、両立支援等
　助成金、65歳超雇用推進助成金

雇用管理 (employment management) ……………………………… I－2－B

　雇用管理は、人事管理（人事労務管理）
を構成する一部である。あまり意識され
ることはないが、同様に人事管理（人事
労務管理）の一部である人的資源管理
(human resource management) とは、深く
関わりつつ、異なるものでもある。

　人的資源管理における管理の対象は人
的資源であり、これは、ヒト＝従業員の
全体性のうち、組織目標の達成につなが
る心理的・認知的特性（例えば性格、意
欲、技能など）、あるいは職務行動を、発
見・開発・活用するものである。人的資
源管理においては、採用、配属、育成、
評価処遇などの様々な側面で、従業員の
多様性、あるいは各従業員の変化に即応
しなければならない。

　雇用管理は、こうした人的資源管理を
基礎付けるものである。雇用管理におけ
る管理の対象は雇用、すなわち組織と従
業員の間の、ある程度持続的であること
を前提とした交換関係である。雇用管理
において組織のカウンターパートは、人
的資源というよりはヒトそのものとして
の従業員であり、組織の成果や競争優位
に直結しない側面にも向き合い、尊重し
なければならない。そして組織による向
き合い方には、様々な従業員の間で、あ
るいは時間を超えて、「ある程度の」一
貫性が求められる。

　組織が営む雇用関係における一貫性を
可能にするのが、人事制度や人事施策と
呼ばれる様々な規則である。人事制度
（施策）は、人的資源を発見・開発・活
用するための職場ごとでの多様な運用を
許容しつつ、それが「場当たり」になら
ないように方向性や手順を定める。そし

て、人事制度のあり方は、従業員の雇用区分や社内等級によって一定程度以上異なってくる。

雇用区分や社内等級に関する制度、そしてその制度の下にある様々な人事制度を設計し、従業員と合意し、組織が直面する状況に合わせて設計し直すのが、雇用管理である。人事制度の運用において職場ごとに日々工夫や改善が行われる人的資源管理と比べ、雇用管理は均一的で変化しにくい。従業員との関わり方における基本姿勢を、組織はそう軽々しく変えるべきではない。

しかし、人事制度を全く変えなくていいわけではなく、雇用管理の一貫性はあくまで「ある程度」に留めるべきである。雇用管理の変化は、組織と従業員の間の、往々にして暗黙的な相互への期待（心理的契約）の変化も伴う。組織としては、雇用関係の変化に先立つ、あるいは変化の最中での、関係性についての従業員との緊密な合意形成、そして合意が取れずに関係を解消する従業員への公正な補償が欠かせない。　　　（江夏幾多郎）

雇用形態の多様化（diversification of employment categories）………Ⅰ-1, 2-B

雇用形態とは契約期間、就業時間、勤務場所等の労働条件において異なる管理の仕方を適用する雇用区分のことである。第一義的には正社員と非正社員が区分される。正社員とは無期雇用、フルタイム勤務、直接雇用の労働者を指す。一方、非正社員とは有期雇用、短時間勤務、間接雇用（使用者と労働者の間に直接の雇用関係がなく、第三者が指揮命令を行う

雇用形態）のうち一つでも当てはまる労働者である。つまり非正社員といってもその雇用形態は多様であるが、労働法の観点からは雇用の直接・間接の違いが重要である。直接雇用の非正社員はパートや嘱託などに細分化できる。間接雇用の非正社員は派遣社員・請負などで外部人材とも呼ばれる。しかし現実には、職場でパートと呼ばれていても、フルタイムで働いている者もいるし、無期雇用の者もいる。したがって政府の統計では、雇用形態は、勤め先における呼称によって区分されることとなる。具体的には、正規の職員・従業員、パート、アルバイト、派遣社員、契約社員、嘱託、その他の雇用形態に分けられ、正規の職員・従業員以外の6区分はまとめて「非正規の職員・従業員」とされる。

企業が雇用形態を多様化する目的は様々であるが、例えば、アトキンソン（Atkinson, J.）は環境変動への柔軟な適応行動として企業の雇用形態の多様化を捉え、「柔軟な企業モデル（flexible firm）」を提唱した。ここで言う柔軟性とは、金銭的柔軟性（企業のその時々における支払い能力に応じて人件費を支払う仕組みを持つこと）、機能的柔軟性（職務の境界を越えて労働者を迅速かつ円滑に配置できること）、数量的柔軟性（雇用・配置する人数や労働時間を迅速かつ円滑に変更できること）である。アトキンソンは労働力を①中核グループ、②周縁グループ、③外部グループの異なる3つの雇用形態に分けることで雇用の柔軟性が確保できると考えた。

近年の日本における雇用形態の多様化

の動きで重要なのは「多様な正社員」の雇用区分の導入である。多様な正社員とは、いわゆる正社員に比べて、配置転換や転勤が限定されている、仕事内容が限定されている、労働時間が限定されている無期雇用の正社員をいう。雇用形態の多様化を進める際には、それに対応する雇用区分間の転換制度を整備し、労働者のキャリア意識の変化やライフステージに応じて雇用形態を労働者の側が選択できるようにしておくことも重要である。

（平野光俊）

→雇用管理、非正規労働者

雇用契約 （employment contract）
·····································Ⅰ－2－B

民法第623条により定義される労働供給契約の一つ。労働者が企業等の使用者の労働に従事し、使用者がその労働に対して報酬を支払うことを約束する契約のこと。

雇用契約の締結により、労働者は労働契約法や労働基準法など法の守りの下に入る。つまり、雇用契約を締結した労働者は、労働保険や社会保険の加入、有給休暇の取得、使用者からの一方的な解雇の禁止など、労働法上のあらゆる保護の下に置かれることとなる。

雇用主が労働者を雇用する場合、雇用する労働者に対して労働条件や契約内容を漏れなく明示しなければならないことが、労働基準法第15条で義務づけられている。基本的には、「雇用契約書」や「労働条件通知書」などの書類を雇用主側の企業が作成して労働者に提示し、きちんと説明したうえで、内容の確認に加え合意の下での署名・捺印の作業が必要となる。

雇用契約に似た言葉に労働契約がある。雇用契約が民法上規定された雇用主と労働者との関係を指すのに対して、労働契約は労働契約法や労働基準法等、労働関連法の範疇で語られる。法律上の定義からすれば異なる部分もあるが、人事労務の実務運用上の取り扱いについては、両者の違いはほとんどないといってよい。

（吉田 寿）

→労働契約

雇用構造 （employment structure）
·····································Ⅰ－1

雇用労働者とは、就業者のうち、企業等に雇用され、給与・賃金を得ている者を指す。

雇用構造は、一国の雇用労働者の有り様を雇用形態の視点からとらえたもので、その分布状況を示すものである。なお、雇用形態とは、企業と従業員間で交わされる雇用契約の採用種別のことであるが、「正規雇用・非正規雇用」と「直接雇用・間接雇用」という2つの区分に分けることができる。「正規雇用」とは、雇用期間に期限がない無期雇用の働き方でいわゆる「正社員」が該当し、一般的にフルタイム勤務が基準となる。「非正規雇用」は、正規雇用以外のすべての雇用形態を指し、契約更新の可能性はあるものの、有期雇用である場合が多い。非正規雇用には、パートやアルバイトのほか、契約社員や嘱託社員、派遣社員等も含まれる。

「直接雇用」は企業と従業員が直接契

約を結ぶ方法で、正社員やパート・アルバイト、契約社員などが該当し、一方、「間接雇用」は派遣社員が該当し、人材派遣会社（派遣元企業）と雇用契約を結びながら派遣先企業で働く雇用形態である。

1990年代以降の日本の雇用構造の特徴は、非正規雇用の比率が増大し、2022年現在では、雇用労働者全体の約40％を占め、女性の場合はその過半数となっていることである。　（白木三秀）
→雇用者、就業者、就業構造

雇用者（employee）……………Ⅰ−1, 2−B
総務省統計局「労働力調査」の分類によると、就業者（employed person）は、その従業上の地位（status in employment）により、自営業主（self employed worker）、家族従業者（family worker）、雇用者（employee）に分けられる。自営業主は、個人経営の事業を営んでいる者をいう。家族従業者は自営業主の家族で、その自営業主の営む事業に無給で従事している者をいう。雇用者とは、会社、団体、官公庁あるいは自営業主や個人の家庭に雇われて賃金給料をもらっている者及び会社、団体等の役員をいい、役員には会社組織になっている商店などの経営者も含んでいる。

従業上の地位別構成については、経済の発展に伴い、就業者に占める自営業主や家族従業者の割合が低下し、雇用者の割合が高まっている。日本では、就業者に占める雇用者割合は、かつては欧米主要国より低かったが、現在は同程度となっている（日本の就業者に占める雇用者割合は2022年で約9割（「労働力調査」））。また、近年、女性や高齢者の労働参加が進んだこと等から、雇用者に占める女性や高齢者の割合が高まっている。

（藤井宏一）

か行

雇用政策 …………………………………Ⅰ−1
労働者の雇用の安定や労働力需給調整のための政策をいう。失業保険や失業救済事業などすでに発生した失業に対して受動的に対応する消極的政策と、そうした政策を超えて、労働市場に積極的な働きかけを行う積極的政策があるとされる。積極的政策は、具体的には、職業紹介、職業訓練・能力開発、雇用助成金、失業予防、労働力需給調整機能の強化、就職困難者の就職促進等の雇用促進措置が含まれる。

戦後の我が国の雇用政策は、1947年の職業安定法、失業保険法の制定に始まり、1958年の職業訓練法制定を経て、高度成長期には年齢間、地域間の労働力需給のミスマッチに対応し、1966年には雇用対策法が制定された。オイルショックにより大規模な雇用調整が行われ、低経済成長期に入ると、1974年には雇用保険法の制定により雇用保険事業が創設され、雇用維持等を目指した各種助成金が設けられた。1980年代以降の産業構造の変化、少子高齢化、労働力の多様化に対応し、労働者派遣法、男女雇用機会均等法、高年齢者雇用安定法、育児休業法等の制定がなされた。

1990年代バブル崩壊後は、それまでの雇用維持中心の政策から、失業なき労働移動を促進する政策がとられるように

217

なり、有料職業紹介事業や労働者派遣事業の規制緩和がなされたが、その後2009年からの民主党政権においては、労働者保護強化の方向での労働者派遣法改正などが行われた。2012年以降の自民党・公明党連立政権では、人口・労働力減少に対応して労働市場参加促進を目指す諸施策が積極的に展開されている。

（吉本明子）

→職業安定法、雇用保険法、労働施策総合推進法（旧雇用対策法）

雇用調整助成金 ·······························I－1

景気の変動、産業構造の変化その他の経済上の理由により、事業活動の縮小を余儀なくされた事業主が、労働者に対して一時的に休業、教育訓練又は出向を実施し、労働者の雇用を維持した場合に、その休業手当、賃金等に要した費用の一部を国が助成する制度である。雇用保険法に基づく雇用安定事業の一つとして実施されている。

支給額は、休業を実施した場合、事業主が支払った休業手当負担額、教育訓練を実施した場合、賃金負担額の相当額に一定の助成率を乗じた額で、教育訓練を行った場合には加算がある。

余剰人員を抱えた企業が解雇を回避し、雇用を維持する上での効果があり、長期雇用システムを支える機能を有するとされる。制度創設以来、製造業を中心に業種や地域を絞って支給対象とされてきたが、バブル崩壊後、アジア通貨危機、金融危機等を経て、雇用失業情勢が深刻化し、2001年には対象が全業種、全地域に拡大された。2008年のリーマ

ンショック後や2011年の東日本大震災後の経済活動の低迷時には、この助成金が積極活用され、また2020年以降は新型コロナウイルス感染症の影響に伴う特例措置が講じられた。（吉本明子）

雇用動向 （employment trends）··········I－1

足下の入職や離職の状況、企業間等で就職や転職、退職に伴って起こる労働移動の実態に関する趨勢的変化を指す言葉。雇用動向は、これからの経済や景気の先行きを予測する際に重視される。

これを明らかにすることを目的として、厚生労働省が統計法に基づき各年上半期と下半期の年2回実施しているものに「雇用動向調査」がある。この調査を通じて、国内の労働力の移動状況、企業や事業所の求人状況等の実態を把握することができる。（吉田　寿）

→就業者、雇用者

雇用保険 （employment insurance）······I－1

以下の2つの事業から構成される社会保険制度である。第一に、労働者が失業してその所得の源泉を喪失した場合、労働者について雇用の継続が困難となる事由が生じた場合、労働者が自ら職業に関する教育訓練を受けた場合及び労働者が子を養育するための休業をした場合に、労働者の生活及び雇用の安定並びに就職の促進のために支給される失業等給付及び育児休業給付である。第二に、失業の予防、雇用状態の是正及び雇用機会の増大、労働者の能力の開発及び向上その他労働者の福祉の増進を図るために実施される雇用保険二事業が含まれる。一部の

事業を除き、労働者が雇用される事業を強制適用事業とし、適用事業に雇用される労働者は被保険者（ただし適用除外の要件がある）となる。財源は保険料と国庫負担である。雇用保険料率は、原則として賃金総額の1000分の15.5で、うち失業等給付（1000分の8）・育児休業給付（1000分の4）は労働者・事業主折半、雇用保険二事業（1000分の3.5）は事業主のみ負担となっている。

失業等給付は、求職者給付（基本手当等）、就職促進給付（再就職手当等）、教育訓練給付（一般教育訓練給付、特定一般教育訓練給付、専門実践教育訓練給付）、雇用継続給付（高年齢雇用継続給付、介護休業給付）からなる。一般被保険者の求職者給付の基本手当は、一般被保険者が失業した場合、原則として離職前6か月の賃金額（賞与等を除く）に基づき計算される賃金日額の50〜80％（60〜64歳は45〜80％）が、年齢、被保険者期間、離職理由等に応じて所定給付日数（90〜360日）支給される。

雇用保険二事業は雇用安定事業（雇用調整助成金、特定求職者雇用開発助成金、労働移動支援助成金等）と能力開発事業（人材開発支援助成金、職業能力開発施設の設置・運営等）からなる。

なお、以上の制度概要は2023年時点の現状に基づく。多様な働き方を効果的に支える雇用のセーフティネットの構築、「人への投資」の強化等のため、雇用保険の対象拡大、教育訓練やリ・スキリング支援の充実、育児休業給付に係る安定的な財源運営の確保等の措置を講ずるため、雇用保険法等の一部を改正する法律案が第213回国会（2024年常会）に提出され、法案成立後、順次施行されることとなっている。　　　　（藤井宏一）

→キャリアアップ助成金、介護休業、教育訓練給付、雇用関係助成金、人材開発支援助成金、地域雇用開発助成金、高年齢者雇用、高年齢者雇用安定法、高年齢者雇用確保措置

雇用保険法（Employment Insurance Law）
....Ⅰ−1

雇用保険は政府が管掌する強制保険制度であり、労働者を一人でも雇用する事業は、原則として強制的適用（労働者が被保険者となるには要件を満たす必要が有る）となる。運営に係る雇用保険料は労使折半となっているが、別途国庫からの負担も有る。保険給付として、生活及び雇用の安定並びに就職の促進のために失業等給付、及び育児休業給付がある。又、雇用保険制度では、失業の予防、雇用状態の是正及び雇用機会の増大のための雇用安定事業、労働者の能力の開発及び向上その他労働者の福祉の増進を図るための能力開発事業の2事業を実施している。　　　　　　　　　　（香川忠成）

→雇用保険、育児（・介護）休業法、雇用調整助成金

雇用ポートフォリオ（employment portfo-
lio）..Ⅰ−2−B

雇用ポートフォリオとは複数の雇用区分の組み合わせを最適化する考え方である。日本経営者団体連盟は、1995年に日本的な雇用慣行の基本方針、つまり長期的視点に立った人間中心（尊重）の経

営は堅持するものの、リストラの推進と賃金の高止まりへの対応を不可欠と捉え、長期雇用と短期雇用を組み合わせた3つの雇用区分（①長期蓄積能力活用型、②高度専門能力活用型、③雇用柔軟型）によって構成される雇用ポートフォリオを提唱した。　　　　　　　（平野光俊）

→日本的経営、日本的経営の変質

コラボレーション（collaboration）

.... Ⅰ−2−A，Ⅱ−3−A，B

コラボレーションは現代のキーワードであるが、それだけに多義でもある。この用語は日常、個人間、あるいは個人と物との一定の関係状況をあらわすのに使われているが、組織（理）論では、それぞれに相応の自律性をもつ組織間の協力、協働関係を示す際の専門用語として使われることが多い。組織間において「コラボレーションとは単なる交換（exchange）ではなく、新しい価値をつくり出すための協働である（creating new value together）」。この組織的協働では、参加組織のその協働に対する期待効用が、参加しない場合のそれよりも大であると思われることが成功の条件だとされたり、ある参加組織の協働での期待効用がずば抜けて大だが、他の参加組織ではそれが極端に少ないというシンメトリックではない状況でのコラボレーションは長続きしない、それはプラスサム・ゲームでなければならないなどといわれる。

コラボレーションには外的コラボレーションと内的なものがあるとされる（Campbell, A. and Gold, M.）。前者は企業間連携、アライアンスが典型であって、コラボレーションという表題で企業間提携・アライアンスが語られる。後者は事業部間、戦略事業単位（SBU）間の協働がその例である。ただ、コラボレーションは組織間の行動の問題だといっても、それは多分に組織メンバーがそうした行動をつくり出すわけであって、メンバーがコラボレーティブな行動をよく理解し、体得することが重要である。

コラボレーション研究にはいくつかのアプローチがあり、その一つにテーマ・ベース（theme-based）アプローチがある。テーマとは成功のためにどうしても克服しなければならない課題のことである。このアプローチのなかにアクション・リサーチの手法でコラボレーションの実務家と研究者に対し、成功的なコラボレーションにとって不可欠な課題はなにかと尋ね、ひんぱんに挙がった用語を順番に並べた研究がある（Huxham, C. and Vangen, S.）。実務家では（1）共通目的、（2）コミュニケーション、（3）コミットメント、（4）妥協、（5）適切な作業プロセス、（6）アカウンタビリティ、（7）民主主義と平等、（8）資源、（9）信頼、（10）パワーの順であり、研究者では、（1）アイデンティティ、（2）社会資本、（3）学習、（4）メンバーの構成、（5）リーダーシップの順だった。コラボレーションをうまく成就させるためには、課題として挙がったこれらの要素が行動の学習上重要である。最近、コラボレーションにはIT、ICTを使っての情報・知識の交換、コミュニケーションの意味もある。コラボレーティブなアクション・ラーニング、デジタル・コラボレーションなど。

（二神恭一）

→組織間関係、産学連携、コラボレーティ
ブな学習、デジタル・コラボレーション、
イノベーション、シミュレーション、情
報リテラシー教育、電子メール、CAD、
ネットワーク、バーチャル・コーポレー
ション

コラボレーティブな学習

(collaborative learning) ···················· Ⅱ-2
学習モデルの一つで、eラーニングが
普及する中で使われるようになった用
語。デジタル・コラボレーションともい
う。学習者は会社のインターネットを通
じ、講師とだけでなく、他の学習者など
と学習テーマ上の課題、論点、アプロー
チ等について議論し、学習効果が上がる
ことが多い。伝統的なクラス形式やグル
ープ討議の中でもコラボレーティブな学
習は可能だが、eラーニングでは、離れ
たところにいる広範囲の人びととのコラ
ボレーションができ、学習効果が上が
る。 （二神恭一）

→eラーニング

コンカレント・エンジニアリング (CE：

Concurrent Engineering) ········ Ⅰ-1, 2-A
製品やシステムの開発において、企
画、設計、試作、調達、製造などの作業
を上流から下流に向かって段階ごとに行
うのではなく、開発プロセス全体を視野
に入れながら、各段階を並列的に、また
は、同時に進行させることを指す。この
ためには、段階や部門の壁を超えて情報
を共有し、協調することが必要となる。
1980年代に、日本の自動車産業がこの

手法を用いることで、開発工程のスピー
ドアップを実現したことが良く知られて
いる。今日では、多様な産業において導
入されている。 （坂田一郎）

混合学習 (blended learning) ········ Ⅱ-3-A
日本の大学等では2020年当初からの
新型コロナ感染症の予防対策として、オ
ンライン授業を導入している。その他の
組織でも在宅勤務が拡大し、オンライン
による仕事が増えた。アメリカではすで
に20世紀末から、組織活動においてIT、
ICTの程度が大々的に進行し、オンライ
ンによる業務が増大している。人材開
発、教育訓練の分野も例外でなく、学習
環境がIT、ICTによって変わり、革命的
なことが起こっている。

混合学習とは学習内容をオンライン学
習と対面（face-to-face）学習に分け、ま
た（両者を）結び付けることである（Noe,
R. A.）。混合学習はオンラインによる教
育訓練と対面でのそれをどう混合する
か、ブレンドするかの問題である。教育
訓練計画を作成するにあたり、学習のア
ウトカムを高めるため、IT、ICTの発展
をにらみながら、両者をいかに混合、ブ
レンドするかは、大きな課題である。一
つの教育訓練計画においても、両者の混
合が必要である。例えば、管理職研修プ
ログラムにおいて、管理者が知らなけれ
ばならない一般知識の学習はオンライン
で行い、それを踏まえてのインストラク
ターを交えた参加者間の討議、相互啓発
は対面にするといったことである。

（二神恭一）

→eラーニング、ICT、教育・訓練、教育・

か行

訓練計画

コンティンジェンシー理論

(contingency theory) ················ I−2−A

1960年代に組織と環境に関する一連の実証研究が展開され、そこに共通して抽出された「if ～ then…」で表現される仮説命題があることを見いだしたローレンス（Lawrence, P. R.）とローシュ（Lorsch, J. W.）は、『組織と環境』（1967）においてそれらにコンティンジェンシー理論という名称を付した。その特徴は、環境に適合した①唯一最善の組織化の方法はない、②どの組織化の方法もすべて等しく有効であるとは限らない、ということである。

組織のコンティンジェンシー理論は、組織と環境の適合関係を明らかにするためのアプローチによって生まれた理論モデルであるため、環境の変化に応じて組織がどのようなプロセスで適応するかを説明できない。この点から、コンティンジェンシー理論は環境決定論的で、組織が主体的に環境適応する側面を欠いていると批判したチャイルド（Child, J.）は新たに選択的戦略論を主張し、その影響から後に、環境決定論と主体決定論を融合するネオ・コンティンジェンシー理論が生まれることになった。

なお1960年代後半には、フィードラー（Fiedler, F. E.）によって、環境とリーダーシップの関係を想定したリーダーシップのコンティンジェンシー・モデルが提示された。　　　　　　　（大月博司）

コンティンジェント・ワーカー

(contingent worker) ··············· I−2−A, B

アメリカで雇用形態の多様化が目立ちはじめた1980年代に使われだした表現で、従来の（伝統的）雇用契約をもたない働き手のこと。「パートタイマー、派遣会社からくる人（テンポラリー・ワーカー）、下請けからきて働く者、リースにもとづき雇われている人などが集合的にコンティンジェント・ワーカーとよばれる」（Christensen, K. and Murphree, M.）。さらに広く「社内テンポラリー・ワーカー（in house temporary worker）、コンサルタント、独立契約者・自営労働者なども含むとする場合もある」（Gallagher, D. G.）。
　　　　　　　　　　　　　（二神恭一）
→雇用形態の多様化

コンテンツ産業 (contents industry)····I−1

映像（映画、アニメ、TV番組）、音楽、演劇、文芸、写真、漫画、アニメーション、コンピュータゲーム、キャラクターのデジタルスタンプ等の制作・流通を担う産業の総称。ゲームソフト、映像などを制作して流通させるという供給側に近いサービスから、映画館や遊園地などのように消費者に近いサービスまで広く含まれる。日本のコンテンツは「クールジャパン」として海外からも高く評価され、またコンテンツ産業は経済波及効果も大きいことから、海外展開や観光客の獲得を通じた成長を見込める有望な産業と目されている。近年、地域の再生や活性化と結びついたコンテンツツーリズムが注目されている。　　　　　（鵜飼宏成）

コンピテンシー (competency)

·················· I－2－A, B, II－2, 3－A

コンピテンシーに関して統一的な定義があるわけではなく、各論者がそれぞれに定義しているのが現状であるが、職務上の高い成果・業績と直接的に結びつき、個人が内的に保有するものではあるが行動として顕在化する職務遂行能力・特性に関わる概念、という点については大まかに共有されている。高い職務上の成果と関連していること、個人の内部にあるが行動として顕在化する能力、という点がポイントである。組織が置かれた環境が変化すると、職務の内容や成果の評価基準にも、自ずと変化が生じてくる。そのような状況下では、特定の職務に固有の固定された役割や責任、スキルや知識を特定し、評価するだけでは、個人の優秀さを正確に捉えることができない。そこで、より安定的で範囲の広い個人能力を捉えたコンピテンシー概念に注目が集まることになったのである。

コンピテンシーの中身については、その定義と同様にさまざまな見解があるが、有名なスペンサー＆スペンサー（Spencer, L. M. and Spencer, S. M.）モデルにおいては、①達成・行動、②援助・対人支援、③周囲へのインパクト・対人影響力、④管理、⑤知的領域、⑥個人の効果性の6つの領域に分けられ、さらにその中に、全20の個別要素があることが想定されている。いずれも知識やスキルよりは安定的であるが、人格・パーソナリティよりは可変的な能力・特性と仮定されている。　　　　　　　　　　（服部泰宏）

→コンピテンシー・モデル

コンピテンシー・モデル

（competency model）·················· II－2

コンピテンシーとは、職務上の高い成果・業績と直接的に結びつき、個人が内的に保有するものではあるが行動として顕在化する職務遂行能力・特性に関わる概念であり、それが具体的にどのような要素や評価項目から構成されるのか、という点に関してはさまざまなモデルが提示されている。有名なところでは、ボヤツィス（Boyatzis, R.）のコンピテンシー・モデルやスペンサー＆スペンサー（Spencer, L. M. and Spencer, S. M.）のコンピテンシー・ディクショナリーなどがある。

ボヤツィスは、アメリカ海軍監督職を対象とした研究に基づき、6領域21要素からなるコンピテンシーを抽出している。具体的には、①目標と行動の管理、②リーダーシップ、③人的資源の管理、④部下への指揮命令、⑤他者指向、⑥専門知識の6領域について、それらの下にさらに、自信（②の下位要素）や社会的影響力の行使（③の下位要素）といった要素が配置される構造となっている。このモデルはその後、コンサルティング企業を通じてビジネスの世界に紹介され、代表的モデルとして展開されていった。その後続研究にあたるスペンサー＆スペンサーモデルにおいては、ボヤツィスのモデルと重複しつつ、それとは若干異なる6領域全20要素が配置されている。このほかにもいくつかのモデルが提示されているが、それらの優位性を比較することは容易ではない。組織によって必要とされるコンピテンシーに微妙な違いがあるし、人事評価として用いるのか本人

の気づきを得ることを目的とするかなど、使用目的によってもさまざまだからである。　　　　　　　　　　（服部泰宏）

→職務、業績、リーダーシップ、コンピテンシー

コンピュータ教育 .... Ⅱ−3−A

コンピュータ教育という用語は「コンピュータを用いた教育」と「コンピュータのための教育」の2通りの解釈があろう。前者はコンピュータを教育や学習の支援に効果的に用いるための話題を提供し、後者はコンピュータを適材適所で効果的に用いるための知識やスキルを指すことが多い。

前者の歴史は長く、CAI（Computer Assisted Instruction）から始まり、1950年頃からの人工知能研究の対象領域となって知的学習支援システム ITS（Intelligent Tutoring System）として発展してきている。さらに、インターネットの普及に伴い、協調学習環境の支援等、教育支援から学習支援にもフェーズが展開してきている。そして、モバイル端末の高機能化やネットワークの高速化により、eラーニングという形態に発展を遂げ、現在もその技術や応用範囲は拡大し続けている。

一方、コンピュータ教育の発展に伴い、教育や学習に関する様々なデータが取得可能となり、それらのデータを教育や学習に効果的に利活用するための理論や技術も学習分析（learning analytics）として発展しつつある。ここでは、個々人に適した学習環境や学習過程に関する評価の実現に向けても期待が高まっている。このことに伴い、学習履歴データの

扱いや高度に発展した技術と人間がどのように共生していくかの倫理面も含めて、コンピュータリテラシー、情報リテラシー等の「コンピュータのための教育」も益々高度化が求められる。

　　　　　　　　　　（松居辰則）

→情報リテラシー教育

コンピュータに支援された学習（Computer Assisted Learning：CAL）....... Ⅱ−3−A

コンピュータと情報通信ネットワークを用いて、学習者や教員の活動を効率的に行ったり、時間的・空間的制約を取り除き多くの学習機会を確保したり、従来型の対面・紙ベースの学習では不可能であった学習形態を提供したりする、教育活動の支援手法全般を指す。

LMS（Learning Management System）は、教材の配布、掲示板等議論の場、課題の提出と採点などを、多くのコンピュータプラットフォームから容易にアクセス可能な形態（主にWebアプリケーション）で提供する。LMSにより、教材の紙での印刷が不要であり、参加者が教室にいなくても教材の確認を行ったり、他者との議論を行ったりすることができる。また、課題の回収や採点の手間も軽減することができる。LMSを起点として、さまざまなWebアプリケーションとリンクすることで、教科ごとに必要な演習教材も提供できる。この演習教材には、紙の媒体では表現不可能な動画や、可視化、シミュレーション、数式処理、プログラミングなどの教材が含まれる。

CSCL（Computer Supported Collaborative Learning）は、ネットワークを通じて相

互に接続されたツールを使用して、協調学習（グループワークなど）を行う仕組みである。CSCLには同期型と非同期型があり、同期型は同じ時間帯に教員や学習者同士が活動を行うものであり、リモート会議ツールなどを用いて音声や映像を共有して活動することが多い。参加者が全員同じ場所にいる必要はなく、空間的制約に縛られず活動できる。非同期型は、LMSやチャットツールを用いて、意見の書き出しや共有・議論を行う活動が主体であり、参加者が必ずしも全員同じ時間に参加しなくてもよく、時間的制約にも縛られず活動できる。

ラーニングアナリティクス（Learning Analytics：LA）は、学習者の活動を記録・分析する活動である。活動自体は紙媒体でも可能であるが、学習者の活動を逐一集める必要があり膨大な手間がかかる。しかし、先述したWebアプリケーションベースの演習教材においては、活動状況をログとして収集することが可能であり、ログの内容からコンピュータを用いた分析を行うことも可能である。具体的には、学習者の課題の進捗状況を確認し、進捗が遅れている学習者を発見することが容易になる。より詳細な分析を行うために、科目に特化した演習教材にログの収集機能を備える場合もある。例えば、プログラミングの演習において、書いたソースコードや実行結果を記録して、学習者が躓いている箇所の具体的な分析を行っている事例もある。

（長　慎也）

コンフリクト（conflict）……………I－1

コンフリクトとは、利害を伴った2つ以上の行為を同時に実現することが困難な場合に、いずれかの行為を実現するためには、他の行為をある程度まで変更、或いは犠牲にする必要がある状態のことを意味している。近代組織理論の代表的な研究者であるサイモン（Simon, H. A.）とマーチ（March, J. G.）によると、コンフリクトとは、最も一般的には、個人または集団が、行為の代替案を選ぶ時に経験する困難の原因となるような意思決定の標準的メカニズムの故障のことであり、その結果として、個人、集団、組織は、代替行動の選択が困難になってくる。

組織内にコンフリクトが発生する要因としては、①組織内に資源配分の問題が存在する場合、②自律性を求める個人や組織が複数存在する場合、③組織や個人の間に共通する目的及び協力関係が成立しない場合などが考えられる。現在のコンフリクトをめぐる主流の考え方は、相互作用論的なアプローチと呼ばれており、集団及び組織を活性化し、自己批判的、創造的にするために必要とされる生産的なコンフリクトは、むしろ常に組織内に最小限維持するように促進すべきであると捉えており、その種のコンフリクトは、組織におけるイノベーション活動のために積極的に必要とされるものである。

（永島暢太郎）

コンフリクト・マネジメント

（conflict management）……………I－2－A

2あるいは3以上の個人や集団の間に生じる対立的、敵対的な関係のことをコンフリクトと呼ぶ。組織の中で発生する

コンフリクトには、大きく分けて3つがあるといわれている。

一つ目は、タスクのコンフリクトであり、製造部門は製品の質の向上を目指すのに対して、営業部門は利益の最大化を目指すというように、お互いの目指しているものの中身・方向のズレに起因するものである。2つ目は、目標を達成するための手段や手続きをめぐって起こるコンフリクトであり、プロセスのコンフリクトという。新製品開発を、メンバーの自律的な行動によって達成することを期待する上司と、上司からの丁寧かつ高頻度の支援を通じて達成することを期待する部下とのコンフリクト、などが典型例である。3つ目は、「あの人とは一緒に働きたくない」「気が合わない」といった、感情のコンフリクトである。

過去の研究では、これらのうちタスクとプロセスのコンフクリトは、全くない状態よりは多少ある状態の方が業務成果が高いが、高度のコンフリクトはかえって成果を低めること、対して感情のコンフリクトは、少なければ少ないほど成果を高めることがわかっている。またコンフリクトの解消方法には、強制（自分の意見を通す）、服従（相手の意見に合わせる）、回避（衝突を避けてお互いに主張しない）、妥協（お互いが譲り合う）、協調（お互いの意見をともに実現する道を探る）といったバリエーションがあることもわかっている。　　　　　　　　（服部泰宏）

さ行

再訓練（retraining）・・・・・・・・・・・・・・・・・・Ⅱ−3−A
　技術革新などにより業務の高度化が進み、職務遂行のために新たな知識、技術、技能等が必要となった場合に、それらを身につけさせるために実施される教育訓練のことである。例えば、研究開発職において、技術革新の進展により能力の陳腐化が進むことが考えられる。そのため、最新の研究成果に関する情報共有や、周辺領域の研修など、職務遂行能力の保持への取り組みが必要となってくる。なお、このような取り組みは、OJTやOff−JT、自己啓発支援など様々な形態が考えられる。

　近年は、DX（デジタルトランスフォーメーション、Digital Transformation）との関係で、リスキリング（reskilling）という表現がよく用いられるようになった。DXはデジタル技術の活用によってビジネスモデルや業務そのものを大きく変革するものであり、その進展に伴って労働市場で求められるスキルが急速に変化することが予想される。リスキリングは、労働者が労働市場で新たに求められるスキルを身につけるための行動を指している。　　　　　　　　　　（熊迫真一）

サイコドラマ（psycho drama）・・・・・Ⅱ−3−A
　モレノ（Moreno, J. L.）が創始した、即興劇の形式を用いる集団心理療法である。その目的は、舞台という架空の世界

で自己のテーマを表現することによってカタルシスを得ることと、ドラマティックな状況の中で自発性を引き出すことである。主メンバーは、監督（治療者）と主役および補助自我からなる。監督は主役と話し合いながら、適切かつ必要な状況を舞台に設定する。補助自我とは、主役が状況の中で自己表現や自発性が出せるように援助する役である。　（吉田　悟）

再雇用制度 ……………………………Ⅰ－2－B
　定年年齢に到達した従業員の雇用を一旦終了し、再び雇用する制度のことをいう。定年年齢到達以後も雇用の中断なく勤務を継続させる勤務延長制度があるが、これと再雇用制度とを一括して「継続雇用制度」と呼ぶこともある。再雇用制度の一般的な運用は、次の通りである。

・適用対象：企業が定める定年年齢に到達した従業員、改正高年齢者雇用安定法により希望する従業員は全員が対象
・仕事内容：定年前のキャリアが活かせる同一職務を継続、体力低下を考慮して別職務への配置もある
・雇用期間：65歳に到達するまで1年毎に更新、更新を繰り返し5年以上雇用されても無期転換申込権を発生させない特例措置がある
・労働条件：定年時の役職は解かれ役職なしへ、賃金は定年時の水準の7～8割程度に減額、短時間やフレキシブルな勤務が選択可能に

　定年年齢に達した従業員を再び雇い入れるのが再雇用制度であるが、昨今ではその意味が拡大しつつある。出産・育児、介護、配偶者等の転居といったライフイベントのためやむなく離職した元従業員や、他の職場へ一度は転職したものの復職を希望してきた元従業員を、再度雇用する「カムバック制度」がある。これも再雇用制度に含めることができる。
（高階利徳）

→勤務延長制度、定年延長法

在籍出向 ……………………………Ⅰ－2－B
　出向とは、労働者が出向元企業と何らかの関係を保ちながら、出向先企業と新たな雇用契約関係を結び、一定期間継続して勤務するもので、人事（要員）管理の手段として用いられてきた。従来、雇用調整や中高年齢者の雇用維持、ポスト対策、子会社・関連会社への経営・技術指導などで利用されていたが、昨今では従業員の能力開発やキャリア形成のために積極的に活用するケースもある。このうち、在籍出向は、出向元企業と出向先企業との間の出向契約によって、労働者が出向元企業と出向先企業の両方と雇用契約を結ぶものをいう。　（香川忠成）

在宅勤務（stay-homework ／ working at home ／ home working）………Ⅰ－2－A，B
　在宅勤務とは自宅で就労する勤務形態であり、我が国では所謂テレワークの一形態として認識されている。これは近年の情報通信機器の発達によってオフィスの労働が自宅やサテライトオフィスなどで可能となったことによる。通勤を要さないことから、事業場での勤務の場合に通勤に要する時間を柔軟に活用できるため、子育て中の女性や家族介護中の就業

が容易となった等のメリットは大きく、仕事と家庭生活との両立に資する働き方である。

ただ一方で、非対面の労働となるため、労働時間管理、評価方法、業務指示の方法やプライバシーへの配慮、通信機器や回線等の費用負担の取り扱いなど人事管理の複雑化等の対応が必要となっている。特に労働時間管理の問題では、従業員のPCのログイン時間のみでは労働か否か判断できないケースや、プライバシー保護の観点から機器を常時通信可能な状態にすることが望ましくないことも考えられる。このような場合には、事業場外みなし労働時間制や裁量労働制の導入や、自宅等で就業する際に一定程度自由な働き方を認め、中抜け時間を休憩時間や時間単位有給として取扱うなどの制度設計も重要となっている。（香川忠成）

最低賃金法（Minimum Wages Law）····I－1

労働者の労働条件の改善などを図るため、賃金の最低額を保障し、その決定方式について規定した法律。「労働者の生活の安定、労働力の質的向上及び事業の公正な競争の確保に資するとともに、国民経済の健全な発展に寄与する」（同法第1条）ことを目的として1959年に制定。賃金など労働契約の決定においては、交渉力の弱い労働者が搾取されるおそれがある。賃金に関する基準を法律で定めることとし、これを具体化した法律が現在の最低賃金法である。

地域別最低賃金は、都道府県ごとに設定される最低賃金であり、すべての労働者の賃金の最低額を保障する機能をも

つ。これに対し、特定最低賃金は、産業又は職業ごとに設定され、地域別最低賃金よりも高い水準の最低賃金を定めることが必要と認められた場合に決定される。これは、企業内における賃金水準を設定する際の労使の取組を補完する機能をもつ。

2007年の法改正で、地域別最低賃金の決定の際、労働者の生計費を考慮するに当たっては、生活保護に係る施策との整合性に配慮することとされた（同法第9条第3項）。地域別最低賃金の規定に違反した者は50万円以下の罰金に処せられ、両罰規定により法人等も処罰される。（村澤竜一）

サイバネティクス（cybernetics）···I－1－A

ギリシャ語の「船の舵をとるのがうまい」を意味する単語に起源をもつ。例えば、物を手で取るとき、脳は目からの信号を受けて、手に物をつかむための命令を送る。このように脳が手の動きを適当に調整していることを「制御する」という。サイバネティクスは狭義では技術や生物体や社会における複雑な体系の制御の科学を意味する。広義ではあらゆる形態の情報処理を含む。広義では、コンピュータ科学はサイバネティクスの一部分である。（二神常爾）

財務→ファイナンス

サイモン，H. A.（Simon, H. A.、1916～2001年）································I－2－A

アメリカの社会科学者。経営学、経済学、心理学、コンピューター・サイエン

ス、言語学、社会学など、幅広い分野に多大な業績を残した。人間の認知能力の限界を踏まえた「限定合理性（bounded rationality）」を前提に、人と組織の行動を分析し、近代組織理論を構築した。1978年に「経済組織における意思決定過程の先駆的研究」により、ノーベル経済学賞を受賞。

主な著書に、*Administrative Behavior, 4th ed.* (1997)（『経営行動　第4版』(2009)）、*The Sciences of the Artificial, 3rd ed.* (1996)（『システムの科学　第3版』(1999)）、マーチ（March, J. G.）との共著で*Organizations, 2nd ed.* (1993)（『オーガニゼーションズ』(2014)）などがある。

（浅井希和子）

→制約された合理性、バーナード, C. I.

採用（recruitment）･･････････････････Ⅰ－2－B

企業組織が外部労働市場から必要な労働力を調達するために、候補者を募集し、選抜し、労働契約を結ぶこと、あるいは、募集から労働契約に至るまでの一連の活動のことをいう。採用活動が決まった時期に開始され、労働契約が結ばれる採用を定期採用とよぶ。我が国の採用の慣行とされる新規学卒者を4月に採用する新卒一括採用は、この典型である。他方、欠員が生じた際の補充を目的として経験をもつ人材を中途採用するなど、特定の期間ではなくその都度採用を行うものを非定期採用とよぶ。また近年では、新卒採用においても特定の時期を設けない通年採用を行う企業も増えている。

採用における中心的な活動となるのは募集と選抜である。募集とは、企業側が提示する募集情報をきっかけに関心をいだかせ、募集にエントリーする意欲を持つ求職者を生み出し、自社にとって必要な人材をエントリーさせ、魅力的な候補者群を形成することである。具体的な方法は、募集にかかる費用を勘案しながら、企業側からどのような情報をいつ伝えるのか、どのようなメディアを通じて提供するのかを決定することである。募集情報には、募集する職務の内容や要件に関する情報だけではなく、企業の方針や採用後のキャリア、能力開発に関する情報などが含まれる。また、応募者に対してマイナスになりうる情報をも含めた、企業のありのままを伝えるリアリスティック・ジョブ・プレビュー（RJP）と呼ばれる方法は、応募者のスクリーニングやリアリティ・ショックを軽減させるなどの効果が指摘されている。情報の提供には、合同・単独の企業説明会やインターネットによる情報公開、求人広告、公的・民間の職業紹介機関など多様なものが利用されるが、募集のターゲットへのアクセスの観点から有効な方法が選択される。候補者群が形成されるとそこから採用する候補者を選抜していく。選抜とは、候補者たちを惹きつけつつ、エントリーシートや履歴書、適性検査や面接などを通じて評価し、採用基準を満たした人材を選び、内定を出すこと、また、その内定を受諾させるまでの活動を含む。

採用活動の成果には、応募者を集めることができたかどうか、そこから量・質ともに十分な採用基準を満たす候補者を

さ行

採用することができたかどうかという入社に至る前までの成果と、採用した人材が期待したとおりの行動や態度を示したかどうか、一定の定着率をもつかどうかといった採用後の成果がある。

（矢寺顕行）

→外部労働市場、リアリティ・ショック

採用基準（recruitment criterion）‥‥I－2－B

採用計画に基づいて設定される、候補者を選考する際の評価において重視される要素や指標のことを採用基準という。定期採用の場合、基準は採用後の訓練可能性を踏まえたものとなり、育成に必要となる基本的な能力や企業組織への長期間の定着のための人格的要件が重視され、入社後に育成することが困難なものが評価される。欠員補充型の採用の場合、欠員が生じた職務を遂行するために、必要なスキル、能力などが基準となる。ただし、欠員補充型の場合でも、企業組織によっては将来の訓練可能性や長期的な定着といった目的のために、人格的要件が含まれる場合もある。

これらの基準を満たしているかどうかは、適性検査や採用面接など多様な選抜方法によって評価されるが、選考において重要なのは、その方法による評価結果が一貫性をもっているかを意味する信頼性と、手法が本来評価しようとしている要素を測定できている程度を意味する妥当性である。妥当性は、設定した基準そのものが結果に結びついているかや、測定の結果が候補者の将来的な成果をどの程度予測するかを意味する。（矢寺顕行）

→適性検査、採用面接

採用計画（recruitment plan）‥‥‥‥Ⅰ－2－B

採用計画とは、採用活動を実施するにあたって、必要な人的資源を量的・質的な側面から確定し、そうした人的資源を調達するための具体的な計画である。

量的側面は要員計画に基づいて算出される。企業の戦略や短期および中長期の経営計画の実行に必要となる業務遂行に必要な作業量から要員を算出し、これに売上高人件費率や労働分配率などの人件費を加味することで必要要員数が決まる。この必要要員数から現在の在籍者数を差し引いた数が、必要採用者数となる。必要採用者数はさらに、質的側面からより具体的な確定が行われる。すなわち、職種や雇用形態の区分、およびそれらに必要となるスキルや能力を確定していく。

次に、量的・質的に確定された人員をどのようにして募集・選抜するかといった具体的な方法が決定される。ただし、具体的な募集・選抜の方法は、企業の要員計画だけではなく、労働市場において企業と求職者を結びつける仲介者やメディアなど制度的な枠組みや構造、労働市場の需要と供給の状況、男女雇用機会均等法や障害者雇用促進法などの法的規制、個別企業の採用方針を踏まえたものとなる。　　　　　　　　（矢寺顕行）

→男女雇用機会均等法、障害者の雇用の促進等に関する法律（略称：障害者雇用促進法）

採用内定（job offer）‥‥‥‥‥‥‥‥‥Ⅰ－2－B

企業が自社に必要な要件を満たす人材を決定し応募者に採用の決定を通知する

ことを採用内定とよび、内定の候補者に
よって受諾されることで労働契約が成立
する。法的には、内定の手続きをもって
労働契約が成立したとみなされるが、内
定は始期付解約権留保付労働契約であ
り、入社に至るまでの間に、企業が内定
の取り消しを行う可能性を含んでいる。
同様に、候補者には内定を受諾するかど
うかの意思決定が委ねられている。

（矢寺顕行）

→労働契約

採用方針（recruitment policy）･･････Ⅰ－２－Ｂ

採用方針は、企業組織の戦略や経営計
画を前提として、それらを実行するため
に必要な特性や能力をもった人材を調達
するための具体的な募集や選抜の方法を
方向づけるものである。募集について
は、誰にどのようなメディアを通じてア
プローチし候補者を引きつけるか、選抜
に関しては、人材要件をどのような基準
で測定し候補者を絞り込むか、といった
具体的な採用施策の背後にある、個々の
企業組織の採用に対する考え方や姿勢が
反映される。　　　　　　（矢寺顕行）

→募集

採用面接（job interview）･････････Ⅰ－２－Ｂ

採用面接は選抜において多くの企業が
実施している方法であり、応募者から直
接情報を収集し評価を行う試験である。
面接の実施方法には、応募者一人に対し
て行う個人面接と複数の応募者を対象に
行う集団面接があり、質問方法としては
面接者が自由に質問する非構造化面接と
あらかじめ質問内容が標準化されている

構造化面接とがある。面接によって能力
やスキルなどと職務の適合、性格や価値
観と組織文化や組織の価値観との適合等
がチェックされる。　　　　（矢寺顕行）

→採用、採用基準、面接試験

裁量労働制（discretionary work system）
･･････････････････････････････････････Ⅰ－２－Ｂ

業務の遂行にあたり労働者の裁量に委
ねる程度が大きい業務について、その業
務に従事する労働者が実際の労働時間に
かかわらず労使協定で定めた時間労働し
たものとみなすものとして、1987年の
労働基準法改正で設けられた。労働時間
規制の適用除外（同法第41条）とは異な
り、労働時間算定の一つの方法であり、
休憩、休日、深夜業に関する規定は適用
される。

成果主義の拡がりとともに対象業務拡
大が経営側から求められてきたが、
1998年の同法改正により、従来の裁量
労働制は「専門業務型裁量労働制」（同
法第38条の3）と称されるようになり、
2024年4月時点での対象業務は20であ
る。さらに「事業の運営に関する事項に
ついての企画、立案、調査及び分析の業
務」で業務遂行方法や時間配分に使用者
が具体的指示をしない業務を対象とする
「企画業務型裁量労働制」（同法第38条の
4）も新設された。

専門業務型裁量労働制は、対象業務や
みなし労働時間等を労使協定で定めて、
労働基準監督署に届け出る必要がある。
企画業務型裁量労働制は、労使協定では
なく労使委員会を設置して、対象業務、
みなし労働時間、健康・福祉を確保する

さ行

231

ための措置等を決議し、決議を労働基準監督署に届け出なければならない。

（森田雅也）

作業環境測定士 ·················· I－1，2－A

適正な作業環境を確保し、労働者の健康を保持するために作業環境測定法に基づいて、有害物を取り扱う事業所では一定の資格を有する作業環境測定士による作業環境の測定が義務づけられている。作業環境測定士には定められた国家試験ならびに実技指定講習に合格したもので、第1種（作業環境測定のデザイン、サンプリング、分析（解析を含む）を行う）と、第2種（デザイン、サンプリング、簡易測定器による分析業務を行う）の2種類がある。

（遠藤幸男）

→作業環境測定法

作業環境測定法（working environment measurement act）·················· I－1－A

作業環境の測定に関し、作業環境測定士の資格及び作業環境測定機関等につき必要な事項を規定した法律。作業環境中に有害な因子（有機溶剤などの化学物質、電離放射線、高温・低温等の物理的因子等）が存在する場合、労働者の健康障害を未然に防止すべく、その実態把握には特殊な測定技術が必要となる。適正な作業環境を確保し、もって職場における労働者の健康を保持することを目的として1975年に制定された。

（村澤竜一）

→作業環境測定士

サバティカル休暇（sabbatical leave）·················· I－2－B，II－3－A

sabbatical leave（またはyear）といって、もともと大学教授に与えられる研究のための長期休暇を指し、1880年に米国のハーバード大学で始まったとされる。その後企業でも採り入れられるようになり、一定の年齢や勤続年数に達した者、あるいは役職者に対して、与えられる長期の有給休暇である。リフレッシュ休暇と呼ぶこともあり、年次有給休暇とは区別される特別休暇である。大企業を中心に次第に普及してきている。たいていの企業では、休暇中の活動・成果報告が義務づけられ、自己啓発や生涯設計が要請されている。

（松村　彰）

→特別休暇、リフレッシュ休暇

サーバント・リーダーシップ（servant leadership）·················· I－2－A，B

サーバント・リーダーシップはグリーンリーフ（Greenleaf, R. K.）が1970年代に提案したものである。サーバント・リーダーシップが注目されるようになった背景にはいくつかの原因があるが、その一つは企業の不祥事である。それを契機に今まで以上に企業の経営者に倫理的な価値、行動が求められるようになった。こうした要請とサーバント・リーダーシップの基本的理念がよく対応する。サーバント・リーダーシップの基本的な特徴、すなわちその核心は「自分の利害よりも部下または他者の利害をまず第一に考え、他者に奉仕するリーダーシップ」である。

ではこれを可能にするリーダーの特性、価値観は何か。サーバント・リーダーの中核的特性は次のようなものがあげ

られる。①概念的能力（先見力、予見力）とビジョン提示能力、②謙虚さ、③権限委譲（エンパワーメント）と能力開発、④対人的受容と情動的癒やし、⑤倫理的行動（誠実さ）、⑥執事役（信頼できる代理人）である。

サーバント・リーダーシップは測定尺度も開発され多くの実証的研究がおこなわれている。その結果、理論の独自性と有効性が証明されている。また、多くの企業および公的組織でもその考え方が注目され活用されている。　（松原敏浩）
→リーダーシップ、変革型リーダーシップ

サービス残業 ······························· I－2－B

サービス残業とは、賃金不払い残業のことを意味し、「所定労働時間外に労働時間の一部又は全部に対して賃金又は割増賃金を支払うことなく労働を行わせること」と定義される。この事実が認定されると、労働基準法違反となる。サービスの意味は、賃金不払い残業の形態が、労働者に対する格別の残業命令がない場合でも自主的に残業するケースを表す日本語として、無料を意味するサービスという修飾語がつけられたからである。賃金不払い残業の解消には、事業場で適正に労働時間を把握することが必要との認識から厚生労働省は「労働間の適正な把握のために使用者が講ずべき措置に関するガイドライン」を策定し、使用者に労働時間を適正に把握する責任があることを明示している。　（香川忠成）

三六協定 ··························· I－1, 2－B

使用者が時間外労働、休日労働を命ず

るとき、その使用者に免罰的効果をもたらす労使協定のこと（労基法36条）。三六協定のみでは労働者のその労働義務は発生せず、別途、労働契約等でそれが明示されなければならない。2018年労基法改正で罰則付きの時間外労働および休日労働時間の上限規制が設けられた。

通常予見できない業務量の増大などにより、臨時に協定で定めた時間を超えて労働を命ずることがある場合には、その時間外・休日労働の時間を定められるが（特別条項）、これは1年について6月しか設定できない（同条5項）。

使用者は、この協定を過半数組合または選挙で選ばれた過半数代表者との間で締結し、労働基準監督署に届け出なければならない。過半数組合を通じての労働者による労働時間の適正な管理がなされることが望ましいが、労働組合の組織率が低下の一途をたどるなかで、現実的にはそうなっていないところに長時間労働是正への課題がある。　（小山敬晴）
→労働基準法、法定労働時間、残業規制

差別 ······································· I－1, 2－A, B

企業経営に関わる差別は、人権課題と関連する。1970年代に、採用時に被差別部落出身を差別して排除する「部落地名総監」事件が問題となった。一般的には、ジェンダーや性的マイノリティ、障害者雇用と合理的配慮、セクシャリティハラスメントやパワーハラスメント、また、妊娠や出産・育児休業、介護休業などに関するハラスメントが課題としてあげられる。「男女雇用機会均等法施行規則」（2014年改正）では、労働者の募集や

採用、昇進、職種の変更をする際には、合理的な理由がない転勤要件を設けることは間接差別とされ、禁止している。なお、間接差別とは、性別以外の要件において、性の構成員にとって不利益を被るものをさす。その他に、在日コリアンなどの国籍や民族による差別への対応には、「公正採用選考人権啓発推進員」制度を設けている。2000年代からは企業のグローバル活動の中で求められる社会的責任（corporate social responsibility）は、人種差別や宗教、政治的な信条への配慮が求められる。2015年国連で採択された「持続可能な開発目標（SDGs：Sustainable Development Goals）」では、企業にも展開されている。そのSDGsの理念に、多様な人々を誰一人排除しない「包摂性」の考えがある。

いわゆる「誰一人取り残さない」というキーワードで、現代企業の人権課題を考える上で重要な理念となっている。

（中尾悠利子）

産学連携（industry-academic collaboration） I−1

産学連携は、産業界と大学とがそれぞれのアイデンティティを大事にしながら、技術移転、知見の交換、共同研究、人的交流等の方法で両者が協力することを指す。産学連携で先行した米国では、その成果として、ノースカロライナのリサーチ・トライアングルなど大学を中核とした産業集積（クラスター）が多数、形成されている。また、企業と大学との間に存在するミッションや組織文化の違いを乗り越えるため、産と学との間を橋渡しするバッファー機関が発達をしている。

日本においては、その本格的な展開は米国に後れをとることとなったが、産学連携の促進がバブル崩壊後の産業再生の主要な施策の一つとして位置づけられ、大学等技術移転促進法（1998年）、産業技術力強化法（2000年）等の産学連携の環境整備を目的とした法律が次々と制定されたことで、技術移転及び共同研究数の拡大や大学発ベンチャーの創出数の増加につながっている。近年では、ビジョンの形成、人材の共同育成、起業家の共同育成等を含めたより広範な協力を行う包括連携や産学協創、起業家やAI経営人材等の育成を大学の教員と産業界の専門家が協力して行う産学共同教育と呼ばれる新たな協力形態が登場している。

（坂田一郎）

参加的マネジメント（participative management） I−2−A

専制的（つまり独断的ないしは強権的）マネジメントとは対照的に、従業員（部下）を意思決定や統制プロセスに積極的に関与させるような経営管理のあり方をいう。TQMへの従業員参加、目標による管理（MBO）、人事の360°評価といった現場での実践から、ドイツの労使共同決定のように会社全体の方針に従業員を関与させるものまで、組織のあらゆる階層で姿を変えて観察することができる。

1950年代の人間関係論以降、参加的マネジメントが、職務満足、内発的モチベーション、主体的な職務への関与、業績の向上、組織学習（知識の共有や創造）

の促進、質の高い意思決定などをもたらすことを多くの研究が示してきた。また、労使の共同決定が高い生産性をもたらすことを支持する研究もある（Doucouliagos（1995））。他方、エゴの衝突、意思決定の遅滞などに留意しなければならない。

仕事において人びとは主体として扱われるべきだとする立場からも、参加的マネジメントは求められる。多様性それ自体を強調するダイバーシティにとどまらず、多様な全ての従業員の参加と関与を増加させようとするインクルージョンへの関心の高まりは、この考え方の好例である。　　　　　　　　　　（日野健太）

残業……………………………Ⅰ−2−B
労働基準法第32条では、使用者は労働者に対して1日8時間、週40時間を超えて労働をさせてはならないと定めている。これは法定労働時間とされる。しかし、経営者が労働者の代表と労働協定を結び、それを労働基準監督署に届け出れば時間外労働（残業）を行わせることが可能となる（労働基準法第36条）。法定労働時間を超えた労働は時間外労働（残業）とされる。

労働基準法では、時間外労働（残業）に対しては割増賃金を25％以上支給しなければならないと定めている。その他、休日労働には35％以上、深夜労働には25％以上の割増賃金を支給しなくてはならないと定めている。また、労働基準法では、残業は管理監督者には適用除外とされており、一般社員が適用の対象となる。

残業に関してはさまざまな問題が企業で起きている。たとえば、残業に対して賃金が支給されない不払い残業（サービス残業）の問題がある。また、残業が長時間になり従業員の健康を損ねる事態も発生してきている。長時間労働を是正するため、従業員がワーク・ライフ・バランス（仕事と生活の調和）を図れるようノー残業デーを設定したり、残業の事前届出制・許可制を行ったりして残業を減らす取り組みを行う企業もある。

（飛田正之）

産業医（industrial physician）………Ⅰ−2−B
労働者の健康管理等を行うのに必要な医学に関する知識について厚生労働省令で定める要件を備えた医師（労働安全衛生法第13条第2項）。職場における労働者の安全と健康を確保するとともに、快適な職場環境の形成を促進するために、医学に関する専門的立場から指導・助言を行う。

常時50人以上の労働者を使用する事業場は産業医選任の義務がある。また、常時1000人以上の労働者を使用するすべての事業場、特定業務（有害な業務）に常時500人以上の労働者を従事させる事業場は、専属の産業医を選任しなければならない。

産業医の職務として、健康診断の実施、ストレスチェックの実施、作業環境の維持管理、衛生教育等（労働安全衛生規則第14条）や少なくとも毎月1回の作業場等の巡視（同規則第15条）が定められている。

2018年のいわゆる働き方改革関連法

さ行

案による労働安全衛生法改正では、産業医・産業保健機能が強化された。産業医による面接指導や健康相談等が確実に実施されるような体制整備が求められるとともに、産業医の活動環境の整備として、産業医の独立性・中立性の強化、産業医への権限・情報提供の充実・強化等が定められている。　　　　（森田雅也）

→働き方改革、労働安全衛生法

産業カウンセリング（industry counseling）
···Ⅰ−2−B

　企業が社内に専門カウンセラーを置くか、外部の専門家と契約して、労働者が社会や職業生活、家庭生活で適応していけるよう相談・助言することである。その目的は、心のうちに何らかの問題をもち、自己喪失や葛藤状態や社会的不適応状態にある労働者に、自らの力によって次第に自立し、主体性を回復し、成長できるよう援助することである。そのための方法として、①クライエント（来談者）中心カウンセリング、②心理臨床的カウンセリング、③行動カウンセリング、④開発的カウンセリングがある。①は、共感的理解、無条件の肯定的関心、自己一致の3つの原則により、クライエントが心を開いて何でもカウンセラーに話せるようにする方法である。②はクライエントが物を考えていくうえで必要な情報を提供し、行動を指導する方法で、心理診断も重視される。③は、系統的脱感作法や主張訓練法を用いて、クライエントが自身のストレスを克服していく方法である。④は、カウンセリングを通じて、その人のもっている特徴、持ち味、長所を発見し、開発し、発揮できるようにする方法である。

　リストラクチャリングに伴う配置転換や希望退職等で社員の精神的動揺も起きやすくなっており、カウンセリングの必要性は高まっている。産業カウンセリングの民間資格として、一般社団法人日本産業カウンセラー協会の産業カウンセラー、その上位資格であるシニア産業カウンセラー、このほか特別民間法人中央労働災害防止協会の心理相談員養成研修等がある。　　　　　　　　　　（福地一雄）

→メンタルヘルス、ストレスの管理

残業規制 ······································Ⅰ−2−B

　労働者の過度な労働時間や過重労働を防止するための法律や規定。労働者に法定労働時間を超えた時間外労働をさせる場合や法定休日に労働させる場合には、労働基準法第36条に基づく労使協定（36協定）の締結が必要となる。働き方改革の一環で2019年4月に施行された労働基準法の改正で、時間外労働の上限（原則月45時間・年360時間）が罰則付きで法律に規定された。臨時的な特別の事情がある場合（特別条項）でも上回ることができない上限が設けられている。

　　　　　　　　　　　　　　（村澤竜一）

産業・組織心理学（industrial and organizational psychology）······················Ⅱ−2

　産業・組織心理学は、その名の通り、心理学の一分野として生成、発展してきた学問である。近代的な科学としての心理学は、1879年にヴント（Wundt, W. M.）がライプチヒ大学に心理学実験室を

創設したことに端を発するとされる。そのヴントのもとで学び、のちにハーバード大学に移ったミュンスターベルク（Münsterberg, H.）が著した『心理学と産業能率（*Psychology and Industrial Efficacy*)』が出版されたのが約100年前。彼による研究は同時代に活躍したテイラー（Taylor, F. W.）の研究と並び、「能率心理学」と呼ばれ、大正初期にはすでに、疲労軽減・作業改善・生産性向上をもたらす科学として日本にも紹介されている。

　この能率心理学の考え方や手法は、2つの大戦を契機に人事管理にも応用され、従業員の採用・教育・配置・報酬・昇進、などの実務に「人事心理学（personnel psychology）」として適用されていく。能率心理学はまた、人間と物や環境とのインタフェースに注目する人間工学（human engineering）の誕生にもつながった。この能率心理学、人事心理学、人間工学の3つを合わせた学問領域が、今日でいう産業・組織心理学である。学問としての産業・組織心理学の特徴は、組織的な成果の最大化だけでなく、従業員の幸福や福利、安心にも注目する点、従業員を単なる道具や歯車としてではなく、それ自体成長可能性を持った存在であり、経済学が想定する「合理的経済人」よりも複雑な存在として捉える点、などである。

　産業・組織心理学との異同がしばしば指摘されるのが、経営学の一領域である組織行動論である。研究のテーマ、研究者が所属する学会や、研究を発表する雑誌など、研究の中身や手法に関していえば、両者の間にかなりのオーバーラップがあるといえる。違いがあるとすれば、研究者のバックグラウンドと指向性や研究スタイルである。組織行動論領域の研究者を標榜しているのは、主として経営学系の学位を持つ者であり、したがって組織行動論者は経営学者の部分集合といえる。対して産業・組織心理学者を標榜しているのは心理学者である。こうした違いが、両者の研究スタイルや指向性に微妙な違いをもたらすこともある。例えば、組織行動論者は、産業・組織心理学者に比べて、経済学や社会学など、心理学以外のディシプリンの理論や手法を援用する頻度が相対的に高い。研究テーマ設定においても、組織行動研究者の方がより、実践指向の強いものを選択する傾向があるともいわれる。　　（服部泰宏）

残業手当（overtime working allowance）
　　　　　　　　　　　　　　　　Ⅰ-2-B

　会社の就業規則などによって決められている所定労働時間を超えて働いた場合に支払われる賃金のことをいう。所定労働時間を超えて法定労働時間まで働いた時間を法内残業、法定労働時間を超えて働いた時間を普通（あるいは通常）残業、深夜や休日に働いた時間を深夜・休日労働と呼び、残業手当はそれぞれの勤務に対して支払われる賃金の合計である。なお、法内残業以外の勤務に対しては所定の割増賃金の支払いが義務付けられている。　　　　　　　　　　　　（一守　靖）

産業内訓練→TWI

産業別労働組合（industrial union）……Ⅰ-1

同一産業に従事するすべての労働者を、職業や職種の相違を問わず企業の枠を超えて一括して組織する労働組合である。労働組合の歴史は職業別労働組合から始まったものの、機械化の進行に伴い大量の不熟練・半熟練労働者が生み出されたために産業別組合へと移行していった。現在この組織形態が欧米の労働組合の主流である。日本でみられる単産は産業別に組織されているが、加盟単位が企業別組合である点で純粋な産業別組合ではない。　　　　　　　　　（福井直人）

→企業別労働組合

産業民主主義 (industrial democracy)
....I−1

市民社会における民主主義の基本原理、たとえば自己統治、自己決定、自己規律を産業社会にも適用し、経営内の民主化を促進しようとする考え方であり、イギリスのウェッブ夫妻 (Webb, S. and Webb, B.) が最初に用いた。

資本主義経済体制においては、基本的に生産の量・質・時期・方法などの決定は排他的に経営者に属し、初期の段階では雇用条件さえも労働者が発言することを許さなかった。

しかし、民主主義思想の普及に伴い、労働者は奴隷や農奴ではなく産業における市民と位置づけられ、専制的な経営者による決定に対し労働者にも産業社会の市民としての権利を認めるべきとされるようになった。当初、労働者にはその権利の一つとして雇用条件にかかる自己決定権を与え、団体交渉制度を通じてそれを行使させた。のちには、経営組織内の権限をも労働者にも分配することが要求されるようになった。たとえば、生産に関する意思決定に労働者の発言権を認めるなどである。さらには労使による共同決定や、労働者のみにより企業の管理を行う労働者自主管理により産業民主主義が実現される場合もある。

産業民主主義は労働者代表取締役制、共同決定、半自律的作業集団などを正当化する理論ないし思想とされる。

　　　　　　　　　（福井直人）

→団体交渉と労使協議、共同決定法

産業用ロボット (industrial robot)
....I−2−A

人間に代わり、主に工場での搬送・加工・組み立て等の作業の自動化を行う機械装置。日本産業規格 (JIS) では、「産業オートメーション用途に用いるため、位置が固定又は移動し、3軸以上がプログラム可能で、自動制御され、再プログラム可能な多用途マニピュレータ」と定義されている。マニピュレータは、人間の腕や手先の代わりに作業を行う装置を意味し、産業用ロボットではアーム本体を指す。ロボットにはサービスロボットもあるが、産業用ロボットが産業の自動化で人間の作業を代替するのに対し、サービスロボットは日常生活の支援などの用途で人間の作業や動作を支援するものとして区別される。

人間が作業を行う労働環境には、肉体的・精神的負担が大きい場合が多く、人手不足や危険作業からの解放、品質の安定などの面から、作業の自動化ニーズは高い。産業用ロボットは、自動車産業を

はじめ、電気・電子デバイス産業、半導体産業、食品産業、農業など、多種多様な業界で導入されている。最近では、協働ロボット（人や物に触れると停止するなど安全性が高く、人と同じ空間で作業が可能なロボット）や人工知能技術を組み合わせた次世代のロボットも開発されている。　　　　　　　　　　（村澤竜一）

産業連関 （inter-industrial relationship）
　　　　　　　　　　　　　　Ⅰ－2－A

　経済に存在する各産業が、他産業の産出を中間投入として用いるという相互の関係を指す。この相互連関は全部門を統一的に行列表示した産業連関表（投入産出表 input-output tables）という体系にまとめられる。この表を横方向に見ると1国の各産業が1年間に生産した財・サービスの各部門への販売に関する情報が、縦方向に見ると、各部門が自らの活動にそれらをどれだけ購入したかという投入費用の構成に関する情報が、それぞれ得られる。　　　　　　　　　　（馬場正弘）

シェアド・リーダーシップ （shared
leadership）　　　　　　　　　Ⅰ－2－A, B

　シェアド・リーダーシップとは集団メンバーが集団目標達成に向けて、情報を共有し、責任を共有しながら相互にリードしあう、リーダーシップの一形態である。リーダーシップの共有である。シェアド・リーダーシップは以前からその存在が指摘されていたが、最近注目されるようになったのは、現在の組織の生き残りが高水準の技術と自律性の高い従業員に依存していること、仕事の曖昧性、複雑性の増加が、一人のリーダーにあらゆるリーダーシップを期待するのが難しくなっている等による。　（松原敏浩）
→リーダーシップ

さ行

ジェンダー・ダイバーシティ （gender
diversity）　　　　　　　　Ⅰ－1, 2－A, B

　ダイバーシティには、パーソナリティ、内的次元、外的次元、組織的次元の4つの次元がある。ジェンダー・ダイバーシティは、性別の多様性であり、内的次元のダイバーシティとされる。ジェンダー・ダイバーシティと企業の収益性の関連性について様々な研究がされている。カーターら（Carter, D. A. *et al.*）は、取締役会における女性比率が高くなるほど、企業価値が上がるという分析結果を導いている。また、マッキンゼー＆カンパニー（McKinsey & Company）の分析によれば、取締役会における女性比率が高い企業の方が、そうでない企業に比べて利益率が高いことが明らかになっている。　　　　　　　　　　（二神枝保）
→ジェンダー平等、ダイバーシティ、ダイバーシティ・マネジメント、**年齢ダイバーシティ**

ジェンダー平等 （gender equality）
　　　　　　　　　　　　Ⅰ－1, 2－A, B

　ジェンダー（gender）とは、生物学的な性別（sex）とは異なり、社会的・文化的に形成される性別をさす。したがって、ジェンダー平等とは、性差別をなくし、一人ひとりの人間が機会や資源配分、便益、サービスへのアクセスにおいて平等であることをいう。

239

現在、ジェンダー平等は、SDGsにおいても重要な概念になっている。目標5は、ジェンダー平等を実現し、すべての女性と女児のエンパワーメント（empowerment）を図ることである。そこでは、あらゆる場所においてすべての女性と女児へのあらゆる形態の差別を撤廃することをめざしている。また、政治、経済、公共分野のあらゆるレベルの意思決定において、完全で効果的な女性の参画とリーダーシップの平等な機会を確保することもめざしている。

日本のSDGs達成度は、2021年で世界165か国中第18位であるが、ジェンダー平等は最大の課題の一つとされている。とくに国会議員に占める女性比率、男女賃金格差、家事・育児等無償労働時間の男女格差には重要な課題があると指摘される。さらに、グローバル・ジェンダー・ギャップ・レポート2023によれば、男女格差を測るグローバル・ジェンダー・ギャップ指数に関して、日本は0.647で、146か国中第125位である。とくに、政治分野では0.057で第138位、経済分野では0.561で第123位であり、ジェンダー平等を実現しているとはいえない。　　　　　　　　　（二神枝保）
→SDGs

資格……………………………Ⅰ−1−A
　資格とは、個人の職業能力を表す指標であり、大別して「公的資格」「企業内資格」の2つに分けられる。前者は、医師、弁護士、公認会計士、税理士等であり、その価値は現在の勤務先には関係なく等しく評価される。また取得に際して は試験が課されることが一般的である。他方後者は、公的資格の様な汎用性はなく、あくまで特定企業における従業員の相対的な関係を表す指標である。この場合、相対的関係とは職能資格制度を念頭に置くと、職務遂行能力の相対的上下関係である。

企業内資格が公的資格と異なる今一つの点は、資格自体が階層化されており、人事考課や現在在籍している資格の滞留年数によって、上位資格に昇格することにある。　　　　　　　　　　（八代充史）
→資格試験

資格試験（qualifying examination）
…………………………Ⅰ−1, 2−A, B
　特定の職業資格を取得するために能力や認識の有無を判定する目的で行われる試験のことをいう。

今野・下田（1995）によれば、資格取得の方法は幾つかのタイプに分けられ、試験以外の方法で取得できる資格もある。例えば、中小企業診断士は一定の教育訓練課程を修了すれば取得可能である。税理士や司法書士のように、関連する職務経験から能力を認定する資格もある。

これに対して、公認会計士、社会保険労務士、不動産鑑定士等は、資格試験が唯一の資格取得の方法である。試験方法は、筆記試験、研修等資格によって多様な形態が取られており、試験の各々の段階に対応している。例えば、不動産鑑定士の場合、第1次・第2次試験（筆記）合格→実務経験（2年間）→不動産鑑定士補→実務補習（1年間）→3次試験（筆

記）合格→資格取得となっている。

なお、資格によっては、大学卒の学歴を有していれば、1次試験が免除される。 （八代充史）

→資格取得援助制度

資格取得援助制度 ……………I−1，2−A，B

企業が、従業員が職業資格を取得する際に、さまざまな形で援助することをいう。ちなみに職業資格は、大別して弁護士、公認会計士等の国家資格、実用英語技能検定等の公的資格、簿記検定等民間資格の3つの種類がある。

今野・下田（1995）によれば、企業の訓練教育実施状況のうちで最も実施比率が高いのは自己啓発援助制度であり、次いで公的資格取得援助制度が多くなっている。

同書によれば、企業の資格取得援助としては以下の3つがある。

まず第1点は学習費用の援助である。具体的には、勉強のためのテキスト代、セミナー参加費用を援助することである。この点は、対象となる資格が業務に関連するか否かによって異なり、業務に直接関連する資格の場合、半数以上の企業は費用の全額を負担する。これに対して、業務に直接関係のない資格になると、費用の一部だけを援助する企業が多くなっている。

第2に、受験費用の援助があげられる。これは受験料、交通費等資格の受験に要する費用を援助することである。

第3点は、学習期間や受験の際の時間的援助を行うことである。

産業労働調査所が行った調査の結果は、これら3つの中で企業は学習費用の援助に最も積極的なことを示している。

（八代充史）

→資格試験

資格制度 （ranking system of workers／status system） ……………I−1，2−A，B

資格制度とは、「職制とは別に、企業内における従業員の序列や処遇を明確にするために設けられている制度」である（高年齢者雇用開発協会（1984）『定年延長と人事管理の動向』）。資格制度が、課長、部長といった役職ポストと異なる点は、それが正規従業員全員に適用されることである。

労務行政研究所（2022）『等級制度と昇降格に関する実態調査』によれば、一般社員で53.6%、管理職で39.3%の企業が職能資格制度を単体で導入している。

資格制度は、明治以来企業の雇用管理の歴史の中で、さまざまな機能の変遷を経て今日に至っている。そもそもは、従業員の身分を明確にするための「身分的資格制度」であったのが、第2次世界大戦後は、従業員の処遇を学歴および勤続年数により決定する「年功的資格制度」に変わった。さらに、高度成長期においては、労働力不足によって賃金が上昇し、資格制度を能力主義的に運用する必要性が生じた。その結果、資格制度は、学歴や勤続ではなく、従業員の職務遂行能力に基づいて運用されるようになった。これが現在主流の「職能資格制度」である。

資格制度の下では、従業員は企業内の資格のいずれかに格付けられ、一定の基

準、具体的には年齢、職務遂行能力等、労働供給側の要因に従い上位資格に昇格する。そして多くの場合、賃金は資格にリンクしており、昇格することは同時に賃金が上がることを意味している。

ここから明らかなように、資格は個々の従業員に帰属している。すなわち、資格は職務とは切り離されている。この点は、欧米企業の職務等級（job grade）と異なる日本の資格制度の特徴である。なぜなら、職務等級は職務評価の結果に基づいて同じ価値をもつ職務をまとめたもので、資格制度とは対照的に労働需要側の要因によって作られているからである。

こうした資格制度の特徴は、従業員の高齢化によって管理職ポスト不足が深刻な問題になる中で、その対策として遺憾なく効果を発揮した。管理職ポスト不足によって「昇進」機会が少なくなっても、役職と資格が切り離されているために、企業は「昇格」という形で従業員を動機づけることができたからである。しかし、資格のこうした運用が、昇進管理の裁量性を高めた半面、人件費コストを圧迫し、「部下なし管理職」を増大させたことも事実である。　　　　（八代充史）

→職能資格制度、職能資格基準

時間研究（time study）…………… I −2−A

これは作業研究の中の重要な分野である作業測定（work measurement）の一環として比較的規則的な作業の作業時間を直接ストップウォッチやビデオ等を用いて算出するための手法である。ある作業の標準時間は所定の標準作業条件の下で

一定の作業方法である習熟期間を経た1人前の作業者が標準の速度で作業を成し遂げるのに要する時間であると定義されている。この標準時間は作業の段取を行う段取時間と作業そのものの時間から構成され、それぞれ主体時間と付随時間からなる正味時間（net time）と余裕時間（allowance time）の合計で表示される。上記の時間研究により測定された平均的な段取や作業のための時間はレイティングにより作業速度が評価・修正され、さらに余裕時間が加えられて定義されたような標準時間が設定されるのである。ここで、時間研究の手順をまとめてみると、次のように示される。①測定すべき作業と被観測者の決定、②改善のための作業の分析と設計、③標準化のための作業条件の確立、④作業の要素作業ごとへの分割と時間の測定、⑤要素作業時間の集計による作業時間の算出、⑥レイティングによる作業速度の評価と修正、⑦余裕率の決定と余裕時間の付加、⑧標準時間資料の作成。なお、作業時間を間接的に算出したい場合には、PTS法や標準資料法が用いられる。　　　（二神恭一）

→動作研究

時間賃金……………………………… I −2−B

時間単位で賃率を定め、労働時間をベースに賃金が支払われる賃金（支払）形態のこと。定額賃金ともいう。具体的には、時給、日給、週給、年俸がある。時間賃金は、時間に比例して賃金が増える仕組みであるため、労働者が生活をしていくのに計画が立てやすく、安定的な賃金形態である点に特徴がある。

（厨子直之）

→日給月給制、年俸制、出来高給

事業場外労働 .... I−1，2−B

　使用者による指揮監督が及ばない場所で業務に従事すること。労働者が事業場外で業務に従事し、当該業務に係る労働時間の算定が困難な場合、所定労働時間だけ労働したものとみなすことができる（労働基準法第38条の2）。自宅でテレワークを行う場合でも、①情報通信機器が使用者の指示により常時通信可能な状態におくこととされていない、②随時使用者の具体的な指示に基づいて業務を行っていない、のいずれも満たす場合、同制度を適用することができる。　　（村澤竜一）

事業部制 .... I−2−A

　本社部門の下に各事業部を配置する組織形態である。企業が多角化や地理的拡大を進めると、本社部門がすべての事業に関する意思決定を行うのは難しくなる。本社部門が、事業運営に関する責任・権限を事業部に委譲することで業務負担が軽減され、全社的・戦略的な業務に集中できると同時に、各事業の状況に応じた的確で迅速な意思決定ができることを狙いとする。実務上は、事業ごとの縦割り化に伴って生じる重複業務の集約による効率化や事業部間のシナジーを活かすための情報共有や調整が課題になる。　　　　　　　　　　（齊藤　博）

→組織形態

自己啓発 （self-development）....... II−3−A

　知識や技能の獲得、能力の向上の必要性を自ら認識し、自学自習して人間としてより高い段階へ向上させようとする個人の行為を指す。より具体的には、自主的に学修の目標を設定し、その達成へ向けた計画案を作成し、それを実行し、その成果を評価して次の計画案へとフィードバックさせるといった、学修に関するPDCAサイクルを回すことを意味する。

　自己啓発でポイントとなるのは、こうした学修を、外部から与えられて受動的に行うのではなく、自ら主体性をもって自律的に行うという点である。とりわけ、我が国の学校教育における学習の仕方は、従前までは、教師が一方的に生徒・学生に対し教え込むといった、ともすれば一方向的で知識偏重を招きやすい方式により行われることが多かった。この反省に立ち、学修に関する一切を、学修者自身の関心と主体的努力によって成し遂げることを通じ、人間として大きく成長できるはずだという考え方が社会的に強まり、自己啓発の重要性が喚起されるようになった。

　戦後の我が国の産業界においては、従業員の教育訓練方式として、仕事を通じた教育訓練（OJT：On-the-Job Training）と、直接の仕事からは外れた教育訓練（OFF-JT：OFF-the-Job Training）に分類され、さまざまな種類や形態のものが導入・実施されてきたが、1990年代以降、いわゆるバブル経済が崩壊し、企業が教育訓練に充てる資金が不足する中、全てを会社の資金を使い、べったり「おんぶにだっこ」で教育訓練を施す余裕がなくなってきたことから、従業員が自ら投資して行う自己啓発が注目されるようになって

さ行

243

きた経緯がある。もっとも、自己啓発とはいえ、業務遂行上必要とされる能力や技能の習得に関しては、会社側が一部その教育訓練に必要な資金を支援する場合や、資格取得のために通信教育やeラーニングを受講したり、MBAスクールや各種セミナー等に通ったりする場合には就業時間面で融通する等の配慮がなされる場合もある。

昨今では、育児休業後に支障なく業務に戻れるようなトレーニングを受講したり、定年を控えた従業員が退職後のキャリアを内省したりするような機会が、企業の自己啓発プログラムの一環として設けられているケースもある。いずれにしても、自己啓発は昨今、企業におけるOJTやOFF-JTといった従来型の教育訓練に代わる仕組みとして、重要な位置を占めつつある。　　　　　（上林憲雄）

→OJT、OFF-JT、eラーニング、キャリア
　開発プログラム

自己効力感（self-efficacy）……………Ⅱ−2
　与えられたコンテクストの中である特定のタスクを成功裏に実行するために必要なモティベーション、認知的資源、そして一連の行為を用いる彼または彼女の能力についての個人の信念を指す。「私はどんなことでもできる」という全般的な有能感ではなく、個別具体的なタスクについて、「これならばやり遂げる自信がある」と認識している状態、といっていいだろう。この点において自己効力感は、「自分には価値がある」と無条件に認めることに関わる自己肯定感とは明らかに異なるものである。

自己効力感はもともと、観察学習などで有名なバンデューラ（Bandura, A.）の社会認識理論の中で登場したものである。学習者は、純粋に内的に動機づけられて他人の行動と帰結を観察し、それを自らの中でモデル化し、自分自身の置かれた状況に当てはめてコントロールすると（これを模擬学習という）、その観察から同じ状況に直面した時に今度は自分自身がそのタスクを達成する能力を高く見積もるようになる。これが自己効力感である。ひらたくいえば、自分がある状況において必要な行動をうまく遂行できると、自分の可能性を認知している状態である。

自己効力感には、いくつかのタイプがあることがわかっている。対人関係の中で発達する社会的自己効力感、学習や広い意味での学びに対する自己効力感である学業的自己効力感、自分の行動を自分自身でコントロールすることができることに関わる自己統制的自己効力感などである。

バンデューラによれば、自己効力感の認識に影響を与えるのは大きく分けて4つの情報源であるという。自らのある行動をやり遂げ、達成を経験すること（制御体験）、自分と似た誰かの成功を観察すること（代理的経験）、他者から励まされたり、褒められたりすること（言語的説得）、生活リズムを整え、心と体の健康を保ち、平穏な精神状態を保つこと（情動的喚起）である。

自己効力感は、様々な経路を通じて、個人に対して良い帰結をもたらす。第1に、行動の達成であり、自己効力感が高

いほど実際にその課題を達成する確率が高くなるということである。第2に、自己効力感が高いほど、目標としている行動に挑戦しようと努力することができるようになる。第3に、自己効力感が高いと、成功体験を通じて、自分は似たような他の状況でうまく行えるだろうという予期がもたらされ、実際に状況が変化したとしても同じような行動を行うことができるようになる。そして第4に、不安や恐れを低減させ、そのような心理応対に伴う心拍数や血圧の安定をももたらす。　　　　　　　　　　　　（服部泰宏）

自己実現欲求 （self-actualization needs）

···Ⅱ－2，3－A

　自己実現欲求は心理学者マズロー（Maslow, A. H.）によって提出された概念。マズローによれば、人間に内在する様々な欲求は無秩序な状態において存在しているのではなく、階層的な体系をなしているという。これを欲求階層説という。マズローはこれらの欲求を低位から高位へと順に①生理的欲求、②安全欲求、③所属と愛の欲求（社会的欲求）、④自尊欲求、⑤自己実現欲求の5つの欲求群に分類している。そして人間において最も第一次的なものは生理的欲求であるが、この欲求は充足されると最早人間の行動を駆り立てなくなり、次の上位の安全欲求が求められるようになる。このようにして欲求は低次のレベルから高次のレベルへと段階的に移行し、最終的に第五層の自己実現欲求へと到達するというのである。

　自己実現という用語は元来ドイツの精神科医ゴールドシュタイン（Goldstein, K.）によって提出されたものであるが、マズローはこの概念を精緻化し、自己実現欲求とは「人間の自己充足への欲望で、その人が本来潜在的に持っているものを実現しようとする欲望を意味する」（Maslow（1954））としている。自己実現欲求はすべての人間に充足されるものではないが、動物とは区別される最も人間らしい欲求として、その後X理論・Y理論など多くの理論に影響を与えた。

（松原敏浩）

→マズロー，A. H.、欲求階層説、X理論vs.Y
　理論

自己資本利益率→ROE

自己申告·······································Ⅰ－2－B

　自己申告とは、従業員が自己の職務内容、将来の希望職種、取得資格等について会社に申告することをいう。企業の人事管理制度の一環である。従業員は定期的に配布される自己申告表に所定の事項を記入し、所属長を通じて人事部門に提出することになる。人事担当者はこの自己申告表により従業員個々人の能力、適性、希望等を的確に把握でき、人事考課や配置転換を行う際の貴重な資料として役立てることができる。人事考課や配置転換は従来経営側の一方的な判断によってなされてきたが、自己申告を併用することによって個々の従業員の意志が尊重され、従業員が自己の能力を十分発揮できるような人事上の措置をとることが可能になる。さらに、従業員の立場からみると、自己申告を通じて自己反省や将来

の計画策定についての機会が得られ、より有効な方法で自己啓発を図ることができる。

　自己申告が人事管理上の措置として有効に機能するためには、従業員本人の申告と併せて所属長の観察が必要である。すなわち、上司の立場からみた部下の職務遂行状況、潜在能力、適性、育成指導上の問題点等について所見が述べられなければならない。こうした所見は観察指導表として自己申告表と共に提出され、人事担当者は両者を比較検討しながら人事政策を推進することになる。

（所　伸之）

→人事考課、人事管理

自己調整→セルフ・レギュレーション

しごと……I−1, 2−A, B, II−3−A, B, C
　しごとは和語である。仕事という漢字表記もあるが、これは音を当てたもので漢語ではなく、中国語に由来しない。それでは語源はどこにあるかというと、為す・するの連用形「し」を接頭語として「こと」につけたものと考えてよい。実際、為事（しごとと読む）という表記もかつて用いられていた。この意味では、しごととは為すべき事であるといってよい。
　そこで見渡すと、「し」がついて作られたとおぼしい語がかなり存在する。しくみ、しかけ、しいれ、したく、しあがり、しきり、しつらえ、しわけなど、いかにも手仕事に関連しそうなことばが並ぶ。これらのことばが作られた時代は、しごとの手順は自分で考え、どのように仕事を進めるかを決め、しごと全体の流れを作っていく。しごとは自分の個性の発現であり、自己表現であった。この時に、しごとを取り巻く「し」のことばが機能した。

　しかし、しごとに機械が導入され、手仕事もオフィスワークも変化する。しくみやしかけは機械の中に取り込まれ、システムにしきられる。「し」のことばはやせ細り、しごとの現場で使われなくなる。最後に残るのはしまつ（ふしまつ）へのしおきだけになる状態である。オートメーションでの労働はこの段階だろう。ベルトコンベアラインにおける労働は、自分の裁量で労働の手順、方法、労働の量を決めることができない。しごとは消え、機械の代替、あるいは補助としての労働に置き換わる。

　いわゆる単調労働であり、作業者の裁量を奪い労働を奴隷状態にしたと非難される。実は裁量の剥奪だけではない。それまでに行われていた職場での協業をもなくしてしまう。隣で働いていても、物理的距離が近いだけで協力することはない。協業の喜びは消える。さらに、成果のフィードバックが奪われる。自分の成果がいかなるものであったかはベルトコンベアに運ばれてしまい自分に伝えられることはない。達成したという感覚が失われ、むなしく勤務時間が記録される。

　この対応が考えられ、いくつかの方策が提案された。アメリカでのQWL、ヨーロッパでの社会-技術システム論、日本ではQCサークルが提唱された。これらはそれぞれの地域における社会制度と文化的背景に応じて提唱されている。共

通の背景としてのオートメーション労働と、それに対する対応である。

ところがここに来て条件が大きく変わった。リモートワークの進展が起きた。IT技術が進み機械による人間の作業の代替が本格化した。文字通りしきり直しである。側にいなくても協業が行われ、コミュニケーションが為される。その中で「し」のことばの復権がなされるといってよい。しあわせは「し」の仲間に入れるには語源的にやや苦しいが、入れてほしいといってくれば考えてよい。

（日置弘一郎）

仕事給..............................I−2−B

基本給の決定基準には人基準賃金と仕事基準賃金があるが、後者に分類される給与のこと。仕事給は、主に職務給と業績給の2種類に大別できる。職務給は、従業員が担当している職務価値（職務の困難度や重要度、責任度等）に基づいて設定される賃金をいう。業績給は、仕事における貢献度合いに比例して支払われる賃金のことである。通常、貢献度とは目標の達成度のことであり、目標管理を通じて評価される。個人業績だけでなく、部門や会社全体の業績も反映されることもある。

近年、日本企業において、仕事給への移行が注目されている。その背景の一つに、2020年4月に施行された「パートタイム・有期雇用労働法」が挙げられる。正社員と非正規雇用労働者（パートタイム労働者と有期雇用労働者）で担当している職務の価値や達成した成果が同じであれば、同一の処遇（同一労働同一賃金）を

行う必要があるからである。もう一つは、テレワークの推進が挙げられる。テレワークにより物理的に離れた環境下で効率的に仕事を進めるには、各人の職務内容を明確にすることが重要であり、仕事をベースとした報酬に対する従業員のインセンティブが高まる傾向にあるためである。　　　　　　　　　　（厨子直之）

→基本給、同一労働同一賃金、属人給

しごと能力............I−2−B, II−2, 3−A

しごと能力とはしごとの遂行能力だけではない。しごとを創出したり、改変していくこともしごと能力である。この意味でしごと能力一般を論じると極めて複雑であり、どのような能力が必要かの研究も少ない。状況に応じて必要とされる能力は異なり、個別のしごとが特定されないと必要な能力は確定しない。

しごと能力を一般的に定義し、その類型化を行い、それぞれの向上の方策を説明するという叙述が通常の事典項目の記述だろう。しかし、しごと能力に関してはかなり困難である。一般的なしごと能力が存在してどのようなしごとにも適応可能であるとはいえないためである。ここでは逆に能力の欠落についてみてゆく。

現在の日本では定められた数以上の雇用を行う事業所（企業に限らない）には定められた数以上の障がい者の雇用を義務づけている。雇用が達成できなければ課徴金を支払うことで代えることができるとされている。関西の一部上場メーカーのトップが課徴金を支払うと聴いて激怒した。違法ではないとしても法の規定

を遵守していないことは明らかである。そこで障がい者雇用専門の子会社が設立された。

　障がい者と一口で言っても、障がいの程度とタイプはさまざまである。運動障がい、視覚聴覚などの知覚障がい、知能障害、統合失調症などの精神障がいなどがある。タイプだけではなく、障がいの程度も大きく異なる。重度心身障害者という区分がある。この区分に入る人は自力で座り続けることができない。寝返りも介護者がいなければ困難である。さらにコミュニケーションの手段を持たないし、意思表示がなく、介護者による読み解きを必要とする。もちろん、しごとにはならない。これが問題になるのは、福祉でしか対応できない障がいと、残されたしごと能力の活用を考える分かれ目を考える必要があるからである。

　先の障がい者雇用の子会社はトップの指示によって、障がい者でも健常者に比肩する生産性を上げられる工程を洗い出し、その工程を子会社に集中した。このことで、子会社は高効率を確保し、健常者と変わらない水準の給与を出すことができる。つまり、全体最適を優先して部分を設計するのではなく、部分最適を実現して部分の利益や生産性、ひいては給与水準を上げるという方策をとる。部分最適のために全国の工場から仕掛品を運び、その子会社で加工可能な工程を集中させることを優先するというシステムの設計があり得る。

　しごと能力とは、結局生得的な能力というよりは、しごとにであい顕在化した能力であると考えるべきだろう。しごと

としごとを支えるシステムの中でしごと能力は磨かれていく。　　　（日置弘一郎）

システマティック・ソルジャリング

（systematic soldiering）……………Ⅰ－2－A
　テイラー（Taylor, F. W.）が科学的管理の必要性と正当性の根拠とした労働者によるインフォーマルな生産制限の一形態（作業速度の規制；組織的怠業と訳出される）。テイラーは、組織的怠業の原因を成行管理（drifting management）＝賃率・作業量の経験的・非科学的決定に求め、時間・動作研究に基づく課業管理（task management）の必要性と科学性（正当性）を主張した。科学的管理生成期には労働組合による生産高制限も広く普及していた。　　　　　　　　　　　　（百田義治）
→テイラー , F. W.、科学的管理法

システムエンジニア→SE

システムズ・アプローチ

（systems approach）………………Ⅰ－2－A
　システムズ・アプローチとは、複雑な事象の中で発生する問題を解決しようとする際に、問題の対象をシステムとして捉え、システム的な方法論によって、問題解決のための意思決定を支援する方法のことを指す。また、システムとは、社会学者の内田隆三によれば、「ある種の"仕組み"（秩序）であると同時に、その仕組みによって維持され、連関する"諸要素の一総体"のことをいう」とされている。自然現象や社会現象に属する多くの事象の背景にあるシステムは、様々な構成要素（例えば、人、組織、設備、気象

条件）から成り、また、構成要素間に相互作用が存在して、ある種の振る舞いをする機能を持ちつつ秩序あるまとまりを形成している。

システムズ・アプローチは、全体をこのようなシステムとして捉え、その中に問題を位置付けることによって、部分最適ではなく全体最適を目指す手法、または、特定の要素だけでなく、関連する要素全般を見渡し、それらの間の関係性を重視した手法であると考えることができる。この際、システムには、影響を与え合う上位システムや下位システムが存在する場合があり、こうしたシステムの階層構造も考慮されることとなる。従って、このアプローチは、課題の周辺にある要素だけを切り取って分析するだけでは有効な解決策には至らない、相互作用する要素が多い、影響を及ぼしあう上位システムが存在するといった複雑な事象の中で生まれている課題を解決しようとする時に特に役に立つ。

システムズ・アプローチを活用する際に、よく用いられる技法としては、モデル化・制御・最適化、シミュレーション、ネットワーク理論、オペレーションズ・リサーチ等がある。システムズ・アプローチが活用されている領域は、企業システム、イノベーションマネジメント、プロジェクトマネジメント、品質マネジメント、医療、環境問題などと幅広い。「システム思考（Systems Thinking）」も、事象をシステムとして捉え、システムを構成する諸要素とそれらの間の相互作用に注目している点では、システムズ・アプローチと同じであり、経営・経済問題の分析や企業論・組織論の分野で良く利用されている。経済分野以外においても活用がなされており、例えば、ニューヨーク州の治安対策として活用されたことで有名な「窓割れ理論」もシステム思考を使って説明がなされている。

（坂田一郎）

→システム理論

システム理論（system theory）
.... Ⅰ−2−A，Ⅱ−2

システム理論は、個々の構成要素の挙動の寄せ集めで現象全体を説明可能であるとするデカルト（Descartes, R.）以来の要素還元主義に限界が見えたなかで、全体性のメカニズムを解明する科学的方法として提唱されたものである。システム理論とは、ある目的に向かって秩序を持って動いている全体のシステムを、つながりあって相互作用を営む諸要素の集合体と捉える考え方である。この考え方の下では、システムに含まれる各要素は、孤立して存在しているのではなく、他の諸要素に影響を与え、同時に、他の諸要素（環境）から影響を受けることになる。従って、全体（システム）は部分の総和を超えるものとなる。

この理論の登場を受けて、初期の頃のシステム理論の研究者は、科学の多様な分野においてこのようなシステムを見出すことができる現象を抽出する努力を行った。そうした研究者が学際的に集まった機会としてメイシー会議が有名である。また、初期の研究成果としては、生物学者のベルタランフィ（Bertalanffy, L. V.）が1945年に発表した「一般システム

理論」がよく知られている。ベルタランフィは、生物とはそれが持つ細胞や脳、心臓といった器官が外部の環境と相互作用する開放系のシステムであると定義し、このシステムを制御しているものは情報であるとの見方を示した。そして、このようなシステムによって、生物だけでなく、様々な分野の事象を捉えることができる、すなわち、一般化できるとした。分野を超えた一般化は、分野ごとに重複した議論をすることを不要としたことで、科学研究の効率化に貢献をした。

その後、この理論は、システム的なアプローチが求められる複雑な現象の理解や仕組みの設計に盛んに用いられるようになっている。例えば、コンピュータ、インテリジェントシステム等の人工物の設計、社会集団やイノベーションのエコシステムの分析等である。1940年代にこの一般システム理論と平行して、生物とシステムとに共通する機能を研究するサイバネティックス研究が進められた。そこから生まれたのがフィードバック制御の原理であり、経営や社会システムに対する応用が進められた。関連の深い概念として、システムダイナミクスがある。フォレスター（Forrester, J. W.）により開発されたシミュレーション手法であり、多様で複雑なフィードバックループを持ち、時間経過に伴って変化するシステムの解析によく用いられる。ほかに関連する理論や概念として、カオス理論、社会システム論、政治システム論等がある。　　　　　　　　　　　（坂田一郎）

次世代育成支援対策推進法 …………Ⅰ−1

我が国における急速な少子化の進行や家庭及び地域を取り巻く環境の変化に対応するため、次代の社会を担う子どもが健やかに生まれ、育成される環境を整備することを目的として2003年に制定された法律。当初は、2005年から2014年の10年間を対象期間とする時限立法であったが、2014年の改正で、10年間（2025年3月31日まで）対象期間が延長された。

この法律に基づき、地方公共団体は地域における子育て支援に関する行動計画を、また、事業主はその就業員や職員のための仕事と家庭の両立等に関する行動計画を定めることが求められている。また、国はこうした行動計画策定ための指針を定めることとされている。2014年の法改正により、現在、常用雇用する従業員が101人以上の企業は行動計画を策定し都道府県労働局へ届け出ることが義務付けられており、100人以下の企業については努力義務となっている。

策定した事業主行動計画に定めた目標を達成するなどの一定の基準を満たした企業は、申請により、厚生労働大臣の認定（「くるみん認定企業」という）や特例認定（「プラチナくるみん認定企業」という）を受けることができ、広く従業員の子育てに優しい企業であることを周知することができる。　　　　　　　　（村木厚子）

自然失業率 ……………………………Ⅰ−1

労働市場が均衡し、完全雇用が達成されているときの失業率。完全雇用状態にあっても摩擦的失業や構造的失業はなお存在する。フリードマン（Friedman, M.）

は、市場の不完全性、需要や供給の確率的な変動、求人・求職情報の収集コスト、労働者の移動コストなど、財市場や労働市場における構造的諸要因を所与としたときに市場メカニズムによって決定される失業率と定義した。　（友利厚夫）
→摩擦的失業、フィリップス曲線

自宅待機 ……………………… Ⅰ-2-B

　自宅待機という語は多義的である。日用語と法律用語が重なっている。法律的には企業で何らかの不正を行って業務停止を命じられ、出社が禁止されるような状態をいう。このような法律用語として自宅待機を使うよりは、もう少し日常的な意味を含めて景気後退による雇用調整として出社に及ばないという意味で用いられている。実はこの意味では一時帰休という法律用語が用意されているが余り用いられていない。それは一時帰休が成立するためには様々な要件を充足していることが必要で、制度としての利用が少ないためである。いわば簡便な一時帰休として行われている。

　さらに事態をややこしくしているのは勤務の形態が多様化しているために在宅勤務という形態が成立していることである。自宅待機・一時帰休・在宅勤務、形態的にはほとんど区別がつかない。これに様々な条件、例えば報酬は出るのか、他の収入源をもつことは許されるのか、手当は出るのか。極めて多様な運用が可能である。むしろ無理に制度的、理論的枠組みで縛らない方がよいだろう。

（日置弘一郎）

時短 →労働時間短縮

自治体 ……………………………… Ⅰ-2-A

　自治体とは、日本の都道府県や市区町村等を統括する行政機関を指し、日本国憲法及び法令上は地方公共団体と呼ばれる。憲法において、「地方公共団体の組織及び運営に関する事項は、地方自治の本旨に基いて、法律でこれを定める」とし、これを受け、地方自治法に、「地方公共団体は、住民の福祉の増進を図ることを基本として、地域における行政を自主的かつ総合的に実施する役割を広く担うものとする」と定められている。地方公共団体には、普通地方公共団体と特別地方公共団体があり、普通地方公共団体には、都道府県と市町村、特別地方公共団体には、特別区、地方公共団体の組合、財産区がある。

　2000年4月、地方分権一括法が施行され、国と地方公共団体の役割の明確化、機関委任事務制度の廃止等が図られ、国と自治体の関係は、国からの包括的指揮監督に従う関係から、対等・協力の関係となった。住民に身近な行政はできる限り自治体で行うことや、国は、自治体の自主性及び自立性が十分に発揮されるようにしなければならないことが明確にされた。自治体は、地域住民の期待に応え、個性豊かな地域社会を形成していくため、自らの判断と責任の下、地域の実情に即した政策の展開、さらには住民本位の行政運営に取り組み、住民の生活を根幹から支えていくことが求められている。

（西川太一郎）

自治体のマネジメント ⋯⋯⋯⋯⋯ Ⅰ－2－A

　社会経済情勢や価値観の変化に伴い、地域が抱える課題も多様化・複雑化している。一方、地方分権が進む中で、自治体は、自らの判断と責任により地域の実情に沿った行政を展開していくことが期待されている。このような多様な住民ニーズに対応していくためには、これまで以上に自治体の経営資源を効率的に活用し、住民の福祉の増進につながる質の高い行政サービスを提供できるよう、マネジメントの手法を取り入れた行政運営が求められている。

　具体的には、例えば、首長のリーダーシップによるトップマネジメントの強化や、行政ニーズへの迅速かつ的確な対応を可能とする柔軟で機動的な組織づくり、さらには、行政運営の担い手である職員の能力を最大限に引き出す人事管理や人材育成に取り組むものである。また、行政評価においては、全ての政策、施策、事務事業を分析・評価し、その結果を事務事業の改善等に反映させるPDCAサイクルにより、成果を重視した効果的・効率的な行政運営の実現や住民への説明責任を果たすものである。さらに、NPO、ボランティア等の多様な主体との協働や民間活力の活用等を進め、それぞれの立場で地域の独自性や個性を踏まえた公的サービスの提供と効率化を図るものである。　　　　（西川太一郎）

視聴覚教育 ⋯⋯⋯⋯⋯⋯ Ⅰ－1, Ⅱ－3－A

　具象的な経験を提供する媒体を利用し、学習活動を活発化しようとする教育である。20世紀初頭に映画の教育利用が始まったことを契機に注目されるようになった。戦後の視聴覚教育に用いられてきた教具は図表、写真、標本、模型、スライド、映画やテレビであった。近年ではマルチメディア、コンピュータ、プログラム学習など、新しい教育メディアを使用した様々な教育方法が取り入れられている。　　　　　　　　　（雨宮和輝）

実業学校令 ⋯⋯⋯⋯⋯⋯⋯⋯⋯⋯⋯ Ⅰ－1

　1899年に制定された勅令で、第二次世界大戦以前の実業従事者の教育を行う実業学校制度を定めた。実業学校は戦前の中堅職業人を養成する役目を担っていた。1894年の実業教育費国家補助法施行以後、実業学校の数が増加したのを受け、統一的な制度として定められた。

　実業学校は「工業農業商業等ノ実業ニ従事スル者ニ須要ナル教育ヲ為ス」と規定され、工業学校、農業学校、商業学校、商船学校、実業補習学校の種類が定められた。また、同じ中等教育機関としては、男子の中学校、女子の高等女学校、男女の実業学校に分岐していた。

　その後、実業学校令は改正され、1921年からは職業学校が実業教育を担う教育機関として認められた。そして、1943年に中等学校令が制定されると実業学校令は廃止され、実業学校規程が定められた。さらに、戦後の教育改革により、戦前の各種実業学校は、新制高等学校のなかに統合され、農業科、工業科、商業科などの職業学科、または職業高等学校の基盤となっていった。（雨宮和輝）

失業者 ⋯⋯⋯⋯⋯⋯⋯⋯⋯⋯⋯⋯⋯⋯ Ⅰ－1

働く意思を持ちながらも働いておらず、求職活動を行ってもなお就業できない状態にある者。

15歳以上人口のうち、通学・家事・育児・高齢などの理由から自らの意思で労働市場に参加しないものを「非労働力人口」、それ以外を「労働力人口」という。15歳以上人口に占める労働力人口の割合を「労働力人口比率」あるいは単に「労働力率」という。

労働力人口は、調査の時点で仕事をしている「従業者」と仕事を持ちながらもしていない「休業者」を合わせた「就業者」と、仕事を探しながらも仕事に就けない「完全失業者」とに別れる。一般的に失業者とは完全失業者を指す。労働力人口に占める完全失業者の割合を完全失業率と呼ぶ。また、15歳以上人口に占める就業者の割合を「就業率」と呼ぶ。

我が国における完全失業者数は、総務省統計局が毎月実施している「労働力調査」あるいは5年ごとに実施している「国勢調査」などによって調査されている。　　　　　　　　　（友利厚夫）

執行役員（executive officer）………Ⅰ－2－A
一般に、取締役会が決定した経営方針を執行する権限を委譲された者。法上の制度ではなく、経営と執行の分離による権限・責任の明確化、意思決定の迅速化などが主な目的とされる。従前の日本企業では、取締役の多くは社内昇進者であり、取締役会の形骸化やその監督機能が問題視され、米国の制度に倣い、取締役とは別に執行役員を設置する企業が増えた。近年は社外取締役の増加や組織構成

の変化により、制度の廃止や縮小などの見直しをする企業もある。　（村澤竜一）

実在者モデル賃金 vs. 想定モデル賃金
（actual model wage vs. assumed model
wage）……………………………Ⅰ－2－B
モデル賃金とは一定のモデル条件に該当する労働者が受給すると見込まれる賃金のこと。一定のモデル条件とは、最短年数で進学し、学校を卒業後すぐに就職、引き続き勤務していること、これに年齢、勤続年数、学歴、扶養家族、職種および各種手当てなどが加味される。ただし、ここでの賃金は月額給与のうちの所定労働時間内給与のみであって所定外・時間外給与は除外される。これによってこれらの条件に該当する労働者が定年退職までのそれぞれの節目で受給できる賃金を知ることができる。

実在者モデル賃金とは、上記のモデル条件を満たす実在者を順次選び、提示される賃金のこと。想定モデル賃金とは該当する実在者がいない場合に実在モデル賃金からその前後を想定して提示される賃金のこと。これらによって、一企業における賃金格差構造や、同一条件での他社との比較を見ることができる。しかし、実在モデル賃金では誰を標準者とするか、また想定モデル賃金では実在者がいない年齢ポイントをどこにするかなどの問題が残る。　　　　　　（樋口清秀）
→モデル賃金

実質賃金（real wage）………………Ⅰ－2－B
貨幣額で表されている賃金を名目賃金（貨幣賃金）というのに対して、その賃金

さ行

253

がどれほどの購買力を持つのかを表した値を実質賃金という。異なる時点の経済活動を比較する際に、物価の変動による影響を取り除く必要があるため、名目値を物価指数で除して実質値を求めて比較する。一般的に、実質賃金は名目賃金を消費者物価指数で除して求める。

名目賃金が変化した場合に実質賃金がどのように変化するのかは、物価がどのように変化したのかによって決まる。例えば、名目賃金が10％上がったとしても、物価が20％上がった場合には、購買力は低下したことになり、実質賃金は低下する。

国民生活の向上のためには実質賃金の上昇が望ましい。物価の上昇を上回る名目賃金の上昇を実現するためには、労働分配率（生み出された付加価値に占める人件費の割合）を上げるか、労働生産性の向上を目指すことになる。このうち労働分配率を上げるには限度があることから、実質賃金の上昇のためには労働生産性をあげることが重要になってくる。

（熊迫真一）

→名目賃金

実習併用職業訓練……………Ⅰ−1, Ⅱ−3−A
2006年の職業能力開発促進法改正により、事業主が労働者の実践的な職業能力の開発、向上を図るために講ずる措置として、新たに位置付けられた職業訓練である。教育訓練機関における理論面の座学と企業における実習を効果的に組み合わせて実施する。実習併用職業訓練を実施しようとする事業主は、その実施計画について厚生労働大臣に申請し、認定

を受けることにより、人材開発支援助成金の支給対象となる。（吉本明子）

実践共同体（community of practice）
………………………………………Ⅰ−2−B
レイブ（Lave, J.）とウェンガー（Wenger, E. C.）によって提唱された概念であり、あるテーマについての関心や問題、熱意などを共有し、その分野の知識や技能を、持続的な相互交流を通じて深めていく集団を指す。具体的には、組織内外で学習を目的に形成される研究会や勉強会などがこれにあたる。

実践共同体には、境界横断性、非公式性、自律性や相互作用性といった特徴がある。まず実践共同体は、部門・企業横断的に形成されるものであり、そのような横断的性格ゆえに、公式組織と非公式組織の相互作用を活性化させることができる。また組織図の形で示される公式組織とは別の場所で行われる学習という意味で、仕事の場から離れた状態での思考や議論を促進することも可能である。またそこで人々は、自発的に参加し、自律的に交流し、学習活動を行うことになる。（服部泰宏）

→学習する組織、フォーマル組織、インフォーマル組織

実務教育………………………Ⅰ−1, Ⅱ−3−A
職場に必要とされる事務系・技術系の各種実務の知識・技術、家庭生活に必要な知識・技術、さらに学生・生徒の進路の選択や、その後の適応について必要な知識・技術の教育と普及を行うことを目的とした教育のことである。こうした実

務教育に類似する概念として職業教育が挙げられる。職業教育も、実社会における職業人養成を第一としており、特定の職業に必要な知識・技能・態度の形成を主たる目的とした教育であり、実務教育と共通するものである。

また、近年では社会的に実務教育が重視されるようになってきた結果、専攻分野における実務経験と高度の実務能力を有する実務家教員の存在も重要とされるようになった。例えば、専門職大学院では実務家教員は必置とされており、経済社会のグローバル化が進む社会において、今後の成長分野に必要な高度な実践力と創造力を有する専門職業人材を養成することが目的とされている。このようなことから、実務教育及び実務家教員の必要性はさらに高まっていくと言える。

（雨宮和輝）

実労働時間（hours actually worked／actually working hours）……………I－2－B
労働者が、実際に労務を提供している時間をいう。労働時間をとらえる概念は、「制度としての労働時間」と、「実際に働いた労働時間」に分かれる。前者は、労働協約や就業規則で決められた始業時刻から終業時刻までの時間から休憩時間を除いたもので、これを「所定労働時間」という。

しかし、労働者が実際に働いた時間は、所定労働時間とは必ずしも一致しない。なぜなら、労働者は所定労働時間の中で休暇を取得する、或いは欠勤するからである。所定労働時間から休暇、欠勤時間を除く個人が実際に働いた労働時間

を「所定内労働時間」という。

（八代充史）

→総労働時間、所定労働時間、所定内労働時間

指定校制度 ……………………………I－2－B
企業などが新規に従業員を採用する際に、あらかじめいくつかの学校を指定して、その募集、採用を当該学校の新規卒業予定者に限定する制度である。指定される学校は入学難易度の高い有名大学が指定されることが多い。このため、会社の募集、採用が個人の能力ではなく、学歴によってふるいわけられているという点で問題視されている。 （雨宮和輝）

私的年金（private pension）………I－2－A
民間が行う年金をいう。公的年金に対比される概念であり、企業年金と個人年金に分けられる。企業年金は企業が従業員のために実施する年金であり、主なものとして確定給付企業年金と確定拠出年金がある。いずれも根拠となる法律が2001年に制定された。その他に、企業が独自に社内年金を実施することもある。

かつて日本の企業年金は税制適格年金と厚生年金基金が中心的な制度であったが、確定給付企業年金法の施行に伴って適格年金は10年の猶予期間を経て2011年度をもって廃止された。また、厚生年金基金も2013年の法律改正後は解散などが進み、存続数はごくわずかである。

企業年金を実施するかどうかは企業の任意である。実施する企業には優秀な従業員の確保や社業に貢献した従業員の退

職後生活支援といった目的がある。従業員にとっては賃金の後払いという面もあるが、企業拠出は通常、賃金支払いと同時期に行われ、将来の給付のために積み立てられる。

個人年金は個人が任意で加入するもので、確定拠出年金法に基づく個人型確定拠出年金（イデコ iDeCo）の他に、金融機関から金融商品として各種の個人年金が提供されている。また、勤労者財産形成貯蓄制度では財形年金がある。また、国民年金第1号被保険者のための個人年金として国民年金基金がある。

（福山圭一）

→確定拠出年金vs.確定給付企業年金、企業年金

自動昇給 ……………………… Ⅰ－2－B

賃金が自動的に上昇すること。昇給とは、何らかのルールにしたがって賃金の増額が発生することを指す。考課昇給とは異なり、能力、行動、業績による人事査定の結果とは関係なく、年齢や勤続年数に応じて毎年安定的に基本給が上がる点に特徴がある。よく似た仕組みに賃金引上げを意味するベースアップ（ベア）があるが、ベアは賃金テーブル自体の書き換えを意味し、自動昇給とは性質が異なる。 （厨子直之）

→昇給、ベースアップ、考課昇給、人事考課

指導方法としてのコーチング（coaching method）………………… Ⅱ－2, 3－A

部下の長所を伸ばし、本人の自発性を引き出す指導方法。コーチングの基本は、「答えは相手のなかにある」ところにあり、上司から部下へ指導したりアドバイスするのではなく、部下の話をよく「傾聴」し、「質問」する。そして、日頃の部下の行動をよく「観察」し、成果が上がれば「承認」する。この一連のサイクルを回すことで、人と組織の可能性を高めていく。職場のリーダーやマネージャーにいま最も求められている能力といえる。 （吉田　寿）

→コーチング

シナリオ計画（scenario planning）
…………………………………… Ⅱ－3－C

シナリオ計画は戦略分野の問題だが、HRDの関係者の間でもよく取り上げられる。後者の考えるシナリオとは「意思決定に係る将来の環境について、ひとの知覚（perception）を整理するためのツール」（Schwartz, P.）である。組織が策定しなければならない戦略計画は将来の組織環境の中で、どう事業を展開していくかに関するシナリオだが、多くの実際の戦略計画は依然外挿法（extrapolation）で、つまり過去から現在までのトレンドが将来も続くとする仮定で策定される。しかし、組織環境の推移は不確実であり、不確実性が高い場合は、いく通りかのシナリオ（S1、S2、S3…）を策定すること、それぞれの目標、アイディア、人的・物的能力を計画することがよい場合も多い。

シナリオを策定するときは、3人以上のワークショップを設け、ブレインストーミングを行い、お互いよく対話（dialogue）し、フレッシュな知覚を得る

ことが必要である。そうした対話の中でシナリオのロジックが組み立てられる。対話のプロセスがシナリオづくりのキーファクターであるとされる。ワークショップでのシナリオ計画づくりの経験は、戦略計画策定にも役立つ。　　（二神恭一）

→戦略計画活動

支払い労働時間・・・・・・・・・・・・・・・・・・・・・Ⅰ－2－B

　賃金支払の対象となる労働時間。一般的に、労働基準法上の労働時間（就業前の準備時間や実際に体を動かしていないが指揮監督下にある手待ち時間などを含む）に対しては、所定内労働時間であれ所定外労働時間であれ、使用者には労働の対価としての賃金支払義務が生ずる。さらに労働契約や就業規則等によって、遅刻、早退、欠勤などに対し賃金カットを行わないことを約している場合、労働を提供しておらずとも賃金支払義務が生ずる。
（鈴木寿信）

資本・・・・・・・・・・・・・・・・・・・・・・・・・・・・・・・Ⅰ－2－A

　資本は、企業の利益獲得活動の源泉である。資本の意味は多義的であり、経済学では、労働に対する資本設備の意味で用いることもある。

　会計学では、資本と利益という文脈で用いられる場合、資本は利益を生み出す源泉であり、資本と利益には次のような関係がある。

期末資本＝期首資本＋利益

　すなわち、一定期間における資本の増加額が利益である。

　さらに、資本は、所有主（株式会社の場合には株主）から提供されたかどうか

によって自己資本と他人資本とに分類される（自己資本と他人資本を合わせて総資本という）。自己資本は、元来の所有主からの拠出額である拠出資本（払込資本）と企業活動の結果得られた利益の留保額である留保利益（稼得資本）に分類される。さらに、拠出資本は、会社法の定めに従って会社が決定した資本金とそれ以外の資本剰余金に分類される。

さ行

$$
\text{総資本}\begin{cases} \text{他人資本} \\ \text{自己資本}\begin{cases} \text{拠出資本} \\ \text{留保利益} \end{cases} \end{cases}
$$

　伝統的に、会計学の資本は、第一義的には、資産から負債を差し引いた自己資本の意味で用いられてきた。しかし、負債と資本との区別が困難な発行金融商品が増加したことなどにより、現在の会社法や会計基準では、次に示すように、資産から負債を差し引いた額は、純資産と呼ばれ、純資産の部の中に株主に帰属する株主資本と株主資本以外の各項目が分類されている。

$$
\text{純資産}\begin{cases} \text{株主資本}\begin{cases} \text{資本金} \\ \text{資本剰余金} \\ \text{利益剰余金} \end{cases} \\ \text{株主資本以外の各項目} \\ \quad（\text{評価・換算差額等、新株予約権}） \end{cases}
$$

（川村義則）

資本回転率・・・・・・・・・・・・・・・・・・・・・・・・・Ⅰ－2－A

　一期間の売上高をもって何回資本を回収できたかを表す指標である。

$$
\text{資本回転率（回）} = \frac{\text{売上高}}{\text{資本}}
$$

257

資本回転率の逆数は、資本の回収に要する期間（資本回転期間）を表す。

資本回転率が高い企業は、資本の回収スピードが速い効率的な企業であると考えられる。ただし、資本回転率のみによって企業の業績を判断することはできない。例えば、薄利多売といった表現に代表されるような業態では、資本回転率は高いものの、売上高利益率が低いために総合的な収益性を表す資本利益率は低くなってしまう。

なお、回転率は、棚卸資産回転率、売上債権回転率などにも応用される。棚卸資産回転率は、一期間の売上高をもって何回棚卸資産を回収できたかを表す指標であり、その逆数は棚卸資産の回収までに要する期間（棚卸資産回転期間）を表す。 （川村義則）

シミュレーション（simulation）
.... Ⅰ−1, Ⅱ−2

シミュレーションの目的の一つは問題解決の予行演習（try run）をすることである。問題解決の最終結果にどのような変数が影響を及ぼすかを実験等によって観察することで、モデルが作られる。モデルは経験的データに基づいて作成され、実際と同じ影響を受けるように設定される。シミュレーションにおいては、そうした影響は数量化される工夫が施され、その発生確率はランダム・ナンバー表を用いて決められる場合が多い。別の言い方では、このアプローチはモデルを設定し、実際に作用する影響を規定して、現実に何が起こるかを、システム的に描写するものに他ならない。

訓練分野でも、シミュレーションを使っての訓練が以前から行われてきた。よく知られているのがパイロット訓練でのフライト・シミュレーションであって、フライト・モデルを取り込んだシステムと、訓練対象者が操作可能な装置であるシミュレータを使い実施される。近年では、学習者が自分のデスクトップ・コンピュータを使って実行できる様々なシミュレーションが開発されている。
（二神恭一）

シミュレーション・ゲーム
.... Ⅰ−1, Ⅱ−2, 3−A

シミュレーションとは、現実を抽象化したモデルを作り、コンピューターや物理的装置を用いて模擬実験を行うことをいう。シミュレーションとゲームを組み合わせたものをシミュレーション・ゲームといい、現実世界を仮想的に体験、体感することを目的としたゲームのジャンルを指す。ゲームとしてシミュレーションするテーマは、戦争、歴史、経済、経営、人物育成、恋愛、操縦技術など多岐にわたる。 （友利厚夫）

指名委員会（nomination committee）
.... Ⅰ−2−A

指名委員会等設置会社に置かれる法定の委員会。株主総会に提出する取締役の選任議案の内容を決定する。指名委員会等設置会社には、指名委員会以外に監査委員会、報酬委員会が置かれ、各委員会の委員は3人以上で、その過半数は社外取締役でなければならない。指名委員会等設置会社以外の株式会社でも、法律に

より義務付けられない任意の指名委員会・報酬委員会を設置し、取締役の人事（指名・報酬）の決定の透明性と客観性を高める会社が増えている。　（村澤竜一）

指名解雇 ·······························Ⅰ－2－B
　人員削減のために行われる解雇のことであり、現在は「整理解雇」の表現が広く用いられる。人員削減は、一般に、採用の抑制、配転・出向、一時帰休、希望退職の募集といった様々な手段・段階を経て行われるが、最終手段として、使用者が解雇すべき労働者を指名したことに由来する。指名解雇の有効性は、判例上、人員削減の必要性、使用者の解雇回避努力、被解雇者選定基準の合理性、手続きの妥当性、の4つの観点から判断される。　（古賀修平）
→リストラクチャリング、人員整理

シャイン, E. H.（Schein, E. H.、1928
　～2023年）······························Ⅱ－2
　マサチューセッツ工科大学スローン経営大学院教授であり、アメリカを代表する産業・組織心理学及び組織行動論の研究者である。集団力学的な同調の研究からキャリアをスタートさせ、強制的説得（洗脳）の研究、組織社会化研究、キャリアの研究と診断技法開発、プロセスコンサルテーションの研究と実践、組織文化とリーダーシップの研究など、議論の領域は多岐にわたるが、それらの底流には、組織開発のために組織に対して介入を行う臨床的アプローチの立場が貫かれている。『組織心理学』『キャリアダイナミクス』『組織文化とリーダーシップ』『プ
ロセスコンサルテーション』『人を助けるとはどういうことか』など、数多くの著作もある。　（服部泰宏）

社会化（socialization）······················Ⅰ－1
　人間が集団や社会の容認する行動様式、価値観・態度を取り入れることによって、その集団や社会に適応することを「社会化」という。この社会化は人が生まれた直後から生じる学習過程であり、それは親子関係、家族から学校、職場といった日常生活のあらゆる場において展開されていく。一般に社会化と対比される概念に「個性化」（individualization）がある。個性化は社会の支配的な価値観、行動様式を考慮しながらも個人が自分独自の価値観、行動様式を形成する過程をいう。
　人材開発の視点から見ると最も中心となるのは職業および組織社会化である。組織社会化とは「組織の新規参入者が組織の規範・価値・文化を習得し、期待されている役割を遂行し、職務遂行上必要な技能を習得することによって組織に適応すること」と定義される。
　組織社会化は個人から見ると組織社会化の成功によりその後の順調なキャリア発達につながり、組織の側からすれば、安定した組織文化の維持、業績・生産性の向上が期待出来る。それゆえ、組織は従業員の組織内での社会化をさらに高めるために「社会化促進コミュニケーション」と呼ばれる諸施策を実施することが望ましい。　（松原敏浩）

社会関係資本（social capital）··········Ⅱ－2

さ行

社会関係資本は、経済資本、人的資本、心理的資本と並び、事業活動の元手になる種々の資本の一種である。概念のオリジナルは、アメリカのウエストヴァージニア州の農村学校の指導主事ハニファン（Hanifan, L. J.）の論文であるとされており、しばらくは公共政策の分野を中心に注目されてきた。現在では、広く社会科学において用いられる概念となっており、研究領域ごとに様々な定義があるだけでなく、それぞれの領域において、国家、社会、地域、企業、職場、個人など、異なるレベルの社会関係資本の存在が指摘されている。これらに共通しているのは、社会関係資本が主体と主体の関係性に埋め込まれた資本であるという点、そしてその豊富さにおいて、主体間にかなりの差があり、その違いが、各主体にとってアクセス可能な資源の獲得可能性に差をもたらし、パフォーマンスの差異としてあらわれている、という点である。

人材開発領域において注目されるのは、主として、従業員が保有する社会関係資本である。具体的には、他者からの信頼、人と人との連結のパターンであるネットワーク、人々の間で共有される規範といったものがあるとされ、これらの豊富さが、当人の生産性、昇進速度、勤続年数などにつながることが示されている。　　　　　　　　　　（服部泰宏）
→資本、人的資本、心理的資本、ネットワーク

社外工 ……………………………Ⅰ－2－B
下請企業に雇われて、その親会社（元

請企業）の事業場で働く労働者。日本の製造業では古くから装置産業を中心に活用された社外労働力。親会社にとっては、直接的雇用関係がないため使用者責任を果たすことなく低賃金労働を広く利用できる、景気変動に応じ容易に雇用調整できるなどのメリットがある。また、労働内容・賃金水準・身分的差異などにより、自企業の従業員に優越感を持たせ勤労意欲の増大や、労使関係を経営者側に有利に導くことができる。（村澤竜一）

社会参加（social involvement／social engagement／social participation）……Ⅰ－1
社会人として社会の一翼を担うこと、家庭内あるいは家庭外で何らかの社会的役割を持ってそれに従事することを指す。一般的に、社会参加を促す立場から使われる用語であり、女性、障がい者、高齢者、大学生の社会参加に関する実践や研究が多く行われてきた。役割や社会参加の場所はその人の身体的、心理的、社会的状況によって様々に異なる。

人材育成の観点から言えば、片桐恵子の『退職シニアと社会参加』（東京大学出版会）という研究知見は重要な視点であろう。本書は、退職高齢者の余暇活動に関する生活実態調査の結果を中心にまとめられている。超高齢社会を迎えた日本では高齢者の社会参加が必須であり、グラットン（Gratton, L.）は著書『ライフ・シフト』の中で教育・仕事・引退という3ステージモデルが崩壊しつつあることを指摘している。現代では、高齢期でも社会と何らかの関わりを持って生きていくことが求められている。年代によって

社会との関わり方を変えながら働き続けることやそれを支える企業や国の仕組みを早急に整備する必要がある。

（森　玲奈）

→ボランタリー組織

社会人仮説（social-man hypothesis）

....I－2－A

　管理者や管理理論がよって立つ人間観の一つで、人を職場で経済的動機のみならず、所属や一体感といった社会的動機をも満たそうとする存在として理解する。ホーソン実験と人間関係論を契機として明確に認識されるようになった人間観である。この人間観から生まれる管理理論に基づけば、管理者は金銭的報酬や仕事の技術的側面のみならず、感情に配慮し、個々人がメンバーであることの意義を感じられるように配慮することが必要である。　　　　　　　（日野健太）

社会的学習（social learning）............ Ⅱ－2

　社会的学習とは、他者や社会的情報を介しての学習のことであり、その代表的理論はバンデューラ（Bandura, A.）が提唱した社会的学習理論である。伝統的強化理論では、行動を行い直接強化されることによってのみ学習が成立すると考えられているのに対し、この理論では、モデルの行動を観察するだけでも、つまり無試行かつ直接強化なしで学習が成立すると唱える。このことから、一般に、観察学習あるいはモデリング（modeling）と呼ばれている。　　　　　（吉田　悟）

社会的学習理論（social learning theory）

.... Ⅱ－2

　社会的認知を通じて生起する学習に焦点をあてた学習理論の総称。基本的な考え方は、刺激（stimulus）と反応（response）との随伴性（contingency）によって人の行動は強化されるという、伝統的な学習理論と同じであるが、より人間のもつ認知機能の果たす役割を強調した学習理論として位置づけられる。

　人はその置かれた状況の中で、有意味な他者との社会的関係を通じて直接的に行動の仕方を教えられたり、あるいは他者の行為を間接的に観察して、行為の仕方や社会的世界について学ぶ。その過程には、社会的状況の観察、対人関係を通じての社会的な状況の認知、他者の行動の模倣等が存在し、同じ社会的状況にある人間同士が互いに他者の学習を促進するエージェントとなることが確認されている。これに関する基礎的な知見としては、バンデューラ（Bandura, A.）たちによる一連の実験結果や理論的記述がよく知られている。

　社会的学習理論と関連の深い概念として、観察学習、モデリング（modeling）、自己効力感（self-efficacy）、ローカス・オブ・コントロール（統制の所在：locus of control）等がある。これらの概念はいずれも、人間のもつ認知機能に焦点をあてた概念である。

　経営の場面への社会的学習理論の応用としては、新入社員に先輩社員と一緒に仕事をさせて、会社の一員としての考え方、態度、行動を教える社会的促進プログラム（socialization program）、組織にとって望ましい個人の行動の強化と、望ま

しくない行動の消去を目的に行われる行動修正プログラム（behavior modification program）、経験豊かな上司や先輩が未熟な従業員に心理社会的支援とキャリア的支援を行うメンタリング・プログラム（mentoring program）等がある。

（渡辺直登）

→学習、学習理論、社会化、メンター

社会的スキル（social skill）

$\cdots\cdots\cdots\cdots\cdots\cdots\cdots\cdots$ I－1、II－3－A

「社会的スキル」とは、他人との円滑なコミュニケーション・相互作用を通じて対人関係を円滑に処理し、有効な協力関係を築き上げる能力のことであり、物を効率的に処理する「技術的スキル」と対比される。人間関係論において指導的役割を演じたメイヨー（Mayo, G. E.）は、社会や集団との一体感を失った個人の増加、集団間の対立の激化等、現代産業社会における社会的解体（アノミー）の兆候が増大している原因を、技術的スキルに対する社会的スキルの立ち遅れに求めた。かつて人々は、コミュニティ・共同体等における生活を通して技術的スキルと共に社会的スキルを身につけた。しかし、現代産業社会においては人々の社会的連帯は失われ、急速な技術進歩や組織の大規模化に対して人々の社会的スキルは大きく立ち遅れてしまった。このような産業社会が抱える問題を克服するためには、人々の社会的スキルを向上させ、技術的スキルとのバランスを回復することが必要である。このような社会的スキルを体系的に教育するために人間関係技法が開発されたのである。（松本芳男）

→社会人仮説、ヒューマン・スキル、ヒューマン・リレーションズ、コミュニケーション・スキル

社会的勢力（social power）$\cdots\cdots$ I－1、II－2

潜在的な社会的影響力のこと（Raven and Rubin（1976））。ある個人、集団、組織等が他の個人、集団、組織等に対して何らかの社会的影響力を行使し得る可能性ともいえる。カートライト（Cartwright（1959））によって人間行動理解に対する、その意義が強調された。

レーブンとルービン（Raven and Rubin（1976））は社会的勢力の基盤として6種類のものを区別している。すなわち、情報性勢力（情報を有している）、報酬性勢力（報酬を与える）、強制性勢力（罰を与える）、専門性勢力（専門の知識・技能を有している）、参照性勢力（同一視、一体感を感じる）および正当性勢力（公的な権限を有する）である。これらはいずれも社会的影響力の受け手の側の認知に基づいて成立するとされる。これはフレンチとレーブン（French and Raven（1959））の研究から発展してきたものである。レーブン（Raven（1992））によれば上記6つの基盤のうち、情報性勢力は説得による態度変容に関する態度の精緻化見込みモデル（Petty and Cacioppo（1986））の中心ルートに対応し、それ以外の5つの基盤は周辺ルートに対応すると考察されている。

相対的により大きな社会的勢力を保持している人のことを「勢力保持者」（powerholder）という。キプニス（Kipnis（1972））は実験的研究によって勢力保持

者の対人行動の特徴を明らかにしている。　　　　　　　　　（白樫三四郎）

社外取締役（outside director）……Ⅰ−2−A
　当該会社での業務経験がないことにより、社内取締役や執行役員が会社や個人の論理を優先して株主やステークホルダーに不利益な意思決定をしないか、より客観的な立場から経営状況を監督し意見できる立場にある社外出身の取締役である。会社法では、社外取締役を「株式会社の取締役であって、過去及び現在において、当該株式会社または子会社の代表取締役・業務執行取締役もしくは執行役または支配人その他の使用人ではないものをいう」と定義している。社外取締役でも経営者や利害関係者から完全に独立し、一般株主と利益相反が生じない社外取締役は独立社外取締役と言われる。
　社外取締役の役割は「コーポレート・ガバナンス（企業統治）」の重要な機能の担い手でもある。社外取締役は、会社は株主のものという考えに基づき、株主価値最大化のために経営状況を監督することがその役割であると理解されているが、近年では企業統治におけるステークホルダーの重視、ステークホルダー資本主義（ビジネス・ラウンド・テーブル）の提唱などもあり、「企業と社会」の共存という視点から社外の有益な知見を取り入れるところにも社外取締役の役割が求められている。　　　　　　（百田義治）

社会費用（social cost）………………Ⅰ−1
　競争市場においては、生産数量とそれに要する限界費用の関係を表す供給曲線を通じて、限界費用が市場における均衡数量、価格に反映される。ただし、この限界費用は生産者が通常の取引慣行のもとで生産要素に対して行う支払いに関するものである。ところが、生産に際しては、この生産者が負担する私的費用（private cost）以外に、公害の発生による被害に典型的にみられるような、生産者に代わって社会が負担しなければならない費用が発生する場合がある。社会全体での生産費用は、生産に直接要した財やサービスの価値額の他にこの費用も含めて定義されなくてはならない。私的費用にこの費用を加えた社会全体に対して発生する生産費用を社会費用（社会的費用）という。両者に乖離がある場合、市場の失敗（market failure）の一つである外部不経済が発生し、資源の効率的配分が損なわれる。すなわち、社会的限界費用が私的限界費用を超過する場合、市場で実現される私的費用のみに基づいた過小な価格形成は、この財の社会的価値に関する誤った情報を生産者に与え、過大な生産と消費を生じさせる。この結果、競争的市場経済は社会的最適数量の実現に失敗する。この費用の乖離部分は市場の不成立が原因で生じるため、効率的配分の実現のためには、この部分の市場を整備したり、この費用を当事者に負担させる等、社会的費用が適切に反映されるような市場の修正が必要とされる。

　　　　　　　　　　　　（馬場正弘）

→外部不経済

社会保険（social insurance）……………Ⅰ−1
　病気、けが、老齢、障害、死亡、失業

さ行

など生活上の事故に対して一定の給付を行い、被保険者とその家族の生活の安定を図ることを目的とした強制加入の保険制度である。多くの国々で社会保障制度の中心となっている。社会保険とは、誰しも人生の途上で遭遇する様々な危険（傷病・労働災害・退職や失業による無収入〜これらの事故を「保険事故」、「リスク」という）に備えて、人々が集まって集団（保険集団）をつくり、あらかじめお金（保険料）を出し合い、それらの保険事故にあった人に必要なお金やサービスを支給する仕組みである。

日本の社会保険では、病気・けがに備える「医療保険」、年をとったときや障害を負ったときなどに年金を支給する「年金保険」、仕事上の病気及びけがや失業に備える「労働保険」（労災保険・雇用保険）、加齢に伴い介護が必要になったときの「介護保険」がある。日本では、国民全てが公的な医療保険に加入し、病気やけがをした場合に保険を使って医療を受けることができる。これを「国民皆保険」という。また、老後の生活保障については、日本では、自営業者や無業者を含め、国民全てが国民年金制度に加入し、基礎年金の給付を受けるという仕組みになっている。これを「国民皆年金」という。　　　　　　　　（香川忠成）
→厚生年金保険法、健康保険、雇用保険

社会保障（social security）……………… Ⅰ－1

社会が国民に生活での安心と安定を保障することをいう。我が国では憲法25条で国民の健康で文化的な最低生活を保障するとしており、これに従って社会保

障制度が構築されている。これは、社会保険、社会福祉、公的扶助、保健医療・公衆衛生の4つの柱からなる。

社会保険は健康保険、介護保険、労災保険および年金保険からなり、疾病、傷害に対して低負担で治療を受けることができるとともに退職後の所得保障をする。社会福祉では保育・児童福祉、母子・寡婦福祉、高齢者福祉、障碍者福祉があり、それぞれにおいて当該の人々は政府・都道府県・市町村の公共機関から支援を受けることができる。公的扶助としては、生活保護として生活扶助（食費、被服費、光熱費など）、教育扶助、住宅扶助、医療扶助、介護扶助、出産扶助、盛業扶助、葬祭扶助などがあり、生活困窮者に対してそれぞれの扶助が行われる。さらに保健医療・公衆衛生には国民の健康保持のために、予防接種、公害対策、伝染病予防、下水道整備、ペットの保護活動などの公共サービスがある。これらは国民生活の安心・向上、所得の再分配および経済の安定化の効果を持つ。

（樋口清秀）

ジャスト・イン・タイム（just in time）
……………………………………… Ⅰ－2－Ａ

製品の効率的な生産を図るために、換言すれば生産コストを削減するため、工場の部品在庫をできるだけ排除して、必要なものを必要なときに、必要な数だけ用意する、という発想である。トヨタ生産システムは、ジャスト・イン・タイムを進めるためにかんばん方式を活用したものである。この発想は当初、メーカーを軸に広がったが、今日ではコンビニを

はじめ多くの業態で無駄なく生産性をアップするために応用活用されている。

（大月博司）

→かんばん方式

社内公募制 （in-house recruitment system）
……………………………………Ⅰ-2-B

ビジネス環境の変化に即応した新規事業を実現するために、その担い手を社内から募る制度である。近年、社外人材活用の有効性がオープン・イノベーションの観点からよく主張されるが、あえて人材活用を社内に限定するのは意味があるからである。それは、社外人材の場合、経歴ベースの指名バイアスが避けられないが、社内から人材の発掘・指名ができれば、共有した価値観など安心の可能性があり、新しい事業展開がやりやすくなるからである。 （大月博司）

→企業家（起業家）、イノベーション

社内ベンチャー （intrapreneurial venture）
……………………………………Ⅰ-2-A

大企業組織が硬直化、官僚化すると環境変化や技術革新に素早く対応できなくなり、未経験の新分野への進出や新技術の製品化が実行されにくくなる。それに不満を抱く優秀な先端技術者や経営者的人材は、米国に多く見られるように、スピンオフによって大企業を退職し、個人のリスクで企業化を図ろうとする。大企業にとってそれは人材流出であり、さらなる事業の硬直化を意味する。そこで社員の自律性を高め挑戦的な企業家精神を呼び起こすために、あたかも独立企業のように大企業内で新規事業を行わせる組織を社内ベンチャーという。intrapreneurship とは、企業家精神 entrepreneurship を大企業組織内で発揮することを意味する造語である。

米国の3Mでは新規事業のアイディアをもった社員は誰でも応募できる社内ベンチャーキャピタルがあり、そこから融資が下りると同志を募ってミニ・カンパニーを形成する。日本でも社内ベンチャーの公募制や審査基準を発表する企業もあるが、社内ベンチャーが育ち、成功するには、制度よりもまず組織の下位レベルで起きるボトムアップの動きを長期的な視野で評価する経営トップのリーダーシップが重要である。未知の新規事業であるだけに将来の可能性を過去の経験で判断するのは難しい。そのため当事者の熱意と戦略的判断能力と共に、経営トップの新規事業に対する財務的、精神的な支援擁護が不可欠である。 （三枝　匡）

→ベンチャー企業、ベンチャー・キャピタル

社内報………………………………Ⅰ-2-A

組織内コミュニケーション円滑化のメディアとして、人事部ないしは広報部の所管で社員向けに発行される月刊誌（時に季刊誌）のこと。第2次世界大戦後に労務管理の1領域として職場におけるよい人間関係作りがクローズアップされ、モラール・サーベイと並んで日本の企業に導入された有力施策の一つである。組織にあってはどうしても上下の風通しが悪くなり、またセクショナリズムの弊害として多部門の情報に疎くなりがちである。そのような組織内の壁を取り除き、

オープンな職場環境を作り出す目的からのもの。

発祥の経緯からして、当初は、第1にフォーマルな人事情報なり、結婚・退職・趣味等に関するパーソナル・データの情報、第2に事業戦略や経営方針等の経営情報、ならびに新商品・新技術の紹介情報が中心であった。各種の機関が社内報コンクールを開催し、優良社内報を表彰することが盛んになるに及んで、よい社内報・読まれる社内報であるための条件として①雑多情報の寄せ集めではなくコンセプトや編集方針が確立していること、②写真やイラストを含めて紙面の美しさ・豊かさ・爽やかさ等、ビジュアルな要素への関心も高まってきている。しかし、社員にとって有意義な読み物であることが最も大切な点となる。

開かれた企業作りの観点からして、対外的なコミュニケーション（広報誌）と共にコーポレート・コミュニケーションの2本柱を構成するのが社内報である。

（梅澤　正）

重回帰分析 （multiple regression analysis）
……………………………………………Ⅰ-1

数値で表されるある量（被説明変数）と、それと関係がありそうな数値で表される複数個の量（説明変数）があるとき、各々の説明変数が被説明変数とどのくらい関係あるか、あるいはどの説明変数が被説明変数と最も関係があるかを調べる分析方法。説明変数の値から、被説明変数の値を予測するためにも用いられる。

例えば、コンビニエンス・ストアの利用者数に影響を与える要因として、最寄りの駅までの距離、近くの住民数、近くの住民の若者の割合などが考えられるとき、有限個のコンビニエンス・ストアのデータをもとに、3つの要因のそれぞれがどの程度コンビニエンス・ストアの利用者数と関係あるか、あるいはどの要因が最もコンビニエンス・ストアの利用者数と関係あるかを調べる。

なお説明変数間の相関が強いときには、重回帰分析で得られた結果が信頼できないことがある。今の例でいうと、最寄りの駅までの距離と近くの住民数には相関があると考えられるが、このような場合には得られた重回帰分析の結果の解釈に注意を要する。説明変数の数が多くなるとこの問題が顕著になる。このため、重回帰分析を行う統計ソフトを使うときは、この問題に関する信頼性を表す指標も出力されることが多い。

（二神常爾）

→相関分析、多変量解析

従業員エンゲージメント （employee engagement） ……………… Ⅰ-2-B, Ⅱ-2

エンゲージメントとは、企業とそこで働く従業員との深い関わりや関係性を指す言葉。「従業員エンゲージメント」といえば、従業員の企業や組織に対する愛着や前向きな貢献意欲のこと。「ワークエンゲージメント」という場合には、自分の仕事に対する熱意や前向きな姿勢のことを指す。

近年のグローバル調査において、日本が他国に比してエンゲージメントが著しく低いことが指摘され、この改善・向上を通じた従業員の定着率や生産性の向上

が大きな課題となっている。（吉田　寿）

→エンゲージメント

従業員持株 （employee ownership）
　　　　　　　　　　　………………………Ⅰ－2－A, B
　従業員が保有している自社株のことである。これを社内的に制度化したものが、従業員持株制度である。この制度では、様々な金銭的な便宜を与え、従業員が会社の自社株を取得することを奨励する。通常、従業員持ち株会を設立し、その会員の給与・賞与から拠出金を天引きして自社株を共同購入し、会員はその拠出額に応じた割合で配当金などを得る。会社には従業員のモチベーションのアップや株主構成の安定などのメリットがある。
（高橋　賢）

従業員の健康管理 ………………Ⅰ－2－B
　企業による従業員の健康管理は労働契約法や労働安全衛生法により定められている。労働契約法第5条では、「使用者は、労働契約に伴い、労働者がその生命、身体等の安全を確保しつつ労働をすることができるよう、必要な配慮をするものとする」と記され、身体だけでなく精神の健康管理も義務付けられる。さらに労働安全衛生法において、健全な労働環境を整えることを使用者の責務とし、一定規模以上の事業所には産業医の選任、健康診断およびストレスチェックなどを義務付けている。
　これら法的背景にとどまらず、健康管理を経営面から重視する健康経営が広まっている。健康経営とは、従業員の健康を重要な経営資源と位置づけ、これを維持・増進する取り組みが将来的に企業の収益性等を高める投資であるとの考えの下、健康管理を経営的視点から捉え、戦略的に実践することである。健康管理を個人任せにすると疾病による休職や退職により生産性が低下したり、医療費増大により企業の健康保険組合の負担が増すことにもつながる。これを回避するためにも健康経営により従業員の健康維持に積極的に関与する必要がある。経済産業省も健康経営を推進しており、優良な健康経営に取り組む企業を顕彰している。
（中山久徳）

→メンタルヘルス、産業医

就業規則 ………………………………Ⅰ－2－B
　常時10人以上の労働者を雇用する使用者に、法が定める事項などについての就業規則の作成と行政官庁への届出が義務付けられている（労基法89条）。作成および変更時には過半数代表に意見聴取をし（同法90条）、従業員に周知しなければならない（同法106条）。
　労働協約と異なり使用者が一方的に策定するなど、使用者の便益のために作成されるが、法は労働者保護の観点から就業規則に当該事業場の最低労働条件としての効力を与えている（労契法12条）。画一的、標準的な労働条件設定の必要性などから、就業規則には、労働者の同意がないときにも特別の労働契約規律効力が付与されている。すなわち、就業規則で定められている内容は、それが合理的で周知されていれば労働契約内容となる（同法7条）。就業規則により労働条件を不利益に変更する場合の労働契約規律効

力も認められているが、その場合は変更に一定の合理性が求められる（同法10条）。

近年、不利益に変更された就業規則に労働者が個別的に同意しているとき、労契法10条の定める変更の合理性は不要であるかが争われ、最高裁判決は、このとき同条の適用はないものの、その同意の有無は慎重に判断されなければならないとしている。　　　　（小山敬晴）

→労働基準法

就業構造 ·····················I−1

性別・年齢別・地域別・産業別・就業上の地位別・雇用形態別など、様々な観点から捉えた就業者の分布構造。「労働力調査」の定義では、就業者とは15歳以上人口の中で、自らの意思で労働市場に参加しない「非労働力人口」を除いた「労働力人口」のうち、仕事を探しながらも職につけない「完全失業者」を除いたものである。

我が国の就業構造に関連する統計調査としては総務省統計局による「就業構造基本調査」のほか、「労働力調査」、「国勢調査」などがある。就業構造基本調査は、5年ごとに15歳以上の各世帯を対象とする標本調査として実施され、調査期間を含む平常時における有業者（「労働力調査」、「国勢調査」における就業者にあたる）についてのデータから就業構造を捉えることができる。とりわけ、産業別就業構造は、一国の経済状況や発展度合をみる上で利用されることが多い。

一国の就業者数が経済成長とともに、農業・水産業・林業等の第1次産業から鉱業・製造業・建設業等の第2次産業へ、さらには第2次産業からサービス業・不動産業・金融業等の第3次産業へと移っていく傾向があるという経験則は、いわゆる、ペティ・クラークの法則として知られる。　　　　（友利厚夫）

→就業者

就業者 （employed labor force）·········· I−1

労働市場において労働の対価としての賃金給与等の収入を得ている者。総務省統計局「労働力調査」の分類によると、就業者は、従業者と休業者に分けられる。従業者とは、調査期間中に収入を伴う仕事に1時間以上従事した者であり、休業者とは、仕事を持っていながら病気や休暇などで仕事をしなかった者のうち、雇用者で賃金給与の支払いを受けている者、及び自営業主で自分の経営する事業を持ったままその仕事を休み始めてから30日にならない者である。休業者は、一時的に仕事に従事していないものの、雇用保険法に基づく育児休業基本給付金や介護休業給付金等の収入を得ているとして就業者に含められる。これら従業者と休業者を合わせた就業者が、所謂「働いている者」としてみなされている。

就業者は従業上の地位からは、自営業主、家族従業者、雇用者に分類される。家族従業者は、自営業主の家族で、その自営業主の営む事業に無給で従事している者であるが、（小遣いや手当などの名目で）何らかの収入を得ているとして就業者に含められる。家族従業者は、自分で仕事を持っているとみなされないため休業者とはならない。労働力の分類上、労

働力人口からこの就業者を取り除いた者が失業者となる。　　　　（村澤竜一）

集権化（centralization）…………Ⅰ-2-A
　通常、決定権限が組織のトップや上位層に集中することであり、権限が集中されるほど集権化が強まるという。これに対応する用語が分権化である。こちらは、権限委譲によって組織の上位層が有する権限が低減することを意味する。たとえば事業部制組織の場合、本部の権限の大半が各事業部に委譲されるため、分権型組織と呼ばれることもある。またグループ経営の場合、親会社に権限が集中し、子会社は親会社の指示に従わざるを得ない状況が多い。
　しかし、これらは階層型組織が前提となる事例であり、フラット型組織の場合、ある部門、たとえば企画部門に権限が集中すれば、これも集権化といえる。したがって、今日的な集権化の理解は、タテの集権化とヨコの集権化に分けることができる。そこで問題となるのは、どの程度集権化を進めることが当該組織によって有効なのかを明らかにできる基準がまだ不明な点である。純粋持株会社の場合、子会社群は任された事業については集権的な組織といえるが、法的な株主所有権からすると、持株会社が子会社に対して権限を行使することが可能である。持株会社でもいろいろな形態があるのは、集権化の有効性を判断できる基準がないからである。　　　　（大月博司）
→分権化、権限

就職協定（recruitment agreement for college graduates）…………Ⅰ-2-B
　大学などの卒業見込み者の採用活動解禁日について定めた学校と経済界の取決め。戦後、企業はより良い人材を獲得するため新卒採用時期が早期化したが、学校側は学生の学業専念が阻害されると主張、1953年に大学・業界団体、関係官庁による就職問題懇談会が学生の推薦開始を卒業年度の10月1日以降とすることで合意。しかし、青田買いと呼ばれる抜け駆けが横行、その結果見直しを繰り返すが事態は改善されず取決めは形骸化、1996年に就職協定は廃止され、「倫理憲章」、「採用選考に関する指針」へと移行した。2021年度以降は、政府主導の企業への要請の形をとっている。
　　　　（村澤竜一）

就職率（employment rate）…………Ⅰ-1
　文部科学省における大学等卒業者の「就職率」の取扱いによると、就職率とは、「就職希望者に占める就職決定者の割合」をいう。4月1日現在の結果を就職率としている。就職希望者とは、卒業年度中に就職活動を行い、大学卒業後、速やかに就職する希望者をいい、卒業後の進路が「進学」「留学」「自営業」などの希望者は含まない。就職決定者とは、正規雇用の職員（1年以上の非正規の職員として就職した者を含む）として就職した人のことであり、就職を希望しない人は、この割合に含まない。「就職決定者数÷卒業者数」ではないので注意が必要である。就職希望者がどの程度の割合で就職できたのかを知る数字なので、就職率から日本全体の採用動向が把握でき

さ行

269

る。

各大学で公表している就職率には一定のルールがないため、非正規社員やアルバイトを就職として数える場合もある。就職は学生にとって小学校から大学まで学校教育16年間の勉学と人格形成の総決算であり一人の人間が生活の安定と社会活動への参加を通じて生きていくうえで重要な意義を持つ。学生の就職は就職の原点で「初職」の決定であり将来、職業経歴が積み重ねられていく。その意味でも初職の重要性が強く認識される。

（木谷光宏）

→求人活動

終身雇用（lifetime employment）
....I−2−A，B
アベグレン（Abegglen, J. C.）は著書『日本の経営』（1958）のなかで、日本企業における雇用システムの特徴を、従業員と会社の「終身関係」（a lifetime commitment）と称した。

もとより雇用関係が生涯にわたって継続するわけではないが、定年もしくは定年近くまで何らかの形で従業員の雇用を保障する慣行として、一定規模以上の企業に広く定着した。なお雇用の保障は法的に裏づけられたものではないが判例上、いわゆる「解雇権乱用の法理」により雇用者に対し単なる慣行以上の拘束力を持たせている。

終身雇月は戦後から高度成長期にかけて、企業が大量の労働力を安定的に確保するのに有効な制度であった。また労働者にとっても比較的経済水準が低く、社会的なセーフティネットも整っていない時代には、将来の生活が保障されることは魅力的だった。

しかし終身雇用のもとでは、労働力の需給変化に応じて雇用量を調整することが難しい。したがって低成長期や不況の時期などには、企業が過剰な人員を抱え込むことになりやすい。また事業内容の変化に応じて、必要な人材に入れ替えることも難しい。一方、労働者にとっても終身雇用を前提にした制度のうえでは、転職がさまざまな形で不利になるという問題がある。

終身雇用はすでに崩壊したという見方もあるが、労働者の平均勤続年数などの指標で見るかぎり、制度の枠組みは依然として残っている。　　　（太田　肇）

→日本的経営、日本的経営の変質

住宅援助..I−2−B
住宅援助は法定外福利（厚生制度）として位置づけられ、代表的なものは、給与手当として支給される住宅手当や家賃補助及び、給与以外の福利厚生施策である社宅や寮などの施設の利用や住宅取得のための融資制度などがある。近年まで、住宅関連施策を含む福利厚生施策は正社員に限定された制度であったが、同一労働・同一賃金ガイドラインの告示以降では、非正規職員に対しても目的・性質に応じて均衡待遇とすべきことには留意すべきである。又、法定外福利費は減少する傾向にあり、住宅援助の施策も例外ではない。　　　（香川忠成）

集団圧力（group pressure）................II−2
個人に対して、集団の規範や多数派の

意見に同調するような圧力がかかる現象を指す。例えば、ある課題について解答するような状況において、個人としては正しい判断ができていたはずなのに、集団の多数意見に負けて、正しい判断ができなくなることがある。これは集団の中にいる個人が、その集団のメンバーに受け入れられたい、他のメンバーから逸脱したくない、集団の中で浮いた存在になりたくないといった欲求を、根源的に持っていることに由来している。

（服部泰宏）

→規範／集団基準

集団能率給（group-efficiency wage）
....................................Ⅰ－2－B

能率給は、業績給・請負給・奨励給・歩合給等とも呼ばれ、労働の量的成果に応じて支給する賃金である。その際、個々の労働者1人単位に適用する場合を個人能率給といい、職場・部門・事業所あるいは企業全体等、労働者の集団を単位として適用するものを集団能率給といい、わが国では工場や部門の業績に応じて賃金が支払われる生産奨励金や生産手当などがある。これは、個々の労働者の能率向上というよりも、労働者相互間の協力精神を高め、創意工夫を促し、職場全体としての業績向上を図ろうとする制度と考えられる。（香川忠成）

→スキャンロン・プラン、ラッカープラン

重度障害者雇用法（Gesetz über die
Beschäftigung Schwerbeschädigter）…Ⅰ－1

世界において障害者雇用のきっかけになった1920年制定の22条からなるドイツの法律。1923年に改正され、26条になった。第一次世界大戦は参戦国に膨大な人数の戦死者・戦傷者をもたらし、ヨーロッパのいくつかの国では、身体障害者の雇用を組織に義務付ける法律が生まれた。ドイツの場合が重度障害者雇用法である。身体の機能障害が大きくとも（障害グレードが50％以上）、働けるあるいは働く意志がある人は、しごとに就くことができる。企業や公的組織では、しごと（Arbeitsplatz）の2％まで、重度障害者を優先的に雇わなければならない。組織がこれを怠れば、所管の生活保護主局（Hauptfürsorgestelle）が組織に対し、雇うべき重度障害者を指名する。同法では、重度障害者の解雇制限、職場での代表制なども規定されている。

第二次世界大戦後の西ドイツでも、42条からなる同名の法律が1953年に制定され、重度障害者の雇用が増え、確かなものになり、また職場での権利も拡大した。（二神恭一）

→障害者、障がい者雇用

重役賞与 ....Ⅰ－2－A

取締役や執行役など役員に支払われる賞与のこと。役員賞与と呼称することの方が最近では一般的である。毎月定額で支給される役員報酬とは異なり、重役賞与は企業活動によって生み出された利益の分配機能を果たす。いわゆる従業員の賞与と同じく、役員に会社業績向上に対するインセンティブを高める役割を有する。また、株主総会の決議・承認をもって支給の可否が決まる点に特徴がある。

（厨子直之）

さ行

→賞与

就労移行支援事業（transition support for
　employment）······························Ⅰ−1
　障害者総合支援法に基づき、一般企業
等での就労を希望する障害者に、原則2
年間、知識及び能力の向上のために必要
な訓練を障害福祉サービスとして提供す
る事業。就労移行支援サービスの利用者
は、職業習慣の確立や技能習得に向けた
訓練や模擬面接等、就職活動に向けた支
援を受け、職場見学、企業実習等を通じ
て自身の適性に合った職場探しを行う。
また、就職後の一定期間について、職場
定着のための支援を受けることもある。
　　　　　　　　　　　　（石﨑由希子）
→障害者総合支援法、福祉的就労

就労継続支援事業（support for continuous
　employment）·····························Ⅰ−1
　障害者総合支援法に基づき、通常の民
間企業等、一般労働市場で働くことが困
難な障害者に対し、障害福祉サービスと
して就労の機会を提供する事業。就労継
続支援事業にはA型とB型があり、A型
事業所は、利用者である障害者との間で
雇用契約を締結するため、最低賃金法を
はじめとする労働関係法令の適用を受け
る。B型事業所は、利用者との間で雇用
契約を締結しないため、就労実態にもよ
るが基本的には労働関係法令の適用を受
けない。就労継続支援を行う各事業所は
福祉作業所と呼ばれることもある。
　　　　　　　　　　　　（石﨑由希子）
→障害者、障害者総合支援法、福祉的就労

手工芸マイスター······················Ⅰ−1
　ドイツ語圏の手工芸マイスター
（Meister）とは職人最上位に位置する親
方である。起源を14世紀の手工芸同業
者組合ツンフト（Zunft：手工芸ギルド）
に持つ見習い教育制度による。見習い修
行（リエレンゲ）、職人（ゲゼレ）の国家
資格試験、現場での専門知識・技術習
得、マイスター養成校での専門課程・経
営課程修了、国家試験合格といった段階
を経て、はじめて手工芸マイスターとな
ることができる。資格要件については流
動的であり、今後を注視する必要があ
る。　　　　　　　　　　　（大木裕子）
→ギルド、親方、職人、見習

主成分分析（principal component analysis）
　······································Ⅰ−1
　有限個のデータの傾向を把握するため
に複数の変数から成る数理モデルを用い
るとき、変数の数が多いと全体の特徴を
把握しにくくなりがちである。結果を解
釈しやすいように、元の変数をより数の
少ない別の変数で置き換えるために行う
分析を主成分分析という。新しい変数
は、データの傾向を良く説明する順に、
第1主成分、第2主成分、第3主成分、
…と呼び、この順番に求められる。各主
成分はお互いに無相関である。主成分を
いくつまでとるかについての様々な基準
が提案されている。　　　　（二神常爾）
→相関分析、因子分析、多変量解析

出向······························Ⅰ−2−B
　出向とは、働いていた企業（出向元企
業）と雇用関係を維持したまま、グルー

プ会社や子会社などの関連企業（出向先企業）で働くことを指す。出向は、出向元企業と雇用関係が継続するのに対して、転籍は出向元企業との雇用関係が終了する点で異なる。出向は、①教育訓練の目的で行うこともあれば、②出向先企業の支援や管理の目的で行うこともある。また、③出向元企業での人員余剰に対応するため出向先企業に人材を送り込む目的で行うこともある。　（飛田正之）

出社拒否症 ································· I－2－B

　組織で働く者が、精神的な理由により出勤することが困難になる症状のこと。仕事上のストレスや人間関係のトラブル、鬱病などの原因が考えられる。場合によっては、仕事とは関係ない事柄についても興味や関心が全く持てなくなる症状につながることがあり、注意が必要である。なお、このように何事にも無気力・無関心状態になってしまう症状を無気力症候群（アパシーシンドローム：apathy syndrome）と言う。　（熊迫真一）

受容圏 ································· II－2

　組織において上位者の指示命令が下位者の受容範囲にあることを、サイモン（Simon, H. A.）は受容圏という。この指示命令は、下位者によって受容されることを期待して意思決定されたもので、下位者も当該意思決定が受容範囲であることを期待しており、下位者は受容された指示命令によって行動する。下位者が、指示命令について受容範囲にあるか意識することなく従う無関心圏以外にも、部下の受容を引き出すために誘因を追加し

たり説得を行ったりして受容圏の拡大が試みられることもある。　（庭本佳子）
→サイモン, H. A.

準拠集団 ································· II－2

　個人の信念・態度・価値を決定する場合や行動を行う際に比較の基準となる社会集団である。個人は準拠集団の規範に同調し、それによって自分の態度、考え方、評価、行動等を形成する。準拠集団を明らかにすることで、個人の自己理解と行動予測はある程度可能だとされている。

　多くの準拠集団は個人が実際に所属している成員集団と一致しているが、それ以外に、以前所属した集団や所属願望のある集団、あるいは集団の価値が自己アイデンティティに近いと感じる集団の可能性もある。マートン（Merton, R. K.）の研究では、成員集団以外の集団を準拠集団とする要因として、①成員集団よりも高い威光を与える非成員集団の存在、②成員集団での位置づけが中心からはずれていること、③社会的移動が激しく、身分・階級が流動的であること、④人格特性が周辺人であること等をあげている。更に、実際所属する集団ではなく、「日本人」、「男性」のような抽象的な社会的カテゴリーに近いことが準拠集団となることもある。ほかに、その集団の価値を肯定して、個人の態度・行動の比較の基準にするのではなく、その集団の価値に反対する行動を動機づけるような否定的準拠集団もある。　（王　英燕）

情意考課 (attitude appraisal)

さ行

·····························Ⅰ－2－B, Ⅱ－3－A

人事考課における成績、能力と並ぶ評価項目の一つ。従業員の積極性、協調性、勤勉性等の性格的特徴（trait）を評価すること。米国では職務と直接結び付かない性格的特徴を人事考課に用いることは差別に繋がりやすいとして、1970年代後半以降には情意考課が減少した。長期的な雇用関係、画一的な従業員等を特徴に持つ日本企業では、曖昧性を内包した情意考課が1980年代まで積極的に維持された。　　　　　　　（奥野明子）

→人事考課の評価項目

生涯学習 (lifelong learning)

·····························Ⅰ－1, Ⅱ－3－A

人々が自発的意思に基づき、その必要に応じ自己に適した手段や方法を選んで学習を行い、そういう学習を生涯にわたって継続し、それによってより充実した生活、より豊かな人生を実現しようとする学習をいう。その意義は、(1) 生活の質的向上、職業上の能力向上や自己の向上を目指し、各人が自発的意思に基づいて行うことを基本とする点にある。(2) 必要に応じ、自己に適した手段や方法を自ら選びながら生涯を通じて行うものである。(3) その学習は、人々が行うあらゆる学習、すなわち学校教育、社会教育、スポーツ活動、文化活動、趣味、レクリエーション活動、ボランティア活動等、様々な場や機会においても行われるものである。

今日、社会の各分野において生涯学習への関心が高まり、個人やグループが多種多様な学習活動を行っている。その背景として、次のような社会的変化があげられる。①国民生活水準の向上、②自由時間の増大、③教育水準の高度化、④価値観の多様化・高度化、⑤高齢化の進行等である。これらの変化に伴い、学習自体に生きがいを見出す等、人々の学習意欲が高まっている。さらに、今後は、「人生100年時代」の到来によって、人々の生涯学習への需要は一層高度化、多様化していくであろう。　（福地一雄）

→生涯学習社会

生涯学習社会 (lifelong learning society)

·····························Ⅰ－1

学習者の立場に立って、生涯にわたる学習条件を整備しようとする教育と社会の変革の理念、あるいは構想である。その解釈には理念レベルの学習社会論と、国家レベルの具体的な構想がある。

学習社会という用語は、1968年にハッチンス（Hutchins, R. M.）が学習社会論を展開したことに端を発する。

ハッチンスは、単に全ての成人に、人生の全ての段階でパートタイムの教育の機会が提供されるだけでなく、学習・自己実現・人間形成を目的に掲げ、全ての制度をこの目的の達成が実現できるよう、価値の転換をなし遂げた社会が学習社会であるとしている。ハッチンスは、学習社会の実現を21世紀社会に求めている。そこでは自由時間が増加し、社会はより豊かになり、そこで人々が求めるのは「かしこく」「立派に生きる」ことであり、教育はそのためにこそ人に援助すべきだというのがハッチンスの主張である。

わが国でも、生涯学習政策を推し進める中で、学習社会という用語がよく用いられるようになった。しかしそれは、学歴偏重の社会的風潮を是正し、人々の生涯にわたる自己向上のための学習努力に正当な評価を行う観点から取り上げられており、ハッチンスが構想したものより狭い意味で使われている。　（福地一雄）
→生涯学習

障害者（disability）······························Ⅰ−1
　障がい者、障碍者とも表示される。障害者とは長い間、心身の健康からの逸脱、心身の機能の異常の程度の問題として医学的判断により規定されてきた（「医学モデル」medical model）。ところが、20世紀末にパラダイムシフトがあって、「人はその人の身体よりも、社会によって障害がある状態に押しやられる」（WHO *World Report on Disability*（2011））とする「社会モデル」（social model）が浮上する。WHOはバイオーサイコーソーシャル・モデル（bio-psycho-social model）という複雑なモデルを提示する。障害はからだの損傷、活動の制約、参加の制約を含む包括的概念であり、さらに清浄な水の有無、地域の衛生状態、食生活などの環境要素と、自尊、モティベーションなどの個人的要素によっても規定されるという。
　一方で公的立場からは、障害の定義問題とともに、障害のために日常・社会生活に少なからぬ支障が生じていて、支援が必要な人びとの範囲をどう規定し、いかなる支援をするのかという問題がある。「身体障害、知的障害、精神障害（発達障害を含む）その他心身の機能の障害がある者であって、障害及び社会的障壁により継続的に日常生活又は社会生活に相当な制限を受ける状態にあるものをいう」（「障害者基本法」第2条）。身体障害、知的障害、精神障害、発達障害については、それぞれ「身体障害者福祉法」、「知的障害者福祉法」、「精神保健及び精神障害者福祉に関する法律」、「発達障害者支援法」があり、またそれぞれの障害グレードが定められていて（たとえば、身体障害1〜7級、知的障害1〜4度など）、グレードに応じた支援が行われる。障害者とそのグレードが認定されると手帳が交付される。障害者手帳の交付、グレードの決定は都道府県が行う。なお、「障害者総合支援法」による、様々な障害者福祉サービスのための支援区分は障害者カテゴリーを問わず、1〜6に分かれていて、こちらは市町村が決める。
　1920年にヨーロッパで障害者雇用の義務的法制化が始まって以降、障害者のカテゴリーは拡大し、職場も含めて、細やかな支援も行われるようになった。とくに国連の1976年の国際障害者年の総会決議以降、こうした国際的な動きは加速した。障害は人の多様性（diversity）の一つであり、人材開発分野でも、この点を留意してのインクルージョンがなければならない。　（二神恭一）
→障がい者雇用、ディスアビリティ・マネジメント、合理的配慮、ダイバーシティ＆インクルージョン

障害者基本法（Basic Act for Persons with Disabilities）······································Ⅰ−1

さ行

275

障害者の自立及び社会参加の支援等のための施策に関する基本原則を定め、国、地方公共団体等の責務を明らかにすることにより、上記施策を総合的かつ計画的に推進することを目的とする法律。2011年改正では、差別の禁止や地域社会における共生に関する規定も新たに盛り込まれている。政府は、この法律に基づき、障害者基本計画を定めるものとされ、同計画に基づき雇用・就業の支援や教育の振興等を含む各種の施策が展開される。　　　　　　　　　　　（石﨑由希子）

→障害者

障がい者雇用（employment of disabled
　people）…………………………I－1，2－B
　障がい者の採用、配置、定着の促進といった一連のプロセスである。
　障がい者雇用の推進は、世界的趨勢である。世界保健機関（WHO：World Health Organization）によれば、世界人口の約15％、約10億人は障がいがあると推定される。その約80％は、生産年齢人口であるとされる。しかし、障がいのある人びとがディーセント・ワーク（decent work）をもつ権利はしばしば否定されている。
　こうした中で、日本の障がい者雇用政策は、障害者雇用促進法に基づいて進められている。同法によると、一般の民間企業に適用される法定雇用率は2024年度から2.5％（国・地方公共団体2.8％、教育委員会2.7％）、2026年度から2.7％（国・地方公共団体3.0％、教育委員会2.9％）と段階的に引き上げられる。障がい者の雇用に特別の配慮をした子会社、いわゆる

特例子会社を設立し、親会社の雇用率に算入することも同法によって制度化されている。これらのことによって、雇用される障がい者の数は増加しているが、いくつかの課題も残されている。
　一つめは、法定雇用率達成企業の割合が全体の半分に過ぎない（2023年現在）ことから、法律遵守の課題である。2つめには、2018年より雇用義務の対象になった精神障がい者をはじめ、障がいの種別に応じた雇用のあり方も大切である。3つめには、合理的配慮がされ、差別がないこと、ディーセント・ワークの実現の視点からも、障がい者雇用を推進することが不可欠である。4つめには、障がい者雇用が、企業内のみならず、地域の特別支援学校や就労支援機関、医療機関など就労支援クラスターとの連携によって進められることが、極めて重要である。最後に、障がい者雇用は、リターン・ツー・ワーク（RTW：Return To Work）など職場復帰支援や職場の安全・健康管理といったディスアビリティ・マネジメントの他の領域との関連づけも欠かせない。　　　　　　　　　　　（二神枝保）

→ディーセント・ワーク、ディスアビリティ・インクルージョン、ディスアビリティ・マネジメント

障害者雇用納付金・調整金（levy and
　grant for employing persons with disabili-
　ties）………………………………………I－1
　雇用する障害者数が少なく、障害者法定雇用率を達成できない従業員100人超の事業主は、不足人数に応じて納付金を支払う義務を負う。障害者法定雇用率を

達成し、これを超えて障害者を雇用している事業主に対しては、超過人数に応じて調整金が支払われる。また、障害者を多数雇用する中小企業事業主には、超過人数に応じて報奨金が支払われる。この仕組みは、障害者の雇用に伴う事業主の経済的負担の調整を図り、社会連帯責任の理念の下、全体として障害者の雇用水準を引き上げることを目的とするものである。

納付金の徴収、調整金・報奨金の支給は、高齢・障害・求職者雇用支援機構が担う。納付金は、調整金・報奨金の他、障害者を雇用するために施設整備を行ったり、職場介助者を配置する事業主に対する助成金の原資となる。　（石﨑由希子）
→障害者の雇用の促進等に関する法律（略称：障害者雇用促進法）、障害者法定雇用率

障害者職業センター……………………Ⅰ−1

障害者の職業生活における自立を促進するため、障害者雇用促進法に基づき、高齢・障害・求職者雇用支援機構に設置されている。障害者職業総合センター（1か所）では、職業リハビリテーションに関する研究、技法の開発及びその成果の普及等、広域障害者職業センター（2か所）では医療と連携した職業リハビリテーションサービス、地域障害者職業センター（各都道府県）では、障害者に対する職業評価・職業指導、職業準備支援及び精神障害者の職場復帰支援、事業主に対する相談・援助、ジョブコーチ支援、地域の関係機関に対する助言・援助等を実施している。　　　　　　（村木太郎）

→高齢・障害・求職者雇用支援機構

障害者職業能力開発校（polytechnic schools for persons with disabilities）……………………………………………Ⅰ−1

職業能力開発校や職業能力開発促進センター等、通常の職業訓練施設で職業訓練を受けることに困難を抱える障害者に対し、職業訓練を行う施設。障害者の能力に適応した普通職業訓練又は高度職業訓練が行われる。国の委託に基づき、高齢・障害・求職者雇用支援機構が運営を行うもの、国が設置し、都道府県が運営するもの、都道府県が設置・運営を行うものがある。　　　　　　（石﨑由希子）

障害者総合支援法（Act on Providing Comprehensive Support for the Daily Life and Life in Society of Persons with Disabilities）……………………………………Ⅰ−1

障害者が個人の尊厳にふさわしい日常生活又は社会生活を営むことができるように、障害福祉サービスに係る給付や市町村が地域の実情に応じて柔軟に行う地域生活支援事業を含む総合的な支援を行うことを定めた法律。障害者自立支援法を改正することにより2013年に制定された。障害福祉サービスに係る給付の中には、介護の支援を受ける介護給付の他、訓練等の支援を受ける訓練等給付があり、訓練等給付の中には、就労移行支援、就労継続支援、就労定着支援等が含まれている。障害福祉サービスの支給は、市町村に対する申請に基づき、サービス等利用計画案の内容を踏まえて決定される。また、障害福祉サービスの提供

さ行

事業者に対しては市町村から報酬が支払われる。 （石﨑由希子）

→就労移行支援事業、就労継続支援事業、障害者

障害者の雇用の促進等に関する法律（略称：障害者雇用促進法）…………Ⅰ−1

　わが国における障害者雇用政策の中核となる法律。障害者が職業生活において自立することを促進するための措置を総合的に講じて、障害者の職業の安定を図ることを目的としている。1960年に制定されたが、法制定の背景には、2度の世界大戦等による身体障害者の増加により障害者に対し国が総合的に施策を図る必要性が世界的に認識されたこと、これを受け諸外国で同種の法律の制定が進んだこと、1955年障害者の職業更生に関するILO勧告が採択され、日本においても何らかの立法措置を講ずる必要に迫られたことがある。当初、身体障害者雇用促進法としてスタートしたが、現在は、知的障害や精神障害、さらには難病や高次脳機能障害なども対象としている。

　法律は、総則の他に①職業リハビリテーションの推進、②障害者に対する差別の禁止等、③対象障害者の雇用義務等に基づく雇用の推進等、④紛争の解決の4つの大きな柱で構成されている。

　中でもこの法律の大きな特徴は、③の雇用義務だ。全ての事業主は社会連帯の理念に基づき、障害者に適当な雇用の場を与える共同の責務を有するという考えの下、国、地方公共団体、民間企業等に一定の率（これを法定雇用率という）の障害者を雇用することを義務付けている。

法定雇用率が義務化された1976年には、義務化の対象は身体障害者のみであったが、その後、1997年の改正で知的障害者に、直近の2013年の改正で精神障害者（精神障害者保健福祉手帳の交付を受けている者に限る）に対象が拡大された。これらによって法定雇用率は順次引き上げられてきており、2023年現在の法定雇用率は民間企業では2.3％だが、2024年4月に2.5％、2026年7月に2.7％への引き上げが決定されている。

　この制度は我が国の障害者雇用を進める大きな推進力になってきたものであり、障害者雇用率は年々上昇しているとはいうものの、2022年の民間企業の実際の雇用率は2.25％、法定雇用率を順守している企業の割合は、48.3％にとどまっており、大きな課題も残っている。

　この法律の数次の改正の流れを見ると、一つの大きな流れは、すでにみた対象の拡大だが、もう一つは、保護から平等への進化である。直近の2013年の改正がそれだ。国連の採択した障害者権利条約への対応のため、障害者の差別禁止を条文に明記するとともに、合理的配慮の提供を義務づけ、これに関する公的な苦情処理・紛争解決援助の仕組みも創設された。これに加えて、直近の2022年改正では、事業主の責務として障害者の職業能力の開発及び向上が明示され、また、週所定労働時間10時間以上20時間未満で働く重度の障害者や精神障害者が実雇用率に算定されることとなるなど、多様な就労ニーズへの対応、障害者雇用の質の向上が盛り込まれた。こうした新たな考え方がどう機能するかが注目され

ている。　　　　　　（村木厚子）

障害者の就労移行プログラム→就労移行
支援事業

障害者法定雇用率〔employment quota for
persons with disabilities〕⋯⋯⋯Ⅰ−1，2−B
　障害者の雇用機会を確保するため、事
業主は従業員の一定割合（法定雇用率）
以上の障害者の雇用を義務付けられる。
法定雇用率は、年々引き上げられてお
り、2021年3月以降は、民間企業で2.3
％であったが、2024年4月からは2.5％、
2026年7月からは2.7％である。国・地
方公共団体の法定雇用率は民間企業より
もそれぞれ0.3％高く設定される。法定
雇用率は、常用労働者数と失業者数を分
母とし、身体・知的・精神障害者である
常用労働者数と失業者数を分子として算
出される。分子の精神障害者は、2013
年の障害者雇用促進法改正により追加さ
れた。　　　　　　　（石﨑由希子）
→障害者、障害者の雇用の促進等に関する
　法律（略称：障害者雇用促進法）、障害者
　雇用納付金・調整金

障害年金〔disability pension〕⋯⋯⋯⋯Ⅰ−1
　障害を支給事由とし、現役世代に対し
ても支給される公的年金。基礎年金部分
とこれに上乗せして支給される厚生年金
部分に分かれる。障害基礎年金は20歳
以上の障害者を広く対象とするのに対
し、厚生年金は民間企業に勤務するなど
して厚生年金に加入した者に対して、報
酬比例で支給される。障害基礎年金に
は、障害の原因となった傷病の初診日に

20歳に達していた者を対象とする拠出
制の年金と、初診日に20歳未満であっ
た者を対象とする無拠出制の障害基礎年
金があるが、無拠出制の障害基礎年金の
支給には所得制限がある。障害基礎年金
の額は2級で老齢基礎年金の満額に等し
く、障害の程度がより重い1級の場合は
その1.25倍とされている。（石﨑由希子）
→障害者

紹介予定派遣〔introduction dispatching〕
⋯⋯⋯⋯⋯⋯⋯⋯⋯⋯⋯⋯⋯Ⅰ−2−B
　派遣先の企業に直接雇用されることを
前提としている点で、それを前提としな
い通常の派遣とは異なる。ただし、必ず
直接雇用されるわけではない。紹介予定
派遣では、直接雇用につながる可能性が
あることから就業前に書類選考や面接が
認められている。派遣期間は、通常の派
遣の場合、最長3年であるが、紹介予定
派遣では6か月であり、直接雇用につい
ての協議に入ることになる。なお、直接
雇用社員は正社員とは限らないことに注
意が必要である。　　　　（丹羽浩正）

昇格⋯⋯⋯⋯⋯⋯⋯⋯⋯Ⅰ−2−B，Ⅱ−3−A
　職能等級、役割等級、職務等級などの
人事等級制度にあって、等級を所定の基
準に則って上げる措置。一方、等級を下
げることを降格という。
　昇格を判定する基準として、人事評
価、等級在留年数などが挙げられる。人
事評価は複数回の結果をみるのが一般的
だが、下位等級の場合は1回だけとする
場合もある。
　上記基準を満たし、かつ上司推薦があ

さ行

った者を対象に、昇格判定会議などの会議体で昇格判定を行うことが多い。また、昇格試験やアセスメントを実施する例もある。昇格試験では、筆記試験、リポート、面接などが行われる。

昇格方式には、「現在の等級の要件をクリアすれば昇格する」という「卒業方式」と上位等級の要件を満たしているかどうかを判定した上で昇格を決める「入学方式」がある。

昇格時の基本給は、通常の昇給額に「昇格昇給」を上乗せして決定するのが一般的である。

日本企業で主流となっている職能等級制度では、身につけた能力が下がることはないという前提から降格は原則としてないとされていたが、近年は降格制度を導入する企業が増えている。また、職務等級制度や役割等級制度にあっては、それぞれ、担当職務のレベル、担っている役割のレベルが下がれば降格となるのが原則である。　　　　　（杉山秀文）

試用期間（probationary period）····Ⅰ-2-A
社員を採用する場合に、初めから正社員とはせず、勤務態度、能力、性格等について社員としての適格性を判定する期間を設けることがある。試用期間と呼ばれ、わが国においては、広く行われてきた。試用期間であっても漠然とした理由で解雇することはできない。継続雇用が困難であると判断する相当な理由が必要である。試用期間中の労働契約は解約権留保付労働契約であり、本採用しない場合には労働契約の解約となる。
　　　　　（桐村晋次）

昇給···························Ⅰ-2-B
一定期間ごと（1年が多い）に個々の賃金額を見直すこと。下がる場合も近年はあるので「賃金改定」と称することもある。

昇給には、人事評価、年齢、勤続年数に応じて個々の賃金を見直す「定期昇給（定昇）」と、一律に全員の賃金額を底上げする「ベースアップ（ベア）」がある。

「定昇」というと全員が毎年必ず賃金が上がると受け止められるということから廃止する会社が出ている。しかしその場合でも、人事評価による賃金見直しは行われることが多い。　　　（杉山秀文）

昇給カーブ·····················Ⅰ-2-B
賃金制度に則り基本給が原則1年ごとにどのように変化するかを表したもの。

年齢給、勤続給であれば1年経過ごとの変化、職能給、範囲型の職務給・役割給であれば、基本的には人事評価による変化の状況となる。

年齢給、勤続給カーブの傾斜が強い場合、その会社の賃金は年功的な性格が強くなる。

また、職能給、範囲型職務給・役割給カーブは、人事等級と人事評価に対応する。人事等級や人事評価によってカーブの傾斜に大きな差がある場合、能力や貢献度による差が大きく出る賃金となる。
　　　　　（杉山秀文）

状況的学習論（situational learning）···Ⅱ-2
レイブ（Lave, J.）とウェンガー（Wenger, E. C.）によって提唱された、学習についての考え方の一つである。彼らによれ

ば、学習とは、所与の知識を獲得することではなく、参加者が実践共同体への参加の度合いを増していくことを指す。他者との相互作用を含む社会的な活動に参加し、様々な状況に埋め込まれることを通じて、人々は知識や技能を獲得していく。そして、そのような状況的学習が成立するための場であり、学習を成立させるための主体こそが実践共同体なのである。　　　　　　　　　　（服部泰宏）

条件適合モデル（contingency model of leadership effectiveness）……………Ⅱ-2
　フィードラー（Fiedler, F. E.）が提唱したリーダーシップの有効性を示す理論モデルである。普遍的なリーダーシップは存在せず、リーダーシップの有効性はリーダーと置かれた状況によって異なることを示した。リーダーのスタイルはLPC（Least Preferred Coworker：最も苦手とする仕事仲間）という指標で測定された。状況はメンバーとの関係、タスク構造、リーダーの権限などの条件設定で異なる。高LPCと低LPCリーダーのいずれも状況によって高いまたは低い有効性が示された。　　　　　　　　　（王　英燕）
→オハイオ研究、リーダー、リーダーシップ

小集団活動（small group activities）
　………………………Ⅰ-2-A, B, Ⅱ-3-A
　主に企業において事業の品質管理、改善を目的に数名程度の少人数のグループを結成し、共通の議題やテーマを決めて行う活動を指す。
　アメリカにおける品質管理に起源をも

ち、1960年代に日本の経営強化策の一つとして普及した（小川（2020））。
　職場内の知恵や経験知を基に業務の改善を進めることを目的としていて、参加メンバーは階層および組織横断的に構成される。従って、様々な役職や部署のメンバーが集まるため、仮に部下の立場で上司に意見を伝えることが難しい状況にいたとしても、小集団活動を通して、部下は自分の考えを発表する場を得ることができる。
　問題解決・課題達成の手段としてだけではなく、職場内のコミュニケーションの活性化とそれに伴うチームワークの醸成、および参加メンバー各自の能力・意欲の向上を図る上でも重要な役割を果たす。
　一方で、資料作成や発表自体が目的化してしまい、業務に役立つ実感を得られないまま、惰性で行うようになる傾向も否定できず、運営上、いかに参加メンバーの取り組み意欲を維持、継続させるかが課題である。　　　　　　（福留浩太郎）
→QCサークル活動、提案制度、ZD運動

昇進…………………………Ⅰ-2-B, Ⅱ-3-A
　部、課などの組織編制により、各組織を管理・統括する機能として部長、課長などの役職がおかれる。組織は本部-部-課という階層構造を取り、上位組織にいくにつれ、管理・統括する者に求められる役割レベル、能力、経験なども高度なものとなる。
　このような階層構造にあって上位役職にあがることを昇進という。一方、役職を解かれる、あるいは下位役職にさがる

ことを役職解任、降職などという。

昇進は該当役職に就いていた者が異動、昇進、降職となったり、部署が新設された場合などで、該当ポストに空きが生じた場合に行われる。

よって、昇進人事は事業運営上の必要性に応じて行われるのが原則だが、人事処遇上の措置という側面もあるのが現実である。しかし役職ポストには限りがあるため、人事等級の上昇である昇格によって処遇を行う、「代理」「補佐」などのポストを設けるといった措置が行われる。前者は等級と役職の対応関係がポイントになる。後者は指揮命令の混乱を招きかねないことに注意が必要である。

また、管理統括業務に携わらず、専門性を活かして会社に貢献する社員を対象に専門職制度を設ける例も多い。専門職にもランクがあり、その上昇も昇進の一形態である。　　　　　　　（杉山秀文）

昇進試験（promotion exam）
....Ⅰ−2−B、Ⅱ−3−A

昇進とは、同一組織内において、現在の職位より高い職位に上がることを意味しており、等級や資格が上がる昇格とは異なる。昇進に伴い、賃金水準が高まり、組織内での評価も高くなり、職務内容や求められる能力も高くなる。年功序列制が採用されてきたわが国では、昇進に関しては、勤続年数を重んじて、同期意識の涵養や職場秩序確立の観点から、同年次管理による昇進が行われてきた。しかし、低経済成長下においては、昇進の可能性も次第に低下しつつある。

昇進は人事評価、上司の推薦、滞留年数等を総合的に勘案し行われるが、近年、昇進試験を実施する企業が増えている。昇進試験は、職位に必要な能力や資質、適性などを判定するために行うもので、試験には面接試験、筆記試験、論文試験などがある。管理職としての適性を判定する仕組みとしては、ヒューマンアセスメント（Human Assessment：HA）研修や基礎能力、性格特性、指向性などから成る管理職適性検査なども導入されている。昇進試験を行う目的は、昇進に関する上司の恣意性の排除や昇進に係る客観性と公平性の担保などが挙げられる。こうした昇進試験と人事評価を効果的に連動させることで、総合的かつ多面的な昇進判定が可能となる。　　（谷内篤博）
→管理職登用試験制度、昇進

情緒（emotion）...............................Ⅱ−2

その物に接した時に受ける、しみじみとした感情や雰囲気を表す言葉。日本でも古くから用いられている馴染みの深い言葉である。本来「心の動く糸口」「感情の発作」の意味であった。幕末から明治初期にかけ、英語emotionの訳語として用いられ、心理学の専門用語となった。感情経験の一種であり、喜び・怒り・悲しみ・恐れ・憂い・驚きなど身体的表出を伴う感情の動きをいう。情動と同義。

emotionに対応する日本語は、感情、情緒、情動の3語であるが、感情は、情緒、情動を包括する概念であり、情緒、情動は、広義の感情の動的側面が強調される場合に用いられてきた用語である。急激に生起し、短時間で終結する反応振

幅の大きい一過性の感情状態、または感情体験を指す。何かの出来事や人物に引き起こされる強い感情であり、感情の対象がはっきりしているという点で、気分（mood）とは区別される。emotionに関する用語の中でも、最も初期から用いられており、情緒障害など歴史的に定着した使用例も多い。　　　　　　（髙橋南海子）

情動知能→エモーショナル・インテリジェンス

傷病手当金（injury and sickness allowance）……………………………Ⅰ－2－B
　被用者保険（健康保険、船員保険、共済組合）における法定給付の一つ。被保険者が私傷病で休業し、休業期間についての給与支払いがない時に、休業初日から連続して3日間の待機の後、4日目以降（船員保険は初日から）の仕事に就けなかった日に対して支給される。
　支給期間は支給開始日から1年6か月（船員保険は3年）であるが、健康保険では、2022年1月1日以降、支給期間を通算して1年6か月経過した時点まで支給される。　　　　　　　　　　（森田雅也）

情報化（informatization）………………Ⅰ－1
　情報化とは、宇宙空間や地球上に存在し、(1) 人間が知覚・認識できる実体、すなわち、物理学的、化学的、生物学的な現象、事象、物質、生物、製造物、さらには、(2) 人間や生物が脳において想像する対象を"意味的解釈を伴って記号化して表現し、記憶"することを言う。これらの記号化された情報を記憶、分析、共有、検索、計量、統合、可視化するシステムを総称して"情報システム"と呼ぶ。
　情報化の対象の拡大は、我々の情報共有・獲得の環境を劇的に変化させており、それらを記憶、分析、共有、検索、計量、統合、可視化する技術は、現代社会を支える最も主要な要素として重要になっている。情報化の多様化・大規模化に伴って、世界的規模で、それらを対象とした新たな記号化方法、記憶方式、処理方式の方法論の構築が行われ、多くの情報システムが開発されている。情報化が実現された多くの分野において、人工知能、意味計量、データマイニングなどにおける新技術、新たな方法論の開拓、さらには、社会環境、自然環境の中における新たな応用領域において、新しい情報化、および、情報システムの開発が行われている。
　情報化された対象を分析、共有、検索、計量、統合、可視化する情報システム技術は、(1) サイバー・フィジカルシステム、(2) 時空間コンピューティング（spatio-temporal computing）、(3) セマンティック・コンピューティング（semantic computing：意味計算）、(4)XR(Extended Reality：Virtual Augmented & Mixed Reality)、(5) マルチメディアシステム、(6) ビッグデータ分析（big data analysis）、(7) 人工知能（AI）、(8) ソーシャル・コンピューティング、(9) IoT・センサー・ネットワーク、(10) 情報可視化システム、(11) ユビキタス・コンピューティング、(12) クロスカルチュラル・コンピューティングなど、多様性を伴って拡

大している。さらに、移動体（移動する主体（人、モノ））を対象とした情報化と情報システムを総称する"モバイル・コンピューティング"は、新しい情報供給・獲得環境を拡大しており、情報システム技術の新たな応用領域を拡大している。情報化対象の多様化・大規模化に伴って、それらを記憶、分析、共有、検索、計量、統合、可視化する新たな情報システム技術の構築が行われており、情報化と映像、メディアアート、音楽など、芸術の分野においても新たな融合が行われている。　　　　　　　（清木　康）

情報科学（information science／informatics）
.... I-1, II-2
　メディアや通信などに代表されるように、我々の日常生活では常に情報が行き交っている。この情報をデータとして処理するための科学的方法論が情報科学である。

　しかし情報科学が扱う範囲は非常に広い。はじめに情報を処理する機器として思い浮かぶのがコンピュータであろう。コンピュータはチューリング（Turing, A. M.）やフォン・ノイマン（von Neumann, J.）らによって計算可能性（情報処理）の基礎が確立され、その後の技術の発展とともに情報処理速度の高速化をはじめ、端末の小型化、汎用化が進展し現在に見られるような情報化社会において必要不可欠なものとなっている。さらには、ウィーナー（Wiener, N.）による制御と通信を統一的に研究する領域としてサイバネティックス（cybernetics）を提唱（1948年初版、1961年第2版）し、自然科学以外の

人文科学、社会科学にも影響を与えた。またデータの送受信の数理的構造について、1948年にシャノン（Shannon, C. E.）による「通信の数学的理論」を嚆矢として「情報理論」といわれる応用数学の一つの分野が形成された。

　上述した情報の科学的方法論という観点においては、数学やコンピュータサイエンスのような自然科学にとどまらず、メディア論や経済学・経営学など人文・社会科学の分野にも影響を及ぼす分野としても位置づけられよう。つまり情報科学とは数学やコンピュータサイエンス、情報理論を中心に据えつつも、それを数理的に処理するための学際的領域と捉えることができる。

　さらには、情報化が一般的に用いられるようになった背景として数学的分野では情報幾何学、ベイズ統計学、数理論理学などの発展が目ざましい。とくに工学的見地に比重が置かれる分野では「情報工学（information engineering）」とも称される。また経営学の分野でも、組織論などに影響を与えたサイモン（Simon, H. A.）の意思決定（構造的意思決定、非構造的意思決定、準構造的意思決定）の概念や、人事管理システムや在庫管理システムなどの各種経営情報システムの（ハードおよびソフトの）構築やその経営上の効果に着目した経営情報論やOR（Operations Research）や線形計画法（数理計画法）にみられる数理モデル化、計算プログラム化など、これらの根底にある基礎的理論にも情報科学の研究成果が取り入れられている。このように多岐にわたることから「情報学（informatics）」と称される場

合もある。

さらには近年においては、情報化社会の更なる発展によりAI（人工知能：Artificial Intelligence）、機械学習（machine learning）、深層学習（deep learning）、DX（Digital Transformation）、データサイエンス（data science）などの基礎理論ともなると同時に、これらの内容についても情報科学の一部分を形成するものである。

（田村正文）

→経営情報、情報化、意思決定、人工知能、デジタル・トランスフォーメーション（DX）

情報共有化（information sharing）
.... I－1, 2－A, B

データやノウハウ、ナレッジなど個々の組織構成員がもつ情報を、組織やメンバー間で蓄積、共有、活用していくこと。現在では組織内のみならず、企業間にまで情報共有化の範囲は広がりをみせている。一般的には、情報共有化により業務効率化や生産性向上、知識の均一化を図ることができるといった効果が期待されている。

企業組織は分業と調整を前提として発達してきた。そこで問題となるのが「分化」（differentiation）と「統合」（integration）の二律背反をコントロールすることである。つまり、分化が高まると共に統合のための工夫が必要となり、分化の強い組織において高度な統合を行うためには情報共有が必要不可欠となるのである。

情報共有化のために、組織内コミュニケーションの重視、会議や打ち合わせ、または業務時間外での懇親会など、様々なやり方が取られる。近年では情報通信技術の発展により、経営情報システムのデータベース、掲示板、eメール、SNSなどが情報共有ツールとして活用されている。これらはイントラネットを介して、オフィスからのみならず自宅などのリモートからでもアクセスできるようになりつつある。

（島田善道）

情報リテラシー教育 .... II－3－A

情報社会を生きていくための資質・能力の一つに情報リテラシーがある。その名称は国や組織により異なり、情報活用能力やICTリテラシーなど多様な用語が当てられている。用語によってその意味するところに多少の差異はあるが、基本的には、ICTを活用して情報を収集・編集・発信していく能力と捉えることができる。このような能力を育成するための教育を情報リテラシー教育という。

2017（平成29）年に告示された文部科学省の学習指導要領の総則には、情報リテラシーと同義で使用されている情報活用能力について強調されている。情報活用能力は、何か新しいことを学ぶための行動を支える力であり、この力は学校教育における教科・領域の教育以外にも社会に出てからも必要となる。例えば、学びたいことがある際に自ら計画を立て、見通しをもって取り組み学び続ける人として生きていくための力となる。

このような力が学習指導要領の総則に示されていることの意味は、特定の教科・領域によってのみ情報リテラシーが育成されるのではなく、横断的に育まれる必要があるためである。

情報リテラシー教育は、学び方を学ぶ

教育であるとも言える。　　（今野貴之）

→コンピュータ教育

賞与･････････････････････････････Ⅰ－2－B

　賞与には①賃金の後払い、②業績配分、③人件費の変動費化、④生活費の補填などの機能がある。基本給等に月数を乗じた額に、人事評価反映分を加味するのが一般的だが、ポイント制など月例賃金と切り離した方法も見られる。

　計算対象期間の業績、評価、勤怠状況などが支給額に反映される。

　賞与も使用者が任意的・恩恵的に支給するものを除き労働基準法上は賃金とされるが、毎月1回以上払い、一定期日払いの原則は適用されない。　（杉山秀文）

常用労働者･･･････････････････Ⅰ－1, 2－B

　労働者のうち、常時使用する労働者として雇い入れられた者の通称として用いられている。常用労働者の定義は、統計により異なる。たとえば、厚生労働省「賃金構造基本統計調査」では、常用労働者を①期間を定めずに雇われている者、②1か月を超える期間を定めて雇われている者と定義している。常用労働者以外の労働者を臨時労働者としている。

　常用労働者には正社員、正社員以外（パート、アルバイト、嘱託、準社員等）も含まれる。また、厚生労働省「毎月勤労統計調査」では、①期間を定めず、または1か月を超える期間を定めて雇われている者、②日々または1か月以内の期間を定めて雇われている者のうち、調査期間の前2か月にそれぞれ18日以上雇われた者、のいずれかに該当する労働者を

指す。なお、（ⅰ）理事、重役などの役員でも、部長、工場長などのように、常時勤務して、一般の労働者と同じ給与規則で毎月給与が支払われている者および（ⅱ）事業主の家族でも、常時その事業所に勤務し、他の労働者と同じ給与規則で毎月給与が支払われている者は、常用労働者に含める、とされている。また、常用労働者のうち、パートタイム労働者を除いた労働者を一般労働者と定義している。　　　　　　　　　（飛田正之）

職位（position）･･････････････････Ⅰ－2－A

　企業における仕事上の地位や立場、職務自体を指す言葉。「職位」には、①組織における職務上の地位、②遂行すべき仕事として1人の従業員に割り当てられた職務や業務の集まり、といった意味がある。ほとんどの企業では職位を設けてポジションを明確にしている。

　日本企業における一般的な職位は、会長、社長、専務などの役員呼称や、部長、課長、係長などの管理職呼称に典型的に現れる。

　設定される職位の種類や業務内容は、企業により異なるが、職位を設けることで、組織上のポジションや責任と権限の範囲、上下関係が明確になり、業務上のレポートラインが理解しやすくなる。これにより、組織内の情報伝達の円滑化が図られることも、職位を設けるメリットとなる。

　組織上の地位を表す言葉には、職位以外にも類語がある。例えば「役職」。役職と職位はほぼ同義だが、役職は、組織内でのポジションの内、管理職など組織

をマネジメントする特定の立場のことを指す。言葉の違いとしては、役職が組織上のポジションを意味するのに対し、職位は組織上のポジションに加えそれに付帯する責任と権限、職務内容を指す。また、職位よりも役職の方が、組織内の上下関係や序列を表す意味合いが強い。

「肩書き」も、役職と同義で使用されることが多い。役職が組織上のポジションを表すのに対し、肩書きはその人の持つ仕事上の特性や個性に関するものなど、使用範囲の自由度が高い。

「職階」という言葉もある。これは職務階層の略で、職務内容や責任の重さ、種類などで分類し定義される。職位との違いでは、職位は制度を表す言葉ではないが、職階の場合には、職階制など人事・処遇制度として位置づけられる。

「職責」は職務責任の略で、職務上生じる責任のこと。職位との違いは、職責が責任の部分に重きを置くのに対して、職位はポジションに重きを置く。

職位が重要な理由としては、①組織において管理・統制を図る重要な立場であること、②将来的に目指すべきキャリア目標となり、従業員モチベーションの維持・向上に資すること、③業務内容を整理し明文化できること、などが挙げられる。

ジョブ型雇用のトレンドのなかでは、ポジションとしての職位が果たす役割や責任と権限、求められるスキルやコンピテンシーを「職務記述書」（ジョブディスクリプション）で明文化し、その職位に就く人材の要件を明らかにしていくことがより一層求められている。（吉田　寿）
→ジョブ型雇用

職業 ･･････････････････････････････ Ⅰ－1

職業は生計を維持するための活動を指すが、全く同じ定義で生業という概念がある。この両者がどのように異なるかといえば、職業の場合には活動の範囲が狭い点である。現在でも食料調達などで自分の活動によって食材を獲得できる可能性の大きい人は、栽培（農業）だけではなく、漁労や狩猟、さらに採集などさまざまな活動を行っている。

他方、早くから専門化し、交換によって生活資材を得たと思われる活動もある。金属加工は技術や設備などで早くから独立し、職業化していた。案外目立たないが同様に専門化していたのは焼き物である。土器はたき火の中に成形して放り込めばよい。特に専門化はしない。その後、須恵器（炻器）では専門家集団ができて窯で焼くようになる。設備と技能が必要で専門化する。

サービスの専門家はかなり早く出現する。医療は相当に早く、教育についての専門家集団は王侯貴族については早くからでてくる。

社会全体が職業集団の集積となる状況を産業社会と定義してよい。分業が高度化して活動成果の交換によって、単一の活動だけで生計が維持できるようになる。この時活動が専業化することで高効率になることも必要である。

高度な分業と高い生産性が実現するためには現場も変わらねばならない。装置を必要とする生産は、装置群の集中による効率向上を図る。このことは特定作業を行う場を形成する。職場（工場、オフィス）が生活の場とは異なる空間として

さ行

設定され、移動（通勤）が生じる。

　職場のメンバーは新しい空間としての職場に集団を形成することになり、集団が継続すると集団の規範が職業倫理となる。職業生活と家庭生活が物理的に分離し、それぞれの行動様式も異なるものになってくる。

　しかし、近年この状況が変化している。まず、ワーク＝ライフバランスが問題とされた。専門化されて完結した職業空間優先の状況でよいのかを疑問とする。これを拡張して、働き方改革が唱えられる。さらにリモートワークが行われると、職場の空間がリアルからヴァーチャルに拡張される。その中で、複数の職業帰属が生じている。様相が一変している。どのように落ち着くかは見えていない。

（日置弘一郎）

職業あっせん（job placement）･･･････Ⅰ－1

　職業安定法第4条において定義される職業紹介とは、「求人及び求職の申込を受け、求人者と求職者との間における雇用関係をあっせんすること」である。したがってあっせんとは、求人者と求職者の間を取り持って、雇用関係が成立するように第三者として世話をすることを指す。人材派遣と人材紹介の観点から見ると、派遣の場合、派遣会社は労働者の雇用主となる。これに対し人材紹介会社は紹介あっせんにとどまり、雇用契約は求職者と求人者間で結ばれることとなる。

（丹羽浩正）

職業安定法･･････････････････････Ⅰ－1

　憲法に定める勤労権と職業選択の自由に基づき、国民にその有する能力に適した職業に就く機会を与えることにより、産業に必要な労働力を充足し、職業の安定を図るとともに経済社会の発展に寄与することを目的として、1947年に制定された法律である。求職者と求人者のマッチング等の雇用関連サービス全般を規律する基本法である。

　求職者と求人者のマッチングに関する原則的ルール、国の公共職業安定所の行う職業紹介、職業指導、民間の無料職業紹介事業及び有料職業紹介事業、労働者募集、労働者供給の禁止等を定めている。

　当初は、民間の有料職業紹介事業を原則禁止し、派遣事業も労働者供給事業の一形態として禁止していたが、1985年の労働者派遣法の制定時に労働者派遣関係を労働者供給の概念から除外し、1999年改正により、有料職業紹介について、弊害が明らかに予想される一定の場合を除き事業を行うことができるようにするネガティブリスト方式が規定され、対象事業の自由化が行われている。

（吉本明子）

職業規範（occupational norm）･･･････Ⅰ－1

　職業集団の成員が職業活動を行う上で実現すべき価値や目的の基準を表す用語である。その基準には集団成員として期待されている行動様式などが含まれる。職業規範は類義概念である職業倫理（occupational ethic）とほとんど同じ意味内容で用いられることもあるが、前者の方がより広義の概念と考えられている。

　医師などの専門職には、公益の実現を目的とした倫理的な規範が要請されてい

る。例えば、日本医師会という特定の専門団体が医師の職業倫理指針を策定しているが、これは制度的な規範と考えることができよう。この職業倫理指針は日本医師会の公式ウェブサイトに明示的な形で持続的に掲載されている。

今日、職業規範には非制度的な規範、すなわち、職業倫理指針のように可視化されていないものの、特定の職業集団内において暗黙的に維持されている職業固有の規範についても研究が試みられている。成員が職業に対して意味づけを行うことで規範は集団内に存在すると考えられる。このような潜在的な職業規範も職業従事者の行動を規定する可能性がある。　　　　　　　　　　　　（井川浩輔）

職業興味検査（Vocational Preference Inventory）························ Ⅰ−1，Ⅱ−3−A

職業興味検査は、アメリカの職業心理学者ホランド（Holland, J. L.）の職業選択理論に基づいて開発され、大学生の進路指導用として広く利用されてきた。興味面を把握する適性検査の一つである。日本版は独立行政法人労働政策研究・研修機構が、ホランド理論の日本人への適用性などの基礎研究を行い、日本向きに原版を翻案した「VPI職業興味検査」を開発した。

VPI職業興味検査は、6領域（現実的、研究的、芸術的、社会的、企業的、慣習的）の職業興味領域に対する個人の興味・関心の強さと、5領域（自己統制、男性‐女性、地位志向、稀有反応、黙従反応）の個人の心理的傾向を把握しようとする。160の具体的な職業に対しての興味・関心の有無の回答を求めることで測定し、結果がプロフィールで表示される。被験者は職業との関連で自己理解を深め、職業選択活動に関する情報を得ることで動機づけを高めることができる。ただし、興味領域における能力は測定されないので、大学生等への就職ガイダンスでは、能力面を補完する検査を同時に実施することが望ましい。　　　　　（河村茂雄）

→性格検査

職業訓練························· Ⅰ−1，Ⅱ−3−A

職業能力開発促進法においては、職業訓練についての定義規定はないが、同法は、「労働者の職業に必要な能力を開発し、及び向上させる」ことを目的としており、職業訓練とは、労働者に対し、職業に必要な技能及びこれに関する知識を習得させることによって、労働者としての能力を開発し、向上させるための訓練と解される。

同法に基づき、国及び都道府県は、事業主等の自主的な努力を尊重しつつ、その行う職業訓練の振興等の援助を行うとともに、離転職者・就業前の若年者等を対象とした職業訓練の実施等の施策を講じている。

元々、職業訓練は、労働市場政策の中では、失業者に就職に必要な技能を習得させるもので、これを国家が提供するのが公共職業訓練とされるが、日本における職業教育・訓練の特徴は、仕事を実際に行うことを通じて技能の習得・伝承も行われるというOn the Job Training(OJT)にあり、これを法律上も位置付けたものと考えられる。

さ行

具体的には、事業主等の行う職業訓練としては、OJTのほか、OFF-JTによる共同職業訓練、「教育訓練機関における理論面での学習」と「企業における実習」を効果的に組み合わせた実習併用職業訓練などが挙げられる。

また、事業主等の行う職業訓練のうち、その内容が職業訓練の水準の維持向上のための基準に適合するものについては、都道府県知事から認定を受けて職業訓練（認定職業訓練）を行うことができることとされている。建設業や理美容業などで事業主団体が共同の技能者養成訓練を行う例や、自動車メーカーの企業内訓練として行う例がみられる。

一方、国、都道府県が行う職業訓練としては、公共職業能力開発施設において実施される離職者訓練、在職者訓練、学卒者訓練等の公共職業訓練、民間教育訓練機関に委託して実施される委託訓練が挙げられる。

以上が職業能力開発促進法における職業訓練であるが、このほか、求職者支援法に基づき、雇用保険を受給できない求職者に対して、その就職促進を目的として職業訓練（求職者支援訓練）が実施されている。求職者支援訓練と公共職業訓練とを総称して、「公的職業訓練」（愛称「ハロートレーニング」）と呼ばれることもある。　　　　　　　　　　（吉本明子）

→職業訓練法、OJT、教育・訓練費、見習、
　養成工制度

職業訓練サービスガイドライン………Ⅰ−1
　民間教育訓練機関が提供する職業訓練サービスと民間教育訓練機関のマネジメントの質の向上を目的として、厚生労働省が2011年に策定したガイドラインである。民間教育訓練機関の自発的なサービスの質の向上を促進することに加え、公共職業訓練の委託訓練、求職者支援制度における認定訓練及び教育訓練給付制度における指定講座を実施する際にも、その職業訓練サービスの質の確保を行うためのツールとして活用されている。

（吉本明子）

職業訓練指導員……………………………Ⅰ−1
　公共職業能力開発施設や事業主が設置する認定職業訓練施設などの職業訓練施設において、職業訓練を担当し、就職やスキルアップなどに必要な技能、知識についての訓練指導やキャリアコンサルティングなどの就職支援等を行う者をいう。職業能力開発促進法では、普通職業訓練の訓練指導を担当する職業訓練指導員は、都道府県知事から交付を受けた免許を有する者でなければならないとするなど、その免許、試験、資格の特例等について規定している。　　　（吉本明子）
→職業訓練、職業能力開発促進法

職業訓練プログラム………Ⅰ−1，Ⅱ−3−A
　政府の実施する職業訓練プログラムは、典型的には職業能力開発促進法に基づく公共職業訓練などにみられる。旧労働省は、戦後、職業補導、技能者養成を実施していたが、その後、高度成長期を迎え、技術革新に対応する技能労働者の確保の要請が高まる中、職業訓練法が制定され、職業訓練の体系が整備された。1960年代には、本格的な労働力不足へ

の対応、オイルショック後は、安定成長へと経済基調が変容する中で、技術革新の一層の進展、高齢化社会の到来、サービス経済化、情報化進展等経済社会の変化への対応を迫られ、1985年には職業能力開発促進法へと法改正が行われるが、こうした動きに応じて職業訓練プログラムも変化してきた。

特に離職者等に対する職業訓練プログラムは、産業構造の変化や経済社会の状況等に応じて、その内容が変化してきている。産業構造の変化の下で職業能力等に起因するミスマッチの拡大を解消し、円滑な労働移動の支援、雇用の安定確保を図るため、公共職業能力開発施設のみならず、民間教育機関に加え、事業主・大学・NPO等あらゆる民間機関を活用し、離職者等の就職促進に資する多様な職業訓練プログラムが提供されている。また、近年では、職業訓練機関と職業紹介機関の連携強化の下、キャリアカウンセリングから、職業訓練機会の提供、就職支援に至るまでの一貫した総合的な支援プログラムとして実施されるようになっている。

特徴的なプログラムとしては、これまでの能力開発機会に恵まれなかった非正規雇用労働者等を対象として、国家資格の取得等を目指す長期の訓練や、就労経験の乏しい求職者に対して、就職のための準備段階としてビジネスマナー講習を行う「準備講習付き職業訓練」等も実施されている。

また、企業実習を通じた実践力の習得が必要な求職者に対して、専門学校等の民間教育訓練機関等における座学と企業等における実習を一体的に組み合わせた実践的な職業訓練として日本版デュアルシステム等が実施されている。

さらに、在職者向けのプログラムとしては、（独）高齢・障害・求職者雇用支援機構が運営する全国の職業能力開発促進センター等において、専門的知見を有する民間機関も活用しながら、中小企業等の生産性向上やものづくり分野を中心とした高度な技能・技術の習得を支援するための職業訓練が実施されている。

（吉本明子）

→職業訓練法、職業能力開発促進法、TWI

職業訓練法 ……………………………… I−1

1958年に制定された職業訓練に関する最初の基本法である。我が国経済は高度成長期を迎え、産業界は技術革新の時代に入って、これに対応する技能労働者の確保が強く要請され、職業訓練に関する法制定を要望していた。

同法は、「総則」、「公共職業訓練」、「事業内職業訓練」、「職業訓練指導員」、「技能検定」、「職業訓練審議会」等からなり、そのねらいは、職業訓練及び技能検定を行うことにより、工業その他の産業に必要な技能労働者を養成することにあった。また、公共職業訓練と事業主の行う事業内職業訓練は、相互に密接な関係を保って行うべきとされた。

1960年代に入り、本格的な労働力不足時代を背景に、技能労働者の養成、確保の要請が高まり、1969年には新たな職業訓練法が制定された。

その後は、安定成長へと経済基調が変容する中で1978年に改正が行われた後、

技術革新の進展、高齢化社会の到来等経済社会の変化への対応を迫られる中、1985年にさらなる改正が行われ、名称も職業能力開発促進法と改められた。

（吉本明子）

→職業能力開発促進法、職業訓練法の歴史

職業訓練法の歴史 ……………… I－1

戦後職業訓練は、労働基準法の技能者養成規程と職業安定法の職業補導事業でもって再出発するが、占領政策下前者は低迷状態にあり、後者は失業対策的であった。

講和条約締結後の自立経済再建過程に入ると、基幹産業の確立と耐久消費財産業の大量生産体制の基礎作りに伴い、職業補導事業は技能訓練的性格を強め、一方崩壊、低迷していた企業内養成工制度や「養成規程」による技能者養成も大企業を中心に再興、進展し始めた。

さらに広範な技術革新に伴い新しい職務の単能工や専門工が不足し始めると、職業補導事業も急速に拡充された。

こうした労働力需要構造の急激な変化に対応して企業内養成工制度と公共職業訓練制度の整備・拡充を押し進め、「頭と腕」を兼ね備えた技能工と各種専門工や単能工を教育・訓練、確保すべく、昭和33年職業訓練法が制定され、従来の公共職業補導所は一般、総合、中央および身体障害者職業訓練所に再編し、これに事業内職業訓練と技能検定制度を加えて公共と民間の職業訓練体制の有機的総合化が図られた。

続いて、貿易・為替自由化に対する国際競争力強化のため工業資源の安定供給化等産業構造の高度化政策と国民所得倍増計画の推進、中卒労働力の涸渇や高卒者の技能工化ならびに地域・産業・年齢等による労働力需給の不均衡等労働力需給構造の急激な変化、それに持続的高度経済成長を志向する昭和40年代の労働経済の長期的展望のもとで、総合的労働市場政策推進の必要から昭和41年雇用対策法が制定され、翌年それに基づく第1次雇用対策基本計画の策定を見、続いて昭和44年に新職業訓練法が制定された。

これは、旧法が労働力の確保に限定していたのに対し、生涯教育訓練の理念を打ち出し、職業訓練は労働者の職業生活の全期間を通じて段階的かつ体系的に行われるべきこととした。

そして、その体系化と公共・民間の一体化のため、公共職業訓練施設で行う職業訓練と従来の事業内または共同職業訓練団体の認定職業訓練を法定職業訓練として基準の統一を図り、その種類を養成訓練、向上訓練、能力再開発訓練、再訓練および指導員訓練とし、従来の公共職業訓練所は専修職業訓練校、高等職業訓練校、身体障害者職業訓練校に改められた。

さらに昭和53年大幅な改正が行われ、高学歴化、高齢化社会への移行に対応した生涯訓練、生涯技能評価体系の理念の下に訓練体制および訓練内容が整備されたが、昭和60年に大改正が行われ、職業能力開発促進法に改名された。

（古賀比呂志）

→労働基準法、職業安定法、認定職業訓練、労働施策総合推進法（旧雇用対策法）、職

業能力開発促進法、技能検定制度、法定
職業訓練

職業指導 ·························· Ⅰ－1, Ⅱ－3－A

職業選択のための指導。自身の適性に
即した職業を選択する能力の育成や、職
務遂行能力の向上、職業に必要な人間形
成などを含む概念。戦前は1921年に制
定された職業紹介法に基づいて、市など
の公営施設での職業紹介が行われてい
た。1938年には同法が改正され、職業
紹介は国の責任で行われることとなっ
た。そのほか青年訓練所などの教育機関
でも職業指導が実施されていた。戦前の
職業指導の特徴としては官の誘導に基づ
く、指示的なものであったことがあげら
れる。

第二次世界大戦後に職業指導の概念は
大きく転換することになる。職業指導の
理論家マイヤーズ（Myers, G. E.）の思想
が移入され、生徒、求職者側に視点を置
いた支援的活動として職業指導は再定義
された。

学校教育においては1947年制定の学
校教育法で中学校、高等学校で職業指導
を扱うことが明文化された。また求職者
に対しては、1947年制定の職業安定法
に基づき、公共職業安定所が設けられ
た。1999年に同法が改正され、現在で
は民間の職業紹介事業も認められてい
る。近年では求職するすべての人々が就
労できるように身体障がい者、発達障が
い者や、母子家庭への就業支援も法律に
基づいて実施されている。（長谷川鷹士）

→職業安定法、職業紹介、職業選択、職業
適性、適性検査、公共職業安定所

職業紹介 （job placement） ················· Ⅰ－1

職業紹介とは、求職活動者に対し、現
在の求人情報を提供しながら、本人の希
望を第1に尊重して、本人に相応しい職
業先を探し出し、それが求人側（企業）と
求職側（本人）両者とも納得できるよう
に、新しい就職先を決定する行為である。

なお、職業安定法の第5条では、職業
紹介を、求人および求職の申し込みを受
け、求人者と求職者との間における雇用
関係の成立を斡旋することとしている。

戦後の労働力供給過多の時代は、仕事
のない労働者は弱い立場に置かれていた
ために、中間搾取やピンハネ、強制労働
等の口入れ稼業的な弊害が起きていた。
そこで戦後の労働改革の一つとして、
1947年に職業安定法が制定され、職業
紹介や斡旋などは国の機関の専管業務と
なった。その結果、職業安定所を通して
職業紹介や斡旋が行われ、民間の職業紹
介業者は排除され、悪徳業者の一掃にそ
れなりの成果を上げた。

職業紹介事業は労働者派遣事業や労働
者供給事業と同様に、労働力需給システ
ムにおける法定事業の一つであり、職業
安定法第32条・33条に規定されている
有料・無料の職業紹介事業が許可・届出
のあった場合を除いて、すべて国の機関
である公共職業安定所が実施することに
なっている。

職業紹介の範囲については、当初は特
別の技術を必要とする職業に従事する者
の職業を斡旋することを目的として、労
働大臣の許可を得た場合にのみ、民間で
の有料職業紹介を可能としたが、1997
年の法改正により、港湾、建設等、一部

さ行

の職業を除いて、原則自由となった。

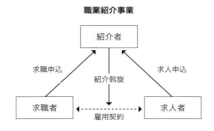

職業紹介事業は、次の3つに分類される。①公共職業安定所、②民間有料職業紹介業、③民営無料職業紹介業。

公共職業安定所は、職業紹介、職業指導、雇用保険給付等を行い、内部組織として、人材銀行、パートバンク、高年齢者職業相談室、学生職業センター等がある。
（丹羽浩正）
→有料職業紹介事業、人材銀行、アウトプレイスメント

職業生活 ……………………………… Ⅰ-1
「生計の維持」と「継続的な役割遂行活動」の両面を含む活動のこと。人は一定の職業に従事することで生計を維持し、同時にその職業において求められる役割を遂行することになる。日本の場合、「就社」と呼ばれたこともあるように新卒時に採用された企業内でその職業生活の大部分を送ることが一般的であった。

しかし、1990年代初頭のバブル崩壊などもあり、そうした慣行は崩れつつある。雇用の流動化も進んでおり、就労者は転職も視野に入れうるだけの専門性開発を目指すこととなる。一方で企業側は転職しうるほどの専門性開発は求めないが、年功序列での昇進ではなく、能力に応じた昇進を目指すため、様々な研修を設定している。従って、職業生活での役割遂行のためにも就業者は不断に学習し続けることが求められている。

なお職業生活は人間の生活の一部を構成しているにすぎないので、人生における他の諸活動との適切なバランスをとる「ワーク・ライフ・バランス」も考慮される必要がある。特に日本では長時間労働などが問題視されており、こうした点の改善を意識する必要がある。
（長谷川鷹士）

職業選択 ……………………… Ⅰ-1, Ⅱ-2, 3-A
職業選択とは求職者の立場から見れば、自身の好みや適性のある職業を選ぶ行為である。しかし、雇用者の設定する要件が満たせなかった場合には、必ずしも求職者の選択通りにはいかないものである。求職者は学校教育の各段階で自身の好みや適性を探る機会をキャリア教育などの形で与えられている。また学卒後に関しても公共職業安定所（ハローワーク）などで適切な職業選択ができるようにフォローアップする体制が整えられている。
（長谷川鷹士）
→公共職業安定所

職業選択の自由（freedom of occupational choice）……………………………… Ⅰ-1, Ⅱ-2
自らが希望する職業を選択し、選択した職業を営む権利。日本国憲法第22条第1項の規定で保障されている。これは、自己の従事する職業を決定する自由

を意味し、これには自己の選択した職業を遂行する自由も含まれると考えられている。封建社会における身分性を否定した近代社会において、経済的自由権の一つとして認められてきた。個人の人格的価値と不可分な関連を有し、人間の尊厳や人格権とも結び付けられる側面を有すると考えられている。　　（村澤竜一）

職業的自我像 （occupational self-image）
...................I−1, II−2, 3−A
シャイン（Schein, E. H.）は、現代社会において職業は、その人の自己概念の中核をなし、自尊の源泉であることがわかっていると述べている。特に、スーパー（Super, D. E.）は、職業生活の発展は、基本的にはその人の自己概念と現実の外部環境との合成であり、この過程を推し進めていく基本的動機は自己概念の実現であり、全ての人は、①探索、②現実の検証、③試行と実験、④確立、⑤維持、⑥下降の6段階を通じて、職業上の役割の中で自己概念を完成しようとすると主張した。　　　　　　　　　（吉田　悟）

職業適性 （occupational aptitude）
.... II−2, 3−A
職業適性とは、未就業者が職業に就く時および新たな未経験の職業に就く時の、就業後の成績（例えば、上達の早さ、達成水準の高さ）が高くなる可能性としての個人差をいう。元来、職業適性はある職業に対する能力的素質と考えられてきたが、現在では、遺伝的素質と環境での学習の複雑な相互作用の結果が能力を規定すると考えられているので、職業適

性を固定した素質の面からのみ捉えずに、学習・発達の要素も重視されている。また、能力面ばかりでは職業に就いた時の成功の可能性を予測できないと考えられ、仕事に対する興味の側面や仕事が自分の価値観や性格にあっているかどうかということも、重視されている。職業適性の概念は、企業が応募者を採用選抜するために有用であるばかりでなく、人が職業を選択するときの自己理解（自分についての情報を整理・統合すること）するうえでも有用な考え方といえる。

職業適性は、以上のように能力・興味・価値観および性格等の多面的な要素から構成される概念と考えられており、さまざまな職業適性検査が開発されてきたが、それらの適性検査の妥当性は、従来平均すると0.2の相関程度の低いものと考えられてきたが、シュミット（Schmidt, F. L.）らによれば、適性検査と就業後の評価との相関係数を単純に妥当性の指標にするのは誤りで、それを統計的に補正すると、能力面の評価と就業後の相関係数は0.5にも及ぶと報告している。
（吉田　悟）

職業適性と人材開発 .... II−2, 3−A
学校教育や企業研修等による適切な教育訓練を通して、特定の職業における熟練を発展させることのできる個人の生得的、もしくは獲得的な性質のことを指す。個人が特定の職業に適性があれば、その職務遂行に必要な技能を早く修得できると共に、満足してその職業に従事できると期待される。職業適性を考える場合に、大きく2つの立場が考えられる。

さ行

一つは、個人を中心として、その人の将来の可能性や適職を探索するような職業指導、進路指導に資する立場である。もう一つは、職業や職務を中心として、採用、配置しようとする個人の適性を判断する立場である。また、現在の職業適性の基準として、次のような観点が考えられている。①個人がその職業に就くための最低限の能力を備えているとみなすことのできる学歴や資格の保持、②当該作業における相対的な能力における質的もしくは量的な卓越性、③職務遂行における本人の興味や関心の継続性、④個人の職務遂行能力以外の属性、例えば、経験年数、通勤時間、経済状況等。以上のような職業適性を測定するための心理的な道具として、職業適性検査がある。『厚生労働省編一般職業適性検査（GATV）』によれば、作業遂行に必要とされる9つの「適性能力（知的能力、言語能力、数理能力、書記的知覚、空間判断力、形態知覚、運動共応、指先の器用さ、手腕の器用さ）」を測定。その得点から個人に適した職業領域を分析できるようになっている。また、民間企業のリクルートマネジメントソリューションズ社が開発した、応募者の性格特性や知的能力を測定するSPIもある。 （永井裕久）

職業能力開発協会……………………Ⅰ-1
　職業能力開発の促進を図ることを目的とする民間団体として中央に設立される中央職業能力開発協会及び都道府県に設立される都道府県職業能力開発協会を総称していう。
　中央職業能力開発協会は、職業能力開発促進法に基づき、厚生労働大臣の認可のもと1979年に設立され、事業主団体等を会員として、技能検定の実施、ものづくり技能の振興等の中核的な役割を担っている。
　都道府県職業能力開発協会は、同法に基づき、都道府県知事の認可のもと1979年に設立され、地区内の事業主団体、職業訓練法人等を会員として、技能検定試験の具体的実施、ものづくり技能の振興等の役割を担っている。
　具体的には、技能検定（国家検定）のほか、ビジネス・キャリア検定試験（公的資格試験）など職業能力評価試験の実施や、技能五輪全国大会、技能グランプリ等各種技能競技大会の開催、ものづくりマイスター認定事業など、ものづくり基盤の強化のための事業を実施している。 （吉本明子）

職業能力開発推進者（vocational ability
　development promoter）…………Ⅱ-3-A
　企業の発展には従業員のキャリア形成を支援し、個々の職業能力を存分に発揮してもらうことが不可欠である。従業員の職業能力の開発を計画的に企画・実行するために、その取組を社内で積極的に推進するキーパーソンのことをいう。役割は①職業能力開発計画の作成と実施、②従業員に対する職業能力開発に関する相談と指導、③国、都道府県及び中央職業能力開発協会との連絡等である。事業主には、キャリアコンサルタント等推進者として必要な能力を有する者から選任する努力義務が課せられている。

（上田純子）

職業能力開発促進センター……………Ⅰ−1

　職業能力開発促進法に基づき高齢・障害・求職者雇用支援機構に設置された離職者訓練及び企業の人材育成の支援を行う施設（通称ポリテクセンター）である。離職者訓練は、早期再就職に必要な技能・技術、関連知識を習得するための訓練を、ものづくり分野に特化して機械系、電気・電子系、居住系などのコースについて標準6か月の訓練期間で実施している。また、コミュニケーション能力やビジネスマナーなどを習得する1か月程度の導入訓練（橋渡し訓練）も行っている。

　人材育成支援は、生産性向上人材育成支援センター（ポリテクセンター及びポリテクカレッジに設置）において、①職業能力開発に関する相談（職業能力開発体系に基づく人材育成プランの作成）、②在職者訓練、③生産性向上支援訓練、④職業訓練指導員の派遣や施設設備等の貸出等を実施している。このうち在職者訓練は、「生産性や技能・技術の向上」や、「新たな製品づくり」といった企業の生産現場が抱える課題解決のために、機械系、電気・電子系、居住系などのものづくり分野について、設計・開発、加工・組立、工事・施工、検査、設備保全などの実習を中心とした訓練コースを2〜5日にわたって体系的に実施している。公共職業訓練施設としては、この他に都道府県が設置した職業能力開発校がある。

　　　　　　　　　　　　　　　（村木太郎）
→高齢・障害・求職者雇用支援機構、職業能力開発大学校、ポリテクセンター、職業能力開発促進法、公共職業能力開発施設

職業能力開発促進法………………………Ⅰ−1

　1985年の職業訓練法改正により、職業訓練法は職業能力開発促進法に改められた。この改正においては、技術革新の進展、高齢化社会の到来、サービス経済化等経済社会の急激な変化に対応し、労働者の職業生活の全期間を通じて職業能力の開発向上を促進するため、事業主の行う自主的な職業能力開発を一層促進するとともに、国、都道府県等の行う職業訓練についても一層弾力化が図られた。

　その後、1992年には、職業訓練体制の整備や技能振興施策の推進等を内容とする改正、1997年には、労働者の自発的な職業能力開発の促進等を内容とする改正、2001年には、労働者がその職業生活設計に即して自発的な職業能力開発を行うこと（キャリア形成）を支援する体制整備等を内容とする改正が行われた。

　さらに、2006年には、実習併用職業訓練を新たに位置付けること等を内容とする改正、2015年には、職業生活設計の策定等を支援するキャリアコンサルタントの登録制度の創設、職務経歴等を明記するジョブ・カードの普及等を内容とする改正が行われた。　　　　（吉本明子）
→職業訓練法、公共職業能力開発施設

職業能力開発大学校………Ⅰ−1，Ⅱ−3−A

　職業能力開発促進法に基づき、高齢・障害・求職者雇用支援機構に設置された高度技能者養成訓練等を行う施設である。職業能力開発大学校・同短期大学校

（通称ポリテクカレッジ）では高卒者を対象に2年または4年のカリキュラムで高度なものづくりを支える人材を育成している。学校教育法上の大学・短大とは異なるが、卒業後は同様の扱いを受けることが多い。職業能力開発総合大学校では高卒者を対象に職業訓練指導員の養成を行っている。短期大学校としては、この他に都道府県や職業訓練法人が設置したものがある。　　　　　　　（村木太郎）

→高齢・障害・求職者雇用支援機構、公共職業能力開発施設

職業能力評価基準 ·····························Ⅰ-1

職業能力を客観的に評価するための評価制度の一つであり、厚生労働省が作成、周知を行い、企業における人材育成、人事評価、検定試験の基準として、様々な場面での活用ができるものとなっている。

具体的には、仕事をこなすために必要な「知識」や「技術・技能」に加えて、どのように行動すべきかといった「職務遂行能力」を、業種別、職種・職務別に、担当者に必要とされる能力水準の4つのレベル（例えば、スタッフ、シニアスタッフ、マネージャー、シニアマネージャー）を設定し、整理・体系化したものである。これまでに、経理・人事等の業種横断的な事務系9職種のほか、電気機械器具製造業、スーパーマーケット業、ホテル業等56業種の職業能力評価基準が策定、公表されている。

職業能力評価基準の活用を促進するため、職業能力評価基準をもとにキャリア形成の過程をモデル化したキャリアマッ

プや、簡易に職業能力をチェックできる職業能力評価シートなどが作成されている。これらのツールを用いて、人材育成制度を整備しようとする企業や業界団体等への支援がなされている。（吉本明子）

職業病 (occupational disease)
·····························Ⅰ-1，Ⅰ-2-B

ある職業に特有の労働環境および労働条件に起因して発生する疾病をいう。労働基準法75条は、補償の対象となるものを「業務上の疾病」と定め、同法施行規則35条にその種類を列記している。(1) 業務上の負傷による疾病、(2) 物理的因子による眼疾患、皮膚疾患、(3) 重量物を取扱う業務による腰痛症、振動作業による手指の白蝋病、(4) 化学物質による眼粘膜、皮膚、呼吸器の疾患、(5) 粉じんによるじん肺、(6) 細菌、ウイルス等の病原体による伝染性疾患、(7) 石綿等のがん原性物質による肺がん、(8) 長期間にわたる長時間の業務による脳出血や心筋梗塞、(9) 心理的な過度の負担による精神及び行動の障害またはこれに付随する疾病。これらの疾病は、特定職業における単一労働因子によって発生する職業病（狭義）である。さらに有害な労働因子に、作業者個人の遺伝素因や生活習慣等の非労働要因が加わって発生する多要因の疾病、いわゆる「作業関連疾病」も広義の職業病に含まれる。

産業の発達、生産技術の革新等により、単一労働因子によるかつての職業病は減少し、かわって多要因性の疾病が増加している。また、新しい職業が増えることにより、新しい疾病も生まれてい

る。職業病の予防には、発生要因を多元的に取り上げ、職場の実態に促して作業環境、作業方法、勤務制度、安全衛生等の管理を総合的に実施し、健康的で快適な労働環境の維持・改善を促進していくことが必要である。　　（福地一雄）
→業務上疾病

職群（job group）･･･････････････Ⅰ－2－A
　社会に存在する多様な職を区分する際に用いる基準の一種とされる用語。たとえば、総合職と一般職、専門職と一般職、営業職と技術職などは、職群として対比的に取り上げられるものである。実際、どのような職種があるかは、組織が採用する区分けの基準で異なるが、その基準の選定理由は多様である。IT系企業の場合、フラットな専門職中心の組織を志向するため、職群より処遇や報酬制度の違いから区分けされる場合が多い。
　　　　　　　　　　　　　（大月博司）

→職務、職掌

職種（line of work）･･････････Ⅰ－2－A, B
　どのような仕事を担当するかを明らかにするための業務内容の分類。ハローワークでは（A）管理的職業から（K）運搬等の職業に区分けしたうえで、さらに詳細に分類している。たとえば、（D）販売の職業の商品販売の項目では、店主、店長、店員、販売員などに細分化して多様な職種を整理している。メーカー系の仕事、IT系の仕事といった業種が異なっても企画、営業、人事など職種は同じ場合がある。そのため、業種より職種が職業選択の際に有効である。　（大月博司）

→職務、職掌

職種給･････････････････････････Ⅰ－2－B
　職種とは営業職、技術職など業務特性等が類似している職務の括りを指す。この職種ごとに賃金項目、決定基準等を設定するのが職種別賃金となる。
　人事等級などが同じであっても職種が異なれば人材要件は異なる。職種別賃金により、業務特性に対応した納得性のある賃金決定が期待できる。
　横断的な労働市場が成立している場合は同一職種同一賃金が成り立つ。しかし内部労働市場が優位な日本においては、そのような事例は少ない。　（杉山秀文）
→職務評価

職種別研修･･････････････････････Ⅱ－3－A
　職種別研修は、職種別に能力や知識習得のために行われる研修である。営業・販売、人事・労務、経理・財務、技術開発、生産、秘書、研究、商品企画といった職種に分かれる。研修の種類には、他に情報セキュリティ研修、コンプライアンス研修、ハラスメント研修、ダイバーシティ研修といったテーマ別研修や、新入社員向け研修、若手社員向け研修、中堅社員向け研修、管理職向け研修といった階層別研修がある。研修の目指すゴールに応じて、適切な種類の研修を実施しなくてはならない。　（丹羽浩正）
→管理職研修

職種別採用（job-category-based recruiting）･････････････････････････Ⅰ－2－B
　職種別採用とは、入社後の職種・業務

さ行

299

内容を明示して募集・採用をすることである。人事、総務、経理、販売など、職種・業務内容が募集段階から明示されているため、当該内容に関心をもつ応募者のみを採用することが可能となり、入社後のリアリティ・ショックを軽減させて早期離職を抑える効果が期待できる。また、入社後には事前に明示された職種を中心としたキャリアが形成されるため、担当業務に精通した専門家の育成にも適している。　　　　　　　　　（櫻井雅充）

→採用、採用基準、採用方針

職種別定年制（retirement age system by occupation）..............................I−2−B

　管理職、技術・専門職、事務職、営業職などの職種ごとに異なる定年を設ける仕組みをいう。職種によって就労の最適・可能年齢が異なると考えられる業種や事業所などで導入される。日本では大部分が一律定年制を採用しており、職種別定年制を設ける企業はごくわずかである。高年齢者雇用安定法により、雇用主は職種別定年制においても60歳を定年の最下限とし、65歳までの雇用確保の措置を講じる必要がある。　（柴田好則）

→定年、職種、職種別採用

職種別労働組合（craft union）............I−1

　同一の職業や職種に従事する特定の技能保有者や熟練労働者が、所属する産業や雇用されている企業にかかわりなく組織する労働組合である。熟練労働者の利益を守るため、定数制限や職業資格などの統制を行い、労働供給を制限することで自らの労働条件の維持および向上を図ることを目的とする。この組織形態は労働組合の歴史のなかで最も古い伝統を持ち、労働運動初期にイギリスで発生した。日本では職種別組合はほとんど見られない。　　　　　　　　　（福井直人）

→産業別労働組合

職掌..I−2−A, B

　職務を類似性によってグループ分けしたものだが、人事管理上の視点からの分類で最も大きな分類である。仕事内容の類似性に従い、例えば作業職掌、事務職掌、販売職掌、管理職掌、一般職掌という形で分類され、「掌」は省かれることも多い。

　課業が集まって個々の従業員の職務を構成するが、職務は、管理や分類といった目的によって種々組み合わされ、職級、職種、職群、最も大くくりな職掌等にまとめられる。　　　　　　　（成瀬健生）

→職務、職群、職務分類

嘱託..I−2−B

　正規の雇用契約を結ばずに、一定の仕事を特定して依頼することを本来は意味しているが、雇用の現場では正社員以外の身分で雇用することを指すことが多い。

　特に近年は、定年を迎えた正社員を再雇用する場合や、正社員の定年年齢を超えた者を新たに雇用する場合に適用することが一般的である。その場合、1年単位の有期労働契約を締結し、再雇用後等の年齢上限まで更新を重ねるという形態が多くみられる。　　　　　　　（杉山秀文）

職人 ························· Ⅰ－1, Ⅱ－3－A

伝統的には手工業において用いられることばだが、現在ではかなり広い範囲に拡散している。手作業ではなく、高度な手段を駆使する場合であっても職人と表現すべき状況はある。例えば、ICチップ製造のクリーンルームはさまざまな空気中浮遊物を除去するがナトリウム・ショックと呼ばれる現象が知られており、空気中にナトリウム・イオンが増えると不良品が増大する。空気中のナトリウム・イオンの除去のためにどのような性質のフィルターを用いるかはまさに職人芸であると聞かされた。さらにプログラムのデバッグ（エラーの修正）も職人芸であるといえる。

職人の役割を一般的に表現すると、複雑な状況の制御であるといえるだろう。相手が自然素材である状況での人間の身体による制御の手段という状態から始まり、さまざまな手段での制御が行われるが、制御の一般論はなく、状況に応じて対応策がとられる。この制御が手業であるところから始まるが、さまざまな手段を用いてのぞましい方向に事態を誘導する。

問題はこのような制御が因果的に行われるわけではなく、多くの要因が共変する状態で、複雑系の制御が求められている。複雑系の制御は理論化されているわけではなく、主として経験に基づいて行われているといってよい。このことは職人の育成には現場に即したオンザジョブでしかなされないことを意味している。

職人は尋ねても教えてくれない、盗めと突き放すという神話がある。自身旋盤工でもある小関智弘は、そうではないという。聞けば教えてもらえるのが普通で、逆に教えずに盗めと豪語する職人の道具箱は貧しいという。これは、聞く側にそれなりの実力を要求するものと解釈できる。つまり、ある程度以上の経験を持たなければ聞いても理解できないだろうし、適切なことばで聞くこともできない。受け取ったヒントで作業が改善されることが期待される場合に初めて有効な会話となる。それに至らない質問者には上滑りの情報でしかない。手取り、足取りで教えても、それだけの経験の下敷きがなければ職人の育成にはならない。

また、小関は旋盤が自分の職業キャリアの途中でNC制御に切り替わり、アナログからデジタルに技術体系は大きく変わったが、アナログでの手による制御の経験はデジタルでのプログラム作成の時に非常に役に立っていると証言する。職人の経験はそのようなもので、形を変えて再生可能なのだろう。　（日置弘一郎）

→年季奉公、徒弟制度

職能給 ······························Ⅰ－2－B

基本給の決定基準のうち、人基準賃金に分類される給与の一形態のこと。職能給は、従業員が保有している能力を基準に賃金額が決まる。ここでの能力とは、「職務遂行能力」を指し、特定の職務に限定されない、職種横断的な基準によって定義されている。「特定の職務に限定されない」という点が、職能給のポイントである。なぜなら、この特徴こそが職能給のメリットにつながるからである。

職能給の主なメリットは、柔軟なジョ

ブ・ローテーション（人事異動）が可能な点である。職務給とは異なり、担当職務と給与は職能給の場合、連動しないため、同一資格等級であれば異なる仕事に配置転換したとしても、処遇に変更はないからである。

　一方で、主なデメリットは年功的な運用に傾き、人件費が高騰しやすいことである。部門を超えた人材の異動を促す目的で、職能基準はあえて抽象的なものにならざるをえない事情もあるが、職能が企画力や指導力といった、どの職種でも共通する極めて曖昧な表現で定義される。そのため、結果的に年齢や勤続年数に比例して職務遂行能力が向上しているとみなさざるをえず、高コストな賃金構造になる傾向にある。　　　（厨子直之）

→基本給、職務給、日本的（型）職務給、ジョブ・ローテーション、職能資格給、属人給、賃金体系、職能資格制度

職能資格基準（criterion of personnel grade）……………………Ⅰ−2−B、Ⅱ−3−A

　職能資格制度の各資格において従業員に求める能力要件を示したものである。職能資格制度とは従業員の職務遂行能力に従って資格制度を運用することである。

　企業は従業員の能力向上度合いを人事考課によって確認し、その結果を昇給や昇進・昇格に結びつける。そのためには、従業員にどのような職務遂行能力を求めるかを明らかにしなければならない。この点をそれぞれの資格ごとに明文化したものが、職能資格基準である。

　一般に、職能資格基準は全社一律に設定するか、或いは職能毎に設定するか、2つのタイプがある。職能毎の資格基準は要件が具体的に記載され、結果人事考課の評価基準や職能毎に従業員に期待する要件、さらには上位資格への昇格基準が明確になる。逆に全社一律の職能資格基準は、評価基準や育成目標、昇格基準を曖昧にするだろう。企業がどちらを選択するかは、どの様な人的資源管理を指向するかで異なる。部門・職能の人材として従業員を育成し、職能基準に基づく評価基準によって従業員の評価を行う、そしてその結果を昇格に反映させたいなら前者が望ましい。逆に部門間、職能間の異動を行い、人事考課の調整を全社で行う、それに基づいて昇格を決定するのであれば後者を選択することになる。

（八代充史）

→職能資格制度、資格制度

職能資格給………………………………Ⅰ−2−B

　職能資格制度のもとで支給される賃金のこと。通常、職能給と同義で用いられる。賃金と関わる職能資格制度の特徴として、「昇格」と「昇進」が区別される点が挙げられる。職能資格制度には、「資格」と「職位」の2種類のラダーがある。資格とは、職務遂行能力（職能）を難易度に応じて区分したものである。一方、職位とは課長や部長といった管理職ポストの序列を指す。したがって、職能資格制度では「参与・部長」というように、2種類の肩書きが各従業員に与えられることになる。資格を上がることを「昇格」、職位を上がることを「昇進」と呼び、両者の縦方向の移動を区別する。

基本給は「資格」と連動しているため、定期昇給や役職手当の付与を除いて、基本給上昇には昇格が条件となる。

職能資格給は、職能給の項目の箇所でも述べたように年功的な運用に傾くこと、近年のジョブ型人事制度推進の動向を背景に見直す企業が増えている。しかし、新規一括採用を前提としたメンバーシップ型雇用が主流で新卒者に特定の職務に特化した専門性が見込めないことや、チームワークや組織の一体感を重要視する日本企業においては、一般社員を中心に職能資格給を適用するケースが少なくない。　　　　　　　　（厨子直之）

→職能給、昇格、ジョブ型雇用vs.メンバーシップ型雇用、職能資格、賃金体系

職能資格制度·················Ⅰ-2-B

職能資格制度は、従業員の職務遂行能力（職能）を基準として、社内における地位や賃金など処遇に結びつけるために設けられた資格制度であり、1970年代から我が国の大企業を中心に広く導入されてきた。

職務遂行能力の開発段階に応じて、例えば一般職能レベルで「J1級、2級、3級」、中間指導職能レベルで「S4級、5級、6級」、管理職能レベルで「M7級、8級、9級」といった段階区分を設定する。これに主任、主事、参事、参与という職能上の資格呼称を付与したものも見受けられる。

職能資格制度では、それぞれの資格における職務遂行に必要とされる知識や技能の程度を記述した基準を職能要件として、評価を通じて従業員に格付けを行

い、人事労務管理全般にわたって活用するシステムの土台として位置づけられてきた。職能資格制度の多くは、当該資格に定められた要件を満たすことができれば上位の資格等級に昇格させるという「卒業方式」を基本に運用されてきた。

職能資格制度では、人事考課制度とも密接に関連するとともに、新卒採用を中心としたなかで従業員の指導育成を行い、それを職能給などの賃金処遇に結びつけていくという長期にわたる能力開発が前提となっている。

また、職能資格制度では、資格等級と課長などの役職位とは分離され、直接ではなく対応関係にあるとするものが一般的であり、ポスト不足や人事方針による配置転換や担当職務変更など個々の従業員の特性に応じた柔軟な運用を可能にさせることから、右肩上がりの時代を背景としたなか、長期的なキャリア形成を念頭においた多くの日本企業で適応してきたといえる。

しかしながら、運用基準としての職能要件が抽象的で潜在能力をとらえがちなこともあり、結果として昇格や昇給に実質的に歯止めがかからなくなり、年功的な運用の源泉として、人件費コストが増大してきたことが問題点と指摘されるようになった。

資格等級数についても、従前は9～15等級などが見受けられたが、多いと資格等級間の基準を明確な格差をもって具体化できなくなることもあり、等級数を絞り込む動きもでてきた。これを一般的にブロードバンドという。

職能資格制度は、現在でも日本の企業

さ行

の多くで導入されているが、より基準を明確にした強化型の能力主義へと見直しを行ったり、とくに管理職や専門職などには仕事基準の役割・職務等級制度などを併用したりするなど、変化してきている。　　　　　　　　　　　（二宮　孝）

→資格制度、職能資格基準

職能的権限 （functional authority）
·· I－2－A

　生産や販売といった職能に伴う限定的な権限を意味する。企業において、スミス（Smith, A.）による分業の法則は職能分化として広く認識・実践されているが、地域や職能などの基準のどれによって業務を分業するかで分化の内容は異なってしまう。生産職能、販売職能、労務職能といった職能分化による職能的権限は、どんな職能をもこなすオールマイティの会社の持つ権限と比べると、当該職能に限定されたものでしかない。

　　　　　　　　　　　　　（大月博司）

→職能給

職能別組織 （functional organization）
·· I－2－A

　職能別組織とは部門編成にあたって、職能化（functionalization）の原理を適用した時に成立する経営組織形態である。つまり、企業の主たる部門が職能別に作られている。メーカーの場合だと、生産部門、営業部門、財務部門、人事部門等が編成される。今日の企業は多かれ少なかれ、職能別組織の形態をとっている。

　こうした職能別組織は職能的専門化のメリットを享受する。その部門には当該職能の情報、技能、体験が集中的に累積されるわけであって、製品、生産技術が多様化せず、市場、マーケティングもセグメント間にさほど差異がない時に、この組織形態のメリットは最大限に発揮される。これは職能別組織が多分に単一事業企業ないし主要事業企業に向いた形態であることを意味している。ちなみに、職能別組織においては、職能間の調整は上方にまでもち上げられることが多く、事業部制組織に比し、集権的になるといわれている。

　ただ、企業が多角化を進め、多角化率、脱本業比率が高くなると、一般に主要部門は職能別組織ではなくなり、事業部制組織が浮上する。けれども、職能別組織は姿を消すのではなく、事業部門内部はこの組織形態をとる。　　（二神恭一）

→経営組織、事業部制

職場ぐるみ訓練 （family training）
·· II－3－A

　職場の全員がディスカッションしながら要請される変化を主体的に掴み、職場自らがそれを解決・実現する能力の開発を目指す技法。各人が知識・技能を習得するだけでは、職場全体の活性化効果が表れにくい場合が多い。各従業員の能力開発の成果を職場全員に開示することで危機感と連帯感を育み、職場改善に必要な知識・技能を共有し変革が達成されることを目指す。意識や行動の変容を促し、問題解決と組織体質・風土の改善も狙う。　　　　　　　　　（村澤竜一）

→OD、小集団活動

職務 (job) ………… I－2－A, B, II－3－A

　組織において各従業員に割り当てられた業務・仕事の総体を指す。組織においては分業に基づく協業が行われ、組織目標を効率的に達成しようとしている。組織はまず、各職能に分割され、それぞれの各職能がさらに細部に分割されていくと、最終的には各個人に業務が付与されることになる。この個人レベルにまで分割された業務・仕事が職務である。

　例えば、製造企業であれば、少なくとも研究開発部門や製造部門、販売部門といった職能は最低限有しているはずである。一口に製造部門といっても、試作したり、製造計画を立てたり、実際に製造作業を行ったり、あるいは品質管理を行ったりといったような多様な活動をこなす必要があるため、それらはそれぞれのチームに分割されていく。こうして、細分化されたうえで、最終的に各従業員に付与された仕事が職務と呼ばれるのである。なお、個人の職務を構成するさらに細部のステップや部分作業等は、実務的にはタスク（課業）と称されることが多い。

　ただし、日本企業の現場においては、このような職務という概念は、少なくとも2020年ごろまではほとんど意識されることがなかった。なぜなら、日本企業では通常、各個々人レベルにまで細かく業務や仕事を明確に分割し、付与するといった慣行がこれまでほとんどなかったからである。日本企業においては、業務の分割は各個人に分割される前段階、即ち数名から十数名程度の班やチームレベルまでしか行われず、それより細部の業務は、班長やチームリーダーが中心となってメンバーに随時指示し、メンバー相互に互いに融通・協力し合いながら推進されているケースが多い。

　これに対し、契約社会である欧米諸国では、きっちり明確に職務という概念が存在し、個人相互間の融通や協力は、むしろ個人の越境行為や契約違反としてネガティブに捉えられる傾向すらある。そのため、欧米諸国の企業では、伝統的にきっちりと各自の職務内容が明記された職務記述書（job description）が存在する。日本企業ではそうした明示的な文書を作成することは稀で、存在していたとしても極めてシンプルな態様で書かれているに過ぎない。日本では複数の職務をこなすことが一般的であり、また異動も頻繁に行われることから、職務記述書を明確に整備する必要が少なくともこれまではなかったといってよい。

　しかし、日本においても、とりわけ2020年以降、同一労働同一賃金の施策を導入しようとする政治的動きから、各自が従事する業務・仕事内容を明確化する必要性に迫られており、にわかに職務という概念が注目されつつある。

　　　　　　　　　　　　　（上林憲雄）

→職務設計、同一労働同一賃金、職位、職務分掌、職務分析、職務明細書、権限、権限委譲、アカウンタビリティー

職務拡大 (job enlargement) ……… I－2－B

　従業員が担当する業務を新しく追加することで、任せることのできる職務の範囲を拡大していくこと。「職務拡大」は、単純作業の繰り返しではなく、さまざ

な業務を担当する機会を与えることで、マンネリを防止し、幅広い職務の習得に対する従業員の前向きな姿勢を引き出し、モチベーションの向上につなげるための取り組み。

これに対して、従業員の職務の質を高め、高度化させていく取り組みを「職務充実（job enrichment）」という。

（吉田　寿）

→職務充実

職務給……………………………Ⅰ－2－B

仕事基準賃金に分類される給与の一形態のこと。職務給は、担当職務の価値に準じて支払われる処遇制度である。職務価値とは各職務の重要度を意味し、職務分析を通じて「その仕事に求められる知識やスキル」、「職務遂行の困難さや複雑さ」、「仕事の成果が組織に与えるインパクト」を基軸に測定される。

職務給の主なメリットは、給与と職務価値が連動することである。職務価値には一定の成果責任が反映されるため、仕事を通じて生み出される付加価値を考慮に入れた給与を設定できる。

一方で、主なデメリットは、人事異動や経営環境の変化への柔軟な対応に制約が伴うことである。職務給が担当職務に紐づいているということは、人材の配置転換が給与の変動を引き起こす可能性がある。また、企業戦略の見直しにより組織改編がなされ、組織が縮小化された場合、その責任者のパフォーマンスに関係なく、職務価値を下げざるを得ず、結果的に給与が下がってしまい、納得感が得られないことも起こりうる。

このように、職務給は職能（資格）給のメリット・デメリットと表裏一体の関係にあることから、両者の良さを取り入れた日本的（型）職務給という発想が重要になってくる。

（厨子直之）

→職能給、日本的（型）職務給、基本給、範囲職務給、年齢給、職務分析、職務評価

職務充実……………………………Ⅰ－2－B

伝統的な作業組織において職務の単純化・標準化・反復化が追求され、その結果、職務の無内容化・無意味化が著しく進展した。こうした職務が労働者のモチベーションを低下させ、生産性や品質などの多くの問題を生み出す。

そこで作業者の担当する職務の数や多様性をもたらす水平的拡大と職務に関連した計画の設定にも責任をもって行わせ、成果の統制も作業者の自己統制に委ねていく垂直的拡大を職務編成に組み込み、作業者のモチベーションを高める手法が職務充実である。

（風間信隆）

→動機づけ、動機づけ-衛生理論

職務ストレス（job stress）…………Ⅰ－2－B

職務に内在する、または特定の職務に従事することで個人が受けるストレスを指す概念。ストレス概念には、環境からの外的刺激としてのストレス（＝ストレッサー）と個人の生理的・心理的・行動的反応としてのストレス（＝ストレイン）があるが、職務ストレス概念にはこの両方が含まれる。

外的刺激としてのストレスに焦点をあてた定義としては、「職務に関連したネ

ガティヴな環境要因またはストレッサー」と定義できる。一方、個人の反応としての側面に着目した定義としては、「職務に関連する諸要因が、勤労者の持つ諸要因と相互作用して、その人の生理、心理、行動面にネガティヴな反応を起こさせた状態」と定義できる。

職務ストレッサーの代表例として職務の多忙さや困難度があるが、それが個人のストレス反応（生理的・心理的疲労、職務不満、欠勤等）に結びつくかどうかは、個人の側の諸要因との関係で決定される。この関係を示す理論として、フレンチ（French, J.）らの提唱する「人間―環境フィット理論（person-environment fit theory）」や、カラセク（Karasek, R.）が唱える「職務要求―コントロール・モデル（job demand-control model）」がある。職務ストレッサーとストレス反応との関係を調整変数として、前者は個人の能力を、後者は組織から与えられる自由裁量権（decision latitude）を想定している。

（渡辺直登）

→組織ストレス、ユーストレス

職務設計（job design）…………I－2－A, B
　組織において個人の担当している職務の量や幅を変えるなどして、職務のあり方を変更すること。既存の職務を変更する場合には職務再設計と呼ばれることもあるが、ほぼ同義で用いられる。

組織では分業に基づく協業が行われ、従業員は基本的にある程度決まった特定の職務に従事している。日本企業では職務が明確に意識される局面は少ないが、欧米では20世紀初頭の科学的管理の時代から労働者ごとに明確に職務が規定されており、各自は同じ業務に長期間従事することから仕事に面白みが感じられず、労働疎外が社会問題化していた。行動科学が経営学に導入された1950年代以降にあっても個人の仕事へのやりがい感（モティベーション）の低さが各社で課題となっていた状況もあり、仕事へのモチベーションをあげる観点から職務のあり方を見直すことが有効であると考えられ、職務設計が注目された。

職務設計の具体的方策としては、一つには従業員が日常従事している作業と違った作業に転換させることで、これは職務転換（job rotation）と称される。ただ、この職務転換は既存の職務それ自体を変更するというよりも、その運用方法を柔軟にするという手段であるため、狭義の職務設計には含められないこともある。職務のありようそれ自体を変更するには、狭い範囲内の職務ではなく、周辺の関連職務にも従事させるという方法が考えられ、これは職務拡大（job enlargement）と称される。また、通常従事している職務に加え、少し難度が高い、普段であればより上位職の従業員が従事している職務も、上位職から権限委譲を行わせ従事させるという手法もあり、これは職務充実（job enrichment）と呼ばれる。この職務充実は、組織の職位階層における縦方向へ向けた職務の拡大であることから、垂直的職務拡大と称されることもある。職務満足について調査研究を行い動機づけ－衛生理論を提唱したハーズバーグ（Herzberg, F.）によると、従業員のモチベーションの向上の観点からは職務

充実が最も有効な職務設計手法であるとされる。

ただし日本企業の経営実践においては、業務や仕事の遂行にあたってチームを組んで集団で行う慣行があり、職務がそのときどきの状況に応じてチーム内で柔軟に融通されることから、上述のような職務設計の具体的方策は、敢えて行わなくても既に常軌的になされているとみることもできる。そもそも、職務という概念それ自体が希薄で、実務上ほとんど浸透していない。日本企業の文脈で職務設計が現在に至るまであまり議論されてこなかった背景にはこうした事情がある。　　　　　　　　　　　（上林憲雄）
→職務、職務拡大、職務充実、動機づけ-衛生理論

職務専念義務（obligation to devote oneself to one's duties）・・・・・・・・・・・・・・・・・・・・I－2－A
職務専念義務とは、文字通り「職務に専念すべき義務」のことで、労働契約上の誠実労働義務の内容に該当する。

労働契約をした労働者は、労務提供以外にも信義則上の「付随義務」を負っている。付随義務とは、労働契約を遵守するとともに、信義に従い誠実に、権利の行使や義務の履行をすることと定められている（労働契約法3条4項）。労働者が上記のような義務に違反した場合は、軽微な場合は厳重注意、悪質な場合は懲戒処分の対象となり得る。　　　（白木三秀）

職務手当・・・・・・・・・・・・・・・・・・・・・・・・I－2－B
営業手当や研究開発手当など、特定の職務に従事する場合に支給される手当の総称。通常、他の一般的な職務に比べた場合の困難度など職務の特性に応じて支給されるものであるが、特定職務の賃金水準の格差を補填する目的で支給されることもある。また、事業外労働や夜間の待機など勤務形態の特殊性を支給根拠にしている場合もある。ただし、その場合には、別途支給される時間外勤務手当との関係の整理が必要になる。　（角　直紀）
→手当、役職手当、特殊作業手当、年功賃金

職務特性調査・・・・・・・・・・・・・・・・・・・・I－2－B
組織の効率や生産性を向上させるために、職務を再構成することがある。そのために調査を通じて職務の特性を明らかにするというやり方がある。代表的な調査はハックマンとオルダム（Hackman, J. R. and Oldham, G. R.）によって考案されたJDS（Job Diagnostic Survey：職務診断調査）である。調査によりスキル多様性、タスク・アイデンティティ、タスク重要性、自律性、フィードバックを測定した上で職務特性を明確にする。測定結果に基づいて職務設計を行い、効率や生産性の向上を図る。　　　　　　（王　英燕）

職務評価（job evaluation）・・・・・・・・・・I－2－B
職務の特性を相互に比較し、その価値の相対的序列を決定する作業のこと。職務評価の結果は賃金制度とりわけ職務給を決定する基礎資料となる。まず各職務の内容や性質が職務分析（job analysis）によって確定され、職務記述書にまとめられた後に、必要とされる知識や技能、判断力、精神的・肉体的負荷、作業条

件、責任などの諸要素に基づき、それぞれの職務の相対的価値が評価されることとなる。

職務評価の具体的手法としては、非定量的方法として序列法や分類法が、定量的方法としては点数法や要素比較法がある。序列法は、各職務を現状のまま相互に比較して序列を決める手法であり、分類法はあらかじめ重要度や困難度などにより等級表を作成しておき、これに全職務を分類していく手法である。点数法は、職務の各要素の難易度を採点し、その総合点で評価する手法であり、要素比較法は知識や技能等の要素条件を設定したうえで、現行賃率をもとに各要素の金額を算出し、各職務を要素ごとに格づけした合計金額に基づいて評価する手法である。米国で最も普及しているのは点数法であるとされる。

職務評価は、米国では1920年頃に編み出され1950年頃に普及したが、日本では1960年代頃職務給を導入しようとした際に一時的に注目されたものの、職務概念が希薄であったため普及するには至らなかった。　　　　　　（上林憲雄）

→職務、序列法、得点要素法、職務給、同一労働同一賃金、職務評価委員会

職務評価委員会（job evaluation committee）

‥‥‥‥‥‥‥‥‥‥‥‥‥‥‥‥Ⅰ−2−B

企業などの組織において職務調査や職務評価といった人事制度の設計に関連して設置される委員会を表す用語である。職務評価委員会は名称の一つであり、職務分析委員会や職務調査委員会、職務評価審議会などと委員会の目的に応じて呼

称が変わる。

例えば、職務調査を行う時には、その調査を実施する主体を最初に決定する必要がある。すなわち、人事部が事務局を担う以外にも、人事部が事務局として職場の代表者から構成される委員会を設置する、労使から構成される委員会を立ち上げる、などの選択肢がある。これに加えて、委員会の構成員を社内スタッフだけにするか、社外のコンサルタントなども含めるか、という決定も併せて行うことになろう。今日、公平性の観点から、委員会構成員にはジェンダーや階層などが異なる多様な利害関係者を含める必要性が指摘されている。

また、職務評価を確定する方法の一つにも、役員などから構成される委員会を設置して集団として議論と決定を行う方法がある。このような委員会集団による合意形成は、社長や人事部長という個人が決定した上で他のメンバーが調整を行う方式に比べ、職務評価をはじめとするいわゆるジョブ型人事制度に対する委員会構成員の理解が向上する可能性が示唆されている。　　　　　　　（井川浩輔）

→職務給、職能給、職能資格給

職務分掌（segregation of duties）

‥‥‥‥‥‥‥‥‥‥‥‥‥‥‥‥Ⅰ−2−A

会社員として担当する仕事の内容を特定するとともに、当該の仕事を遂行する際に生じる責任の内容とその範囲を明らかにするものである。多くの企業が仕事遂行のメリットからこれを規定として明文化しているが、チャンスを得るため仕事を臨機応変にこなす必要があっても、

さ行

これが足かせとなって行動できないことがある。そして、大企業になるほど職務が複雑化するため、職務分掌のメリットよりこうしたデメリットが問題とされることが多い。　　　　　　　　（大月博司）

→職務、権限、権限委譲、職務分析、職務明細書、職務評価

職務分析（jcb analysis）……………Ⅰ-2-A，B

　企業組織内の多様な職務について、それを構成する基本的な作業を確定し、その作業をうまく遂行するために作業員の持つべき人的資格要件を明らかにする過程が職務分析といわれる。職務分析は、例えば販売係、在庫係、生産管理者など組織を構成する最小単位である職務（job）についての多様な情報を収集する過程である。

　この職務に関する情報を収集する方法として、質問票法、面接法、観察法、体験法、臨床法、実験法等が工夫されてきた。

　職務の内、作業方法、作業手順、使用する用具や機械、物理的作業条件、標準的作業量などを記述したものが職務記述書（job description）である。

　他方、その職務を遂行するに必要な作業者の人的資格要件、例えば、肉体的精神的資格、技能の種類と程度、職務の責任の範囲と程度、必要な教育水準や訓練期間、経験年数、昇進経路などを記述したのが職務明細書（job specification）である。

　この職務分析によって得られた職務内容や人的資格要件などを職務相互で比較しながら、企業内における相対的な価値を数値的に確定するのが職務評価（job evaluation）である。この職務評価に基づいてその職務の賃率が決められた賃金制度が職務給と呼ばれる。職務分析は職務給の出発点として重要な意義を持つ。同時に新しい機械の導入や組織改革など職務内容が変わるごとに職務分析が必要になり、組織変革が激しい中では大きな労力を必要とする。

　年功賃金制度は職務給とはその設計原理が異なる。年功賃金は基本的に従業員の企業への勤続年数を基準として決められ、職務分析に基づく職務給とは基本的に異なっている。職務の考え方を基本に雇用制度を設計する人事労務管理制度はジョブ型雇用制度と呼ばれている。これに対し、企業への終身雇用を前提として勤続年数に伴って職務内容が変化し、賃金も上昇する制度はメンバーシップ型雇用制度と呼ばれる。終身雇用制度を基本とする日本企業の雇用制度は高度経済成長期以降もジョブ型雇用への移行が経営者側から主張されてきた。経済のグローバル化が進展する中でジョブ型雇用制度への移行が更に主張されている。しかし、終身雇用とチーム作業を基本とするメンバーシップ型雇用制度では、職務概念があいまいであり、職務を基礎とした作業の考え方と基本的に異なる側面を持っている。　　　　　　　　（奥林康司）

→職務給

職務分類（job classification）
　　　　　　　　　　　……………………Ⅰ-2-A，B

　事業組織にとって、自らの「事業目的」を可能な限り効率的・効果的に達成

していくためには、まずは組織全体が一貫して取り組むべき「業務」を明確に設定することが第一の重要課題である。次に、それぞれの業務は、当該事業に関わる人一人ひとりの力によって担われなければならないことから、「人」それぞれが担うべき「基本的な役割と範囲、果たすべき責任、ないしは、仕事」を、できるだけ明確に規定することが第二の重要課題となる。それが「職務」と称されるものである。

そこで広く採られてきた方法の一つが「職務分類と活用」である。「一定の雇用の制度と手続きに基づいて、それぞれの職務の遂行に必要とされる知識や能力の大まかな内容、その責任の大きさ、必要な熟練の質的・量的特性、遂行の困難度・難易度などを体系的に評価し、それぞれの組織内外の価値を分類して把握することである。このことを通して、「人」がそれぞれの力を最大限に発揮し易い職務を見つけ出すという方法と考えられている。

分類の方法としては、「職務（役割）とは、おおまかに括った仕事のこと」として、タテ軸に「ランク」と「対応職位名」を、ヨコ軸に「職種」を並べたマトリックスで「職務（役割）を定義し、「職務（役割）分類表」を作成する方法がある（「GEM Pay Survey System（学習院大学経済経営研究所（GEM））の職務（役割）評価手法」など）。

また、やや専門性の高い建設基礎工事業に関連して、国土交通省が「公共工事設計労務費単価」を示しているが、建設関係の技能者を、「特殊作業員、普通作業員、軽作業員、トビ工、溶接工、運転手（特殊）、運転手（一般）、土木一般世話役、はつり工」という職種別に金額を示している。各企業においては、これを基礎にして各人別の大まかな職務内容を定義することになる（2024年3月〜）。

ただし、「人」の能力の本質は、多様性に富み、かつ、かなりの長期にわたって、驚異的な発達と成長を遂げるという性格を有しているものと理解されていることから、事業組織の多くが、「人の持つこの特性」に着目、それぞれの事業分野において、その開発と活用を図ることに多大な関心を寄せ、その具体的な方法を確立することに努力を振り向けることになる。

しかしながら、特定の「業務」を、機械的に、合理的に細分化して「人」に割り当てられる「職務」は、「人」それぞれの持つ特性とのマッチングは必ずしも容易ではない。「人」にとって、常に"生産的な職務"になるとは限らない。特に、職務価値の相違を労務賃金の決定の基礎としようとする場合には、慎重な対処が不可欠となる。何よりも、「業務」全体の、より効率的な遂行を実現することを目的とした「職務」の合理的な設定は、「人間」の本性には馴染まない存在であることも広く知られている。むしろ、"人は多様性に富んだ存在"であることを正しく認識して、「職務と人間」の適切な関係を築くことが、事業組織における人材開発にとっても本来的であるものと考えられる。　　　　（平野文彦）

→**職務、職務分析、職務給、職能給、職能資格制度**

職務満足 ……………… I−2−B，II−2，3−A

　職務満足については、「人々の仕事や仕事の経験についての評価からもたらされる喜びや肯定的な感情である」というロック（Lccke, E. A.）の定義が多く用いられている。一般的に、「内発的満足」（intrinsic satisfaction）と「外発的満足」（extrinsic satisfaction）に分類されている。内発的満足は、仕事を通じて感じられる達成や自己成長、仕事そのものが楽しいなど個人の内面に起因する満足である。一方、外発的満足は、報酬・賃金、人間関係や職場環境など外的要素に起因する満足である。

　職務満足をもたらす要因について、従来多くの研究が行われてきた。仕事・職場に関係するものが主であるが、その他に、個人の属性に関わるものや個人生活に関わるものもある。仕事・職場に関係するものは、仕事そのもの、仕事に関する環境や労働条件、職場の人間関係に分けるのが一般的である。具体的にみると、仕事に関連して、責任、達成感、仕事の種類や内容、他者からの承認や昇進等である。環境や労働条件としては、職場の労働環境のような物理的な環境、組織の制度的な環境、労働時間や賃金、福利厚生等があげられる。また、人間関係については、上司−部下の関係が主要なものと言えるが、日本の場合は、同僚や同期入社の仲間との関係も重要である。個人の属性としては、年齢、学歴、宗教、勤続年数等の他に、地域・文化・時代等に影響される価値観がある。個人生活の要因には、家族や友人との関係を中心とした仕事以外の人間関係や自然との触れ合い、コミュニティの要因等がよく取り上げられている。ワーク・ライフ・バランスとの関係も取り上げられた。

　職務満足の影響については、不満足がもたらす無断欠勤と離退職への影響が初期の研究から注目された。他には職務満足と成果の関係が注目された。初期の研究では、満足するほどモチベーションが上がる可能性があるため、成果が向上するという考えがある。しかし、実証研究の結果では、両者の関係に影響を及ぼす他の要因も数多く存在するため、職務満足と成果の間に関係が証明されにくいことが一般的な認識となっている。更に、職務満足が高いほど、組織と職場の同僚等他者に対する自発的な支援活動が強まることが証明された。また、職務満足と定着率の間にポジティブな関係が検証されており、客観的成果ではなく、個人の自由な意思により強く関係する行動要素に対して一定の影響を与えると考えられている。　　　　　　　（王　英燕）

→動機づけ、動機づけ-衛生理論

職務明細書（job specification）……I−2−B

　職務記述書（job description）をもとに、企業の目的に沿ってその職務の遂行に必要な能力の水準、職責等を再構築して記述したものが職務明細書である。職務記述書は、その職務の遂行に求められる知識や作業手順、さらに要員数、物理的な作業環境などが記されたもので、職務分析（job analysis）を通して作成される。ただし職務記述書と職務明細書の区分は論者によって異なり、この2つに明確な違いはない。職務に対して賃金を発生さ

せる職務給の運用にはもちろん、職務の遂行能力に対して賃金を発生させる職能給の運用においても職務記述書・職務明細書は必須である。

とはいえ職務を明細に記述することは次の2点の観点から困難を伴うものとされる。第一に職務の遂行には労働者の暗黙知など言語化できない知識が必要であるということ。第二に企業組織は常に不確実な環境と対峙しているゆえ、職務自体も不確実な環境に伴って常に変化するものであるということ。これら2点の観点から、職務記述書・職務明細書は形骸化する危険性や、実際の職務の遂行にはそぐわない規則を職務従事者に強要してしまう危険性を含んでいるとされる。職務記述書・職務明細書の運用に際しては、頻繁な職務分析および頻繁な記述書・明細書の更新が必要である。

（丸子敬仁）

→職務給、職務分析

女性活躍推進法（The Act on Promotion of Women's Participation and Advancement in the Workplace）......................Ⅰ−1

正式名称は、女性の職業生活における活躍の推進に関する法律である。女性の職業生活における活躍を推進し、豊かで活力ある社会の実現を目指して2015年に制定され、2016年4月より施行されている。女性活躍推進法によれば、国・地方公共団体、301人以上の大企業は、①自社の女性活躍に関する状況把握・課題分析、②数値目標と取り組みを盛り込んだ行動計画の策定・届出・周知・公表、③女性の活躍に関する情報の公表を行わ

なければならない。

なお、2019年に女性活躍推進法は改正され、2020年6月より段階的に施行されている。主な改正内容は、①一般事業主行動計画の策定義務の対象拡大、②女性活躍に関する情報公表の強化、③特例認定制度（プラチナえるぼし）の創設となっている。こうした動きのなかで、女性管理職の育成など女性活躍の取り組みが推進されている。　　　　　（二神枝保）

→アファーマティヴ・アクション、ガラスの天井、ジェンダー平等、女性雇用

女性雇用（female employment）
..............................Ⅰ−1，2−B

女性の募集、選抜、採用、配置、昇進といった一連の雇用管理プロセスである。日本の女性雇用には、いくつかの特徴と課題がある。

一つめは、日本の女性の年齢階級別労働力率がM字型カーブを描くことである。これは、日本の女性たちが子育て期に仕事を中断せざるを得ない状況にあるためであり、ワーク・ライフ・バランスの実現に向けての施策が不足しているからともいえる。日本社会に根付く性別役割分業意識が、M型カーブに影響しているともされる。1995年に育児・介護休業法が施行され、2021年に同法は改正され、2022年4月から段階的に施行されている。今回の改正では、男性の育児休業取得促進のための柔軟な育児休業の枠組みの創設や雇用環境整備、育児休業の分割取得等が検討された。2019年4月から働き方改革関連法（働き方改革を推進するための関係法律の整備に関する法律）

さ行

が施行された。同法では、ダイバーシティの推進、長時間労働の是正、多様で柔軟な働き方の実現、雇用形態に関わらない公正な待遇の確保等の措置が講じられた。こうした中で、日本でもワーク・ライフ・バランスを実現するため、働き方が大きく変わりつつある。

2つめは、日本の女性管理職比率の低さである。1986年に男女雇用機会均等法が施行された後、多くの日本企業は女性たちを積極的に採用した。女性の勤続年数も徐々に長期化し、女性総合職も誕生し、女性管理職も増大したが、その比率は12.9％と低い。この数値は、グローバル・ジェンダー・ギャップ・レポート2023によれば、世界146か国中第133位である。アメリカでも女性役員比率が29.7％であることから、昇進の障壁をガラスの天井（glass ceiling）と表現する。日本でもクォータ制の導入は検討されているが、女性役員比率は12.6％と低く（2023年現在）、障子の天井と表現される。2015年に女性の職業生活における活躍の推進に関する法律（通称「女性活躍推進法」）が制定され、2016年から施行された。こうした中で、女性管理職の育成など女性活躍の取組みが推進されている。

3つめは、日本の非正規従業員の多くが女性であることである。非正規従業員の68.3％は女性であり、とくにパートタイム労働者の87.6％は女性である（2023年現在）。最近では、女性の働き方に関してL字型カーブという新たな課題も指摘される。L字型カーブとは女性の正規雇用比率をグラフで表した際、20代後半から30代前半を境に右肩下がりとなり、L字のようにみえる現象をさす。賃金、職業教育・訓練、福利厚生、職務保障等の面で、正規従業員と非正規従業員の格差が著しい。非正規従業員の比率が増大しつつあり、しかも、その大半が女性であることを考慮すると、ディーセント・ワークの視点から正規従業員と非正規従業員の格差の是正が今後の課題である。2020年4月よりパートタイム・有期雇用労働法（中小企業は2021年4月より施行）および労働者派遣法が改正され、施行された。こうした中、雇用形態に関わらず公正な待遇の確保によって、多様で柔軟な働き方を選択できる法整備が進められている。　　　　　　　　（二神枝保）

→アファーマティヴ・アクション、ガラスの天井、ジェンダー平等、**女性活躍推進法**、ディーセント・ワーク、ワーク・ライフ・バランス

職階制 ……………………………… Ⅰ-2-Ａ

職務の種類（職種）およびその複雑さや責任の度合に応じて分類し、それに基づいて賃金や異動配置などの運用を行う制度。もともと欧米で用いられていたもので、第2次世界大戦後に日本にも導入され、国家公務員の基盤となる制度として制定された。また企業においても近代的な賃金制度として職階制に基づく賃金体系を目指す動きが見られた。もっとも、職務分析などその準備に多くの時間と労力を要することや、生活給的な賃金を重視する労働組合の反対などもあって、広く定着するには至らなかった。

（熊迫真一）

職級································Ⅰ－1－A

　職務の種類（職種）およびその複雑さや責任の度合に応じて分類し、クラス分けしたもの。職務等級の略であると解釈することが出来る。同一職級に属している職務は、賃金などの運用において、同一の取り扱いをすることが前提となっている。もともと欧米では職務に基づく管理が行われており、第2次世界大戦後に日本にも導入された。もっとも日本では職務に基づく管理は定着せず、労働者の能力（職務遂行能力）に基づく管理が主となった。　　　　　　　　（熊迫真一）

→職階制、職掌、職務

職工事情································Ⅰ－1

　農商務省が1903年に刊行した「戦前における日本の原生的な労働関係を刻明に記録した殆ど唯一の権威ある調査報告書」（大河内一男）。当時政府には、産業近代化に向けて、原生的労働関係に終止符を打つべく、イギリス等にならい「工場法」制定の意図があり、『職工事情』はそのための産業での労働者状況の調査報告書であったのである。

　当時の主要産業というと、繊維であって、とりわけ綿糸紡績、生糸・織物の比重が高かったが、『職工事情』のうち、やはり「綿糸紡績職工事情」と「生糸・織物職工事情」が相当の部分を占める。いうまでもなく、こうした産業の「職工」とは年少の「工女」である。もっとも、『職工事情』は繊維関係の「工女」の労働生活だけを調査しているのではなく、「鉄工事情」、「硝子職工事情」、「セメント職工事情」、「燐寸職工事情」、「煙草職工事情」、「印刷職工事情」等を含む。各職工について、労働時間、雇用の仕方、賃金、貯金、賞罰、衛生、教育、住居、風紀等が詳細に調査されており、当時の厳しい労働状況が明らかにされている。　　　　　　　　　　　（二神恭一）

→工場法

所定内賃金 vs. 所定外賃金（scheduled wages vs. non-scheduled wages）

································Ⅰ－2－B

　「所定内賃金」とは、毎月きまって支給する賃金のうち、所定労働時間働いたことに対して支払われる賃金。基本給、奨励給（個人能率給、団体業績給など）、役付手当、交替手当、特殊勤務手当、家族手当、通勤手当、住宅手当、地域手当などが含まれる。

　「所定外賃金」とは、毎月きまって支給する賃金のうち、所定外労働時間に対して支払われる賃金。超過勤務手当、休日出勤手当、所定外労働時間が深夜に及ぶ場合の深夜労働の割増手当などからなる。　　　　　　　　　　　（鈴木寿信）

所定内労働時間（scheduled hours worked）································Ⅰ－2－B

　企業が決めた労働時間の中で、労働者が実際に働いた時間をいう。

　労働協約や就業規則で決められた始業時刻から終業時刻までの時間から休憩時間を除いたものが「所定労働時間」で、ここから、休暇、欠勤を除いた個人が実際に働いた労働時間を「所定内労働時間」という。

　所定労働時間の統計としては「厚生労

さ行

働省就労条件総合調査」がある。また所定内労働時間については、同じく厚生労働省の「毎月勤労統計調査」が調べている。

(八代充史)

→所定労働時間、実労働時間、総労働時間

所定労働時間 ……………………Ⅰ-2-B

所定労働時間とは、契約で定められた労働時間のことで、具体的には会社の就業規則や雇用契約書で定められた始業時刻から終業時刻まで（休憩時間を除く）の時間を言う。所定労働時間は、労働基準法で決められた法定労働時間（1日8時間、週40時間）の範囲内で、自由に設定することができる。所定労働時間が6時間や7時間のケースもあるが、多くは法定労働時間と同じ8時間とされる。

(鈴木寿信)

所定労働日 ……………………Ⅰ-2-B

労働契約または就業規則において、労働義務が設定されている日のこと。法定休日の定め（労基法35条）に反しない限りで、自由に合意することができる。

(小山敬晴)

→労働契約、就業規則

初任給 ……………………Ⅰ-2-B

労働者が雇用された組織で受け取る最初の給与のこと。新規学卒者の入職時の賃金を意味することが通常である。新規学卒一括採用が一般的である日本においては、大学卒・高校卒など学歴が初任給を決める大きな要素となり、企業間で金額の多寡がほとんど見られない。初任給は、人材の確保、在職者のベースアップ

を理由に引き上げられることが多い。

(厨子直之)

→ベースアップ、年功賃金

ジョハリの窓 （Johari window）………Ⅱ-2

自己分析・自己理解をするための心理学モデル。1955年にルフト（Luft, J.）とインガム（Ingham, H.）によって提案され、両者のファーストネームから「ジョハリの窓」と命名されている。

「ジョハリの窓」は自分に関するすべての領域を「自分が知っている／知らない」と、「他者が知っている／知らない」の2つの次元を組み合わせて、あたかも窓のような4つの領域（図）を構成する。

		自分	
		知っている	知らない
他者	知っている	開放領域	盲点領域
	知らない	隠蔽領域	未知領域

「開放領域」は自分も意識しており、他者からもみえる。「隠蔽領域」は自分では意識しているが、他者からはみえない。「盲点領域」は自分には意識できないが、他者にはみえる。そして「未知領域」は自分も意識してないし、他者からもみえない領域である。

一般に対人関係、自己理解の向上のためには自己開示によって開放領域を広くすることが望ましい。「ジョハリの窓」

は人材育成などの研修にも用いられている。 （松原敏浩）

ジョブ型雇用 (job-based employment)
.... I－1, 2－A, II－3－B

ジョブ（職務）の内容を定義し、ジョブディスクリプション（職務記述書）等で明記して、企業が求めるジョブに相応しい人材を採用・処遇するための一手法。

従来の日本企業に特徴的な「メンバーシップ型雇用」との対比で語られる。日本が直面している人口減少や少子高齢社会のなかで必要人材を確保するための手段として、検討導入が図られている。これまでの日本的雇用・人事の変革論議の際、大きな論点として取り上げられる機会が多い。 （吉田　寿）
→ジョブ型雇用vs.メンバーシップ型雇用

ジョブ型雇用vs.メンバーシップ型雇用
(job-based employment vs. member-ship-based employment) ....I－2－B

欧米企業では一般に雇用の際、職務内容や給与額、付加給付などを詳細に記した職務記述書（job description）により契約が交わされる。したがって従業員は職務記述書に記載された役割は必ず果たさなければならないが、記載された役割を超える仕事をこなす義務はない。それがいわゆる「職務主義」である。

一方、日本では正社員として採用されると、会社の一員として与えられた仕事をこなすことが求められる。ゼネラリストを育成するという趣旨から、配属や異動は人事部主導で行われ、仕事の範囲や責任は非限定的である。

濱口桂一郎が命名した「ジョブ型雇用」「メンバーシップ型雇用」は、上記の欧米と日本の雇用システムにほぼ対応する。

近年、グローバル化やデジタル化、高齢化の進行、それにテレワークの普及にともない、メンバーシップ型からジョブ型へ切り替えようとする企業が増えている。

しかし、そこには多くの壁が存在する。たとえば特定のジョブ（職務）が社内で不要になった場合、外部労働市場が未発達な日本では、ジョブを軸にしたキャリア形成が困難になる。またジョブ型ではスキルアップしてジョブのグレードが上がらないかぎり、いつまでも給与は上がらないし、職種間・従業員間で給与の格差が広がる可能性がある。企業別労働組合はもとより、社会的にもそれが受け入れられるか疑問である。さらに、そもそも経営環境の変化が激しい今の時代に、職務内容を限定して契約するジョブ型は柔軟性に欠けるという問題もある。

したがって欧米をモデルにしたジョブ型雇用が導入できるのは、限られた業種、職種などにとどまる可能性が高い。 （太田　肇）

ジョブ・カード ....I－1
職業能力形成機会の恵まれない者に対し、能力開発の機会を与え、安定的な就労に導くために、キャリアコンサルティング、職業訓練、評価を一体として実施するためのツールとして、厚生労働省が2008年に創設した。2017年の職業能力

開発促進法改正により、ジョブ・カードは「職務経歴等記録書」として規定され、現在は、個人のキャリアプランニング、職業能力証明のツールとして広く普及が図られている。 (吉本明子)

ジョブカフェ·····················Ⅰ－1

都道府県が設置する若者の就職支援をワンストップで行う施設である。若者が自分に合った仕事を見つけるための様々なサービスを1か所で無料で受けられ、若者が気軽に立ち寄れるような運営が図られている。

ハローワークを併設しているジョブカフェもあり、各地域の特色を活かして就職セミナーや職場体験、カウンセリングや職業相談、職業紹介などのサービスが提供されている。 (吉本明子)

ジョブクラフティング (job crafting) ···Ⅰ－1

個人が自らの仕事のタスク境界もしくは関係的な境界について行う、物理的・認知的変化を指す。これには、少なくとも3つの次元があるとされる。第1の次元は、タスク境界 (task boundary) の変更であり、仕事の内容や方法を変更することである。例えば、営業担当者が、より効果的な顧客提案の立案のために人工知能を活用するタスクを追加することなどが挙げられる。第2の次元は、周囲の人との関係性や相互作用の境界 (relational boundary) 変更であり、営業担当者が、顧客や営業担当仲間との日常的なコミュニケーションを増やす、といったことが挙げられる。第3の次元は、認知的な境界変化である。これは上記2つの意味での物理的な変化ではなく、個々のタスクや仕事全体について捉え方を変える、ということである。例えば、自律性が低く、定型的な業務に従事していた担当者が、担当業務の背後にある仕事の流れに目をやることで作業に面白みを感じるといったことがこれに当たる。

(服部泰宏)

ジョブコーチ (job coach) ······Ⅱ－3－A, B

障害者が職場への適応に困難を抱えている場合などに、支援計画に基づき、職場に定着するための支援等を担う者。ジョブコーチは、障害者本人に対し、業務遂行や職場内でのコミュニケーションに係る助言等を行う他、事業主に対しても障害特性に配慮した雇用管理等に関する助言等を行う。ジョブコーチには、地域障害者職業センターに配置されている配置型ジョブコーチ、社会福祉法人などに所属し、企業を訪問して支援を行う訪問型ジョブコーチ、障害者を雇用する企業に在籍する企業在籍型ジョブコーチの3種類がある。所定の研修を受けたジョブコーチは職場適応援助者と呼ばれ、職場適応援助者による支援に対しては、助成金が支給される。 (石﨑由希子)

ジョブ・シェアリング (job sharing)
····················Ⅰ－2－B

「フルタイム労働者1人分の職務を特定の2人で労働時間を分担しつつ行い、職務の成果について共同で責任を負うとともに、評価・処遇についても2人セットで受ける制度(厚生労働省委託調査「ワークシェアリングに関する調査研究報告書」

（2001年4月））」のこと。より多くの人材に雇用機会を与えるためのワークシェアリングの一形態。

ワークシェアリングには、労働者の雇用確保のために従業員の労働時間を短縮する「雇用維持型」と、短時間勤務を組み合わせてより多くの雇用を作り出す「雇用創出型」の2種類があるが、ジョブ・シェアリングは後者に該当する。

2人で1人分の仕事を分けるため、対象者は短時間勤務が前提となる。ジョブ・シェアリングを適用し、1人で1人分の仕事を担当する場合と同等かそれ以上に生産性を向上させるためには、同等の職種やスキルを保有する対象者をペアとして選ぶ必要がある。

また、育児・介護の必要性や自己啓発のため、高齢を理由に認める場合等、適用事由を整理する必要がある。この際、1人の事情だけではジョブ・シェアリングは成立しないので、対象者同士でペアを作り制度適用の申請をする等、制度適用上の運用ルールの充実が必須となる。

（吉田　寿）

ジョブ・ローテーション（job rotation）
.........................Ⅰ-2-B, Ⅱ-3-A, B

従業員の所属や職務を戦略的に変更することで、当該本人の成長と組織のパフォーマンス向上を図るもの。従来の定期異動や配置転換のような「会社都合」ではなく、「個人由来」で実施するのが、昨今のジョブ・ローテーションのトレンド。

従業員の主体性を重視する「手挙げ方式」を採用する企業や、結果的に会社都

合の異動となっても、それが自己の成長につながるか否かを、従業員が腹落ちするまで丁寧に対話する企業も増えている。

（吉田　寿）

序列法.............................Ⅰ-2-B

職務の内容を相互に比較して、各職務の相対的価値を決める職務評価の一技法であり、特に等級基準の決め方（序列法、分類法、点数法、要素比較法）のうち、最も簡便な技法である。全ての従業員を対象として、それぞれの職務を重要度、難易度、責任度から相対的に比較分析することで、順位による等級格付けをする方法である。その目的は、公平かつ合理的な賃金管理、適切な能力開発訓練、適材適所な配置、および効果的な異動・昇進、等の人事管理施策に資するものである。ただし序列法は、職務の相対的価値は明らかになるものの、序列の論理的説得性に欠けるため、複雑かつ大規模組織の職務評価技法としては適切とは言い難い。

（牛窪　潔）

ショーン, D. A.（Schön, D. A.、1930 ～1997年）.............................Ⅱ-2

元マサチューセッツ工科大学都市計画・教育学科フォード教授である。自身は哲学の領域で修士号と博士号を取得したが、組織行動論領域の専門家であるアージリス（Argyris, C.）との長年の共同により、組織学習の領域の発見に大きく貢献することになった。とりわけ重要なのは、省察的実践家（reflective practitioner）に関わるものである。ショーンは自身のフィールドワークから、経営の実践の場

で複雑な課題に取り組んでいるプロフェッショナルは、状況と対話し、行為の中で省察（reflection）することを通じて、自ら学び、解決策を見出し、発達していくことを発見した。これは「体系化された標準的知識をまず学び、これを現実に適応し、経験を反復していくことで熟達する」という伝統的な専門家像とは大きく異なるものであり、これがショーンのいう省察的実践家なのである。

（服部泰宏）

シリコン・バレー（Silicon Valley）……I−1

米国カリフォルニア州北部のサンフランシスコ・ベイエリアの南部に位置する地域で、北はサンマテオ郡サンカルロス市から、南はサンタクララ郡サンノゼまで帯状に延びる地域の通称である。シリコン・バレーは、第二次世界大戦を契機に現在に至るまで、軍需産業、半導体、PC、IT、バイオとそのドメインを変化させながら産業クラスターとしての進化を続けてきた。世界中から起業家予備軍や起業家が集い、世界で最も多くのベンチャー企業が起業し、ベンチャーキャピタルによる投資が集中している地域の一つであり、経済発展につながるこの進化のメカニズムは、研究の対象であり続けてきた。

例えば、産業集積間に生じた格差を調査したUCバークレーのサクセニアン教授（Saxenian, A.）は、シリコン・バレーでは個人が企業組織の壁を超えてネットワークを形成して情報交換を行っていて、専門・細分化した企業が競争しながらも協調し合う地域ネットワーク型の産業システムが形成されており、急激な環境変化にも柔軟に対応してきたと分析する。現在、生活コストの上昇が大きな問題となっている。他の地域では、シリコン・バレーの産業システムを生態系（エコシステム）に例えた研究を援用し、ベンチャー企業や新たなビジネスモデルを生み出す経済的な依存関係や協調関係を持ったベンチャー・エコシステムを構築する挑戦が続いている。　（鵜飼宏成）

シルバー人材センター……………………I−1

高齢者に生きがい就業の機会を提供するため、高年齢者等の雇用の安定等に関する法律に基づき設置されている法人（原則として公益社団法人）で、60歳以上の会員に「臨時的かつ短期的又は軽易な業務」（おおむね月10日または1週20時間以内）を請負または派遣の形態で提供している。市町村単位（広域設置を含む）で約1300のセンターがあり、会員数は約70万人、平均年齢は72歳である。

（村木太郎）

人員在庫表（human inventory）……I−2−B

在籍している従業員の人事考課、職歴、資格等のデータを収集・記録し、教育訓練や異動配置に活用するもの。特に従業員のスキル関連情報に焦点をあてたものは、スキルズ・インベントリー（skills inventory）と表現されることが多い。

近年、これらの記録を電子データ化し、人事情報システムに組み込むことにより、人事機能の高度化を図る取り組みがみられる。人事関連業務のうち、最も早くシステム化が進んだのは、出退勤管

理や給与計算の領域であると言える。これらは定型的な計算作業を主に行うものであり、ITの活用による効率化が顕著に表れる領域であった。その後、人事部門に対して経営への貢献を求める動きがあり、人事機能の高度化を目指す企業が増えてきた。具体的には、従来から電子情報化されていたデータに加えて、人員在庫表の記録データなどを組み込むことにより、目標管理、人材育成、異動配置などの領域に活用出来る人事情報システムの構築を目指すものである。このような取り組みは保有している人的資源を明確にし、経営判断の高度化につながるなどの効果が期待される。　　（熊迫真一）

→人事情報システム

人員整理……………………………Ⅰ－2－B
　雇用調整の一種で、企業が従業員数を削減すること。雇用調整は賃金を調整する方法と雇用量を調整する方法に大別出来る。このうち雇用量を調整する方法には、労働時間を調整する方法と従業員数を調整する方法があるが、人員整理はその後者にあたる。
　従来、日本企業には従業員の雇用を極力守ろうとする傾向があり、業績悪化に際しても、まずはボーナスカットのように賃金を調整する方法や、残業時間カットのように労働時間を調整する方法がとられるとされてきた。従業員数を減らすにしても、まずは新規採用抑制などの方法がとられ、それでも調整しきれない場合にのみ希望退職の募集や整理解雇といった手段での人員整理が行われてきた。日本の労働法上も、解雇は客観的に合理

的な理由を欠き、社会通念上相当であると認められない場合には、解雇権を濫用したものとして、無効とされている。
　もっとも、近年の日本経済の低迷に伴い、日本企業が人員整理を極力避けるという傾向にも変化が見られるようである。また、裁判における解雇権濫用の判断についても、合法とされる要件を部分的に緩和する動きが見られる。
　　　　　　　　　　　　　　（熊迫真一）

→希望退職

新規学卒採用（hiring of new graduation）
……………………………………Ⅰ－2－B
　3月の卒業生を、その年の4月1日付けで企業が採用すること。
　日本独特の採用制度で、学生生活と社会人としての生活が直結するので、卒業生にとっては安心感がある。
　欧米では、職務能力に応じた採用が普通である。日本の場合は、ジョブ型雇用や中途採用も珍しくなく、多様化が進んでいるが、入社後の企業内訓練を前提に、将来必要となると見込まれる人数を一括採用する新規学卒採用が依然として多数を占める。　　　　　　　（成瀬健生）

シングルループ学習とダブルループ学習
（single loop learning and double loop
learning）…………………………Ⅱ－3－A
　アージリス（Argyris, C.）によって提唱された、組織学習における2つの学習形態である。組織学習、つまり組織メンバーを通じて行われる全体としての行動や価値観の修正・再構築のプロセスに関わる概念である。2つの学習のうち、シン

さ行

グルループ学習は、行動やルーティンレベルの修正を、ダブルループ学習は、行動の基礎にある目標や価値観への懐疑を伴う。これらの区別のために、しばしば引き合いに出されるのが、サーモスタッドである。シングルループ学習を行うサーモスタッドは、室温22度に設定した場合、室温を常に22度を保とうとする。対してダブルループ学習を行うサーモスタッドは、目的そのものを常に再検討するため、外気の温度や人間の体調に応じて、室温自体を柔軟に変更する。

（服部泰宏）

新結合の遂行→イノベーション

人権デュー・ディリジェンス

..............................I－1, 2－A

　企業が、事業活動に伴う人権への負の影響を特定し、予防や軽減のために対処し、それらの取組みの実効性を評価したうえで、どのように対処したかについて説明・情報開示を行う一連の流れのこと。人権デュー・ディリジェンスの対象は、自社やグループ会社だけではなく、サプライヤー等も含まれる。

　従来は、国際的なガイダンス等に沿った企業の自主的な取組みが奨励されてきたが、欧州を中心に人権デュー・ディリジェンスを義務化する国が増加傾向にある。

（徳田展子）

人件費 （labor cost）.....................I－2－B

　一般に、人件費は現物給与総額と現物給与以外のものに分類される。現物給与総額とは、所定内賃金（毎月支給される給与の基本給や家族手当などの諸手当など）、所定外賃金（時間外労働賃金、深夜労働の割増賃金、休日出勤手当など）、賞与・一時金などである。一方、現物給与以外の人件費は、退職金、法定福利費（介護保険を含む社会保険、健康保険、厚生年金保険などの会社負担分）、法定外福利費（交通費、住宅手当、社宅、社員食堂、レクリエーション費など）、人材採用費・教育訓練費などである。このほかにも、役員または従業員に物品を無償ないしは低価額で譲渡した場合や、彼らに対する債権を放棄または免除した際の経済的利益を供与した場合は、労働の対価ではないが給料を支給したのと同じ経済的効果をもたらすため、現物給与として給与に含められる。

　従業員に対する給料、賞与、退職金は、その全額が損金として法人税法上扱われる。一方、役員に対する給与、賞与、退職金は、損金算入が制限される。これは、従業員の給料、賞与、退職金は使用者との雇用契約に基づいて支払われるものであり、労働の対価としての性格を持つため、営業における必要経費として考えられるため、これらは損金算入が認められる。しかし、役員は株主との間に業務の委任契約関係があり、雇用契約に基づいて支払われるものでないため、すべてが営業に対する必要経費として考えることができず、社会通念を越えて不当に高額であるとされた場合には損金算入することができない。

　長期経営計画、中期利益計画、短期利益計画、企業予算などの立案の際には、人件費の計画が必要になる。一般に、人

件費には業務量に比例して増減するアクティビティ・コストの側面と、業務量にかかわらず能力を維持するために一定額発生するキャパシティ・コストの側面がある。アクティビティ・コストについては、職種毎の業務量と単価の見積が必要になる。キャパシティ・コストについては、組織の維持に必要な人員数を見積もり、人件費総額を見積もることになる。これらは、全社あるいは事業部などのセグメント単位で総人件費を決定し、現場レベルまでブレイクダウンする方法と、現場レベルから積み上げていき全体の総人件費を決定する方法とがある。

　人件費の効率性・効果性を測る指標としては、労働分配率、人時生産性、労働生産性、1人当たり売上高、1人当たり経常利益などがある。　　　　（髙橋　賢）

人工知能（AI：Artificial Intelligence）‥‥Ⅰ－1

　人工知能（Artificial Intelligence）という言葉が初めて登場したのは、1956年の夏に米国東部のダートマスで開催された研究ワークショップにおいてである。現在、人工知能（AI）とは、画像や動画の視覚的な認知、音声認識、文章の意味の理解、分類、文章や画像の生成、意思決定支援、未来の予測等のような、通常では人間の知能が必要とされるタスクをこなすことができる人工的に作られたシステム（知能）と、それを生み出すために必要なコンピュータサイエンスの技法群を指す言葉として使われている。

　AIには、過去3度のブームがあったと言われている。第1次のブームは1950年代後半〜60年代の「探索・推論」の時代、第2次は1980年代から90年代にかけての「知識表現」の時代、そして、第3次の2010年以降の「機械学習又は深層学習」の時代である。第1次と第2次のブームが社会の期待に十分に応えることができず収束をしたのに対して、第3次のブーム下では、人工知能への社会からの期待と投資は拡大をし続けており、その結果、検索エンジン、ネット広告、自動翻訳、金融商品の自動取引、病気の自動診断、さらには生成AI等の革新的な製品・サービスを次々と生み出し、社会に大きなインパクトをもたらしている。特に、画像認識のエラー率が劇的に改善をしたことやDeepMind社が開発した人工知能ソフトAlphaGo（アルファ碁）が世界トップクラスの囲碁棋士に勝利したことは人々に強い印象を与えた。

　このように人工知能の実用性が急速に高まった背景として、技術的には、深層学習（特徴表現学習）が登場したことが大きい。また、人工知能の発達と同時期に、人工知能の適用対象となる電子化された情報の急増と、計算資源やクラウド等のサイバー空間の急拡大とが起こり、人工知能が存分に力を発揮できる環境が整ったことも第3次ブームの盛り上がりに寄与している。

　今日、人工知能が生活に浸透するとともに、新しく様々な仕事を生み出していることから、情報に関する学習が中学・高校の正規のカリキュラムに取り入れられ、また、人工知能が社会人のリスキリングの重点分野の一つとなっている。一方で、人工知能が豊かさや便利さをもたらす半面、労働を代替し、大量の失業を

生み出す可能性があるとの懸念も生じている。特に、書類作成や計算、それらのチェックといった定型的な業務が人工知能を搭載した機械に置き換えられるのではないかと考えられている。また、人工知能の利用に際して、偏りのあるデータが差別を生み出すことや、それを用いた行動監視が行われプライバシーが侵害されるのではないか等といったAI倫理の問題がクローズアップされている。

（坂田一郎）

人材開発→HRD

人材開発支援助成金……… Ⅰ−1，Ⅱ−3−Ａ

労働者の職業生活の全期間を通じて段階的、体系的な職業能力開発を促進するため、事業主が事業内職業能力開発計画に基づき、雇用する労働者に対して職業訓練等を実施した場合に、訓練経費や訓練期間中の賃金の一部を助成する制度である。

2021年時点では、「一般訓練コース」のほか、労働生産性向上に直結する訓練等を実施する場合の「特定訓練コース」、非正規雇用労働者に対する職業訓練を実施する場合の「特別育成訓練コース」、有給教育訓練休暇制度を導入し労働者が当該休暇を取得して訓練を受けた場合等の「教育訓練休暇付与コース」が設けられている。助成内容はコースにより異なる。

この助成金は、雇用する労働者に対する計画的な職業能力開発に取り組む事業主を支援することが目的であり、職業能力開発促進法において事業主の努力義務とされている「職業能力開発推進者」の選任と「事業内職業能力開発計画」の策定を行っている事業主が対象となっている。助成金の支給申請にあたっては、これら努力義務の実施、当該計画の労働者への周知が必要となる。

（吉本明子）

人材開発哲学（philosophy of HRD）… Ⅱ−2

人材開発に関する科学的整理が進む中で、人材開発哲学を扱う論攷も増えた（Kuchinke, K. P.（1999），Swanson, R. A. and Holton III, E. F.（2009），Gosney, M. W. and Hughes, C.（2016））。HRDでは他分野と同様に、理論と実務の相互規定の関係はよく論じられてきたが、そこに哲学が介在し、哲学・理論・実務のサイクルが生じ、このサイクルの中でこそHRDは発展するのだという。HRDのエッセンシャルな仮説（assumption）や目的についてメタファーを用い、メタ科学的分析を行い、ある種の価値論（axiology）を展開する。

といっても、今日のHRDは多彩であり、学派と呼びうるものもあり、それぞれにエッセンシャルな仮説がある。今、HRDの学派をごく簡単に人間中心、生産中心、問題解決中心の3グループに分けると（Kuchinke）、第1のグループの哲学はヒューマニズムであり、人は生来賢く善良でhealth equal happinessだと仮定している。組織も幸せな人を通じ運営されると、最適な成果をもたらすと仮定しているという。第2グループのベースは行動主義（behaviorism）、多少解放（libertarian）哲学であり、欲求・欲望は社会、文化により規定され、目標志向で

あって、health equal adjustment だという。第3グループのベースには認知主義（cognitivism／Gestalt）、プラグマティズム、ポストモダニズムがあり、経験こそが最重要でhealth equal adequate だとする。　　　　　　　　　　　　（二神恭一）

→ヒューマニズム、**行動主義**、**認知主義**

人材開発費……………Ⅰ-2-B, Ⅱ-3-A, B

　広義には、人材の開発に要する費用の総称をいう。例えば、賃金・給料・賞与・諸手当、福利厚生費、株式報酬費用、退職給付費用、教育研修費などが含まれる。狭義には、従業員が提供する労働に対する対価の性格を有する費用を除き、教育研修費に限定して用いる。

　企業経営において、企業は様々な投資を行っている。設備投資、研究開発投資、IT（システム）投資などと同様、人材に対する投資も企業が行う重要な投資である。これらの投資は、会計上、設備投資やIT投資などのように、資産として計上されるものもあるが、研究開発投資のように、費用として計上されるものもある。人材開発費は、その多くが費用として計上されるものである（工場勤務の従業員に対する賃金・手当などのように、原価計算の手続によって製品原価として資産に計上されるものもある）。

　人材の開発は、企業における人的資本を形成する活動である。伝統的に、人的資本の形成に係るコストは、資産として計上されてこなかったが、将来の利益獲得能力において、設備投資などと比べて企業経営上の重要性が劣るわけではない。人材開発に対する適切な投資を行う

ことは、良好な労働環境やインセンティブを確保するために、きわめて重要なことである。

　人材開発費の多くは、従業員などに対して直接的に現金その他の財産の給付の形で支給されるものであるが、福利厚生費や教育研修費などの一部は、従業員に対して直接現金等が支給されるものではない。

　賃金・給料・賞与・諸手当は、様々な名目で従業員に対して支払われる現金報酬である（まれに現金によらず、現物が支給されるような場合もある）。

　福利厚生費（広義）には、健康保険、介護保険、雇用保険、労災保険等の法律によって定められた事業者が負担すべき法定福利費と、住宅手当、昼食補助、法定外の各種休暇にかかる法定外の福利厚生費がある。

　株式報酬費用には、（譲渡制限付）株式やストック・オプションの支給にかかるコストが含まれる。株式報酬費用は、支給した株式やストック・オプションの付与日における公正価値（時価）によって計上される（ただし、権利確定期間にわたり配分される）。

　退職給付費用は、従業員の退職時または退職後において、退職一時金や退職年金などの名目で支給される給付にかかるコストである。退職給付費用には、確定拠出型と確定給付型がある。確定拠出型については、当期において拠出した額が費用となる。

　それに対して、確定給付型の場合、従業員の退職時点における退職給付見込額を見積もり、そのうち当期において発生

したと見込まれる額を算定して費用に計
上する。

　上述したように、狭義には、人材開発
費は教育研修費を指す。教育研修費に
は、従業員に対して行う教育研修プログ
ラムの作成・実施に要する講師料、教材
費等が含まれる。これらの費用は、通
常、発生した期間において費用として処
理されるものである。　　　（川村義則）

人材開発モデル→HRDの動向

人材銀行 ……………………………Ⅰ－1
　2016年に廃止された。かつては中高
年齢者の管理職クラスの雇用の促進策と
して、40歳以上の中高年の求職者や定
年退職予定者を、各分野のエキスパート
として、主に中小企業で活躍してもらう
ように設置された。民間人材ビジネスの
成熟と、更なる民間活用が有効として廃
止された。　　　　　　　　（丹羽浩正）
→職業紹介、有料職業紹介事業

人材の評価・測定（evaluation and
　measurement of talent）……Ⅱ－3－A，B，C
　人材評価とは、従業員の貢献度・業務
達成度・勤務態度などを総合的に評価す
る制度である。この評価に基づき、従業
員の給与・待遇・異動を決定する。企業
にとって好ましいと思われる評価基準を
設定し、月次、半期、年次など定期的に
人材評価を行う。これは、人材の育成、
人材の適切な配置、公正な評価といった
ことを最適化するために行われる。
　人材評価では、能力、業績、情意とい
った軸で評価する。能力とは、業務上で

発揮された能力やスキルのことである。
業績とは、プロジェクトや働きに対して
の成果や業績である。情意とは、勤務態
度や取り組み姿勢など、業務に対する行
動である。これらの評価をする場合に
は、評価基準を明確化し、従業員のレベ
ル毎に目標を設定し、適切なフィードバ
ックを行う必要がある。
　評価のために測定が行われる。これ
は、財務的な指標と非財務的な指標とが
ある。財務的な指標としては、原価、費
用、収益、利益などがある。これはその
人材に与えられた権限と責任の範囲によ
って選択される。たとえば、発生する費
用についての権限と責任を与えられてい
る従業員は、原価や費用で評価されるべ
きである。権限と責任の及ばない収益や
利益で測定すると、モチベーションを著
しく低下させることになるので注意を要
する。　　　　　　　　　　（高橋　賢）
→業績、職業能力評価基準

人材派遣事業→労働者派遣事業

人事異動 ……………………………Ⅰ－2－B
　企業は人材開発を行う目的の一つとし
て、担当業務の配置替え、つまり人事異
動を行うことが必要となる。人事異動は
様々な形で行われる。本社と支社・支
店、工場などの事業所間の異動、営業部
門から人事部門への異動などの部門間の
異動、あるいは部門内異動、課内異動な
どもある。さらに職位・資格が変更とな
る人事異動もある。たとえば、課長から
部長への昇進も人事異動とされる。さら
に企業内の異動だけではなく、企業外に

異動が行われる出向・転籍も人事異動の一つである。

こうした人事異動を特定の時期に行う定期人事異動を実施する企業も多い。これは企業内で人事異動の対象となる従業員を特定の時期に一斉に異動させることで、多くの従業員が異動することができ、時間的コスト、手間なども削減できるメリットがある。人事異動を積極的に行う目的で、配置期間を全社一律に設定する企業もあれば、従業員の技能の習得度に合わせたり、顧客との取引関係等で、個別に配置期間を判断し、異動を行ったりする企業もある。また、これまで人事異動の発案は、上司、人事部門などが行っていたが、従業員個人の希望を採り入れる自己申告制度や社内公募制度などを導入する企業も増えている。

（飛田正之）

→配置、キャリア開発プログラム

人事院勧告 ……………………………… I−1

人事院が、国家公務員法第3条第2項に基づき、国会、内閣、関係大臣その他機関の長に対して行う、国家公務員の一般職職員の「給与その他の勤務条件の改善及び人事行政の改善に関する勧告」の総称である。

一般には、単に人事院勧告と言う場合、給与制度に関する勧告である給与勧告を指すことが多い。

給与勧告は、国家公務員の一般職職員の労働基本権制約の代償措置として、社会一般の情勢に適応した適正な給与を確保する機能を有するものであり、国家公務員の給与水準を民間企業従業員の給与水準と均衡させること（民間準拠）を基本に行われている。

職員の給与を決定する要素として、国家公務員法は、生計費、民間における賃金等を挙げており、人事院は毎年独自に国民一般の標準的な生活費用（標準生計費）と民間賃金の調査を実施している。実際の給与勧告にあたっては、人事院が官民給与の比較を行い、両者の較差を算出し、俸給表・手当の改定内容を決定する。

勧告を受けた内閣は、給与関係法案を国会に提出し、その可決・成立により給与改定の実施に至ることとなる。

（吉本明子）

さ行

人事院式監督者訓練→JST

人事管理 （personnel management）
……………………………………… I−2−B

人事管理は英語ではpersonnel management と言われてきた。今日では人的資源管理ともいわれている。Personnel は軍隊では士官と区別された一般の兵士を意味する。企業の中で働く人全体を人的資源（human resource）と呼ぶが、特にホワイトカラーを対象とした人的資源管理を人事管理と呼ぶ場合がある。

人事管理と労務管理を区別する理由は、第1に、労務管理は作業現場の従業員を対象とするのに対し、人事管理は工場の作業現場から離れたスタッフ部門の従業員を対象としていたからである。ホワイトカラーの労働内容は事務作業、企画調整、研究開発など知的労働も多くなり、その職務内容がブルーカラーとは異

なっているからである。それに伴って、教育・訓練、賃金、管理の仕方などが異なると考えられたからである。

第2に、現場の作業者の場合は、賃金や配置転換などの労務管理のやり方は労働組合と団体交渉することが多く、労働組合の了解を必要としたことである。欧米ではブルーカラーの労働組合とホワイトカラーの組合が異なることがあり、労務管理と人事管理の具体的な内容は異なる場合があった。日本の場合は企業別組合であり、両者を同じ団体協約の対象としているが、人事部の中に人事課と労政課・労働課に分けていた企業もある。

（奥林康司）

人事権（authority to manage personnel affairs）‥‥‥‥‥‥‥‥‥‥Ⅰ－2－A，B

使用者が人事管理を行う権利を総称して人事権と呼んでいる。人事は企業内での労働者の地位にかかわるので、その範囲はきわめて広い。例えば、募集、採用、教育訓練、配転、出向、昇進、昇格、降格、休職、懲戒処分、解雇等が含まれる。それらを決定する権限をまとめて人事権と呼んでいる。その法律上の根拠は労働契約である。その労働契約の内容を具体的に規定する就業規則や労働協約にもその根拠を見出すことができる。つまり就業規則や労働協約によって契約内容が定められる労働契約によって、労働者は使用者の指揮命令下に置かれ、その指揮命令によって労働者の人事上の地位や所属が決まるからである。その人事権行使の法律上の効果は、それぞれに判断されなければならないが、一般的に次

のことがいえるであろう。

人事の異動が労働契約の合意した範囲内かどうかがまず判断される。合意の範囲内であれば、それが権利の濫用にあたるかどうか、不当労働行為にあたらないか、労基法3条で禁止する差別にあたらないかどうかが判断され、いずれにも該当しないとなれば、その人事権の行使が有効と判断されている。権利の濫用かどうかは、人事の異動をしなければならない企業の業務上の必要性と本人の生活上の不利益性を比較して判断されている。しかし手続上、労働組合との間で人事の異動の際には協議するという労働協約が締結されている場合、それが履行されない場合には人事権の行使が無効とされている。人事の異動が合意の範囲内でない場合には、労働者側のそのつどの個別的な合意がなければ、人事権を有効に行使することはできない。（香川孝三）

→採用、出向、昇進、教育・訓練、教育・訓練予算、解雇

人事考課（personnel appraisal, merit rating）‥‥‥‥‥‥‥‥Ⅰ－2－B，Ⅱ－3－A

人事考課とは従業員の能力、態度、業績、等を評価・記録し、それに基づき昇給や賞与配分、配置・異動や昇進・昇格、さらには効果的な能力開発や目標管理を実施する上での資料（判断材料）とすることを主たる目的としている。

（1）人事考課の対象…人事考課は、以下に示す3つの要素を対象として、評価・測定することが一般的である。①能力考課：担当する職務に要求される職務遂行能力のレベルに対して、被考課者の

能力がどれだけ発揮されているかを評価する。②態度考課：考課対象期間に、仕事上の結果を生み出すために、どのような勤務態度や勤務姿勢で仕事に取り組んだかを評価する。③成績考課：考課対象期間に提示された目標（期待）に対して、どれだけの実績（結果）を示したか、あるいは適切なプロセスを経たかどうかを評価する。このうちのどれに比重を置いて評価するかは、ケース・バイ・ケースとなる。

（2）人事考課の手順…目標管理型人事考課制度の面接手順は以下に示す4段階で構成されている。①期首面接では、前期考課結果を再確認し、特に未達目標の具体的な実施計画を協働（部下本人と上司）によって策定する。さらに今期の担当職務に関する役割、責任、権限を確認し、今期の成績目標の設定と具体的な実施戦略を検討し、実施前の準備を徹底させる。②期間面接では、まず職務遂行に必要な情報を上司は部下に与え、必要であれば職場内訓練を施す。報・連・相を徹底させ、障害等があれば問題解決に向けた教導・補佐・支援を施す。目標遂行進捗管理を協働によって推進し、場合によっては目標の変更・修正を行う。③期末面接は人事考課の最終段階であるが、まず本人考課を実施し、目標達成度合いを自ら確認する。人事考課の評価基準に従い、公正な評価を上司が行い（1次・2次・3次考課・人事部の相対評価）、本人考課との差違を分析しさらに考課結果の内容を本人が納得のいくように説明する。④フィードバック面接では、未達目標項目の原因を協働で分析し原因を明らかに

し対策を煮詰める。今期考課結果を再確認し、能力・態度・業績の観点から、問題解決とさらなるレベルアップに向けた必要情報を提供し、次期に向けた期待と具体的方向性と成績目標を示し、仕事意欲を喚起させる。このように、4つ全ての段階ごとに、考課者たる上司はコーチとして、被考課者たる部下に対して、サポートとフォロー、そしてコーチングすることによって、部下の目標管理を手助けしていくことが求められる。

（3）新しい人事考課制度（多面評価、360度評価）…人事考課は、直属の上司が部下に対して行うのが一般的であったが、経営環境の変化に伴い、以下のような多面評価（360度評価）という方法が採られるようになってきている。

1）本人考課…考課される側の人（被考課者）が自ら評価をする方法（本人考課）を機能させるためには、以下に示す4つの条件をクリアすることが部下に求められる。①本人が新しい人事制度の方針や戦略を理解していること。②本人の考課能力が一定の水準以上であること。③本人に考課に関する基準や情報が与えられていること。④本人と一次考課者とのコミュニケーションがうまくいっていること。

2）部下が自分の上司を評価する方法…部下からの評価は、処遇に対する情報というよりも、上司の能力開発、つまりリーダーとしての資質を高めるための必要情報として、活用することが望まれる。上司は、部下の評価内容を素直かつ謙虚に受け止め、自分自身の成長につなげていくことが期待される。

3）直属ではない関連部署の上級者が評価する方法…業務の多様化と専門化によって、複数の上司から指示や、支援、さらには関連情報を受け取ることによって、仕事を進めるパターンが多くなってきている。このような背景から、仕事に関連する複数の上司が評価を行うパターンも徐々に増えてきている。

4）同僚同士が評価し合う方法…特にチーム制を採用している専門職のメンバーによって構成されている職場にて実施されている考課制度である。考課の内容は、業績に対する評価が主流となっている。

以上が多面的評価の概要であるが、これからは目標管理型人事考課、能力開発型人事考課の重要性がますます求められるようになるであろう。　　　（牛窪　潔）

人事考課者訓練→評価者訓練

人事考課の公開制度
.... Ⅰ－2－B, Ⅱ－3－A
以前には一般的ではなかったが、1990年代以降日本企業で成果主義が普及する中で、人事考課の結果を本人に知らせる企業が増加してきた。現在では、約9割の企業が結果を本人にフィードバックしている（労務行政研究所2021年6月調査）。考課結果を本人にフィードバックすることが、被評価者の過程の公平性の認知を高め、モチベーション向上につながることが実証されている。人事考課の結果だけではなく、制度、評価基準の公開も、モチベーションや仕事満足度の向上にプラスの影響を与える。

評価者訓練や被評価者訓練は、人事考課制度の周知につながるため、公平性、モチベーション、満足度の向上に有効である。また目標管理を導入する場合には、期首、期末に行われる面談の場で、評価基準（＝目標）や評価結果（＝目標達成度）が上司と部下で共有される。そのため、目標管理は人事考課の公平性を高めるために有効と考えられる。公平性を高める施策として、人事考課の制度や結果の公開以外に、考課結果に対する苦情処理の仕組みがある。　　　（奥野明子）
→成果主義、評価者訓練、目標（による）管理、人事考課、人事考課の評価基準

人事考課の評価基準（scales of performance appraisal）…… Ⅰ－2－B, Ⅱ－3－A
人事考課において、評価者が評価を行う際の基準。評価方法によって用いられる基準が異なる。被評価者の仕事の成果を評価するために一般的に用いられる目標管理では、評価者（上司）と被評価者（部下）が合意する目標が、評価基準となる。数値目標という客観的な評価基準を定めることができる目標管理は、他の評価方法よりも公平だとされる。しかし、従業員間の目標の難易度を相対的に評価できないため、個人によって評価基準が異なる点は注意が必要である。

仕事のプロセスや職務行動を評価する方法は、図式評定尺度法、自由記述法等が多く用いられるが、この場合には評価基準が曖昧となり、評価者の主観が入りやすい。それを回避すべく、行動に注目した尺度基準を設けて評価を行う行動観察尺度法がある。例えば「経営理念に

沿った意思決定を行う」のような特定の行動について、「1.全く行っていない」から「5.常に行っている」などの尺度を基準として評価する。この場合でも評価者の主観的判断を完全に拭うことは困難である。できる限り評価基準を明確にし、それを被評価者に知らせるだけではなく、評価結果の公開、苦情・相談窓口の設置など人事考課に関する環境を継続的に整備することによって、評価基準の曖昧さを補う必要がある。　（奥野明子）

→目標（による）管理、人事考課の公開制度、人事考課の評価項目

人事考課の評価項目 (items of performance appraisal) …… I−2−B, II−3−A

　人事考課において、評価の対象となるものを示す項目。1969年に日本経営者団体連盟が提唱した能力主義のもとでは人事考課の3項目として成績、能力、情意が強調され、1980年代までこれらを主な項目とする人事考課が多かった。

　成績は、遂行した職務の量や質を評価する。現在では一般的に、成果と表される。能力は、職務を遂行するために必要な潜在・顕在能力であり、理解力、計画力、企画力、指導力等である。加えて、職務遂行に必要な知識や技術を指す。情意とは、職務に対する態度や姿勢であり、協調性、勤勉性、責任感等の性格的特徴や、職務に対する意欲等を指す。潜在能力や情意は外から見えにくく評価が曖昧になりがちなため、人事考課は年功的に運用される傾向が強かった。

　1990年代以降は成果主義の流れを受け、情意と能力は、顕在的な行動に置き代わりつつある。つまり、成果と行動の2項目が主となる。この場合、前者は職務遂行の結果を、後者はその過程を評価する。また前者は目標管理を利用することが多い。後者は、対象事項について「1.全く当てはまらない」から「5.全く当てはまる」のように尺度化した図式評定尺度法や、評価者が被評価者について観察した結果を自由に記述する自由記述法が多く用いられる。　（奥野明子）

→目標（による）管理、情意考課、成果主義

人事情報 (human resources information) ……………………………II−2

　人事情報とは、企業などの組織に属する従業員個人に関する様々な情報を指す。例えば、以下のようなものが該当する。

1. 氏名や住所、生年月日、健康情報などの従業員の基本的な個人情報
2. 雇用形態や雇用契約の内容、役職、部署、管掌などの雇用情報
3. 勤怠管理データなどの勤務情報
4. 基本給や賞与、昇給履歴などの給与情報
5. 研修受講実績や資格取得状況などの学習情報
6. 将来のキャリアプランや過去の異動履歴などのキャリア情報

　これらの情報は、組織内の人的資源管理や労務管理、パフォーマンス評価、報酬制度の設計、人材開発などに活用される。

　2022年7月に日本能率協会マネジメントセンターが実施した調査によると、人

さ行

的資本経営について、「どのような項目で取り組み・検討をおこなっているか」という設問に対して、38％超の企業が「人事情報基盤の整備」を上位に挙げている。

適切に人事情報を管理、分析することにより、個々の従業員の適性を把握し、人材配置やパフォーマンス評価を行う際に客観的かつ公正に行うことができる。また、勤務情報は、公私に亘り問題を抱えている従業員の把握およびフォローを行うことに役立つと考えられる。

さらに、人事情報をデータとして定量的に分析することにより、組織のパフォーマンスと個人の属性や環境、職種などとの関係など、人材活用および人材採用面で有益な情報を得られる可能性が高まる。

このように人事情報は適切に活用すれば、企業などの組織において有益な側面は多い。一方で、それら情報をどのように管理し、活用するのかは、人材の流動化が進む中、企業などの組織の戦略として注目される。人事情報を単なる管理情報として扱うか、いかに人材を採用、活用するための貴重なデータとして扱うかにより、当該組織の業績や社会的評価などが左右されると言っても過言ではない。

さらに、今後その重要性に特に留意すべき課題として、これら情報の管理が挙げられる。昨今、世界的にその重要性に注目の集まるジェンダー問題など、社会的に関心の高いテーマに関連する個人情報を管理することになる企業などの組織において、人事情報管理は極めて重要と

なることと考えられる。人事情報の漏洩により企業などの組織が被る損害は、社会的風評を含め甚大となることは自明である。

従って、人事情報を適切かつ安全に管理、運用する体制やシステムの構築は、企業などの組織において、重要な経営課題なのである。　　　　　　（福留浩太郎）

→**人事管理、人事情報システム、HRM、人材の評価・測定、職務分析**

人事情報システム（HRIS：Human Resources Information System）……Ⅰ－２－Ｂ

人事情報システムとは、人事管理に関わるさまざまな情報のシステム化を意味している。

日本においては、企業を取り巻くさまざまな環境や競争条件の変化に起因して、従来の年功序列型の人事評価体系が能力主義を用いた評価体系へ移行してきている。それに伴い、人事情報の管理についても新たな対応を求められている。労働時間や給与情報などの定量の人事情報に加え、職務態度や従業員の性格、職務経歴、将来の希望など、定性面の情報と変化についても、企業がいかに正確に情報を記録管理し、それを誰が見ても正確に復元できるかが重要視されてきている。

それゆえに、人を多面的に表現し、現状を正しく認識させる人事情報システムの充実を図ることは、企業において、その重要性を増しているのである。

「ただし、『ヒト』のデータは数値的表現では限界があるわけで、数値化に適さない『ヒト』のデータを如何に数値化す

るかが、人事情報システムでの最大の課題となっている」（下崎（1993））。

人事情報システムは、従来のデータ処理システムという位置付けから、人事管理および経営の意思決定に関わる重要なデータの提供という位置付けへとその役割と期待が変化している。

今後はさらに、副業解禁や時差出勤などによる勤務形態の変化やコロナ禍をきっかけに進展の見られた従業員の勤務地の多様化、人々の従来の仕事への向き合い方の変化も一層進むと考えられ、企業が単に数値的な人事情報を管理するだけでなく、より適切に従業員の希望や従業員を取り巻く環境、環境変化への適合力などを把握し、企業側のニーズと合致させるような戦略的な人事情報の活用が不可欠となるものと想定される。人事情報システムの充実を図ることは、競争力強化の観点からも企業にとって欠かせない重要な戦略なのである。

「米国では、社員の『やる気』の定量化や自社にマッチした社員の特性、離職可能性の高い社員の分析などの手法を駆使し、社員のマネジメントから憶測を排除し、人事関連分野において効果的な管理を実現している」（Davenport, *et al.*（2010））企業もある。

日本における今後の課題として、前述のような勤務形態や勤務地、仕事への向き合い方の多様化を受けて、より複雑化する人事情報データから正確に「ヒト」の現状を認識できるようなシステムの設計、構築と、そのシステムを活用し、現状を認識できる人材育成が挙げられる。

（福留浩太郎）

→人事情報、雇用形態の多様化、職務分析、人事考課

人事方針 （personnel policy／policy of HRM）
......................................Ⅰ－２－Ｂ

人事方針とはHRMが拠るべき包括的原則（principles）のことであって、経営方針の一つである。経営方針は組織経営上の意思決定や行動のための幅のあるガイドライン、原則、ルールである。同じルールであっても、手続、方法、マニュアルは厳格なものであって、裁量の幅はほとんどないが、経営方針は状況に応じ、フレッキシブルな適用の余地を残しているのである。人事方針はそうした経営方針の一つである。

経営方針は製造企業の場合、階層別に基本方針、全般方針、部門方針に識別され、部門方針は職（機）能別にマーケティング方針、生産方針、人事方針、財務方針等に分けられる。人事方針とは、多分にHRMの領域における上記の意味でのガイドラインを意味する。そうした領域での意思決定や行動は人事方針のワクの中で行われるし、行われなければならない。

人事方針にはニューマン（Newman, W. H.）によると、①選抜方針（新入社員の採用、社員の配置転換・昇進、アウトプレイスメント等）、②人材開発（訓練目的設定、OJT、職場外訓練等）、③報酬（賃金・給与水準、賃金・給与差の内部調整、業績給等）、④就業規則（労働時間、休暇、労働条件等）、⑤福利厚生（リクリエーション、安全・衛生、年金、保険等）、⑥労使関係（団体交渉、労使協議、その他のコミュニケ

ーション）がある。もちろん、これは例示であって、別様のあげ方もあるわけである。

人事方針を設けることによって、組織のHRMに対する考え方、意志を表明することは大切である。また、担当者が交代しても、この領域において組織として一貫した姿勢をとることができる。それに、人事方針が設定されていると、人事部門により多くの権限移譲が可能になり、裁量範囲もはっきりする。最後に、人事方針があると、フェアだという感じを人々に与えるだろう。ただ、人事方針があまりに詳細に定められ、マニュアルに近いものになると、弾力的なHRMができなくなり、悪い意味での官僚制的な運営に陥ってしまう。　　　（二神恭一）
→HRM

診断型組織開発 (diagnostic organization development) ………… I−2−A, II−3−C
　対話型組織開発と並ぶ、組織開発のバリエーションの一つ。組織の現状についてデータを集め、（しばしば診断モデルに沿って）データを分析し、その結果をクライアントに対してフィードバックする、という手続きを経る取り組みを指す。例えばNTL Institute が提唱する組織開発のモデルでは、診断型組織開発は、①クライアントの現状やニーズを知るエントリーと契約、②組織の現状を理解するために、アンケートやインタビュー、観察などを行うデータ収集、③得られたデータを分析し、整理し、フィードバックするための資料を作成するデータ分析、④現場に結果をフィードバックす

るフィードバックのフェーズから構成されている。

　最後のフィードバックのフェーズでは、フィードバックした結果を契機として、分析者であるコンサルタントや研究者と現場のメンバーとが、組織の現状について理解するための対話を行うことも多い。対話を行わないのが診断型組織開発、対話が行われるのが対話型組織開発という説明がなされることが少なくないが、これは誤りである。いずれにおいても対話は行われるが、その前提に、上記のような診断のプロセスが存在しているかどうか、が重要な違いになる。続いて、検出された問題を解決するための⑤アクション計画、それを実行する⑥アクション実施、⑦評価、⑧集結といったフェーズを経て、終了する。このようなやり方の一つの源流となったのが、アンケートによってデータを取得し、結果をフィードバックするという、リッカート (Likert, R.) が提唱したサーベイフィードバックである。　　　（服部泰宏）

人的資源会計 (human resource accounting) ………………… II−2, 3−A, B, C
　人的資源会計とは、企業の抱える人的資源、すなわち経営者、管理職、従業員およびその集まりである企業全体、その構成要素である部、課、班などの人的組織単位に関する会計情報の利用を前提として、何が必要な情報であるかを識別し、これを固有の方法を用いて測定し、関係者に伝達して利用せしめる企業会計の一領域である。人的資源は企業価値を形成し、とりわけ知的財産をはじめとし

た無形資産を創造する根源的な資源である。したがって、その認識と測定における情報化には種々の利用価値がある。

人的資源会計においては、ヒトに係わる各種の資料が会計システムに投入され、複式簿記に基づく計算過程を通じて、モノ、カネ、情報資源などとともに会計処理される。その結果、人間資産や人的費用が貸借対照表、損益計算書などに記載され、企業価値の測定・分析に利用される。ヒトの測定結果は、最終的に財務情報にとりまとめられるが、その途中の段階で、非財務的に測定され、非財務情報として財務情報と一体となって統合報告の形で利用することもできる。

企業の内部的利用については、人的資源管理の一貫として人的資源投資に係わる意思決定やヒトの利用に関する費用の管理などのための情報としての有用性が問題とされる。一方企業のステークホルダーや市場の立場からは、人的資源会計情報は知的財産その他の無形資産を創出し、企業価値を高める上で、もっとも重要な役割を果たす人的資源の価値を測定・開示するものとして重要視される。

（高橋　賢）

人的資源管理 →HRM

人的資産（human assets）

.... Ⅰ-2-B, Ⅱ-2, 3-A, B

企業における従業員を、企業の資産として見ることを強調した概念。人的資本（human capital）とほぼ同じ意味で使われることが多く、昨今ではむしろ人的資本という用語の方がより一般的に使われるようになっている。

昨今、企業の競争優位の源泉として、人材や技術、組織力、ブランド、顧客とのネットワーク等、目に見えない資産の重要性が喧伝されるが、これらを総称し「知的資産」と呼び、その重要な一部分である人材を指して「人的資産」という用語が使われる場合もある。（上林憲雄）
→人的資本、人的資本マネジメント

人的資本（human capital）

.... Ⅰ-2-B, Ⅱ-2, 3-A, B

人材も物的資本同様、適切な投資によって価値が高まる「資本」（capital）であるとする考え方。

これまで人材は、他の経営資源と同様に消費すべき「資源」（resource）、つまりコストと捉えられてきた。しかし昨今では、人材開発などにかける費用はコストではなく、組織の成長戦略を実現するために不可欠な投資と捉えられるようになった。企業や従業員の将来的なサステナビリティ（持続可能性）に着目した人的資本経営がトレンド入りする状況にある。
（吉田　寿）

人的資本マネジメント（human capital management）......Ⅰ-2-B, Ⅱ-3-A, B

企業における従業員である人的資本の管理を指す。昨今では人的資本経営という用語で呼ばれることが多い。従業員の持つ知識や能力を企業の「資本」として捉え、その価値を引き出すことで中長期的な企業価値向上につなげる経営のあり方を指しており、平たく言えば、企業が人を大切にすることで利益を向上させる

経営のあり方のことである。

この人的資本経営という用語は、経済産業省が2020年に6度にわたり開催した「持続的な企業価値向上と人的資本に関する研究会」（座長：伊藤邦雄一橋大学名誉教授）をもとに、2020年9月に発表された最終報告書である「人材版伊藤レポート」以降、急速に社会で流布することとなった。加えて、2023年3月期決算より上場会社を対象に人的資本に関する情報開示が義務化されたこともあり、社会的関心は大いに高まっている。

こうした人的資本経営の考え方が注目される背後には、従前であればほとんど外部に知られることのなかった従業員の具体的態様（例えば、女性管理職がどの程度いるか等）を各社が開示することを介し、人員管理に関する自社の相対的位置づけを社会に知らしめ、人に対する投資を各社が積極的に行って、従業員の能力や経験、意欲を高めることが中長期的な企業価値の向上へと繋がるとする基本的考え方が伏在している。　（上林憲雄）
→人的資本

人的投資 (human capital investments)
‥‥‥‥‥‥‥‥‥‥ I－2－B, II－3－A, B
人的資本の増大をもたらすのが人的投資であり、それをもたらす主な形態は学校教育や企業教育・訓練である。労働力移動の費用や健康への投資も、労働の生産価値を増大させることから、人的投資に含まれる。

企業教育・訓練の場合、実習期間や訓練コースが制度的に設けられ、形式的に整備された教育・訓練が行われる。他

方、OJT（On the Job Training）の際に、職場における熟練工との会話を通し、あるいは熟練工の技術・技能を観察、学習することにより、未熟練工の技術・技能が向上する。非形式的な人的投資と捉えることができる。

人的投資は、一般の投資と同様に、収益と費用の比較により動機づけられる。企業の非形式的人的投資の場合、費用は、未熟練工と熟練工が失ったアウトプットと誤りによって生じた損失からなる。成果が費用を上回る場合、すなわち非形式的人的投資が企業に純利益をもたらす場合に、投資は実行される。非形式的人的投資の費用は一般にわずかであるといわれ、企業は、熟練工と未熟練工の組み合わせや、ジョブ・ローテーションを通して、投資促進を図る。

企業内の人的投資は、他の企業にも有用な技術・技能をもたらす一般的（general）教育・訓練と、技術・技能の有用性が投資費用を負担した特定企業に限られる特殊（specific）教育・訓練とに分けられる。　（蘗谷友紀）
→人的資本、教育の経済学

人的販売 (personal selling) ‥‥‥‥ I－2－A
マーケティングの一領域である人的販売はセールスマンを媒体として企業や製品等に関する情報を提供し、それによって消費者の需要を喚起するとか、自社製品を扱う中間業者に対して自社製品の受容とそれの販売の刺激を与えようとする活動である。換言すれば、人的販売はセールスマンが消費者と面談して、彼に対して自社の製品等に関する情報を提供す

る一方、消費者のニーズや欲求を確認して、そのニーズや欲求に適合するような製品を勧め、購入を説得するとか、中間業者に対して自社製品の情報、あるいは中間業者に役立つ情報を提供し、自社製品の積極的かつ好意的な受容とそれの販売を刺激することを内容とするものである。

人的販売はマーケティング・コミュニケーションにおける人的コミュニケーションの分野を担当する。したがって、人的販売は消費者や中間業者との双方向的（two-way）コミュニケーションを特徴とし、この点で非人的でかつ一方的なコミュニケーションを特徴とする広告と補完関係をなしている。人的販売はまたマーケティング・プッシュ（marketing push）の代表的なものである。

特に、技術が急速に変化し、製品の複雑化・専門化が進み、市場に提供される製品の種類が増加するような環境においては、顧客における製品選択の困難性が増すために、顧客にニーズや欲求に応じた情報伝達を主内容とする人的販売の重要性はより高くなる。他方、近年のIS技術やAI技術の展開により、非人的販売が拡がりをみせている。マーケティング・コミュニケーションのあらためての検討が求められている。　　（宮澤永光）
→セールスマン

新入社員教育（new-hire training）
……………………………………Ⅱ−3−A
学校を卒業した者に対してほとんどすべての企業で学校生活から会社生活への移行と円滑な社会適応を支援する目的で

新入社員教育が実施される。主な教育内容は、社会人への意識転換と心構え、ビジネスマナー、会社の沿革と理念、事業内容や基礎的な商品知識、会社の人事諸制度（人事制度、就業規則、給与体系など）などが含まれている。これらは主に座学を中心に行われるが、これらの他に先輩社員との懇談や管理者・役員との懇談、現場実習や作業体験なども実施される。

新入社員教育は、大きく4つのステップに分けて実施される。第1ステップは「入社前教育」で、内定者に対して、入社前の準備を通信教育や課題レポート等の提出により実施する。最近では、eラーニングやオンライン教育で実施する企業も出ている。第2ステップは「入社時教育」で、上記で紹介した教育内容を合宿形式の集合教育で1〜2週間程度実施する。第3ステップは「職場でのOJT」で、配属された職場で上司や先輩社員によるマンツーマンによるOJTが展開される。最後の第4ステップは「フォローアップ教育」で、配属後半年とか、10か月後とか、一定期間経過後に、OJTの教育効果の格差を調整するリフレッシュの教育が実施される。　　（谷内篤博）
→入社前教育、実務教育、階層別教育

人物比較法（employee comparison
　method）………………Ⅰ−2−B, Ⅱ−3−A
ある従業員を、他の従業員と比較することによって評価する方法。例えば、従業員同士を比較し、最も優れた者から最も劣る者まで序列化する方法がある。他に、基準となる従業員を選出し、その者との比較によって従業員を評価する方法

もある。一対比較法は、対となる従業員を選び出し、両者の優劣を比較的に評価する方法である。相対評価の一種で人物全般を比較する傾向が強くなるため評価者の主観が入りやすい。　　（奥野明子）

→相対評価、人事考課

シンボリック・マネジャー（symbolic manager）……………………Ⅰ－2－A

　組織文化や経営理念を理解して象徴的に体現し、マネジメントする管理者のこと。ハーバード大学教授のディール（Deal, T. E.）とマッキンゼー社のケネディ（Kennedy, A. A.）の共著 *Symbolic Managers*（『シンボリック・マネジャー』（1983））に由来している。優良企業には強い組織文化があり、これを活かすことが成功の鍵であるとの認識に基づき、組織文化を共有、維持、創造するために管理者が果たす役割について論じている。

　ここで管理者に求められる資質は、専門的な知識や合理的な経営判断や分析力よりも、企業として共有されるべき価値観や行動規範といった組織文化を理解し、こうした組織文化が一人ひとりのメンバーや職場の在り方に影響を与えていることを熟知した上でリーダーシップを発揮できる能力である。組織文化を象徴するもの、例えば組織で語り継がれる物語・神話・伝説・逸話や儀式・儀礼・慣行、また企業の製品やロゴといった様々なシンボルを駆使して、メンバーに影響力を及ぼし、理念や理想に対して言行一致した管理者こそがシンボリック・マネジャーであり、企業にとって重要な人材であるとされる。　　（河野憲嗣）

→日本的経営、企業理念、企業倫理、組織コミットメント、インフォーマルリーダー、Z理論

深夜手当（late night working allowance）……………………Ⅰ－2－B

　労働基準法37条4項に定められた深夜割増賃金のことをいう。同法では午後10時から翌午前5時までの時間帯に勤務した労働者に対して基本給の1.25倍以上の手当の支払いを企業に義務づけている。割増の対象となる時間は、所定内・所定外を問わない。また、労働基準法に定める管理監督者に対しては時間外労働・休日労働に対する割増手当を支給する義務はないが、深夜労働に対する割増賃金については支払いが必要となる。

　　（一守　靖）

→割増賃金

信頼（trust）……………………Ⅰ－2－A, Ⅱ－2

　信頼とは、他者を高く評価し、その他者である人物にすべてを任すことができるという気持ちを抱くことである。例えば、部下を信頼するといった表現は、部下にある一定の権限を委ねることに他ならない。ちなみに、信頼の類義語である信用は、他者の言動を嘘や偽りがなく間違いないものとして受け入れることを一般には意味することから、信頼とは異なる概念である。

　信頼は、必ずしも自然に生まれるものではなく、時間を費やして構築され維持され、時には修復を要するものとされる。このことはステイクホルダーとの信頼関係にもあてはまる。

他の組織や他者の便益も配慮することによって、信頼を得ることができる一方、信頼の維持は困難を極めるとされる。と言うのも、信頼は日々の業務の中で意識されないものに変わるし、また、些細な言動が信頼の失墜に繋がるかもしれないからである。

したがって、信頼の失墜リスクを想定し信頼関係の維持に注力することが、組織のパフォーマンスの維持・向上の点から肝要とされる。他方、背信行為をする人物や組織の存在を否定することはできないため、信頼を裏切られたときのシナリオも描きながら、信頼関係を構築、維持することも必要となる。　（相原　章）

→心理的安全

心理的安全（psychological safety）…… Ⅱ－2

心理的安全を組織のパフォーマンスを検討する際の重要な概念として紹介した一人が、エドモンドソン（Edmondson (2018; 2012)）である。彼女による、心理的安全とは、個人の次元ではなく集団の次元において、メンバーが安心しながら率直に懸念や疑問であったり、あるいはアイデアを発信することのできる環境のことを指す。

心理的安全を構築し維持するためには、先ずは集団内でみられる対人関係の見直しが必要とされる。例えば、上司の顔色を常にうかがい、現況の改善案を素直に言えないような環境には心理的安全がみられるとは言えないからである。また本来であれば達成可能であった事柄を見逃しているかもしれないからである。

こうした状況を回避するためには、リーダーの認識の修正がとりわけ重要となる。と言うのも、リーダーがメンバーに対しオープンな雰囲気をいくら訴えても、リーダーが言行不一致の態度や行動を示しているかぎり、心理的安全が構築されることはないからである。

また、リーダーはメンバーの感覚との違いを常に意識しながら、メンバーとの信頼関係に加えて、メンバー同士の信頼関係が築けるように集団を牽引していくことも、心理的安全を構築していくうえで必要とされる。　（相原　章）

→信頼

心理的安全性と組織の生産性（psychological safety and organization productivity）
……………………………………………… Ⅱ－2

組織のなかの個人が、自分の考えや気持ちを周囲の誰に対してでも安心・安全に発言できる状態のこと。組織行動学のエドモンドソン（Edmondson, A. C.）が1999年に提唱した。「チームの他のメンバーが自分の発言を拒絶したり、罰したりしないと確信できる状態」とされた。

この用語を一躍有名にしたのが、Googleの「プロジェクト・アリストテレス」。この社内プロジェクトにおいて、組織の生産性を高める唯一の方法は心理的安全性の担保であると結論づけた。

　（吉田　寿）

→心理的安全

心理的契約（psychological contract）
……………………………………………… Ⅱ－2

組織に所属する多くの人が、自らを雇用する組織側との間に、様々な相互期待

を形成する。文章化され、法的に履行が担保された形で成立している相互期待もあれば、「組織は私に○○をしてくれるだろう」といった形で、書かれざる（時には暗黙の）約束として成立しているものもあるだろう。こうした約束の総体のことを、心理的契約と呼ぶ。文章化された法的な契約に限定せず、ぼんやりとした期待のままになっている部分をも含めて一種の契約と呼ぶ点に、心理的契約という概念の特徴がある。

　心理的契約をめぐって様々な理論的、経験的研究が蓄積されているが、その中で最も重要なアイディアの一つが、従業員によって知覚された（組織側による）契約の不履行であり、これは従業員側が会社によって契約の不履行（約束の果たし損ね）が起こったことを知覚することを指す。これまでの実証研究において、必ずしも文章化されない約束である心理的契約を組織の側が破ったと、従業員が知覚した時、法的な契約が破られた時のように、組織コミットメントの低下や離職の発生など、組織と個人の関係に深刻な影響があることが示されている。心理的契約は、そうした意味で、実効性を持つ契約なのである。　　　（服部泰宏）

心理的資本 （psychological capital） … Ⅱ－2

　経済資本、人的資本、社会関係資本と並び、事業活動の元手になる種々の資本の一種である。人的資本が主として経済学において、社会関係資本が社会学や公共政策の領域で注目されてきたのに対して、心理的資本は心理学や組織行動論、とりわけ2000年以降に勃興したポジテ

ィブ心理学とその影響を受けたポジティブ組織行動論の領域で注目されてきた。

　心理的資本とは、ある個人のポジティブな心理的発達状態を指し、(1) 自らに対する自己効力感を持ち（自己効力感）、挑戦的な課題に対して必要な努力を行うこと、(2) 現在や未来に対してポジティブな帰属を行い（オプティミズム）、(3) 目標に向かっており、成功のために必要であれば目標へのパスを修正し（希望）、(4) 問題や逆境に直面しても、成功を摘むためにそれに屈せずに乗り越えられる（レジリエンス）ことと定義される。

　この定義から明らかなように、心理的資本とは、自己効力感、希望、レジリエンス、オプティミズムといった複数の概念を含んだ、複合的な概念である。これまでの実証研究では、4つの概念を合成した心理的資本が、従業員の職務満足、コミットメント、心理的なウェルビーイングを高め、組織市民行動を喚起すること。反対に、シニカルな態度、離職意思、不安を低下させ、逸脱行動を抑制することが確認されている。　（服部泰宏）

心理動態論 ……………………………… Ⅱ－2

　心的事象を原因と結果の連鎖とみなし、原因に重点をおきながら全体を力動的にとらえ、体系的に解明しようとする理解の仕方。心理力動的な立場の特徴は、①人間の心の働きには本人が意識していない無意識がある、②無意識は個人の日常の言動に、非常に大きな影響を与えている、③人間の心の中には色々な葛藤がある、④個人は欲求を満たしながらも現実に適応できるように葛藤を解決し

ながら生きている、⑤その結果として心と体のバランス、個人として社会への適応を保っている、と考える点にある。

力動とはdynamicの訳であり、人間の無意識の中に存在し、相互に関係する3つの心の動き（エス、自我、超自我）の相互交流のダイナミズムについて詳しく考えるのが力動論である。エスは、本能的な欲動、自我はエスを抑圧しつつ現実生活に適応しようとする心の動き、超自我は道徳的、社会的な自我である。力動的観点とは、自我が、どのような動き方をしていて、どのような役割を果たしているのか、それに伴い、エスや超自我との間にどのような相互作用が起こるのか、するとそれはどのような対外的行動として、あるいは症状として現れるのかということを論じる観点である。

（髙橋南海子）

心理力動（心理的ダイナミクス） →心理
動態論

進路選択制度（career-path selection
system）………………………Ⅱ−3−A, B
さまざまなキャリア・ステージで従業員自らが進路を選択する制度のこと。

総合職と一般職の区分がある場合、まず入社時点でいずれかを選択する。総合職は社内の基幹的業務を担当し勤務地は限定されず国内外に転勤があり得るが、一般職は主として定型的な補助業務を担当し転居を伴う異動はない。中堅層には、幅広い業務を管理する管理職、高度専門的知識をもち特定業務に特化する専門職、経験と知識をもち現場で業務遂行

する専任職のいずれかの選択が存在する。キャリア後年には定年退職、早期退職、再雇用、関連企業への再就職などの選択肢が待ち受けている。一般に進路選択制度と呼ばれる際には、これらのうちの一つのみを指していることが多い。

従来の画一的な人事管理が崩れ、人事制度の複線化が進んでいる。従業員は多様な選択肢の中から自分に合った働き方と進路を選択するように求められている。このような進路選択制度は、技術革新の進展、産業構造の変化、柔軟な労働力確保といった企業側の要因と、ライフスタイルや価値観の多様化、従業員の意思や主体性の重視といった従業員側の要因との整合性を図る点にその狙いがある。

（島田善道）

→人事方針、キャリア・マネジメント

垂直的交換（vertical exchange）………Ⅱ−2
リーダーシップを対人的交換関係から派生する、特定のリーダー・メンバー関係として捉えたのはホランダー（Hollander, E. P.）である。この対人的交換関係（interpersonal exchange relations）理論は、対人関係を2者間での好意やサービスの交換関係として捉える。ホランダーはある個人がリーダーとして認められるためには、その人は他者との交換関係において、他者から受け取るものより、より多くのものを他者に与えている状況を生み出す必要があると主張した。すなわち、ある個人が交換関係を通じて他者に独自のプラス・アルファを与えることができ、それに基づき「独自信用」（idiosyncrasy credit）を獲得していること

が、その個人からリーダーシップが生まれる条件であると考えたのである。これは他者がリーダーとなる人に対し、交換的視点から"借りがある"と感じている状態で、ここから、当該個人にリーダーとして振る舞うことを許容し、信頼を与える垂直的交換関係が成立することになる。ホランダーの理論ではリーダーシップは、対人的交換関係の結果から独自信用という形として発生的に生まれてくるものであり、ただ単にリーダーないし長の地位に就任しただけで生じてくるものではない。この意味でホランダーの理論は、組織上の地位に付随した権限の行使としてのリーダー行動と、リーダーシップ（すなわち独自信用）に基づく影響力とを区別する、リーダーシップの基本的な概念規定を提示したものといえよう。

（若林　満）

垂直的評価 （vertical assessment）……Ⅰ－2－B, Ⅱ－3－A

ここでいう「垂直的」とは、上司と部下との関係を指しており、一般的には「上司が部下を評価する」ことを意味している。いわゆる一次考課者たる上司が被考課者たる部下を評価することになるが、上司の管理・監督者を二次考課者として位置づけ、評価のダブルチェックが可能な体制を採用することが一般的である。加えて部下が自分の上司を評価する方法を採用している職場もあるが、人間関係上のデリケートな問題が発生する危険性もありうる。部下の評価は、処遇に対する情報というよりも、むしろ上司の能力開発、つまりリーダーとしての資質

を高めるための必要情報として、活用することが望まれる。　　　　（牛窪　潔）

→人事考課、ピアレビュー

推定失業率 ……………………………Ⅰ－1

ある時点もしくは地域における失業率の推計値。推定においては、失業率関数を使い、失業率を需給要因と構造要因によって説明することが多い。代理変数として、需給要因については経済成長率・未充足率・欠員率・有効求人倍率などが、構造要因については産業別就業者比率・高齢者人口比率・若年者人口比率・大学進学率・女性の労働人口比率などが用いられる。その他、推定では生産関数、賃金関数、物価関数なども利用される。　　　　（友利厚夫）

→失業者、雇用者、有効求人倍率

推定と検定 （estimation and test）………Ⅰ－1

例えば、20歳以上の日本人の平均身長を知りたいときに、母集団（20歳以上の日本人）から無作為抽出した標本の身長の平均値を測ることが多い。日本人全員の身長のデータを得るのは困難であるため、標本の身長の平均値などのデータをもとに母集団の身長の平均値を推定する。標本から得られる平均値、分散などの統計量から母集団の平均値、分散などの母数を推定する。

母集団の特徴を得るために、推定の他に用いられるもう一つの方法が（仮説）検定である。検定では、母集団の性質について、検定仮説（帰無仮説）を設定し、標本のデータから検定統計量と呼ばれる数値を計算し、その数値がある範囲に入

っているかどうかにより、検定仮説を受け入れるか（検定仮説を採択するか）を決定する。検定仮説を採択しない場合、検定仮説を棄却するといい、予め用意した検定仮説と相矛盾する対立仮説を採択する。検定仮説が正しいとすると、標本のデータが得られることはめったにない場合に、検定仮説を棄却し、対立仮説を採択する。検定では、標本のデータが得られる確率が非常に小さくなるか、そうでないかによって、対立仮説を採択するか、検定仮説を採択するかを決定する。

（二神常爾）

→無作為抽出

水平的評価→ピアレビュー

スキャンロン・プラン（scanlon plan）

………………………………Ⅰ−2−B

マサチューセッツ工科大学のスキャンロン（Scanlon, J. N.）によって提唱された、企業の売上高の変動に応じて従業員の賃金総額を決定する賃金総額管理の手法。売上高に対する人件費の比率を一定にしておき、生産性向上等により売上高が予想よりも増大したり人件費が節減されたりした場合、基準人件費と実際人件費との差額を生産奨励金や賞与といった形で支払う。売上に応じて賃金総額が決定されるため、成果に伴わない賃金の過払いを抑止できる利点がある。この手法は、個人主義的な思想が浸透する米国にあって、従業員個人の能率よりも集団としての能率を刺激する集団インセンティブの方式としてとりわけ中小企業に導入され、注目された。 （上林憲雄）

スキルの劣化→リスキリング

スキルマトリックス（skills matrix）

………………………………Ⅰ−2−A

取締役会を構成している各取締役に関して、どの取締役がどの分野について知見や専門性を備えているかを一覧表の形でまとめたもの。

取締役会には、その役割や責務を実効的に果たすために必要な知識・経験・能力のバランスや多様性を確保していることが求められるが、スキルマトリックスを作成することで、取締役会全体が保有するスキルバランスの可視化が可能となる。 （徳田展子）

→取締役、取締役会

図式尺度法（graphic rating scales）

………………………Ⅰ−2−B, Ⅱ−3−A

図式尺度法は、人事管理のあらゆる評価法の中で、特に小・中規模の企業が多く採用している簡便な評価方法である。図式尺度法の構造は、縦軸に当該企業が必要とする評価対象（例：知識、情報、技能、協調性、責任性、判断力、企画力、等）を、横軸に評価基準（例：5点反応尺度5点「高い評価」・4点「やや高い評価」・3点「普通の評価」・2点「やや低い評価」・1点「低い評価」）を設け、評価対象ごとに評価・評点し、合計点で総合評点を算出し、併せて定性的な総合評価を提供するようにする。なお、考課者エラーを回避するために、事前の考課者研修の実施や、評価の客観性を担保するために、評価者を複数にすることが望ましい。

（牛窪　潔）

さ行

→人事考課、人事考課の評価項目、人事考
課の評価基準

スタッフ権限（staff authority）⋯⋯Ⅰ－2－A
　専門知識を活かしてラインを支援する
スタッフの有する権限のこと。企業が成
長すると仕事が複雑になるため、法律、
財務、人事といった専門知識がより求め
られるようになり、スタッフの存在抜き
に企業としての行動ができなくなる。し
かも、スタッフのラインに対する比率が
多くなると、スタッフが主導権をにぎる
（スタッフ帝国）会社となってしまうこと
もある。そうなると、本来のライン業務
にノイズがもたらされ、弊害が生じる。
　　　　　　　　　　　　　（大月博司）

→ライン権限

スタッフとゼネラルスタッフ
　　（staff；general staff）⋯⋯⋯⋯⋯⋯Ⅰ－2－A
　専門知識を活かしてライン部門を支援
するのが個々のスタッフであり、スタッ
フ部門である。具体的に、総務、人事、
知財といった部門がこれに該当する。こ
れらは、それぞれの専門知識を活かし
て、ライン部門がその目的をスムーズに
達成できるように助言・支援するもので
ある。しかしそれは、企業の業績に直接
的に影響する仕事とはいえない上、全体
的な視点を欠くため、その支援内容は部
門間の整合性に欠けるかもしれない。
　またスタッフ部門のなかでも企画部門
などは、経営トップの仕事を支援する役
割を期待されるため、ゼネラルスタッフ
とも言われる存在である。これは、経営
トップの全社的組織運営機能に対して総

合的な視点から助言・支援を行う機関で
ある。そのため、一般的なスタッフ部門
との違いが見られる。それは、社会と会
社全体を視野におくゼネラルスタッフに
対して、企業活動の一部分であるライン
活動に部分的視野で注目し、それを支援
するスタッフだという点である。もっと
も、木を見て森を見ず、という格言があ
るように、ゼネラルスタッフとはいえ、
現場を知らないで経営トップを支援する
と現場にそぐわない助言を提示するとい
うリスクを負うのである。　　（大月博司）
→ゼネラリスト、ライン、ライン・アン
　ド・スタッフ組織

ステークホルダー（stakeholder）⋯⋯⋯Ⅰ－1
　企業（多様な組織にも該当する）と直接・
間接に利害関係をもつ主体であり、企業
が影響を及ぼすだけでなく、企業に影響
を与える、企業を監視する主体も含まれ
る（利害関係者と訳出）。消費者、従業
員・労働組合、株主、債権者、サプライ
ヤー、地域社会などである。経営戦略、
コーポレート・ガバナンス、CSRなど
における重要な概念であり、近年は株主
資本主義に対し、ステークホルダー資本
主義という概念としても使用される。
　　　　　　　　　　　　　（百田義治）

→企業環境、企業の社会的責任（CSR）

ストック・オプション（stock option）
　⋯⋯⋯⋯⋯⋯⋯⋯⋯⋯⋯⋯⋯⋯⋯⋯⋯Ⅰ－2－A
　ストック・オプションとは、株式会社
の従業員や役員が、自社株をあらかじめ
定められた価格（権利行使価格）で取得
できる権利である。従業員や役員は、将

来、株価が上昇した時点でストック・オプションの権利を行使する。権利行使価格からの株式の値上がり分が従業員の利得となる。会社が業績を上げることで従業員が利益を得られるという仕組みのため、一種の成功報酬のような意味合いを持ち、従業員のインセンティブを高める効果がある。　　　　　　　（高橋　賢）

ストラテジー→戦略

ストレスの管理（stress management）

·····························Ⅰ-2-B

　一般にストレスとは、外部からの刺激によって人などの生命体の内部に生じる反応であるが、「ストレスの管理」とは、生命体がそうした体内の反応をうまく制御し、生命体にとってネガティブな状況を作り出さない行為を指す。生命体として人間を例に挙げると、人間の生活にとって適度なストレス（ユーストレス）は、生活していくうえで必要となるエネルギーを創出するので必要不可欠であるが、適応限界を超える過度なストレスや、あるいは逆にストレスが不足している状況（ディストレス）は、人体にとって有害な影響を与えるため、「ストレスの管理」が必要となる。

　とりわけ、人間の職業生活において、働きがいがあり、モチベーションが高まる仕事は必要なストレスであるが、その仕事が過重であったり、職場の人間関係がうまくいかなかったりするなどの場合には悪いストレスとなるため、心身症やうつ状態等をもたらさないよう、ストレスを適切に管理しなければならない。

　ストレスの管理には、企業が行う組織的対応と、働く個々人が行う個人的対応とがある。前者には、例えば職場適応の教育やさまざまな相談・支援体制の確立があり、後者には自己理解（自分自身をよく知ること）、自己制御（運動やリラクゼーション、ヨガ等）、自己管理（残業削減等）が有用である。　　（上林憲雄）
→職務ストレス、ユーストレス、メンタルヘルス

ストレングス・ファインダー（strengths finder）·····························Ⅰ-2-B

　人は自分の弱みを改善することよりも強みに意識を向け、それを活かすことで最大の能力を発揮するという考え方に基づいて開発された自己分析ツールである。ストレングス・ファインダーは、USギャラップ社が作成したものであり、177の質問に回答することによって、実行力、影響力、人間関係構築力、戦略思考力の4つの領域の34の資質の中から自分の強みをみつける。　　（二神枝保）
→ディスアビリティ・マネジメント

スーパーの職業発達理論（Super's vocational development theory）·······Ⅱ-2

　米国の職業心理学者スーパー（Super, D. E.）のキャリア発達に関する理論。スーパーの理論は心理学、教育学、人的資源開発論等、広範囲にわたる論考を特徴とするが、その中でも以下の2つの主張に特徴がある。①キャリアにおける自己概念（self-concept）達成の動機を重視したこと、②0歳から65歳以上に至るまでの生涯発達（lifelong development）の観

点を導入したことである。

スーパーの理論では、個人は自分らしさを最も表現することが出来る職業を選択したいと願い、またそうすることによって、自らが抱く自己概念を達成するよう動機づけられていると考える。すなわち、個人は職業生活を通じて「かくあるはずである私」を実現したいと願っているというのである。職業を通じての自己概念達成動機は、個人の生涯発達の各段階と深く関連していることも指摘しており、①一般に思春期や青年期においては自己概念が不安定であるが、年齢を重ねるにつれて安定してくること、②自己概念の達成方法はライフ・ステージによって異なること、③職業的な課題はより大きな人生途上の課題を反映すること、等が理論として提唱されている。

スーパーの理論はホランド（Holland, J. L.）の理論と並んで戦後の米国の職業心理学をリードしてきた。この理論をもとに、職業的成熟（vocational maturity）、職業発達段階（stage of vocational development）、職業探索行動（exploratory behavior）等、多くの研究が積み重ねられている。 　　　　　　　　　　　（渡辺直登）

→ライフ・キャリア・レインボー、キャリア・カウンセリング、ホランド理論

スパン・オブ・コントロール（span of control）……………………Ⅰ-2-A

管理者一人あたりの適切な部下の数を意味し、「管理（統制）の幅」と訳される。コンティンジェンシー理論によれば、スパン・オブ・コントロールは市場や技術の変化が早く、ルーティン度が低い環境で小さいことが安定的で、ルーティン度が高い環境で大きいことが適切である。古典的管理論が想定したようなあるべき「原則」ではもはやないが、組織構造を客観的に把握する次元の一つであり、組織をデザインする上では今日なお考慮すべき数値である。 　　　（日野健太）

スペシャリスト（specialist）………………………………………Ⅰ-2-A, Ⅱ-2

横断的に幅広い仕事に携わる者がゼネラリスト（generalist）と呼ばれるのに対し、少なくとも職業生活の一定期間、特定の専門的な仕事に従事する者はスペシャリストと呼ばれる。

またスペシャリストはプロフェッショナルとも同じではない。一般にプロフェッショナルが、外部汎用性のある能力の保持、専門職業集団の存在、それに公益への奉仕責任等を要件としているのに対し、スペシャリストは必ずしもそれらを要件としない。具体的には、製品開発、技術等のほか、事務系でも企画、人事・労務、経理・財務、営業・マーケティング、法務、特許等の仕事に携わるスペシャリストが多い。

従来の日本企業では、ゼネラリスト中心の人事が一般的であったため、頻繁で非計画的なローテーションに象徴されるように、彼らの専門能力を長期的に育成・発揮させるような体制が整っていないケースも多かった。また処遇面でもゼネラリストに比べて不利なことが多く、そのため労働者自身にもゼネラリスト志向が強かった。

しかし昨今、企業の側が高い専門能力

を要求するようになり、労働者のなかにもスペシャリストとしてキャリアを形成しようとする者が増えてきた。そして制度面でも、職種別採用、専門職制度、資格制度等が定着し、スペシャリストを活用する態勢が徐々に整ってきている。

（太田　肇）

→プロフェッショナリズム

スポーツキャリアサポート（sport career support）……………………………Ⅰ－1

エリート競技者は、早期からスポーツ競技の国際試合や専門的トレーニングに専念しており、競技と教育および仕事との両立が困難な場合が多い（Serrano *et al.*（2018））。さらに、競技引退後の社会への移行期において、その準備が十分ではないことやアスレティックアイデンティティが強すぎることから、社会に適用できない状況を生み出している（Baillie and Danish（1992））。

こうした状況を競技者に関わるコーチ、家族、心理学者、統括団体などが考慮し、競技者が安心して競技に臨むことが出来るよう引退後の進路（キャリア）について、さまざまな支援をすることをキャリアサポートという。例えば、アメリカでは全米大学体育協会が、大学での生活や競技スポーツ引退後の生活に向けて、学生アスリート時代に獲得したライフスキルなどを転移するプログラムを準備している（Shurts and Shoffner（2004））。

また欧州連合では、デュアルキャリアガイドライン（European Commission（2012））を策定した。競技で培った能力を一つのキャリアとし、それを基盤とし

て社会的な役割を担う人材の育成のために、スポーツ活動と並行して学業や仕事、心理、財政面などのガイドラインを整備した。これらは日本を始め、諸外国のキャリアサポートに影響を与えている。

（東海林祐子）

スミス・ヒューゲス法（Smith-Hughes Act）………………………… Ⅰ－1，Ⅱ－3－A

1917年に成立したアメリカの農業を含む産業、教育、家政のための教育訓練プログラムに対し、連邦政府が支援をするとした18条からなる法律。毎年700万ドルを支出することが主たる内容であって、パブリック・スクールの外側で、連邦政府が職業教育に金銭を支出することになった最初の法律である。同法は職業教育の当事者たる労使、教育界の様々な意見をきき、バランスをとった内容になっているといわれている（Bennett, C. A.）。

（二神恭一）

→職業

3S（three S）……………………………Ⅰ－2－A

経営管理の合理化の3つのステップとしての、単純化（Simplification）、標準化（Standardization）、専門化（Specialization）の総称である。まず単純化とは業務の構造とプロセスを整理しシンプルにすることである。標準化では、それらを分類し業務内容の標準を具体的に設定することで計画・統制や業務の習熟が容易となり、コスト抑制とともに品質向上を図る。そして専門化は、組織の担当範囲を明確にし、業務を同類ごとにまとめ、設備機能を一定範囲に限定していくことで

さ行

ある。　　　　　　　　（児山俊行）

性格検査（personality test）
・・・・・・・・・・・・・・・・・・・・・・・・・・・ II-2, 3-A

　ある人を特徴づけている持続的で一貫した行動パターンを、性格（パーソナリティ）という。性格を把握するための心理検査が性格検査で、性格の捉え方からいくつかのタイプがある。

　人がもつ代表的な特徴を取り上げて分類することで、性格の違いを把握するのが「類型論」である。細部を省略して大きな傾向を示すことができるのがメリットである。「ユングの類型論」「クレッチマーの類型論」が代表的である。これらを測定する検査としてマイヤーズ・ブリッグス検査などがある。

　人はさまざまな行動傾向をもち、その一つ一つを特性といい、個人の性格は各特性の組み合わせによって構成されると考えるのが「特性論」である。個人差の比較が可能になるのがメリットである。YG性格検査（矢田部-ギルフォード性格検査）、MMPI（ミネソタ多面人格目録）、MPI（モーズレイ性格検査）、Big Five などが代表的である。

　人の性格をその人の行動を引き起こす欲求や動機から捉えるのが「力動論」で、行動の原動力となる欲求を測るマレー（Murray, H. A.）の社会的欲求を測定する EPPS（Edwards Personal Preference Schedule）などが代表的である。　（河村茂雄）
→マイヤーズ・ブリッグスタイプ指標、**性格検査の方法**

性格検査の方法・・・・・・・・・・・・・・・・・ II-2, 3-A

　性格検査の実施方法は目的により、質問紙法、投影法、作業検査法が用いられる。質問紙法は事前に用意された性格や行動に関する質問項目に答え、回答結果を点数化して性格を捉えるものである。投影法は意味の曖昧な素材を見せて、被験者に無意識を投映させて自由に反応してもらい、深層心理を含めた内面や性格を診断する。作業検査法は一定の条件のもとで、意図的に回答を操作しづらい簡単な作業をしてもらい、態度や結果から性格を測定するものである。　（河村茂雄）
→向性検査、性格検査

成果主義・・・・・・・・・・・・・・・・・・・・・・・・・・・ I-2-B

　従業員の賃金・賞与や昇格といった人事上の処遇決定基準を、一定期間における成果に求める考え方。従来日本の大企業の多くで採用されてきた能力主義による職能資格制度では、従業員の保有する潜在能力としての職務遂行能力（インプット）に着目していた点に対し、従業員の顕在的な成果、貢献（アウトプット）に着目する点が特徴である。

　日本ではバブル経済崩壊後の長期不況によって、多くの企業で職能資格制度の年功的運用による制度疲弊（企業成果と必ずしも連動しない形での総額人件費高騰）が顕著にみられるようになった。そこで人事制度改革の中核的理念として唱されるようになったのが成果主義である。1990年代以降、多くの日本企業が成果主義をキーワードとした人事制度改革を実施してきた。ただしその殆どは、職務主義化を伴う社員格付制度の抜本的改革というよりは、能力主義を基礎としなが

ら、目標管理制度（MBO：Management By Objectives）の導入等によって従業員の成果をより可視化し、それを報酬（特に賞与）に反映させるものである。多くの日本企業で推進される人事管理の成果主義化は、能力主義の利点を毀損させない形でより具体的な業績・貢献を重視する、いわば能力主義を補完、強化しようとする点に特徴がある。　　　　（千田直毅）

→**目標（による）管理**

生活習慣病（Non-Communicable Disease：NCD）·····························Ⅰ−2−B

　生活習慣病は、かつて成人病と呼ばれていた。この成人病と呼ばれていた脳卒中、がん、心臓病などは、喫煙や飲酒などの生活習慣と密接に関連しており、これらの疾患予防には生活習慣の改善が不可欠という点に着目して、生活習慣病という用語が成人病にかわり1996年から使われるようになった。これは、早期発見、早期治療に重点を置いた二次予防に加え、生活習慣の改善（健康増進）による発症予防（一次予防）を重視した疾病対策へと変化をもたらした疾患概念である。

　2020年の人口動態統計によると、日本人の死因順位は、第1位は悪性新生物（がん）、第2位は心疾患、第3位は老衰、第4位は脳血管疾患であり、生活習慣病が上位を占めている。悪性新生物による死亡率は一貫して上昇しており、2020年の全死亡者に占める割合は27.6％と約3人に1人が悪性新生物で亡くなっている。部位別では肺がん、大腸がん、胃がんなど生活習慣が発症に密接に関連して

いるがんが多いのが特徴である。2020年の心疾患による死亡は全死亡数の15.0％を占めており、脳血管疾患が1970年をピークに低下傾向が続く中、1985年に脳血管疾患にかわり第2位となっている。このように、我が国では国民の疾病構造の多くを生活習慣病が占めるようになり、深刻な社会問題となっている為、積極的な健康づくりによる予防が急務となっている。　　　　　　　（橋本典生）

生活習慣病対策（lifestyle-related disease prevention）·····························Ⅰ−2−B

　生活習慣病は、基本的に慢性的な生活習慣の乱れから生じてくる。よって暴飲暴食や運動不足、睡眠不足、過剰なストレス、喫煙等の生活習慣の見直しが最も予防策として重要になってくる。人生の働き盛りの時期には自主的に自らの生活習慣を顧みる必要がある。特に、「Exercise is Medicine（運動は万能薬）」と言われるように、定期的な運動や歩行等の有酸素運動は、肥満の解消や高血圧、糖尿病、がん、認知症などの様々な疾患の発症予防効果を持つ為、運動は副作用の無い効率の良い生活習慣病の予防策と言える。　　　　　　　　　　（武田淳史）

生活賃金·····························Ⅰ−2−B

　従業員および従業員が扶養する家族を含めた世帯における標準的な生計費をもとに決められる生活保障的賃金部分を一般的に生活賃金という。生計費の指標としては、総務省の「家計調査」等をもとに人事院や地方自治体の人事委員会による、食料費、住居関係費、被服・履物

費、雑費から算定する「標準生計費」などがある。なかでも最低生計費を基準に決められるものが最低賃金額となり、一方でゆとりのある生活を送るための愉楽生計費も参考にされている。

賃金決定の3原則として労働の対価、労働力の市場価格、生活保障が挙げられるが、このうちの一つに位置づけられている。わが国では、戦後、低い賃金水準からスタートしたことにより、年齢や勤続年数などを中心にした生活賃金を中心にとらえ、これが年功賃金として形成されてきた。

その後の経済成長を経て年功賃金から能力主義賃金へと進み、さらには職務、役割主義賃金へと変わりつつあるといえる。これとともに専業主婦という概念が薄れ、すなわち一家の大黒柱として夫が家庭での収入を支えるという前提自体が揺らいできており、さらに昨今では副業・兼業が積極的に勧められてきているなかで、一社で生活賃金を担うという見方そのものも変化してきている。

（二宮　孝）

→標準生計費、生計費、時間賃金

成果配分 ································ I−2−A, B

経営における成果を一定の基準に基づいて労働者に配分する仕組みのこと。経営の成果としては、売上高、利益、付加価値等があり、具体的な成果配分制度としてはラッカー・プラン、スキャンロン・プラン、利益分配制などが有名。日本では、中小企業の賞与算定に成果配分の考え方を採用する場合が多い。経営成果に連動した報酬が期待できるため、従

業員による生産性向上の取組への参加やモラールの向上を促し、労使協調に寄与する。　　　　　　　　　　（千田直毅）

→ラッカー・プラン、スキャンロン・プラン

生計費（cost of living）··········· I−1, 2−B

生計費とは、家計がその生活を営むために必要とする財・サービスを購入する費用である。生活費ともいう。家計の支出のうちどこまでを生計費に算入すべきかは難しい問題であるが、通常は簡便的に可処分所得から貯蓄を控除したものをいう。生計費の分析は、国民の福祉測定という側面、賃金水準決定という側面、消費需要という側面から重要である。

（高橋　賢）

→可処分所得

生産集約化 ····························· I−2−A

生産工場や生産品目の数を削減し、一か所（品目）ないし数か所（品目）に絞り込むことを指す。工場の統廃合ないしは製品の統合として観察することができる。

生産集約化の主な目的として、スケールメリットの実現、生産・管理・物流の効率化が挙げられる。　　　（日野健太）

生産奨励給 ····························· I−2−B

会社、工場、事業所、部門といった集団のパフォーマンスに準じて支給される賃金のこと。生産奨励給は1950年代初頭に生産現場の効率化に向けて導入されたもので、今日では部門業績給やチーム成果給に相当するものである。労働者に集団業績への貢献に対するインセンティ

ブを高め、職場のチームワークを損ねることなく成果型の賃金形態を導入できるメリットがある。個人の貢献度を明確化しづらい職務においても適用しやすい。

（厨子直之）

→チームワーク、能率給

生産性（productivity）……………Ⅰ－２－Ａ

生産要素（原料、設備、労働者、労働時間等）の投入量に対する、生産量や生産額、付加価値といった産出量の比率。労働者１人当たりでは労働生産性、投入資本１円当たりでは資本生産性という。また、どれだけの付加価値を創出したかで見れば、付加価値労働（or資本）生産性となる。

これらは現代的な企業経営を前提としたものだが、そもそも生産とは人間生活に必要な物財獲得のため自然資源を人為的に加工し、変質させ再構成を行うことであり、その際には人々が協力・協働し合うことが多い。つまり、使用価値のある物財を得るという目的のもと、モノ・ヒトの生産要素を選択・投入し要素相互の調和を図りながら所期の成果物を生み出し、生活を維持していこうとするのが生産である。その生産は、産業革命以降、資本主義的生産の利潤増大志向のもと、個人的な生計の範囲を越えて商品生産拡大と営利極大化を図る企業が主体となる。企業では、投入した生産要素に対し、産出製品や創出価値がどのくらいの比率になるか、いっそう強く問われることになる。そこで、投入／産出間の比率を測定する一定の指標である"生産性"が必要とされた。ただこれは、一見客観

的でありながらも、すぐれて資本の論理に沿った性質を持っている。

また、一般大衆の物的な豊かさを追求する経済社会では、企業の生産性を高める国家的政策も必要となり、いまや様々な生産性指標（例えば、労働や資本の生産要素以外の要因も考慮したTFP（Total Factor Productivity：全要素生産性など））が開発され政策の立案・実行に利用されてきた。ともあれ「工業化」された社会では、農漁業・牧畜ベースの社会と異なり、動力や機械の発展によって人間の操作性を高めることで、自然の成長速度に大きく影響されず自然資源を加工できるようになる。

こうして手工業から機械工業へと産業の中核が変貌していく中で、企業は機械を技術上の基礎として、多数の生産従事者の協働・分業が工場を中心に展開し、商品生産と営利の拡大を図っていく。この段階になると、機械と労働者が大きな投資・操業の要因となる。そこで企業経営者は、資本を必要に応じて機械に投資しつつ、投入する労働者数を抑えつつも能力を利用できるよう統制管理しようとする。そして生産プロセスをできる限り効率的に進行させることで、製品産出と価値創出を増やすことを目指していく。ここに、資本生産性や労働生産性といった指標が経済効率を表すものとして利用される理由がある。（児山俊行）

生産性基準原理………………………Ⅰ－２－Ａ

日本企業が昇給を図る際に基づいていた原理であり、昇給率を生産性［実質国内総生産（GDP）／就業者数］の伸び率

の枠内にとどめようとする考え方。高度成長期が終わりGDPの伸びが低下しはじめた1970年代より日本経営者団体連盟（日経連）から提唱され、各企業の賃金決定の基準となっていた。しかし90年代に入り企業間の業績格差が拡大してくると、マクロ指標であるGDPを基準として個別企業の昇給を決定することの合理性が薄れ、使われなくなってきた。

（児山俊行）

→生産性

生産性向上運動（productivity improvement movement）‥‥‥‥‥‥‥‥‥‥‥Ⅰ－2－A

生産性向上運動は、第二次大戦後に米国の支援を受け、欧州や日本で行われた生産復興のための活動である。日本では1955年、政府の承認のもと経済諸団体によって設立された日本生産性本部が主導的役割を果たす。

活動原則として①生産性向上による雇用増大と失業防止②労使協力による生産性向上の研究・協議③生産性向上の成果の経営者・労働者・消費者への公正な分配が掲げられた。すでにデミング（Deming, W. E.）を招聘し統計的品質管理を学んでいたように、当初は米国の経営方式を導入する形で展開した。多くの視察団を米国に送り、経営管理や専門技術、労使関係のあり方などを学んで日本での適用を図った。特に工程管理技術としてインダストリアル・エンジニアリング（IE）が導入され、労使協調のもと作業改善が進展していくなど、これら諸活動は高度経済成長の躍進に寄与した。その後、研究開発やホワイトカラー労働な

ど幅広い分野でも展開されていく。

これらの運動が一定の成果をあげた背景には良好な労使関係の構築がある。生産性本部をはじめ経営者や労働組合の労使協調への努力が生産現場での管理者・技術者・労働者の協働を促し、飛躍的な生産性の向上と労使双方に高い成果配分をもたらした。

（児山俊行）

生産性のジレンマ‥‥‥‥‥‥‥‥Ⅰ－2－A

イノベーション（技術革新）には、「製品イノベーション」と「工程イノベーション」の2つのタイプがあるが、時間の経過とともに製品イノベーションから工程イノベーションに重点が移行し、生産性は向上するものの、大きなイノベーションが生まれなくなるという現象をいう。アバナシー（Abernathy, W. J.）が、アメリカ自動車産業におけるイノベーションと製品・工程の発展のパターンの研究に基づいて提唱した。　　（齊藤　博）

→イノベーション、プロセス・イノベーション、プロダクト・イノベーション

成人学習（adult learning）‥‥‥‥‥Ⅰ－1

成人学習は、成人を対象とした主体的な学習を指すものであり、子どもを対象とした受動的な学習と対比される。英語表記はadult learningであるが、ギリシア語を用いて、子どもを対象とした学習をペダゴジー（pedagogy）、成人学習をアンドラゴジー（andragogy）と呼ぶこともある。

成人学習論の議論に先鞭をつけたノールズ（Knowles, M. S.）によれば、ペダゴジーと比較した場合のアンドラゴジーの

特徴には、4つがある。一つ目は、自己管理的・自己決定的であることである。依存的で受動的な存在であることを仮定するペダゴジーに対して、アンドラゴジーが想定するのは、自ら決定する能力を持つ、能動的な学習者である。2つ目は、学習者本人の経験の役割が大きいことである。経験量が少なく、むしろ教育者の経験が重視されるペダゴジーに対して、アンドラゴジーにおいては、学習する側の経験が極めて重要な役割を果たす。3つ目は、年齢や発達段階によって学ぶべき内容が変わるペダゴジーとは異なり、学習者本人の立場や社会的役割によって学習に対するレディネスが変わることである。そして4つ目は、問題解決を中心とした学習となることである。ペダゴジーにおいては、多くの場合、学習の内容の実生活での応用は学習時点からかなり時間が経過したのちになる。

応用が延期される（postponed application）ことが子どもの学びの特徴であるのに対して、成人学習の場合、学習の必要性そのものが実生活における問題発生に起因していることが多い。そのため、応用の即時性（immediacy of application）が重要になる。　　　　　　　（服部泰宏）

精神分析 (psychoanalysis) ……………Ⅱ-2

オーストリアの精神科医、フロイト（Freud, S.）とその後継者によって、19世紀後半から20世紀前半に打ち立てられた人間の心理、発達、精神病理、精神療法に関する理論と実践の総称。精神分析には以下の3領域があるとされる。①人間の心を探求する研究方法、②人間の行動と心理に関する理論、③精神疾患の治療に関する方法。

心の探求方法としては、人間の心に無意識層（unconscious level）のあることを想定し、そこに蓄積された幼児期からの記憶内容とそのプロセスを明らかにする方法として、自由連想法（free association）、夢分析等を提唱した。精神分析の理論は、メタサイコロジー（metapsychology）、リビドー論（libido theory）、構造論（structural theory）、自我論（ego theory）、対象関係論（object relations theory）等、多岐にわたる。

これらの理論は、全て精神分析による臨床実践の中から生まれたものであり、生物としての性欲の影響を強調するものから、社会的な存在としての人間を強調するものまで、さまざまなものが存在する。

精神疾患の治療に関しては、精神分析は広義の神経症の治療に効果的とされており、そこでは基本的には自由連想法や夢分析を用いて、患者の無意識の中に抑圧された心的外傷（psychological trauma）や幼児体験を意識化させる方法が用いられる。

精神分析が人材開発に及ぼした影響としては、感受性訓練（sensitivity training）、経営トップの心理分析、無意識的な事故・欠勤等の防止策等に見ることができる。　　　　　　　　　　　（渡辺直登）
→フロイト, S.

正統的周辺参加 (legitimate peripheral participation) ……………………Ⅰ-2-A

実践共同体研究の嚆矢であるレイブ

さ行

(Lave, J.) とウェンガー（Wenger, E. C.）によって提唱された概念であり、端的に言えば、参加者が実践共同体への参加の度合いを増していくことをもって学習と捉える考え方である。

　例えば徒弟制のもとで、新参者は、いわゆる下っ端仕事を経験しながら、徐々に相対的に重要でコアとなるような仕事を経験するようになる。このように、個人がその共同体での社会的文化的な実践を通じて、その場への十全的参加（full participation）を果たしていく過程が、レイブとウェンガーのいう学習である。彼らにとって学習とは、単純に人々が知識量や経験量を増やしていくことではなく、知識や技能を習得するために実践共同体への参加の度合いを増していくことを指す。このことを表したのが正統的周辺参加の概念である。

　彼らによれば、学習とは、共同体における「中心的な参加」という特定の点を目指して、個人が直線的に技能習得をしていくようなものではなく、共同体における個人の位置が変わり続け、またその位置に対する意味づけも変わっていくという、ダイナミックな過程である。彼らによれば、「十全的参加」へ向かう過程は、時には「不参加という参加」の形態をとったり、周辺からより中心的なポジション（あるいはその逆）へと関わり方を変えたり、場合によっては外部の異なる実践共同体との関係を持ったりするなど、様々な経路がありうるという。

　このような学習の捉え方の背景には、我々が用いる知識は、個人の中にそれ自体独立した知識として格納されているよ

うなものではなく、むしろ、それが用いられる状況や文脈の中で適切に生起し、周囲の他者との間で分かち持たれているものであるという、状況的学習の考え方がある。個人が自身の内部で、その人自身で知識を構成するのではなく、人々や周囲の環境とのやりとりの中で、社会的に知識を構成していくという考え方である。

　何れにしても正統的周辺参加とは、個人が実践共同体の成員となるということに価値を見いだし、当該実践共同体への参加の度合いを深めていくことを通して、知識や技能の獲得、さらには成員としてのアイデンティティの発達を達成していくこと、といえる。そして、このような意味での正統的周辺参加過程の中で、新参者が徐々に参加を深めていくような共同体を、実践共同体と呼ぶのである。

（服部泰宏）

→学習、状況的学習論、実践共同体

制度理論（institutional economics）……I－1

　制度理論は、経済の制度面に光をあて、習慣や社会諸制度、構造・組織の側面から経済を実証的に分析しようとした。アメリカで19世紀末から展開された理論であり、ヴェブレン（Veblen, T. B.）やコモンズ（Commons, J. R.）等に代表される。アダム・スミス来の新古典派的ミクロ理論に対しては、単なる機能としての市場の扱い、ブラックボックスとしての企業の位置付けを強く批判。

　他方、1970年代に展開される組織の経済学は、取引費用理論、プリンシパル・エージェント理論、所有権理論等を

含み、取引活動や市場取引の実際、すなわち取引活動や交渉、組織の実体を取り上げた。ここに新制度学派と呼ばれる理論が展開され、経営学にも大きな影響を与えた。新古典派を補完する理論として主張されることが多く、対立的立場を取った旧制度学派とは異なる。コース（Coase, R. H.）やウィリアムソン（Williamson, O. E.）がその代表である。　　（藁谷友紀）

性別役割分業 ·······························Ⅰ－1

　性別をもとに固定化された社会的分業並びに家庭内の役割分担のありようを指す。男性は主に家庭の外で生産労働に、女性は家庭内で再生産労働に従事するという性分業は、近代資本制社会の成立に起因するとされ、労働組織における性別職務分離、家庭における性別役割分担をもたらした。しかしそれは、労働や経済の場のみならず政治的、社会的な活動の機会への女性の参画の阻害要因になっており、その解消は社会全体の課題と言える。　　（村田晶子）

制約された合理性（bounded rationality）

·······························Ⅰ－2－A

　人間の認知能力には限界があり、完全な合理性を持ちえないこと。古典的な経済学における前提は、人間は現実の複雑な局面に直面しても、その全てを知ることができる全知全能の人間像が仮定されていたが、これは非現実的であるとして、1947年にサイモン（Simon, H. A.）が*Administrative Behavior*と題する書籍において提唱した概念である。後にウィリアムソン（Williamson, O. E.）は当該概念

を基礎にして取引コストに関する経済学を展開した。　　（上林憲雄）

→サイモン, H. A.

整理解雇 ·······························Ⅰ－2－B

　企業が経営難や事業規模の縮小を理由に人員削減のために行う解雇をさす。削減理由と対象者の選択決定法に合理性が求められる。また、解雇回避努力を尽くしたか、差別的扱いをしていないかが問われる。　　（丹羽浩正）

→解雇

セカンドキャリア（second career）

·······························Ⅱ－3－A, B

　一般的に第二の職業人生のことを指す。長期雇用が一般的であった時代には、育児や子育てが終わった後、あるいは定年退職後の職業人生を表す意味で用いられることが多かったが、現在では、より若い年齢における、自らの将来を見据えた新たなキャリアの展開やキャリアアップという文脈でも用いられるようになった。プロスポーツ選手のように、職業構造的に、人生のある時点でこれまでと全く異なる職業につかざるを得ないようなケースを指して、この言葉が用いられることもある。当然ながら、セカンドキャリアが始まる年齢やその時点で抱えている状況もさまざまであり、セカンドキャリアの歩みを進めるために必要な知識やスキルも、さまざまである。

　　（服部泰宏）

→キャリア、キャリア・マネジメント、キャリア・カウンセリング、キャリアアップ助成金

さ行

責任〔responsibility〕·················Ⅰ-2-A

　一般に、行為者の立場上負わなくては
ならない任務や義務を責任と称するが、
より精確にいえば、責任は、行為の原因
が行為者にある場合に、当該行為および
その結果に関して法的ないし道徳的に行
為者に帰せられる責務のことを指す概念
である。経営学や組織論の文脈において
は、「経営責任」や「説明責任」、「責任
と権限の一致」といった術語として用い
られることが多い。

　まず「経営責任」とは、コーポレー
ト・ガバナンス（企業統治）において、
所有者である株主や投資家から経営を委
託されている会社の取締役が負うべき責
務を指しており、代表取締役社長をはじ
めとする取締役陣が、会社の利益が出る
ようさまざまな手段を講じつつ自由に経
営するが、利益が出ず赤字となってしま
った場合にはその経営の過程や結果に対
し負わなければならない責務があり、こ
うした責務を指して経営責任と称する。
いわば、経営者に付与された自由に対
し、その結果は所期のとおりきっちり出
す必要があるという含意があるのがこの
経営責任という概念である。

　「説明責任」は、英語のアカウンタビ
リティー（accountability）の日本語訳で
あり、より具体的には、自身が権限を有
している職務についての状況を関係者に
対し説明する義務を意味する用語として
使われる。一般的な「責任」という日本
語の英訳であるレスポンシビリティの対
置概念として用いられ、レスポンシビリ
ティが業務遂行義務、すなわち上位者か
ら指示された業務を下位者が遂行する義

務を指すのに対し、アカウンタビリティ
ーは指揮命令系統上の上位者が自身の権
限を有する職務についての状況を関係者
に説明する義務を指しており、レスポン
シビリティという用語の示す業務担当者
の持つ責務とは区別して用いられる。

　「責任と権限の一致」は伝統的組織論
における組織設計の原則の一つであり、
職務において、責任と権限が等しい関係
にあり、責任を全うするために権限が与
えられなければならないことを指す組織
原則である。一般に、組織では権限が付
与されることに伴い、権限を付与された
者はその権限の範囲内において自由にさ
まざまな創意工夫を凝らしながら職務を
行うことが要請されるため、責任と権限
は表裏一体の関係にあると前提される。
ただし、近代組織論の祖とされるバーナ
ード（Barnard, C. I.）においては、責任
は「個人の行動を規制する私的道徳準則
の力」として捉えられており、責任と権
限は同等に位置づけられるのではなく、
むしろ責任が権限に優先される基盤を成
す概念として捕捉されている。

　このように、責任という用語は使われ
る文脈に応じて多種多様な含意をもつた
め注意が必要である。　　　　（上林憲雄）

→コーポレート・ガバナンス、アカウンタ
　ビリティー、**権限**、**権限委譲**、バーナー
　ド, C. I.

責任投資原則〔PRI：Principles for Respon-
　sible Investment〕······························Ⅰ-1

　2006年に当時の国連事務総長である
アナン（Annan, K. A.）の提唱により発足
した投資家イニシアティブ。機関投資家

が実行すべき原則として、投資の意思決定プロセスにESG（環境・社会・ガバナンス）課題を組み込むことや、投資対象企業に対してESG課題の適切な開示を求めることなどが示されている。日本では、世界最大級の年金基金である年金積立金管理運用独立行政法人（GPIF）が2015年に署名し、注目を集めた。

（徳田展子）

セクシュアル・ハラスメント……………Ⅰ−1
　職場等において労働者の意に反する性的な言動に起因して労働条件について不利益を受けたり、性的な言動により就業環境が害されることを指す。職場等において繰り返される性的攻撃に対し、1970年代アメリカのフェミニズム運動において名づけられ社会問題化された。日本では、1980年代後半から女性差別として告発の声が挙がり、1990年ニューフジヤホテル事件、1992年福岡事件などで上司や会社に対して慰謝料支払いの判決が下された。
　セクシュアル・ハラスメントは、労働者の意に反する性的な言動が行われ、それを拒否したことで解雇、降格、減給などの不利益を受ける「対価型」と性的な言動が行われることで職場の環境が悪化することによって労働者の能力の発揮に大きな悪影響が生じる「環境型」の二側面から規定されている。今日、就職活動等でも生じており、被害者の人生に深いダメージを与える人権問題としてとらえられている。改正「女性の職業生活における活躍の推進に関する法律」（2019年）、「労働施策の総合的な推進並びに労働者の雇用の安定及び職業生活の充実等に関する法律」（2022年全面施行）等では、防止対策の強化、相談体制の整備等の雇用管理上必要な措置を講じることを事業主に義務付けている。　　　（村田晶子）

世帯賃金………………………………Ⅰ−2−B
　戦後わが国は生活給体系から始まった。生活給体系は、学校を卒業してただちに入社し、低い初任給から徐々に積み上げていく段階における単身賃金、さらに結婚を経て子どもを含めた世帯が形成されていく中で教育費や住宅費がより多くかかっていくことを受けて世帯賃金という仕組みが出来上がっていったといえる。このこともあって、長きにわたって子ども2人を合わせた4人家族世帯における標準生計費が世帯賃金のベースとされてきた。月例賃金では、年齢給や勤続給に代表される年功的な賃金を中心に、家族手当や住宅手当などの生活補填手当が補完する構成で成り立ってきた。また、一家の大黒柱としての正規雇用の夫が主たる収入を得るものとし、妻がパートタイマーなどの非正規雇用で生活を支えるという見方が長らく中心になっていたといえる。
　しかしながら、女性の社会進出を始めとして、働き方の多様化や価値観の変化の影響を受けるとともに少子高齢化が急速に進む中、男女雇用機会均等法や育児・介護休業法などの法整備を背景として、世帯賃金そのもののとらえ方も大きく変化してきている。　　　（二宮　孝）
→生計費

さ行

接合型賃金 ························ I－2－B

　等級制のもとに定める賃金の場合、下位の等級の上限額と上位の等級の下限額が一致している場合を接合型（接続型）賃金という。これに対して、乖離しているものを開差型、下位等級の上限額が上位等級の下限額を上回っているものを重複型という。

　本来の賃金設計からみれば開差型または接合型が合理的であるといえるが、とくに職能給の場合には重複型が多く見受けられる。これは属人的な要素が含まれていることが要因として挙げられ、等級制度の矛盾ともいえる。　　　（二宮　孝）

Z理論（Theory Z）·················· I－2－A

　人の動機づけに関するX理論とY理論の発展形の理論の総称。企業経営に関して、人的資源管理、組織行動の分野で用いられる。主として、マズロー（Maslow, A. H.）によるものと、オオウチ（Ouchi, W. G.）によるものが知られる。マズローは、欲求階層モデルの修正モデルとしてZ理論を位置づけている。オオウチは、企業経営を日本型の経営とアメリカ型の経営に分類し、日本型の経営の特徴を持つアメリカ型の経営の企業を優れた企業経営であると位置づけた。

　　　　　　　　　　　　　　（玉利祐樹）

→ 欲求階層説、X理論vs.Y理論、コーポレート・カルチャー

説明責任→責任

ゼネラリスト（generalist）·············· I－2－A

　ゼネラリストはスペシャリスト（spe-cialist）に対比されるもので、後者が特定の職能、特定の専門領域について、専門的な知識と能力をもった人であるのに対し、これは各職能について概括的な知識と能力を兼ね備えた人を指す。今日のように技術の高度化、経済社会の複雑化、さらにグローバル化の時代にあっては、高度の専門的知識・能力をもった人が強く要請される。他方、管理者とりわけトップの経営者は企業の総合的かつ包括的管理を行う立場から、広い視野に立った見識と知識および能力を不可欠とする。それゆえ企業の経営にあたっては、ゼネラリストとスペシャリストは共に必要である。ただ、ここで注意すべきことは、真のスペシャリストは他の領域のことは全く無知であるといった馬車馬的スペシャリストを意味するものではない。他方、真のゼネラリストとは、一般に「何でも屋」は何物にも通じないと言われるように、単なる「何でも屋」でなく、特定の領域を基盤に広い視野と見識をもった人をいう。その意味では、両者は全く相いれない対立概念ではない。

　　　　　　　　　　　　　　（阪柳豊秋）

セラピー→行動療法

セールスマン（salesman）············· I－2－A

　セールスマンは、人的販売の担当者であり、顧客と直接に接触して顧客を説得し、取引を締結し、商品の価値を実現する。セールスマンは、店頭販売員でなく訪問販売員、外販員、外交販売員などと呼ばれ、主として外売り販売員のことである。

その活動内容は、見込み客の発掘、コミュニケーション、販売、サービス、情報収集、カスタマーリレイションを構築することで、顧客の売れ筋情報として生産にフィードバックすることも重要である。

これからのセールスマンは、単なる販売術に頼るのではなく顧客に科学的理解を与えるとともに、製品と生産者に対する信頼感を形成しうる能力をもった専門家であることが要求される。（井上博文）

→人的販売

セールスマンの報酬……………Ⅰ－2－B

セールスマンを引き付けて維持するために、企業は魅力的な報酬を用意しなければならない。セールスマンは安定した収入、平均以上の業績に対する追加報酬および経験と勤務に対する正当な報酬を期待している。一方で経営管理者は統制、経済性および簡単明瞭性の達成を望んでいる。経済性といった経営管理者の目標は財政的報酬というセールスマンの目標と衝突が存在する。

セールスマンの報酬の構成要素は、固定給、変動給、経費および付加給付である。固定給は月給等を指しセールスマンにとって安定収入となる。変動給は販売実績に対する歩合給やボーナスで支給され努力と成果に報いるものである。経費手当は、セールスマンの移動、宿泊、食事および接待に関わる費用である。付加給付は、有給休暇、疾病手当、年金および生命保険などで、保障および職務満足を提供することを意図している。

（井上博文）

→職務給、インセンティブ給、コミッション制

セルフキャリアドック（self-career dock）
……………………………………Ⅱ－3－B

従業員の主体的なキャリア形成を促進・支援することを目的とした総合的な取り組み、あるいはそのための企業内の仕組みを意味する。グループワークなど集合形式でのキャリア研修と従業員とキャリアコンサルタントが1対1で行うキャリアコンサルティングなどを組み合わせて行う。従業員にとっては、キャリア目標が明確になり、計画的な能力開発に取り組むことにより、継続的な成長や働くことによる満足度の向上に繋がることが期待される。また、企業にとっては、人材定着や従業員の意識向上により、組織の活性化や生産性向上への寄与などのメリットがある。　　（石﨑由希子）

セルフマネジメント（self-management／own management）……………Ⅱ－3－A

自己管理、自分自身のマネジメント。IT技術の発展などにより、個人の業務範囲が広がっただけではなく、テレワークの普及により、自分自身でマネジメントする能力が必要となってきた。個人が主体的に動く、つまり自律力を持つ人がどの分野でも求められるようになった。セルフマネジメントとは、自己実現や目標を達成するために、自らをマネジメントすること。効率的なパフォーマンスを求めるため、行動だけではなく、自身の思考や感情などのマネジメントも含まれる。

さ行

具体的には、メンタルヘルスケア（心と身体のケア）、レジリエンス（快復力、復元力）、マインドフルネス（今ここにいる自分にはっきりと注意を向け、留まり、ただ観察し、あるがまま受け入れる。自己探求。自己受容。瞑想や訓練によって発達させることが可能）、アンガーマネジメント（怒りの感情をマネジメントする）、キャリアデザイン、目標管理、時間管理など。

なお、患者が自分自身の健康や病気について学び、医療者や家族と相談し、自分で決めた事を実行、その責任を取るという意味である医療用語の「セルフマネジメント」とは異なる。　　（松谷葉子）

セルフ・レギュレーション

（self-regulation）……………………Ⅱ－3－A

セルフ・レギュレーションは、人が自身の衝動や欲求、あるいは学習方略を制御する能力に関わる概念である。心理学では、「自己の行動、感情、心身の状態などを自律的に統制・調整する心的機能」とされ、自己調整もしくは自己制御と訳される。

セルフ・レギュレーションの能力が重要になるのは、個人の内的な発達、他者や集団との関係性、学習方略においてである。個人の内的発達では、より大きな目標や将来目指したいものがある場合、今の欲求を抑制する能力としての自己制御が鍵になる。他者や集団との関わりにおいては、良好な人間関係を作り、維持するための自己調整が求められる。それは自分の欲求を抑えたり行動を合わせたりすることだけでなく、建設的に自己主張するといったことも含まれる。

このような社会的な場面での自己調整は、社会的自己制御（social self-regulation）と呼ばれる。学習方略を形作るメタ認知の形態として、自己調整学習（self-regulated learning）という概念がある。これは、長期にわたる複雑な学習課題に従事する際の思考の制御能力に関わるものである。　　（藤井　博）

選択定年 ……………………………Ⅰ－2－B

本来の定年年齢以前での退職であっても、定年と同様の処遇とする制度をいう。例えば定年60歳の場合、55歳以降の退職で適用といった制度が見られる。退職金は定年退職と同額ないし増額して支給することが多い。中高年従業員に対する早期退職優遇策の一環であるとともに、従業員の自発的なキャリア形成の推進を図る意義もある。この制度は退職勧奨を伴う場合もあるが、基本的に従業員の自主性が尊重されるべきものである。

（石毛昭範）

→早期退職優遇制度

先任権 ……………………………Ⅰ－2－B

先任権（seniority）は、昇進や解雇などの人事について、勤続年数の長い従業員を短い従業員よりも優遇して行うアメリカの労働協約上の制度である。強い労働組合が組織されていた産業、たとえば印刷業と鉄道業においては先任権が早くから制度として取り入れられた。先任権が初めて労働協約に書かれたのは1870年代半ばとされている。

雇用を縮小させるレイオフ（layoff）の際は、勤続の逆順で行われ、レイオフさ

れた従業員を再び職場に戻すリコール（再雇用）を行う場合には勤続順に行われる。労働協約において先任権を用いる目的はさまざまである。勤続年数という明確なルールを用いることで、使用者による恣意的な解雇や昇進などの人事を防ぐ目的がある。また、レイオフの順を決めることで、解雇に反対する闘争を回避する目的もある。そして、勤続が重視されるため、熟練労働者の自発的な離職を防ぎ、企業への定着を図る目的もある。ただし、完全な勤続順で決まるのではなく、能力と適性が同じ場合には、先任権が優先するという協約もある。

（飛田正之）

専門実践教育訓練給付金 ……………Ⅰ－1
　労働者が主体的に能力開発に取り組むことを支援するため、厚生労働大臣が指定する教育訓練を受けた場合に、その教育訓練に要した費用の一部を支給する教育訓練給付の一つとして、2014年に新たに設けられた給付金である。
　中長期的なキャリア形成を支援することを目的とし、最大で受講費用の70％が支給されるのが特徴である（一般教育訓練給付金の場合、最大で20％支給）。
　指定対象には、業務独占資格または名称独占資格に係る養成施設の資格（看護師・准看護師、社会福祉士の養成課程等）、専門学校の職業実践専門課程（商業実務、経理・簿記など）、専門職大学院（MBA等）、一定レベル以上の情報通信技術に関する資格取得を目標とする課程（情報処理安全確保支援士等）、専門職大学等の課程などの類型があり、類型ごとにその

講座レベルに関する指定要件（受験率、合格率、就職率など）が設けられている。
　なお、この給付金を受給する者のうち、昼間通学制の専門実践教育訓練を受講している等、一定の要件を満たした失業状態にある場合には、訓練受講をさらに支援するための「教育訓練支援給付金」が支給される。　　　（吉本明子）
→能力開発を助成する制度、教育訓練給付

専門職志向（inclination towards specialists）……………………………………Ⅱ－3－B
　年功型人事の見直し、管理職ポストの減少傾向が進みつつある今日、若手を中心に専門職への志向が高まっている。しかも技術系だけでなく、事務系ホワイト・カラーの中にもその傾向は広がってきている。彼（女）らは、所属組織よりも自分の専門とする仕事に対して一体化している。したがって、必ずしも特定組織にとどまることに執着せず、仕事を軸にしたキャリアを形成しようとする。

（太田　肇）

→プロフェッション、キャリア

戦略（strategy）……………………………Ⅰ－2－A
　経営学において戦略論が浮上したのは、もちろん現実の企業でそうしたコンセプト、枠組み、方法等の問題が切実になったからであるが、それは1960年代半ばのことである。不透明、不確かな将来に向けて企業を動的に経営しなければならないとする考え方が支配的になった。
　戦略（ストラテジー）は目標と共に語られる。目標とは達成すべき結果、アウ

トカムのことであり、5年先、7年先に企業が達成すべき結果が目標として設定される。戦略とは目標を達成していくシナリオであり、やり方の順序である。ただ、それは長期的・大局的なシナリオであって、戦術（tactics）と異なり、詳細にわたるものではない。戦略の類似の用語として経営方針（business policy）があるが、戦略という表現は、環境の変化に対応して、シナリオも書き直さなければならないという含意がある。この環境が不確か、不透明という時、それはとりわけ顧客、競争企業、取引先等の環境主体の行動、出方が読めない、適確な情報がないことに多分に起因する。こうした環境主体もまたそれぞれの目標をもち、戦略を策定している。戦略は主体的組織間において投入されるダイナミックスの問題である。もっとも、目的と手段関係において、目標達成のための客観的にみて最適な戦略が選択されるとは限らない。むしろ、既述のように、情報は不完全だし、バイアスや文化要因も作用する。たとえば戦略選択に際し、過去に成功した戦略にこだわる場合も少なくないのである。完全な合理性が貫徹する保証はない。

　企業の戦略とは集合名詞である。それらの戦略間には多少の階層関係がある。企業にとって最も基本的な戦略は、コーポレート・ストラテジー（corporate strategy）、つまり製品－市場戦略の複合であるとされる。それは企業目標達成のために、これからいかなる事業（business）、事業群を選択するかに関するシナリオのことである。コーポレート・ストラテジ

ーは現在の事業を継続・深化させるシナリオ（拡大戦略）と新規事業に手を出す多角化のシナリオに大別される（アンゾフ・モデル）。次に、選択した事業を業界においてどのように大略運営するかに関わる事業戦略（business strategy）がある。企業がいくつもの事業部を有する時、それぞれの事業ごとに、事業戦略が策定される。事業戦略は多分、機能別に作られる。例えば、生産戦略、マーケティング戦略等が策定される。もっとも、戦略事業分野あるいは事業部の共通関連性を考慮して、財務、人材等の戦略は策定される。同時に、各機能別戦略はライフサイクルの段階によって展開が異なる。なお、その後事業戦略の考え方、枠組みに代わって競争戦略（competitive strategy）の考え方、枠組みが流行している。業界での事業展開には競争のモメントが決定的であるからである。それは競争優位を創出することを狙っており、その基本戦略にはコスト・リーダーシップ、差別化、フォーカスの3戦略があるとされる（ポーター・モデル）。コーポレート・ストラテジーと事業戦略ないし競争戦略との境界領域にはM&A戦略、戦略的提携、グローバル戦略、企業の総合的な人材開発の戦略等が位置している。

（二神恭一）

→戦略計画活動、戦略と戦術、競争戦略、競争優位

戦略経営（strategic management）
......................................Ⅰ－2－A
　戦略経営は、ポスト戦略計画時代のキーワードである。戦略計画実務はコーポ

レート・ストラテジーのためのものであり、その策定手続、意思決定技法が中心であった。これに対し、戦略経営はその表現からも推察できるように、戦略計画活動よりもはるかに包括的であり、包括性・全体性が戦略経営の大きな特質である。それは「今日の組織を指導する際に経営者が直面するほとんどの問題を包含する」ような領域である。

戦略計画活動はコーポレート・ストラテジーの策定を内容としていて、戦略計画が決まれば、それは終結する。戦略計画活動システムは戦略的意思決定のためのスキームにほかならなかったが、戦略経営は計画活動、意思決定だけではなく、インプリメンテーション、つまり組織活動、動機づけ、統制といった局面も含み、プラン・ドゥ・シーの全てを含む。戦略経営の展開とは戦略に関して、こうしたサイクルが年々繰り返されることを意味する。ちなみに、戦略経営サイクルは1年ベースであることが多い。それはむろん、単純な反復ではなく、そのフローの中で革新的・創造的意思決定、学習・人材開発、OD・組織変革、業務・業績改善への取り組みが行われる。

戦略経営では、コーポレート・ストラテジーだけではなく、事業戦略、競争戦略、その他の戦略の策定も、相互関連性において取り上げられる。戦略とはいえない実施計画上の意思決定もカバーしている。これらの戦略は相互に密接に結びついたセットになっている。しかも、このセットには、人材、組織、インプリメンテーションの問題も含まれている。

戦略経営のスキームにおいて、HRD

は重要な位置を占める。戦略策定の質も、組織とインプリメンテーションの良し悪しも、訓練・開発、キャリア・マネジメント、個人と組織の学習、それらと業績とのリンケージなどによって大きく左右されるからである。戦略経営においては、それに見合うHRDを展開すること（コンティンジェントな戦略的HRD）が、またこの点をよく意識しておくことが大切である。　　　　　　　　（二神恭一）

→戦略計画活動、HRD、学習、戦略的訓練、業績パラダイム

戦略計画活動 (strategic planning)

······························I−2−A

アメリカにおいて長期計画活動（long range planning）に代わって、戦略計画活動が浮上してきたのは1960年代である。前者の実務は外挿法に沿い、短期計画を将来に向けて延長するもので、企業環境を比較的安定したものとして捉えており、戦略思考に欠けていたといわれる。それはモデルとしては静的マネジメントの実務の域を出ていなかった。

後者は環境には必ずしも連続性がなく、先行きは不確実で不透明だとする見地に立って、将来への対応を試みるものである。戦略計画活動の実務は、多分に経済学における不確実性下の決定ルールを下敷きにしている。それは戦略思考に従った動的マネジメントを意味する。戦略計画活動の展開にあたっては、満足な目標水準を基準にすること、不確実性な状況では満足水準を超える代替案の中では、安全なそれを選択すること、大きな問題はいくつかの小問題に分割し、それ

さ行

らを順次処理していって全体に及ぶこと、そのプロセス、フローにおいてフィードバックを行うこと等が、重視される。

　戦略的計画活動はアンゾフ（Ansoff, H. I.）のモデルがよく知られている。それは実質的にコーポレート・ストラテジーの策定を中心とする。その基本的スキームでは、①企業の諸目標の設定→②現在の事業についての戦略評価（内部評価）→③多角化ギャップを埋めるための戦略評価（外部評価）、多角化戦略の策定→④多角化戦略に踏み切る場合は本業との間のシナジー、組織機構の検討→⑤決定した企業目標と拡大戦略・多角化戦略の展開のための戦略予算、財務戦略、管理戦略の策定というような進行がある。

　20世紀の終わり頃、グローバル化がすすみ、競争が激しくなると、組織の競争優位をつくり出す競争戦略パラダイム（Porter, M. E.）が浮上する。競争戦略は業界の中の問題であり、事業戦略中心の戦略計画が策定される。競争戦略にはコスト・リーダーシップ戦略、フォーカス戦略もあるが、とくに強調されるのは、他と異なった差別をつくり出す差別化戦略である。差別化の種は組織のどこにでもあるという。同じ頃、戦略経営の考え方も強くなる。戦略経営の項目をみられたい。　　　　　　　　　　（二神恭一）
→不確実性、競争優位、競争戦略、戦略経営

戦略的訓練（strategic training and development）・・・・・・・・・・・・・・・・Ⅱ－3－A
　戦略的人材開発は戦略的訓練として具体化される。組織成員の訓練は、組織が担う事業（business）のミッションと主要諸目標、ならびにそれらを実現していく主たるシナリオ、つまり事業戦略にそい実施されるべきで、従来の訓練のやり方が漠然とくり返されてはならない。

　戦略的訓練はコーポレート・ストラテジーよりも、事業戦略からスタートする4つのステップからなるプロセスをなしている（図、参照）。まずそのときの事業戦略を確認あるいは再確認するステップがあり、ついで事業戦略をうまく成就させるには、どのような訓練を行うべきかのイニシアティブをとるステップがあり、さらに訓練計画作成を含む訓練の実施のステップが続き、最後に実施した訓練のアウトカムのチェック、メトリックスのステップがくる。最後のステップでの評価は最初のステップにフィードバックされる。

〈図表〉戦略的訓練のプロセス

(Noe, R. A. (2010) *Employee Training & Development* の図を著者加筆のうえ作成)

（二神恭一）

→戦略、戦略的人材開発

戦略的人材開発（strategic human resource development）・・・・・・・・・Ⅱ－3－A, B, C
　近年、組織の戦略的成功、競争優位の

創出は先端の情報技術（IT）と良質な人材の2つによってよく成就されるという考え方が強くなっている。ただITの有効性はそれを駆使できる人材がいてはじめて担保されるわけで、結局は人材と人材開発が組織にとって非常に大きな戦略的要因になる。この基本的認識が組織においてトップを含めひろく共有されることが、戦略的人材開発の出発点である。組織の戦略と人材開発がよく連動していなければならない。

とくに2点が重要だとされる。一つはトップとその戦略策定者が組織の人材開発の状況をよく把握し、戦略にそう人材開発が行われているか否かをチェックすること、逆に人材開発責任者が戦略計画やシナリオ計画をよく理解したうえで、人材開発の方針やプログラムを策定しているかどうかということである。人材開発責任者が戦略策定プロセスに積極的に参加せよという主張もある。いま一つは、近年強調されている点だが、戦略的人材開発は業績ベース（performance-based）でなければならないということである。近年の人材開発では業績というのがキーワードになってきているが、戦略の観点から組織と個人の双方にとって期待される業績を明示し、それを生み出しうるしごと能力を開発していくことが戦略的人材開発の課題である。

（二神恭一）

→戦略的訓練、戦略、戦略計画活動、シナリオ計画

戦略的人的資源管理（Strategic Human Resource Management：SHRM）

....I－2－B

戦略的人的資源管理とは、企業が自社の戦略に人的資源の管理を適合させて行うマネジメント方式である。企業の戦略面を反映させた人的資源管理の発想法とも言われる。とりわけ、実務において重点となるのは、自社の戦略と人的資源の管理との間に矛盾を生まないようにすることである。加えて、人的資源管理の担い手による主体的・能動的な姿勢も重点となる。

例えば、グローバル化戦略の下、ダイバーシティの実現を目標としている企業が、国内の労働市場に絞り定期大量採用を実施していれば、特別な意図がない限り戦略と採用管理との間には乖離がみられると判断できよう。つまり人的資源管理に戦略面が反映されているとは言えない。

現実には、現行の制度や慣習、既存の人的資源等によって、企業は制約を受けている。また、経営環境の変化に伴い戦略の見直しが随時行われるため、戦略と人的資源管理の整合に向けた過程では、タイムラグが常に生じている。

とは言え、企業によっては、戦略面を反映させるために、タレント・マネジメント、人材開発、報酬管理等の人的資源管理の担い手のトップとして最高人事責任者（Chief Human Resource Officer：CHRO）をトップマネジメントの一員として配置し対応している。　　　　　　（相原　章）

→戦略経営、戦略

戦略と戦術（strategy and tactics）

....I－2－A

産業・企業の領域でも、他の領域でも、目標と戦略と戦術の識別は非常に重要だといわれる。目標とは到達すべき結果ないし状態であり、戦略はそこに至る大筋、大きなシナリオである。戦術は詳細な筋書きのことであって、具体性をもっている。戦略は戦術と同様、手段決定の性格をもっているが、同じく手段の問題であっても、前者は長期的であり、大局に関わるものであるのに対し、後者は短期的であり、多分に局地的（local）なものだとされている。

目標は戦略を方向づけ、戦術は戦略を具体化するというように、目標→戦略→戦術という上方から下方への方向においてそれらが決まる。けれども、戦略が目標の再規定を求め、戦術が戦略の手直しを迫るという逆の動き方もある。ただ、目標、戦略、戦術の間には密接な関連性がなければならない。　　　（二神恭一）

→戦略

総括安全衛生管理者 (general safety and health manager)・・・・・・・・・・・・・・・・・・Ⅰ−2−B

労働安全衛生法第10条により、業種による一定数以上の労働者を常時使用する事業場において、安全管理者、衛生管理者を指揮して、労働者の危険や健康障害を防止するための措置等の業務を統括管理する者。その事業場において、工場長など、その事業の実施を実質的に統括管理する権限と責任を有する者の中から選任される。

総括安全衛生管理者を選任しなければならない事業場の規模は、3つの業種区分に応じて定められている。（森田雅也）

相関分析 (correlation analysis)・・・・・・・・・・Ⅰ−1

例えば1000人の身長と体重のように、有限個の数値で表せる2組のデータがあるとき、2つの量の関係を調べる分析方法。有限個のデータについて、身長と体重のように、一方の量が増えたとき、他方の量も増える関係にあるとき、正の相関があるという。一方の量が増えたとき、他方の量が減る関係にあるとき、負の相関があるという。2つの量の間に正や負の相関が見られない場合、2つの量は相関がないという。

2つの量の相関分析の結果は、−1と1の間の数値をとる相関係数で表す。相関係数が負であれば、負の相関を表し、相関係数が正であれば、正の相関を表し、相関係数が0であれば、相関がないことを意味する。相関係数の絶対値が大きい方が、関係性がはっきりしていることを意味し、正または負の相関が強いという。なお、2つの量の間に正または負の相関があるか、それとも相関がないかは統計的検定により判断する。統計的検定の結果、例えば2つの量の間に相関がない可能性が5％以下であれば、信頼度95％で2つの量の間に正または負の相関があると言える。　　　（二神常爾）

→推定と検定

早期教育・・・・・・・・・・・・・・・・・・・・・・・・・・・・・・・・・・・・・・・Ⅰ−1

早期教育とは、未就学児に対する意図的な教育である。「幼児教育」が日常生活のすべての場で行われるのに対し、「早期教育」は知識や技術を学び、特定のスキルを身につけることを目的としている。早期教育が行われる分野は、算

数・国語など教科教育に則した内容、英才教育や才能教育と呼ばれる音楽や水泳といった特定の能力育成など様々である。知的早期教育の意義は時代により異なり、『幼稚園では遅すぎる』（井深大）が出版された1970年代の第一次ブームでは、才能に特化した早期教育としてバイオリンの鈴木メソッド、公文式算数教育などが実践されていった。その後90年代になると少子化・受験の低年齢化を受け、胎教、乳児向けの教育も含めた早期教育へと発展していった。

日本の伝統技芸では、早期に訓練を開始し、稽古という固有の訓練体系により「形」を学ぶ独自の教育体系が確立している。欧米では早くからエリートと非エリートに分かれ、エリートにはチャンスも多く、その中で職業が決まっていく。ロシア・中国・韓国などでは、極めて早い段階でトラックが分けられ、専門教育は一般教育よりも優先される。この場合、途中でトラックを変更することはできず、決められたトラックの中で成功するしかない。一般教育をしないことの是非、訓練か教育かなど、文化的違いもある中での統一的見解は得られていないが、効率の良さだけでなく取捨選択の違いも注視すべきである。　　　（大木裕子）

→教育・訓練、技能者訓練、教育心理学

早期退職優遇制度 ·····················Ⅰ−2−B

企業経営の合理化を図る上で、余剰人員を削減するために用いる制度である。早期退職を促すため、通常支払う退職金に加算金を割り増して支給する。早期退職の募集人員数や、対象者の年齢層を設定する場合が多い。一般に、対象となる年齢層は中高齢層が多くを占めている。早期退職者を募集し人員の削減を行った上でも、さらに経営の合理化を進める必要がある場合、次のステップとして整理解雇（指名解雇）を実施することがある。

　　　　　　　　　　　　　　（飛田正之）

総合決定給 ·······························Ⅰ−2−B

賃金決定にあたって、年齢、勤続、担当職務、能力、スキルなど一連の要素を含めて総合的に決定する方式をいう。これまで日本の多くの企業で賃金規程などに規定されていたが、どの要素が具体的にどのような基準で算出されるかなど運用があいまいなものとなり、とくに中途採用者の賃金決定などにおいては不透明で問題とされていた。最近では要素を絞り込み、個別に金額や率などの基準を明らかにして従業員に説得力を持たせた合理的な賃金の決め方が必要とされてきている。　　　　　　　　　　　（二宮　孝）

→職務給、属人給、賃金体系

総資本 ···································Ⅰ−2−A

企業経営に投下される資本の総額をいう。とくに会計学においては、貸借対照表における貸方に記載される負債と資本（純資産）の合計額を指す。負債は他人資本、資本（純資産）は自己資本を指すので、総資本は、すべての資本提供者からの提供された資本を表すということになる。また、総資本の額は、借方において認識された資産の合計額と一致するため、総資本は資産としてどのような項目を認識するかに依存して決定されること

さ行

になる。

経営管理上、総資本は、利益を生み出す源泉であるので、総資本利益率などの指標の基礎となる。

なお、近年では、資本の意味を、企業価値を創出する源泉（ドライバー）となる資本という文脈でとらえなおそうとする主張も展開されている。この場合、総資本に対応する資産は、貸借対照表において認識された資産に限定される必要はなく、貸借対照表において認識されていない人的資産をはじめとする無形資産に対応する資本（人的資本など）も総資本に含まれることになる。　　（川村義則）

総人件費（total labor cost）……I−2−A, B

総人件費とは、人を雇用することに関わるすべてのコストを合計したものである。基本給・諸手当・賞与などの現金給与と、退職金・法定福利費・法定外福利費・教育訓練費・採用募集費などの費用を含む。一般に、従業員1人当たりの総人件費は基準内給与（基本給と固定的諸手当）の約1.7倍であるといわれている。

高齢化の進展や定年の延長などに伴って、健康保険や厚生年金保険等の法定福利費が増加の一途を辿っており、総人件費管理が経営の重要な課題となっている。適切な人件費水準を維持するためには、法定福利費が増大した場合にはその他の費用を削減するか、雇用者数を調整する必要などがある。賃上げをする場合には、単に所定内賃金と支払能力の比較をするのではなく、総人件費への影響を考慮しなければならない。

経営上、人件費はコストの中で主要な項目であり、賃金アップを続けていくためには、会社の支払能力や生産性向上との結びつきの関連性を無視してはいけない。短期的な収益性のみを追求すれば、人件費のカットということを考えがちであるが、安易な人件費のカットは長期的な会社の成長性と健全性を損なってしまう。短期的な収益性を視野に入れながらも、長期的な視点で雇用を維持するための適切な人件費計画が必要になってくる。特に、日本では今後少子高齢化が進み、労働生産人口が減少の一途を辿っており、慢性的な人手不足に陥る可能性が高い。したがって、有能な人材の確保という視点も、総人件費の計画には必要である。

総人件費の計画には、様々な方法がある。予想売上高と人件費を除く費用の見積もりを行い、目標利益額から支払可能な総人件費を算出する方法や、売上高人件費比率や粗利益に占める人件費比率、1人当たり売上高、1人当たり経常利益、労働生産性（1人当たり付加価値）、労働分配率などの財務指標から総人件費を算出する方法、そして、業務量調査を行い、それらの業務遂行に必要な人員数を算出しそれに平均給与を乗じて算出する方法などが考えられる。

これらの方法をとる場合、賃金水準として世間の相場や同業他社の動向を参考にする。また、労働組合との交渉も重要な要素となる。　　　　　　（高橋　賢）

創造性（creativity）………………I−1, 2−A

創造性とは「問題を解決する際の新しいアイディアを生み出すプロセスまたは

能力」のことをいう。創造性は個人に求められるだけでなく、集団および組織にも求められる。企業が新たな製品やサービスを開発したり、生産のプロセスを革新するために不可欠な能力である。創造性の基本的な要素として「新規性（novelty）」、「適切さ（appropriateness）」、「有効性（effectiveness）」、そして「倫理性（ethicality）」が求められている。

創造性のプロセスはまず、問題自体を捉え直し、再定義を行う必要がある。何が問題なのか、何を問題にすべきかという問題の設定自体が創造的行為である。また、独創的な創造力によって、既存の論理的思考過程を打ち破ることも優れたアイディアを生み出す上で重要である。さらに、異質な情報や世界と交流することによって新しいアイディアが誘発される。しかし、新しいアイディアが開発されただけでは十分ではない。それを実現し、具体化するためには技術的、経済的、社会的問題を解決しなければならない。そこでも創造性が求められる。

創造性は個人を問題とする場合、知能、パーソナリティ、経験などとの関連が問題とされる。創造性は知能と関連性を持つが心理学では別のものとして扱われている。創造性は発散（拡散）的思考、知能は集束的思考が問題とされることが多い。知能検査に対して創造性検査なども開発されている。パーソナリティとの関連では「認知的柔軟性」、「開放性（openness）」、「自信」との関係も指摘されている。また、外国旅行など異質な経験が創造性を高めるという指摘もある。

創造性を生み出す（創造的）技法には様々な方法が提案されている。高橋誠（2002）はこれらを心理学者ギルフォード（Guilford（1967））に従って4つに分類している。それによれば①発散技法（ブレイン・ストーミングなどの自由連想法、チェックリスト法などの強制連想法、NM法等の類比発想法）、②集束技法（KJ法、カードPERT法など）、③統合技法（ワークデザイン法など）、④態度技法（自律訓練法などの瞑想的方法、センシティビティ・トレーニング等の交流型方法、ロール・プレイング等の演技型方法）などがある。

このように創造性は拡散的思考だけでなく、集束的思考、評価なども必要とされる複雑なプロセスで様々な方法が開発されているが、その問題の性質に応じて最適な手法を選択すべきである。

（松原敏浩）

→ブレインストーミング、KJ法、NM法、感受性訓練

創造的組織（creative organization）
....I−2−A
技術の変化や競争の激しい市場環境において企業組織が競争力を維持発展させるためにはイノベーションの活性化が求められる。イノベーションを活性化させるためには集団や個人による創造性の発揮が最も重要となるが、創造性の発揮が円滑かつ活発に行われる組織を創造的組織と呼ぶことができる。たとえば、プロジェクトの目標を明確に設定すること、組織メンバーに権限を委譲すること、チームメンバーの多様性を高めること、トップのイノベーションへの積極性や上司の支援などが創造性の発揮を促進する要

因であることが指摘される（Amabile
(1998 ; 2018)）。

また、企業組織のイノベーションは、
新商品・新サービスの提案、業務遂行方
法の改革、顧客サービスの改善などの組
織メンバーの多様な行動によって実現さ
れる。イノベーションに結び付くような
行動を促進するためには、組織がイノベ
ーションを評価し、異質性に対して寛容
であるという組織風土を構築することも
重要（Scott and Bruce (1994)）である。メ
ンバーの創造性発揮に対する心理的安全
性を担保し、内発的モチベーションを刺
激することが革新的な行動を促す。

（開本浩矢）
→イノベーション、カンパニー制、創造性、
　知識創造、ベンチャー企業

創造的破壊 ･･････････････････････････Ⅰ－1
　シュンペーター（Schumpeter, J. A.）は
著作『経済発展の理論』で、従来の慣行
が支配する循環的流れの経済から新しい
経済軌道へのダイナミックな変化を、発
展現象として捉えた。この変化をもたら
すのが技術革新（イノベーション）であ
る。技術革新は、著作の中で「新結合の
遂行」と呼ばれた。新結合とは、新しい
技術により、生産資源の結合が新しくな
ることを意味し、新結合の遂行こそが、
資本主義のダイナミックな姿の核心部分
であるとした。シュンペーターは例とし
て、蒸気機関の発明によってもたらされ
た駅馬車から鉄道への移行を取り上げ
た。新結合（鉄道）にとって必要な生産
資源は、旧来の「駅馬車」から奪い取る
ことにより調達される（資源の転用）。す

なわち旧来の慣行軌道を壊すことによっ
て新しい軌道が作り出されることにな
る。この様相をシュンペーターは彼の著
作『資本主義・社会主義・民主主義』の
中で創造的破壊と呼ぶことになる。

（李　嵐）

相対評価（relative evaluation）･･････Ⅰ－2－B
　特定の集団の中での相対的な位置付け
により評価を行う方法。母集団内で被評
価者を上位から序列づけする序列法や、
序列化した被評価者の「上位4％以上を
S」、「上位5％から30％をA」等と分布
を付けて評価する分布制限法等がある。
人物全般を比較する傾向が強くなるた
め、画一的な従業員同士の比較は行い易
いが、多様な従業員間の相対評価は困難
で、バイアスが生じる可能性がある。対
概念は、絶対評価である。　（奥野明子）

創発的戦略（emergent strategy）･･･Ⅰ－2－A
　戦略を策定する段階では意図されなか
った戦略のことをいう。戦略には計画的
戦略と創発的戦略がある。前者は、少人
数のメンバーによって意思決定された経
営的な意図が行動において確実に実現さ
れるコントロールに、後者は、試行錯誤
の過程を通じ戦略の一貫性やパターンが
形成されるような学習に焦点が当てられ
る。すなわち、創発的戦略は当初から構
想されたものではなく、様々な活動を通
じて何が最も重要なポイントであるかを
ボトム（ミドル）アップ方式で理解し、
最終的には企業の目的を達成するのに最
適と思われる戦略が生み出されるプロセ
スである。　（鵜飼宏成）

→戦略、戦略計画活動、学習する組織、ナ
　レッジマネジメント

総評 ···Ⅰ－1

　1950年から1989年まで存在した日本
の労働組合の全国組織。この時代、日本
の労働者は政治、経済、社会、文化のあ
らゆる面で自己を主張する空前絶後の機
会を得た。中央や地方、職場や地域に及
んだ総評の組織と活動は、労働者を中心
に広範な国民がこの戦後の平和と民主主
義を体験する上で、そのピーク時には守
護神のごとき存在感があった。この時
代、日本の経済成長と生活向上は、労働
者の幸福追求への積極的な意欲と努力に
支えられたが、そうした働き方や生き方
を前向きに考えるポジティブな心理を社
会に広げた当時の労働運動の意義は、労
使関係を越えて人間形成、社会形成に及
ぶ。　　　　　　　　　　　（篠田　徹）
→連合

総労働時間 （total hours worked）··· Ⅰ－2－B

　労働者が、実際に労務を提供している
時間の合計をいう。

　労働時間をとらえる概念は、「制度と
しての労働時間」と「実際に働いた労働
時間」の2つがある。後者は、就業規則
で決められた所定労働時間から、休暇、
欠勤を差し引いた「所定内労働時間」と、
所定労働時間を超えた労働時間である
「所定外労働時間」に分かれる。これら
2つを足し合わせた労働時間を、「総実
労働時間」という。　　　　（八代充史）
→実労働時間、所定内労働時間

総労働費用 ··························Ⅰ－2－A, B

　企業が負担する従業員の労働に対する
対価としての性格を有するすべての費
用。例えば、賃金・給料・賞与・諸手
当、福利厚生費、株式報酬費用、退職給
付費用などが含まれる。

　企業は、従業員の労働に対して賃金・
給料・賞与・諸手当等の現金報酬を支払
う。賞与は、企業の業績によって変動す
るが、通常は、労働の対価としての性格
を有する。

　福利厚生費（広義）には、健康保険、
介護保険、雇用保険、労災保険等の法律
によって定められた事業者が負担すべき
法定福利費と、住宅手当、昼食補助、法
定外の各種休暇に係る法定外の福利厚生
費がある。法定福利費の多くは、従業員
に直接支給されるものではないが、通常
は、総労働費用に含めて考える。

　株式報酬費用は、譲渡制限付株式やス
トック・オプション（新株予約権）を労
働の対価として支払う場合に生ずる。こ
れらは、従業員にとって株価上昇を目標
に労働するインセンティブ報酬としての
性格も有している。

　退職給付費用は、退職時または退職後
に退職一時金または退職年金として支給
される給付であるが、企業にとっては従
業員が勤続年数にわたって提供した労働
に対する後払いの報酬である。会計上
は、実際の支給を待つことなく、発生主
義に基づいて費用として計上される。

　　　　　　　　　　　　　（川村義則）
→総人件費、福利厚生費、法定外福利、所
　定内賃金vs.所定外賃金、現物給与

さ行

371

疎外 （alienation／dehumanization）
.... Ⅰ－2－B, Ⅱ－2

疎外とは人間が作り出した概念、制度、生産物等が、人間の手を離れてそれ自体で存在するようになり、そもそもの作成者であるはずの人間の主体的コントロールが困難になったり、それらによって人間自身が強制され人間性を喪失される状態のことをいう。もともとは哲学者ヘーゲル（Hegel, G. W. F.）の言葉であるが、マルクス（Marx, K.）がヘーゲルとフォイエルバッハ（Feuerbach, L. A.）の疎外概念を批判的に継承して、労働生産物や労働過程からの人間の疎外を指摘した。 　　　　　　　　　（松原敏浩）

即時解雇 .... Ⅰ－2－B

使用者が予告期間を置かずに労働者との契約関係を直ちに終了させること。労働基準法は、使用者に対して解雇の予告を義務づけているが、天災事変その他やむを得ない事由のために事業の継続が不可能になった場合、または、労働者の責めに帰すべき事由による場合は、行政庁による認定を条件に、解雇予告義務が免除される（20条1項但書）。もっとも、その場合も、解雇の有効性は、別途、判断される（労働契約法16条など）。 （古賀修平）
→解雇予告制度

属人給 .... Ⅰ－2－B

担当する仕事よりも従業員個人の属性によって決定する賃金をいう。わが国の賃金はこの属人的性格が強く反映されてきたといえる。属人給は、基本給では年齢給、勤続給および本人給などが中心と

なり、家族手当や住宅手当などの生活補填手当なども広く含まれる。定期昇給制度に基づいて初任給から毎年の昇給額の上乗せを行っていくことから年功的賃金の源泉ともいえ、学歴格差や男女格差の原因になってきたといえる。 （二宮　孝）
→職能給、年功賃金、賃金体系

ソサエティ5.0 （Society5.0） .... Ⅰ－1

Society5.0は、狩猟社会、農耕社会、工業化社会、情報化社会に続く、新たな段階の社会像を指す。日本が世界に向けて提唱する望ましい未来社会の姿であり、経団連・東京大学・GPIFの共同報告書では「デジタル革新でフィジカルとサイバーの世界が高度に融合し、安心で快適な暮らしと、新たな成長機会を皆で創り出していく、持続可能で、誰もとり残されない人間中心の社会である」と定義されている。背景には、デジタル革命を良い方向へと向かわせようとする社会的な意志があり、また、国連のSDGsとも重なる概念である。 （坂田一郎）

ソシオ・テクニカル・システム （socio technical systems） .... Ⅰ－2－A, B

イギリスのタビストック人間関係研究所に所属していた研究者たちによって生み出された生産組織に関する理論モデルである。社会技術システム論としても知られており、その議論の特徴から、後の産業民主主義にも影響を与えた。

このモデルの特徴は、組織をオープン・システムとして捉える点にある。具体的には、生産組織を、生産技術や生産レイアウトによって構成される技術シス

テムと、一定の技術システムの下で発生する作業集団の社会的、心理的特性で構成される社会システムという、2つのサブ・システムから構成される一つのシステムとして捉える。

このモデルの下で、組織が高い生産性を達成するためには、技術システムと社会システムの同時最適化が必要となる。具体的には、最も高い生産性を生み出す、技術システムと社会システムの組み合わせが、検討される。とりわけ、一度導入されれば容易に変更ができない技術システムの下で、どのような社会システムが、生産性に寄与するのかが研究の対象となる。そのため、この同時最適化概念は、研究者が、特定の技術システムの下での社会システムへ介入するためのツールとしても使用された。　（貴島耕平）
→オープン・システム

ソシオメトリー（sociometry）………… Ⅱ－2
　集団構造や人間関係を測定するための一つの技法。精神分析家のモレノ（Moreno, J. L.）が提唱。集団における個人同士の関係はお互いの感情から成り立つものであり、個々人の感情が複雑に交錯し合うことが集団を築き上げてゆくと定義、これらの関係を明瞭化し、集団での人間関係を理解しやすくするための方法。

　集団の成員間に起こる反発と親和感情の交流、無関心の状況などの把握から、集団のインフォーマルな構造を明らかにしようとする。代表的な測定方法であるソシオメトリック・テストは、対象者に選択（親和）と排斥（反感）の2つの選択肢で他人に対する感情を回答させる。例えば、「職場内の誰かとチームを組むとすれば、あなたは誰と一緒に組みたい（組みたくない）か」の質問に対し、相手の名前を記入、この結果を表（ソシオマトリックス）にまとめ、集団の対人的選好の構造を図式化する（ソシオグラム）ことによって、人間関係や集団内のグループ、グループ同士の関係も把握できる。

　ソシオメトリーは、主に教育現場においていじめの有無や下位集団・孤立児の把握などで用いられてきたが、職場での人間関係の把握や、問題の発見、集団の再編成などにも活用されている。

（村澤竜一）

組織概念（concept of organization）
…………………………………… Ⅰ－2－A，Ⅱ－2
　組織とは何かということを議論する際、しばしば引用されるのが、バーナード（Barnard, C. I.）による「一定の目的のために意識的に調整された2人以上の人々からなる活動ないし諸力のシステム」という定義である。組織を、人々が役割行動を通じて相互の活動を調整し、その結果として目標達成が実現されるような体系として捉えたものであり、単なる人々の集まりや組織図、規則やマニュアル、工場、職場といった物理的な実体と組織とを厳格に区別する概念規定である。

　近年になると、物理的な実体の重要性にも注目が集まっており、組織を、目標達成に向けて、（1）各種の物理的実体と、（2）規則やマニュアル、経営理念と

さ行

いった各種のルールと、（3）その下での人間が織りなす活動や諸力とが不可分に結合したシステムとして捉える、という見方が一般的である。ただし、個別具体的な研究においては、組織が持つ諸相から、それぞれの研究者が本質とみなす特定の側面が抽出され、議論されることになる。人間モデルに様々なバリエーションがあるように、組織の本質を何に見出すかということについても、実に様々なバリエーションが存在する。

代表的なものだけでも、（1）ウェーバー（Weber, M.）の官僚制の議論に代表される階層構造と規則の集合としての組織、（2）ホーソン工場実験で見出されたようなインフォーマルな人間関係としての組織、（3）バーナードが提唱する人々が織りなす活動や諸力のシステムとしての組織、（4）リッカート（Likert, R.）による多元的重複集団としての組織、（5）サイモン（Simon, H. A.）らが提示した情報処理システムとしての組織、（6）野中らによる知識創造母体としての組織、（7）戦略論の領域において主流派を形成している資源の束としての組織、（8）シャイン（Schein, E. H.）など心理学に基礎を持つ研究者の多くが信奉する生涯発達の場としての組織、（9）フェッファー（Pfeffer, J.）らが提唱する政治的駆け引きや権力の舞台としての組織、（10）ワイク（Weick, K. E.）が提唱する共通の意味世界が形成される場、（11）学習の主体としての組織など、がある。

いずれの見方も人材開発と深く関わっているのだが、最も直接的な関係があるのが、学習の主体としての組織観であろ

う。これには大きく分けて、（1）組織学習の議論と、（2）学習する組織の議論とがある。アージリス（Argyris, C.）とショーン（Schön, D. A.）らによれば、組織学習とは、「組織メンバーを通じて行われる、行動・価値観の修正や脱構築のプロセス」であり、組織学習論とは、組織が行う学習を、個人の学習の総和以上の何かであると規定した上で、メンバーの入れ替えにもかかわらず、組織の中にある重要な知識や価値観が受け継がれていくということ、しかも学習の成果が組織の仕組みや文脈に埋め込まれたものとなることに注目する議論である。

ここで組織が学習するきっかけとして想定されるのは、組織内外でおこる様々な出来事であり、必ずしも誰かの意図したものとは限らないものである。このような偶発的で、経路依存的な学習をも、学びの契機として捉える点に特徴がある。対して、センゲ（Senge, P. M.）らが主導する学習する組織の議論は、コンサルタントなど実践家などの意図的な介入を契機として、組織内で革新的な思考（施行）パターンが生まれること、共同しつつ学ぶ方法が絶えず生み出されることに注目する。大まかに言えば、前者が研究者によって主導される学術的な概念、後者が（提唱者自体は研究者であるが）コンサルタント・実践家主導の実践的な概念である。学習の主体として組織を捉える見方は、上記の通り、数ある組織観の一つに過ぎない。ただしこれは、組織開発に対する学術的、実践的な注目と相まって、極めて重要な組織観の一つと見られている。

（服部泰宏）

組織開発→OD

組織学習（organizational learning）
···Ⅱ−3−C
　組織学習とは長期的な適応のために、組織およびその成員の行動を変容させることである。この定義に従えば、組織学習は第1に長期的な適応のために行うもので、短期的な対応のために一時的な行動変容が起こったとしてもそれが継続しなければ組織学習とはいえない。第2に組織学習は組織内部および外部環境の変化に適応し、組織の競争力を維持・向上させることを目的とする。第3に組織学習は組織が学習するという立場と組織の中の個人が学習するという立場の2種類があり、組織学習において両者を厳密に区分することは困難であるが、組織と個人の学習が相互作用しながら、行動変容が行われることが重要である。

　組織学習における行動変容はどのように生起するかについて、以下の4つの立場が提示されている。第1に古いものを捨てて新しいものを学ぶ「学習棄却」（アンラーニング）と捉える立場である。新しい考え方を得ようとするときに、これまでの考え方が邪魔することが想定される。これまでの考え方を捨てることが重要になる。学習棄却は環境と組織との間の齟齬によって引き起こされ、新しいものの見方や行動方針、改善が生み出される。つまり学習棄却とそれに代わるものを獲得する学習は同時に行われる。第2に、学んだことは組織の形式・手続き・しきたり・行動様式といったものに保持されるとする「ルーティン（routine）」

の変化としてとらえる立場がある。ルーティンは教育や模倣などの方法で伝達され、企業の歴史を示す記念碑や社史などの組織記憶に保持される。ルーティンはその組織がこれまで学んできたことを保持し、人々の行動を導くため、学んだことをルーティンとして定着させることは効果的である。ただし、ルーティンが環境に合致しなくなれば、逆に組織の環境適応を阻害してしまうことに留意すべきである。第3に、組織における共通の価値観、規範、世界観をパラダイムと呼ぶが、パラダイムの変化として組織学習をとらえる立場がある。組織はパラダイムによってその見方や考え方に影響を受けるが、組織学習はパラダイムの中で学習すること（シングルループ・ラーニングまたは低次学習）と、パラダイム自体を変える学習（ダブルループ・ラーニングまたは高次学習）に分けられる。第4に知識を創造することと組織学習をとらえる立場がある。知識は行動を起こす性質を持つ情報であり、それにより組織や個人の行動が変わり、長期的適応に結びつくという考え方である。　　　　（開本浩矢）
→学習棄却、シングルループ学習とダブルループ学習

組織活性化················Ⅰ−2−A，Ⅱ−3−C
　組織活性化とは、従業員が自主的かつ積極的に職務に取り組み、そのことを通じて組織の状態を前進させることを意味する。組織活性化が注目されるようになった背景として低成長経済下で、①従業員がいきいきと働いていない、②職場でのイノベーションが起こりにくい、③成

果主義の中でKPIなどの数値目標の達成に過度のプレッシャーを感じているといった課題が職場で顕在化してきたことが指摘できる。

近年、組織活性化を議論する上で、ワークエンゲージメント、心理的資本、従業員エンゲージメントといった新たな概念が提唱されるようになっている。ワークエンゲージメントは、組織ストレスによる極度の精神的消耗感を意味するバーンアウト（燃え尽き症候群）の対概念として提唱され、熱意、没頭、活力で特徴づけられる仕事に関連するポジティブで充実した心理状態（Schaufeli *et al*.（2002））である。心理的資本はルーサンスら（Luthans, *et al*.（2015））が提唱する、希望、自己効力感（自信）、楽観性、レジリエンスの4要素で構成される前向きな心理的状態や能力を意味し、ワークエンゲージメントよりも安定しているがスキルほど固定的ではない概念とされる。従業員エンゲージメントは米国ギャラップ社が開発した測定尺度によって測定される概念で、従業員が組織目標にコミットし、目標達成に向けて積極的に取り組んでいる状態やそれを生み出す職場環境を含んでいる。従業員エンゲージメントはその後多くのコンサルティング会社によって活発に利用されている。

組織活性化のためには、様々な方法が提唱されるが、第1に組織の目標やパーパスがいかに社会に貢献するものであるか、そのミッションを提示し、共感を得ることが重要である。ミッションへの積極的な関与が従業員の組織や目標遂行に対する前向きな心理状態を促進する。第2に、職務充実、プロジェクトチームの活用、組織フラット化、社内ベンチャー制度などによっての権限委譲が重要である。権限委譲による自律性の確保によって、従業員の積極的な貢献意欲や内発的モチベーションを引き出すことが可能となる。第3に、従業員の挑戦を支援する組織風土が重要である。挑戦による成功体験だけでなく、失敗した際の上司からの支援や内省に基づく学習による成長が従業員の前向きな心理状態を生み出し、長期的な組織活性化につながる。

（開本浩矢）

→エンゲージメント、心理的資本、権限委譲、企業理念、コーポレート・カルチャー、社内ベンチャー、脱官僚制化、分社化、加点主義、キャリア開発（企業による）、教育・訓練、教育・訓練予算、自己啓発、職務充実、人事考課の評価項目

組織間関係 (interorganizational relation)
··Ⅰ−2−Ａ

組織は他組織との関係を無視して単独では生存できない。たとえば、メーカーの場合、原材料の仕入れから、製造・販売、アフターサービスまで全て自前でやろうとしてきた歴史があるが、コスト面で他組織を利用したほうが有利なことが判明し、組織間の関係を前提にビジネスをせざるを得なくなった。組織と環境との関係から言えば、環境を構成する他組織と相互依存の関係にあるとともに、コンフリクトと主導権争いが避けられないのが実状である。

そうした現象を背景に、多様な組織間関係を対象とした資源依存モデルがフェ

ッファー（Pfeffer, J.）とサランシック（Salancik, G. R.）による『組織の外部コントロール』（1978）によって提示されている。組織間関係において優位な立場になるには、どうすれば良いのか。全てを自社で賄う自前主義で行くのか、コスト面を重視して市場取引を活用して行くのが良いのかといった課題に対して、資源依存論の他に、取引コスト論、所有権論などが展開されている。また市場より企業系列や企業グループとしての有効性も指摘されている。組織間関係のコンフリクトやパワーのマネジメントが可能になるほど、優位な立場に立つことができるのである。　　　　　　　　（大月博司）
→コンフリクト、ネットワーク

組織形態（organizational form）……Ⅰ−2−A
　組織を構成する要素の組み合わせ方による組織全体のあり方を示すもの。組織は、バーナード（Barnard, C. I.）が捉えたように、共通目的、貢献意欲、コミュニケーションを兼ね備えて成立するものであり、その本質的特徴は、2人以上の人々の意識的に調整された活動や諸力のシステムである。そして、組織の拡大や環境変化に適応するため、仕事の組み合わせ方や人の配置の仕方が多様化し、いろいろな組織形態が出現してきている。
　とはいえ、実際の組織形態は、ライン組織、ファンクショナル組織、ライン・アンド・スタッフ組織といった基本形態の組み合わせで構成される。たとえば、製造、販売など職能別に組織を作る職能別部門制組織、事業毎に分権化した事業部制組織、その複合体であるマトリック

ス組織などである。しかし、理想的な組織形態を作ったとしても環境が変化すると、それに応じた組織形態が新たに模索される。そうしたことから近年、イノベーションがより強く求められるようになったことを背景に、イノベーションを実現するのに資する組織形態として、ハイパーテキスト型組織、デュアル・システム型組織、両利き組織など新しい組織形態が提案されている。　　　（大月博司）
→**組織図**、**組織動態化**、**イノベーション**、**オープン・イノベーション**、**経営組織**、**スタッフとゼネラルスタッフ**、**タスク・フォース**、**ライン**、**ライン・アンド・スタッフ組織**、**ライン組織**

組織行動（organizational behavior）
　　………………………Ⅰ−2−A, Ⅱ−2
　組織行動（論）とは組織における人間行動を意味し、環境の中での組織のふるまいを扱う組織論とは異なっている。ただし、組織行動ではグループやチームといった集団のふるまいや組織文化・組織風土といった組織全体のふるまいを扱うこともあり、両者の区別は厳密には困難であることに留意する必要がある。組織心理学やミクロ組織論といったおおよそ重複する学問体系も存在する。
　組織行動を分析する際、その目的は大きく組織における人の行動の理解、予測、統制である。組織における人の行動の生起したプロセスを理解することが将来の行動の予測につながる。そして人の行動プロセスの理解と予測に基づき、好ましい行動へ導くという統制が目指されるのである。統制は生産性の向上や効率

化といった組織にとって望ましい方向だけでなく、職務満足や働きがいといった個人にとっても望ましい方向であることが重要である。

組織行動の成り立ちには諸説あるが、1959年に米国で二人の経済学者によって発表された報告書が契機になっているといわれる（二村（2004））。この報告書の中で米国のビジネススクールにおける人間行動関連のカリキュラムの充実が謳われた。その後、心理学関連の講座がビジネススクールで開講されるとともに組織行動に関する学問体系が確立していったとされる。

組織行動の焦点は個人、集団や集団内での相互作用、組織と個人の関係の3つの視点から分類することができる。個人の視点では、個人のパーソナリティ、欲求やモチベーション、公正感といったテーマが活発に取り上げられてきた。組織の中で個人はどのような欲求を持っているのか、どのようなプロセスで動機づけがなされるのかは現代でも重要な組織行動のテーマである。近年、ワークエンゲージメントといったトピックも生まれているが、これも個人の視点での組織行動に含まれる。集団や集団内の相互作用の視点では、リーダーシップが最も注目を集めるトピックである。リーダーの資質に始まり、その行動、カリスマ性など様々なアプローチによって有効なリーダーシップの在り方が探索されてきた。集団の意思決定におけるバイアスや組織市民行動なども取り上げられることが多い。組織と個人の視点では、個人が組織になじむプロセスを取り上げる組織社会

化、個人が組織の価値観を内面化する組織コミットメントなどのトピックがその代表である。　　　　　　　（開本浩矢）

→職務満足、動機づけ、パーソナリティ、リーダーシップ

組織コミットメント（organizational commitment）……………… Ⅰ-2-A, B, Ⅱ-2

組織メンバーが組織に対する帰属意識や参加意識をどの程度もって行動するかなど、組織とそのメンバーの関係性を表す概念である。しかもその関係性において、損得抜きの情緒的な側面と功利的な側面があることが解明されるとともに、概念の操作化が可能である。そのためこの用語は、側面測定可能な尺度として用いられ、組織コミットメントが高いか低いかで組織パフォーマンスがどうかなどの実証研究が盛んになされてきた。その結果、組織コミットメントが高ければ高いほど、組織の有効性が高いことが実証されるようになった。しかも、組織の特定メンバーの組織コミットメントをどのようにしたら高めることができるかといった実践的示唆も数多く出されるに至り、実務の世界でも欠くことのできないコンセプト（概念）になった。

しかし問題は、組織メンバーの価値観が多様化すればするほど、一般的に実践適用することができないと判明したことである。ビジネスにおいて組織メンバーの多様性（ダイバーシティ）の重要性が認識され、その実現が図られる中で、従来のコミットメント向上策では通用しない多様性ある組織メンバーのコミットメントを高める方策の探求が今後の課題と

なっている。　　　　　　（大月博司）

組織再社会化（organizational resocialization）......Ⅰ－2－A

　いったん組織社会化を果たした個人に、再び、組織社会化が生じることを指す。典型的には、転職などにより組織間を移動する場合、また同一組織であっても、組織変革などにより組織文化や各種制度が大きく変化する場合、時間の経過とともに個人から組織に対する期待が変化する場合、海外駐在からの帰任時などに、これが起こる。当然ながら、組織社会化と組織再社会化とは密接に関連しており、組織再社会化を組織社会化の部分集合とみなすことも可能ではあるが、過去の時点の社会化の結果として獲得したものの変更、あるいは完全な棄却が求められるという意味で、これらは本質的に別概念として考えるべきであろう。

　この時、明らかに重要になるのが、かつて身に付けたことの一部あるいは全てを学び直す、学習棄却（unlearning）である。心理学や教育学においては、知識や経験が全くゼロの時に、新たに知識や経験を獲得する学習よりも、すでに保有していることを棄却した上で、新たな知識や経験を獲得することの方が大変である、ということが指摘されているが、同じことが組織再社会化にも当てはまるだろう。ただ、組織再社会化については、理論的にも実証的にも、研究が明らかに不足しており、これからの研究蓄積が求められる。　　　　　　（服部泰宏）

組織社会化（organizational socialization）......Ⅰ－2－A

　経済活動を行うために組織内で役割を遂行することと、組織のメンバーとして参加することにとって不可欠となる、価値観や能力、組織側から期待される行動、社会的な知識などを正しく理解していくプロセスを指す。企業には「経済的な集合体」と「人と人が織りなす共同体」という少なくとも2つの側面がある。ここで「経済的な集合体」とは、生活の糧を得る場所、キャリアの歩みを進んでいくために、技術・知識を身につける場など、一人では成し遂げられないことを他者とともに実現する場所を指す。また「人と人が織りなす共同体」とは、好きな仲間がいる場であり、自分の居場所としての企業を意味する。企業が本質的に「経済的な集合体」と「人々が織りなす共同体」の両面を持っているため、そこで働く個人にも、この2つの側面それぞれにおいてそこに馴染んでいくことが求められることになるわけである。

　組織社会化の代表的な研究者であるチャオ（Chao, G. T.）によれば、組織社会化とは具体的に、以下の6つの側面について個人が組織への理解を深めることである。

　（1）パフォーマンス（仕事上の課題をどのくらい深く学び、成果を上げるか）

　（2）人間関係（他のメンバーとの間に十分な人間関係をどの程度確立するか）

　（3）政治（組織内での権力構造に関する情報をどの程度持っているか）

　（4）言語（専門用語や所属する集団に特有の言葉や俗語、内輪での言葉遣いをどの程度理解しているか）

さ行

（5）組織の目標と価値観（組織の目標や価値観をどの程度理解しているか）

（6）歴史（組織の伝統・習慣、神話や儀礼などを含め組織の歴史をどの程度理解しているか）

このうち（2）（3）（4）（5）（6）が、「人々の共同体」としての組織に関わっている。組織に加入し、そこに馴染むということの多くの部分が、共同体としての組織を理解することに関わっていることである。一般的に、チャオらのいう人間関係、政治、言語、組織の目標と価値観、歴史などに関して、新人が組織の中で学んでいくことを社会化の「一次的な成果」、（1）に該当する仕事パフォーマンスの向上や、職務満足、組織に対するコミットメントの高まりなど、学びの結果として起こる状態を、組織社会化の「二次的な成果」と呼ぶ。

個人を組織に馴染ませるプロセスである組織社会化の主要な担い手は、何よりもまず、組織の側、具体的には、直属の上司やメンター、同僚や人事部、同期入社の社員など、組織を構成するさまざまな人々ということになる。ただし近年の組織社会化研究においては、組織の中で積極的に情報収集を行ったり、既存のメンバーとの関係を自ら構築したりする、新人自身の「プロアクティブ行動」にも注目が集まっている。自身が感じた違和感を率直に吐露する、組織の内実について積極的に質問し学習する、社内のイベントなどに参加するといったさまざまな行動がここでいうプロアクティブ行動に含まれる。　　　　　（服部泰宏）

→社会化、プロアクティブ行動

組織人格→個人人格vs.組織人格

組織図（organizational chart）………Ⅰ－2－A

組織内の部門や職務の階層上の位置づけ、責任および権限関係の公式的構造を図式化したものである。この図によって組織全体の事業構造や指揮命令系統が明確に示されることで、組織内外の人が企業の事業内容や部門間の分業関係についてより具体的なイメージを持つことができるようになる。

しかし、近年経営環境の不確実性や変動性、複雑性、曖昧性がますます大きくなるにつれて組織内の事業内容や分業関係が変更される頻度が高まっていることから、対外的にはより大まかな組織図が示される傾向にある。　　（團　泰雄）

→権限、組織概念、ライン・アンド・スタッフ組織

組織ストレス（organizational stress）
…………………………………………………Ⅱ－2

組織という社会的装置が生み出すストレス、および人間が組織環境の中で生活するがゆえに経験するストレスの総称。ストレスには、環境からの外的刺激としてのストレス（ストレッサー）と、個人の生理的・心理的・行動的反応としてのストレス（ストレイン）があるが、組織ストレス概念にはこの両方が含まれる。また、組織の中で個人が従事する仕事や職務の性質に関連するストレス（職務ストレス）は、通常この概念の中には含まない。

代表的な組織ストレッサーとしては、役割期待（role expectancy）、役割葛藤

（role conflict）、役割あいまいさ（role ambiguity）、上司・部下・同僚との人間関係、命令－服従関係、人事上の処遇等がある。これらの多くは、今日の経営組織の支配的原理であるところの官僚制（bureaucracy）が原因となって生じているものである。

組織ストレインとしては、生理的には虚血性心疾患、脳血管障害等、心理的には職務不満、組織コミットメントの低下等、行動的には欠勤、離職・転職行動等が考えられるが、それらが純粋に組織ストレッサーのみが原因となって生じているかどうかを判別するのは難しい。

組織ストレス概念は広範な概念であるため、実際の研究においては、上述した個々の概念を用いた論考や実証研究が多岐にわたって行われている。（渡辺直登）
→職務ストレス、役割期待、役割のあいまいさ

組織的怠業→システマティック・ソルジャリング

組織デザイン（organization design）
······································Ⅰ－2－A, Ⅱ－2
組織を分業と調整の仕組みであるとすれば、どのように分業し、調整するのかを設計し工夫を凝らすことが組織デザイン（組織設計）である。デザインした結果として、組織が有効に機能し、高い生産性を達成することができれば組織デザインがうまく機能したといえる。また、従業員が保有している能力を最大限発揮し、最大の成果を上げている状態を作り出せれば同様に組織デザインが有効に機

能したといえる。

具体的にデザインの対象となるのは、組織構造や組織形態、人事制度といったハードウェアに関するものと組織風土や組織文化、働き方といったソフトウェアに関するものに分類することができる。前者を構造要因、後者をコンテキスト要因と呼ぶ研究者もいる。前者はたとえば、事業部制やマトリックス組織のような組織形態、成果主義や職能資格制度といった評価と処遇に関する人事制度、在宅勤務や育児介護休暇といった働き方に関する人事制度などが含まれる。後者には経営トップが描く経営ビジョン、歴史的経緯を踏まえた経営理念や事業パーパス、イノベーション支援的な組織風土などが含まれる。こうした様々な要素を組み合わせながら組織デザインは行われる。
（開本浩矢）
→組織形態

組織動態化（organizational dynamics）
······································Ⅰ－2－A, Ⅱ－2
組織研究は、組織をスチル写真のように捉えてそれを分析するという静態的アプローチが基本だった。これに対して、組織は絶えず動く存在で動画のように捉えてそれを分析することが主張されるようになった。その嚆矢となったのがワイク（Weick, K. E.）による組織化（organizing）の発想である。彼は組織の動きを河の流れに例えて捉える。すなわち、河は絶えず水が流れて、表面的には変化が見られないが河底は絶えず動態的に変化している。

この変化という視点から組織を見る

さ行

381

と、その主体はだれで、そのプロセスはどのように推移するのか、変化の障害要因や促進要因が何で、それらの関係がどうなっているかなど、さまざまな要素が時間経過に伴って絡まり、その仕方も多様であることがわかる。

このように、時間軸を入れて組織現象を動態的に見ることによって、組織には誕生・成長・停滞・衰退があるといったライフサイクル論、組織現象は変異・選択・保持という進化モデルが適用できるとした個別組織レベルの組織進化論、さらに個体群レベルの進化的発想を応用した組織の個体群生態論が提示されるようになった。これらは、組織のダイナミクスを解明するという点で組織動態化を描くモデルとされる。　　　　（大月博司）

→組織理論、官僚制、脱官僚制化、部課制廃止、フラットな組織、事業部制、分社化、ネットワーク、カンパニー制、コーポレート・カルチャー

組織のゆらぎ ······················ I−2−A, II−2

ゆらぎという言葉自体はもともと物理学の世界の用語として使われ始め、ある現象を測定した値が平均値から不規則に乖離する現象を意味する。組織の文脈でゆらぎを使用する場合には、こうした平均値からの逸脱として単純にとらえるのではなく、組織メンバー個々の逸脱が周囲に波及することで、組織全体の新たな秩序の形成につながることを念頭におく必要がある。たとえば、環境変化に適応しようと組織変革を目指す場合、ある個人が従来の秩序からの逸脱を開始する。その逸脱が周囲に好ましい影響をあた

え、集団、そして組織全体へと波及することで、組織が新たな秩序を獲得することに成功すれば組織のゆらぎとしてとらえることができる。ゆらぎは受動的に対応するのではなく、組織の自己組織化を目指した能動的な逸脱が求められる。逸脱を促すと同時に、全体に波及させ、新たな定常状態を作り出すことが組織のゆらぎを活用するうえで重要な視点となる。

人材開発との関連では、プロジェクト制度、職務移動、越境学習など従来の秩序を否定し、新たな視点の獲得を促す制度的工夫が有益である。新たな視点の獲得がゆらぎを生み出し、新たな組織秩序が構築されるきっかけとなる。

（開本浩矢）

→組織変革、越境学習

組織パーソナリティ（organizational personality）···················· I−2−A, II−2

組織の活性化を、CI（Corporate Identity）活動等のコミュニケーション戦略を通じて達成しようとする場合、組織を人間の個性（personality）と同様に考え、組織パーソナリティを組織コミュニケーションの主体として概念化することが必要となる。若林（1988）は組織パーソナリティを、個人の人格構造をモデルとして、重層的な構造をもつものとして定義した。すなわち、組織パーソナリティはその最深層に、組織のルーツにつながる神話・感情・タブー等からなる基本体質層を持つ。次にそれを取り囲む形で、組織の伝統・社風・企業風土からなる第2層が形成される。続いて第3層は社是・

社訓、経営理念、企業目的、支配構造からなる基本意識の層である。これに第4層として規則の体系、規範と習慣、蓄積された知識と情報、役割体系といった組織構造の層が続く。第5の最表層は、組織成員の役割行動、製品やサービスの質、社会・文化的行動、宣伝・広告・マーケティング活動、社屋・シンボル・デザインの提示等からなる組織の活動層である。以上のように、組織パーソナリティは体質層、風土層、基本意識層、組織構造層、活動層の5層からなり、深層に向かうに従って感情化・無意識化され、表層に向かうに従って言語化・意識化される性質を有する。この論理によれば、組織活性化とは組織の深層部分をできる限り意識化・言語化し、組織パーソナリティ諸層の関係を整合的で一貫した理論の体系として組み直し、これにより効果的な環境適応を図る努力であると定義することができる。　　　　　　（若林　満）

組織変革（organizational change）
............................Ⅰ−2−A, Ⅱ−2, 3−C

組織は存続のために、環境変化に応じて構造やシステムなどを変革することが必須である。そして実際に、さまざまな様式の組織変革が絶えず行われるが、意図通りにそれが実現できるとは限らない。そこで、こうした実現の成否が問われる組織変革の現象を対象とした研究が盛んに行われ、組織変革の理論モデルとしてその成果が蓄積されている。

組織変革論の発展を振り返ると、研究対象とされる組織変革の現象が多いため、その分析レベルや範囲はさまざまで

ある。そして、組織変革の分析アプローチは、ミクロ的アプローチ、適応的アプローチ、ライフサイクル的アプローチ、生態学的アプローチ、制度的アプローチなど立場の違いに応じていろいろある。そのため、組織変革の文献レビューを網羅的に行うのは容易でない。

通常、組織の目標達成がうまくいかなくなるのは、環境変化によって既存の組織構造が環境不適合を起こすからであり、新たな環境に適応するような組織構造に変革させることが求められる。その場合、大規模な変革と小規模な変革、継続的な変革と不連続な変革など変革の規模や内容、時期によって変革内容はさまざまである。しかし、継続的な変革が結果的に大変革に至ることや変革の小規模なものが連続するにすぎないなど、実際には各組織で対応に違いがある。

ラディカル変革には突発的な（episodic）側面と継続的（continuous）な側面がある。組織変革の断続的均衡モデルは、通常は漸進的な変革だが時に不連続なラディカルな変革が起こり、組織が新たなステージにはいることを説明するモデルである。ワイク（Weick, K. E.）はラディカルな変革を初めて取り上げたが、彼の想定する組織変革の分析レベルは、組織全体ではなくその部分であり、変革が生じる原因解明に重きがおかれた。これに対して、タッシュマン（Tushman, M. L.）は進化論を援用して組織全体の変革パターンを説明している。そのため、彼の場合ラディカル変革といっても、組織変革のレベルによってその内容は異なり、変革プロセスの部分によって同じロジック

が通用するかについて明らかにする必要
がある。

変革のプロセスは、「解凍→変革→再
凍結」というレヴィン（Lewin, K. Z.）の
モデルがベースとなり、その後各論者が
3段階モデルの見直しを図っている。そ
の中でも近年よく利用されるのがコッタ
ー（Kotter, J. P.）の8段階モデルである。

（大月博司）

組織変革のルムラー・ブラッチェ・モデ
ル→業績改善のためのルムラー・ブラッ
チェ・モデル

組織理論 (organization theory)
.... Ⅰ-2-A, Ⅱ-2

さまざまな組織現象の解明を図って分
析した結果得られた組織に関する理論モ
デルの総称。歴史を遡れば、ウェーバー
（Weber, M.）による組織の官僚制論を嚆
矢に、バーナード（Barnard, C. I.）とサ
イモン（Simon, H. A.）によって生み出さ
れた近代組織論の登場など、20世紀初
期から組織現象の理論的解明が進んだ。
しかし一方で、専門化の原則といった経
験則をベースとする規範的な組織理論が
まだ主流であった。バーナードはそうし
た中で、誘因・貢献理論や組織目的の達
成度に関わる有効性（effectiveness）と組
織メンバーの満足度を表す能率（efficien-
cy）のロジックなどを明らかにした。そ
してサイモンは、伝統的な組織論が主張
する専門化の原則などの経験則につい
て、それぞれ基準が明らかでないため使
い物にならないと批判した。その際サイ
モンは、組織を論理実証主義的立場から

科学的に分析する必要性を主張するとと
もに、組織を構成する要因の最小単位が
「意思決定」であるとし、限定合理性
（bounded rationality）に基づく意思決定論
的組織論を展開した。そうすれば、科学
の特徴とされる予見可能性のある仮説命
題を引き出せると想定したのである。ま
た、サイモンによる組織の仕組みを通じ
た組織影響力のロジックは予見可能性の
ある実践的な示唆を示すものである。

こうした流れとは別に、セルズニック
（Selznick, P.）による組織の制度化論が組
織論発展に大きな影響を与えている。組
織は価値が注入されることによって社会
的に正当なものとして受け入れられ制度
化するという見方は、大規模組織が社会
にとって欠くことのできないことの説明
を可能にしている。

その後、組織論は環境と組織の関係図
式を明らかにしようとしたコンティンジ
ェンシー理論を始め、組織間関係論、組
織の個体群生態学、取引コスト論、組織
行動論など多様化するに至っている。そ
して、コンティンジェンシー理論の環境
決定論的特徴を批判する戦略選択論は、
その根拠をワイク（Weick, K. E.）による
環境イナクトメント（環境創造）にもと
め、組織が主体的に環境に働きかけるこ
ともあることを主張するに至った。この
結果、ワイクによる進化論的発想による
組織化のプロセス（環境イナクトメント→
選択→保持）が注目され、組織の構造分
析からプロセス分析、しかも組織主体の
観点からの分析が展開されるようにな
り、さらに、組織のディスコース分析、
ナラティブ分析といった解釈論的組織論

も広がりはじめた。その結果今日では、組織理論は機能的分析から解釈主義的分析まで多様を極めている。　（大月博司）
→バーナード，C. I.、組織形態、コンティンジェンシー理論、組織間関係

ソーシャル・ファーム（social firm）
·····································Ⅰ-2-A
　ソーシャル・ファームとは、働くのが困難である人びとの雇用を支援するという目的を達成するために、社会に付加価値を創造し、事業収益を主な財源として運営される社会的企業をさす。働くのが困難である人びとには、障がい者、難病患者、高齢者、シングルマザー、引きこもりの若者、刑務所出所者、ホームレス、長期失業者などが含まれる。
　1972年にイタリアのトリエステで精神疾患患者が就労する場として精神科医バザーリア（Basaglia, F.）が設立したフランコバザーリア労働者協同組合（CLU：Cooperativa Lavoratori Uniti Franco Basaglia）が、ソーシャル・ファームの始まりとされる。ソーシャル・ファームの制度や対象者は国によっても異なるが、その後、フィンランド、ドイツ、フランスなどヨーロッパを中心に発展してきた。就労困難者の社会的インクルージョンの実現において、ソーシャル・ファームは大きな役割を果たしている。　　（二神枝保）
→インクルージョン、ディスアビリティ・インクルージョン

ソリューション（solution）
·····························Ⅰ-2-A, Ⅱ-2
　元々は解決、解明、溶解といった意味の言葉であるが、現在ではビジネスにおいて顧客の抱える問題や不便を解決することを表す言葉として広く使用されている。
　最初にソリューションという言葉が使われるようになったのはIT業界と言われており、顧客が求めているのは製品自体ではなく、課題を解決する手段であるという考え方が重視されはじめたのが契機となっている。IT企業のビジネスがコンピュータ等のハードウェア主体のものから、サービスを主体としたものに変化していったことから、ソリューションを提供するという概念が確立されていったものと推察される。現在ではこの考え方はIT企業に限らず、多くの企業に浸透しており、社名や部門名にソリューションの名がつく企業も見られるようになっている。なおソリューションビジネスは一般消費者向けのB to Cでも成立するものであるが、主に議論されているのは企業向けのB to Bの領域が多いと言えるだろう。
　ソリューションビジネスの特徴として、やはり問題解決に情報技術が活用されることが多いことがあげられる。システムインテグレータと呼ばれるようなIT企業はソリューションビジネスの代表的な存在とみなされることが多い。
　一方、IT企業以外でもソリューションは志向されているが、その場合は顕在化された顧客ニーズだけでなく、潜在的なものにまで先回りして提案するといったことがソリューションとして重視されている。特にサプライヤー企業の製品開発などではそれが顕著となる。

さ行

また、より一般的な視点でその特徴を考えるならば、単独の製品やサービスを提供するのではなく、複数の製品やサービスを組み合わせ、顧客（多くは企業等の組織）に適した形で提供することがあげられる。ソリューション営業という言葉もよく使われているが、その場合、単なる製品の販売ではなく、こうした組み合わせの最適な提案も営業担当者の重要な仕事になる。

　さらにソリューションビジネスは顧客の抱える問題に合わせてカスタマイズした提案を行うことになるのだが、そこでは解決策を顧客とともに探索し、創り出すという過程が重要になる。それゆえ顧客との関係づくりがビジネスの要諦となる。

　ソリューションビジネスを行ううえでは、複数の職種や部門の人材から成るプロジェクト・チームが活用されることも多い。またその遂行過程では、顧客ニーズの把握、問題分析や、仮説の立案と検証等、多くの知識労働が求められることになる。　　　　　　　　（三輪卓己）
→プロジェクト・チーム

た行

待機……………………………Ⅰ－2－B
　一般に次の3通りのケースで使われる。①懲戒処分が決定されるまでの間、事情調査、再発防止、その他就労させることが不適当と判断される場合等に行われる就業禁止処分。懲戒処分の一種である出勤停止とは異なる、②景気低迷による業績不振等から、新規採用者に入社予定日を延期して一定期間自宅に待機させること、③本人に適当な職務がない時に、就業規則の定めに基づいて、一定期間自宅待機させること。期間経過後は復職させ、また休職中は休職給を支給しなければならない。
　　　　　　　　　　　　　（桐村晋次）

代休（compensatory leave）………Ⅰ－2－B
　労働義務のない日に通常の労働をした場合の代償措置として、以後の特定の労働日にとることができる休日。
　この場合は、振替とは違い、休日に労働するために、休日労働のための三六協定と割増賃金を支給することが必要である。代休として労働日に休んだ場合の賃金は、休日労働に対して割増しのついた賃金が支払われていれば支払う義務はない。ただし、混乱を招かないように、あらかじめ、就業規則や労働協約等で定めておく必要がある。　　　　（福地一雄）
→振替休日

体験学習………………………Ⅱ－3－A
　観察・見学・調査など五感すべてを用いる学習活動のこと。類似概念に経験学習がある。学校教育においては座学で教科書的知識を学ぶことと並行して、生きて働く知識を得るために活用されている。
　制度的には2001年の学校教育法一部改正によって、学校教育における社会奉仕活動や自然体験活動などの体験活動の充実が努力義務化されている。企業内研修においてもセミナーなどの座学での理

論的な知識習得とともに、実践的な知識を学ぶために活用されている。学校教育においても、企業内研修においても「座学か体験か」という二項対立的な議論が長らくなされ、時代ごとにどちらかが重視されるという状況を振り子のように繰り返してきた。しかし、どちらにも独自の価値があり、双方とも重要であるのは言うまでもない。

類似概念である経験学習を提唱したコルブ（Kolb, D. A.）によれば、学習においては「自らの経験から独自の知見を紡ぎだすこと」が重要であり、その点で経験学習や体験学習には、教科書的知識や理論的知識を伝達する授業やセミナーにはない、独自の役割があると言える。なお企業内研修における体験学習は、実際の現場や類似状況の中でなされることが多い。　　　　　　　　（長谷川鷹士）

退職給付引当金･･･････････････････Ⅰ－２－Ｂ

退職時に見込まれる退職金（一時金・年金）のうち、当期末までに発生していると認識されるものを退職給付債務という。いわば、将来発生が見込まれる退職給付の総額を現在価値に割り引いたものといえる。

2000年に導入された退職給付会計では、それまで「隠れ債務」とされ、経営への影響が外部から見えないという問題を抱えていたこの退職給付債務を、退職給付引当金として貸借対照表に負債として計上しなければならないこととした。ただし、企業年金制度において拠出金が年金資産として積み立てられている場合、その分は退職給付引当金への計上は不要である。この退職給付引当金は退職給付債務の現在価値を会計上明確化するに過ぎないのであって、それに見合った資金を準備していることを意味するものではない（退職金の支払い原資の確保については、法令で定める一定額の保全措置が使用者の努力義務とされている）。

企業年金で年金資産の額が退職給付債務を上回った場合は、その超過分は前払年金費用として資産計上することとなっている。なお、退職一時金の支払いに充てるための特別の勘定への繰入の損金算入を認めていた「退職給与引当金」の制度は2002年に廃止されている。

　　　　　　　　　　　　　　（石毛昭範）

退職金･･･････････････････････････････Ⅰ－２－Ｂ

退職を理由として支払われる金銭をいう。一括支給の「退職一時金」と分割支給の「退職年金」があり、この両方を支給する企業もある。大企業の方が中小企業より普及率が高い。「退職一時金」は退職理由で支給額を変えることが多く、定年や会社都合の場合は増額、自己都合の場合は減額、懲戒解雇等の場合は不支給とすることが多い。　　（石毛昭範）

退職金算定基礎額･･････････････････Ⅰ－２－Ｂ

退職金のうち退職一時金の算定の基礎となるものをいう。退職時の基本給に基づき設定するものや、賃金とは別の体系によって設定するもの（別テーブル方式）がある。近年は、このような基礎額を用いずに、在職中の等級（職能資格や職務等級など）や勤続年数等をもとにした「ポイント」を用いた算定方式（ポイント

方式）を採用する企業が増えている。これは、勤務成績や評価などを退職金に反映させるためとされる。　　　（石毛昭範）

→退職金算定方式

退職金算定方式 ……………………Ⅰ−2−B

　主に、退職時の賃金に基づく「退職金算定基礎額」×「勤続年数別係数」×「退職事由別支給率」という方式と、在職中の等級（職能資格や職務等級など）や勤続年数等をもとにした「ポイント」×「ポイント単価」×「退職事由別支給率」という方式がある。かつては前者が主流であったが、近年では後者が大企業を中心に広く採用されている。他に退職金算定基礎額を別に設定する方式や勤続年数別に金額を定める方式もある。（石毛昭範）

→退職金算定基礎額

退職金の年金化 ……………………Ⅰ−2−B

　退職金の一部を、企業の支払い時の負担緩和などのため分割して年金として支給することをいう。制度的には1960年代につくられた税制適格年金（現在は廃止）、厚生年金基金（現在は新規設立が停止され、ごく少数のみ存続）、中小企業退職金共済（一時払い・分割払いを選べる）があり、現在では、転職の増加に鑑み年金のポータビリティに配慮した制度である確定給付企業年金、確定拠出年金が主流となっている。　　　（石毛昭範）

→退職給付引当金、退職金

退職準備プログラム ……………Ⅰ−2−B

　企業の従業員や公務員に対し、定年退職を展望して、職場や家庭での生活の充実、自己の再発見、退職後の喪失感（定年ショック）の防止、キャリアプランづくりの支援、ひいてはこれらの人材の活性化などを目的に展開されるプログラムである。アメリカでは1950年代から、日本では1970年代後半から導入されるようになり、大企業や官公庁を中心に現在でも盛んに行われている。

　定年直前のみならず、中堅層、例えば40歳代頃を対象に行っている企業もある。例えば40歳代頃を対象としたプログラムは生活設計やキャリアプランづくりを中心に、定年に近い年齢を対象としたプログラムでは退職後の経済面・健康面・生活面の問題への対応や再就労のための準備・再教育などを中心にすることが多い。企業や官公庁が自ら行うこともあるが、外部の教育研修会社やNPOなどへの連携や委託も多い。

　内容としては集合研修や通信教育、教材配付等の情報提供、カウンセリングなどが採用されている。今後は、高齢者雇用安定法による65歳までの雇用確保措置の義務化、70歳までの就業確保措置の努力義務化などに対応し、キャリアプランやライフプランの形成支援の一環としての展開が見込まれる。　　（石毛昭範）

退職積立金 ………………………Ⅰ−2−B

　退職金の支払いは、就業規則等に規定がある場合使用者の義務である。従って、支払い原資の積み立てや保全が重要である。法的には、退職金の支払いに充てるべき額のうち一定額について、金融機関の債務保証などの保全措置をとることが使用者の努力義務とされている（賃

金の支払の確保等に関する法律第5条）。ただし、企業年金等で金融機関など外部に積み立てを行っている場合は保全措置の努力義務はない。　　　　　（石毛昭範）
→退職給付引当金

態度（attitude）……………………… Ⅱ－2
　態度は社会心理学においては一般に、ある対象に向かう行動の準備状態ないし行動の枠組みと捉えられ、認知的成分、感情的成分、行動的成分から構成されると定義されている。認知的成分は対象に対する知識や情報であり、感情的成分は好き・嫌いや好悪感情といった評価的側面であり、行動的成分とは態度が行動へと転嫁した状態を意味する。例えば、購買行動を態度の枠組みで分析する場合、認知的成分はある商品に対する知識や情報量を意味し、感情的成分は商品に対する好みや魅力度を意味し、行動成分は商品選択行動そのものを意味する。態度研究は、これらの態度成分のいずれか、特に認知や感情に関する成分を変化させた場合、行動にどのような変化が生ずるかという、態度変容メカニズムの解明の問題に焦点が注がれてきた。組織行動研究においては、態度は仕事や労働条件、組織や役割、上司や同僚等、個人を取り巻く種々の対象に対する感情的評価（満足－不満足、賛成－反対等）の問題として古くから注目されてきた。特に職務満足は仕事に対する態度として、組織コミットメントは組織に対する態度として、今までに多くの研究が積み重ねられてきている。しかしこれらの研究は、もっぱら態度の測定に向けられており、態度変容、すなわち、いかにして職務満足や組織コミットメントを変化（向上）させるかについては、いまだ十分な成果を生み出していないと言える。　　　　　（若林　満）

態度変容研修（training of attitude change）
……………………………………… Ⅱ－3－A
　「態度」とは、ある物事に対して人が感じたり考えたりしたことが、言葉・表情・動作などに現れたその人独自の反応を指している。また、物事に臨むときの構え方や出方、その立場などに基づく心構えや身構えを指すこともある。態度は人格構造の中で最も表層に位置づけられると考えられるため、核心近くに位置づけられる価値（sense of value）や意志（will）や気質（temperament）等とは異なり、その変容に関して後天的な教育訓練（態度変容研修）の効果が期待できる。
　具体的な研修方法としては、①メンタリングに基づくマンツーマンによるロールプレーイング訓練、②行動や態度の変化を目的にしたビジネスゲームによる体験訓練、③リスクヘッジ（リスク回避）を目的とするケーススタディに基づくグループディスカッション、④課題達成型コーチングや問題解決型コーチングによる意識改革訓練、⑤職場外訓練としてのリカレント教育やリスキリングによる自己啓発訓練、等があげられる。このような研修方法を用いることにより、態度や行動にポジティブな変化がもたらされ、プロとしての自信と誇り、責任感や使命感の生成と強化につながっていく。
　　　　　（牛窪　潔）

た行

ダイバーシティ（diversity）

······························· I-1, 2-A, B

　ダイバーシティとは、人種、民族、国籍、ジェンダー、年齢、身体的能力、宗教、文化、価値観など、人びとの多様性をさしている（Dessler（2001））。また、人的資源管理協会（the Society for Human Resource Management：SHRM）によると、ダイバーシティとは、個人的特徴、組織的特徴、価値観、信念、経験、生い立ち、嗜好、行動特性など、人びとの相違をさす。ダイバーシティというと、人種、民族、年齢、身体的能力など目にみえる特性が強調されがちであるが、文化、価値観、信念など目にみえない特性も含まれている。つまり、ダイバーシティは目にみえる特性と目にみえない特性に大別できる。そして、ダイバーシティとは、生まれながらの属性的なものだけではなく、その後の人生において形成されたり、働いている組織によって身に付くような多様性も含む。

　ガーデンシュワルツとロー（Gardenswartz and Rowe（2003））は、ダイバーシティの車輪（diversity wheel）の概念を提示している。ダイバーシティの車輪によれば、ダイバーシティには4つの次元がある。一つの次元は、パーソナリティであり、人生の早い段階で形成される。パーソナリティは、一生のキャリア選択を通して、他の3つの次元に影響を与えることも、与えられることもある。内的次元（internal dimensions）は、コントロールできないものもあり、人種や民族、年齢のような見た目で判断するものを含む。外的次元（external dimensions）は、その後の人生によって形成されるもので、ある程度コントロールできるし、時間が経つにつれて変化するかもしれないもので、教育の背景や収入、婚姻状況などをさす。それは、キャリアやワークスタイルについての意思決定の基盤となる。組織的次元（organizational dimensions）は、働いている組織や仕事状況における文化などに関するものである。仕事内容や職種などをさす。

　ただし、このダイバーシティの車輪では、内的次元において身体的能力のみが取り上げられているが、現在、知的障がいや精神障がいなど障がいの多様性にも配慮する必要がある。今日では、LGBT（Lesbian, Gay, Bisexuality, Transgender）も重要なテーマであり、関心も高い。

　このダイバーシティの車輪モデルの有益な点は、個人と組織の両方の次元を含んでいる点である。ダイバーシティの内的次元は、すでに注目されており、ダイバーシティ・プログラムの中でもある程度成功しているが、外的次元や組織的次元は、人びとの待遇や昇進、教育機会についてどのように取り扱うかのやり方を決定するうえで、示唆に富んでいる。

（二神枝保）

→インクルージョン、ジェンダー・ダイバーシティ、ダイバーシティ＆インクルージョン、ダイバーシティ訓練、ダイバーシティ・マネジメント、年齢ダイバーシティ

ダイバーシティ ＆ インクルージョン

（D&I：Diversity and Inclusion）

······························· I-1, 2-A, B

ダイバーシティは、人種、民族、国籍、ジェンダー、年齢、身体的能力、宗教、文化、価値観など、人びとの多様性をさす。そして、インクルージョンは帰属欲求や独自性（自分らしさ）への欲求を満たすように処遇されることによって、従業員が職場集団の一員として尊重されていると認知する度合いである。このように、ダイバーシティ＆インクルージョン（D＆I）は、異なる2つの概念である。つまり、ダイバーシティが多様性それ自体を強調しているのに対して、インクルージョンは、その多様性を認め、受容するのと同時に、人びとが共生し、包摂される存在だという基本的な考え方に重きをおく点において、より先進性がある。

企業がD＆Iを推進することによって、従業員の高い職務満足、ウェル・ビーイング、業績、定着、イノベーションなどを導くことから、D＆Iは戦略的人材開発の一つとしても注目されている。最近では、公平性（equity）の視点も導入し、DE&I（Diversity, Equity and Inclusion）を推進する企業も多い。　　　（二神枝保）
→インクルージョン、ダイバーシティ、ダイバーシティ・マネジメント

ダイバーシティ訓練 （diversity training）
....Ⅱ－3－A
ダイバーシティを推進するために重要な戦略的人材開発ツールである。ダイバーシティ訓練は、多様な集団メンバーの統合性を有効に高めるための人的資源機能の一つである。それは、ダイバーシティの価値についての共通理解を構築し、

ダイバーシティを啓発し、社会的団結を作り出すことを助け、個人と組織の成果を高める（Shen, Chanda, D'Netto, and Monga (2009)）。ラインズとローゼン（Rynes and Rosen (1995)）は、ダイバーシティ訓練によって、従業員のダイバーシティ＆インクルージョンへの理解や認識が高まることを明らかにしている。

なお、ロバーソン、クーリックとペッパー（Roberson, Kulik and Pepper (2003)）は、ダイバーシティ訓練の目標を明らかにし、そのニーズを体系的に評価することの重要性を指摘する。ダイバーシティ訓練プログラムには、ダイバーシティの啓発のみならず、多文化スキルの開発やステレオタイプ化や偏見の解消といった内容が設計されている。　　　（二神枝保）
→ダイバーシティ、ダイバーシティ＆インクルージョン、ダイバーシティ・マネジメント

ダイバーシティ・マネジメント （diversity management）.............................Ⅰ－2－A
ダイバーシティ・マネジメントとは、職場における多様性を意識し、多様性それ自体の価値を認識し、それらをマネジメントすることをさす。

ダイバーシティ・マネジメントによって、組織の創造性を刺激し、様々な視点から問題解決能力を高め、フレキシビリティを導入することができるので、企業組織に競争優位をもたらすとされる。

なお、ダイバーシティが組織にマイナスの成果をもたらすこともある。多様な従業員間のコミュニケーションの難しさや対立、緊張、転職コスト、欠勤コス

た行

ト、訴訟などがある。

したがって、ダイバーシティ・マネジメントがプラスの成果をもたらすためには、①従業員の多様性を尊重すること、②個人のニーズと集団の公平を両立させること、③変革への抵抗に対処すること、④集団の団結力を促進させること、⑤オープンなコミュニケーションを確保すること、⑥従業員の不満や反発を解決すること、⑦業績の高い従業員を評価し、定着させること、⑧競争機会を確保することなどが課題である。

具体的には、ダイバーシティ尊重に向けたトップマネジメントの積極的関与やダイバーシティ教育訓練プログラム、ワーク・ライフ・バランス支援策、全ての従業員のキャリア開発のためのメンタリングや徒弟制度、差別撤廃のためのコミュニケーション基準、ダイバーシティ政策責任の管理職、ダイバーシティ監査の設定・設置などが実務上、有効である。

（二神枝保）

→ダイバーシティ、インクルージョン、ジェンダー・ダイバーシティ、ダイバーシティ & インクルージョン、ダイバーシティ訓練、年齢ダイバーシティ

第四次産業革命 ················· I−1

一般には産業システムにおけるハードウェア、ソフトウェアの革新によって生産性や生産量が大きく変化する状況を産業革命と呼んでいる。典型的には第一次産業革命と言われる内燃機関の発明である。蒸気機関による化石燃料を動力にすることはいかにも生産性や製造量を増大させそうで、説得的である。しかし、本

当にそうであるかというと、ワット（Watt, J.）の蒸気機関の実用化から工場の動力として蒸気機関が普及するのは18世紀後半である。普及に百年かかった変化を革命と表現するかという以上に、工場動力に関しては18世紀中頃までは圧倒的に水車であり、産業革命の時代の生産の伸びは蒸気機関によるものではない。

蒸気機関が用いられたのは工場動力ではなく物流であった。蒸気機関車、蒸気船という大量輸送手段を得たことによって、それまで重くて運べず商品とはされなかった穀物などの食料、また石炭などの燃料が運搬可能になり、人間の住める空間が拡大した。このことによる社会の活性化とビジネス・チャンスの拡大が引き起こされたことが産業革命の実態であった。

第二次産業革命は大量生産様式が導入されて生産性が著しく向上したことを指しているが、ここでもかなりの紆余曲折があり、20世紀の初めには互換部品生産による組み立て生産、いわゆる大量生産方式が知られていた。ところがこれは導入されると労働者の激しい反発を受ける。この生産様式は単調労働を伴い労働者による職場放棄が生じたり、ベルトコンベアの廃止など、浸透していかない状況が生じた。結局、労働問題としての単調労働が話題にならなくなったのは1970年代であり、この場合も原理から80年ほどたって実現したといえる。

第三次産業革命は飛躍的に演算能力が向上したデータ処理装置と、価格が低廉となったメモリー、さらにセンサーの発達によって生産システムの無人化を考え

るものであるが、これはまだ一部の無人工場を除けば実現していない。

　第四次産業革命に至っては、これまでのエレクトロ技術に加えて、生命科学や量子力学の成果も加えたイノベーションが起きるというスローガンでしかない。大きな革新が起きれば生産性が向上していくはずだという歴史主義的偏見を引き継いでいる。これからの脱却を考えなければ技術の方向性も見失いかねない。

（日置弘一郎）

対話型組織開発（dialogic organization development）······················Ⅱ−2, 3−C

　診断型組織開発と並ぶ、組織開発のバリエーションの一つ。診断型組織開発とは異なり、アンケートやインタビュー、観察などのデータに基づく診断のフェーズがなく、現場における対話を重視する点に特徴がある。具体的には、まず、対話の場をデザインするためのコアチームを作り、そのメンバーが対話の場を構想する。その上で、関係者が一堂に会する形で対話を行い、組織や自分たちの現状について語り合う中で、問題を可視化し、目指すべき共通目標を定義、その実現に向けた行動計画を策定するというステップを踏んでいく。

　診断型組織開発においては、診断が行われたのちに対話が行われるのに対して、対話型組織開発においては、診断のフェーズを省略して、現場での対話に進む点に大きな違いがある。その前提には、何が組織の「問題」であるか、何が組織の「良さ／悪さ」であるかといった現実は、客観的な調査によって捉えられ

るものではなく、したがってそのような観察に基づいて外部者の目線から外を変えようとすることに意味はない、という社会構成主義の考え方がある。むしろ、対話を通じて人々が現実への認識をすり合わせ、場合によっては現実への認識のあり方を変化させ、組織についての語り方（ナラティブ）が変化することこそが、組織の変化に他ならない、と考えるのである。

（服部泰宏）

対話活動としてのone on one ミーティング（one on one meeting as a HRD-tool）··································Ⅰ−1

　上司と部下が1対1で定期的に行う対話のこと。通常は、1on1のなかでコーチング、ティーチング、フィードバックなどを効果的に組み合わせ、部下の成長支援のために実施する。

　職場において上司・部下間で定期的に実施されるコミュニケーション活動だが、それが職場の活性化や組織風土改革、人材開発や組織開発にまで発展する。最近では、カルチャー変革や従業員の離職防止、イノベーション創出を目的として実施されるケースも増えている。

（吉田　寿）

→1on1 面談

タキソノミー································Ⅰ−1

　分類学のこと。ある特定の分野において、項目を階層構造で示したものを指すことがある。例えば、メタ認知的知識や手続き的知識といった「知識次元」と記憶、評価、創造といった「認知過程次元」に分類したブルーム（Bloom, B. S.）

た行

の改訂分類学などが有名である。人材開発においては人材管理やプロセスの成功要因の分類等で活用される。（齋藤大輔）

タスク→課業

タスク・フォース（task force）‥‥‥Ⅰ－2－A

営業、販売、生産等、通常の業務を行う母体組織の中で、特定のタスク、課題、新規事業、新商品開発等を遂行するために、臨時的に必要なメンバーを結集して活動する組織形態である。プロジェクト・チームも同様の組織形態として捉えられることが多い。

母体組織では、各部門と各メンバーの担当業務、責任および権限が決められているが、一つの部門で対応できず、多部門にわたるような課題の解決が必要になる場合、各部門から必要なメンバーを調達し、一定期間集まり、それぞれの専門能力を活かして問題を解決するように活動する。問題を解決した後に、タスク・フォースは解散し、メンバーが本来の所属部門に戻るか、あるいは他の部門に配属されることになる。しかし、解散後のメンバーの配置に問題が起こることもある。優秀なメンバーの引き抜きが部門間でトラブルを起こしたりするのである。

タスク・フォースのメリットは、部門間・事業部間の横のコミュニケーションが取りやすいことである。また、必要なときに必要な人材を柔軟的に配置することができ、部門間にわたる課題を効率よく解決することができる。　　　（李　超）
→プロジェクト・マネジメント、プロジェクト・チーム、**経営組織**、**部課制廃止**、

プロジェクト、マトリックス組織

脱官僚制化（post-bureaucratization）
‥‥‥‥‥‥‥‥‥‥‥‥‥‥‥‥‥‥‥Ⅰ－2－A

官僚制化の意味は次の3つの文脈で考えられる。①組織が大規模化するに従って、組織を合理的に管理する機構、すなわち官僚制が拡大するという文脈、②国家の権限が肥大化し、国民生活を官僚制によって全般的に支配管理する傾向が強まるという文脈、③伝統的社会が合法的合理的社会へと移行するという社会の近代化の文脈。

以上の3つの文脈に共通しているのは、官僚制化は、人々を支配し管理する手段の合理化・精緻化・拡大であるという点である。

産業社会は、科学技術のたえざる開発を通して発展してきた。同時に産業社会の発展は、組織と社会の官僚制化を進めてきた。しかし、このような官僚制化の方向では、もはや社会の発展は望めないし、人々の主体的な創意工夫も生かされない。したがって、組織は官僚制化と同時に脱官僚制化の方向を常に探求してきた。官僚制が本来の役割をはたし得るためには、非官僚制的要素が必要である。

そのような非官僚制的要素による組織として、ネットワーク型組織の方向が求められている。官僚制が、タテ原理、支配、指令、強連結、閉鎖的、非人格的、画一的であるのに対して、ネットワーク型組織は、ヨコ原理、連帯、対話、弱連結、開放的、人格的、状況適応的という要素によって特徴づけられる。このような要素によって、官僚制を相対化してい

くことが脱官僚制化の一つの方向である。　　　　　　　　　　　（佐藤慶幸）

脱工業化社会（post industrial society）

······································ Ⅰ－1

1970年代、先進国での製造業の停滞を契機として、工業化中心の社会からの変化を説いたベル（Bell, D.）らの主張に由来する。その論旨は経済・経営分野へも展開され、従来は工場などの物的資源が推進力であったが、今後は情報や知識が重要な役割を果たすとされた。そのため、産業の中心は第二次産業から第三次産業へと移り、サービス分野での様々な新事業が起こることで「経済のサービス化」が進展してきたと見られている。このような展開の背景には、すでに60年代頃より経営の中心的焦点が、生産領域から経営戦略やマーケティングなど流動的でダイナミックな領域に、また新たなサービス商品開発による市場創出へと移っていったことがある。

こうして企業レベルでは、独自の戦略立案や不確実性が高まる市場の分析と対応、そして製造分野以外での新市場創出の重要性が増すにつれ、物的資源よりも人や組織の持つ情報・知識が競争優位の源泉とみなされていく。これら一連の流れが脱工業化社会の特徴と見ることができる。さらに、自社製品を販売するメーカーでありながら製造設備をもたず付加価値の高い開発や設計、ブランディングのみに集中し、製造は他へ委託するファブレス企業も出現して来た。（児山俊行）

タビストック研究所（Tavistock Institute）

······························ Ⅰ－1, Ⅱ－2

英国のロンドンにある、社会学、心理学、精神医学、に関する総合研究所。1950年から60年代にかけて、産業現場における技術システムと社会システムの統合を提唱するソシオテクニカル・システム論（socio-technical system theory）を発表し、その後の職務再設計運動（job redesign movement）、労働生活の質（QWL）向上運動に大きな影響を及ぼした。新たな技術が導入された英国の炭坑やインドの繊維工場の作業現場の観察結果から、科学的管理法や技術主導型の職務再設計に異議を唱え、職場集団の社会的関係や自律性を尊重した職務の再設計の必要性を説いた。組織論・組織行動に関する学術誌、*Human Relations*の刊行を行っていることでも知られている。（渡辺直登）

→ソシオ・テクニカル・システム

多変量解析（multivariate analysis）······ Ⅰ－1

お互いに相関する3つ以上の変数（変量）の関係を調べることを指す。多変量解析には重回帰分析、判別分析、ロジット分析、多変量分散分析、正準相関分析、主成分分析、因子分析、クラスター分析、計量多次元尺度構成法、非計量多次元尺度構成法、対数線形モデルなどがある。

これらの分析法は2つのグループに分けられる。第一は重回帰分析、判別分析、ロジット分析、多変量分散分析、正準相関分析のグループで、一つの変数（被説明変数）を他の変数（説明変数）で予測する目的を持つ。第二は主成分分析、因子分析、クラスター分析、計量多

た行

次元尺度構成法、非計量多次元尺度構成法、対数線形モデルのグループで、全ての変数の関連を調べ、変数の数を少なくして、データの背後にある構造を明らかにすることを目的とする。

多変量解析は自然現象、社会現象、経済現象などのデータを解釈するためによく用いられる。多変量解析にはコンピュータが不可欠である。かつては大型計算機を用いていたが、現在では様々な分野の研究者がパソコンにインストールした統計ソフトを用いて、多変量解析を行っている。　　　　　　　　　　（二神常爾）
→因子分析、クラスター分析、重回帰分析、主成分分析、相関分析

タレント・マネジメント（talent management）················· I−2−A

組織に所属する個人（talent）に、保有する能力や知識を最大限発揮させ、企業全体の成果や成長を実現する取り組みである。具体的には、そのような目的に従って、個人を引きつけ、開発し、留めることを指す。引きつけの手段としては、レピュテーションマネジメント（人事施策に関するブランド構築により、タレントを集めやすくする）、採用（とりわけ有能な人材を選び出し、組織に迎え入れる）、採用後の選抜（しかるべき人を上に昇進させる、昇進への焚き付けを行う）といった方法、開発の手段としては、人材の能力伸長（成果を上げるために必要な能力要件を特定し、OJT／OFF-JTにより伸ばす）、キャリア開発（モティベーションを維持するため個人の要求を把握する）といったものが、留める手段には、パフォーマンスマネジ

メント（個人の成果を適切に評価し、フィードバックする）、報酬マネジメント（成果に見合った報酬を提供し流出を防ぐ）などがある。

タレント・マネジメントに関しては、そもそもタレントとは誰を指すかを巡って2つの考え方が並存している。一つ目は、競争優位に貢献するキーポジションを特定し、それを担うタレントを開発するという考え方である。企業に成果をもたらす一部の個人をタレントとみなし、そうした個人に対して、集中的に、選抜的に、投資を行っていくという意味で、選別的アプローチ（exclusive approach）と呼ばれる。2つ目は、全ての社員をタレントとみなし、その才能を発揮させるために最適な機会となりうるポジションに社員を配置し、開発するという考え方である。全ての人をタレントとみなし、投資の対象とするという意味で、包摂的アプローチ（inclusive approach）と呼ばれる。前者の問題としては、一部の個人への投資の集中が、多数派の不満をもたらすことが、また後者の問題としては、多数派の満足に配慮する結果として、一部の極めて高い成果を上げる個人の不満足をもたらす可能性があること、育成投資が分散され、投資効率が悪くなることが指摘されている。　　　　（服部泰宏）

段階的定年延長······················ I−2−B

定年を延長する際、例えば60歳定年を一挙に65歳定年に延長するのではなく、ある程度の年数をかけて漸進的に延長する方式。定年延長の際、一挙に延長すると、年齢が1歳違うだけで、定年が

60歳と65歳に分かれるといった極端な差異が出ることから、このような方式が採られる。令和5年度から行われる公務員の65歳への定年延長の際も、まずは定年を61歳とし、その後、2年毎に1歳ずつ定年を引き上げることで8年間かけて、65歳定年を実現する方式が採用されている。　　　　　　　　　（大津章敬）

→定年、定年延長法

探索と活用→両利き性

男女雇用機会均等法（Act on equal Opportunity and Treatment between Men and Women in Employment）…………Ⅰ－1
　1972年に「勤労婦人福祉法」が制定され、その後何度かの改正を経て、1986年に「雇用の分野における男女の均等な機会及び待遇の確保等女子労働者の福祉の増進に関する法律」として施行された。従業員が性別を理由にして差別されないよう、雇用環境整備のために制定された。1999年の改正では「雇用の分野における男女の均等な機会及び待遇の確保等に関する法律」として施行され、募集・採用、配置・昇進等についての男女差撤廃規定は、それまでの努力規定ではなく禁止規定とされた。同改正により、女性の深夜勤務や休日労働就業が増大した。　　　　　　　　　（丹羽浩正）

男女同一賃金………………………Ⅰ－1
　日本では、労働基準法第4条（男女同一賃金の原則）において、「使用者は、労働者が女性であることを理由として、賃金について、男性と差別的取扱いをして

はならない」と定められているが、依然男女の賃金格差は大きい。一方、ILO「同一価値の労働についての男女労働者に対する同一報酬に関する条約」（100号条約、1951年採択、日本1967年批准）では国際基準が示され、「同一価値労働同一賃金」の議論に関心が寄せられている。
　　　　　　　　　　　　　　（村田晶子）

単身赴任……………………………Ⅰ－2－B
　業務の必要性から住居移動を伴う転勤を命ぜられた従業員が、家族を帯同せずに単身で新しい勤務地に赴き業務に就くことをいう。単身赴任の理由は、子供の教育・進学、老親の介護、共働き配偶者の勤務地等が挙げられる。従業員や家族への経済的・精神的負担を軽減するための赴任手当や往復旅費等の支給、単身赴任を避けるための限定勤務地制度やテレワーク制度の導入、持ち家借り上げ制度の導入等が行われる。　　　（曽布川哲也）

団体交渉と労使協議（collective bargaining；joint labor-management consultation system）………………………………Ⅰ－2－B
　一般に、労働者が賃金や労働条件などの自己の希望を経営者と話し合うにあたり、労働者個人では経営者と対峙するには非常に弱い存在で、自己の希望をかなえることは難しいことが想定されるため、労働者が集団となって労働組合を組織し、その代表者が経営者に対峙して直接取引ないし交渉を行う行為のことを団体交渉と呼ぶ。団体交渉が決裂した場合には、労働者はストライキ（労務提供の集団的拒否）を行う権利を持つ。なお、

た行

団体交渉の権利は、日本国憲法第28条で、団結権・団体行動権と並び労働基本権の一つとして保障されている重要な行為である。

これに対し、より広範にわたる事項について労働組合と経営者の間で交渉・協議するために設置される制度が労使協議である。協議対象事項が団体交渉事項に関わらないことがその特徴であり、とりわけ企業別労働組合が支配的な我が国においては、団体交渉の前段階的な制度、すなわちストライキ等の実力行使を伴う団体交渉にまで至らない、労使間のソフトな話し合いや相談というニュアンスがある。経営者も労働組合も、団体交渉ではなく労使交渉に留めることで良好な労使関係を保つことができるという意義がある。　　　　　　　　　　（上林憲雄）

→労働組合、労使関係

地域雇用開発助成金（subsidy for regional employment development）…………… I−1
　厚生労働省が所管する、地域における雇用構造の改善を目的とした助成金である。雇用機会が特に不足している地域（求職者数に比べて雇用機会が著しく不足している地域、過疎地、離島）等において、事業所の設置・整備や創業に伴い、その地域に居住する求職者等を雇い入れた場合に助成が行われる。2022年時点で、「地域雇用開発コース」および「沖縄若年者雇用促進コース」からなる。

（稲葉祐之）

地域職業訓練センター ………………… I−1
　地方中核の都市を中心とする地域において、主に中小企業事業主等に職業教育訓練の場を提供し、それにより地域における職業教育訓練の振興をはかることを目的で設置される公共職業能力開発施設。中小企業に雇用される勤労者、地域での雇用機会を求める求職者を対象に、技能養成、職業能力の開発・向上などの職業訓練、就職支援をはかるため、事業主、事業主の団体、地方公共団体の団体に講習、講座、研修会を運営する施設を提供し、それによって地域における勤労者の職業教育体制を構築するとともに、地域雇用人材の養成・育成に寄与することをねらいとしている。また地域公共団体等が、地域住民に生涯職業教育訓練のための多様なプログラムやコースを提供する場としても利用できる。

　雇用・能力開発機構廃止に伴い、その施設と業務は、独立行政法人高齢・障害・求職者雇用支援機構に移管された。公共職業能力開発施設については、所在地の都道府県知事の要望に基づき厚生労働大臣が設置決定し、都道府県が運営委託を受け、さらに地域の職業訓練法人に再委託する公設民営型の施設となった。施設の内容としては、教室、視聴覚・PC教室、実習場、会議室など職業訓練に必要な施設からなる。施設運営にかかる経費のうち、職業訓練関連経費ではおよそ4分の1が国の交付金、残りが都道府県費（交付税措置）、施設運営費では国の補助金、都道府県費（交付税措置）が各2分の1。施設の種別・名称としては、職業能力開発促進センター（ポリテクセンター）、職業能力開発短期大学校（ポリテクカレッジ）、職業能力開発大学校、職業

能力開発総合大学校がある。（藤井浩司）

地域創生 （regional generation）………Ⅰ－1

　地方創生とも呼ばれる。各地域がそれぞれの特徴を活かして、自律的で持続可能な社会を創ること、及び、そのために行われる政策のことである。急激な人口減少や少子高齢化、グローバル化の進展、インフラの老朽化、地球環境問題、技術革新の進展、東日本大震災（2011年3月）など社会経済状況が大きく変化するなかで、高齢化社会の到来によって起こる自治体経営（医療・福祉など行政サービスの維持）の危機が強く意識され、地域創生の必要性が認識されていった。

　政策としては、政府は人口減少が地域経済を縮小させ、日本全体の人口減少を加速させることを恐れて、出生率の低い大都市への地方からの人口流出を阻止することを国の基本政策とし、第2次安倍政権下の2014年に閣議決定によって地方創生の総合戦略が策定された。総合戦略では、地方圏への人口の再配分を促進し、各地域の活性化を目指す地方創生の道が要請され、1.地方に仕事をつくり、安心して働けるようにする、2.地方への新しい人の流れをつくる、3.若い世代の結婚・出産・子育ての希望を叶える、4.時代に合った地域をつくり、「小さな拠点」の整備など安心な暮らしを守るとともに、地域の連携を図る、という4点が総合戦略の基本目標とされた。これらの目標を実現するために、各地方自治体には総額1000億円を超える地方創生推進交付金・地方創生拠点整備交付金（合わせて地方創生交付金と呼ぶ）が毎年国から配分されることとなった。なお2014年の策定から5年を経た2019年には、第2期の戦略へと移行している。

　地域創生はまた、地域がそれぞれの特徴を活かして、自律的で持続可能な社会を作ることであり、各自治体や非営利団体、企業などの連携によって進められている。一村一品運動のような地域振興運動で特産品を生みだす、地場産業を活性化することにより産業集積と地域の多面性を確保する、「コト」ベースのブランディングや消費を促進してまちづくりや観光産業を育成する、DMO（Destination Management／Marketing Organization）などを設立し観光地経営と観光マーケティングを進める、陶磁器やワインなど地域特産品を新たに海外に輸出することで新たな市場を確保する、移住促進といった多様な試みが行われており、政策と連動させる形で、各地で地域創生が進められている。

（稲葉祐之）

地域手当 （area allowance）………Ⅰ－2－B

　勤務地によって生じる支出の差を埋めるための手当。勤務地手当や調整手当、地域給とも呼ばれる。例えば都市部に赴任する場合の物価差の補填見合い、寒冷地に赴任する場合の暖房費の増加分補填見合い、離島や山間部など生活を送る上で不便な地域に勤務する場合の追加コスト（日々の暮らしに必要な物資の運搬費など）の補填見合いなどの理由があげられる。公務員の場合は、民間企業との給与水準の調整を図る意味合いもある。

（一守　靖）

→実質賃金、賃金体系

た行

地域若者サポートステーション……Ⅰ−1

　対人不安や自信喪失により働くことに悩みや困難をかかえる15〜49歳の無業者（不就労者）を対象に、職業的自立および就職に向けた就労支援を行う通所型機関（原則6か月、最長1年）。厚生労働省が委託する民間団体（NPO、企業）が運営にあたり、「身近に相談できる機関」として、全国都道府県に設置されている。支援内容としては、専門家による個別・継続的相談、各種支援プログラム（コミュニケーション、ソーシャルスキル等）、保護者へのサポートなどがある。

（藤井浩司）

チェンジ・マネジメント（change management）……………………………Ⅰ−2−A

　いったんある組織構造や文化、各種制度やルーティンが形成され、動き出したとしても、環境・状況の変化によって、それらは早晩、何らかの変化を求められることになる。組織をデザインするということは、一方で、上記のような意味での組織を作り上げていくことを、他方で、環境に対して適応するために、あるいは環境の変化を先取りするために、上記の一部、あるいは全てを変革していくということである。いうまでもなく、「組織を変革する」というのは言葉のあやであり、実際に変化させるのは、組織を構成する一人一人のメンバーである。そして厄介なことに、人は往々にして、変化することを避ける傾向にある。ここに、組織の変革を導くチェンジ・マネジメントの難しさがある。

　チェンジ・マネジメントのモデルには、大きく分けて（1）トップが主導するトップダウン型、（2）ミドル（現場）が主導するボトムアップ型、（3）トップとミドルの相互作用によるものの3つがある。トップダウン型のモデルは、①戦略の立案（徹底した分析に基づき戦略を立てる）→②戦略の実施（戦略を実施するために組織を動かしていく）→③モニタリング・修正（戦略の実施をモニタし、ズレがあれば補正・計画の修正）というように、トップの主導による変革を想定する。

　対してボトムアップ型は、①現場における新しいやり方のバリエーションの発生（現場メンバーの多様な試行錯誤を促す）→②その中から良いものの選択・淘汰（さまざまな試行錯誤の中から、適切なものを選択）→③保持（選択されたやり方を文章化、制度化により定着させる）というように、まずは現場から新しいやり方のバリエーションが発生し、それをトップが制度化によって定着させることを想定する。

　最後にトップとミドルの相互作用を想定するモデルは、チェンジ・マネジメントにおける、現場のミドルマネジャーたちのイニシアティブに注目する。具体的には、①まずトップが危機感を醸成し変革のきっかけをつくる→②一部のミドルマネジャーたちの中から、危機感や矛盾を感じた集団が現れ、問題を解決しようとする→③その動きが全社的に広がり、④最終的に、新しい価値観・基本仮定が確立するという流れを想定する。この過程において、トップはもちろん重要な役割を果たすことになるが、変革の全てを担うわけではない。トップの役割は、あ

くまで「きっかけ」と「支援」であり、それ以外は主としてミドルレベルで変革が進んでいくことになる。いわば、「てこの原理」のように変革が進んでいくことを想定するのである。

いずれのモデルが有効であるかということを、一概にいうことはできない。重要なのは、「組織の変革において、実際に組織を変化させるのは一人一人のメンバーであること」「人は往々にして、変化することを避ける傾向になる」という前提から出発して、自社においては、どのプロセスが最も現実的であるかということを考えることである。　（服部泰宏）
→組織変革

知識経済 ……………………………… I−1
高度の情報技術が経済の各方面に採用され、知識が経済の駆動因となっていることを示す概念。知識を一つの経済財と捉え、その特性や知識の生産・管理、知識創造、革新、学習、普及プロセスを明らかにしようとする研究が進みつつある。知識財は複製が容易で非競合的であるため、それへのアクセスは平等化するが、開発コストが莫大になるため大企業の影響力が強まる（ペロンズ, D.）。知識経済の展開は、資本主義とジェンダー・レジームの緊張関係をもたらすとの見解も提示されている。　（関　千里）

知識産業 ………………………………… I−1
知識を創造し、発展させたり、それを流通させたりすることで経済活動を行う産業のことをいう。マハループ（Machlup, F.）、ドラッカー（Drucker, P. F.）などが

その先駆的研究者である。

総務省の日本標準産業分類（2013年）で言えば、「情報通信業」、「学術研究、専門・技術サービス業」、「教育、学習支援業」、「サービス業（他に分類されないもの）」に含まれるものの多くがそれに該当するが、現在では知識社会の進展とともに、他の産業でも知識産業化が進んでいる。　（三輪卓己）
→脱工業化社会、知識創造

知識集約化 ………………………… I−1, 2−A
企業等の組織や社会が、知識や情報を経営資源として他の資源（モノ、カネ）より重視し、それを活用して新たな価値を生み出すようになることをいう。そこでは、研究開発や情報技術の開発・応用、各種の企画、デザイン等が主要な活動となるが、それに重点的に取り組むことによって競争力を高める企業を知識集約型企業、それらの活動に従事する労働者を知識労働者という。

20世紀の終盤には、先進国における大量生産大量消費による経済成長は終わり、企業はありきたりの製品・サービスを提供するだけでは成長できなくなった。そしてより新奇性や独自性の高いものを生み出すために、研究開発や様々な知的な活動に取り組むようになった。一方、情報技術が発展することによって、知的な活動に多くの人が参加しやすくなり、そのスピードが格段に速くなった。こうした社会の変化が企業活動の知識集約化を推し進めたものと考えられる。

知識集約化はIT企業や知識サービス企業だけでなく、製造業や流通業を含

た行

め、多くの業界に及んでいる。21世紀に入り、情報技術や人工知能の発達がさらに進んでいることから、知識集約型企業や知識労働者の活動がさらに重要なものになると言えるだろう。　　（三輪卓己）

→知識産業、脱工業化社会

知識創造 (knowledge creation) ····Ⅰ-2-A

　企業組織が競争優位に立つための条件の一つとして、環境動向に関する情報を収集し、その意味を解釈し活用するための知識ベースの能力が問われるようになっている。組織において、各メンバーの知識を共有・共用することで新たなアイディアを創造していくプロセスを知識創造という。

　知識は性質上、暗黙知と形式知に分類される（Polanyi (1966)）。暗黙知は、言語化できない知識のことであり、イメージや信念、価値、経験、ノウハウなどを含み創造性の源泉となる。形式知は、文章などで表される言語化された知識のことである。組織の知識創造では、暗黙知の一部が必要に応じて組織目的達成のための形式知へと表出し組織メンバー間で共有されたり、暗黙知と形式知が相互補完されたりしながら、組織の中に知識として蓄積されていく。野中郁次郎と竹内弘高による *The Knowledge-Creating Company* (1995)（『知識創造企業』）では、日本企業の成功要因が組織的知識創造の技能・習熟にあるとされ、暗黙知と形式知の相互変換から知識が創出されるメカニズムが「組織の知識創造理論」として提示されている。　　（庭本佳子）

→コアコンピタンス、創造性、創造的組織

知的資本 (intellectual capital)
　　　············Ⅰ-2-A, Ⅱ-2, 3-A, B, C

　国際統合報告評議会（IIRC）が公表している国際統合フレームワークでは、資本は財務資本、製造資本、知的資本、人的資本、社会関係資本、自然資本の6つに分類されている。このうち知的資本は、特許や著作権、ソフトウェア、権利及びライセンス等の知的財産権や暗黙知、システム、手順及びプロトコル等、組織的な知識ベースの無形資産とされる。

　ビジネス環境の変化が激しい現代では、企業のサステナビリティ（持続可能性）の評価に関する課題がある。現在の知識社会における企業競争力の源泉は、有形資産だけではなく、技術力、ブランド、顧客関係性などの無形資産であり、それらを生み出す企業の知的資本である。しかし、企業は知的資本の活用によって価値創造を行う必要性に迫られながらも、伝統的な財務指標ではそうした企業活動のプロセスを十分に分析・評価することができていない。

　分析・評価のための指標が不十分ということは、企業活動の重要なプロセスがブラックボックスの状態ということであり、将来の企業価値創造のための改善やイノベーションの創発が非常に困難ということである。

　このような問題意識から、知的資本の正当な評価と活用がクローズアップされてきている。　　（吉田　寿）

→人的資本、社会関係資本

知能指数 →IQ

チーム（team）··············· I−2−A, II−2

チームとは、共同で仕事をする人々の集合を一般に言う。最も想像しやすい場面は、身体運動競技で対戦する、それぞれの組であろう。

チームが活動している場面は、組織内の至る所でも観察することができる。例えば、カスタマーサービスを通じて、ある担当部署に客からのクレーム連絡が入ったとき、その解決に向けた仕事を担当者だけではなく、職場の他のメンバーも一緒に取り組んでいるとき、チームが機能している様子をみることができる。

先の例は、自然発生的にチーム活動がみられたときの話であるが、組織内のチーム活動には、組織が意図的にチームを編成し活用するときと、組織内にて急遽自然発生的に編成され機能するときとに概念的に大別することができる。

現象を捉える際の透視レンズとして概念的区別は大事であるが、併せて大事なことは、チームが機能し相応のパフォーマンスを発揮できるための条件である。明確な目標の設定、共同作業を促進するためのリーダーの仕事、有能なメンバー、潤沢なリソース、支援体制を準備すればよい、という説が、ハックマン（Hackman（2002））によって示されている。ただし、急遽対処しなければならないような事例を想定したチーム設計の説ではない。　　　　　　　　（相原　章）

→チームワーク、ZD運動、グループ、グループ・ダイナミックス、コミュニケーション

チーム型リーダーシップ

（team-base leadership）··· I−2−A, II−2

チーム型リーダーシップは、伝統的リーダーシップとは異なり、メンバーを指示するのではなく、メンバー全員の意見を引き出し、個々のメンバーの力を結集し、チームの目標を効果的に達成するリーダーシップである。チーム全体に対してメンバーと一緒に責任を共有する。チームの目標を達成するために、メンバーが相互補完的に協働するように支援することはチーム・リーダーの役割である。また、リーダーはメンバーに必要な情報を提供し、メンバー間に真の信頼が生まれるように働きかけてメンバーの成長を促進する。　　　　　　　　（李　　超）

→シェアド・リーダーシップ、リーダーシップ

チームワーク（teamwork）

····································· I−2−A, II−2

チームワークとは、チームのメンバーの統制のとれた共同動作、また共同動作のための団結力のことを一般に言う。チーム一丸となって物事に取り組む様子のことをチームワークがよいと表現されることから、パフォーマンスに至るまでの基底となっている。

これまで、効果的なチームの設計や構造に焦点をあててチームワークが語られることが多かった。例えば、ハックマン（Hackman（2002））は、チームの適切な設計が、チームワークを引き出し、ひいては高業績の達成確率を高めるという説を唱えている。また、アンコーナとコールドウェル（Ancona and Caldwell（1992））は、チームのメンバーによるチーム以外

た行

403

の人々との関わりが、チームの業績に影響することを発見した。

こうした先人達による知見を踏まえつつも、時勢に鑑みて、チームの設計や構造に時間をかけるのではなく、むしろ絶え間ないチームワークの醸成が組織にとって急務であることを唱えているのがエドモンドソン（Edmondson（2012））である。彼女は、成功の条件に従い意図的に編成したチームではなく、即応しなければならない状況・場面に参集した人々が一丸となって働く共同動作をチーミング（teaming）と命名し、チームやチームワーク概念の新しい側面を論じている。

（相原　章）

→チーム

地方創生→地域創生

忠実義務　　　　　　　　　　　Ⅰ－2－A
　人的関係および継続的関係という労働契約の特質から導かれる、労働者が信義則に基づいて使用者に対して負う労働契約の付随義務を指す。誠実義務ともいう。その内容を一般的包括的義務として捉えるとすれば労働者の人格および自由が無制約に制限されかねないため、具体的に特定されなければならない。代表的なものとして、秘密保持義務、競業避止義務がある。　　　　　（小山敬晴）

→労働契約、就業規則

中小企業退職金共済制度（SERAMA：Small Enterprise Retirement Allowance Mutual Aid）　　　　　　　　　Ⅰ－1
　独力では退職金制度を設けることが難しい中小企業について、事業主の相互共済の仕組みと国の援助によって外部積立型の退職金制度を設け、中小企業で働く労働者の福祉の増進を図り、中小企業の振興に寄与することを目的とする制度。中小企業退職金共済法に基づく制度であり、同法に基づき設立された独立行政法人勤労者退職金共済機構が共済事業の運営に当たる。中小企業事業主が機構に対して払い込む掛金に対して、国からの助成がある。建設業・清酒製造業・林業については、同業種において雇用される期間労働者を対象とする特定業種退職金共済制度がある。　　　　（石﨑由希子）

→退職金、モデル退職金

中心化傾向（central tendency）　　Ⅰ－2－B
　ハロー効果等と同様の、評価者に関わる性向問題。多くの上司は全ての部下を同じに評価したいとする傾向がある。もし、評価尺度が1〜7だとすると、上司は最高点（7）と最低点（1）は避けて、多分3〜5あたりの評価をしてしまう。だから、全ての部下に対する評価は「平均点」のところに集まるのである。これが中心化傾向と呼ばれるもので、日本人の上司にも、アメリカ人の上司にも共通してみられるのは興味深い。むろん、中心化傾向は部下の昇進、昇給にとって、また彼らに対するカウンセリングのうえで好ましいことではない。　（二神恭一）

→人事考課、ハロー効果

忠誠心（loyalty）　　　　　　　　Ⅰ－2－B
　ビジネスにおいては会社の意向にどれくらい従うかを表す用語である。具体的

には、自己利益を犠牲にして会社のため、上司のためにどれくらい従うかでその程度が判断される。それゆえ、会社にとってその有無は問題でなく、その度合いが重要となる。業績が悪化して会社の将来が不透明になったとしても会社の意向に従って従来通りの行動をする人とこれを機会に転職の道を探す人を比べると、前者の方が忠誠心の高い者といえる。 （大月博司）

→組織コミットメント

中途採用（mid-career recruitment）

··Ⅰ－2－B

中途採用とは、企業が労働需要を充足する際に外部労働市場から経験者を調達し即戦力として活用するための採用方式である。企業の労働需給の状況に応じて不定期に採用を行う方式であることから、時期的には年間を通して行われることが一般的である。

近時では、新規学卒者の定期大量採用が難しい企業にみられる採用方式ではなく、企業規模や業種等にかかわらず、グローバル化、ICT化、労働者の価値観の変化等を背景に中途採用が常態となっている。 （相原　章）

→通年採用

懲戒 ··Ⅰ－2－B

企業は、一般にその事業目的の達成のために労働者に対して就業規則に定める服務規律を含む企業秩序を定立する権限があるとされる。労働者の企業秩序違反行為に対する制裁が懲戒である。懲戒の種類としては、将来を戒める戒告または

譴責、減給、出勤停止、降職、停職、解雇などがある。

懲戒は、法的には私的制裁にあたるので、法的根拠が必要である。判例は、使用者が懲戒処分を適法に実施するためには、就業規則に懲戒の事由及び種類を定めていかねばならないとしている。就業規則制定が義務付けられていない使用者でも懲戒処分を予定する場合には、就業規則などにより懲戒の事由及び種類を定めておくことが求められる。懲戒処分は、それが当該懲戒に係る労働者の行為の性質及び態様その他の事情に照らして、客観的に合理的な理由を欠き、社会通念上相当であると認められない場合は、懲戒権の濫用として当該懲戒処分が無効とされる（労働契約法15条参照）。従って、懲戒処分は、懲戒該当事由の悪質性と選択された懲戒処分の種類とが均衡が取れているかが重要になる。また、懲戒処分が制裁罰であり、刑事罰との類似性があるため、罪刑法定主義類似の諸原則が適用され、類推解釈が禁止される。 （島田陽一）

長期雇用（long-term employment）

··Ⅰ－2－B

長期雇用とは、日本型雇用システムを特徴づける長期間安定した雇用制度のことであり、終身雇用とは定年までの雇用を保障したものではない点で異なる。この制度は高度経済成長期に安定的な労働力の確保のために発達した。ただし、この制度は組織の労働者全てに適用されるのではなく、正規雇用者、非正規雇用者の優先順位がある。長期安定雇用の規範

た行

は、政府による整理解雇4要件の法律や労働政策などによっても支えられてきた。企業は長期雇用の保障を背景に成員の能力開発、キャリア形成を図り、成員の精神的安心感やモラル、帰属意識・忠誠心を高め、計画性のある人材投資を行ってきた。

他方で長期雇用は年功序列による高齢化に伴う人件費の負担、景気変動に応じた柔軟な対応ができないことが問題視された。1990年代、企業はリストラを実施し、その後、非正規雇用者を大きく増やし、労働需要の調整を行ってきたため、雇用の安定に対する信頼が揺らぎ、成員の組織への帰属意識、忠誠心も低下したところも少なくない。ただし、現在も長期雇用制度を継続している組織は非常に多い。これらの経緯を経て、近年、人口減少、労働力不足が著しい日本において、長期雇用を前提としないジョブ型の働き方に注目が集まっている。企業は、再び、いかに安定的に労働力を確保するかの課題に直面している。

（藤本昌代）

直接募集 ･･････････････････････････････ I－2－B

労働者を雇用しようとする者が自らまたはその被用者を用いて、直接労働者に働きかけて応募を勧誘することをいう。新聞や就職情報誌への広告掲載、インターネット上への記載などの「文書による募集」とは別に分類されるものの、いずれも職業安定法の制限を受けるものではない。ただし、建設労働者の募集を行う際には、「建設労働者の雇用の改善等に関する法律（昭和51年法律第33号）」に基づき届出が必要となる場合がある。

（曽布川哲也）

→委託募集

直接労務費 （direct labor cost） ･････ I－2－B

直接工に支払った賃金のうち、製品の製造に直接関わった部分に関する消費賃金を直接労務費という。これは各製品に直接的に労働力の消費が認識できる原価であり、製品別に直課される。一方、直接工に支払った賃金のうち、間接工の作業を手伝った部分に関わる消費賃金は、間接労務費となり、いったん製造間接費勘定にプールされ、そこを経由して製品別に配賦される。

（髙橋　賢）

直間比率 （direct ratio） ･･････････････ I－2－B

直間比率とは、直接収益獲得活動に貢献している人材と、それを支援するバックオフィスやサポート業務に従事して間接的に収益獲得に貢献している人材の比率をいう。直接部門と間接部門の人数比率で表す場合や、直接部門と間接部門の人件費比率で算出する場合もある。直間比率の望ましい水準は業界・業態によって異なるが、一般的には間接部門の比率が高いと収益が利益に結びつきにくくなるので、直間比率を意識しつつ間接部門の生産性を向上させる取組を行うべきである。

（髙橋　賢）

賃金 （wage） ･･････････････････････････ I－2－B

「賃金、給料、手当、賞与その他名称の如何を問わず、労働の対償として使用者が労働者に支払うすべてのもの」（労働基準法第11条）のこと。つまり、労働

者に労働の対価として与えられる金銭的報酬が主に賃金と呼ばれている。報酬には、外的報酬と内的報酬の2種類が存在する。外的報酬は外側から刺激を与えることにより人のモチベーションを上げるもので、金銭的報酬の他に昇進や福利厚生など非金銭的な報酬も含む。対して、内的報酬は達成感や充実感といった職務を遂行する中で喚起される肯定的な心理・態度（内発的モチベーション）に基づく報酬を意味する。心理学の実験により、外的報酬が内発的モチベーションを抑制するというアンダーマイニング効果が発見されていることを背景に、組織行動論・人的資源管理論の学問分野では、どちらかといえば、外的報酬、特に賃金よりは、内的報酬に焦点が当てられることが多い。ただし、賃金は労働者の生活基盤を形成する重要な要素であり、特に賃金分配における公平性の問題は古くから議論されてきた。

賃金の分配原理には、衡平原理、必要性原理、平等原理の3つがある。衡平原理とは、高い貢献をした人が高い報酬を得るという考え方で、個人の貢献度に比例して報酬を分配する方法である。必要性原理は、個人の必要度合い（例えば、扶養家族が多いほど生計費が必要）にしたがって報酬を分配する原理を指す。平等原理とは貢献や必要度とは関係なく、全員一律に同額の報酬を分配する発想である。

1990年代以降、成果主義賃金を代表とした衡平原理に基づく報酬分配がわが国で進められる中で、年齢給や扶養手当といった必要性原理を基礎とする賃金制度を廃止ないしは縮小化する企業が増加してきた。しかし、近年、市場や競争を主軸とする新自由主義経済に警鐘が鳴らされ、衡平原理による賃金分配に労働者から納得感を得られにくくなる可能性もある。このように、組織の内部環境だけでなく、社会・経済・市場など複雑多様な外部要因を考慮に入れて、賃金を決定する仕組みを検討していくことが肝要である。　　　　　　　　　　（厨子直之）

→外的報酬、成果主義、年功賃金、平均賃金、モデル賃金、賃金体系、実質賃金

賃金格差 ································ I−1, 2−B

賃金格差とは、男女間や雇用形態の違いで生じる賃金の差異である。日本の男女間賃金格差は、他の先進諸国と比べ大きいが、長期的にみると縮小傾向にある。「賃金構造基本統計調査」によれば、2022年の男性一般労働者の給与水準を100としたときの女性一般労働者のそれは75.7である。前年と比べ0.5ポイント、差が縮まった。厚生労働省の「女性活躍推進法に基づく男女の賃金の差異の情報公表について」では、役職の違い、勤続年数、労働時間が男女間賃金格差の主たる要因とされている。22年からは、常用労働者数301人以上の事業主に対して「男女の賃金の差異」の公表が義務づけられた。また、「賃金構造基本統計調査」によれば、22年の正社員・正職員を100としたときの正社員・正職員以外の給与水準は、男女計67.5、男性70.0、女性72.0である。

こうした中、正規・非正規労働者間の待遇格差の禁止（「同一労働同一賃金」）が、

働き方改革関連法に盛り込まれ、20年から大企業に、21年から中小企業に適用された。同制度は、仕事内容や責任の程度等に違いがないなら、基本給、諸手当や教育訓練等について、雇用形態にかかわらず差をつけてはならないとしている。　　　　　　　　　　（鈴木章浩）

→賃金体系、賃金水準、賃金構造

賃金カット　　　　　　　　　　　　Ⅰ-2-B

　主に2つの使われ方がある。一つは、ノーワーク・ノーペイの原則から、労働者の欠勤、遅刻、早退あるいはストライキによる不就労部分について、予定されていた賃金から控除することをいう。もう一つは、賃金の改定手法の一つとして、企業が定めた賃金表等を変えずに、ある一定の期間につき、一時的に賃金（基本給、諸手当）を減額することをいう。後者の定義は、厚生労働省が毎年実施する「賃金引上げ等の実態に関する調査」で用いられている。　　　　（曽布川哲也）

→賃金協約、減給・減俸

賃金関数（wage function）　　　　　　Ⅰ-1

　賃金関数とは、賃金とその決定要因との関係を示す賃金方程式のことである。どのような形状の回帰式を採用するかは、引き出されるインプリケーションを大きく左右することから慎重に検討される必要がある。良く知られているのが、ミンサー型賃金関数である。ミンサー型賃金関数においては、賃金と個人属性との関係を推定するために、時間当たりの賃金の自然対数値を、教育年数、学卒後の年数で定義される経験年数、経験年数の二乗項に回帰し、個人の賃金を推定する。　　　　　　　　　　（白木三秀）

→賃金決定理論、労働需要曲線

賃金管理　　　　　　　　　　　　Ⅰ-2-B

　人的資源管理の諸機能のうち、賃金の観点から経営戦略の実現に向けて制度の設計・運用を行うこと。賃金管理の対象となるのは、大きく①賃金水準（賃金原資）、②賃金（支払）形態、③賃金体系（賃金を構成する項目と決定基準の組み合わせ）の3種類がある。

　人事管理の基盤が人的資源管理（human resource management）から戦略的人的資源管理（strategic human resource management）に移行する中で、労働者の意欲と成長を引き出すことに加え、経営環境への適応に向け、個々の人事施策を連関させシステムとして機能することが強調される。そのため、現在の自組織の人員構成や従業員の公平観といった内部要因と、労働市場や法改正など外部要因の双方の視点から、経営戦略の実現に資する賃金水準、賃金（支払）形態、賃金体系をシステマティックに検討する必要がある。例えば、人材の需給関係において買い手市場で、従業員の平均年齢が高水準の場合、若年層の有能な人材を惹きつけるような成果連動型の基本給や賞与、退職金の比重を高めた賃金体系が求められるだろう。　　　　　　　　（厨子直之）

→HRD、戦略的人的資源管理、職能給、名目賃金、モデル賃金、賃金体系

賃金規則　　　　　　　　　　　　Ⅰ-2-B

　就業規則の一部として別に定めるもの

であり、労働基準法第89条の2に挙げられる「賃金（臨時の賃金等を除く）の決定、計算及び支払いの方法、賃金の締切り及び支払いの時期並びに昇給に関する事項」を具体的に示すもの。見直される頻度が高く、付属する規則として作成されることが多い。

　ただし、就業規則として閲覧可能であることから、給与テーブルや昇給ルール等、どこまで詳細を開示すべきかが問題となることがある。　　　　　　（角　直紀）

→賃金、賃金管理、安定賃金制度、最低賃金法

賃金協約……………………………Ⅰ−1, 2−B

　賃金協約は労使が結ぶ労働協約の一部を指し、欧米では複数年に一度の改定で賃金を含む労働条件全般の内容が協約化される。ただ日本では長年春闘を通じて、賃金協約が毎年改定されるのが一般的である一方、労働条件全般の一斉改定も多くなかったため、協約と言えば賃金に関する事柄が想定されてきた。こうした単年賃金協約中心の労働協約のありかたは、企業依存だった職業生活の自立化とキャリア支援の社会化という趨勢を迎え変化を迫られる。今後企業別の賃金協約は、産業、職種、地域別のそれと個別化が同時進行すると共に、企業労使にはより良い人材確保のための包括的な労働協約づくりが求められる。　　（篠田　徹）

賃金決定理論（wage determination theory）
………………………………Ⅰ−1, 2−B

　賃金の決定には、①労働提供への対価、②生活を維持するための保障分、③労働力は市場で評価という3大原則があるが、近年の労働市場における賃金決定では①雇用側の支払い能力、②労働力の市場需給、③既存の賃金水準、④その経済における生活コスト、⑤労組の交渉力、⑥労働者の生産力、⑦政府の規制状況、⑧人的資本投資水準および⑨転職の食い止め、⑩労働・仕事へのインセンティブ促進に向けた効率的支払いなどの主要な要素が作用している。これらが3大原則を背景としてその場その場でさまざまに考慮されて賃金は決定されていると言える。

　さらにもし求職者がそれなりの失業や休職給付および他からの支援で当面生活に困らない状況にあるならば、この求職者はこの水準以上ならば就職するが、それ以下ならば求職を継続するという留保賃金を設定するケースがしばしばである。彼らを雇用する場合には賃金はこれら留保賃金水準以上にせざるを得なくなろう。　　　　　　　　　　（樋口清秀）

→重回帰分析

賃金構造（wage structure）……………Ⅰ−1

　賃金稼得労働者を企業属性別と労働者属性別に分け、それぞれ属性別に賃金の支払い実態を表すもの。我が国の基本調査では、また企業属性としては、産業別、企業規模別、地域別があり、従業員属性には年齢、性別、学歴、就業形態、雇用形態、などがあり、わが国ではそれぞれについて毎年6月の所定内給与額（決まって支払われる現金給与額から超過労働給与（時間外・深夜・休日出勤手当、宿泊・交代手当など）を差し引いた額）の平

た行

均値が算定され、公表されている。

（樋口清秀）

→賃金（支払）形態、賃金体系

賃金（支払）形態 ……………………Ⅰ-2-B

賃金の計算・支払方式のこと。賃金形態には、大きく定額賃金制と出来高賃金制の2種類がある。定額賃金制とは、一定時間の労働に対して給与を支払う方式のことをいう。時間賃金とも呼ばれる。具体的には、時間給、日給、月給、年俸などが存在する。一方、出来高賃金制は、仕事の量や達成度に応じて賃金を支給する方式を指す。能率給の一種である。出来高賃金制には、出来高給と歩合給が含まれる。

（厨子直之）

→能率給、出来高給、歩合給

賃金支払五原則 ………………………Ⅰ-1, 2-B

労働基準法第24条が定めている賃金支払いの5原則のこと。具体的には、通貨払い原則（賃金は通貨で支払わなければならない）、直接払い原則（賃金は労働者本人に直接支払わなければならない）、全額払い原則（賃金は全額支払わなければならない）、毎月払い原則（最低毎月一回以上）、定期日払い原則（特定日に支払わなければならない）の5つである。これらの原則は、労働者の生活基盤である賃金が確実に支払われることを企図している。

（厨子直之）

→労働基準法、現物給与

賃金支払い能力 …………………………Ⅰ-2-B

企業の継続的な発展を損なわないことを前提に、労働者に分配できる賃金総額

の限度のこと。賃金は企業が生み出した付加価値から捻出される。付加価値は株主への配当金や新規事業への投資など賃金以外にも充当されるため、賃金分配のいかんによっては労働者サイドから企業側の経営能力が問われることになる。この意味において、賃金支払い能力は賃金分配に留まらない企業経営という俯瞰的な観点で評価することが重要である。

（厨子直之）

賃金水準 （wage level）…………Ⅰ-1, 2-B

労働者に支払われる賃金の平均値を示す。賃金全体を示す場合は賃金総額の平均値（賃金の総支払÷総労働者数）で得られる。特定のカテゴリー、例えば国や特定地域、および職種、職場、男・女などにおける賃金水準を示す場合でも同様にそれら対象者への賃金支払い総額に対する平均値で表される。それらの比較によって賃金支払いの比較が可能になる。日本では諸外国に比べ企業規模間、雇用形態間、男女間で賃金水準に顕著な格差があるとされる。

（樋口清秀）

賃金水準と平均賃金、個別賃金、個人別賃金 ……………………………Ⅰ-1, 2-B

賃金水準を表す指標には、平均賃金、個別賃金、個人別賃金の3種類ある。平均賃金は、企業全体の賃金の平均値をいい、人件費（労務コスト）としての意味をもつ。個別賃金は、仕事、能力や年齢といった銘柄を特定した賃金で、他社との賃金比較をするのに有効である。個人別賃金は、1人ひとりの賃金のことである。

賃金交渉においては、平均賃上げ方式と個別賃金方式の2つがある。前者は、労働者1人当たり平均賃金についての賃上げが要求され、決定の後、労働者全体に賃上げ配分による改定が行われる。労務構成の変化によっても変化することから、真の賃金水準を示すものとはいえないとされる。後者は、特定の銘柄を設定した労働者、例えば「高卒、35歳、勤続17年」についての個別賃金水準の引き上げが要求され、決定後これを基準として労働者全体の改定が行われる。また、定期昇給を含めた「定昇込み」方式と、定昇を含まない「純ベア」方式の2種類がある。

なお、労働基準法での平均賃金は、上記の内容とは全く異なり、休業手当や年次有給休暇中の賃金等を計算する基礎として用いられ、当該労働者の前3か月間に支払われた賃金を、その期間の総日数で除した金額をいう。　　（曽布川哲也）
→平均賃金、モデル賃金

賃金相場…………………………………Ⅰ-1
　企業の個々の事情とは別に、世間で一般的に認められる賃金水準のことをいう。企業は賃金を各企業内部にて決定するが、その決定の際には、同一職種の従業員や同一地域の従業員の賃金相場を考慮要素の一つとする。春闘において民間主要企業によって形成される「春闘相場」は、労働市場のメカニズムの中で、労働組合のない企業や中小企業に影響を与えた他、人事院勧告や地域別最低賃金改定において考慮されるなど、零細企業を含めた全産業に波及した。

（曽布川哲也）

賃金体系（wage system）…………Ⅰ-2-B
　賃金支払いの決定方法や支給基準を示す仕組み。賃金には、仕事の成果で変動する基準内賃金（職務給、役職給、属人給（学歴、年齢、勤務年数への考課））と個々人の事情で変動する基準外賃金（時間外手当、通勤手当、家族手当、住宅手当など）がある。これらの支払いには働く時間・期間に応じて決定される定額制（月給、日当）、出来高制および年俸制などがある。我が国の賃金体系は、戦後生活給の考え方を主とした電産型賃金体系が主流であったが、バブル崩壊後は成果型賃金体系へ移行する企業が増えてきている。

（樋口清秀）

た行

賃金台帳……………………………………Ⅰ-2-B
　使用者は、事業場ごとに賃金台帳を調製し、賃金計算の基礎となる事項、賃金額、賃金計算期間、労働日数、労働時間数、時間外・休日・深夜労働の時間数、基本給と手当の内訳、控除した額等を、賃金支払の都度遅滞なく記入することが義務付けられている。また、最後の記入日から5年間（当分の間は3年間）保存しなければならず、必要なときに閲覧、写しの提出ができる等の条件が整っていれば電子データとして保存することも認められる。　　　　　　　　　（曽布川哲也）

賃金ドリフト（wage drift）………………Ⅰ-1
　使用者側と労働組合との中央団体交渉による賃金協約によって賃金は妥結されるが、多数の企業に対して業種別、産業

別に行われるケースが大半である。しかし個々の企業を見るとそれぞれ合理化、生産性の向上、利潤状況、新技術導入、人手不足を理由に妥結した賃金の上積みをすることがある。かつてドイツではこれを企業内加給と呼んだが、これにより、実際の賃金率と協約規定の賃金率との間にずれが生ずることになる。これを賃金ドリフトという。　　　　（樋口清秀）

賃金論（theory of wages）‥‥‥‥Ⅰ－1，2－B
　スミス（Smith, A.）以降さまざまな賃金論が展開されてきている。以下、代表的賃金論を列挙する。
1）賃金基金説（wages fund theory）
　スミスが提唱。賃金は労働市場での需給で決まるが、その水準は最終的には雇用側の賃金支払い準備資金である賃金基金に依存する。
2）生存賃金説（subsistence theory of wages）
　リカード（Ricardo, D.）が提唱。賃金は労働者が現在の生活をそのまま維持しうる水準になる。
3）賃金の余剰価値説（the surplus value theory of wages）
　マルクス（Marx, K.）が提唱。生産物は投入労働時間量でその価格が決定されるが、賃金は必ずそれ以下となり、その差は余剰として他に配分されるとする。
4）残余請求説（residual claimant theory）
　ウォーカー（Walker, F. A.）が提唱。生産には労働、資本、土地、企業創造力が投入されるが、賃金は総売り上げからそれら投入要素の対価である利子、地代、利潤を支払った残余が割り当てられる。

5）限界生産力説
　ウィクステード（Wicksteed, P. H.）やクラーク（Clark, J. B.）らが提唱。賃金は労働の限界生産力に等しい。
6）賃金の交渉論説
　デビッドソン（Davidson, P.）が提唱。賃金は雇用者側と労働者、労働組合との間の交渉力で決定される。
7）効率的賃金理論
　ニューケインジアンによる考え。賃金は企業経営の効率を重視して決定される。ゆえに市場均衡賃金よりも高くなる。
8）行動科学者による賃金論
　行動科学者たちが提唱。賃金は企業規模や名声、労組の力、予想される会社への貢献度などによって決定される。
9）人的資本投資説
　ギテルマン（Gitelman, H. M.）が提唱。賃金は教育・訓練・経験などのこれまでの人的資本投資分への報酬分である。
　　　　（樋口清秀）

→賃金水準

通信教育‥‥‥‥‥‥‥‥‥‥‥‥‥‥Ⅰ－1
　通学する義務がなく、郵便やパソコンなどの様々な通信手段を用いて学習する教育システムのこと。以前は紙の教材に基づいて学習し、レポートや答案などの成果物を郵送し添削を受けるというのが一般的であったが、2000年代半ば以降はインターネットを用いた「eラーニング」が主流になっている。
　通信教育は学校教育、社会教育双方の機会で利用されるが、それぞれ1947年の学校教育法と1948年の社会教育法で

制度的に位置づけられている。学校教育では高等学校、大学、大学院での通信教育課程の設置が認められている。社会教育については文部科学省をはじめとした各省が認定、指定・認可する通信教育と民間の通信教育がある。

　各企業においては社員の自己啓発や資格取得のために利用されているが、通信教育による学習を業務時間内に位置づけるか、業務時間外に位置づけるかは明確にはされていない場合が多かった。しかし、eラーニングが主流になり、会社用PCが学習に利用されるようになった結果、業務時間内とするか、業務時間外とするかを明確にする企業が増えつつある。　　　　　　　　　　　　（長谷川鷹士）

→eラーニング、**教育・訓練**、**教育・訓練予算**、**公的資格**、**自己啓発**

通年採用　……………………………Ⅰ-2-B
　新規卒業者を4月に一括採用する雇用慣行にこだわらず、年間を通して新しい人材を採用することをいう。もともとは帰国子女や外国人労働者等の採用をねらった取り組みであった。現在では、学校卒業時に就業の機会を逸した者や秋季卒業者、学業専念・留学・公務員試験など学生のニーズに柔軟に対応するべく、青少年の雇用の促進等に関する法律に基づく厚生労働省指針が出される等、通年採用や秋季採用などへの積極的な取り組みが期待されている。　　　　　（曽布川哲也）

ツーリズム（tourism）………………Ⅰ-1
　UNWTO（United Nations World Tourism Organization）によると、ツーリズムと

は、「レジャー目的、ビジネス目的およびその他の目的で、1年を超えない期間において、自己の定住圏以外の地域を訪れ滞在する訪問客で、訪問国で報酬を受ける仕事に就く者を除く」と定義している。

　ツーリズムの語源は、ツアー（tour）に行動・状態、特徴、学説などを現わす接尾語（-ism）をつけたものである。ツーリズムは、ツアーをする人の特徴的な行動様式や主義に関し、動作・行動そのものと関係すると思われる。そのツアーには2つの意味が内在している。一つはある土地から他の土地へと巡回的に旅行し、もとの土地に戻るという意味がある。他は旅行することは人間をたくましくし成長させるということが入っている。　　　　　　　　　　　　（井上博文）

→**外国人労働者**、**異文化適応訓練**（海外適応訓練・異文化理解訓練）、**社会関係資本**、**文化政策**

手当　………………………………………Ⅰ-2-B
　毎月の賃金のうち所定内給与は、基本給と手当から成る。手当は企業ごとに様々に規定されており、それぞれの目的と性格により次のように分類できる。①生活関連手当（家族手当、住宅手当、地域・寒冷地手当、別居手当等）、②職務関連手当（役職手当、特殊勤務手当、特殊作業手当、営業・外勤手当、配転・出向手当、教育・研修手当、精皆勤手当、宿日直手当）、③通勤手当など。　　（曽布川哲也）

→**基本給**、**職能給**、**家族手当**、**住宅援助**、**別居手当**、**役職手当**、**特殊勤務手当**、**特殊作業手当**

た行

413

提案制度・・・・・・・・・・・・・・・・・・・・・・Ⅰ－2－A，B

　提案制度とは、従業員が職務に関して改善、合理化、能率向上、コスト削減等についてのアイデアや方法を企業に提案し、採用された提案に賞を与える制度である。提案制度の第1の目的は、従業員が提案したアイデアや方法を採用することで生産性の向上やコストの削減を図ることである。第2の目的は、提案制度を通じて従業員が職務や企業に対する関心を高め、それにより従業員の企業への帰属意識や職場のモラールの向上を図ることである。　　　　　　　（高橋哲也）

定員・・・・・・・・・・・・・・・・・・・・・・・・・・・・・・Ⅰ－2－B

　「この仕事に必要な人員数は〇〇人」と定めた人員数を定員という。具体的には、組み立てライン担当の定員、部・課・工場・事業場の定員、企業全体の定員等がある。

　定員は、絶対的なものではなく、組織の在り方の見直しによって変化し得る相対的な概念である。

　定員の設定が必要なのは、現場からの人員要望の全てに従っていると、必要人員が際限なく増えてしまうからであり、また、定員管理による人件費管理を徹底し、企業の採算性を確保するねらいがあるからである。したがって、組織の変更、業務態勢の簡素化、機械やコンピュータによる人間の代替（オートメーション化・IT化）等により、定員の削減を図ることが、経営効率化の重要な手段となる。国家公務員にいたっては「行政機関の職員の定員に関する法律（総定員法）」並びに政令にて各行政機関の定員が定め

られているところからみても、定員が重要であることがわかる。

　また、定員を決定する際、生産現場部門に比して、事務部門は過剰配置になってしまう傾向があることに留意する必要がある。　　　　　　　　　　（曽布川哲也）

定期給与→きまって支給する給与

Tグループ（Training group）・・・・・・・・Ⅱ－3－A

　Tグループとは、トレーニング・グループの略であり、体験集団の一つの類型である。

　ショウ（Shaw（1976））によると、体験集団に参加することにより、自分自身がその集団内で自分の行動の特性やその結果を知ることができる。自分が他者とどのように関係するのか、自分が他者とどのようにコミュニケーションを行い、フィードバックをするのか、自分がやっている理由はなぜなのかを知ることによって、集団にいる自分の行動・役割、また集団内の他者との人間関係・コミュニケーションをより効果的に行うことができる。

　Tグループの進め方としては、以下のような例が挙げられる。グループは、10人程度のメンバーから構成され、その中に1～2名のトレーナがいる。事前に決められたテーマや課題がなく、メンバーが自由に話し合う。今、ここで何が起きているのかについて、深い議論が行われる。トレーナは議論の注意事項を知らせる程度であり、グループの運営や話題などについてはメンバーに任せる。このような体験的集団活動を通して、自己

理解、他者に対する理解と受容、他者との相互作用のフィードバック、集団のコミュニケーションと人間関係形成等について新しい気づきが生まれる。（李　超）

→経験学習、グループ・ダイナミックス、感受性訓練、ブレインストーミング

定型訓練（routine training）……… Ⅱ－3－A

　定型訓練とは、教育の目的に応じて日程、会合の進め方、使用教材などが画一的に定められている教育訓練で、代表的なものとしては、TWIとMTPがある。

　TWI（Training Within Industry）は、生産現場における第一線監督者の監督能力向上のための定型訓練コースである。訓練は会議方式で進められ、1回2時間で、15回から20回開催され、仕事の教え方（job instruction）、仕事の改善の仕方（job method）、人の扱い方（job relations）が訓練される。

　MTP（Management Training Program）は、管理者に対する定型の教育訓練プログラムである。プログラムは、1回2時間で20会議、合計で40時間の定型訓練である。MTPの内容は、①管理の基礎、②仕事の改善、③仕事の管理、④部下の訓練、⑤人間関係、⑥管理の展開から成り立っており、プログラムとしては管理の5機能（計画、組織、命令、調整、統制）とTWIとを合体したような内容となっている。

　この両者の定型訓練は、日本産業訓練協会を中心に積極的に展開され、わが国の定型訓練の代表的なものとなっている。こうした定型訓練には、体系的・原則的な知識や技能の習得には効果があるが、反面、各人の能力や特性、さらには各企業の個別の教育ニーズに応じた教育訓練を行うことが困難といった問題点もある。　　　　　　　　　（谷内篤博）

定昇（定期昇給）……………………… Ⅰ－2－B

　定昇（定期昇給）とは、一定の昇給基準によって、毎年定期的に実施される賃金引上げのこと。定昇には、年功的色彩が強い「自動昇給」と人事考課に基づく「考課昇給」が含まれる。近年、ジョブ型人事制度が注目される中、職務給や成果主義賃金が管理職を中心に導入されつつあるが、管理職に定昇を行った企業の割合が77.7％（厚生労働省「賃金引上げ等の実態に関する2023年調査」）と依然として日本独自の制度として定着している。

　　　　　　　　　　　　（厨子直之）

→自動昇給、ジョブ型雇用vs.メンバーシップ型雇用、終身雇用、人件費、職務給、職能給、定年

ディスアビリティ・インクルージョン

（disability inclusion）……… Ⅰ－1, 2－A, B

　障がいのあるすべての人びとが教育、訓練、雇用、社会のあらゆる側面に参加することを促進し、確保し、そうした参加が十分できるために必要なサポートや便宜を提供するという考え方であり、障がいのある人もない人も共生し、包摂されるという概念である。障がいのある人の就労・雇用の推進は、世界的な趨勢である。こうした中で、ILOはディスアビリティ・インクルージョンの戦略とアクションプランを策定している。6つの戦略目標には、差別撤廃、機会の平等、ア

クセシビリティ、多様性の一つとしての障がい者の尊重、ジェンダー平等、代表組織を通じての障がい者の関与が挙げられている。　　　　　　　　（二神枝保）

→インクルージョン、**障がい者雇用**、ディスアビリティ・マネジメント

ディスアビリティ・マネジメント（disability management）……………Ⅰ-1, 2-A, B

ディスアビリティ・マネジメントとは、ガイセンとハーダー（Geisen, T. and Harder, H.）によれば、職業生活を送っているうちに障がいをもつようになった人びとが有給の仕事に復帰できるように支援したり、障がいをもっている求職者たちがディーセント・ワークに就いて、それを維持できるように手助けすることである。

ガイセンらは、ディスアビリティ・マネジメントには、内的ディスアビリティ・マネジメントと外的ディスアビリティ・マネジメントがあるとしている。内的ディスアビリティ・マネジメントとは、企業が主導する職場のディスアビリティ・マネジメントであり、外的ディスアビリティ・マネジメントとは、地域の就労支援機関や職業リハビリテーション、医療機関などが実施するそれであり、両者が相互に機能することが望ましい。

また、欧州生活労働条件改善財団（European Foundation for the Improvement of Living and Working Conditions）によれば、ディスアビリティ・マネジメントは、仕事の維持・定着と職場復帰（インテグレーション）に大別される。前者には、人的資源管理、機会均等、健康・安全、リスク・マネジメント、労働衛生、健康増進、従業員支援、健康保険、配置転換、適応、仕事の調整があり、後者には、早期の介助、仲介・斡旋、ケース・マネジメント、職場リハビリテーション、職場適応、中継ぎの仕事、リターン・ツー・ワーク（Return To Work：RTW）の調整、同僚の支援、配置転換がある。

ディスアビリティ・マネジメントがうまく機能するためには、十分な雇用環境が整っていなければならない。そのため、公正な雇用に向けての仲介・斡旋メカニズムとして、雇用支援、職業リハビリテーション、一般健康サービス、所得保障、ソーシャル・インクルージョン措置など、外部環境の整備が必要である。インセンティヴとして、差別禁止措置、クォータと課徴金が挙げられる。

さらに、ILOの指針によると、ディスアビリティ・マネジメントは、障がいのある人びとの採用、昇進、定着、職場復帰を支援する手法であるとされる。

以上のことから、ディスアビリティ・マネジメントは、職場の安全・健康管理等疾病・障がいの予防、疾病・障がいから職場復帰への支援、そして障がいのある人の採用・昇進・定着の促進等を対象領域としている。　　　　　　（二神枝保）

→ディスアビリティ・インクルージョン、ディーセント・ワーク、**障がい者雇用**

ディスタンス・ラーニング

（distance learning）………………Ⅱ-3-A

学習者が教育機関との間に物理的な距

離がある場合に利用する学習システムのこと。教科書等教材を郵便で受け取り、課題等を返送するという通信教育よりも広い概念として用いられる。放送大学のテレビ・ラジオ放送と対面講義を組み合わせたものから、eラーニングのみの形態のものまで含む。学習者自身が仕事や日常生活などと学習の場所と時間、学習のペースを調整しながら学ぶことができる。社会人のリスキリングの学習機会にもなっている。

　対面学習と比べ、講師や学習者間の対話と実技・実地体験に制限があるため、学習者には自己管理能力や学習意欲の維持、レポートの書き方など学習方法の学習などが求められる。現在、デジタル技術と通信技術、情報端末の高機能・多機能化により、対面に近い臨場感のあるオンライン・ディスカッション、VR（仮想現実）での擬似体験などを用いるコースも登場している。一方、学習者の本人認証の技術的・倫理的課題、生成系AI（人工知能）を利用した場合の学習成果の評価についての課題と対策が求められている。　　　　　　　　　　（三尾忠男）
→eラーニング

ディーセント・ワーク（decent work）

....I−1，2−B

　ディーセント・ワークは、きちんとした仕事、働きがいのある仕事、人間らしい仕事、誇りのもてる仕事などと訳することができる。1999年のILO憲章のなかで「男性にとっても、女性にとっても、自由、平等、社会保障、人権の面で、ディーセントで生産的な仕事の機会

を促進することがILO（国際労働機関）の目標である」と述べられている。

　ガイ（Ghai, D.）によれば、ディーセント・ワークの構成要素には、雇用、仕事における権利、社会保障、社会対話の4つがあり、これらは相互に関連・作用している。すなわち、あらゆる労働者には適切な雇用機会が与えられなければならない。そして、仕事は労働者とその家族のニーズを満たすような報酬を生み出すべきである。また、労働者たちは、自分の利害を主張するための組合組織を形成し、そこに参加し、経営者と団体交渉する権利をもつべきである。さらに、労働者は健康を害するような危険な職場や過酷な長時間労働から守られて、仕事と生活の両立を推進すべきである。仕事は自由に選択されるべきであり、女性、移民、少数民族等いかなるカテゴリーの労働者への差別があってはならない。最低不可欠の社会保障もディーセント・ワークの条件である。

　最近では、SDGs（持続可能な開発目標）においても、すべての人びとのディーセント・ワークの促進を掲げており、ディーセント・ワークは重要な概念になっている。　　　　　　　　　　（二神枝保）
→ILO、SDGs

定着率（retention ratio）...............I−2−B

　採用した人材がどの程度定着しているかを示す数値。「離職率」の対概念。一般的には、（定着率）＝（一定期間後の人員数）÷（一定期間の開始時点の人員数）×100で計算される。定着率が高いと、採用機会・採用コストの減少、新人

た行

教育の負担減少にもつながる。また、定着率が高いことは長期勤続者が多いことを意味しており、熟練者を組織に保有することにもつながる。近年では、社員の離職を防いで定着率を向上させるリテンションマネジメントが注目されている。

（田中秀樹）

定年（mandatory retirement）………I－2－B
　定年は従業員が一定の年齢（定年到達年齢）によって労働契約が自動終了する場合（定年退職制）と、一定の年齢（定年到達年齢）を理由として解雇を行う場合（定年解雇制）がある。我が国では1994年の高年齢者雇用安定法により定年年齢は「60歳を下回ることができない」とされ、現在に至っている。又2004年の同法改正により65歳未満の定年を定めている事業主は65歳まで高年齢者の雇用確保のため①定年年齢の引き上げ、②継続雇用制度の導入、③定年年齢の廃止、のいずれかの措置を採ることが義務付けられた。　　　　　　（香川忠成）

定年延長奨励金…………………………I－2－B
　定年を定めている事業主が定年の引き上げ、勤務延長等を行う際、企業規模および継続雇用年数に応じて奨励金を支給する制度のこと。高年齢者の雇用安定のために、このような奨励金・助成金は名称と内容を変えながら継続されており、令和5年度においては「65歳超雇用推進助成金」という名称で、65歳以上への定年引き上げや定年の定めの廃止、希望者全員を66歳以上の年齢まで雇用する継続雇用制度の導入などを対象として助

成金が支給されている。　　（大津章敬）

定年延長法（retirement age extension law）
……………………………………………I－1
　正式名称は「高年齢者等の雇用の安定等に関する法律」。2013年の法改正により、対象者を限定した形での65歳までの雇用確保が義務づけられ、2025年4月からは、企業は希望者全員に対する65歳までの雇用確保が義務となる。
　さらに、2021年4月1日施行の改正法では、65歳から70歳までの労働者の就業機会確保のため、「70歳までの定年引上げ」もしくは「70歳までの継続雇用制度」などの措置を講ずる努力義務が新設された。
　人生100年時代に向け、社会全体の定年年齢の引き上げの方向性が予想されている。　　　　　　　　　　　　（吉田　寿）

テイラー, F. W.（Taylor, F. W.、1856
〜1915年）…………………………I－2－A, B
　テイラーは19世紀末から20世紀初頭、米国の機械技師としてミッドベール製鋼会社等の工場管理の実践に携わる中で、当時の工場の生産性向上を阻んでいた、組織的怠業問題の解決に取り組むことになった。その解決のために、作業の時間研究・動作研究を通じて客観的に把握される、労働者の一日当たりの標準作業量（標準作業速度）を「課業（task）」と呼び、これを管理の基準とする「科学的管理法（scientific management）」を提唱し、この管理の方法は量産システム実現の基礎にもなった。管理の科学の確立への貢献によって、「経営学の父」とも

呼ばれる。　　　　　　　　（風間信隆）

→科学的管理法、ヒューマン・リレーショ
ンズ、誘因と貢献

適性検査（aptitude test）………… Ⅱ－3－A

　適性とは、性格や性質がその物事に適していることであり、職業・学業など特定の活動にどれほど適した素質をもっているかを判定するのが適性検査である。就職や進学の際に活用されることが多い。職業に関する適性検査には、知能検査や性格検査、職業興味検査など広範なものが含まれるが、心的性能を判定するものを職業適性検査と呼ぶことが多い。代表的な職業適性検査として、厚生労働省編の一般職業適性検査（General Aptitude Test Battery：GATB）がある。多様な職業分野で仕事をする際に基盤となる代表的な9領域について適性能力を測定・数値化でき、求職者が職業選択を行うための情報を得られる。ハローワークでも利用されている。

　就職活動をする学生に活用されているものに、リクルートマネジメントソリューションズが開発した総合適性検査SPI（Synthetic Personality Inventory）がある。職務・組織への適応力を測る「性格検査」と、多くの仕事に共通して求められるスキルや知識を獲得する際のベースとなる基礎能力を測る「能力検査」から構成されている。　　　　　　　（河村茂雄）

→職業適性

適正配置 ……………………………… Ⅰ－2－B

　企業の人事管理において、自社の従業員を適正に自社の業務、部署や職位に配置させる企業の行為を指す。一般に私企業は利益を最大化しようとする行動をとることから、企業におけるそれぞれの業務においてもっとも効率的かつ利益につながるように人員を配置しようとするが、どういった状態であれば「適正」に配置したことになるかについては国や企業の考え方によって異なり、唯一最善の絶対的な解があるわけではない。

　例えば、企業は一方で各職務に従業員が従事するうえで必要な能力要件を職務分析等により明確化し、他方では自社の従業員が有している能力を精確に測定し、その両者のマッチングを勘案して人員配置を行うとされ、一般的にはこれを適正配置と理解することが多い。とりわけ米国の企業は緻密な職務分析を行い職務用件が決められるため、こうした職務要件と従業員の能力の間に均衡が図られている場合を指して適正配置であるとされる。

　しかし、伝統的な日本企業では、従業員の入社後、頻繁に人事異動（ジョブ・ローテーション）が繰り返されることから、むしろ従業員個人の能力を職務要件よりも少し低めの配置をし、配置後に当該従業員の能力を伸長させるべく教育訓練を行う慣行が知られている。短期視点での利益を希求する米国企業から見ればこうした慣行は一見非論理的であるが、日本企業のように長期視点で従業員の育成を志向する場合には、こうした配置方法の方がむしろ合理的で「適正」であるといってよい。

　ただし、日本企業においても昨今はメンバーシップ型雇用からジョブ型雇用へ

た行

419

の転換の必要性が喧伝されており、こうした配置の仕方も徐々に変容しつつある。　　　　　　　　　　　（上林憲雄）

→職務分析、ジョブ型雇用vs.メンバーシップ型雇用、配置

出来高給……………………………Ⅰ−2−B
　生産量や販売量等労働の量的成果に、一定の賃率を乗じて賃金額を算定する賃金形態の一つ。歩合給とも言われる。一般的には、トラックドライバーや営業職など、個人の業務の成果が定量的に計りやすい職種で採用されることが多い。金銭的刺激が強いため、従業員の能率や業績を高めるのに効果的とされるが、現実的には割り当てられる担当顧客や商品等によって成果が大きく異なることがあり、不満の原因となることも多い。
　　　　　　　　　　　（大津章敬）

→時間賃金

適用対象業務………………………………Ⅰ−1
　かつて日本で労働者派遣事業を行う際、労働者派遣ができる適用対象業務は、26業務に限定されていたが、1999年の労働者派遣法改正で、原則自由化がなされた。また、適用除外業務として、港湾運送・建設・警備・医療関係業務・弁護士や公認会計士等の士業が指定された。　　　　　　　　　　　（丹羽浩正）

→労働者派遣事業

テクニシャン（technicians）
　………………………………Ⅰ−1, 2−B
　テクニシャンとは、一般に組織内の他のメンバーから求められた要求に対し

て、高度の技巧を活用し対応することのできる者である。技術者（engineers）と技能者（skilled workers）の中間的水準の能力を持つ者として位置づけられることが多い。また、主に実験室等で就労する技術補佐員としてのテクニシャンは、研究活動に必要な実験を補佐する者として位置づけられる。
　技術的多能工ともいわれるテクニシャンは、幅広い技能や技術的知識をもち、技能行動の意味を技術的な知識と関連づけて理解することができ、器機の開発・改良・保全、プログラミング、製品試作、品質管理等の領域において、技術者と技能者との橋渡し役を担うことのできる者である。
　また、実験室で業務を遂行する技術補佐員に引き寄せて言えば、研究者が検証したいとする事柄の実験計画を基に、実験を忠実に実施し実験結果を研究者に報告する職務が、テクニシャンには求められている。そのため、研究者が期待する実験を実施するにあたって、データの収集、解析を行うための当該専門領域の知識だけでなく、実験を成功裡に行うための実行力がテクニシャンには要求されている。このことから、テクニシャンは実験の専門家とも言われる。　（相原　章）

→テクニシャン教育

テクニシャン教育（technicians education）
　………………………………Ⅱ−3−A, B
　テクニシャン教育とは、組織内において高度の技巧を活用することのできる者を育成するための仕組みのことである。組織が自らテクニシャンを養成する仕組

みを設計し運用する際には、会社戦略、事業戦略などの次元別の戦略とそれぞれの計画とが整合していることが第一義となる。

特に、組織が求めるテクニシャンのタイプを明確にしておくことに加え、テクニシャンとして必要な専門知識の習得機会の提供と専門知識に基づく行動の訓練の実施手順を綿密に作り込んでおくことが肝要となる。

また、上級職のエンジニアあるいは上級の研究職に昇任することのできる機会を提供するようなテクニシャンのキャリア・パスを設計し運用することも、組織にコア人材を定着させる観点から重要であると言える。

さらに、テクニシャンの能力を客観的に測定し評価することのできるシステム、例えば「社内資格」制度といったキャリア・パスに連動した仕組みを設計し運用していくことも必要となる。

外部の高等教育機関と連携しながらテクニシャン教育を実施することを念頭に置きつつも、組織にとって望ましいテクニシャンを養成するためには、全社の動きから逸脱することのない人事戦略が必要とされる。　　　　　（相原　章）
→テクニシャン

テクノインストラクター→職業訓練指導員

テクノクラート（technocrat）
　　　　　　　　　　　………Ⅰ－1，2－A
　現代社会においては科学や技術の役割が著しく増大し、さまざまな計画や施策の立案に際して、科学技術の専門的知識が不可欠になった。その結果、科学技術の知識を身につけたエリート達の発言力が高まり、社会の中枢で重要な意思決定に関わるようになってきた。従来の官僚＝ビューロクラット（bureaucrat）に対して、彼らはテクノクラートと呼ばれる。そして、彼らが社会を実質的に支配する状況がテクノクラシー（technocracy）である。企業の内部においても、テクノクラートの地位と役割は大きくなってきている。

テクノクラートの論理は、技術的最適化を追求するものといえる。しかし他方では、単なる技術的最適化を超えた判断や利害の調整、それに人間性についての理解も要求される。例えば、企業倫理や社会的責任についての議論、あるいは人と組織の関係の見直し、労働の人間化といったテーマについては、技術的アプローチだけで対処することはできない。経営環境が複雑化した今日、技術システムと社会システムとの調和をはじめ、より広い視野からのアプローチが一層重要になっているといえよう。　　（太田　肇）

デザイン・イン（design in）………Ⅰ－2－A
　自動車産業における組み立てメーカーと協力企業の間に見られるような緊密な協力体制であり、新車開発の早い段階から協力企業が参加し、相互に密接な情報交換を行いながら開発・設計・製造を進めていくやり方である。利点としては、調整に要する時間やコストを大幅に節約することが可能となり、開発期間の短縮化、製造コストの削減、品質の向上等の効果がある。自動車メーカーにとって新

た行

車開発期間の短縮化は競争戦略上決定的な重要性を持っており、デザイン・インはその意味で非常に有力な方法である。

（松本芳男・鵜飼宏成）

→系列、リーン生産、ジャスト・イン・タイム

デジタル・コラボレーション（digital collaboration）‥‥‥‥‥‥‥ I−1，2−A

コラボレーティブな学習の一つの側面。デジタル・コラボレーション（DC）とは「地理的距離が近い、遠いに関係なく、しごと能力を高め、拡大するためにIT、ICTを活用すること」（Noe, R. A.）である。DCには電子メッセージ、オンラインミーティング、ソーシャルメディア、オープンデータソースなどのシステムが使われ、訓練内容を共有し、討議、意見交換が行われる。インストラクター、トレーニーなどの間でのリアル・タイムでの同時的（synchronous）コミュニケーションであることもあれば、非同時的（asynchronous）コミュニケーションの場合もある。　　　　（二神恭一）

→コラボレーティブな学習

デジタル社会（digital society）‥‥‥‥ I−1

デジタル社会とは、宇宙空間や地球上に存在し、人間が知覚・認識できる実体、すなわち、物理学的、化学的、生物学的な現象、事象、物質、生物、製造物、さらには、人間や生物が想像する対象を"数値（二進数）表現により数値化した情報"として表現し、それらを記憶、分析、共有、検索、計量、統合、可視化するシステムを総称する"情報システム"を用いた活動を行う人間が形成する空間である。

デジタル社会においては、情報の創造や利用の拡大に伴い、それらを記憶、分析、共有、検索、計量、統合、可視化する"情報システム"は、社会を支える最も主要な要素として、現在の社会、経済、技術などの広範な領域、分野において大変重要になっている。情報化対象の多様化・大規模化は、情報共有・獲得の環境の多様性を拡大させており、デジタル社会において有効な新たな情報システム構成の方法論の構築が活発である。デジタル社会における新たな発展的な領域である人工知能、意味計算、データマイニングを実現する情報システムや方法論の構築、さらには、自然環境の改善を目的とする新たな情報システムとそれらの応用についても、新しい方法論が形成されている。

デジタル社会を形成する主要な情報システム技術として、(1) サイバー・フィジカルシステム、(2) 時空間コンピューティング（spatio-temporal computing）、(3) セマンティック・コンピューティング（semantic computing：意味計算）、(4) XR（Extended Reality：Virtual, Augmented & Mixed Reality）、(5) マルチメディアシステム、(6) ビッグデータ分析（big data analysis）、(7) 人工知能（AI）、(8) ソーシャル・コンピューティング、(9) IoT・センサー・ネットワーク、(10) 情報可視化システム、(11) ユビキタス・コンピューティング、(12) クロスカルチュラル・コンピューティングなどがあり、それらを用いたデジタル社会の新たな発

展が期待されている。　　　（清木　康）

デジタル・トランスフォーメーション（DX）·······················Ⅰ−1

　デジタル・トランスフォーメーションとは、最終消費者の満足と高い経験価値の提供の実現に向けた「組織変革の道のり」を指す。情報機器の導入と利用が、担当者自身が自らの業務を見つめ直すだけでなく、自発的な業務改善を実現することがある。利用経験を深めることで、情報機器が新しい気づきを誘発するからである。とりわけ、あらゆるモノがインターネットにつながること（IoT：Internet of Things）で、多様で膨大なデータ（ビッグデータ）が利用可能となり、一方でデータ分析技術（たとえば、AI：Artificial Intelligence）も向上したことから、情報機器の影響力が注目されている。

　しかし、たんに情報機器を導入するだけでは十分ではない。むしろ、人材の確保・教育、権限委譲、現場の支援体制や方向付けの仕組みづくりなど組織的要因が不可欠となる。つまり、現場が当事者意識をもち主体的かつ自律的に現場情報を解釈・活用できる環境を整備することで、デジタル機器を活用した現場の創意工夫が可能となる。「鬼に金棒」というように、鬼（組織）でなければ、金棒（デジタル機器）の真価を発揮できない。DXは、鬼になるために、顧客の経験価値という視点から組織的努力を方向付ける道のりと言える。　　　（古賀広志）
→人工知能、モノのインターネット（IoT）、
　組織変革、権限委譲

データ収集法（data collection methods）
·······················Ⅰ−1

　世論調査や市場調査などの社会調査では、データを収集し、それをもとに社会に関わるテーマについて考察を行う。社会調査は大きく分けて量的調査と質的調査に分けられる。量的調査は複数の個体からなる全体に関心をもって、予め準備したアンケート（調査票）により調査を進める。一方、質的調査は一個の個体に関心をもって、インタビューや行動観察により調査を進める。

　量的調査におけるアンケートの実施方法はいくつかある。個別面接調査では、アンケート対象者に調査員が直接面接し、調査票を読み上げる形で質問し、回答を紙に書きとる、またはコンピュータに記録する。留置調査では、調査員が対象者を個別に訪問し、調査票を手渡し、後日回収する。郵送調査では調査票を対象者に郵送し、対象者に回答してもらった後に、返送してもらう。その他、電話を利用する電話調査、インターネットを使い、ウエブ上で対象者にアンケートに回答してもらうインターネット調査などがある。

　質的調査におけるインタビューには、構造化インタビュー、半構造化インタビュー、非構造化インタビューの3種類がある。構造化インタビューでは、調査者が質問項目も回答選択肢も予め確定させておくもので、量的調査における個別面接調査と同様のやり方である。半構造化インタビューでは、質問項目は予め準備しておくが、質問の順番にとらわれず、対象者の自由な語りを大切にする。非構

た行

造化インタビューは、質問項目すら予め決めることなく、何らかのテーマについて対象者に自由に話してもらうもので、後のインタビューでの質問を作成する際の参考にするために、実施することがある。

量的調査と質的調査が同じテーマに対して一緒に行われることもある。量的調査と質的調査を同時に行う場合と、量的調査と質的調査の一方を他方に先行させる場合がある。量的調査と質的調査を同時に行う場合、量的調査が中心（主）となり質的調査が補う（従）場合と、質的調査が中心（主）となり量的調査が補う（従）場合がある。量的調査と質的調査の一方を他方に先行させる場合は、一方の調査結果を得て、他方の調査を計画する。

どの方法を用いるかは、調査の結果から理論を帰納的に導くか演繹的に導くかによる。理論を帰納的に導く場合は、質的調査を主、量的調査を従として両者を同時に行う。あるいは、質的調査を量的調査に先行させ、質的調査により理論を構築し、量的調査により理論を検証する。理論を演繹的に導く場合は、量的調査を主、質的調査を従として両者を同時に行う。あるいは、量的調査を質的調査に先行させ、量的調査で明らかになった意外な点について、質的調査で掘り下げて聞く。　　　　　　　（二神常爾）

手待時間……………………… Ⅰ－2－A
作業者が作業条件がそろうまで待機している時間を手待時間と呼ぶ。例えば、長距離運送のトラック運転手が運ぶ予定

の荷物がそろい、トラックに積み込まれるまで運転手は待機せざるを得ない。この時間が手待時間である。

何もしていなくても、待機の状態で作業の条件が整えばすぐに作業にかからなければならない。このため休憩時間とは異なる。手待時間はれっきとした労働時間である。

生産システムとしては手待時間は無駄な時間であるのでできる限り減らそうという努力がなされる。徹底的な工程の分析と、作業が断絶しないための工具やセンサーの導入がなされた。これは生産の主体が人間から機械システムに移行することを意味している。今後の方向としては人間の排除に繋がるといえる。

（日置弘一郎）

デュアル・キャリア（dual career）
……………………… Ⅱ－2，3－B
大きく2つの意味がある。一つは、夫婦やカップルの両者がともに仕事に就いている状態のこと。1970年頃以降、社会学の領域を中心にデュアル・キャリア・カップルの研究が進んだ。

もう一つは、スポーツ競技者が競技生活終了後の将来も見据えながら、競技生活の期間中を通じて、競技と、並行して取り組む仕事、学業、重要な出来事とをうまく組み合わせていくこと。今日では、こちらの意味で使われることが多い。　　　　　　　　　　（森田雅也）

デュアル・システム（dual system）
……………………… Ⅰ－1，2－B
デュアル・システムはドイツで発祥し

発展して来た「現場での職業訓練と職業学校で行う学習を同時に進める」システムである。デュアル・システムには、さまざまなカリキュラムのパターンがあるが一例を挙げると、次の通りである。

・週3日は学校における学習、週2日は実務実習
・午前中は学校における学習、午後は実務実習
・1〜2か月ごとに学校における学習と実務実習を交互に実施
・最初の半年は週5日学校における学習、7か月目から実務実習を開始する

中世に興ったマイスター教育はデュアル・システムで行われ、職業人としての初めての資格所持者である職人（Geselle）を得るための教育として名高く、更にユニークな点は学生と企業間で職業訓練契約が結ばれ、給与が支払われるということである。このデュアル・システムはミュンヘン出身の教育者・政治家のケルシェンシュタイナー（Kerschensteiner, G.）が発案したと言われている。

デュアル・システムの将来については、さまざまな議論がある。理由の一つは、より多くの若者が高い学歴を目指している為、職業教育・訓練の地位の低下が指摘されることにある。この為、最近のドイツの大学改革のトレンドとして「デュアル学修（Duales Studium）」が注目されている。これは、従来のデュアル・システムの大学版で、大学卒業時にバチュラーの学位と職業資格の両方を取得出来る仕組みである。この「デュアル学修」は専ら専門大学が担っている。

（佐藤勝彦）

テレワーク（telework）………I−1, 2−A, B

テレワークとは、情報通信技術（ICT）を使って、企業等の中の通常の職場から離れた場所で仕事をする形態を指す。リモートワーク（remote work）はテレワークとほぼ同義語である。モバイルワーク（mobile work）はテレワークの一種で、スマートフォン、タブレット、ラップトップパソコンなどから企業等のコンピュータ・システムに接続し、企業等の中の勤務場所以外の複数の場所を移りながら働く形態を指す。

コロナ禍の中で働き方としてテレワークが注目されている。EUではコロナ禍の開始とともに、3分の1以上の人がテレワークで働き始めた。日本でも、コロナ禍のもとで、テレワークは急速に導入が進んでいる。2020年3月から2021年3月にかけて、東京商工リサーチが行った調査によれば、緊急事態宣言時には、テレワークを実施する企業の割合が高まり、1回目の緊急事態宣言下では56％、2回目の緊急事態宣言下では38％であった。緊急事態宣言解除後、実施率は低くなったものの、ある程度、継続実施がなされている。中小企業より大企業の実施率が高い。また、地域別には、三大都市圏が含まれる地域での実施率が高い。

（二神常爾）

電子メール（electronic mail）……………I−1

テキスト、画像などを単数あるいは複数の相手にインターネットなどのネットワークを通して送る仕組みを指す。インターネット接続事業者（インターネットサービスプロバイダ）、勤め先企業、学校

などの様々な組織は、メールサーバーと呼ばれるコンピュータを所有している。例えば、個人が所有するパソコンやスマートフォンからメールを送ると、メッセージはメールサーバーに送られ、そこからメールアドレスに基づいて、インターネットを通して送信先に送られる。メールを読むときはパソコンやスマートフォンなどの端末からメールサーバーに接続して、メールサーバーからメールを端末に受信（ダウンロード）する。パソコン、スマートフォンなどの端末とメールサーバーの間で通信を行う際には、メールアドレスやユーザーIDなどの識別情報とパスワードなどの本人確認のための認証情報などから構成されるメールアカウントが必要である。

メールの送受信の仕組みには、パソコンやスマートフォンなどの端末にメールソフトをインストールして、メールソフトを通してメールを送受信する方法とウェブ・ブラウザーの画面を通してメールを送受信する方法がある。後者の方法はウェブ・メールと呼ばれ、インターネットにつながれば、パソコン、スマートフォンなどの端末の種類によらず、メールの送受信ができる。　　　（二神常爾）
→インターネット

点数法→得点要素法

同一労働同一賃金…………………………Ⅰ-1
　性別・人種・雇用形態等による賃金差別禁止の理念を背景とした、同等の職務を行う労働者に対しては同一の賃金を支払わなければならないという原則。

　国際的には、同一価値の職務までを含めた「同一価値労働同一賃金（報酬）」の原則が一般的だが、両者を区別しない場合もある。1919年のヴェルサイユ条約によって誕生した国際労働機関（ILO）によるILO憲章の前文では、「同一価値の労働に対する同一報酬の原則の承認」が謳われた。1951年にはILO第100号条約「同一価値の労働についての男女労働者に対する同一報酬に関する条約」が採択された（日本は1967年に批准）。また、1958年には「雇用及び職業における、人種、皮膚の色、性、宗教、政治的見解、国民的出身又は社会的出身に基づく差別待遇の除去」を目的としたILO第111号条約が採択された（日本は未批准）。各国で実定法の整備が進む。

　日本では、労働基準法第4条が男女間の同一賃金原則を規定するほか、「短時間労働者及び有期雇用労働者の雇用管理の改善等に関する法律」が2020年4月から施行され、同一労働同一賃金の原則による「同一企業内における正社員と非正規雇用労働者との間の不合理な待遇差の解消」を目指す。　　　（友利厚夫）

統括安全衛生責任者………………Ⅰ-2-B
　建設業・造船業といった特定事業において、発注者から事業を直接請け負った元方事業者（特定元方事業者）が選任する安全衛生管理の責任者。

　特定元方事業者が同一の場所で複数の関係請負人（協力会社）に仕事を請け負わせる際、労働者数の規模が政令で定められた一定値を超える場合には、作業が混在することによる労働災害発生を防止

するため、傘下の元方安全衛生管理者を指揮し、協議組織の設置運営や、作業間の連絡調整、作業場所の巡視、関係請負人が行う労働者の安全衛生教育の指導・援助などを行う。一定規模以上の事業場を実質的に統括管理する「総括安全衛生管理者」とは異なる。　　　（熊﨑美枝子）

動機づけ ⋯⋯⋯⋯⋯ Ⅰ－2－B, Ⅱ－2, 3－A

　動機づけは人間や動物を行動に駆り立てる原動力である。仕事に関連する行動として、人がなぜ仕事に励むのかということを理解するためには、目標に向かって維持・調整をするなどの職務行動を引き起こす一連の原動力を把握しなくてはならないが、この原動力を探求するのが動機づけの研究である。

　仕事の動機づけについて「職務に着手させ、職務行動の形式、方向、強度と持続期間を決める一連の情熱的なパワー」という定義がある（Pinder（1998））。職務行動の形式とはどのように職務に従事しているかということを指しており、方向、強度と持続期間の3つが動機づけを理解する上での重要な要素となっている。方向とは組織目標と一致するように職務行動を向けさせることである。強度とは人がどれだけ努力しているかを意味している。持続期間は人が努力を持続できる期間のことである。

　動機づけは動因と誘因によって成り立つとされている。どちらが欠けても、目標に向けての行動が起こらない。動因とは、その人のうちにあるもの、いわば、欲しいと言う気持ちで、欲求とか願望とも言い換えられる。誘因は、それとは対照的に、外にあり、欲しいという気持ちに応えるものである。手に入れたい目標でもあり、それを入手できるに至るまで様々なものを含んでいる。この欲しいと言う気持ちと、それを満たすことができる何かが相まって、その人の意欲は喚起され、行動を起こす。

　これまでに、動因、誘因、過程などの着眼点から様々なモチベーションのモデルと理論が構築されて、組織成員の行動が説明されてきた。なお、モチベーションには個人差があり、意欲の強い人もいれば乏しい人もいる。役割や立場、地位、経験にも差が見られる。

　従業員が動機づけの高い状態を維持できれば、仕事の効率化、離職率の低下や労働生産性の向上などの効果が期待できるため、企業は動機づけを高めるための様々な施策を導入している。例えば、適切な研修や訓練プログラムの導入、遣り甲斐を感じる仕事の提供、報酬制度と評価制度の改善、良好な人間関係と組織風土の維持の実施などが挙げられる。実施の際には流行りの手法を導入するのではなく、従業員の特徴を把握した上で自社に適した制度を導入することが望ましい。　　　　　　　　　　　　（王　英燕）

動機づけ－衛生理論（motivation-hygiene theory）⋯⋯⋯⋯⋯⋯⋯⋯⋯ Ⅰ－2－B, Ⅱ－2

　ハーズバーグ（Herzberg, F.）が、クリティカル・インシデント（臨界事例）法を用いた面接調査を通して導いた職務満足感と動機づけに関する理論。

　彼は、ピッツバーグの会計士と技師を対象に、仕事をしていて特によく感じた

た行

時と悪い感情を抱いた時についての面接調査を実施した。

その調査結果から、達成、承認、仕事そのもの、責任、成長の可能性および昇進が、職務満足の強力な決定要因として得られ、それらは、積極的方向で動機づけに影響するもので、満足要因（動機づけ要因）と名づけられた。他方、会社の政策と経営、監督、給与、対人関係、および作業条件が、主要な不満要因として得られ、それらは、職務不満を防止する役目をはたす不満要因（衛生要因）と名づけられた。

この動機づけ要因は、マズロー（Maslow, A. H.）の欲求階層説の中では、尊重欲求や自己実現の欲求に相当し、成長欲求の充足が、働く人々の長期的かつ積極的な動機づけに繋がることを示している。

この理論は、この2組の要因を職務満足感の両極をなす対とは考えず、2つの分離した要因群としている。すなわち、不満要因の充足は、職務不満の解消にはなっても動機づけには繋がらず、満足要因の充足こそが、高い動機づけに繋がるというものである。この動機づけ要因の研究は、その後の職務充実論の展開の端緒となった。　　　　　　（小野公一）
→動機づけ、職務満足

動機づけ理論……………………………Ⅱ−2
　従来多くの研究者が動機づけに注目して、様々な側面から動機づけを説明するための理論を提唱してきた。一般的に、初期の動機づけ理論は、「内容理論」と「過程理論」に分けられる。内容理論は主に欲求の種類等に注目して、人間は何

によって動機づけられているかを検討するものである。一方、過程理論は、「人はどのように動機づけられているのか」に着目して、動機づけのプロセスに焦点を当てる理論である。

代表的な内容理論にはマズロー（Maslow, A. H.）の欲求階層説、アルダーファー（Alderfer, C. P.）のERG理論、ハーズバーグ（Herzberg, F.）の二要因理論、マグレガー（McGregor, D. M.）のX理論−Y理論等がある。これらの理論は人間の欲求を分類したり、職務満足または不満足をもたらす要因を分類したり、または人間の本性について基本的な仮定を分類した上で動機づける力の原点を説明しようとするものである。

一方、代表的な過程理論にはブルーム（Vroom, V. H.）の期待理論とブルーム理論を発展させたポーター（Porter, L. W.）とローラー（Lawler Ⅲ, E. E.）の期待理論、アダムス（Adams, J. S.）の公平理論、ロック（Locke, E. A.）の目標設定理論などがある。これらの理論は動機づける過程に関わる諸要因に焦点を当て、より動態的な視点で動機づける力を説明しようとするものである。　　　　　（王　英燕）
→動機づけ、職務満足

動作研究（motion study）……………Ⅰ−2−A
　基本的には製造現場での作業から「ムリ・ムラ・ムダ」を省くための効率化の手法。「科学的管理法」のテイラー（Taylor, F. W.）が本格的に始めたとされる。一定の工程における作業者の動きを個別に分解し、それぞれの所要時間を計測する。その上で、設備や工具の配置、手順など

作業に関わる人員の全ての動作一つ一つを見直すことで、より短時間に、より少ない人数で工程を完了できる新たな作業場レイアウトや手順を導き出すことを目標としている。 （児山俊行）

→時間研究

投資利益率→ROI

特殊勤務者の労働時間………Ⅰ−1，2−B
特殊勤務者の内、監視・断続労働に従事している者の労働時間の規制が一部排除されている。守衛、用務員、団地管理人のように、実際の仕事の時間の合間に手待時間が多い労働に従事している者は、労働基準監督署長の許可を受ければ、労基法の労働時間、休憩、休日に規定が適用にならない。しかし、深夜業の規制は適用される。したがって、18歳以上の特殊勤務の男子の深夜業には割増賃金を支払わなければならない。ただし、労働協約、就業規則等によって深夜業の割増賃金も所定賃金に含めていることが明らかな場合は、支払う必要はない。 （香川孝三）

特殊勤務手当……………………Ⅰ−2−B
公務員の給与法に基づき、著しく危険、不快、不健康又は困難な勤務その他の著しく特殊な勤務で、給与上特別の考慮を必要とし、かつ、その特殊性を俸給で考慮することが適当でないと認められるものに従事する職員に対して支給される手当。人事院規則において、高所作業、坑内作業、爆発物取扱等作業など27種類の作業について、特殊勤務手当

の支給が定められている。民間企業においては、特殊作業手当と同義で用いられることが多い。 （大津章敬）

→賃金相場、特殊作業手当

特殊作業手当……………………Ⅰ−2−B
従業員が職務の一環として、平常の労働とは異なる作業や危険有害等の作業に従事した場合において支給される手当。高熱、寒冷、危険、有害・有毒、悪臭、粉塵、振動、騒音等の作業が対象とされることが一般的。これらの作業の精神的、あるいは肉体的な苦痛度を賃金に反映させたものであり、こうした作業に従事する際のインセンティブとして用いられる。平常業務の場合は月額、臨時的作業の場合には勤務した回数や日数などに応じて支給されることが多い。

（大津章敬）

→特殊勤務手当

特定一般教育訓練給付金 vs. 一般教育訓練給付金（specified general educational training benefits vs. general educational training benefits）……………Ⅰ−1
教育訓練給付制度の下、雇用の安定と就職の促進を図るものとして、厚生労働大臣により指定された教育訓練を受講、修了した者に支給される給付金。特定一般教育訓練給付金は、雇用の安定・就職の促進に資する教育訓練（一般教育訓練）のうち、特に労働者の速やかな再就職及び早期のキャリア形成に資する教育訓練を修了した者に対して支給される給付金であり、2018年6月13日の人づくり革命基本構想（人生100年時代構想会議決定）

た行

に基づき導入されたものである。一般教育訓練給付金が受講費用の2割が支給されるのに対し、特定一般教育訓練給付金では、受講費用の4割が支給される。特定一般教育訓練の指定講座には、介護職員初任者研修や看護師の特定行為研修、介護支援専門員の養成講座、大型・中型自動車免許取得や税理士、社会保険労務士や情報処理技術者等の試験合格目標講座、大学等における短時間の職業実践力育成プログラム等がある。　（石﨑由希子）
→教育訓練給付制度、専門実践教育訓練給付金

特定技能制度（specified skilled system）
………………………………Ⅰ-2-B
　主として現業の低熟練職種に従事する外国人労働者を受け入れる制度で2019年4月に導入された。日本では、外国人は専門的・技術的分野の受け入れに限定され、労働力不足が深刻でも製造、サービス、建設、介護、農業分野では正式に外国人労働者を雇用できなかった。そのため外国人技能実習生と留学生が人手不足を補ってきたが、2018年の入管法改正で特定技能が設立され、日本の移民政策の端緒となった。
　特定技能1号の在留資格を得るためには、①技能実習（3年間乃至は5年間）を良好に修了、②国内・海外で実施される12業種の技能試験と日本語試験に合格、のいずれかの条件が必要である。単純労働者は受け入れないというこれまでの日本の移民政策との整合性が担保されている。特定技能1号となれば5年間の就労が可能、5年後にさらに技能試験に合格

すれば特定技能2号となり、家族の呼び寄せと永住が可能となる。ただし、2023年現在、特定技能2号は、建設業と造船・船用工業でしか受け入れ可能ではない。
　2020年からのコロナ禍のために受け入れ人数は当初見込みよりも少なかったが、外国人受け入れ制限の緩和によって、2022年9月末時点の特定技能者数は11万人弱であった。日本の高齢化による人手不足を背景に、今後もこの人数の増加が見込まれる。　（上林千恵子）

特定求職者雇用開発助成金
（subsidy for the employment development of designated job seekers）………Ⅰ-1
　雇用保険法の雇用安定事業の一つとして、高年齢者（60歳以上）、障害者、母子家庭の母、就職氷河期世代など、就職が特に困難な者を、ハローワークまたは民間の職業紹介事業者等の紹介により、継続して雇用する労働者として雇い入れる事業主に対して助成を行い、これらの者の雇用機会の増大および雇用の安定を図ることを目的とした制度。対象者の区分等により、2023年4月時点で、5つのコースが設けられている。　（藤井宏一）
→雇用保険、雇用保険法、雇用調整助成金、高年齢者雇用、障害者、障がい者雇用

特定労働者派遣事業………………Ⅰ-1
　労働者派遣事業は、かつて一般労働者派遣事業と特定労働者派遣事業の2種類に大別されたが、2015年の法改正ですべての労働者派遣事業が一本化された。厚生労働大臣の許可を受けなくてはなら

ない。　　　　　　　　（丹羽浩正）

→適用対象業務、労働者派遣事業

得点要素法（point method）………Ⅰ－2－B

　職務評価の方法の一つ。まず、職務評価の対象となる仕事を、一定のまとまりをもつ職務項目に分ける。次に、「知識・技能」「責任」「負担」等の職務評価ファクターに基づいて職務項目の一つひとつを評価し点数化する。その点数を合計し、仕事の価値を測る。職務評価によって、仕事の価値に応じた賃金を支払うことが可能となる。職務評価は同一価値労働同一賃金を実現するために不可欠なプロセスである。　　　　　　（奥野明子）

→職務評価、同一労働同一賃金

特別休暇………………………………Ⅰ－2－B

　法定外福利厚生の一環として企業が労働者に対し特別に付与する休暇。例えば、冠婚葬祭時の慶弔休暇のほか病気休暇、リフレッシュ休暇、ボランティア休暇、アニバーサリー（記念日）休暇等がある。これらは法律により定められた、必ず付与しなければならない休暇ではないが、企業がこうした各種休暇を労働者が取得する権利を保障することで、労働者に働くうえでの安心感を持たせることができるため、何らかの特別休暇制度を設けている日本企業は多い。（上林憲雄）

→法定外福利、リフレッシュ休暇

特別支援学校………………………………Ⅰ－1

　特別支援学校は、全国に1178校設置され、幼稚部から高等部まで約15万1000人の幼児児童生徒が学んでいる（2023年5月）。特別支援学校の設置義務は都道府県にあるが、市や学校法人が設置していることもある。特別支援学校は視覚障害、聴覚障害、肢体不自由、知的障害、病弱・身体虚弱の5つの障害を対象としている。障害の程度が重度であることに加えて、知的障害と自閉症を併せ有する、あるいは医療的ケアを必要とするといった障害の重複化や教育的ニーズの多様化が進んでいる。

　特別支援学校は、幼稚園、小学校、中学校、高等学校に準ずる教育、すなわち、幼稚園、小学校、中学校、高校と同じ目標による教育と、障害による学習上又は生活上の困難を改善・克服し自立を図るために必要な知識、技能、態度及び習慣を養う教育を行っている。知的障害がある場合は、知的障害者を対象とした教科や各教科等を合わせた指導を行うなど、教育的ニーズに応じて多様な教育課程を編成して自立と社会参加を目指した教育を行っている。児童生徒のほとんどは高等部まで進学し、企業現場での実習や就労支援機関との連携により、例えば知的障害特別支援学校の卒業生は、約3〜4割が障害者雇用による企業就労、その他は福祉施設において就労支援や生活介護などの日中活動支援を利用している。　　　　　　　　　（渡部匡隆）

特別に支払われた給与…………Ⅰ－2－B

　厚生労働省の毎月勤労統計調査で用いられる用語で、一時的理由等に基づいて、あらかじめ定められた契約や規則等によらず支払われた給与や、あらかじめ支給条件、算定方法が定められていて

も、その給与の算定が3か月を超える期間ごとに行われるものをいう。具体的にはもっぱら賞与を指すが、結婚手当等の支給条件、支給額が労働契約等によってあらかじめ確定していても支給頻度が稀であるものや、支給事由の発生が不確定なものも含まれる。　　　　（大津章敬）
→きまって支給する給与、就業規則、ベースアップ

特例子会社 ································I−2−A
　障害者の雇用促進と安定を図るため、雇用にあたり特別な配慮をする子会社。障害者の雇用機会の確保（法定雇用率2.0％）は個々の事業主ごとに義務付けられているが、一定の要件を満たし厚生労働大臣から特例子会社の認定を受けることで、同子会社に雇用されている労働者を親会社及び企業グループ全体の障害者雇用分として、実雇用率を算定することができる。事業主は、法定雇用率を安定的に維持し、障害者の職場定着率や生産性の向上などが期待できる。　（村澤竜一）

度数率 ·····································I−2−A, B
　労働災害統計等で用いられる指標の一つで、災害発生の頻度を表す。期間中に発生した労働災害による死傷者数を、同じ期間中に危険にさらされた全労働者の延べ労働時間で割り、100万倍した値である。単に「度数率」という場合には、休業1日以上、または死亡、あるいは障害を残す労働災害が算定対象であり、医療機関で手当を受けても被災日の翌日以降1日も休業しなかった、あるいは休業が1日未満である災害（不休災害）によ

る傷病者は算定対象に含めない。
　　　　　　　　　　　　（熊﨑美枝子）
→労働災害、強度率

トップダウン vs. ボトムアップ
　（top-down vs. bottom-up）··········I−2−A
　企業において物事を決める場合、トップダウン方式とボトムアップ方式のどちらが有効かについて、前々から問われてきたが、依然として断定的な答えがでていない状況である。トップダウンとは、経営トップ層の意向に沿って一方的に会社の決断がなされることである。これに対してボトムアップは、階層型組織におけるボトム層の意向が反映されて経営トップ承認のもと会社の決断とされるものである。
　具体的には、環境変化に即した新規ビジネスを開発する際、トップダウンで進めるのは容易だが、実際に実現できるかは不透明である。なぜなら、新規事業に対してそれを実施する現場が対応できるとは限らないからである。一方、新規事業の開発をボトムアップで進める場合、現場での合意形成からトップの承認に至るまで様々なプロセスを要するために容易とはいえないが、それが社内で正式に承認されれば、実現の可能性が高まる。実施する現場の意向が反映されたものだからである。このように、トップダウン方式とボトムアップ方式はそれぞれ利点と欠点を有しており、一概にどちらが有効とは言い切れない。ただし、信頼される経営トップによるトップダウン方式だと実現の可能性は高まるといえる。
　　　　　　　　　　　　　（大月博司）

→組織形態、官僚制、フラットな組織

トップ・マネジメント（top management）
························ I－2－A

　企業の最上層部、最高経営陣のこと。企業の基本方針の決定をはじめ、経営計画の策定や組織管理、調整といった経営の全般的活動に関わる総合的・最終的責任を担う人物や機関のことを指している。

　日本企業においては、通常トップ・マネジメントといえば、会長、社長、副社長、専務取締役、常務取締役クラスの役職層を指すことが多いが、明確な定義は存在しない。このトップ・マネジメントという用語は、部課長クラスを指すミドル・マネジメントや、係長・主任クラスを指すロワー・マネジメントとの対比において用いられる場合が多く、単に当該企業における最上層部に位置し、経営全般を取り仕切っている幹部、といった曖昧な文脈で用いられるケースも散見される。

　企業のトップといえば社長を指すが、社長というと1人のみの具体的人物が想起されることが多いため、社長以外の他の経営幹部も含め、企業としての組織的対応をなしているニュアンスを表現する場合に、このトップ・マネジメントという用語が使われることもある。もっとも、トップ・マネジメントという語で社長1人を指すこともなくはない。いずれにしても、社長を中心とした最高経営陣のことを指すのがトップ・マネジメントである。　　　　　　　　（上林憲雄）
→ミドル・マネジメント

徒弟制度（apprenticeship）
························ I－1，II－3－A

　青銅時代から、いなもっと古くから工場制生産が始まる産業革命までの数千年間における人類のしごと能力の維持・継承・発展のためのマニュアル・トレーニング・システム。徒弟制度は古代からの様々の文明を下支えしてきた。また中世には、ギルドのスキルの保持のうえで大きな役割を果たした。それは時代や地域により差異はあるが、親方（master）、職人（journeyman）、徒弟（apprentice）という3階層は変わらない。

　大多数の子どもは10～12歳で親方に徒弟として就き、住み込みで（衣食住の提供を受け）親方からマン・ツー・マンでしごとを教わる。子どもの親権者は親方に物品・金品を納める。親方を変えることはできない。徒弟の期間は業種により異なるが、6～12年ほどが多い。徒弟のあと職人になる。職人は1人前のしごとができなければならない。職人は親方になることが目標だが、必ずしも親方になれるとは限らず、journeymanという表現どおりに、別の親方に就いたり、職場を変えることも多いし、そうした職人はしばしば未婚である。

　親方は絶対的存在であり、フランス革命の際には、その絶対的存在が嫌われ、徒弟制度そのものが一時的に廃止されたりした。ただ、啓蒙運動の中で科学が興り、また次々に機械の発明が続き、工場制生産が始まると、マニュアル・トレーニングの徒弟制度は人材開発システムとしての有効性が問われ、新しいシステムが形成されるようになる。もっとも、徒

た行

弟制度は全く消滅するわけではなく、ヨーロッパ諸国では手工業を中心に資格制度として残っている。アメリカですら、2005年の時点で電気工、配管工、大工などの徒弟が19万8876人いた。

（二神恭一）

→マニュアル・トレーニング、中心化傾向

取締役（director）……………………Ⅰ-2-A

　株式会社に必須の機関であり、業務執行に関する意思決定を行う。取締役会設置会社では、取締役は株主総会の決議により選任され、取締役会の構成員となる。株式会社では、取締役に権限が集中しがちになるため、会社法や法以外の規範で経営陣の行動を規律している。なお、指名委員会等設置会社では業務執行は執行役が行い、社外取締役を中心とする委員会に監査・監督の機能を担わせることで、経営の監督が実効的に行われることが期待されている。　（村澤竜一）

取締役会（board of directors）……Ⅰ-2-A

　株主から経営を委託されて、実質的に経営を行う株式会社の機関の一つ。会社法の規定によれば、会社の業務執行の決定や取締役（代表取締役を含む）の職務執行の監督、代表取締役の選定・解職等の重要な意思決定は原則としてすべて取締役会を経て決議されなければならず、その意味で会社の全般的な経営責任を負う立場にある組織体が取締役会である。取締役会は、株式総会で任命を受けた3名以上の取締役によって構成され、この取締役の中から（最少で）1名が代表取締役に選任されて、その者が通常は社長と

して会社のトップとなる。

　取締役会の中にも階層があり、取締役会長、取締役副会長、取締役社長、取締役副社長、専務取締役、常務取締役、取締役などに分かれている。また、取締役の中にも、財務担当や技術担当といった機能別の担当や、半導体事業担当や自動車部門担当といった事業部別担当に分かれている会社もある。しかし、こうした役割分担があったとしても、取締役会としては会社経営全般に責任があり、経営監視権を有している。

　近年は、取締役会における意思決定の透明性を高める目的から、社外取締役を導入する企業が増えており、とりわけ2021年3月1日より施行された改正会社法の下、上場会社においては社外取締役の選任が義務付けられることとなった。

（上林憲雄）

→社外取締役

トレーニング・クオリティ・インデックス
（training quality index）……………Ⅱ-3-A

　トレーニング・クオリティ・インデックスとは、訓練のプロセス全体の質の程度を評価する指標をいう。訓練・能力開発の問題は産業場面、教育場面、スポーツ場面など様々な領域でその重要性が指摘されてきている。しかしながら、その効果的運用および評価は各領域によって異なっている。例えば、職務技能の訓練の場合は、訓練の課題、実施方法、評価などが比較的構造化されているのに対して、リーダーシップ訓練などはそのプロセス全体、とりわけ効果の評価という点になるとあまり明確であるとはいえない。

トレーニング・クオリティ・インデックスは、訓練の効果だけでなく、その計画段階から、実施の方法、実施のプロセスのモニタリング、そして訓練効果、さらには訓練全体のマネジメントまで含めて考えている。カイラ（Cai *et al.*（2022））はテニスチームを対象にしてこの指標の標準化を試みている。彼らは訓練のプロセスを上位概念（第一次指標）として訓練プラン、訓練の実施、訓練のモニタリング、競技の成績、チームのマネジメントの5指標を設定し、その下（第二次指標）に17指標、そしてさらにその下（第三次指標）に75の指標を準備して訓練の質を評価している。また、各指標のウェイト（重要度）も求めている。このような科学的な研究は、産業場面でも課題・状況を考慮した上で、訓練の改善のモデルとして検討する価値があろう。

（松原敏浩）

→技能者訓練、技術者教育

な行

内省（reflection）················· Ⅱ−2

個人が実践の場を離れ、自らの行為や経験、出来事の意味を、俯瞰的で多様な観点から振り返り、意味づけることを指す。「内省的観察」「省察」「リフレクション」「反省的思考」などと呼ばれることも多い。

内省においてまず重要になるのが、何を振り返るかということである。振り返る対象としては、具体的には、どの程度仕事ができたか（仕事の出来映え）、どのように仕事を行ってきたか（仕事のプロセス）、それらをどのくらい行ったか（程度）などが考えられる。また内省のあり方には、ある状況下・出来事のもとでの個人の行動・ふるまいを対象とした内省と、ある個人が存在している前提・状況・文脈に存在している権力や社会的関係を対象とした内省の2つのレベルがある。後者は批判的内省（critical reflection）と呼ばれ、前者に比べてさらに深いレベルの内省とされる。

近年は、内省を行う単位として個人ではなく集団レベルを想定するような議論も展開されている。個人による内省（individual reflection）に加えて、組織による内省（organizational reflection）に注目が集まっているのである。ここにあって内省は、特定個人が自らの内面で行うものではなく、むしろ、複数人の人々によって集合的に行われるものとして位置付けられる。

（服部泰宏）

内定（Informal job offers）············ Ⅰ−2−B

新規学卒者の採用時に行われることが多く、在学中に選考、採用決定し、卒業後の正式入社を約すること。企業が採用内定通知書を発し、学生から入社誓約書又はこれに類するものを受領した時点において、過去の慣例上「始期付解約権留保付労働契約」の成立とされており、合理的理由が無い限り内定の取消はできない。具体的には卒業できなかった、病気や事故により勤務に耐えられなくなった、犯罪行為により逮捕・起訴された場

合など。 （上田純子）

内発的動機づけ（intrinsic motivation）
......................................Ⅱ-2

内発的動機づけとは「個別の結果ではなく、内在的満足を求めるために活動を継続させること」と定義されている（Ryan, R. M. and Deci, E. L.）。内発的に動機づけられることは、賞罰に依存せず、課題そのものに対する好奇心、楽しさ、興味関心によってもたらされるものである。

広く知られているデシ（Deci, E. L.）の内発的動機づけ理論によると、有能感と自己決定が動機づけ要因とされている。有能感は環境を効果的に処理する能力または才能である。自己決定は自分自身で行動を決めることである。報酬の提供、情報伝達とフィードバック等、個人間のやり取りが有能感に対する基本欲求を満たすため、内発的動機づけを高めることになる。しかし、自律性がない場合は有能感だけでは動機づけは高まらないと考えられている。自律性を感じるためには、本人の意思で行動を決定しなくてはならない。

更に、内発的動機づけと逆の概念として、外的報酬のような個別の結果を求めるために活動を行う「外発的動機づけ」も存在する。外発的動機づけよりも内発的動機づけの方が質の高い行動がより長く持続すると言われる。ただ、条件によっては外的報酬を与えることで内発的動機づけが下がる場合もある。 （王　英燕）
→動機づけ、動機づけ理論、フィードバック、外的報酬

内部労働市場（internal labor market）
......................................Ⅰ-2-B

一般的な市場メカニズムが形成される外部の労働市場とは異なり、各社企業内部のルールによって、労働力を配分して賃金を決定する際の基盤となる。内部労働市場においては、比較的長期間にわたる雇用関係を前提として、仕事配分や教育訓練を通じた「企業特殊能力」の形成が行われる。それら企業特殊能力はしばしば企業競争力の源泉となる。また、人材の能力や技能の柔軟化（いわゆる機能的柔軟性）をもたらす育成も可能になる。 （田中秀樹）

ナレッジマネジメント（knowledge management）
......................................Ⅰ-2-A

社員が持つ知識を組織内で共有することで、組織全体としての生産性、競争力、企業価値を高めていく経営手法、あるいは考え方である。野中郁次郎らが展開した知識創造の議論、とりわけ暗黙知と形式知のダイナミクスに注目するSECIモデルに端を発する、日本発のアイディアである。

組織の中で暗黙知と形式知とが、人々の相互作用の中で変換されていく様態に注目したSECIモデルであるが、このモデルの決定的重要性は、知識（knowledge）のバリエーションとして暗黙知（tacit knowledge）に注目した点にある。欧米企業においてもナレッジに注目したマネジメントが行われることはあったが、それは多くの場合、形式知のみに注目し、これをいかに収集し、蓄積し、分配し、利用するかという視点を持ってい

た。
　このような視点をとると、経営資源として極めて重要な価値を持つ暗黙知が、マネジメントの対象から外れてしまい、ナレッジマネジメントはデータベース・システムの整備とほぼ同義になってしまう。組織の中に存在する暗黙知の存在に注目し、それをもマネジメントの対象として明確に位置付けた野中らの議論は、その後の、多くの研究やそれに立脚した実践を生み出すことになった。今では、世界の大企業のほとんどが、何らかの意味でナレッジマネジメントを実践している、といわれている。　　　（服部泰宏）
→暗黙知 vs. 形式知、組織学習

二重派遣 ……………………………… I－1

　二重派遣とは、派遣元から労働者派遣を受けた労働者を、派遣先がさらに第3者の指揮命令の下の労働に従事させる形態をいい、法律によって禁止されている。

　この二重派遣は、次の図1で示すように派遣先が雇用関係のない労働者を第3者の注文主の指揮命令の下に働かせることになり、これは、職業安定法第44条で定めた労働者供給事業の禁止に該当する。

　このような形態が生じないようにするためには、労働者を雇用する者（派遣元）とその労働者を指揮命令する者（注文主）との間で直接労働者派遣契約を結び、派遣元から注文主に直接労働者派遣を行うか、派遣先が注文主から業務を適法に請負うことが必要となる（注文主からその労働者に指揮命令を行わない；図2を参照）。

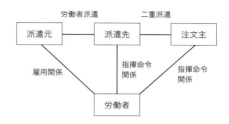

図1　二重派遣

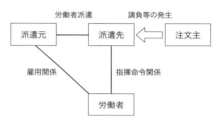

図2　適法な形態

（丹羽浩正）

日給（daily wages）……………… I－2－B

　1日単位で金額が定められた賃金のこと。現場作業員や短期アルバイトに適用されることが多い。1日単位といっても、労働時間と日給が明示され、当該労働時間を超えた場合には追加で時間外労働手当が必要となる。法定労働時間（原則1日8時間、週40時間）を超えた場合、法定休日（原則週1日又は4週4日）に労働した場合には割増賃金が必要である。賃金支払方法は労働した日毎、1週間毎、1か月毎などがあり、雇用契約書又は労働条件通知書、就業規則等に明示される。　　　　　　　　（上田純子）
→賃金（支払）形態、基本給、日給月給制

日給月給制 ……………………………… I－2－B

賃金を月額で定めた制度の一つで、欠勤した場合には欠勤日数分の給与が差し引かれる。これに対する用語は「完全月給制」で、賃金が月額で決められ、欠勤しても減額されない。法律上の定義はないが、ハローワーク等では上述のように説明している。一般的に、単に「月給制」という場合には「日給月給制」を指すことが多い。個々の企業がどちらの制度であるか、欠勤控除方法その他具体的内容については就業規則や賃金規程等で規定される。　　　　　　　　（上田純子）
→賃金（支払）形態、就業規則、日給

日本的（型）職務給 ……………Ⅰ-2-B
　多くの日本企業の人事システムは完全に欧米型に収斂するわけでなく、日本の状況に応じて修正が行われてきた。職務給の前に「日本的（型）」という冠が付いているゆえんである。
　日本において、職務給導入機運が高まったのは、1950年～60年代と1990年代後半である。1950～60年代において、当時の技術革新により年齢や勤続年数と生産性の相関関係が崩れ、属人給の公平性が担保できなくなった。一方で、この頃の賃金水準が欧米と比較して低く、生活給的要素を完全に撤廃することは労働者からの抵抗が予想された。そこで、職務等級ごとに上限額と下限額を設け、年齢・勤続年数、人事評価に基づいて昇給幅を決定する範囲職務給が主流であった。
　1990年代後半以降は、グローバル市場主義の進展により、職務基準の処遇制度が再び脚光を浴びた。チームワークの重視、労働者のモチベーション管理等の理由から、ここでも欧米流のシングルレート職務給ではなく、範囲職務給が着目された。また、厳格な職務分析・評価をするのではなく、組織の責任者を起点に組織で求められる役割を区分し（役割等級）、役割等級内では個人の能力、行動、業績等によって賃金改定を行う役割給が新たに注目されている。　　（厨子直之）
→職務給、年功賃金、ベースアップ、定昇（定期昇給）、職務評価

日本的経営（Japanese style of management）…………………………………Ⅰ-2-A
　日本的経営とは、日本の企業経営の独特の在り方を指す。「独特の」と言う場合、他国の企業経営と全く異なるのではなく、それらと普遍性を共有しつつ、同時にもつ特殊性の側面を日本的経営という。最近では、各国の企業経営の特殊性の側面をアメリカ的（または型）経営、中国的（型）経営と言うようになった。
　ところで、日本的経営の端緒は、アベグレン（Abegglen, J. C.）の『日本の経営』（原題は『日本の工場』）によって開かれた。アベグレンは、文化人類学者であったため、欧米の経営と比較して、その社会的、文化的特徴を提示することができた。ただ、アベグレン自身は、日本的という言葉を、そこでは用いていない。
　日本的経営の端緒は、アベグレンによって開かれたとしても、それが1970年代以降、急速に経営学者、社会学者の関心を惹いたのには、すでにその前提が用意されていたことによる。ここでは、2つの前提のみ紹介しておく。一つは、戦

前の日本資本主義論争であり、今一つは、1940年代から広まり始めた民俗学である。前者については、「封建的」とか「半封建的」という規定であったにせよ、日本資本主義の特殊性を明らかにしようとした講座派の影響が大きい。後者は、柳田国男らが、日本各地の民俗を収集し、そこに潜んでいる日本人の独自性を見出そうとしたことが重要である。そこでは、家族や村落等の集団の中に、地域的特殊性にとどまらず、日本の特殊性を明らかにしようとする努力が払われていた。

1970年代に日本的経営論が活発に展開されたことにより、さまざまな論争が行われたが、その決着はまだついていない。日本的経営論が活発になったのは、日本経済のパフォーマンスが、この時期に、きわめて良好であったことによる。それにつれ、諸外国の研究者も日本の経営に強い関心を寄せるようになった。

では、日本的経営とは何かについては、まだ定説はない。ただそれを、初期のいわゆる「三種の神器」（終身雇用、年功賃金、企業内労働組合）で捉えるよりも、最近では、より広く、企業集団、系列、稟議制、根回しからQCサークル運動に至るまで、企業経営の全般にわたって、その特殊性と、普遍性とを明らかにするように変化してきた。また、日本的経営論は、社会の変動期には、常にその曲がり角や崩壊が叫ばれ、安定期には、賛美論が有力になるという現実が見られる。 　　　　　　　　　　　　（間　宏）
→稟議制度、終身雇用、年功賃金

日本的経営の変質（transformation of Japanese-style management）………… I−1, 2−A

アベグレン（Abegglen, J. C.）は日本的経営の特徴として、終身雇用、年功序列、企業別組合をあげており（『日本の経営』（1958））、これらは日本的経営の「三種の神器」と呼ばれている。そのほか日本的経営の特徴として、仕事の進め方や意思決定における集団主義、本人と家族の生活に深く関わる福利厚生などもあげられることが多い。また経営組織の特徴は、閉鎖的、同質的で、個人が組織・集団に融合している点から「共同体型組織」と呼ぶことができる。

このような性質を備えた日本的経営は、大企業を中心に戦後から高度成長期にかけて形成されたといわれる。当時は企業規模も拡大基調が続き、必要な労働力を安定的に確保するうえで有効なシステムだったのである。

ところが低成長期に入り、企業も拡大が止まると過剰な労働力を抱えることになり、とりわけ中高年の雇用と処遇が大きな課題となった。さらにグローバル化やデジタル化といった経営環境の変化に直面し、閉鎖的・同質的な組織が適切な労働力の移動やイノベーションを阻害するなどの問題点が表面化している。また企業不祥事や各種ハラスメントの温床になっているという指摘もある。こうした状況を受け、近年では上記のような日本的経営の特徴は少しずつ薄れてきている。 　　　　　　　　　　　　（太田　肇）
→日本的経営、終身雇用、企業別労働組合

な行

日本的雇用慣行（Japanese employment practices）·····················Ⅰ-2-A, B

　日本的雇用慣行は、アベグレン（Abegglen, J. C.）によって、初めて問題提起された。その後の研究の進展によって、日本的雇用慣行とは、次の内容をもつと考えられている。

①新規学校卒業者の一括採用。
②①に基づく職業未経験者に対する企業内教育訓練の重視。
③新入社員教育終了後の配置と、その後の定期異動。
④企業が苦境に立たされた場合、または従業員が反企業的行動を起こした場合以外は、解雇を極力避ける方針。
⑤長期勤続者に対する年功処遇（年功賃金、年功昇進）。
⑥長期勤続者で、労働力を喪失した者に対する強制解雇制としての定年制。
⑦定年後の生活を保障する意味で支給される退職金や企業年金。
⑧従業員の生活向上に資するための充実した企業福祉。
⑨長期勤続者の雇用は、多額の費用を要するため、彼らの雇用は最小限にとどめ、景気変動には各種の縁辺労働力（臨時工、パートタイマー等）をもって対応する方針。

　以上の日本的雇用慣行を、終身雇用慣行と捉えることを否定する論者もいる。否定論者の論拠は、2つに分けられる。その1は、国際的に見て、先進工業国の大企業は多かれ少なかれ終身雇用的であり、日本だけが特殊ではない。その2は、終身雇用慣行の枠に入るのは大企業または官公庁の男性常用従業員だけであり、それ以外の7～8割を占める女性労働者や中小企業労働者はその枠に入らないことを考えれば、終身雇用慣行をもって、日本の雇用慣行の特徴とは言えない。

　筆者は、以上の批判を踏まえて、長期安定雇用の方がふさわしいと考える。それは、単なる長期継続雇用ではない。重要なのは、長期安定雇用である。それぞれの立場に応じて必要な従業員を、極力長く安定的に雇用しようとする。そのことは、企業にとって、労働力を安定的に確保できると同時に、従業員にとって解雇の不安が少なく、安定感をもって働くことができるがゆえに、安定雇用なのである。また、長期安定雇用は、その立場に応じて、長期雇用を行うのであり、縁辺労働力は除き、女性労働者も中小企業労働者も、その枠内に含め得る利点がある。　　　　　　　　　　　　（間　宏）

→教育・訓練、教育・訓練予算、縁辺労働力、終身雇用、長期雇用、定年、パートタイマー、企業年金、退職金、年功賃金、新規学卒採用

日本版スチュワードシップ・コード（Japanese Stewardship Code）·········Ⅰ-1

　機関投資家が、建設的な対話などを通じて投資先企業の価値向上や持続的成長を促すことにより、顧客や受益者の中長期的な投資リターンの拡大を図ることを目的として策定された諸原則のこと。日本では、英国のスチュワードシップ・コードを参考に2014年に金融庁にて策定された。法的拘束力はないが、署名した機関投資家は、コンプライ・オア・エク

スプレインにより、各原則を順守するか、順守しない場合はその理由を説明する必要がある。　　　　　　（徳田展子）

→機関投資家

入国管理法（Immigration Control Act and Refugee Recognition Act）……………Ⅰ−1

　　正式名称は、出入国管理及び難民認定法という。外国人の入国・滞在許可と就労可否に関わる在留資格を規定して、外国人の出入国管理と中長期滞在者の在留管理を行う。また不法入国外国人・不法就労外国人、不法就労者の雇用主を取り締まるための根拠となる法律でもある。そのため入国在留管理庁には入国審査官と入国警備官の2つの職種がある。難民認定法は、1982年の改正時に当時急増したインドシナ難民の庇護と定住化支援のために付加された。

　　入管法は日本国内における外国人の滞在期間、就労の可否、就労職種などを規定するために、近年の外国人労働者の受け入れ増大に伴い、改正が頻繁に行われてきた。1989年の改正入管法では、初めて「定住者」ビザが創設されて日系中南米人の就労・定住が可能となった。また「外国人研修生」ビザが改変されて1993年から開始される外国人技能実習生の受け入れにつながった。その後、1997年から2018年まで細かな改正を含めると11回の改正が行われ、直近の2018年改正では外国人労働者、主として建設業と造船業で就労する外国人労働者の定住化を認める特定技能制度が導入された。

　　日本は今や世界第一位の高齢国であ

り、若年労働力が不足しているので、今後も入管法を改正しながら日本社会が求める外国人労働者を受け入れていくであろう。　　　　　　　　　（上林千恵子）

入社前教育 ……………………………Ⅱ−3−A

　　採用が内定した後に、入社時までに会社側から内定者に対して行われる教育のこと。したがって、入社前の時期に行われる。

　　主に、一般的な社会人として必要となる基本的なマナー・常識、業務に関する技量の基礎となるもので、育成に若干時間を要するもの（特殊車輌運転免許の取得や簿記、外国語会話、宅建資格等）である。また、社風（企業文化）への同化を目的として行われる場合もある。

　　前者は、既存の通信教育機関の教材や専門学校の短期コース等を使って行われ、後者は定期的な会合や数日間の合宿で行われることもある。これらはいずれも入社以降の業務や教育訓練をスムーズに運ぶことを意図したものであるが、同時に次のような問題もある。

　　受講生は、この時点では雇用契約を結んでおらず、これに要する時間に対して賃金が支払われないのはもちろんのこと、内定自体を取り消されるおそれのある"内定者"にすぎない。つまり、企業と内定者は対等な関係とは言い難い"力の差"がある。そのうえ、内定者の学生はまだ学籍をもっている。「学生は学生時代に、学生でなければ身につけることができないものを、豊かに身につけるべきだ」（三戸（1991））との主張を「タテマエ論」ではなく、「入社前教育」の有

な行

441

効性で再考すべきである。　（池田玲子）
→入職前教育、通信教育、教育・訓練

入職前教育 ·······················Ⅱ-3-A
　定期一括採用を行ってきたこれまでの日本企業では、入社時に採用者全員に対して、一律に「入社教育」が行われている。この入社教育の具体的な内容とは、会社の概要、沿革、経営理念、組織図と各部門の機能、会社が位置する業界・業種・業態に要請される一般的な知識や用語であり、これらの学習はOFF-JTによって行うことが一般的である。また、社会人としての基本的なマナー・常識も取り上げられる。
　その後、配属がきめられると、その職場で固有に要求される専門的な知識やスキルを育成するために、「入職前教育」が実施される。これには、大きく分けて2つの方法がある。
　まず初めに、OFF-JTにより職場の概要と必要な知識を学習し、教育を受ける。そして、場合によってはシミュレーションやロールプレイングでスキルを学ぶことになる。さらに、その後OJTによって、実際の職場を経験する。これまでの日本企業では、OFF-JTよりもOJTの過程が充実し、重視されてきた。
　また、昇進や配置替えの際にも、「入職前教育」にあたるものが行われる。もっとも、この場合にはOJTが中心的であり、前任者からの「ひきつぎ業務」の中で、それを兼ねて行われることも多い。　（池田玲子）
→OJT、OFF-JT、入社前教育

ニューロ・コンピュータ················Ⅰ-1
　ニューロ・コンピュータのニューロとは、脳の神経細胞（ニューロン）のことである、従って、ニューロ・コンピュータとは脳などで行われる情報処理の原則にヒントを得て構築されるコンピュータのことである（浅川（1988））。このニューロ・コンピュータは並列分散処理能力があるため、音声認識や意思決定などのシステムやロボット制御などへの展開が期待される。　（齋藤大輔）

任意退職（voluntary quit）··········Ⅰ-2-B
　自己都合退職ともいわれ、従業員の自由な意思によって退職することをいう。退職理由はさまざまで、転職、本人の健康状態、家族の状況など従業員の私的な事情によるものの他、仕事が合わない、労働条件が悪い、職場の人間関係が悪いなど職場に関する問題のこともある。退職は労働者の権利であり、任意退職の阻止は法律違反である。また、本来は会社都合による離職にもかかわらず、会社が任意退職扱いするという問題も発生している。　（上田純子）

人間関係論→ヒューマン・リレーションズ

人間工学（human engineering）
　·······················Ⅰ-1, 2-B
　エルゴノミクスとも呼ばれ、働きやすい仕事環境、快適な生活環境の実現、安全で使いやすい機械や道具の実現のために、機械や道具のようなハードやソフト、環境の諸条件、さらには機械・道具

のような装置の管理のあり方など、人間を取り巻く諸要因と人間との相互作用を理解するための、学問領域を指す。医療や看護、工業デザインなど、様々な分野において、それぞれの人間工学が展開されている。経営の領域においては、例えば、従業員にとって身体的負荷がかかりにくい作業条件の特定、事故発生確率が低くなるような職場デザインといった観点の探究がなされる。　　　（服部泰宏）

人間国宝 ·· I－1
　人間国宝は重要無形文化財保持者の通称である。この時の無形文化財は何かというと、なんらかの財・サービスを作る能力を指していると考えられる。つまり、工芸にとどまらず音曲や舞踊、さらに歌舞伎や落語などが対象になっている。そこでの高度なパフォーマンスを生み出す技を持っているという認定である。
　米の一粒に般若心経一巻276文字を書き込むという超絶的な技法を持つ人がいる。しかし、それを人間国宝にするという動きはない。ワザをどのように用いるか、現在の人間国宝を見ると多分に芸術的作品に傾斜している。他方で最初から芸術を志向している美術や音楽は全く無縁の存在としてみている。芸術なのか、技芸であるのか、人間国宝は揺れている。　　　　　　　　　　（日置弘一郎）

人間モデル（human model）····· I－1, II－2
　人間の行動や心理、広い意味での営みを対象とする社会諸科学は、その背景に、人間とはどのような存在であるかと

いう人間観ないし人間像を持っている。産業・組織心理学及び組織行動論者であるシャイン（Schein, E. H.）によれば、そのような人間モデルには少なくとも4つのバリエーションがあるという。
　一つ目は、合理的経済人モデル（rational economic man）であり、このモデルは人間を、賃金のような経済的報酬の最大化を目指して行動する存在であると捉える。人間の合理性や利己性に注目したものであり、古典派経済学のホモ・エコノミカスという人間モデルがその典型例である。2つ目は、社会人モデル（social man）であり、人間が、集団に所属していることの安心感や仲間と共に働く喜び、他者から承認されたり、頼られたりすることを動機として行動する側面に注目したものである。経営学においては、ホーソン工場実験に関わる一連の研究の結果として、このモデルが持ち込まれることになった。3つ目は、経済人モデルや社会人モデルよりも、高度な欲求で動く自律的な人間を想定した、自己実現人モデル（self-actuating man）である。経済人モデルや社会人モデルが、どちらかと言えば、組織に対して依存的な人間を想定していたのに対して、自己実現人モデルでは、自分の成長可能性を追求することや、自分らしく生きることを望むというように、人間をより自律した存在と捉えている。経営学の中にこの人間モデルが導入される一つの重要な契機となったのは、マグレガー（McGregor, D. M.）が提唱した「X理論Y理論」の議論である。4つ目は、複雑人モデル（complex man）である。これはシャイン自身が考案した

な行

443

人間モデルであり、端的に言えば、経済人や社会人、自己実現人といった特定の側面に注目するのではなく、個人差、さらに言えば、個人の中での可変性に注目した人間モデルである。

こうした人間モデルはいずれも、本来は複雑であるはずの現実の人間を抽象化した、擬制的なものである。人間モデルとは、本来複雑である人間という存在のどの部分に注目し、どの部分を人間の本質的な特徴であると考えるか、各領域の研究者の考えが色濃く反映されている。したがって、どのような人間モデルを持つかによって、各領域の研究の基本的性格が大きく左右されることになるわけである。　　　　　　　　　　（服部泰宏）

認知科学 ⋯⋯⋯⋯⋯⋯⋯⋯⋯⋯⋯⋯⋯⋯ Ⅱ－2

人間がどのようなメカニズムとプロセスを経て知的な活動を行っているかを明らかにするための学問である。見る、聞く、感じる、考える、そして、話す、書くという人間的とされるあらゆる行為の中には、人間が外部環境から認知された情報を処理して、判断や行動に結果させるという複雑な過程が存在している。その過程がどのように成り立っているか、また、その過程がどのような成果を生み出すかについてのモデルを構築するのが、この学問の使命である。

認知科学が台頭するまでに盛んであった心理学の行動主義的方法論は、心の内部過程をブラックボックスとして、「刺激－反応」の関係のみを把握しようとした。1950年代にコンピュータ・サイエンス、情報処理、人工知能の発達に触発され、知ることに関する心理的過程を情報処理過程として解明しようとする認知心理学的研究が生まれた。その後、認知科学が1970年代に学問分野として確立し始め、内部知識の構造と働きを明確に説明できる動的なプロセス・モデルを考案するようになった。

更に、認知科学は学際的研究分野として知られている。例えば、人工知能、心理学、言語学、情報科学、哲学、神経科学、人類学、教育学など、異なるアプローチに活かされている。知覚、学習、記憶、注意、思考、判断、推論、問題解決等の情報処理の仕組みについては、これまで個別の分野で獲得された知見を統合的に捉え直して、脳と心の働きを理解する学際的学問体系として発展してきたものである。

認知科学の理論において、人間はどのように環境を捉え、どのように適応しようとし、また、できるかできないか、なぜできないか、また、環境に適応するために、どのように人間そのものが変質するべきであるか、変質させるための方法技術等についての知見を蓄積する試みがなされる。組織研究の分野において、様々なテーマに認知科学的知見が応用されている。例えば、過去の経験や起きている現象に対して能動的に意味を与える思考プロセスを探求するセンスメイキング理論、自分自身または所属企業は一体何かに対して認知的に捉えるアイデンティティ・ワーク研究等は、いずれもビジネスの現場で知的構造と働きのプロセスを動態的に捉えるものとして注目されてきた。

今後の社会において、人間がどういう役割を担い、どういう貢献を成すかについて、知見を蓄積するために、この学問体系は、人間とは何か、その可能性と限界について、基礎的なモデルを提供することになるであろう。　　　　（王　英燕）

認知主義（cognitivism）·················· Ⅱ－2

　心理学、とりわけ学習心理学において、人間が持つ認知機能の重要性を主張する学派が依拠する理論的枠組みを言う。認知主義は、もともとは伝統的な行動主義（behaviorism）心理学への批判として1950年代に誕生したが、今日では単なる批判を超えて、行動主義と双璧を成す理論的枠組みを心理学研究に提供するに至っている。

　行動主義と認知主義との違いは、前者が人間や他の動物の行動は、個体が環境から受ける観察可能な刺激（stimulus）とそれへの観察可能な反応（response）との連合（S-R association）によって説明できるし、かつ説明すべきであると主張するのに対して、後者は刺激と反応との連合を媒介する個体の持つ認知機能の重要性に焦点を当てる。

　認知主義では、行動主義がブラックボックスとして無視してきた個体の持つ情報処理機能、とりわけ思考（thinking）などの内的過程を重視し、人間がいかなる内的過程を経て知識を獲得し、心的構造を発達させていくかについて探求されている。人材開発の手法としてよく用いられる行動修正法（behavior modification）は行動主義に、参加型学習（participatory learning）は認知主義に基づく手法として

位置づけられる。　　　　（渡辺直登）

→行動主義

認知職業訓練（cognitive training for employment support）·············· Ⅱ－3－A

　障害者、とりわけ脳に障害をもつ就労希望者の支援のために行われる認知機能を中心とした職業訓練である。認知訓練は記憶、推理、情報処理等の能力を訓練することである。これらの能力はテクニカル・スキルと共に日常の作業を促進する重要な能力である。これらの能力向上のために有効な教材が作られている。「ワークサンプル幕張版」は独立行政法人高齢・障害・求職者雇用支援機構が開発した「職場適応促進のためのトータルパッケージ」である。これらのツールの実施により認知機能が向上し、さらには就労の促進が期待される。　（松原敏浩）

→障害者、障がい者雇用、障害者職業能力開発校

認知スタイル（cognitive style）··········· Ⅱ－2

　認知スタイルとは、個人が慣習的かつ日常的に、あるいは好んで用いている思考様式を言う。具体的には、思考を行う上で不可欠な情報の獲得と情報処理の方法に関する個人に特徴的なスタイルを指す。認知スタイルはあくまでも個人に特徴的な様式（manner）を意味する構成概念であって、個人のパフォーマンスの水準を意味する認知能力（cognitive ability）とは異なる概念である。

　これまでにさまざまな認知スタイル概念が提案されて来たが、そのほとんどは相反するペアの概念からなる2極構造で

な行

提示されている。代表的なものとして、①場依存的−場独立的（field dependence vs. field independence）：知覚や思考様式が状況に付随する文脈の影響を受けやすいか、文脈とは独立した個人の知識の影響を受けやすいか、②熟慮的−衝動的（reflection vs. impulsivity）：課題に対処する前に複数の可能な解決策について考慮するか、素早く対応するために最初に思いついた考えに沿って判断・行動するか、③包括的−分析的（holistic vs. analytic）：情報処理を行う際、問題全体の構図を重視するか個別の要素を重視するか、④言語的−想像的（verbal vs. imagery）：得られた情報について表現するときに、言語的思考を用いるか心理的なイメージを用いるか、などがある。

（渡辺直登）

→認知能力

認知的不協和理論（cognitive dissonance theory）……………………………… Ⅱ−2

フェスティンガー（Festinger, L.）が1957年に提唱した認知的動機づけに関する理論。この理論によれば自己と周囲の環境についてのあらゆる知識は「認知要素」と呼ばれる。人は、自分のもつ認知的要素間に不斉合な関係を認めると不快な緊張状態（認知的不協和）が惹起し、不協和を解消して、認知的に斉合性を取り戻そうと動機づけられる。惹起する不協和の大きさは不協和の認知的要素が重要であればあるほど大きい。

フェスティンガーによれば、認知的不協和が発生する典型的な状況として①決定後、②強制的承諾、③情報への偶発的・無意図的接触、④社会的不一致、⑤現実と自己の感情や信念との食い違いなどがあるという。そして不協和を低減する方法は大別して3つあるという。すなわち、①不協和な関係にある認知要素のどちらか一方を変化させること、②不協和な認知要素の方を過小評価し、協和の認知要素を過大評価すること、③協和的な認知要素を新たに追加することである。不協和低減の具体的な現れとしては、①態度を変化させること、②行動そのものの変容、③知覚の歪みを含む認知的歪曲、④人物・状況・情報への選択的な接触などである。具体的な例としてあげられるのが、喫煙者の喫煙行動と肺ガンとの関係である。この理論はその後の社会心理学研究に大きな影響を与えた。

（松原敏浩）

→動機づけ、動機づけ理論

認知能力（cognitive ability）…………… Ⅱ−2

認知能力とは、人間の脳活動に由来する能力全般を意味する。身体能力（physical ability）と対比して用いられることもある。認知能力は実務的には、知識獲得能力、情報処理能力、課題解決能力に分類されることが多いが、学術的には、①注意力：周囲の影響を受けることなく一定期間持続して課題や課業に集中する能力、②記憶力：脳内に短期記憶として保存されている直近に得た情報や、脳内に長期記憶として保存されている過去に得た情報を思い起こすことができる能力、③論理的推測力：論理に基づいて課題を解決したり、独自のアイディアを創出したり、物事の因果関係を推測したりする

能力、④聴覚・視覚処理力：聴覚や視覚を通じて得た情報を解釈し処理する能力、の4つに分類される。

認知能力という概念は価値中立の立場に立つ認知スタイル概念とは異なり、「優れているか劣っているか」という価値観を含む概念である。したがって認知能力の測定には、知能テストや学力テストのように、課題を呈示してそれに「正答」できるか否かを見るタイプの心理検査が用いられることが多い。（渡辺直登）

→認知スタイル

認知バイアス（cognitive biases）········ Ⅱ－2

バイアスとは一般的に性向、傾向、先入観、偏見を表すが、認知心理学においては、物事に対する認知の過程における系統的な誤差を認知バイアスと呼ぶ。これまでの研究の結果、実に様々な認知バイアスが存在することがわかっている。中でも代表的なのは、自分が正しいと信じることに合致した情報だけを集めてしまうという、確証バイアスである。例えば採用面接の面接官は、「求職者のＡさんはとても優秀だ」という判断を一旦下すと、以降は、様々な情報の中からＡさんが優秀であることを示す情報を選択的に抽出し、評価に用いるようになる。

その他にも、身の回りに悪い出来事が起こっている場合にも、自分だけは大丈夫であると考える正常性バイアス、物事がうまくいった場合には自分のお陰、うまくいかなかった場合には他者のせいというように原因を帰属する自己奉仕バイアス、最初に提示された条件や数値が基準となり、その後の意思決定に影響が出

るというアンカリング、ある特定のものへの評価において、それとは全く関係のないものへの評価が影響するというハロ効果などがある。　　　　　（服部泰宏）

認定職業訓練 ······························· Ⅰ－1

事業主等の行う職業訓練は、個々の事業主の自らの責任と負担において行われることが原則であるが、事業内に合理的な訓練方法を導入し、必要な技能労働者を養成確保するため、事業主等の行う職業訓練のうち、教科、訓練期間、設備等について厚生労働省令で定める基準に適合して行われているものは、申請により訓練基準に適合している旨の都道府県知事の認定を受けることができる。この認定を受けた職業訓練を認定職業訓練（職業能力開発促進法第24条）という。

認定職業訓練には、個々の事業主が単独で行うものといくつかの事業主が共同して行うものとがある。建設業や理美容業などで事業主団体が共同の技能者養成訓練を行う例や、自動車メーカーの企業内訓練として行う例がみられる。その他、金属・機械加工、情報処理、和洋裁、調理等様々な職種で実施されており、訓練期間については、普通課程は1年、短期課程は6月以下となっている。

また、国は、認定職業訓練を促進するため、認定職業訓練を行う中小企業事業主等に対する運営費補助、地方公共団体又は職業訓練法人等に対する事業内訓練共同施設設置費及び設備整備費について補助を行っている。　　　　　（吉本明子）

→法定職業訓練、公共職業能力開発施設

ネットワーク・・・・・・・・・・・・・・・・・・・・Ⅰ－1

広義には、結節点であるノードおよびノード間を連結するリンクからなる網の目の形状において、これらの構成要素が対等な関係で結ばれた複雑で連動的なシステムの総体を指している。この語義から発展し、相互に結びついた人々からなる組織など、その意味が拡張されてきた。

企業経営に関する場面では、主に経営情報論においては情報通信ネットワーク、組織論においてはネットワーク組織、組織行動論においてはコミュニケーション・ネットワークまたは人的ネットワークの意味で用いられることが多い。ただし、現代では、組織に所属する個人が、ICT（Information and Communication Technology）を利用して他者とのつながりの中で職務を遂行するなど、これらのネットワークが不可分に展開されている。このことから、実務的には、こうした各種のネットワークを利用して、業務の効率化、迅速な意思決定、環境適応力の強化、新たな事業機会の創造など、企業経営全体の継続的な革新を進めるための戦略的な活用が求められている一方で、学術研究においては、境界はどこにあって、その境界をどう越えるのかというインターフェイスの問題から、つながり方や関係性の質の問題へと、その関心が推移してきている。　　　（加納郁也）
→情報化、インターネット、コアコンピタンス

年間実労働時間（annual hours actually worked）・・・・・・・・・・・・・・・・・・・・Ⅰ－1, 2－B

年間総実労働時間ともいい、1年間に実際に労働した時間のことをいう。雇用契約上の労働時間（所定労働時間）内で実際に労働した時間（即ち休暇・欠勤を除く）と所定外労働時間（時間外・休日労働時間）を合算したものである。

日本の平均年間実労働時間は1633時間（2022年、事業所規模5人以上）である。1992年に2000時間を割り、その後も着実に減少を続けている（ただし、2021年はコロナ禍の影響が大きかった前年より12時間増）。主要諸外国についても概ね減少傾向を示しており、特にコロナ禍の2020年にはイタリア、フランス、イギリスでは大幅に減少した。　　（上田純子）

年季奉公・・・・・・・・・・・・・・・・・・・・Ⅰ－1, Ⅱ－3－A

前近代において一般的であった職業訓練の様式である。若年時に期間を決めて職場に住み込み、技能を習得させる。定められた期間までその境遇から逃れることは許されない。多くは若年従業者の親との現金授受があるため、人身売買であると解することもできる。遊女は明らかに人身売買であるが、さまざまな領域で年季奉公は行われていた。

人材育成の観点から見ると、生活を修行中心に構成した制度といえる。落語家や囲碁将棋の修行で見られた内弟子という制度は年季奉公の変形である。師匠の家に住み込んで習得に励む。大相撲の力士養成もそうだろう。一人前の給与が出る関取と呼ばれる十両に昇進するまでは部屋に住み込み稽古に明け暮れる。なるほど、部屋にいれば稽古土俵と稽古相手は常にいることになる。効率的な育成か

もしれない。　　　　（日置弘一郎）

→職人

年金（pension）⋯⋯⋯⋯⋯⋯⋯Ⅰ−1

　老齢、障害、死亡などに際し、本人又はその遺族に対し、定期的に支給される現金をいう。給付事由により、老齢年金、障害年金、遺族年金等に区分されるが、金額や受給者数では、老齢年金が大半である。

　このような主として老後生活のための年金の制度は、社会保障の一環として国が実施する公的年金と、国以外が行う私的年金に大別される。さらに、私的年金は、企業が従業員を対象に実施する企業年金と、個人が任意で加入する個人年金に分けられる。退職を支給要件とする老齢年金は退職年金と呼ばれることもある。なお、この他に、補償などのための制度（例、労働者災害補償保険制度）でも障害年金や遺族年金等が支給される。

　年金はその給付期間により、終身年金、有期年金、確定年金に区分される。公的年金は終身年金が原則である。これに対し、私的年金では有期年金又は確定年金が大半であり、一時金受取りが多いという実態もある。

　公的年金は社会保険方式が採られており、年金給付の財源は保険料である。ただし、基礎年金の半分は税が財源である。また、厚生年金の保険料は労使折半で負担される。企業年金の制度設計は多様だが、財源の中心は企業拠出であり、従業員拠出も珍しくない。私的年金は個人拠出による。なお、これら拠出による積立金の運用収益も財源の一部になる。

　　　　　　　　　　　（福山圭一）

→公的年金、私的年金

年金受給開始年齢（pension eligibility age）
⋯⋯⋯⋯⋯⋯⋯⋯⋯⋯⋯⋯⋯Ⅰ−1

　老齢年金を受給し始めることができる年齢をいう。基礎年金、厚生年金とも65歳である。ただし、厚生年金は60歳から65歳へ段階的に引き上げる途上にあり、生年の早い一定の者には経過的に64歳以前に老齢厚生年金が特別支給される。

　なお、65歳から受給できる年金を、60歳までの任意の時期まで早めて減額された年金の受給を開始（繰上げ）、あるいは、66歳から75歳までの任意の時期まで遅らせて増額された年金の受給を開始（繰下げ）することが可能である。

　　　　　　　　　　　（福山圭一）

年金スライド制（pension indexation system）⋯⋯⋯⋯⋯⋯⋯⋯⋯Ⅰ−1

　物価や賃金などの変動に対し、年金額の実質的価値を維持するための仕組みをいう。受給開始時の年金額は、若い間の保険料を納めた時の賃金を名目手取り賃金の伸びで再評価して算定される。受給開始後は、年金が基礎的な消費支出に充当されることを想定し、物価上昇率による改定が行われる。ただし、賃金上昇率がこれを下回る場合は、支え手である現役の賃金の範囲内で年金額を改定する観点から、賃金上昇率による。なお、この他に、年金の持続性を確保するため、被保険者数の減少や平均余命の伸びをベースに年金額を調整するマクロ経済スライ

な行

ドも行われる。　　　　（福山圭一）

→マクロ経済スライド

年金のポータビリティ（pension portability）……………………………Ⅰ-2-A

私的年金に加入する勤労者が転職した場合に、それまで積立てた年金の原資を転職先に持ち運べることをいう。これによって転職前後の加入期間が通算され、受給資格が確保される。転職先に受入れ可能な企業年金があることが前提である。なお、そうでない場合でも、一定の条件下で、企業年金連合会に資産を移し替えて将来同連合会から通算企業年金を受給することや、個人型確定拠出年金に資産を移し替えて同年金を続けることが可能である。　　　　　　　（福山圭一）

年功賃金（seniority wage）…………Ⅰ-2-B

人基準賃金に分類され、年齢や勤続年数を基礎に決定される賃金のこと。終身雇用、企業別組合とともに日本的経営の根幹を支えた。年功賃金のメリットは、労働者の安定的な生活の維持、年齢や勤続年数という基準が客観的である点である。他方、デメリットは、仕事経験によって個人の能力伸長が前提となっているが、年齢・勤続年数と生産性が連動しない場合、人件費の高騰を招くことや、賃金分配の公平性に欠けることが挙げられる。　　　　　　　　　　　（厨子直之）

→日本的経営、日本的雇用慣行、職能給、
　属人給、仕事給

年次有給休暇……………………………Ⅰ-2-B

労働者が心身ともにリフレッシュする

ことを目的として、期間中の賃金が保障される休暇のこと。6箇月の継続勤務と、8割以上の出勤率の要件を満たすと10日の休暇が付与され（労基法39条1項）、勤続年数により最大で20日まで増える（同条2項）。有期・短時間労働者にも当然に保障される権利である。労働者が時季を指定することで権利行使されるが、使用者は業務の正常な運営が害される場合にのみ時季変更権を行使できる。　　　　　　　　　　　（小山敬晴）

→労働基準法

年俸制（annual salary system）……Ⅰ-2-B

賃金（支払）形態の一つであり、1年を単位に給与を設定する制度のこと。単純に賃金の支払期間を年単位にするだけでなく、給与の一部もしくは大部分を個人の業績に基づいて変動させる点にも年俸制の特徴がある。わが国において年俸制は管理職を中心に導入が進められてきたものの、本格的な定着には至っていない。その理由は様々考えられるが、年俸制と一口に言ってもバリエーションの幅が広いことや、業績評価の困難さが挙げられる。　　　　　　　　　　　（厨子直之）

→賃金（支払）形態、日給月給制、裁量労
　働制

年齢給（age-linked wages）…………Ⅰ-2-B

賃金が年齢により定められ、年齢の増加に伴い上昇するシステム。賃金は労働の対償であると同時に生活の糧でもある。かつての日本型雇用である新卒一斉採用、定年まで勤める終身雇用制度の場合には、年齢が上がるに従い賃金も上が

ることで年齢に応じた生活費の保障、会社への帰属意識の向上という役割があった。しかし、人件費が上昇すること、中途採用、雇用の多様化などによりその合理性が問われ、職務給、職能給といった仕事内容や能力に応じて支払う賃金の割合が相対的に増えてきている。

（上田純子）

→仕事給、職務給、職能給

年齢ダイバーシティ（age diversity）

....Ⅰ－1，2－B

ダイバーシティには、パーソナリティ、内的次元、外的次元、組織的次元の4つの次元があるとされる。年齢ダイバーシティは、内的次元のダイバーシティであり、コントロールできないものとされる。バックス・ゲルナーら（Backes-Gellner *et al.*（2013））によれば、職場における年齢ダイバーシティが、イノベーティヴな企業において、企業の生産性にポジティブな効果を与えることを明らかにしている。　　　　　　　（二神枝保）

→ダイバーシティ、ダイバーシティ・マネジメント、ジェンダー・ダイバーシティ

能動性とジョブクラフティング

....Ⅰ－2－A，Ⅱ－2

従業員一人ひとりが自分の仕事に対する認知や行動に自らの主体的な意志で修正を加えることで、退屈な作業ややらされ仕事と思えるものを、やりがいある仕事へと変化させる手法のこと。

会社や上司の指示・命令ではなく、働く者自らの意思で仕事を再定義し、そこに自分らしさや新たな視点を採り入れていくことで、エンゲージメントを高め、パフォーマンスの向上につなげる人材開発の一手法。仕事の自律的再創造を促す概念ともいわれる。　　　　　　（吉田　寿）

→ジョブクラフティング

ノウハウ（know how）..............Ⅰ－1，2－A

技術者や経営者がある物事を行う際に必要な暗黙的な知識やスキルを指す。ノウハウは客観化された体系的な理論に基づくのではなく、実践を通じて直接蓄えられる性質のものである。優れたノウハウは、個々の技術者や経営者の見えざる資産であると同時に、それが他企業によって簡単には模倣・修得されにくいものであるため、競争優位を確立する基盤となる。しかし、ノウハウを時間の経過とともに継承・発展させるためには、それを暗黙知的なものにとどめるのではなく、一定の手順に従って形式知化することが必要になる。　　　　　　（寺本義也）

→知識創造

能率（efficiency）...........................Ⅰ－2－A

ビジネスにおいては、一定の労働量や労働時間に対して出来高（生産量）をどれくらい生み出すかを表す指標とされる。一般的に、労働量ないし労働時間が変わらなくても出来高が増せば、能率が高まったといえる。しかし、労働量や労働時間の測定は容易でない。なぜなら、工場現場における労働者の作業に移動時間が含まれていると、それが労働といえるか問題が生じるからである。この点、フォードシステムは、工場ラインに流れ作業方式を導入することによって、労働

者が部品等を入手するための移動時間を削減することを実現し実質的な労働時間を増やすことができるなら、出来高も必然的に上昇するというロジックである。

こうした考え方に対して、バーナード（Barnard, C. I.）は、組織メンバーの満足度が能率である、というユニークな見方を提示した。そして、能率を高めること、換言すれば満足度を高めれば組織メンバーの貢献を引き出すことができるという実践的な示唆を引き出した。いずれにせよ、能率概念は組織行動や個人行動の無駄を排除する側面を説明する際に有用であり、欠くことができないものである。　　　　　　　　　　　（大月博司）

→生産性、動機づけ

能率給 ……………………………Ⅰ－2－B
　仕事の能率に基づく賃金の支払形態のこと。歴史的にわが国では、能率給は労働意欲向上を目的に、製造現場で進展した。能率とは、「仕事で実際に生み出した生産高や作業量」と「標準作業時間に対する実投入労働時間の比で算出される達成率」のことを指す。したがって、能率給は今日的には成果主義賃金と類似したものである。能率給は労働者に仕事成果への意識づけを促すが、個人や集団の能率を測定しにくい職種には適用が困難である。　　　　　　　　　　　（厨子直之）

→成果主義、出来高給

能力開発→HRD

能力開発部門（department of human resources development／department of

ability development）………………Ⅱ－3－A
　企業等において、従業員の能力開発に関する業務を担う部門のことをいう。能力開発とは、知識、技術、能力等を向上させる取組のことをいう。これは単に担当業務のスキルアップのための教育とは異なり、従業員を人材として育成し、企業組織の中で課題解決等をより実践的に、俯瞰的に対応できる能力を向上させるもの等である。企業規模の大小、能力開発に対する考え方やその内容等により、部・課等の独立した部門を設置している場合、人事・総務等の部署で兼務している場合がある。

　能力開発部門の役割は、一般的に社内研修、実習、OJT、及び外部のセミナーや講習、さらには自己啓発なども含め、従業員が学ぶべき場と機会を提供すること、能力開発に関する従業員からの相談に乗り、助言・指導を行うこと等である。これらを計画的、体系的に運営することが、能力開発部門に課せられた基本的な課題であり、その課題の達成にあたっては、経営理念、経営方針、経営戦略、長期計画等をふまえ、それに対応した教育訓練活動を展開することが重要である。さらに、その活動が効果を発揮するために、計画的、体系的に活動に取り組むための基盤を整備し、着実に活動が展開できる条件を整備することも能力開発部門には課せられている。（上田純子）

能力開発を助成する制度 ………Ⅱ－3－A
　事業主等が雇用する労働者に対して職務に関連した専門的な知識及び技能の習得をさせるための職業訓練等を計画に沿

って実施した場合に、訓練経費や訓練期間中の賃金の一部等が助成される制度。厚生労働省が主管しており、申請は都道府県労働局に対して実施する。支給内容は定期的に見直しが行われているが、令和5年度においては、人材育成支援コース、教育訓練休暇等付与コースなどのコースが設けられている。かつては能力開発給付金と呼ばれていた。現在では、人材開発支援助成金の制度として位置づけられている。　　　　　　　　（大津章敬）

→人材開発支援助成金

能力給…………………………Ⅰ－2－B

　個人が保有する能力のレベルに基づいて決定される賃金のこと。職能給と同義に捉えられることもある。ただし、能力には従業員が過去から現在にわたって蓄積してきた「潜在能力」と実際の仕事で確認される「顕在能力」があり、職能給は前者を重視した処遇を指すことが多い。特定の職務で観察・測定が可能な能力を意味する「コンピテンシー」（competency）を人事評価の基準に取り入れ、顕在能力の程度を昇給に反映する企業が近年見られる。　　　　　　　　（厨子直之）

→コンピテンシー、属人給、仕事給、職能給

能力曲線………………………………Ⅰ－1

　加齢とともに変化する能力の推移を示す曲線。生理的・身体的機能に比べ、活用している習得能力、習熟した能力の衰えは少ないといわれる。

　ある事柄に対する経験や時間と習熟の関係を意味する学習（習熟）曲線とは異なる概念である。　　　　　　（日野健太）

能力グリッド（grid of competences）
……………………………Ⅰ－2－B，Ⅱ－2

　戦略策定にあたって、現在および進出を目論む業界での競争相手に対して、自社が持つ相対的な強み、弱みを評価する必要がある。アンゾフ（Ansoff（1965））は、この評価に用いるためのタテ軸に機能、ヨコ軸に技能・資源を置く4×4のマトリックス表を提案し、能力グリッドと呼んだ（図参照）。

　具体的には、タテ軸の機能は、全般的経営および財務、研究開発（R&D）、生産、マーケティングの4領域、ヨコ軸の技能・資源は、施設・設備、人的技能、組織能力、マネジメント能力の4カテゴリーからとらえられる。戦略策定者は、マス目ごとに、自社の強み・弱みを競争相手のそれと対比させ、優劣の二段階や優同劣の三段階、バー・チャートなどによって評価し、強みの活用を図ったり、弱みへのテコ入れを画策したりする。

　例えば産業財メーカーのR&D×人的技能のマスでは、既存市場向け製品設計や（進出を画策する）一般消費財市場向け製品設計を担える開発技術者の人数や能力といった評価項目を設定し、競争相手との相対的な評価を行い、つぎの施策につなげることになる。

　能力グリッドが提唱されたのは、経営戦略論創成期であるが、同じように組織能力をとらえようとする発想は、40年後の『ブルー・オーシャン戦略』（Kim and Mauborgne（2005））の「戦略キャンバス」にもみることができる。

〈表〉アンゾフの能力グリッド

	施設・設備	人的技能	組織能力	マネジメント能力
全般的経営・財務				
研究開発(R&D)				
生産				
マーケティング				

（日野健太）

→戦略計画活動、研究開発戦略

ノーマライゼーション (normalization)
.... I-1

ノーマライゼーションの概念は、障害のある人々に障害のない人々と均等な生活環境のある社会を創造することである。提唱者は、デンマークの社会省の職員であったバンク‐ミケルセン（Bank-Mikkelsen, N. E.）である。契機となったのは知的障害者の親の会による大規模収容施設（コロニー）に反対する運動で、ミケルセンは、その主張を反映した「1959年法：精神遅滞者ケア法」の制定に貢献した。ノーマライゼーションという単語はこの法律の中で初めて用いられた。

ノーマライゼーションの理念は、知的障害のある人をあるがままの人格ある個人として社会が受け入れ、知的障害のある人が必要とする教育や訓練、支援を障害のない他の市民と分け隔てなく提供される社会を構築する今日の社会モデルの考え方である。このように社会モデルは、社会の側の改善を目指す。対して医学モデルは個人の障害に焦点をあて、その改善を指向する。1975年に採択された国連「障害者権利宣言」第3条でノーマライゼーションの理念が掲げられ、「完全参加と平等」を掲げた1981年の国際障害者年につながり、障害者福祉施策の転換を促した。

（眞保智子）

ノン・レイオフ条項 …… I-1, 2-A, II-2

アメリカでは景気の変動に応じて、企業と労働組合で協議をして、従業員を一時的に解雇し、景気の状況が回復すれば、再び、レイオフした従業員から雇用するという労使慣行が存在している。そこで、アメリカへ進出した日本の企業が、雇用契約にレイオフしないという条項をいれて優秀な従業員を集めようとしている。しかし、景気悪化の背景に技術進歩等の外部環境のドラスティックな変化がある場合、ノン・レイオフ条項を維持できないケースが少なくない。それらを克服するために、レイオフを問題にするのではなく、新しい状況に対応した自立的マネジメントや自立したキャリア形成プログラム、それに対する公的支援の重要性が主張されることになる。

（島　弘）

は行

ハイアラーキ (hierarchy) ……… I-1, 2-A

階層組織の全体を指していう。ドイツ語のHierarchieという単語からヒエラル

キーとも呼ばれる。企業をはじめとする組織はいくつかの階層（layer）によって組織されている。通常、階層組織は、組織図に表されているようなピラミッド状の組織形態として現れる。企業組織では、職位に基づく階層、即ち社長、専務取締役、常務取締役、部長、課長、係長といった階層から構成されている。

組織がこのように階層から構成される理由について、サイモン（Simon, H. A.）は限定合理性（bounded rationality）という概念から説明している。即ち、組織を構成する人間には情報処理能力に限界があるので、複雑な意思決定問題に対処するためには、組織の全体をそれぞれ一定の独立性をもった部分にまずは分割して取組み、解決されたそれぞれの部分を統合していくことが必要となるとされる。このように考えると、一定規模以上で活動する組織には階層は不可欠ということになる。

多くの階層を有するピラミッド型組織は、個々の職務が細分化され、上位者による厳密な管理が可能となる一方で、意思決定に時間がかかり、環境変化への迅速かつ柔軟な対応が困難となることから、環境変動の激しい今日ではなるべく階層の少ないフラットな組織を設計することが望まれている。　　　（上林憲雄）
→サイモン, H. A.、フラットな組織

敗者復活とキャリア・トゥリー（loser's resurrection and career tree）……Ⅰ-2-B, Ⅱ-3-B

企業内における従業員のキャリア・パス（career path）と昇進パターンを表す用語。敗者復活とは、一度昇進の選抜で同僚に遅れをとっても、その後の選抜で追いつくことが可能なパスが用意されていることを指す。同期入社社員の選抜結果を時間軸に沿って並べたキャリア・トゥリー（career tree）と呼ばれる図を作ると、その会社の採用しているキャリア・パスと昇進パターンがよくわかる。キャリア・トゥリーには、敗者復活型のほかトーナメント型、早期選抜型、混合型等がある。　　　　　　　　（渡辺直登）
→キャリア、昇進

配置（placement）………………Ⅰ-2-B

配置とは、従業員が保有する能力を十分に発揮し期待する労働の成果を上げるように、従業員を適切な仕事につけることである。そのための正しい配置、すなわち「適正配置」の原則は、仕事が必要とする知識・技能・キャリア・資質等の職能要件を最もよく充たす従業員を見い出し、その仕事に配置することにある。つまり、職務と従業員の能力的適合を図る職能合理主義の実践という意味で、「適正配置」を実現することにある。

この配置原則は配置管理の基本として最も有力なものではあるが、ここには配置される従業員の意思は基本的に反映されていない。しかし今日、従業員のモラール・モティベーション管理の観点から、従業員の労働意思へのアプローチの重要性が大きくなっている。人々の仕事にこだわる仕事指向の価値観の成長や、「能力的に多少問題があっても、やりたい仕事をさせると思わぬ力を発揮する」といった行動科学の挑戦意欲を刺激する

は行

提言等から、「従業員のやりたい仕事をさせる」新たな配置理念が「適正配置」を補完する考え方として有力になりつつある。　　　　　　　　（岩出　博）

→適正配置

配慮（consideration）……………Ⅰ-1, 2-B

　オハイオ州立大学研究において、構造づくりと並んで、優れたリーダーに共通する行動として提示されたのが配慮である。配慮とは、集団内での相互信頼、部下のアイディアや考え方の尊重、部下の気持ちや感情への心配りによって特徴付けられるように、人間関係を生み出し、尊重するような行動である。優れたリーダーは、部下の要望を聞き入れたり、部下の感情やそのもととなる欲求に配慮したりして、部下にとって心理的距離を感じさせることのない身近な存在として振る舞うという。

　オハイオ州立大学研究の研究者たちは、構造づくりと配慮を相互に独立した次元と捉えていた。構造づくり（仕事中心志向）のリーダー行動は、フォロワーに対して仕事の枠組みを提供するだけでなく、種々の圧力や緊張をももたらす可能性がある。この時、リーダーが同時に高度な配慮も行なっている場合、そのような課題や緊張が緩和され、リーダーによる構造づくりが受容されやすくなる、というのである。

　これに対して、ミシガン研究の研究者たちは、構造づくりに相当する仕事中心志向と、配慮に相当する従業員中心志向を一つの次元の両極とみなした上で、従業員中心志向こそが「優れたリーダー行動」であると主張している。（服部泰宏）

バウンダリレス・キャリア（boundaryless career）……………………………Ⅱ-3-B

　専門的なスキル・知識を磨きながら、どの会社にも自分を縛り付けることなく、キャリアを積んでいこうとする働き方をさす。境界を超えたキャリアともいう。なお、境界とは、企業組織と外部市場の間の境界をいう。アーサー（Arthur, M. B.）は、テニュアの短縮、中小企業比率の上昇、大企業を中心とする分権化の動き、新しいタイプの仕事の創出などによって、バウンダリレス・キャリアが注目されるようになってきたと指摘する。

　最近では、バウンダリレス・キャリアとして、フリーエージェント（free agent）やインディペンデント・コントラクター（independent contractor）、マイクロビジネス（microbusiness）などの働き方が注目されている。こうした人びとは一つの組織の境界のなかにおける昇進や雇用の安定性という動機づけよりも、心理的成功（psychological success）、つまり、自分の人生における最も重要な目標を成し遂げたことによる達成感や充足感、誇りを求めている。そして、自分の専門性を武器に組織の境界を超えてネットワークを形成する。このように、バウンダリレス・キャリアは人びとの新しい働き方の方向性を示唆している。　　　（二神枝保）

→キャリア、フリーエージェント

派遣登録……………………………………Ⅰ-1

　派遣登録とは、登録型の労働者派遣事

業において、派遣労働を希望する者が最初にとる手続きである。まず派遣の仕事の紹介を得るには、人材派遣会社に出向き、希望する職種、賃金（時給）、勤務地、勤務時間等を登録する。登録後、希望に沿った仕事が発生した時点で、人材派遣会社から仕事の紹介を得る仕組み。人材派遣での仕事を得る機会を増やすために、数社の派遣会社に派遣登録をするケースもある。　　　　　　（丹羽浩正）

→派遣労働者

派遣元事業主 ································Ⅰ−1

　労働者派遣事業において、派遣元事業主は、派遣先と派遣労働者との関係の中で、労働者派遣を円滑にかつ適正に行うために、派遣労働者（派遣労働者として雇用しようとする労働者も含む）および派遣先に対して、主として次のような措置を講ずる必要がある。

・派遣労働者との雇用契約に必要な就業規則の作成、明示
・派遣労働者に対する適正な就業機会および教育訓練の機会の確保と福祉の増進
・派遣労働者に対する派遣労働者であることの明示と同意、就業条件の明示等（雇用契約書の作成）
・事業所ごとに派遣元責任者の選任
・派遣元管理台帳の作成、保存
・派遣先に対する労働者派遣契約の締結、派遣する労働者の氏名等の通知
・派遣先での職場の作業環境等の点検
　派遣元事業主は、派遣労働者に対して雇用主となるため、重要な責任を負っている。　　　　　　　　　　（丹羽浩正）

→派遣元責任者、労働者派遣契約

派遣元責任者 ································Ⅰ−1

　派遣元事業主は、事業所ごとに自己の雇用する労働者の中から専属の派遣元責任者を選任しなければならない。また、事業所の派遣労働者100人につき1人以上選任しなければならない。

　派遣元責任者は、派遣労働者の主たる雇用管理責任者となるので、次の職務を行わなければならない。

・派遣労働者であることの明示等
・就業条件の明示、派遣先への通知、派遣元管理台帳の作成・記載及び保存
・当該派遣労働者に対し、必要な助言や指導を行うこと
・当該派遣労働者から申出を受けた苦情の処理に当たること
・当該派遣先との調整に関すること
　　　　　　　　　　　　（丹羽浩正）

→派遣元事業主、労働者派遣契約

派遣労働者 (temporary worker from temporary employment) ················Ⅰ−1

　労働者派遣では、派遣元（派遣会社）と派遣先（就業先：通常クライアントと呼ばれる）との間で労働者派遣契約を結び、派遣元と労働者との間では雇用関係が、また派遣先と労働者との間では指揮命令関係が発生する条件の下で、労働者派遣事業を行う。その労働者を、派遣労働者（または通常派遣社員）と呼ぶ。

　ちなみに、労働者派遣法（第2条第2号）では次のように定義している。

　派遣労働者：事業主が雇用する労働者であって、労働者派遣の対象となるも

は行

の。この派遣労働者は、派遣労働者としての明示・同意があった労働者のことをいうので、実際に労働者派遣をされているか否かは問われない。

「登録型」の労働者派遣事業では、一つのもしくはいくつかの派遣元で登録しただけで、いまだ雇用主と雇用関係のない（雇用されていない）労働者のことを登録労働者という。この登録労働者は、派遣労働者には該当せず、労働者派遣法の派遣労働者についての規定の適用を受けない（労働者派遣法第30条や第33条のような派遣労働者として雇用しようとする労働者として規定を受けることを除いて）。

また、派遣社員のことを、通常、テンポラリー・ワーカー（temporary worker）と呼んでいる。労働者派遣法の英訳では、派遣労働者をディスパッチド・ワーカー（dispatched worker）と訳しているが、アメリカ（米国）においては、派遣社員をdispatched workerと呼ぶよりも、temporary workerと呼んでおり、日本でもテンポラリー・ワーカーの名称が一般的になっている。　　　　　　（丹羽浩正）

→派遣登録、労働者派遣事業

派遣労働者の雇用安定措置············I−1

雇用安定措置とは「同一組織に継続して3年間派遣される見込みのある者に対し、派遣元が契約終了後の雇用を継続させる措置のこと」を言う。2015年に派遣労働法が改正され、派遣労働者が同一職場で働く上限が3年までとなったことから、派遣労働者の負担軽減のために雇用安定措置が設けられた。すなわち、派遣社員が3年以上同じ職場で働きたいに

もかかわらず法律上契約が打ち切られることから、派遣元が何らかの支援をしなくてはならない。派遣元の支援措置には、派遣先企業への直接雇用依頼、新たな派遣先の提供、自社での派遣労働以外での無期雇用、教育訓練・紹介予定派遣等が含まれる。　　　　　　　（丹羽浩正）

パス・ゴール理論·····························II−2

ハウス（House, R.）によって提唱されたリーダーシップの状況適合理論の一つである。この理論によれば、リーダーがフォロワーを動機づけるためには、彼らの目標達成に至る道筋を明確に提示できなければならない。通路、つまり、パスの明示である。

理論的に期待理論に依拠している。フォロワーを目標に向けさせるためには、それが達成可能であること、その達成によって、好ましい成果を入手できることが明確に提示されなければならないという主張である。

具体的には、リーダーを取り巻く状況を環境の条件とフォロワーの個人特性の2つの側面から、リーダーシップ・スタイルを達成志向型、指示型、支援型と参加型の4つに分類する。例えば、高い能力を持つフォロワーは曖昧性の高い仕事をする時に、困難な目標を設定し、部下に対して達成志向型のリーダーシップをとることが有効とされる。一方、能力の低いフォロワーが曖昧性の高い仕事をする時に、タスクの内容を明確にしたうえで、仕事のやり方やスケジュールを示し、仕事の進め方を明示する指示型が有効である。リーダーは、フォロワーの状

況に柔軟に対応して、その時々で最適な
リーダーシップ・スタイルを示すことで
業績と満足度を高める必要がある。

（王　英燕）

ハーズバーグ，F. →動機づけ-衛生理論

パーソナリティ（personality）………… II−2

　人の内部にあって、その人の行動の仕
方、認知のありよう、情緒的反応の仕方
を特徴づけている比較的恒常的なパター
ンを指す構成概念。その定義は多様であ
るが、心理学者オルポート（Allport, G.
W.）は、パーソナリティに「個人の内
部にあって、その個人の思考や行動を規
定する力動的な心理的・身体的体系であ
る」という定義を与えており、この定義
は現代の心理学で最も受け入れられてい
る定義となっている。

　パーソナリティは、日本語では「人
格」とか「性格」と訳されている。人格
が知的機能（知能）を含む個人の環境に
対するダイナミックで統合された適応機
能を強調する概念である一方、性格は知
的機能を含まない静的で、情意的、意志
的な行動特徴を強調する概念である。日
本語の人格という言葉には、倫理・道徳
的な意味合いが含まれているため、最近
ではこの用語は特殊な場合を除いて学術
用語としては用いず、パーソナリティと
いう用語をそのまま訳さずに用いてい
る。また、パーソナリティ概念に知的機
能を含むかどうかについては論争があ
る。初期の頃のパーソナリティ研究で
は、知的機能を含む概念として扱われる
傾向が強かったが、最近の研究では知的

機能を含まない方向性になってきてい
る。

　パーソナリティに関する研究には、パ
ーソナリティの構造に関する研究、パー
ソナリティの査定に関する研究、パーソ
ナリティの発達と教育に関する研究、の
3つの分野がある。その中で企業の人材
開発にとって重要な意味をもつのは、パ
ーソナリティの査定と教育に関するもの
である。企業におけるパーソナリティの
査定は、採用、配属、選抜等の際に頻繁
に行われている。その方法のほとんどが
質問紙やパーソナリティ目録を用いた自
己評価法である。

　一方、パーソナリティの教育は、企業
にとって望ましいパーソナリティを従業
員に形成させるために、公式、非公式に
行われている。公式な教育としては、新
入社員教育から始まって、階層別教育、
管理職教育に至るまでの研修や実習があ
り、それらには多くの場合、個人に望ま
しいパーソナリティの形成や変革を求め
るプログラムが含まれている。非公式な
教育としては、職場の上司や先輩による
日常の指導や、会社を離れての個人的な
交友活動等がある。　　　（渡辺直登）

→性格検査

パターナリズム …………… I−1, 2−A, B

　父系温情主義などと訳されるが、現実
には揺れていることばである。背景にあ
るのは男性優位であり、絶対的権威を確
立した男性がそれを特定の相手に対して
緩めるという状況を指しているといえ
る。

　女性に対して職業上の手助けを行い、

成長させていくという存在をメンターと呼ぶ。男性に対するメンターはかなり新しい。伝統的男性絶対優位（マチスモ）においては男は助けを求めてはならないとされ、互いに助け合うのは同性愛を示唆するとされ、忌避されていた。

ドラッカー（Drucker（1965））では日本の企業で、新入社員は組織内でゴッドファーザー（代父）を見いだすとしている。代父はイタリアに見られる制度で生まれた子供に名前をつけ、成人に至るまでの面倒を見る。それが日本企業でなされていると指摘する。いわゆる、親分を見つけるという行動であるが、日本型のメンターシステムと評価されている。

ジェンダー問題を含むためにパターナリズムは揺らぐ。　　　（日置弘一郎）

働き方改革（work style reform）
....Ⅰ-1，2-B
厚生労働省によると「働き方改革」は、働く人々が、個々の事情に応じた多様で柔軟な働き方を自分で「選択」できるようにするための改革である。労働時間法制の見直し、雇用形態にかかわらない公正な待遇の確保を柱にした「働き方改革を推進するための関係法律の整備に関する法律」が2018年に制定された。

改革の背景には、少子高齢化に伴う生産年齢人口の減少や、働く人々のニーズの多様化などがある。働き方改革を進めるうえでは、生産性の向上、ならびに就業機会の拡大、働く人の意欲・能力を発揮できる環境づくり、ダイバーシティの推進等が必要とされる。

働き方改革をめぐっては、企業側と労働者側の要請をいかに調和させるか、職種間・労働者間、さらには正規労働者と非正規労働者の間の公平性をいかに確保するかといった課題も残されている。

（太田　肇）

パターン維持（pattern maintenance）
....Ⅱ-2
パーソンズ（Parsons, T.）の用語で、社会システムの4つの機能要件の一つ。彼は、社会システムは、4つの機能要件を担当する下位システムに分化すると考え、社会構造の分析のために、AGIL図式を提出した。「パターン維持」機能は、正当化の価値についての合意を維持し、適切な動機づけの水準を保つように成員の緊張を処理する機能であり、AGIL図式におけるL（Latency：潜在性）機能に相当するものである。

AGIL図式の成立にあたっては、小集団の課題解決過程を実験的に研究したベールズ（Bales, R.）との出会いが重要な役割をはたした。ベールズは、小集団の課題解決過程において、まず課題解決を指向した手段的-適応的活動が先行するが、このような活動の進行は一方で緊張を増大させるので、同時に集団内に蓄積された緊張の表出と解消に向けて、社会的-情動的活動が増大すると考えた。

パーソンズはこのベールズの考え方を受けて、小集団の問題解決の過程を、①目標達成の準備の局面、②目標達成の局面、③緊張の解消と人間関係の最調整の局面、に構築し直したが、このモデルがAGIL図式の基礎となったといわれている。パターン維持は、ここでは③の局面

に相当すると考えられよう。

パターン維持は、野中らによれば、組織レベルの変数としては、組織有効性（成果変数）の1指標に分類され、特に、満足、同一化（一体化）、疎外が具体的な変数と考えられると整理されている。

（吉田　悟）

バーチャル・コーポレーション（virtual corporation）………………Ⅰ-2-A

バーチャル・コーポレーション（仮想的企業、以下ではVC）とは、限られた能力しかもっていない企業同士が、高度な情報ネットワーク技術を用いて、互いの中核的能力・資源を結集して、あたかも一つの企業のごとく活動するそのネットワーク化された企業の集合体のことをいう。この関係の中では、参加企業は、自社の最も得意とする中核的能力（コア・コンピタンス）を提供する。つまり、スポーツで結成されるオールスター・チームのようなものである。例えば、何を作るかは製品開発会社が担当し、メーカーは製造に携わり、販売はマーケティング専門会社が担当するといったものである。また、この関係は、目的達成と共に解消され、メンバーも固定的でないという特徴がある。

VCの発想には、情報ネットワークを通じて必要な能力を外部の他社から調達し、自社は得意分野に特化するというアウトソーシング（業務の外部委託）が根底にある。ここで注意すべきことは、VCにおいてはこのアウトソーシングに戦略提携が結びついているということである。VCにおいては従来の資本関係や

系列関係にとらわれず最適なパートナーと（例えば、製品の開発を競合企業や顧客企業と一緒に行ったりする）相互補完の関係が構築される。

VCの基盤となるのが、企業間（そして企業内）の情報ネットワーク（例えば、インターネットやイントラネット）である。これを利用して、複数の企業（メンバーも情報ネットワークで最適なものを選択）が空間上は離れた場所に位置していても、取引や意思決定、他の協力的相互作用を、空間・時間を超えて一つの組織体のように行うことができる。

VCは、参加企業が中核能力を補完・結合して急速に変化し多様化する市場ニーズに、インフラストラクチュア、リスク、コストを共有しながら、迅速に（換言すれば、複数の企業が数多くの業務を同時並行的に進行させながら）対応することができる。小企業も大企業なみの能力を有することも可能であるし、大企業も小企業なみの機動力を得られる。しかしながら、他社の中核能力に頼るので、自社の特定の能力の空洞化や長期的な組織の学習能力の低下に至る可能性がある。

（大山泰一郎）

→アウトソーシング、インターネット、コアコンピタンス、コンカレント・エンジニアリング

パートタイマー（part-time workers）………………Ⅰ-1, 2-B

パートタイマーとは「短時間労働者（パートタイム労働者）」のことであり、パートタイマー、アルバイト、嘱託、契約社員、臨時社員、準社員など、多様な呼

は行

称、契約形態がある。パートタイム労働法によればパートタイマーは、「1週間の所定労働時間が同一の事業所に雇用される通常の労働者の1週間の所定労働時間に比べて短い労働者」と定義されている。この「通常」の判断は、業務の種類ごとに行い、正規型の労働者がいれば、その労働者を指す（正規型の労働者がいない場合、フルタイムの基幹的な働き方をしている労働者がいれば、その労働者を指す）。「通常の労働者」との違いは、たとえば、労働契約の期間の定めがない、長期雇用を前提とした待遇を受ける賃金体系である、内部キャリア、福利厚生で待遇差がある、など雇用形態、賃金体系などに見られる。

　企業がパートタイマーを雇用するのは労働需要の変化に合わせて労働者の数量的フレキシビリティのためであるという議論と、労働者がパートタイマーを選択するのは生活時間と労働時間のフレキシビリティのためという議論がある（いずれも「通常の労働者」を確保できない場合の代替手段の場合もある）。したがってパートタイマーによる労働時間の柔軟性は企業と個人の双方の要因によって選択されるといえよう。　　　　　（藤本昌代）
→パートタイム・有期雇用労働指針、パートタイム・有期雇用労働法

パートタイム・有期雇用労働指針
……………………………………Ⅰ−1, 2−B
　パートタイム・有期雇用労働法第15条に基づき、事業主が講ずべき雇用管理の改善等に関する措置等に関し、その適切な実施を図るために定められている指針（ガイドライン）である。

　具体的には、労働関係法令の遵守のほか、労働時間の設定、変更等についての配慮、通常の労働者との待遇の相違の内容と理由の説明、パートタイム労働者等との話合いの促進、不利益取扱いの禁止等について記載されている。　（吉本明子）

パートタイム・有期雇用労働法……Ⅰ−1
　少子高齢化の進行に伴い労働力人口が減少していくなかで、パートタイム労働者や有期雇用労働者の数は増加傾向にあり、雇用者全体の約4分の1を占める。内訳をみると、パートタイム労働者全体の約4分の3を、有期雇用労働者全体の約6割を、女性が占めている。さらには多様化が進み、若年者や就職氷河期世代に加えて、世帯主においてもパートタイム労働者、有期雇用労働者の数が増えている。現状は、育児や介護など様々な事情により働く時間に制約のある労働者をはじめ、多様なニーズや事情を抱えた労働者や、その他正規社員として働く機会を得られない労働者が、やむなくパートタイム労働者や有期雇用労働者として働いている。

　「パートタイム・有期雇用労働法」（短時間労働者及び有期雇用労働者の雇用管理の改善等に関する法律）は、こうした問題を解消し、能力を一層有効に発揮することができる雇用環境の整備と、働きや貢献に応じた「公正な待遇の実現」を目指し、働き方改革関連法として「パートタイム労働法」が改正され、2021年4月から施行されている。　　　　　（鈴木寿信）

パートタイム労働組合 ……… I−1, 2−B

　パートタイマー等非正規労働者の数が増大し、それに関わる問題も顕在化し、企業別組合も対応が遅れる中、地域でパートタイマーを含め誰でも加入出来る組合組織が生まれ、それらがパートタイム組合と総称された。その後流通産業でパートタイマーが戦力化され、企業別組合への統合も進んだ結果、この間日本の組合員の増加の多くがパートタイマーで占められた。非正規労働者の問題への社会的取り組みは緒に就いたが、パートタイム組合には今後、あいまいな雇用やフリーランサーといった企業に依存しない働き方をする人びとの組合として新たな組織化への努力が期待される。（篠田　徹）

パートナーシャフト経営 (Partnerschafts-

betrieb) ………………………………… I−2−B

　ドイツで、主に第2次世界大戦後にパートナーシャフト思想を実践する企業家が営む労使協働経営のこと。経営学者のフィッシャー（Fischer, G.）が提唱者の1人で、1950年設立のパートナーシャフト協会（AGP）がその普及に努めてきた。AGPの1972年定款では、①経営者と従業員の契約による協働、②共同決定による労働疎外の克服、③利潤、企業資本への従業員参加、をその構成要素としていた。メディア企業のベルテルスマン社もその一つである。　　　　（正亀芳造）

ハードロー vs. ソフトロー (hard law vs.

soft law) ………………………………… I−1

　国家が制定し、国家権力によって強制（エンフォース）される規範であるハードローに対し、国家権力によるエンフォースメントが予定されない法規範としてのソフトローという概念が存在する。ソフトローは規範の形成主体及び国家による強制の有無によって区別されており、①国家が設定するが、刑事罰の適用や行政監督などによる強制が予定されない規範、②国家以外が形成した規範で国家が強制する／しない規範が存在する。

　①の例としては、努力義務規定や指針が挙げられるが、努力義務規定の中には、立法目的や理念を示すことに主眼が置かれており、その性質上、国家による強制になじまないものと、義務の内容は具体的であるが、立法化の合意が得られなかったか、あるいは、その当時の社会通念や価値観に照らして、義務規定とするのは時期尚早であることから、当分の間は努力義務規定とされるものがある。後者の例として、制定当初の男女雇用機会均等法の基準、採用、配置等における男女の均等取扱い、制定当初の高年齢者雇用安定法の60歳定年制が挙げられる。いずれについても、行政指導等のソフトな手法により、社会の漸進的変化を図り、一定期間の後に義務化されている。

　②の例としては、企業の社会的責任（CSR）や業界団体などが設定する業界基準などが挙げられる。なお、努力義務規定への違反や業界基準に適合しないことが、損害賠償責任を基礎づけるケースがある他、株式市場や労働市場におけるレピュテーションリスクがエンフォースメントとして機能するケースもあり、ソフトローの概念やその外縁は必ずしも明らかでない場合もある。　（石﨑由希子）

は行

→男女雇用機会均等法、高年齢者雇用安定
　法

パトロン（patron）……………………Ⅰ-1
　パトロナージュを行う人物。パトロナージュ（patronage：パトロン制度）は、「個人、団体、著作、美術品などに支援、保護、奨励、賛助を与えるパトロンの行為を表すシステム」（Gundersheimer（1982））であり、文明と切り離せない社会の構造的特徴として多様な分野に浸透している。その起源は身分制、社会階層に明確な分化が見られた古代ギリシアに遡り、趣味、義務感、見栄といった理由から支援するパトロンは、社会のステータス・シンボルとなる一方で、芸術家たちからも理解者として認められた。審美眼・先見性をもつパトロンの存在は、作り手や起業家にとってアイデアやインスピレーションの源ともなる。　　　　　　（大木裕子）
→文化政策、アートマネジメント、技術者
　教育、職人

バーナード, C. I.（Barnard, C. I.、1886
　～1961年）…………………Ⅰ-2-A, Ⅱ-2
　1886年、マサチューセッツ州モールデンに生誕した。ハーバード大学を卒業後、AT&Tに入社すると、1927年、ニュージャージー・ベル電話会社社長に就任した。ローウェル公開講義にて講演された「経営者の役割」は、加筆修正後に『経営者の役割』として1938年に公刊された。その中で展開された組織の動態理論は、大きな影響を与え、近代組織論の嚆矢となった。1948年以降は、ロックフェラー財団理事長や、全国科学財団の

委員会議長、ニューヨーク市保健委員会委員などを歴任した。　　　　（庭本佳子）

場の理論（field theory）……Ⅰ-2-A, Ⅱ-2
　集団において形成される空間や力関係を場と見なし、そこで生起する行動事象を、行動＝f（パーソナリティ、環境状況）という定式化で説明しようとする理論モデルである。これはレヴィン（Lewin, K. Z.）によって、社会心理学的な観点から提唱されたものであり、人間行動はそのパーソナリティと環境に影響されることが明らかにされている。
　たとえば、日本のビジネス環境では場の雰囲気とか、空気を読むことが重要だとされ、場の理論に対して違和感がない。そのため、この見方を取り入れて行動しないと、仲間から疎外されて本来の力を行使できず、サラリーマンの場合、出世の可能性が閉ざされるのである。こうした事態を背景に、伊丹敬之は『場の論理とマネジメント』（2005）において、場とは「人々がそこに参加し、意識・無意識のうちに相互に観察し、コミュニケーションを行い、相互に理解し、相互に働きかけ合い、相互に心理的刺激をする、その状況の枠組み」だと再定義している。いずれにせよ、場によって人々の共通理解、情報蓄積、心理的共振が起こるが、場の実効性を高めるには、場の空気や流れをコントロールするファシリテーターが必要である。　　　（大月博司）
→イノベーション、学習する組織、レヴィ
　ン, K. Z.

パブロフの犬………………………………Ⅱ-2

パブロフ（Pavlov, I. P.）が犬を対象として行った古典的条件づけに関する実験。通常、犬の口に食物を入れると唾液分泌反応を生じる。これは生得的な反応であり、食物を無条件刺激、唾液分泌を無条件反応と呼ぶ。パブロフの実験では、食物とメトロノームの音（中性刺激）との対提示を繰り返すうちに、犬はメトロノームの音を聞いただけで唾液を分泌するようになった。このとき、メトロノームの音を条件刺激と呼び、それにより引き起こされた唾液分泌を条件反応と呼ぶ。　　　　　　　　　　（久保沙織）
→強化理論、学習

ハラスメント（harassment）……Ⅰ-1，2-B
　ハラスメントとは、相手の嫌がることをして不快感を覚えさせる行為全般を意味するが、職場におけるハラスメントに関しては、パワーハラスメント、セクシュアルハラスメント、マタニティーハラスメント（妊娠、出産、育児休業等に関するハラスメント）等がある。
　職場のパワーハラスメントとは、職場において行われる①優越的な関係を背景とした言動であって、②業務上必要かつ相当な範囲を超えたものにより、③労働者の就業環境が害される行為であり、3つの要素を全て満たすものを言う。ただし、客観的にみて、業務上必要かつ相当な範囲で行われる適正な業務指示や指導は該当しない。代表的な言動類型として①身体的な攻撃（暴行・傷害）、②精神的な攻撃（脅迫・名誉棄損・侮辱・ひどい暴言）、③人間関係からの切り離し（隔離・仲間外し・無視）、④過大な要求（業務上

明らかに不要なことや遂行不可能なことの強制・仕事の妨害）、⑤過小な要求（業務上の合理性なく能力や経験とかけ離れた程度の低い仕事を命じることや仕事を与えないこと）、⑥個の侵害（私的なことに過度に立ち入ること）の6つが厚生労働省より示されている。2022年4月の労働施策総合推進法改正により、パワーハラスメント防止のため全ての事業主は、①事業主の方針の明確化及びその周知・啓発、②相談（苦情を含む）に応じ、適切に対応するために必要な体制の整備、③職場におけるハラスメントへの事後の迅速かつ適切な対応、④併せて講ずべき措置（プライバシー保護、不利益取扱いの禁止等）等を講じる必要がある。
　職場のセクシュアルハラスメントとは、「職場」において行われる「労働者」の意に反する「性的な言動」により、労働者が労働条件について不利益を受けたり、就業環境が害されることを言う。職場における「妊娠、出産、育児休業等に関するハラスメント」とは、職場において行われる、上司・同僚からの言動（妊娠・出産したこと、育児休業等の利用に関する言動）により、妊娠・出産した女性労働者や育児休業等を申出・取得した男女労働者の就業環境が害されることを言う。ただし、業務分担や安全配慮等の観点から、客観的にみて、業務上の必要性に基づく言動によるものはハラスメントには該当しない。職場におけるセクシュアルハラスメント、妊娠・出産・育児休業等に関するハラスメントについては、男女雇用機会均等法、育児・介護休業法により、①事業主及び労働者の責務、②

は行

事業主に相談等をした労働者に対する不利益取扱いの禁止、③自社の労働者が他社の労働者にセクシュアルハラスメントを行った場合の協力対応が義務付けられている。公益通報者保護法改正により、内部通報制度の整備が義務化され2022年6月より常時使用する労働者の数が300人を超える事業者には、内部通報に適切に対応するために必要な体制の整備義務が課された（300人以下の場合は努力義務）。多くの企業でハラスメント通報を内部通報制度の一環として取り扱っている。

（渡邊剛志）

ハラスメント防止研修 ……………Ⅱ－3－A

ハラスメントが、立場上の権力関係への認識の欠如や価値観の変化、人権に関する知識の学習不足に起因することから、防止のため、問題への正しい理解や未然防止の方策、相談体制の構築等が不可欠である。改正「女性の職業生活における活躍の推進に関する法律」（2019年）、改正「労働施策の総合的な推進並びに労働者の雇用の安定及び職業生活の充実等に関する法律」（2020年）等では、ハラスメント防止対策を講じることが事業主の義務とされる。 （村田晶子）

バランス・スコアカード
（balanced scorecard）……………Ⅰ－2－A

バランス・スコアカードは、財務と非財務、長期と短期、企業外部と内部、現在・過去と未来、といった、相反する視点をバランスさせながら、企業の戦略を達成し、最終的には企業価値を最大化するためのナビゲーションシステムである。一般的なバランス・スコアカードでは、財務の視点、顧客の視点、内部プロセスの視点、学習と成長の視点（人材と変革の視点という場合もある）の4つの視点をバランスさせる。バランス・スコアカードは、スコアカードと戦略マップから構成されている。スコアカードとは、各視点での戦略目標の達成度を点数化するものである。先行指標と実績を比較することで、業績の達成度を測ることになる。戦略マップとは、学習と成長の視点の戦略目標から出発し、そこから内部プロセスの視点の戦略目標をいかに達成し、続いて顧客の視点における戦略目標を達成し、最終的に財務の視点の戦略目標をいかに達成するかということをロードマップとして可視化したものである。このロードマップでは、各視点の戦略目標間の因果関係に基づいて、戦略達成の道筋を示している。これにより、企業の構成員間での企業戦略の理解と共有を促進し、戦略の達成に向けたモチベーションを高めることになる。

バランス・スコアカードの作成においては、時間をかけすぎないこと、作り込みすぎないこと、などを留意する必要がある。 （高橋 賢）

ハロー効果（halo effect）……………Ⅰ－2－B

人を評価するときに生じる現象。被評価者の一つの顕著な特性が、他の特性の評価にも影響を与えてしまう傾向のことであって、例えば、ある被評価者が非常に活発な人物であると思うと、評価者は非評価者の他の特性もそれで推し測ってしまう。ハロー効果が起こりやすいの

は、上司が従業員に対し好意的（friendly）であるときや逆に不快感をもっているとき、また評価項目が互いに関連していたり、重複するところがある場合である。

（二神恭一）

→人事考課

パワーハラスメント ·················Ⅰ−2−A

同じ職場で働く者に対して、職務上の地位や人間関係の優位性を背景に、業務の適正な範囲を超えて精神的・身体的苦痛を与える又は職場環境を悪化させる行為を指す。「労働施策の総合的な推進並びに労働者の雇用の安定及び職業生活の充実等に関する法律」（2022年全面施行）では、事業主にパワーハラスメントによって労働者の就業環境が害されることがないよう適切に対応するため必要な体制の整備等雇用管理上必要な措置を講じることを義務づけている。（村田晶子）

バーンアウト ·····························Ⅰ−2−B

燃え尽き症候群とも言われる。アメリカの精神分析医フロイデンバーガー（Freudenberger, H. J.）が名づけた。医療、教育、福祉など対人サービスの分野で多くみられる。これらの職業は人に対してサービスを献身的に捧げると同時に、冷静かつ科学的な判断が必要とされるため大きなストレスを抱えて発症する可能性が高まる。疲弊が強く感じられる情緒的消耗感、相手の人格を無視して思いやりを失う等の脱人格化、更に仕事への無力感や自己否定のように達成感の減少等の症状がある。（王　英燕）

範囲職務給 ·····························Ⅰ−2−B

一つの職務の賃金に一定の幅を持たせて、その幅の範囲内で昇給を可能とする賃金をいう（レンジレート）。職務給は、本来一つの職務に一つの賃金額（率）が基本であるが（シングルレート）、職務内容が特定、定型化されていない職種や、個々の熟練度を反映する職種に対しては運用が難しくなってくることから広まってきた。一方で、勤続に応じて定期昇給を累積させていく職能給と、運用次第では実質的な違いを見出すことが困難になるとも指摘されている。（二宮　孝）

→職務給、定昇（定期昇給）

範囲の経済（economies of scope）

·······································Ⅰ−2−A

個々の生産物を個別に生産するより、関連する範囲の生産物を同時に複数生産する方が、より安価に生産できる場合に、範囲の経済が成り立つという。

範囲の経済は、全体の費用を抑える共通費用の存在によって説明することができる。例えば、複数の生産物について、共通して利用可能な機械、設備、経営組織、流通システムが存在する場合、同時に複数生産することにより共通費用の節約が可能となり、範囲の経済が成り立つ。範囲の経済は、企業が多角化戦略をとるときの根拠の一つを与える。

共通費用は、各生産物に間接的に帰属する費用である。各生産物ごとの個別費用を計算するためには、共通費用の配賦が問題となる。市場が競争的である生産物の共通費用負担を抑え、独占的市場の生産物に共通費用を多く負担させるとい

は行

う、内部補助を目的とした共通費用の政策的配賦が可能となる。内部補助による輸出製品の価格差別化政策に対しては、貿易収支の不均衡の原因として、貿易摩擦の観点からの批判がなされる。また、内部補助に基づく価格設定は、資源配分の効率性を歪め、消費者負担を増大させる。コンテスタブル市場（contestable market）理論は、たとえ市場が寡占、独占状態にあっても、市場の参入と退出が自由でその費用がゼロである場合には、競争的価格が実現し、内部補助のない価格形成が行われると主張する。

（藁谷友紀）

バンデューラ, A. (Bandura, A.、1925〜2021年)･････････････････Ⅱ-2

元スタンフォード大学心理学部教授であり、アメリカを代表する心理学の研究者である。1950年頃、当時主流派であった行動主義的な学習論に対して、他者のモデリングに基づく社会的学習理論を提唱したことで、広く知られるようになる。学習を個体そのものの単独の経験に紐づけていた行動主義的学習論とは異なり、学習が他者の観察という、当人の経験を伴わずとも成立することを実証し、かつ理論的に基礎づけを行なった点において革命的であった。また、その後に提唱した自己効力感の概念は、心理学だけでなく、教育学や社会学、経営学など、多くの社会科学領域に甚大な影響を与えた。

（服部泰宏）

ヒア・アンド・ナウ（今、ここで）
(here and now)･･････････････････Ⅱ-2

Tグループに代表されるグループ・アプローチの重要な要素の一つである。

Tグループは、社会に適応している人の感受性や人間関係能力の再教育を、体験学習を通して実施するもので、ラボラトリー・トレーニングの中心的な訓練グループである。Tグループは、1週間程度の合宿形式で実施されることが多く、1グループの人数は10人以内で、メンバー（参加者）とトレーナーと呼ばれる2人のリーダーからなる。このような限られた時間での、しかも非日常的なグループにおいて、「今、ここで」を大切にする真摯な関わりをもった人間関係の体験は、さまざまな情緒的な経験をもたらすが、それと正面から向き合うことは、自己開示と他者からのフィードバックが繰り返されることを意味する。このような自己開示とフィードバックは、自分自身についての多くのことを気づかせ、人間としての生き方や人間関係の在り方を吟味する体験学習の場となる。トレーナーは「今、ここで」の体験を深めるために、自分の感じたことをありのままに受け止めて表出するように働きかける。この過程でメンバーはお互いに自分の言動についてしばしば厳しいフィードバックにさらされるが、訓練終了時には他のメンバーから肯定的に受け入れられ、グループも凝集性が促進することが多い。以上のようなグループでの体験を通して、自己洞察を深めると共に、自己の行動や対人関係、グループの動きを理解できるようになると考えられている。（吉田　悟）

ピアジェ, J. (Piaget, J.、1896〜1980年)

.... Ⅱ−2

スイスの心理学者。生物学的な「個体」として人間を捉え、発生的認識論（genetic epistemology）を提唱した。知的能力の発達を、①感覚運動期（0〜2歳）、②前操作期（2〜7歳）、③具体的操作期（7〜12歳）、④形式的操作期（12歳以降）の4つの発達段階に分け、発達の仕組みとして、①シェマ（外界を認識する際の枠組み）、②同化（既存のシェマで新しい情報を処理）、③調節（既存のシェマを変化・修正して新しい情報を処理）、④均衡化（認知的バランスをとる）を示した。

（髙橋南海子）

→心理動態論

ピアレビュー（peer review／peer assessment）...................... Ⅰ−2−B, Ⅱ−3−A

同僚による評価。被評価者の仕事ぶりを観察できる上司以外の者が評価者となる360度評価（多面評価）の一部として行われることが一般的である。処遇決定のための評価ではなく、育成を主な目的とすることが多い。組織の中で対等な関係をもつ同僚の評価をフィードバックすることによって、自己評価との食い違いを認識し、行動変容を促す。組織のフラット化に伴い普及が進んでいる。

（奥野明子）

ヒエラルヒー→ハイアラーキ

ピグマリオン効果（pygmalion effect）
.... Ⅱ−2

教師がある生徒の印象を形成する場合、初めは間違った印象を形成したとし

ても、その印象に従って生徒に期待したり働きかけをすることにより、しだいにその印象が的中するようになることが、ローゼンサール（Rosenthal, R.）の実験で明らかにされているが、これをピグマリオン効果、教師期待効果あるいはローゼンサール効果という。ピグマリオン効果の名の由来は、自分が彫った少女像に恋した結果、その彫像に生命が宿り結婚したギリシャ神話のピグマリオンの故事による。

ローゼンサールは、小学生と就学前児童を被験者にして、成績の伸びを予測するテストと称して知能テストを実施した。テスト実施後、20％の生徒を成績が伸びる生徒として教師に提示したが、実は被験者全体から無作為抽出したものであった。その後、新学期開始後8か月の時点で再調査が行われたが、実際この20％の生徒たちは成績の伸びが顕著であった。このことから、教師がこれらの子供達に成績が伸びるであろうという期待を暗黙のうちにかけていたことが、成績の顕著な伸びの原因であろうと解釈された。つまり、教師の間違った期待が、20％の生徒に対してより積極的に働きかけるような差異的処遇を引き出し、その結果生徒の成績が実際に伸びるという過程を経ると、解釈されているのである。自己成就的予言や実験者効果も、類似の現象である。　　　（吉田　悟）

非公式組織→インフォーマル組織

ビジネスゲーム（business game）
.... Ⅱ−3−A

ゲームを通して一連のビジネスを擬似体験する、ロールプレイを通した研修である。コミュニケーションの構築・円滑化や経営についてのシミュレーション等を内容とする。その中で、例えば合意形成や行動の変容が扱われる。多様なゲームが開発されており、目的に応じて、インターンシップや新人研修、管理職研修で用いられている。　　　　（丹羽浩正）

→マネジメントゲーム

ビジネス・スクール………… Ⅱ−3−A, B

ビジネス・スクールとは、経営やビジネス、マネジメントに関連する知識・スキルを教える経営大学院やビジネス関連講座の総称である。しかし一般には経営管理学修士／MBA（Master of Business Administration）の学位を授与する経営大学院を指す。

ビジネス・スクールは経営管理学を体系的に教える高等教育機関として米国で誕生し、特にハーバード大学のケース・メソッド教育法は有名である。世界各国のビジネス・スクールの内、国際認証機関から一定レベル以上の教育（経済・経営・商）および研究が認定された大学院は国際認証を取得することができる。現在世界のトップ約5％のビジネス・スクールが国際認証を取得しているが、日本国内で国際認証を取得しているビジネス・スクールは数校のみである。古典になるが『ハーバード・ビジネス・スクールにて』（土屋（1974））が日本にビジネス・スクールの教育方法を紹介している。　　　　　　　　　　（横山和子）

非伸縮的賃金（wage inflexibility）
…………………………………………Ⅰ−1

かつてケインズ（Keynes, J. M.）は、実質賃金の一般水準を決定できない労働者は、貨幣賃金の低下に抵抗する一方で、貨幣賃金が安定していれば実質賃金の低下には抵抗しないとして、貨幣賃金の一定性を仮定した。賃金が下方に非伸縮的となる原因としては労働組合の抵抗があげられるが、ヒックス（Hicks, J. R.）は、労働者が公正と感じる安定的賃金体系の維持と良質の労働力の引き止めという、労使間の持続的関係の維持に硬直性の原因を求めた。　　　　（馬場正弘）

→賃金決定理論

非正規労働者（non-regular workers）
…………………………………Ⅰ−1, 2−B

雇用者との間で期間の定めのない労働契約を締結している正規従業員や正社員と呼ばれる正規労働者以外の雇用による労働に従事している労働者。法的な雇用形態でいえば、有期契約労働者、派遣労働者、パートタイム労働者のこと。より一般的には、アルバイターやフリーターなども含む。

終身雇用の崩壊や「失われた30年」と呼ばれる長期不況のなかで、全労働力人口に占める非正規労働者の割合は長期的に増加傾向にあり、格差社会の進行が指摘される近年においては、働く貧困層とも形容される「ワーキングプア」問題とともに社会問題化されてきた。総務省が実施している2022年の「労働力調査」では、雇用者全体に占める非正規職員・従業員の割合は36.9％となっている。

格差社会の是正のためにも、正規雇用の促進や非正規から正規雇用への転換の促進、被用者保険（健康保険，厚生年金保険）の適用条件の改善などが課題とされる。今後は非正規労働者の処遇が正規労働者並に引き上げられ、非正規労働者の正規化が進むことが期待される。

これらを背景に、近年では同一労働同一賃金や無期転換の促進、社会保険の加入対象の拡大など、非正規労働者の処遇改善の動きが見られるようになっている。　　　　　　　　　　　（吉田　寿）
→派遣労働者、隠れた失業

ビッグ・ファイブ性格検査（Big Five personality inventory）··········Ⅱ－2, 3－A
ビッグ・ファイブ性格検査は最も代表的な性格検査の一つである。国語辞典には性格特性を表す言葉が3862語あるという（青木孝悦）。しかしながら人が自己および他者の行動を述べるために使用する性格特性語は今までの多くの研究を通してゴールドバーグ（Goldberg, L. R.）のいう5つの特性に集約できるという考え方が支持されている。これが主要5特性因子モデル、通称ビッグ・ファイブ・モデルである。

このビッグ・ファイブ・モデル、およびその測定法の出現によって職場適応などの研究が発展した。ビッグ・ファイブとは研究者によって若干相違があるが次のようなものから構成されている。すなわち、外向性（社交的、活動的、自己主張が強い）、情緒不安定性（悲観的、神経質、心配性）、調和性（人が良い、協調的、寛容）、誠実さ（責任感がある、頼りがいがあ

る）、開放性（心が広い、想像力が豊か、知的）である。このうち情緒不安定性は逆転して情緒安定性とも呼ばれる。

ビッグ・ファイブの測定法としては和田さゆりによる形容詞のチェック・リスト法、二村英幸らの質問紙（NEOACサーベイ）を用いたものなどがある。後者のNEOACとはビッグ・ファイブの英語の頭文字をとったものである。（松原敏浩）
→マイヤーズ・ブリッグスタイプ指標

非定型訓練（informal training）····Ⅱ－3－A
「定型外訓練」のこと。1994年以前は「非定型訓練」と呼ばれていた。

指導者訓練の実施の6形態（定型訓練、定型外訓練、自己研修、課題研究、個別支援、実務訓練）の一つである。

指導者養成は長きにわたり、一定の場所で一定の期間内に一定の学習を共同で集中して行う体系的共同（集合）型訓練を中心として行われてきた。しかし、体系的共同（集合）型訓練では、それぞれの持つ個性、環境、能力に対応した支援や研修の提供は難しいため、研修者が日頃から環境に応じた支援を受けられるようにする必要がある。

そのために、上記の6形態の訓練を、一つの訓練方法のみで完結させず、いくつかの訓練方法を組み合わせたり、相互に連携する訓練方法を用いたりすることが重要となる。

なかでも、非定型訓練（定形外訓練）は、訓練の規格や内容に定めがなく、研修者のニーズによって定めることができる。各種研究会、研修会がこれに当たる。これにより、研修者のニーズに基づ

は行

いた迅速かつ柔軟な訓練を提供することができるようになった。

そして、他の訓練形態との組み合わせや連携によって、研修者にとってより効果を実感できる訓練が実現されるのである。　　　　　　　　　　（福留浩太郎）

→定型訓練

ビデオ・ゲーム　　　　　　　Ⅱ-3-A

一般的にはテレビゲームやアーケードゲームなどのゲームの総称である。これらビデオ・ゲームはエンターテインメントに限らず教育面や福祉面などでも活用されている。ビデオ・ゲームをプレイすることで得られる利益は、多くの研究で議論され効果が検証されている。例えば主な利益として、語学スキルの習得や認知機能の強化などが挙げられる。この他、教育専用のゲームや技術スキルの取得のためのシミュレーション環境などもある。　　　　　　　　　　　（齋藤大輔）

日雇労働者　（day laborer）　　　Ⅰ-1

1日単位の契約で雇用される労働者。一定期間、特定の雇用主と契約を結ばず、日給や時間給で仕事をする場合が多い。一時的な人手不足や臨時業務に対応する柔軟な労働力として必要とされてきた。その法的保護は常雇労働者に比べると不十分だが、一定要件のもとに雇用保険と健康保険が適用される。2000年代に通信機器を使った日雇派遣が注目され、従来からの日々雇用の労働市場は縮小傾向にあるといわれるが、この雇用に頼る労働者も少なからず存在する。

　　　　　　　　　　　　　（村澤竜一）

ヒューマニズム　（humanism）　　Ⅱ-1

最近のHRDではヒューマニズムという表現が散見され、HRDの哲学（philosophy of HRD）に関する議論も行われるようになった（Rouna, W. E. A., Gosney, M. W. and Hughes, C.）。ヒューマニズムは一般に人道主義、ときに博愛主義（humanitarianism）の意味で使われる。一方でそれはギリシャ哲学を源流とする、よく知られた哲学的概念でもあるが、HRDの分野ではそれにいかなる意味がこめられているのか。総じてそこで使われているヒューマニズムは心理学の人間に関する基本的仮説に係るものである。「この考え方は基本的に現象学的性格をもち、説明に際しては自己（self）というコンセプトに頼る」（Rogers, C. R.）。人格の発達は経験という現象分野と自己の観念構造とが調和していくことだという。その調和の仕方は、ある種のパターンがあるとしても、個人、自己により異なる。ヒューマニズムとは端的に各人間はユニークだという考え方（the idea that every human being is unique）（Slife, B. D. and Williams, R. N.）に帰着する。

このヒューマニズムの考え方の根底には3つの前提がある。一つは有機体は生存し、経験を積み、より良く生きたいとする基本的性向、生物学的欲求なり目的をもっていること、次に個人を理解するためのベストフレームは個人であること、個人だけが自己表現のために何をなすべきかを知っていることである。さらにモラルの相対論（moral relativism）がある。それぞれに個人化された価値システムがあること、個人のモラルはそれぞ

れにユニークであり、その個人にだけ妥当することである。

こうしたヒューマニズムは、すでに第2次世界大戦中から戦後にかけてのTWIのJRTの訓練プログラムの中に素朴な形で見出される。監督者は部下を人間として、また個人として扱うべきことが明示されている。何よりも、ヒューマニズムを前面に出しているのはマズロー（Maslow, A. H.）の欲求階層説（hierarchy of needs theory）であり、またマグレガー（McGregor, D. M.）のY理論であり、これらのモデルによる人材開発実務である。

（二神恭一）

→欲求、マズロー, A. H.、欲求階層説、X理論vs.Y理論、JRT

ヒューマン・インターフェイス（human interface）……………… Ⅱ−1, 2

機械とその操作者である人が接する部分。機械による処理が介在することで妨げられる人の直感的な操作をなくすことが、ヒューマン・インターフェイスの重要な目的といえる。「人が機械と交わりやすくするための技術」と定義されることもある。グラフィカル・ユーザー・インターフェイス（GUI）やバーチャル・リアリティ（VR）などはその一部である。最近では、機械を扱う時の人の認知や心理などもインターフェイスに含めるようになっている。

（村澤竜一）

→VDT作業

ヒューマン・スキル（human skills）… Ⅱ−2

他者や周囲の人たちと良好な人間関係をつくり、仕事を円滑に遂行するための

対人関係能力のこと。カッツ理論で知られるハーバード大学のカッツ（Katz, R. L.）により1950年代に提唱されたもの。

カッツは、マネジメント層に求められる能力を、①テクニカル・スキル、②ヒューマン・スキル、③コンセプチュアル・スキルの3つに分類した。ヒューマン・スキルは、業務を行う上で他者との良好な関係を築く力であり、他者に働きかける能力を指す。

具体的なヒューマン・スキルとしては、リーダーシップやネゴシエーション・スキル、コミュニケーション・スキル、プレゼンテーション・スキル、コーチング・スキル、リスニング・スキル、等が挙げられる。

テクノロジーの急速な進歩やDX（デジタルトランスフォーメーション）の進展、価値観の多様化や新型コロナによるオンライン化が進む昨今においては、これまで以上に、ヒューマン・スキルに優れた人材が求められている。

ヒューマン・スキルの習得のためには、他者との対話や人事評価を通じた適切なアドバイスやフィードバックを受けるなどの取り組みが重要となるが、数値化が難しく客観的な測定が容易ではないという課題もある。

（吉田　寿）

ヒューマン・リレーションズ（human relations）……………… Ⅰ−2−B, Ⅱ−2

勤労者は強い社会的欲求をもち、職場集団内の社会的関係を通じてその欲求を満たそうとしているという考え方。日本語では人間関係と訳されている。

ヒューマン・リレーションズの考え方

は行

は、ハーヴァード大学の研究者であったメイヨー（Mayo, G. E.）やレスリスバーガー（Roethlisberger, F. J.）達が、ウエスタン・エレクトリック社のホーソン工場の勤労者を対象に、1924年から1930年代にかけて行った一連のフィールド実験から導き出された。この研究の当初の目的は、職場の物理的環境（照明の明るさ）が勤労者や生産性に及ぼす影響を調査することであった。しかし、結果は予想したものとならず、勤労者の社会的関係認知の在り方、勤労者間の相互作用、職場内の非公式集団（informal group）の影響を考えないと、その結果を説明できないものとなった。

この研究結果は、学術面と実務面にその後大きな影響を及ぼすことになる。学術面では、職場における非公式集団、職場集団の凝集性（group cohesiveness）、集団規範（group norm）、参加型監督（participative supervision）、職務満足（job satisfaction）等の重要概念が提出され、その後これを受けて、集団研究がミシガン大学等で精力的に行われるようになった。一方、実務面ではそれまで優勢であった科学的管理法（scientific management）に代わる管理法として、従業員の感情や職務態度、職場の人間関係等を配慮した管理の仕方が提唱されることとなった。これは、ヒューマン・リレーションズ・ムーヴメント（人間関係運動）となって、その後の労使関係の在り方に影響を及ぼすこととなった。　　　　　（渡辺直登）
→レスリスバーガー，F. J.、職務満足、科学的管理法

ヒューリスティックス（heuristics）
.... I−1，2−A

必ずしも理論的には成立するとは限らないが、特定の問題に対して多くの場合に有効に機能する経験的知識やそれに基づく問題解決の方法。一般に「発見的方法」と訳される。すなわち、問題の構造や解決過程が明確でないような非定型的な性質をもつ意思決定問題に対して、絶対的な最適解を求めようとする解析的な分析手法によるのではなく、満足基準・準最適基準に基づいて、実践的・経験的な学習を通した、多段階のフィードバック過程を通じて適応的に行われる試行錯誤的な問題解決手法である。

特定の問題に対して解析的なアプローチが不能な場合や、不能ではないが過度に複雑性が高い場合、あるいは解析的アプローチでは問題の重要な特性を把握できないような場合に援用される考え方である。具体的な方法としては、出発点と到達点両方から同時に探索を行う両方向探索、途中の通過点を事前に設定してから行う島探索、各ノード（結節点）から探索する枝の数や深さに条件を付与して行う制限付き探索等のヒューリスティックスが存在する。

現実の企業経営上の非定型的な意思決定問題では、時間・資金等の意思決定条件が限定されており、ヒューリスティックスを用いることによって、それらの条件の下で新規性の高い問題や非常に複雑な問題に対して効率的にアプローチすることができる。また、ヒューリスティックス的な学習過程と解析的な問題解決手法とを組み合わせることによって、戦略

的な意思決定問題に対して強力な解決方法を提供することができる。（寺本義也）
→制約された合理性、意思決定

評価者訓練（rater training）………Ⅱ−3−A
　評価者が目的に沿った公平な人事考課ができるように行う訓練のこと。約7割の企業が実施している（労務行政研究所2021年6月調査）。評価者は自社の人事考課の方針とその制度を十分に理解した上で、人事考課を行わなければならない。
　評価者訓練では、自社の人事考課の方針や目的、制度、手順を評価者に説明し、理解させる。さらに、演習形式で模擬人事考課を行い、自身の評価の癖や、寛大化傾向、ハロー効果、アンコンシャス・バイアス等の評価バイアスに気づくことが重要である。考課結果のフィードバックは、結果を伝えるだけでなく、部下の言葉に傾聴し、双方の認識を一致させ、部下のモチベーション向上を促さなければならない。評価者訓練では、そのためのスキルも身につける。初めて評価者となるタイミングで評価者訓練を行う企業もあるが、スキルを身につけるためには、オンデマンド教材の活用も含め、定期的に繰り返し実施することが必要である。被評価者訓練を実施する企業も増加している。（奥野明子）
→寛大化傾向、人事考課の公開制度

評価面接（appraisal interview）……Ⅰ−2−B
　評価面接は、単に従業員を評価・査定することではなく、それを会社目的の実現と従業員の成長に、いかに役立てるかにある。したがって評価面接の目的は、

以下に示す4つの内容によって構成されている。
　1，従業員個々の仕事ぶりを観察して長所や短所を掴み、能力開発と動機づけに役立てる。2，担当する仕事を遂行するために要求される知識や技能、その他必要な能力や適性を評価し、改善やさらなる質的向上に向けた情報を提供する。3，仕事の結果としての成績と、それまでの努力の程度（プロセス）を評価し、多面的な誘因の提供と、昇給、賞与などの公正な決定を行う。4，上司と部下とのコミュニケーションを密にし、信頼関係を築き上げる。（牛窪潔）
→人事考課、自己申告

標準化（standardization）…………Ⅰ−2−A
　これは経営管理の合理化の基本原則の一つであり、経営管理の諸分野で標準を作ることにより合理化を図ろうとするものである。日本工業規格JIS（Japanese Industrial Standards）によると、材料・設備・製品やデータ、サービス等についての仕様・作業方法・業務手続き・品質状態などの標準を合理的に設定し活用する組織的行為である。標準化は合理化対策の中でも最も基本的な原則であり、作業現場から経営管理のあらゆる分野で実行されなければならない。このように標準化は業務改新の中心となる大きなテーマであるが、その実行にあたっては、何が問題であるのか、何を狙っているのか、どの範囲で行うのかなどをまず明確化することが必要である。また、これらは全社的なトータルシステムの中でどこに最終ゴールを置くべきかを明確にしたうえ

は行

で検討されなければならない。

　これら標準化の効果については標準化の達成度、標準化の企業収益への貢献度のように指標化し評価できるようにしておくことが望まれる。標準化を強く推進した場合、創造性を損なったり、技術を固定化してしまうという危惧がないわけではないが、標準化が無視され形骸化されることによるデメリットの方がはるかに大きいと考えられる。むしろ、標準化による業務の合理化で生まれた余力を創造的な仕事に振り分けていくべきであろう。　　　　　　　　　　　（二神恭一）

→3S

標準生計費 ･･･････････････････････････ I－1

　標準的な生活モデルを設定し、その生活に要する費用を算定したもので、賃金と比較することにより、生活可能賃金か否かの判断に用いられる。

　標準生計費の算定においては、①現実の家計調査により、標準世帯における実態として必要とされる生計費を標準生計費とする方式（実態生計費）と、②標準となる家族人員別の個別購入商品・サービスを設定し、その単価と数量を組み合わせて計算した総額を標準生計費（理論生計費）とする2つの方式がある。実態生計費では、調査対象である世帯が標準としての代表性を持つか、理論生計費では取り上げる商品・サービスの内容に、過不足や標準と言えない価格のものが含まれていないかが検討の的となる。人事院では、毎年、総務省の「全国家計構造調査」、「全国単身世帯収支実態調査」及び「家計調査」に基づき、標準生計費を

算定し、国家公務員の給与勧告を行う参考資料として活用している。また、一般財団法人労務行政研究所からは、「賃金決定のための物価と生計費資料」が毎年刊行されており、こちらでは世帯類型及び都道府県庁所在都市別の標準生計費も調査されている。　　　　　　（大津章敬）

標準報酬 （standard remuneration）
　　　　　　　　　　　････････････････ I－2－A

　厚生年金及び健康保険の保険料及び給付の算定基礎になる報酬をいう。標準報酬月額と標準賞与額からなる。

　標準報酬月額は、労働の対償として受ける賃金及び諸手当の月額について、厚生年金は8万8000円から65万円まで32等級、健康保険は5万8000円から139万円まで50等級のうち該当する額である。標準賞与額は、3月を超える期間ごとに受ける賞与で1000円未満を切り捨てた額である。ただし、厚生年金は1回150万円、健康保険は年度の累計額573万円が上限である。　　　　　　　　（福山圭一）

標準労働時間 （standard working hours）
　　　　　　　　　　　･･････････ I－1, 2－B

　フレックスタイム制が適用される労働者が年休（年次有給休暇）を取得したときに支払われる賃金の算定基礎となる1日の労働時間の長さのことをいう。フレックスタイム制には、始業時刻および終業時刻を労働者の決定に委ねるという特性上、1日の所定労働時間という考え方がないため、年休取得時の賃金を算定するうえでこのような概念が必要となる。労働基準法では、フレックスタイム制を

採用する場合には標準労働時間を含む一定の事項について労使協定に定めなければならないとされている（同法第32条の3第1項第4号、同法施行規則第12条の3第1項）。　　　　　　　　　　（市村剛史）

品質管理→QC

歩合給（percentage pay）……………Ⅰ－2－B
　個人別の売上高、契約高、利益額等の成績に応じて一定割合の賃金を支払う形態。公開された所定の算式にもとづいて経済的報酬を与えることによりモティベーションを高め、自主性の発揮を促すことができる一方で、運用の仕方によっては組織目標よりも個人プレーが重視されたり、成績に直接影響しない業務が軽視されるなど、組織力の低下といった弊害を生むおそれもある。生命保険、自動車、事務機器などの販売職やタクシー運転手などの職種でよく見られる。なお、歩合給などの出来高払制を採用する場合、労働時間に応じ一定額の賃金を保障することが労働基準法上義務づけられている（同法第27条）。　　　　（市村剛史）
→動機づけ

ファイナンス………………………………Ⅰ－2－A
　「finance」とは金銭に関連した用語であり、「金融」、「財務」、「財政」など様々な訳語が与えられるが、「ファイナンス」とそのままカタカナで使用する場合は、多くの場合「個人や企業等の経済主体が金融契約を通じて資金を調達すること」を意味している。金融契約とは、資金不足主体（赤字主体、借手）が資金

余剰主体（黒字主体、貸手）に対して、将来の支払いを約束することで、彼らから資金を受け取る契約のことをいう。
　伝統的に、企業が資金を調達する手段は大きく分けて2つある。一つは、銀行借入や社債発行等、資金を借り入れることで調達する方法である。これを「デット・ファイナンス（負債調達）」という。デット・ファイナンスにおいて、企業は資金を借り入れた相手（債権者）に対して、期限までに約束していた利息を付けて返済する義務を負う。
　もう一つは、株式発行によって資金を調達する方法である。これを「エクイティ・ファイナンス（株式調達）」という。株式の購入に応じた主体は、その企業の株主となる。デット・ファイナンスと異なり、企業は株主に対して事前にどれだけの見返りを与えるかを明示的に約束はしないが、株主には企業が最終的に得た利益を受け取る権利（残余財産分配請求権）が与えられる。　　　　（山﨑尚志）

ファクトリー・スクール（factory school）
………………………………Ⅰ－2－B, Ⅱ－3－A
　産業革命によって工場制生産が普及し、徒弟制の有用性が揺らぐ中で、その代替制度の一つとして登場した人材開発システム。新しい生産方式の担い手、とくに動力付機械や複雑な機械の据え付け、操作、保善の担い手の育成が工場では必要だったが、公的教育ではそうした人材育成がほとんど行われておらず、民間の機械学校（mechanics institute）はわずかで、工場自らが人材育成をしなければならなかった。ファクトリー・スクー

は行

ルの起源には諸説があるが、アメリカでは農業機械メーカーのハウ・アンド・カンパニー（R. Hoe and Company）が1872年に設けたのが最初だという（Bennett, C. A.）。ウエスティングハウス、GE、NCR、フォードなどの著名会社がそれに続いた。

ファクトリー・スクールは当初は徒弟制のようなやり方で運営されていたが、やがて職場での実習と教室での座学のデュアル・システムになり、さらに後年には習得労働者の育成のほか、管理者の発掘・開発、製品品質の改善、無駄・ロスの削減、労働移動の防止などを目的として運営され、さらに労働組合の影響力をそぐというねらいもあったとされる。後年ファクトリー・スクールは生産現場の人材だけでなく、マーケティング、財務・会計、マネジメントなどの分野の人材の育成を行うようになり、コーポレート・スクールともよばれた。（二神恭一）
→徒弟制度

ファジィ理論（fuzzy theory）⋯⋯⋯⋯Ⅰ-1
パソコンやスマートフォンなどのコンピュータ機器の中では、すべてのデータを0と1の2値のデジタル・データで表すので、コンピュータ・システム、データ通信のモデルも0と1を扱う理論（ブール代数）で表現される。

これに対し、ファジィ理論は対象を0と1だけでなく、0と1の中間的値で表現するモデルに対する理論である。例えば、図書館の文献検索システムではキーワードを入力すると、そのキーワードを含む文献のリストが出力される。ブール

代数に基づく文献検索モデルでは、キーワードが文献に含まれているか否かを0と1の2値によって表現したファイルを用いる。これに対し、ファジィ理論に基づく文献検索のモデルでは、キーワードと文献の関連度を0と1の間の数値で表現したファイルを利用する。検索の結果、キーワードとの関連度が高い順に文献のリストを得ることが可能である。

関連度を考慮した文献検索のモデルには、従来の2値を扱うブール代数はそのまま適用できず、別の理論（ファジィ理論）が必要になる。ファジィ理論は画像認識やロボットの制御などの分野のほか、人間の意思決定過程のようなあいまいさを含む過程などの人文科学の分野にも応用されている。（二神常爾）

ファブレス企業（fabless company）
⋯⋯⋯⋯⋯⋯⋯⋯⋯⋯⋯⋯⋯⋯Ⅰ-2-A
自社工場を持たずに、契約先に生産を委ねる企業のこと。近年、グローバル化やネットワーク化を通じて部品の調達コストから生産コストまで比較できるようになり、自社で行うよりも他社を利用した方が低コストで、しかも一定の品質を確保できる仕組みが出来上がった。わが国では、ユニクロのファーストリテイリングが有名である。この現象はグローバル・レベルで日々進化しており、鴻海精密工業など請負先が巨大化する傾向も見られる。（大月博司）
→OEM、ネットワーク、アウトソーシング

フィードバック（feedback）⋯⋯⋯⋯⋯Ⅰ-1
基本的に、情報システムを構成するイ

ンプット⇒プロセス⇒アウトプットという プロセスのアウトプットを評価し、次のインプットに反映させることをいう。ビジネスでは、行動すれば必ず結果が出るが、そうした行動の目標と結果を評価することによって、次の行動につなげることをいう。しかし、部下の行動について、ポジティブな評価とネガティブな評価では異なる反応がでるように、フィードバックが必ずよい結果をもたらすとは限らない。　　　　　　　　　（大月博司）

→動機づけ、目標（による）管理

フィランソロピー（philanthropy）
......................................Ⅰ－2－A
　フィランソロピーの語義は、phil（愛）とanthropy（人類）を合わせて人類愛であり、直接的な利益を求めない個人や企業などによる社会貢献活動のことを意味している。企業フィランソロピーは、企業が、本来の事業活動を離れて、環境、福祉、教育、医療、文化などの分野でコミュニティが抱える社会課題の解決のために経営資源を活用して支援する活動のことを意味しており、金銭的な寄付による社会貢献、及び、製品・サービス・人材などを活用した非金銭的な社会貢献が含まれる。　　　　　　　（永島暢太郎）

→企業の社会的責任（CSR）、メセナ、利他主義

フィリップス曲線（phillips curve）.......Ⅰ－1
　フィリップス（Phillips, A. W.）は、19世紀半ば以降100年間のイギリスのデータを用いて、貨幣賃金の変化率が失業率と逆相関的に変化することを発見した。縦軸に貨幣賃金の変化率、横軸に失業率をとると、両者の関係は右下がりで原点に対して凸の曲線として描かれる。そしてその曲線は横軸である点を横切り、失業率が大きくなるほど漸近線に近づく。この関係を示す曲線のことをフィリップス曲線という。　　　　　　　　（田村　剛）

→自然失業率

フォーディズム（fordism）............Ⅰ－2－A
　ひとまずは米国の自動車メーカーの創業者、フォード（Ford, H.）の経営理念、事業コンセプトを指す。彼は「低価格・高賃金」を謳い、事業による社会への奉仕を旨とし、その実現手段がベルトコンベアを利用した組立ライン（アセンブリライン：assembly line）で特徴づけられる大量生産方式であった。まず製品種類を極力限定した上で、その製品に特化した生産プロセスを構築し全体を統合化する。工場では分業が徹底され、工程を細分化し専用機を使うなどして熟練度の低い作業者でも容易に従事できるようにした。このように流れ作業での迅速な量産と劇的なコスト低減を可能にすることで、自動車等の複雑な耐久消費財の低価格販売と高賃金を実現したのである。

　しかしこの方式は、市場や社会の成熟化とともに矛盾が顕在化して来た。生産性重視のあまり多様化する市場へフレキシブルに対応できず製品の魅力が低下し、また単純作業の反復と管理統制強化への労働者側の不満が増大してきたのである。現在では、これらの限界の見えた米国型大量生産方式は総じて「フォーディズム」と認識されるようになって、課

は行

題克服への議論が活発化し、様々な生産方式が「ポスト・フォーディズム」として試みられた。 （児山俊行）
→ポスト・フォーディズム

フォーマル組織 （formal organization）
....Ⅰ－2－A
　公式組織と訳され、組織目的を達成するために諸活動が相互に関連し合うよう計画的に編成された組織のこと。フォーマル組織は、あらかじめオフィシャルに定められた組織構成要素全体の見取り図のような役割を果たし、通常、組織図や機構図の形で表され、時に社外にも公開される。フォーマル組織に対置される概念はインフォーマル組織（非公式組織）であり、これは組織図上には現れない、仲間や同僚相互の感情や関心によって自然発生的にできた組織を指している。要するに、組織の設計者や管理者が考えるオフィシャルな業務処理の体系がフォーマル組織であるといってよい。
　フォーマル組織は、管理者が組織目的の達成へ向けて、協働意欲を有する各構成員に業務を割り振ることによって分業を行うとともに、それらの間を調整し、統合するための基本的な体系として理解される。フォーマル組織においては、組織の各構成員が担当する職務と責任、職位、権限、職位相互の関係、指揮命令系統、部門間関係、部門責任等が公式的に定義され、明確化されている。
（上林憲雄）
→経営組織、インフォーマル組織、権限

フォーマルな学習vs.インフォーマルな

学習 （formal learning vs. informal learning）..Ⅱ－3－A
　学校教育や企業での人材開発プログラム等は、教室や会社の研修室のような公式に組織化された環境の中で、専門教育や職業訓練など、高度に体系化された学習を、対面式もしくはオンライン方式を用いて行っており、これらをフォーマルな学習と呼んでいる。これに対して、インフォーマルな学習とは、非公式な環境（自らが学ぼうとする場）の中で、学修者の自由裁量に基づく、体系化されていない学習を指している。また、明確な達成目標や綿密な計画がない場合もありうる。例えば同僚や先輩社員との対話や質疑応答から得られる情報や、旅行や出張を通じて得られた知識や情報もインフォーマルな学習に含まれることになる。自分が知りたいこと、検証してみたいこと、習得したいスキル、自己成長につながる気づきや発見、著書・新聞・インターネットから得られる有益な知識や情報、これらすべてがインフォーマルな学習の構成要素である。
　インフォーマルな学習の効果を高めるためのツールの一つとして、学修ポートフォリオ（learning portfolio）があげられる。学修ポートフォリオとは、目標管理（セルフコントロール）をベースとした、効果的な自己評価と自己管理を行うためのツールであり、その主たる目的は学修者の学修成果（learning outcome）を高めることにある。その中身は、学修者自身の自己認知に必要な情報を自己分析・自己診断により明らかにし、過去から現在における個人の履歴（特に学修履歴）を

分かりやすく整理・蓄積したカルテのようなものである。今後はリカレント教育やリスキリング教育の要として、インフォーマルな学習は位置づけられることになる。　　　　　　　　　　（牛窪　潔）
→インフォーマル・ラーニング

フォロワーシップ（followership）
………………………………………………Ⅰ-2-Ａ

　従来の組織論のリーダーとフォロワーの関係は、リーダーが監視監督し、フォロワーが服従同調する関係から成り立っており、フォロワーとは、リーダーが命令統制する組織において、その指示に「服従」あるいは「同調」する者に過ぎず、集団内では、リーダーのつくる「場」が組織の生産性を左右するのであり、フォロワーの意識や態度は組織運営上問題にならないという前提で議論されてきた。

　しかし、現代社会のように、仕事が多様化し高度化した仕事環境では、各フォロワーが個々に仕事内容を吟味し、行うべきタスクを分割し時間を決め、各自がパラレルに動かなければ、仕事が成立しない。

　特に、テレワークの進んだ環境では、リーダーとフォロワーは時間と空間を共有するわけではない。どのようにフォロワーに主体性を発揮させ、創造的に動いてもらうのか、どのように仕事の要求基準、品質基準を明確にするかということを考えるのがリーダーの役割となっている。

　この状況のフォロワーに要求されるのは、監視監督されない状況で、自律し主体的協働をとることができる能力である。このセルフマネジメントできる能力こそが、これからのフォロワーシップであるとも言える。　　　　　（松谷葉子）

付加価値（value added）……………Ⅰ-2-Ａ

　付加価値とは、新しく作り出された富である。企業では、市場から原材料や労働力や各種のユーティリティを調達し、これに新しく価値を付加して再び市場に提供する。企業が外部から購入した原材料やユーティリティは外部購入費用ないしは前給付費用という。これに新しく付け加えられる価値は、企業が変換過程で生み出したものである。これは、賃金、利子、内部留保、税金等として価値の創造に参加した人々に分配される。付加価値は、従業員の生産性の分析と、従業員を含む各参加者への分配の状態の分析のために用いられる。

　付加価値を計算する方法としては、加算法と控除法（引算法）とがある。

　加算法は、日銀方式とも呼ばれ、付加価値が製造過程で積み上げられていくという考え方に基づいている。この方法では、付加価値は、経常利益に人件費、賃借料、減価償却費、金融費用（支払利息、社債利息、割引料、社債発行差金償却・社債発行費償却など）、租税公課（国税、地方税、公的手数料等の賦課金など）を加算していくことによって求められる。この方法で算定された付加価値は、減価償却費を含む場合に粗付加価値、含まない場合に純付加価値と呼ばれる。純付加価値の根底には、減価償却費は、他社から購入した固定資産を減価償却した費用である

は行

481

ため、本来は付加価値に含めるべきでは
ない、という考え方がある。実務上は、
粗付加価値が用いられることが多い。

　控除法は、中小企業方式とも呼ばれ
る。この方法では、売上高から外部購入
費用を控除して付加価値を求める。これ
は、外部購入費用に対してどれだけ価値
が付加されて売上高につながったのか、
という考え方に基づいている。制約理論
（TOC）におけるスループットは、売上
高から直接材料費を控除して求められる
が、これは付加価値の近似値である。外
部から付加価値を計算しようとする場
合、外部購入費用を厳密に特定すること
は非常に難しいので、公表されている付
加価値は加算法によるものが多い。

　このような付加価値は、付加価値率
（売上高に占める付加価値の割合）や付加価
値労働生産性（従業員が生みだした一人当
たりの付加価値）、付加価値分配率（付加
価値が人件費や金融費用、賃借料などの項目
ごとにどのような割合となっているかを示す
数値）などの分析指標に用いられ、企業
が効率的に付加価値を生んでいるかどう
かの分析が行われることになる。

（高橋　賢）

→付加価値分配率、付加価値分析

付加価値分析 （value added analysis）
....Ⅰ−2−A
　付加価値分析とは、企業によって新た
に生み出された付加価値がそれを生み出
すのに貢献した要素に対してどのように
配分されたのかを分析することによっ
て、企業のもつ経営理念の一端を知り、
収益性の改善策立案の手がかりをつかむ

一連の分析を指す。付加価値分析には、
大きく分けると生産性分析と分配率分析
とがある。

　生産性分析とは、付加価値を投入され
た労働力（従業員数）または総資本で除
することで、労働1単位あるいは資本1
単位当たりの付加価値額を求めるもので
ある。労働生産性＝付加価値÷従業員
数、資本生産性＝付加価値÷総資本、と
なる。労働生産性は労働1単位当たりの
付加価値が大きいほど生産性が高い。同
様に、資本生産性は、資本1単位当たり
の付加価値が大きいほど生産性が高い。

　分配率分析とは、付加価値を構成する
項目別に構成比を計算する分析である。
この構成比には、労働分配率（＝人件費
÷付加価値）、金融費用分配率（＝支払利
息÷付加価値）、公共分配率（＝租税公課
÷付加価値）などがある。　（高橋　賢）

→付加価値、付加価値分配率

付加価値分配率 （value added distribution
rate）...Ⅰ−2−B
　企業がアウトプットの産出を通じて創
造した付加価値が、そのプロセスにおい
て直接的・間接的に貢献した諸要素に対
していかに分配されるかを示した指標で
ある。これには、労働分配率（＝人件費
÷付加価値）、他人資本分配率（＝他人資
本利息÷付加価値）、自己資本分配率（＝
税引後純利益÷付加価値）、公共分配率（＝
租税公課÷付加価値）などがある。

（高橋　賢）

→付加価値

不確実性 （uncertainty）......................Ⅰ−1

ナイト（Knight, F. H.）は、確率分布が先験的に与えられる、あるいは過去の頻度から統計的確率を求めることができる「測定可能な不確実性」をリスク、過去の同質的な事例の不足により確率が計算できない「測定不可能な不確実性」を不確実性と呼んで区別し、リスクには保険で対処できるが、不確実性は保険では対処できず、企業の利潤は不確実性を引き受けることで生じるとした。

人がリスクよりも不確実性（曖昧性）を回避しようとする例として、赤あるいは黒の玉が入った壺から取り出した玉の色を当てる賭において、各色の個数が不明な壺よりも各色の個数が同数と分かっている壺に賭ける方が好まれるという、エルスバーグ（Ellsberg, D.）のパラドックスが知られている。期待効用理論の適用には全ての起こりうるシナリオ（状態空間）とその発生確率が必要であるが、確率に曖昧性がある場合には、最悪のシナリオの期待効用を最大化する選択肢を選ぶマキシミン期待効用モデルが適用可能である。さらに事例ベース意思決定理論では、直面する問題と過去の事例の類似度を考え、そのときの選択による帰結の効用を類似度を重みとして全事例について足し合わせた値で選択肢を評価することで、状態空間が未知の場合に対応している。　　　　　　　　　　（熊谷善彰）

→リスク・マネジメント、意思決定

部課制廃止 ……………………Ⅰ−2−A

通常の経営組織において存在する部や課といった単位を廃止し、新たな単位へと再編すること。組織フラット化や組織スリム化の一環として、日本企業では概ね1990年代から2000年頃にかけてよく行われた。

通常の職制として存在する部や課といった単位組織は、職位の階層としては、例えば部長以下、副部長、次長、課長、課長補佐や副課長、係長といったように多くの職位ができることが多く、指揮命令系統が複雑で、管理者の人数も多くて意思決定に時間がかかるという問題点が指摘されていた。このため、例えばトヨタ自動車においては1999年に組織フラット化が断行され、既存の部や課の概念を廃止のうえ室やグループという単位を新設し、「部長−次長−課長−係長」の4層あった管理階層を、シンプルな「部長−室長−グループ長」という3層に編成し直した。

組織のフラット化とスリム化は、用語としてあまり区別されずに使われる場合もあるが、区別する場合には、職位の階層構造における層の数を減少させること、即ちトップとボトムの間に経る階層数を減少させることを組織フラット化と呼び、副部長や副課長、課長補佐といった補助的職位の統廃合を行うことを組織スリム化と称することが多い。

　　　　　　　　　　　　　（上林憲雄）

→フラットな組織

部下の成熟度（maturity of followers）

………………………………Ⅰ−2−A, B

組織のリーダーが目標を達成するためには、部下の成熟度に応じて行動スタイルを変えていくことが求められる。この点に注目したのがハーシー（Hersey, P.）

とブランチャード（Blanchard, K. H.）であり、彼らはSL（Situational Leadership）理論を提案した。部下の成熟度は基本的には「仕事に対する能力」と「仕事に対する意欲」から成り立っており、そしてその成熟度の度合いに応じて、低い（M1）、やや低い（M2）、やや高い（M3）、高い（M4）の4段階の水準が設定されている。

（松原敏浩）

→SL理論、リーダーシップ

副業・兼業･････････････････Ⅰ−1, 2−A, B

　厚生労働省が「副業・兼業の促進に関するガイドライン」を2018年に策定して以降、コロナ禍を経てテレワークの普及が進んだことも影響し、副業を解禁する企業が増加している。企業内制度として、副業の従事時間に制限を設け、制度活用には審査を伴う企業が多い。一方、企業グループ内複業制度を設け、複数の職場で働きキャリアアップを促す企業もある。働く側個人としても、主業副業と仕事の優先順位を設けるのではなく、複数の仕事を並行して遂行する「パラレルワーカー」を志す人が増加傾向にある。

（松谷葉子）

複雑人モデル（complex man model）
････････････････････････Ⅰ−2−A, Ⅱ−2

　シャイン（Schein, E. H.）が組織社会における人間像として提案した独自な人間モデル。経営学の歴史を振り返ると、1910年代の科学的管理法の時代では、自己利益追求をする労働者に対して差別出来高給制が有効であったことから分かるように、経済学が前提とした完全合理的な経済人モデルが用いられた。その後1930年代には、ホーソン実験を契機に人間関係を重視する社会人モデルが優勢となり、人間関係論として結実した。さらに1950年代になると、マズロー（Maslow, A. H.）による欲求段階のある人間の高次の欲求に着目した自己実現人モデルや、サイモン（Simon, H. A.）によって能力や時間の制約から満足意思決定しかできない限定合理的な経営人モデルが提唱された。しかしそれらは、人間の一側面を表したモデルにすぎず、実際の人間を表しているとは言えない。そこで、基本的に合理的だが場合によって不合理な行動をとることがあり、本来自律的なのに時に他律的になることもある、という複雑な側面を有する人間を表す人間モデルとして提示されたのがこのモデルである。確かに、現実の人間は複雑なものだとはいえ、複雑性の程度が不明なうえ、測定可能性の面からその学問的有用性は明らかでない。　　（大月博司）

→シャイン, E. H.、サイモン, H. A.、人間モデル、動機づけ、欲求

福祉作業所→就労継続支援事業

福祉的就労（welfare-to-work programs）
････････････････････････････Ⅰ−1, 2−B

　通常の民間企業等、一般労働市場で働くことが困難な障害者等が、福祉サービスとして就労の機会や生産活動の機会の提供、知識や能力を向上させるための訓練を受けること、あるいは、一般労働市場とは異なる福祉的な就労の場そのものを意味する。障害者総合支援法に基づく

就労継続支援事業や就労移行支援事業の下での就労は福祉的就労に当たる。

福祉的就労の場で障害者等は、福祉サービスの利用者としての地位と、就労者ないし労働者としての地位を併有する。また、利用者の意向によっては、一般就労移行に向けた支援がなされる。

（石﨑由希子）

→就労継続支援事業、就労移行支援事業、障害者総合支援法、障害者

復職（reinstatement）……………Ⅰ−2−B
労務に従事させることが不能または不適当な事由が生じた場合に、労働契約関係を維持しながら就労を免除または禁止することを休職というが、当該休職後に休職事由が消滅または所定の休職期間が満了したときに就労を再開することを復職という。休職制度の代表的なものに傷病休職がある。傷病休職は解雇猶予を目的とした制度であるが、傷病が治癒すれば自社所定の手続きを経て復職することになる。裁判例などでは、治癒したか（就労可能か）どうかが争われるケースがよく見られる。　　　　　（市村剛史）

複線型キャリア………Ⅰ−2−B, Ⅱ−3−B
従業員の専門性を高めたり、組織内に専門職者を形成したりすることを目的として組織内での職種や職務における昇格・異動の道筋が複数に分かれている仕組み。複線型キャリアを盛り込んだ人事管理システムは複線型人事管理制度と称される。

従来の日本企業においては、管理職者となって部下を管理監督することが組織における唯一の道筋（キャリアパス）となっていた。しかし、バブル経済が崩壊した1990年代以降、管理職ポストの不足を補う目的もあり、特定の職種・職務に専念する役割（専門職）を設け、それを新たなキャリアパスとして設定することによって、従業員のキャリアに複数の選択肢を与える日本企業が増加した。

複線型キャリアにおいては、キャリアに対する多種多様なニーズを有する人材に対し、能力の発揮や伸長の場を付与することを通じ、個々の従業員が保有する能力やニーズに合致したキャリアを形成させることが可能になるとされる。従前の画一的な人事制度とは異なり、複数の選択肢を用意することによって多様な人材を管理することも可能となり、従業員自らの意思でキャリアを選択できることから、従業員の主体的なキャリア形成を促進させる利点を有している。

（上林憲雄）

→キャリア開発（企業による）、複線型人事管理

複線型人事管理………………………Ⅰ−2−B
企業の多様な職務を、総合職、一般職、専門職、或いは多様な職群に分け、そのコースを従業員自身に選択させ、そのコースに従って資格の向上や教育訓練を行うキャリア制度である。終身雇用制のもとで管理職を目指し、全員が同じように競争する制度と区別して複線型と名付けられた。

特にこの制度が注目されたのは雇用機会均等法（1986年）の施行である。会社の中枢的・管理的職務に昇進することを

目指した総合職と、定型的な職務で管理職にまで昇進しない一般職に区別し、採用の際に従業員にコースを選択させることにより、多くの女性は管理職にならない一般職として処遇できるようにしたのである。しかし管理職を目指す女性や管理職より専門的な職業の継続を求める青年、中高年齢者で管理職になれないポスト不足現象が増大するのに伴ってキャリア・コースも多様化することになった。また、転コース制が認められていたとしても女性は現実的には管理職になれない場合も多く、男女の雇用格差を解消するには至らなかった。

　複線型人事管理としては、終身雇用制を前提とした一元的な評価基準ではなく、選択したキャリア・コースにより設定された基準を満たすことによってより上位の地位にキャリアを伸ばすことができる専門職制度と組み合わせることにより、女性であっても多様なキャリアを歩むことができるような複線型人事制度に移行した。　　　　　　　（奥林康司）

→キャリア

服務規律 ································ I−2−B

　企業がその目的を遂行するにあたり複数の労働者を共同で労務に従事させるため、職務遂行上またはそれ以外の場面についても、労働者の行動を規律する一定の事項のこと。忠実義務の内容と重なる部分が多いが、服務規律は就業規則（労基法89条1項9号）や労働協約において明示的に定められる規範の総体であり、違反した場合には懲戒対象となることがある。　　　　　　　（小山敬晴）

→懲戒

福利厚生 →企業福祉

福利厚生費 ···························· I−2−B

　福利厚生費には、広義には、法定福利費と法定外の福利厚生費（狭義の福利厚生費）が含まれる。

福利厚生費（広義）
[法定福利費
[法定外の福利厚生費（狭義の福利厚生費）

　法定福利費は、健康保険、介護保険、雇用保険、労災保険等の法律によって定められた従業員の福利に関して事業者が負担すべき諸費用である。税務上、法定福利費は、損金算入が認められるものである。

　これに対して、法定外の福利厚生費は、住宅・家賃補助、昼食補助、従業員のリクリエーション、法定外の各種休暇等に係る法定外の従業員の福利に関して事業者が負担する諸費用である。税務上は、これらの福利厚生費は、必ずしもすべてについて損金算入が認められるわけではないため、実務上、法定福利費と法定外の福利厚生費の区別は重要である。
　　　　　　　　　　　　　（川村義則）

普通職業訓練vs.高度職業訓練（general vocational training courses vs. advanced vocational training courses）··· I−1, II−3 −A

　職業訓練は、習得する技能及び知識の程度によって、普通職業訓練と高度職業訓練に区別される。普通職業訓練の普通課程では、中学校卒業者等又は高等学校

卒業者等を対象に、将来多様な技能及びこれに関する知識を有する労働者となるために必要な訓練が行われる。高度職業訓練の専門課程では、高等学校卒業者等を対象に、将来職業に必要な高度の技能及びこれに関する知識を有する労働者となるために必要な訓練が行われる。高度職業訓練の応用課程では、専門課程の高度職業訓練を修了した者又はこれと同等以上の技能等を有する者を対象に、将来職業に必要な高度な技能で専門的かつ応用的なもの及びこれに関する知識を有する労働者となるために必要な訓練が行われる。いずれも1〜2年にわたる長期の訓練期間が予定されるものであるが、上記の他に、6か月以下ないし1年以下で訓練を行う短期課程も設けられている。

（石﨑由希子）

→職業能力開発促進法

物価スライド制 ……………………Ⅰ−1，2−B

何円何ドルと表示した名目賃金の購買力を維持するために、消費者物価の上昇に応じて賃金も上昇させることを物価スライドと呼び、これを物価上昇に直結して自動的に賃金引上げになるよう制度化した定めをエスカレータ条項あるいはスライディング・スケール条項と呼ぶ。この方式はすでに19世紀半ばに英米で労使紛争の除去を目的に実現し、日本には従価昇降制度の名で紹介された。

引上げの対象となる賃金は一般に基本給のみ。また、自動的に引上げられる賃金は、各人の賃金が全体として物価上昇の率で変わる場合と、低賃金の者が物価上昇率で引上げになる金額を高い賃金の者がその額だけ加算される（つまり低賃金の者のみ実質賃金維持、高賃金の者ほど実質賃金が低下）場合とがある。後者は全員等額の支給であるから基本給引上げでなく、物価手当として支給することが多い。スライドの基準は一般に消費者物価指数だが「何時の物価を何日遅れて賃金に反映させるか」は労使の争点である。普通は物価上昇後に賃金加算となる事後方式で、米国で戦後に長期賃金協約が広く行われた時には3か月ごとに物価上昇分を加算した。あらかじめ物価上昇が予期される時、労働側は事前方式を期待する。1960年代からブラジルでは、国の制度として年度物価上昇見通しの半分を事前に加算したが、インフレ促進として廃止された。日本でも戦後インフレ期にスライド制が生まれたが、生産性上昇分を反映せずとして廃止された。

（孫田良平）

物価手当 ……………………………Ⅰ−2−B

インフレ等による物価上昇時に生活費の負担軽減を目的として支払われる手当。物価上昇時においては、基本給のベースアップを行うことが原則となるが、その場合は物価鎮静時の引き下げが困難となり、また賞与や退職金にも影響することがあるため、手当として支払うケースも多い。その他、賞与において物価手当が一時金として支払われることもある。インフレ手当、物価高支援金などとも呼ばれる。

（大津章敬）

不当労働行為 ……………………………Ⅰ−1

労働組合法は、労使対等で公正な団体

は行

交渉関係を実現する支援措置として、使用者の労働組合に対する不公正な行為を類型化し、不当労働行為として禁止している。不当労働行為としては、①労働組合の正当な行為などに対する解雇その他の不利益取扱い、②労働組合に加入せず、もしくは加入しないことを雇用条件とすること（黄犬契約）、③正当な理由のない団交拒否、④支配介入、⑤経費援助、⑥労働委員会への申立てなどに対する不利益取扱い（報復的不利益取扱い）がある。　　　　　　　　　　（島田陽一）

フラットな組織（flat organization）

……………………………………Ｉ－２－Ａ
　ピラミッド組織と比べて相対的に階層数の少ない組織の形態。組織のトップである社長とボトムとの間にある中間層の階層数が比較的少ない組織を指す。具体的に階層数がどの程度であればフラットな組織と呼ぶかという規定はなく、あくまでピラミッド組織との相対比較における概念である。フラットな組織は、下位層に権限が委譲されており、成員は自律的で、意思決定が迅速であるという特徴をもつ。日本では1980年代後半以降、組織の中間層を圧縮する組織フラット化が盛んに行われた。　　　（上林憲雄）
→権限委譲

プラン・ドゥー・シー（plan-do-see）

……………………………………Ｉ－２－Ａ
　ファヨール（Fayol, H.）により1916年に考案された「計画－実行－確認」のサイクルを回すことが管理することであるとする考え方。マネジメント・サイクル

や管理のサイクルと呼ばれる。具体的には、プランとは、社長が経営目標に沿って戦略を提示し、それに沿った計画を策定して部下に仕事のやり方を指示すること、ドゥーとは、実際に従業員に仕事を割り当て組織化し、指揮・命令を行うこと、シーとは当初の計画と実際に施行された結果とを照合し、その差異を次の計画策定に役立てることを指す。
　経営学の生成した当時は、そもそも管理するには何をなすべきかがわかっておらず、ファヨールによってその具体的内容と過程とが初めて明らかにされた。その後、1950年代以降の米国において、管理という仕事は、これらの構成要素を順繰りに繰り返し行うことであると考えられ、多くのマネジメント・サイクルの在り方に関する研究が展開されることになった。
　今日では、品質管理や業務改善の観点からデミング（Deming, W. E.）により編み出されたPDCAサイクル、即ちPlan－Do－Check－Actの4段階を繰り返しながら業務を継続的に改善する方法が有名で、さまざまな局面で経営実践に用いられているが、そのおおもとになる原型がファヨールによるこのマネジメント・サイクルの考え方であるとみてよい。ファヨールのいうシーの部分をチェックとアクションに分解したのがPDCAサイクルである。　　　（上林憲雄）
→マネジメント、企業目標、企業理念、職能別組織

フリーエージェント（Free Agent：FA）

……………………………………Ｉ－１

アメリカで新しい労働モデルとして注目されており、組織に「雇われない」、そして「雇わない」、つまり組織に縛られない働き方である。ピンク（Pink, D. H.）によれば、フリーエージェントにはインディペンデント・コントラクター（independent contractor）、派遣社員、マイクロビジネス（microbusiness）の3つのカテゴリーがあるという。専門的なスキル・知識を磨きながら、どの会社にも自分を縛り付けることなく、キャリアを積んでいこうとする働き方であり、境界を超えたキャリアでもある。

（二神枝保）

→キャリア、バウンダリレス・キャリア

振替休日（compensatory rest day）
·····························I－2－B

あらかじめ休日として定められた日に労働を行う代わりに、当初は労働日として想定されていた日を休日とすることを指す。労働基準法における振替休日は、出勤する日と、その代わりに休みとなる日が、実際にその日を迎える前に決定されていることが重要になる。これに対して、当初は休日となる予定であった日に急に出勤が発生したことによって、その代わりに事後的に休みを取ることを、代休と呼ぶ。

振替休日の場合、事前に労働する日と休む日の交換が予定されており、「予定されていた日に労働をする」という事実をもって休日の割増賃金を支払う義務は発生しない。対して、休日だとされていた日に、急遽、労働が発生する代休の場合、休日の割増賃金を支払う必要があ

る。　　　　　　　　　　（服部泰宏）

→代休

フリンジ・ベネフィット→企業福祉

ブレインストーミング（brainstorming）
·····························I－2－A

数多くの創造的な代替案を得るための集団討議の手法。1950年代にオズボーン（Osborn, A. F.）によって提唱された。しばしばブレストと訳されることもある。この討議の参加メンバーは、実現可能性や適切さにとらわれることなく、可能な限りたくさんのアイディアを出すことが求められる。この際、他人のアイディアを活用して自分のアイディアを創造・発展させることが推奨される。またその他のメンバーは、評価や判断を控えなければならない。

ただし、全く制約のない議論は生産的ではない。コイン、クリフォードとダイ（Coyne *et al.*（2007））によれば、討議の主催者には、（例えば現在の最大の障害やもっとも急速に変化していることを問うなどの）アイディアを引き出せるような問いを準備することと、発言しやすい人数でサブグループを構成したり、よく発言するメンバーを別の一グループにまとめたりし、メンバーの発言を促進することが求められる。つまり、「適切な制約のある議論の箱」を準備しなければならない。また参加者が同質的であると、常識的な解答しか得られないことにも留意すべきである。　　　　　　　　（日野健太）

フレキシキュリティ（flexicurity）…I－2－A

は行

フレキシビリティ（flexibility）とセキュリティ（security）の2つの用語を結び付けた造語である。柔軟性と保障を両立し、それを実現していくというヨーロッパを中心に広まっている概念である。フレキシキュリティは、先進国が直面するグローバリゼーションという挑戦の中で、柔軟性と保障の2つの次元が矛盾せず、相補的であるという考え方である。フレキシキュリティは、一方で労働市場、作業組織、労使関係における柔軟性を、他方で社会的弱者の雇用保障と所得保障を同時にかつ慎重に高めようと試みる政策戦略でもある。　　（二神枝保）

→オランダ・モデル、ワッセナー合意

プレゼンテーション法（presentation method(s)）······················ Ⅱ-3-A

プレゼンテーションをより良く実施するための方法。発表をプレゼンテーション、または略称であるプレゼンと言い換えることで、意見や情報を効果的に聞き手へ伝えるだけでなく、発信者が望む方向へ聞き手を誘導する意図が含まれることがある。

プレゼン法として、資料作成の面では文字や図表、写真などを表記して紙で配布したり、パソコンやプロジェクター等で表示する方法が一般的である。資料として動画や音楽を効果的に挿入したり、実際の商品や作品を提示する場合もある。資料には過度に情報を盛り込まず、分かりやすくデザインすることが要諦である。

表現面では資料を示しながら口頭や身振りで説明する。自信をもった態度で明瞭に話すことが推奨されるが、敢えて聞き取りにくい表現によって聞き手の集中力を高めさせる方法もある。

構成面では序論、本論、結論の順番で説明する方法や、冒頭に結論を述べて次にその理由と根拠となる事例を挙げた後に結論をくり返すPREP法などがある。

プレゼン法を検討する上で重要なことは、その目的を明確にすることである。また、より効果的なプレゼン法を選ぶためには聞き手の特徴や関心の所在を把握することも重要である。　　（河野憲嗣）

→話術、ノウハウ

フレックス・タイム（flextime）·····Ⅰ-2-B

労働者自らが日々の始業・終業時刻、労働時間を決定できること。これにより、労働者が仕事と生活の都合に合わせて勤務時間を按配することができる。労働者が1日のうちで必ず働かなければならない時間帯（コアタイム）や、自らの選択で労働時間を決定できる時間帯（フレキシブルタイム）を設定することもある。2019年4月施行の労働基準法の改正で、労働時間の調整ができる清算期間が延長され、より柔軟な働き方の選択が可能となった。　　（村澤竜一）

プロアクティブ行動（proactive behavior）
····················· Ⅱ-2

従業員が組織の中で示す広義のパフォーマンスの一部である。具体的には、従業員のパフォーマンスは、(1) 割り当てられた職務を着実に遂行することを指す熟達行動（proficiency）、(2) 環境変化に合わせて対応することに関わる適応行動

(adaptivity)、そして（3）プロアクティブ行動（proactivity）から構成される、という。

このうちプロアクティブ行動とは、個人が組織内において、将来を見越して変化をもたらす目的で起こした主体的な行動を指す。この定義のポイントは、将来を見据えた進取的行動である点、現状に変化をもたらす統制的行動である点の2つである。プロアクティブ行動とは、なんらかの事態が発生した時に事後的に対応するのでなく、そうした事態が起こる前に先手を打つことであり、現状を変える行動である。これはまた、漠然とした危機意識ではなく、これから生じる事態に積極的に対応しようとする明確な意図を含んでいる。プロアクティブ行動に影響を与えるのは、パーソナリティなどの種々の個人特性と組織文化やマネジメントからのサポートなどのコンテクスト要因であることがわかっている。

（服部泰宏）

フロイト, S. （Freud, S.、1856～1939年）

.... Ⅱ－2

オーストリア生まれのユダヤ人、精神科医で精神分析の創始者。ウィーン大学医学部卒業後、開業医になる。ヒステリーの治療に自由連想の手法を用い、治療技術としての精神分析を確立する。彼の研究業績は深層心理学（意識、前意識、無意識）と自我心理学（イド、自我、超自我）に分かれる。ウィーン大学教授として精神分析学会などを設立し多くの弟子を育てる。彼の理論は精神医学・心理学だけではなく、経営学、芸術、宗教に大きな影響を与えた。1938年ロンドンに亡命後死去。　　　　（松原敏浩）

→精神分析

プログラミング..................................Ⅰ－1

計算処理を通じた問題解決を目的として、コンピュータ（計算機）が解釈して繰り返し自動実行可能な命令書としてのプログラムを開発する行為を指す。コンピュータが直接に解釈可能な一連の命令列を定義する言語（機械語と呼ぶ）は、人にはわかりにくく、また特定のコンピュータに依存して流用しにくい。そこで通常は、特定のコンピュータから独立して人にとってわかりやすい抽象的な形で記述可能なプログラミング言語によりプログラムを記述し、それをコンパイラと呼ばれる変換系により機械語の記述に翻訳する。

職業としてプログラミングを担う人材が、プログラマである。プログラマには問題領域の知識に加え、効率よく計算処理を進めるための手続き（アルゴリズムと呼ぶ）や扱うデータの構造、プログラムの記述に至る分析や設計、検証、さらにはコンピュータの仕組みなど様々な専門性が求められる。

プログラミングの発展の歴史は、抽象化の歴史である。コンパイラの登場により人にとって分かりやすく記述可能となったが、依然として「コンピュータをどのように動かすか」という記述である。そこで問題領域を絞り、テキストを添えた図形（モデルと呼ぶ）として高い抽象度で「何を実現したいのか」を表現し、変換規則によりプログラムへ翻訳するモ

は行

デル駆動開発が実現されている。さらに対象を画面操作や典型的なデータ処理等に限定し、流れや対象を視覚的に設定して、テキスト形式のプログラムをほとんど書かずに業務上の必要な処理を実現可能なノーコード・ローコード開発も実現されている。　　　　　　　（鷲崎弘宜）

プログラミング教育〰〰〰〰〰Ⅱ－3－A
　狭義には、問題解決を目的としたプログラムの記述とコンピュータにおける実行を通じた計算処理の仕組みを習得させる教育のことである。これにより学習者自らが、コンピュータの基本的な原理を理解し、特定の目的達成のための手順を検討し、それをプログラムとして表現し、コンピュータ上で実行できるようになる。職業としてのプログラマに加え、デジタル社会の一般市民が広くコンピュータやデータを能動的に活用できるようになることが期待できる。
　広義には、物事の動作や順序を理解し、効率的に意図した動作や結果を導くための記号の組み合わせを論理的に考え、試行錯誤を通じて改善させていく思考力（プログラミング的思考と呼ばれる）、さらにはデジタル社会におけるコンピュータと人のそれぞれが果たす役割や必要な態度などを捉えられるようにする教育を指す。人々が生活の様々なシーンでコンピュータやそれによるサービスと関わりを持つ中で、よりよいデジタル体験と人生および社会づくりを享受および構想するうえで、直接にプログラミングを担わずとも多くの人々にとって、こうした情報や情報技術を活用する能力の教育が

重要である。
　他国にやや遅れつつ日本においても2020年度から小学校でプログラミング教育が必修化され、総合的な学習の時間、さらには算数や理科といった教科における問題解決の中でプログラミング的思考を習得および発揮させる教育が進められている。若年層向けには通常、扱いの容易さから視覚的なブロックの組み合わせにより記述するビジュアルプログラミング言語や環境が用いられる。高等教育や社会人向けには、表現力豊かで複雑なテキスト形式のプログラミング言語が用いられることが多い。　（鷲崎弘宜）
→**プログラミング、デジタル社会**

プロジェクト（project）〰〰〰〰Ⅰ－2－A
　プロジェクトとは、組織にとって具体的かつ特別な目標の達成を目指す事業を指す。プロジェクトには幾つかの特徴がみられるが、その一つは、日常業務つまりある特定の目的を達成するために継続的に遂行する定型的な業務とは独立した、具体的かつ特別な目標が設定されていることである。
　また、プロジェクトは、期限が定められていることが多く、また予算も臨時に計上され遂行されていることが多い点にも特徴をみてとれる。プロジェクトの進捗状況に応じて様々な軌道修正がされるが、原則として期限を迎えれば、目標の達成にかかわらずプロジェクトは終了することになる。
　プロジェクトの期限や予算が予め決められている中、組織にとって具体的かつ特別な目標を達成するために、編成され

その任にあたるのがプロジェクト・チームである。

多くの場合、プロジェクト・リーダーによるイニシアチブの下、例えば、売り上げの改善に向けた商品改良や、事業そのものの見直しなどの完遂が目指されることになる。

プロジェクトは、目標の達成の点から評価できるが、成功事例そして失敗事例の蓄積と組織内で情報を共有することによって、次のプロジェクトの成功確率を高めることができる。　　　（相原　章）
→プロジェクト・チーム、プロジェクト・マネジメント

プロジェクト・チーム（project team）
……………………………………Ⅰ−2−Ａ

プロジェクト・チームは、組織の戦略的課題の完遂に向けて、組織の枠組みや構造上の制約をこえて、各部門・部署の専門性などの強みを生かして編成される組織である。組織内で継続的に活動を行っている他の事業部や、事業部内の職能部門・部署とは独立したかたちで、ある一定の期間に活動を行う自律的組織である。

日常業務を見直すことで対処することが難しい課題に取り組む際には、組織内から異なる職能部門・部署から必要な能力を持った人材が原則として選抜される。

プロジェクトによって異なるが、プロジェクト・チームに参加するメンバーの大半は、日常の業務と兼務していることが少なくない。そのため、所属先の上長、同僚そして部下によるプロジェクト

に対する理解、選抜されたメンバーがプロジェクトに参加している期間の仕事の調整、プロジェクト終了後の所属先の体制づくり等をプロジェクト・チームの編成・活動前に検討しておくことが望まれる。

他方、プロジェクト・チームの活用を通じて、部門・部署の制約をこえたコミュニケーション体制の確立、それに伴う組織内知識の融合等が、またプロジェクトに参加したメンバーが所属する部署や組織全体の活性化も期待される。

（相原　章）
→プロジェクト、プロジェクト・マネジメント

プロジェクト・マネジメント（project management）…………………………Ⅰ−2−Ａ

プロジェクト・マネジメントとは、事業や財・サービスの創出に向けて行う管理活動のことである。達成すべき目標が具体的かつ特別なものであることが多く、また目標が完遂されるまでの期間、予算や人員などのリソースが予め決められていることが多い。そのため、プロジェクト期間内の計画を立案でき、進捗管理を行うことのできる適任者としてプロジェクト・リーダーの選任はもとより、プロジェクト・チームの編成が成否の鍵を握る。　　　　　　　　　　（相原　章）
→プロジェクト、プロジェクト・チーム

プロセス・イノベーション（process innovation）……………………………Ⅰ−2−Ａ

既存の製品や新製品に対する生産工程や製造方法を革新して、生産性の向上を

は行

実現すること。戦後の日本企業は、欧米で開発された新技術・新製品を基盤にして、プロセス・イノベーションを推進することによって、高い成長を実現した。しかし、生産・製造に関連するプロセスは、関連する機能を含めて、一つの企業を超えた拡がりをもっている。そのため、材料や部品の供給企業、完成品を販売する流通企業等を含めた、より総合的な観点からのプロセス・イノベーションが求められるようになっている。

（寺本義也）

→プロダクト・イノベーション、リエンジニアリング

プロセス・マネジメント

（process management）……………Ⅰ－2－A

業務プロセスを意図通りに全うするための手段を表す用語である。企業活動はさまざまな業務から構成されるが、業務自体もさまざまなプロセスから成り立っている。そのため、企業活動を継続するには業務プロセスをそれぞれきちんと回すことが必要である。すなわち、業務目的を明確にし（Plan）、それを実施し（Do）、逸脱があれば是正し（Check）、見直す（Action）といった、PDCAサイクルを回すことが必須である。

一般的に、これがマネジメント・プロセスと呼ばれるが、ビジネスにおけるプロセス問題は、これにとどまらない。環境との関係で、ある適合関係が別の適合関係に移行するプロセスなど、さまざまである。こうしたプロセスが分からなければ、環境変化に組織が適合し続けるのは容易でないため、そのプロセスを意図

的にコントロールすることが求められる。いずれのプロセスでも、それらをマネジメントすることができるほど、環境の変化に対応することができるようになろう。業務プロセスを見直す場合、その成果はそのマネジメント次第で変わってしまう。たとえば、内部統制業務はいろいろなプロセスが連結したシステムであり、各プロセスを適切にマネジメントできれば、その実効性は高まるのである。

（大月博司）

→業務革新

プロソーシャルな行動

（prosocial behavior）………………Ⅱ－2

日本語で「向社会的行動」と翻訳されて使用されることもある。プロソーシャルな行動は大変幅広い概念で、一般に他の人々に対して利益、幸せをもたらす行動全般を指す。

それは対人関係の場面では他者への「援助行動」が代表的である。集団、組織、社会場面では「ボランティア活動」、「協力行動」、「寄付行動」などがその対象となる。特に組織場面ではそこで働く個人の職務に規定されない自発的な行動、「役割外行動」が焦点になり、その場合、組織市民行動（Organizational Citizenship Behavior：OCB）とも重複する。

このようにプロソーシャルな行動は対象者が弱者だけでなく、対等で相互依存の関係にあるもの、組織・団体などに対しての行動も含んでおり多様である。それは多くの場合、自分自身の幸せを願うよりも他者の幸せを願う行動であり、「利他主義」などとの関連が指摘されて

いる。

この分野の現象の解明は社会学、心理学などからアプローチされており、どのような人が、どのような場面でそうした行動を起こしやすいか、また抑制されやすいか、その原因及び結果のプロセスが検討されている。例えば、組織でのプロソーシャルな行動は職務満足、組織コミットメントなどに結びつくと言われている。 （松原敏浩）

プロダクト・イノベーション（product innovation）……………………… I−2−A

新たな科学・技術の原理を用いたり、既存の原理の革新的な組み合わせによって今までにない製品やサービスを創造すること。一般的に産業の成長期には、新製品開発を中心としたプロダクト・イノベーションが中心的な役割をはたす。しかし、近年では市場の成熟化に伴って、製品の価格や品質・機能だけでなく製品のもつ「意味」（コンセプト）が問われるようになっている。そのため、製品やサービスを新しく創造する際の基本的な考え方としてのプロダクト・コンセプトの革新性が重要な要素となっている。

（寺本義也）

→プロセス・イノベーション

プロダクト・ポートフォリオ・マネジメント

（Product Portfolio Management：PPM）

……………………………… I−2−A

1970年頃ボストン・コンサルティング・グループ（BCG）の創業者ヘンダーソン（Henderson, B. D.）らが開発した経営戦略理論。BCGのPPMでは横軸に相対的市場シェア、縦軸に成長率を計数で表現したチャートに製品や事業をプロットし、それらの戦略的位置を問題児、花形商品、金のなる木、負け犬と分類する。その理論的背景として、①横軸は経験曲線理論によりマーケットシェアの戦略的価値とコスト・価格・利益性の動態を関係づけ、②縦軸はライフサイクル理論により成長率、競争リスク、キャッシュフローなどを関係づける。これは競争戦略に影響を与える多くの動態的要素を2つの理論的関係を通じて1枚のチャートに包含する画期的コンセプトで、しかも製品や事業の戦略的位置づけがビジュアルに表示される実用上の面白さも相まって、PPMは経営者が実践的に使える初めての戦略ツールとして世界的に広まった。その後BCGのPPMに対しては、理論が単純化され過ぎている、製品の市場分類を恣意的に変えるとPPM上の位置が変わる、事業間のシナジー効果が見えない、新製品開発の方向性までは示してくれない等の不満や飽きが出て次第に使われなくなった。しかし、それまで経営者が勘に頼って判断していた競争の動態を一つのチャート上でこれほど総合的に説明することを試みた理論はいまだに少なく、批判や限界を知った上で学ぶ限り今日的価値は大いに残っている。

（三枝　匡）

ブロックチェーン ……………………… I−1

ブロックチェーンは「分散型台帳技術」とも呼ばれる「取引情報を記録する仕組み」である。まず、取引記録を「ブロック」と呼ばれる容れ物に格納する。

は行

495

次に、新たな取引が生じた場合に、新しいブロックに記録するとともに、取引順にブロックをチェーン状に連ねていく。チェーン化されたブロック（取引記録）は、集中管理ではなく、ネットワークに接続された端末の間で共有されることから、分散型台帳技術と呼ばれる。当初は暗号通貨を支える技術として注目されたが、今日では「その内容が、個人・組織・国家機関などによって任意に変更されては困る」ようなデータを適切に管理する技術として期待されている。具体的には、行政書類や企業の財務情報や環境報告書などの管理や公開等を通じて持続可能な発展に寄与できると考えられている。　　　　　　　　　　　（古賀広志）

プロティアン・キャリア（protean career）
....Ⅱ−3−B
　ホール（Hall, D. T.）が提唱したキャリアの概念である。プロティアン（protean）という言葉は、ギリシャ神話に登場するプロテウス（Proteus）という海神に由来する。プロテウスは、予言能力と自らの姿を自由に変身させる能力をもつ。こうしたことから、プロティアン・キャリアとは、組織環境の変化に適応しながら、自ら姿を変えるような、変幻自在なキャリアをさす。
　プロティアン・キャリアでは、人びとは自分自身のキャリア・ヴィジョンや価値体系に基づいてキャリア・パスを探求し、主観的キャリアを形成する。究極の目標は、心理的成功（psychological success）である。それは、人生における自分の最も重要な目標を成し遂げることに

よって得られる誇りや達成感である。プロティアン・キャリアを形成するにあたって、適応力とアイデンティティの学習が重要な能力になる。　　　（二神枝保）
→キャリア

プロティアン・キャリアの形成（forming a protean career）................Ⅱ−2, 3−B
　個人の成長や自己実現、幸福追求のために、自分自身を雇用環境の変化に柔軟に適応させながら成長していくキャリア形成のこと。1976年にアメリカの心理学者ホール（Hall, D. T.）によって提唱された概念。
　昨今のニューノーマル時代のなかで、個人は自分に合った生き方を選択できるようになった。またプロティアン・キャリアは、会社が予め定義したジョブ（職務）に基づいて必要人材を採用するジョブ型雇用とも相性が良いといわれている。　　　　　　　　　　　（吉田　寿）
→プロティアン・キャリア

プロデューサー（producer）....Ⅰ−1, 2−A
　分業によるものづくり全般を統括し、市場との融合を図るのがプロデューサーである。資金調達、作品・製品の企画・デザイン、部品・人材の設計及び調達、完成品の販売・流通に至るまで全ての責任とリスクを負う。クリエイティビティとビジネスセンスを礎として、リーダーシップにより周囲を巻き込み、付加価値を高めていく。20世紀初頭にバレエリュスを率いたディアギレフ（Diaghilev, S.）はプロデューサーとして名高く、同時代の芸術諸要素（音楽、美術、舞踊、文

学、デザイン、ファッションなど）を融合
させ、新たな舞台芸術市場を創造した。

（大木裕子）

→プロデュース、創造性、リーダーシップ、
　創造的組織、イノベーション

プロデュース（produce）………Ⅰ−1，2−A
　プロデュースとは現場の人材・技能・
知識をもとに、時代に即した製品レベル
と競争力、収益力を維持するためのシス
テムとして機能させることである。アー
トにおけるプロデュースの重要性は広く
知られるところだが、近年ではビジネス
モデルをデザインするといったビジネス
におけるプロデュースも注目される。プ
ロデューサーの育成が必要とされている
と同時に、プロデュースするプロセスが
人材育成につながる側面もある。

（大木裕子）

→プロデューサー、コンテンツ産業、創造
　性

プロフェッショナリズム（professionalism）
……………………………………Ⅰ−1
　プロフェッションと呼ばれる職業にふ
さわしい理念、倫理感、態度、行動等を
いう。
　医学、法曹等に象徴されるように、プ
ロフェッションには、公益への奉仕、高
度な専門能力、公平性、独立性等が要求
される。プロフェッショナルの社会的地
位と排他的権限は、これらの職業上の要
求と切り離すことができないものであ
る。専門経営者も、その影響力が増大し
た今日、社会的責任を自覚し、高い倫理
感に基づいた行動をとることが期待され

ている。　　　　　　　　　（太田　肇）

→プロフェッション

プロフェッショナル（professional）……Ⅰ−1
　職業社会学上、典型的なプロフェッ
ショナルとは、つぎのような特徴を備えた
職業に就く者をいう。①長期の教育訓練
によって獲得された専門的知識・技術を
用いる仕事に従事する職業である。②サー
ビスの提供に当たっては、プロフェッ
ショナルとしての倫理的規範に従うこと
が求められる。③これらの能力的および
倫理的基準を維持することを目的とし
た、職業団体が存在すること。④このよ
うな専門性、倫理性を保証する内的規制
の存在を前提に、専門の領域において独
占的権限が与えられる。上記のような特
徴を備えた職業として、医学、聖職、法
曹、科学などがあげられている（太田
(1993)）。
　上記のような典型的プロフェッショナ
ルは病院、弁護士事務所、研究所など
「専門職組織」に所属するのが通例であ
る。
　一方、企業等の「非専門職組織」に属
する人々の中で多少なりとも上記の特徴
を備えた職種としては、研究者、技術
者、デザイナー、法務従事者などがあげ
られる。その多くは総務省の職業分類に
よれば、「専門的・技術的職業従事者」
に含まれる。
　なおプロフェッショナルに類似した名
称に「スペシャリスト」があるが、スペ
シャリストは限られた専門領域の仕事に
従事する者であり、プロフェッショナル
とは区別される。

は行

技術や知識の高度化・専門化にともない、社会的にも、また組織内でもプロフェッショナルへの期待は大きくなっている。一方でプロフェッショナルの多くは知識・能力の汎用性、社会的責任、組織横断的な専門家社会への帰属などの理由から、所属組織への帰属・コミットメントは限定的なものになる。したがってプロフェッショナルを雇用する組織には、一般従業員とは異なる独自のマネジメントが求められる。　　　　　（太田　肇）
→プロフェッション、プロフェッショナリズム、スペシャリスト

プロフェッション（profession）‥‥‥‥ I－1
　一般にプロフェッションと呼ばれるのは、次のような要件を備えた職業である。①長期の専門的な教育訓練によって獲得された体系的知識・技術を用いる職業であること、②私的利益だけではなく、公益への奉仕を目的とした職業であること、③その目的を達するため、公に認められた排他的権限が付与され、一定の独立性と自律性が備わっていること、④プロフェッショナルによって構成される専門家団体（professional association）が存在し、仕事上必要な能力水準の維持や倫理的規範の遵守に貢献していること。
　最も典型的なプロフェッションは、医学、聖職、法曹、科学等であり、これらは、「完全な」（full-fledged）プロフェッションと呼ばれる。これに対して社会事業、看護等の職業は、「半」（semi-）プロフェッションと呼ばれ、区別されることがある。
　このように職業社会学上厳格に定義されたプロフェッションとは別に、産業界にはさまざまな専門的職種が存在する。ある程度の理論的基礎を備え、かつ汎用性のある専門的知識・技術を用い、専門家社会による何らかの評価システムが働いている職業を、「企業内のプロフェッション」（industrial profession）と呼ぶことができよう。研究者、情報処理技術者、デザイナー、建築士等が代表的であるが、法務、特許など事務系ホワイト・カラーの一部職種もこれに含まれる。
　　　　　　　　　　　　　（太田　肇）
→プロフェッショナリズム、スペシャリスト

文化芸術基本法‥‥‥‥‥‥‥‥‥‥‥‥ I－1
　芸術・文化が社会的役割を十分に果たすことができるような基盤整備を目指して、文化芸術の基本理念や意義、振興に関する基本方針を定めた基本法（2017年）である。基本法の制定を求める背景には、「基本的人権としての文化権の確立を図りたいとする理念論と、芸術文化への支援の根拠を得たいという実利面」（根木（1999））があった。基本法は文化芸術そのものの振興に加え、観光・まちづくり・国際交流・教育・産業等関連分野を取り込み、活動を行う者の養成・確保と自主的な活動を促進しつつ、文化芸術の継承、発展、創造につなげていくことの重要性を示している。　　（大木裕子）
→文化政策

文化政策‥‥‥‥‥‥‥‥‥‥‥‥‥‥‥ I－1
　文化政策（cultural policy）とは、豊かで魅力のある社会を創造するために、文

化や伝統の創造と発展を期して、後世につなぐことを課題とした公共政策である。伊藤裕夫は「人びとの精神的活動を促進（あるいは統制）し、そうした文化的成果の共有と蓄積を推し進めることで、私たちの暮らす国なり地域社会のあるべき文化イメージ−国民・市民によって習得・共有・伝達される行動様式や生活様式−を形成していくこと」と定義している。

我が国の20世紀前半までの文化政策は、国民の文化的統合や国家的栄光といった政治的色彩の強いものであったが、第二次大戦後には表現の自由に基づく芸術活動振興や文化財保護を軸とする文化政策が確立された。文化政策は、多様な文化的成果を生み出している芸術家、芸術団体、職人などを支え、いかに次世代に残していくかの合意形成のしくみを明確化していくものである。文化の担い手を育成するためにも、文化産業を発展させることが不可欠であると同時に、職業としての魅力や、訓練の場となる普及品市場の創造といった課題も含め、文化への波及という側面までを広範に考慮する必要がある。　　　　　　　（大木裕子）
→文化芸術基本法、アートマネジメント

分権化（decentralization）..............Ⅰ−2−A

集権化（centralization）に対置される概念で、組織のトップ・マネジメントに集中している権限をより下層へと委譲すること。集権的な組織では、意思決定の権限が上層部の一部の個人もしくは少人数の集団に限定されているが、分権化された組織の下ではそれを下位者に委ね、下位の管理者層のみならず一般従業員も同様に何らかの意思決定が行えるようになっている。

分権化のメリットは、下位の管理者や一般従業員の意思決定における自由裁量余地や自律的行動が増し、彼（女）らのモチベーションが向上することである。デメリットとしては、上位層による統制が緩くなり、とりわけ委譲される側の仕事能力が不十分である場合には所期の成果を上げることができなくなることである。

集権化された組織では、階層数の多いピラミッド型組織の形態が設計されるが、分権化された組織では、相対的に階層数の少ないフラットな組織が設計される。組織を集権的にするか分権的にするかの判断は、環境変動に伴う対応をどの程度の頻度で行うか、組織の最終アウトプット（製品やサービス）を産出するまでの過程においていかに厳密性が要請されるか、どの程度の能力を組織成員が有しているか、トップが従業員をいかに信頼しているかといった点に依存している。　　　　　　　　　　　（上林憲雄）
→集権化、フラットな組織、ハイアラーキ、権限

分散処理システム ....Ⅰ−2−A

「分散システム」とも呼ばれる。ネットワークで接続された複数のコンピュータが分担し合いながら一つの作業を行うこと。大型の高度な技能を有するコンピュータであっても、一台が有する処理能力には限界があるため、一台のコンピュータの処理能力を高めるのではなく、複

数台のコンピュータで作業を分担し合うことにより、一台のコンピュータで行うよりも作業能力を高めることが目的である。

分散処理システムのメリットとしては、複数台のコンピュータにより作業分担を行うので、作業を担うそれぞれのコンピュータに対してコストをかけず、一台で行うよりもより広範かつ高度な作業を迅速かつ正確に行うことが可能となることが挙げられるが、その一方で多数のコンピュータが作業に関わるがゆえに、その管理やセキュリティ対策が複雑になるというデメリットも存在する。分散処理システムの種類には、メインフレームが重要な作業を担うなど、それぞれのコンピュータで重要度の異なる役割を担う垂直型分散システム、同じ作業をそれぞれ分担し合う水平型分散システム、各々のコンピュータが自律的に機能し合い、一つの作業を遂行する自律分散システムの3つが存在する。　　　　（大野貴司）

分社化 ······························I−2−A
会社が事業部門や本社機能の一部を切り分けて、独立した子会社を設立することをいう。法的には、大きく分けて事業譲渡と会社分割の手法がある。子会社は、機能子会社と事業子会社に区分される。機能子会社は、企業グループの中で本社管理部門と同等の役割を担うことを期待される。たとえば、経理や人事、総務などの機能をグループ本社から切り出して分社化するケースが相当する。一方、事業子会社は、事業部制やカンパニー制よりも独立性を高めたもので、分権

化を徹底し、収益化が期待される。
　　　　　　　　　　　　（齊藤　博）
→組織形態、事業部制、カンパニー制、関係会社・関連会社、権限委譲、リエンジニアリング、リストラクチャリング

文書募集 ······························I−2−B
職業安定法は労働者の募集に関して定めている。文書による募集は「新聞紙、雑誌その他の刊行物に掲載する広告または文書の掲出もしくは頒布による労働者の募集は、自由にこれを行うことができる」とされる。今日ではインターネットの普及に伴い、求人しようとする企業が自社のホームページに募集記事を掲載し、求職側がアクセスする募集方法も文書募集の一つである。　　　（花岡正夫）

ペアプログラミング ······················I−1
品質向上や知識共有を目的に、職業としてのソフトウェア開発者やプログラマが2名一組で、一つのコンピュータを用いてプログラムを作成する行為を指す。教育的な活用も見られる。ペアの一方がプログラムを記述し、その間にもう一方はプログラムのチェックや助言、調査、試験内容や文書の作成などに取り組む。前者の役割はドライバ、後者はナビゲータと呼ばれ、偏らないように一定時間による交代が推奨される。

明確な規範や標準が共有されていない場合に、プログラマが個別に作成したプログラムはしばしば属人的で複雑となりがちである。ペアで取り組むことにより、他者にとって分かりやすいプログラムを、常にチェックを受けながらより正

確に作成することを期待できる。またペア相手を組み替えていくことで、それぞれのプログラムの内容や背景にある考え方を個人に閉じずチーム全体で共有でき、チームの一体感も生まれる。

人数を3名以上に拡張した場合はモブプログラミングと呼ばれ、理解共有が特に必要な場合や、複雑な問題を扱う場合などに用いられる。また、プログラムを生成・補完・検証可能なAIを相手として対話的に開発を進める場合、ある種の人とAIのペアプログラミングを実施していると捉えられる。　　　（鷲崎弘宜）

平均賃金（average wages）……Ⅰ－1，2－B
一部門、一企業、特定の産業または国民経済全体といった一定の集団における賃金の平均値をいう。平均賃金は、企業の労務構成や毎年の昇給等によって変動するものであり、必ずしも当該集団における賃金水準の実態を表すとは限らない。また、対象となる賃金の範囲（たとえば所定外の月例賃金や賞与などを含めて算出されているか等）にも留意しなければならない。なお、労務管理の実務で使われる労働基準法上の平均賃金（同法第12条）とは別の概念であり、注意を要する。　　　（市村剛史）
→**賃金水準**、ベースアップ、賃金体系

ベースアップ（base-up／raise of scheduled earnings）……………………………Ⅰ－2－B
ベースアップ（ベア）とは、従業員全体を対象として賃金水準を一律に引き上げることをいう。基本給テーブルを設けている企業の場合は、一定の率または額を上乗せして書き換えることにより行う。インフレ等の外部環境変化への対応や企業収益の還元などを目的として高度経済成長期には積極的に実施されてきた。近年はデフレ経済の影響や企業業績の悪化、実力主義の賃金制度への転換などを理由にベースアップを見送る動きが見られ、2020年のトヨタ自動車のベアゼロの発表は話題を呼んだ。その後、政府や企業において日本の低賃金水準がテーマとして取り上げられるに至り、ベースアップの必要性が改めて論じられている。　　　（市村剛史）
→**定昇**（定期昇給）、安定賃金制度

ペスタロッツィ，J. H.（Pestalozzi, J. H., 1746～1827年）…………………………Ⅱ－2
スイス・チューリッヒの内科医の家に生まれた教育家で、「マニュアル・トレーニングの父」とよばれ、欧米の貧しい子どもの教育や実務教育に多大の影響を与えた。ペスタロッツィはジュネーブ出身のルソー（Rousseau, J. J.）の自然と経験を重んじた『エミール』の教育論に共鳴し、ベルン郊外に近隣の村の貧しい子どものため自然に直結した教育施設、ノイホーフを開設したのを手始めに、試行錯誤しながら、ペスタロッツィ独特の教育哲学と教育法を練り上げた。マニュアル・トレーニングこそが脱貧困の、また人間的成長の道だとした。また彼は子どもの育成には「ことばではなく、物事から入るべき」だとし、物事を描写する製図教育を重視した。チューリッヒ中央駅近くの小さな広場には彼の銅像がある。
　　　（二神恭一）

は行

501

→マニュアル・トレーニング

ベッカー, G. S. (Becker, G. S.、1930〜2014年) ················· Ⅱ-2

米国の経済学者で元シカゴ大学教授。ベッカーは、差別、教育、家族、犯罪といった市場経済以外の対象に対してもミクロ経済学による分析が可能であることを示し、経済学の研究対象を従来は社会学、教育学、法学などの他の社会科学分野で扱われていたテーマを含む領域にまで大幅に拡大させた。これらの業績によって、1992年にノーベル経済学賞を受賞した。経済学的観点から教育の意義を投資として再定義した人的資本論は、その後の教育経済学や経済成長論を中心とした幅広い分野に大きな影響を与えている。　　　　　　　　　（友利厚夫）
→ミクロ経済学、教育の経済学、人的資本

別居手当 ··························· Ⅰ-2-B

会社の命令によって転居を伴う異動が行われる際に、家族を同伴できない単身赴任者に対して支払われる生活補助的な手当。単身赴任手当ともいい、固定額を毎月支払うことが多い。①家族との別居によって勤務地で別の生計を営むことによる生計費の増加を補うこと、②家族との別居生活による精神的な負担を補償することの2つの目的を持ち、この支給により、転勤命令の円滑な実施を図る。別途、定期的に帰省旅費を支給するケースも多い。　　　　　　　　　（大津章敬）
→基本給

ヘックマン, J. J. (Heckman, J. J.、1944年〜) ·················· Ⅱ-2

シカゴ生まれで、1973年から現在までシカゴ大学に在籍し、1977年から教授になった。2000年にノーベル経済学賞を受賞した。専門は経済学だが、様々な分野にまたがる学際的手法で、不平等、社会移動、差別などの社会経済問題の原因を明らかにし、どのようにすれば解決できるかについて研究してきた。近年は、成人してからの社会的成功のためには、幼児期の子どもの認知力だけでなく、非認知力向上のための教育が重要であることを実証的に明らかにするなど、教育経済学の分野でも大きく貢献した。

（二神常爾）

ヘッドハンティング (head-hunting) ···························· Ⅰ-2-B

ヘッドハンティングとは、本来は、企業が要望する人材（主にエグゼクティブクラスの役員や経営幹部）の依頼を受けて、その条件に合った人材を他社から探し出し、条件交渉から入社に至るまでのコンサルティングを行うことによって、成功報酬を得る人材紹介業の中の一分野である。

ヘッドハンティングは、別名エグゼクティブサーチング（executive-searching）とも呼ばれ、欧米ではエグゼクティブクラスの人材を対象とするが、日本のヘッドハンティングの対象は、エグゼクティブクラスから部課長クラスまで幅広い。

ヘッドハンティングは、依頼主の企業と対象となる人材候補者とその人材を探し出すヘッドハンティング会社との3者構成により成り立つ。

通常、このような場合は、依頼主企業をクライアント、対象となる人材候補者をキャンディデート、人材を探し出す人をヘッドハンターまたはエグゼクティブサーチと呼ぶ。

ヘッドハンティング料金は、対象となる候補者から得ることはなく、依頼主の企業から得る。　　　　　　（丹羽浩正）

→有料職業紹介事業

変革型リーダーシップ（transformational leadership）……………………Ⅰ−2−A

変革型リーダーシップは現在のリーダーシップ理論の中で最も影響力の強い理論の一つである。この理論を最初に理論的に提案したのは政治社会学者であるバーンズ（Burns, J. M.）である。バーンズは変革型リーダーシップにはミクロなレベルのリーダーシップとマクロなレベルでのリーダーシップがあるとした。前者はリーダーと部下との対人的な影響過程が基本的な問題になるのに対して、後者はシステムないしは制度の変革、組織改革が焦点になる。前者は主として心理学者、後者は経営学者の関心事である。

組織心理学者バス（Bass, B. M.）の変革型リーダーシップ理論はカリスマ型リーダーシップとバーンズの変革型リーダーシップ理論を統合し、あわせてその実証的研究を志向したものである。バスはリーダーシップのタイプとして、バーンズと同様に変革型リーダーシップと交換型リーダーシップとを区別する。

両タイプとも目標達成という点においては共通であるが、目標達成のために部下の努力を活性化させるプロセスにおいて異なっている。交換型リーダーシップではその基本的特徴は部下への外的報酬を前提としたリーダーと部下のギブ・アンド・テイクの交換関係である。一方、変革型リーダーシップは「部下への使命感の伝達」、「ビジョンの内在化」、「部下の努力への内発的強化」などが問題になる。そしてその基本的特徴は「集団、組織、または社会のために部下が自己の個人的利害を乗り越えていくように動機づける」というところにある。

バスにおいては交換型リーダーシップと変革型リーダーシップは排他的なものではなく、変革型リーダーが同時に交換型リーダーであることも可能である。バスは変革型リーダーシップが有効性を発揮するためにはそのリーダーの交換型リーダーシップも効果的であることが必要であるとしている。例えば、著名な政治家を例にとれば、ルーズベルト（米32代大統領、Roosevelt, F. D.）は変革型かつ交換型リーダーであったという。

バスは変革型リーダーシップの構成要素として①カリスマ、②鼓吹的動機づけ、③知的刺激、④個人的配慮の4因子（後にカリスマを2つに分けて5因子）とした。そしてそれらを測定する尺度を開発している。変革型リーダーシップは交換型などの他のリーダーシップと比較してその有効性が実証されている。また、変革型リーダーシップの能力開発の試みもなされている。　　　　　　（松原敏浩）

→リーダーシップ、PM理論

変形労働時間制（modified working schedule）……………………Ⅰ−2−B

は行

変形労働時間制とは、一定期間内の労働時間が法定労働時間の総枠の範囲内であれば、忙しい日や週の所定労働時間を長くし、反対に、忙しくない日や週の所定労働時間を短くすることにより、労働時間を弾力的に決めることができる制度を言う。一定期間内の所定労働時間を平均し、1週間当たりの労働時間が週の法定労働時間（原則40時間）を超えなければ、その期間内の特定の日や週において、法定労働時間を超えて労働させることができる。

変形労働時間制の種類としては、①1か月単位の変形労働時間制、②フレックスタイム制、③1年単位の変形労働時間制、④1週間単位の非定型的変形労働時間制の4つがある。

原則の法定労働時間では、実態に合わない場合を念頭に置き、融通をきかせることにより全体として労働時間短縮を図る目的で採用された制度。変形労働時間制を採用するためには、労使協定の締結や就業規則に定める等の措置が必要。

（鈴木寿信）

→法定労働時間

変則始終業時刻制（flextime）……Ⅰ-2-B

労働基準法にもとづく勤務制度であり、1か月以内の期間で定める一定の単位期間に働くべき総時間数を労使が事前に決めておき、その範囲内で、毎日の始業時間と終業時刻を各社員の自由裁量に委ねるという勤務制度である。実際には、「朝は○時から○時の間に、午後は○時から○時までの間に退社、そのうち○時から○時までをコアタイムとする」というように、社員が必ず勤務しなければならないコアタイムを設定し、その範囲内において自由な時間帯の選択を認める、という形で運用されることが多い。

（服部泰宏）

→フレックス・タイム

ベンチャー企業（venture）…………Ⅰ-2-A

中小企業の1類型で、その特徴は、①企業家精神（entrepreneurship）が旺盛でリスクをいとわない経営者に率いられ、②独自性と対競合優位性が明白な製品・サービスを武器に、③他企業よりも短い時間軸で成功することを狙って戦略的に事業展開を図る企業である。成功の暁には大きな創業者利益を得る反面、途中で挫折に至るリスクも高く、それがベンチャーと呼ばれる所以である。

そのリスクに対してベンチャー経営者がとりうる対策には、①先行投資の赤字が予想外に膨らむ事態に備えてあらかじめ十分な資金を調達しておく、②戦いを自社の体力に見合った市場セグメントに絞り込む、③社内に経験豊富な一流の人材を配置する、④事前のデータ集めと戦略作りを十分に行う等がある。

経営者がこれらのリスク対策をきちんと実行する「戦略意識」をもっているかどうかはベンチャーの成功にとって最大の基礎的要件である。米国では学歴、技術水準とも一流の人材が大企業や有名大学からスピンオフし、最先端ハイテク技術分野でプロ経営者と組んでベンチャー企業を創業することが多い。華々しい成功物語も多く、ベンチャー企業は米国の重要な経済活性化要因であり、また若い

経営者を育成する場になっている。米国に比べ日本にはベンチャー企業は少ないが、大企業の雇用形態が崩れ高学歴・高技術水準の人材が独立志向になれば本格的なベンチャー時代が到来する可能性はある。　　　　　　　　　　　（三枝　匡）

→インキュベーター、ベンチャー・キャピタル

ベンチャー・キャピタル（venture capital）
....Ⅰ－２－Ａ

資産家や機関投資家から資金を預かりベンチャー企業に投資する専門家集団または企業をベンチャー・キャピタル（VC）という。先端技術や未開拓の市場等のベンチャー企業には不確定要素が多いため、通常の金融機関では融資しにくいが、その初期の研究開発期の資金は将来の成功のカギでもある。このようなハイリスク・ハイリターンな投資を専門的に行う。最も一般的な形態では投資家が期間10年の投資事業有限責任組合（limited partnership）を形成し、VCはその組合から毎年活動経費を受け取って投資活動や投資回収にあたり、投資先企業の株式公開等でキャピタル・ゲインが得られればその一部を成功報酬として受け取る。VCがハイリスク投資で良好な投資成績を出すには投資対象企業の事業リスクや将来性を読みとる選定眼が重要になる。

VCの構成員であるベンチャー・キャピタリスト（venture capitalist）は技術、生産、マーケティング、組織、戦略策定等、企業経営全般について豊富な知識と経験を求められ、投資先企業の成功や失敗の事例を積み重ねることで技量を上げていく極めて専門性の高い職業である。米国では練達した企業経営者がベンチャー・キャピタリストに転じたり、キャピタリストが投資先企業の取締役に就任して経営の指導監督にあたったりすることも珍しくない。

米国のVCの歴史は1946年に始まるが、VCの資金量はシリコンバレー等に代表されるハイテク産業の台頭と共に1980年頃から急拡大した。日本でも1980年代以降100社を超えるVCが設立されたが、創業間もないベンチャー企業への投資が少ないことや優秀なキャピタリストの養成が重要課題になっている。
　　　　　　　　　　　（三枝　匡）

→キャピタル・ゲイン、ベンチャー企業

包摂→インクルージョン

包摂的成長（inclusive growth）.....Ⅰ－２－Ａ

包摂的成長とは、すべての人びとに対して機会を提供し、その成果が社会に公平に配分されるような経済的成長である。多くのOECD諸国が経験した所得と機会の拡大する格差を縮小するために、OECDは包摂的成長のイニシアティヴをとってきた。OECDの報告書『すべての人びとに機会を：包摂的成長に関する政策措置の枠組み』では、人間中心の成長モデル（people-centered growth model）を提案している。すなわち、成功の基準は、国民1人当たりのGDPではなく、ウェル・ビーイングであるというモデルである。この人間中心の成長モデルにおいて、すべての人びととは生い立ちや血統

は行

などにかかわらず、成長に貢献し、公正な利益配分を享受できる。包摂的成長は、SDGsにおいても重要な概念であり、グローバルに共鳴される最優先課題となっている。　　　　　（二神枝保）

→SDGs、インクルージョン、ディスアビリティ・インクルージョン

法定外休暇（non-statutory leave）
....I−2−A

　法律上、一定の要件を満たした労働者に付与することが義務付けられている法定休暇とは異なり、企業それぞれの制度設計に基づき付与される休暇。特別休暇と呼ばれることもある。有給とするか無給とするか、付与日数を何日とするか、また、取得要件・取得手続、名称をどうするかについても、各企業の判断に委ねられる。労働基準法に基づき保障される年次有給休暇（年休）の日数を労働基準法の定めより多くしている場合や法定繰越期間を超えて年休を認める場合なども法定外休暇に該当する。

　法定外休暇の例としては、病気休暇、夏季・冬季休暇、慶弔休暇、リフレッシュ休暇、ボランティア休暇、教育訓練休暇等が挙げられる。近年、不妊治療休暇や配偶者帯同休暇（休職）を導入する企業もみられる。「労働時間等見直しガイドライン」（労働時間等設定改善指針）では、単身赴任者に対する家族の誕生日、記念日等における休暇の付与、自発的な職業能力開発を図る労働者に対する有給教育訓練休暇、長期教育訓練休暇、その他の特別な休暇の付与、地域活動等を行う労働者に対する特別な休暇の付与等を検討することが事業主に要請されている。　　　　　　　　　　（石﨑由子）

→年次有給休暇、特別休暇、労働基準法、ボランティア休暇

法定外福利..................................I−2−B

　現金給与以外の報酬であり、企業が自由裁量で設ける福利厚生のこと。これに対して、法律で義務化されているのが法定福利厚生である。従来、会社への帰属意識を高める目的で、社宅・社員寮、保養所といった経営家族主義を支える類のものが法定外福利厚生の主流を占めていた。近年、労働者の価値観の多様化に伴い、育児・介護支援、健康促進、自己啓発など従業員の仕事に対するエンゲージメントや成長を促す施策に変容している。　　　　　　　　　　（厨子直之）

→企業福祉、経営家族主義

法定職業訓練...............................I−1

　1969年制定の職業訓練法によるものであり、国、都道府県及び市町村等のもとにある公共職業訓練施設の実施する職業訓練及び認定職業訓練を指す。職業訓練制度は1978年の改正で、従来の法律（基準）に沿った「法定訓練」から、法律（基準）に準じた「準則訓練」に変更された。なお、職業訓練法は、1985年の改正で職業能力開発促進法に改められた。同法は、「職業に必要な労働者の能力を開発し、及び向上させることを促進し、もって、職業の安定と労働者の地位の向上を図る」ことを目的として、都道府県や事業主などに職業訓練や職業能力検定の充実、労働者の教育訓練の機会確

保などを求める。

1992年の法改正で、公共職業訓練施設は公共職業能力開発施設に改められた。同施設が行う職業訓練のうち、普通職業訓練または高度職業訓練を公共職業訓練と呼ぶ。これに対し、事業主等が行う職業訓練において、都道府県知事により基準に適合するとの認定を受けたものを認定職業訓練と呼ぶ。

なお、2022年の法改正で、事業主によるキャリアコンサルティングの機会確保の責務を強化する改正が図られた。デジタル化の進展、非正規労働者のスキル習得やミドルシニアの学び直しなどの課題への対応が目的とされている。

（村澤竜一）

→認定職業訓練

法定労働時間 .... Ⅰ−1, 2−B

労働基準法は労働時間の限度を原則として1週40時間以内、かつ、1日8時間以内とする（同法第32条）。この労働時間のことを「法定労働時間」とよぶ。法定労働時間の原則にもかかわらず、法定の条件内で変更できる制度として変形労働時間制がある。なお、法定労働時間を超えた時間外労働（上限規制あり）であっても、過半数労働組合等と一定の労使協定書（「36協定」）を締結し届け出た場合は、法律違反とはならない（同法第36条）。 （鈴木寿信）

→変形労働時間制

ポジティブ心理学（positive psychology）

.... Ⅱ−2

1998年にアメリカ心理学会の会長に就任したセリグマン（Seligman, M. E. P.）の講演に端を発する、心理学の一分野であり学術運動の総称である。心理学は古くから、精神的な病気の治療、日々の生活状況の改善、優秀な人材の識別と育成といった問題を扱ってきたが、戦後の研究は主として、障害や疾病、精神的病理といった問題をいかにして科学的に解決するかという点へと焦点化されてきた。その反面、人間の成長や自己実現、幸福といった人間心理のポジティブな側面に関わる探求が行われてこなかったのである。こうした状況を問題視し、よりポジティブな側面に注目した研究を行っていくことを標榜したのがポジティブ心理学である。ポジティブ心理学の研究トピックには、例えば、喜びや希望などのポジティブな感情、高度にストレスフルな状況からの回復力を表すレジリエンス、フロー（没頭する体験）、美徳など、従来の心理学が捨象してきたテーマが多く含まれる。

このポジティブ心理学の流れを汲み、経営学の領域において、ネブラスカ大学を拠点として2002年以降に展開されたのが、ポジティブ組織行動論である。ポジティブ心理学と同様に、特定の研究トピックというよりも、複数の研究トピック群を総合した研究群といえる。ポジティブ組織行動とは、業績向上のために測定され、開発され、効果的に管理されうる人的資源の強みや心理学的な許容力（capacity）に注目したポジティブ志向の研究やその応用である。ポジティブ組織行動の研究者は、従業員自身が持つ心理的な長所や強みを心理的資本（psychologi-

は行

507

cal capital）と呼び、これらが業務的なパフォーマンスをいかに向上させるかに注目する。具体的には、希望（hope）、レジリエンス（resilience）、オプティミズム（optimism）、自己効力感（self-efficacy）の4つが心理的資本としてあげられている。一つ一つの概念は、2000年以前にも存在していたが、これらを心理的資本として一括りにし、業績との関係性を読み解く点に新しさがある。　（服部泰宏）

募集（recruiting）･････････････････････I－2－B

　企業が新たに必要とする人材を自社に応募者として結びつけるための情報発信を中心にした求人活動のこと。募集方法には大きく3つの方法がある。その一つは文書募集であり、新聞・雑誌・チラシ・貼り紙等、広く媒体を通じて募集広告を出すものである。転職者の入職経路では新聞等の求人欄と求人情報誌を通じた場合が多いことから、最も広く利用されている方法である。特に一時的に多数の労働者を必要とする場合や特殊な技能をもつ労働者の募集の場合に有効とされる。2つめは直接募集といわれるものであり、企業が直接労働者に口頭・文書等で働きかけるもので、縁故募集もこれに含まれる。縁故募集の場合、紹介者を通じて応募者の人柄がわかり、身元確実な者を採用することができる。親・親戚・友人・知人の紹介による入職経路もかなりのウエイトを占めている。3つめは委託募集とされるもので、公共職業安定所・民間の人材斡旋機関・教育機関（高校・短大・大学・専門学校）等、第三者に委託して行うものである。スカウト、ヘッドハンティングという特定の個人に対して民間の人材紹介会社を通じてアプローチする場合もこれに含まれる。

　募集条件の提示では、特に男女雇用機会均等法の観点から、応募できる年齢に男女差をつける、女子のみ未婚・自宅通勤等の条件をつける等、女子の就業機会を奪う募集条件は、禁じられている。

（岩出　博）

→求人活動、文書募集、委託募集、リクルーター

ポスト・フォーディズム（post-fordism）
････････････････････････････････I－2－A

　80年代以降、「フォーディズム」の課題克服のため試みられた生産方式は「ポスト・フォーディズム」と呼ばれた。「労働の人間化」のスウェーデンモデルや熟練労働活用のドイツモデル、中小企業のフレキシブルなネットワークのイタリアモデル、そしてJIT＆チーム労働で生産性と柔軟性を併せ持つ「リーン生産」である。しかしいずれも限界を持ち、今や「フォーディズム」の大規模化したアジアの巨大量産体制が世界で製造分野の中心となっている。（児山俊行）

→フォーディズム

ホーソン工場実験（Hawthorne experiments）････････････････････Ⅱ－2

　1924年から1932年にかけて、アメリカ電話電信会社（AT&T）の設備供給子会社ウェスタン・エレクトリック社のホーソン工場において行われた、経営学的研究。経営学史上最も大規模で、最も注目されたものである。この実験（研究）

は、1924年の研究開始当初はウェスタン・エレクトリック社の単独研究として、1928年からはハーバード大学の心理学者メイヨー（Mayo, G. E.）やレスリスバーガー（Roethlisberger, F. J.）らを迎えた産学連携研究として行われた。

継電器組立作業実験、従業員面接調査、バンク捲き線作業観察実験といった複数の研究の結果として、メイヨーやレスリスバーガーが主張したのは、「企業で働く個人は心理的な態度（attitudes）を持っており、その態度は企業の職場集団の人間関係から発生する感情の論理によって貫かれた集団の規範によって影響を受ける」というものであった。これは、科学的管理法が主張する能率の論理に対する重要なアンチテーゼを突き付けるものであり、アメリカ産業界に大きな影響を与えた。金銭的報酬や物理的作業条件ではなく、職場の人間関係こそが、個人の行動の最も重要な決定要因であるというメイヨーらの主張は、「人間関係論（human relations）」と呼ばれ、アメリカの産業界を組織の人間的側面へと注目させる大きな契機となった。（服部泰宏）

ボーナス休暇（bonus leave）········Ⅰ－2－B
一定の売上目標を達成した営業社員に対して、その褒賞としてまとまった日数の有給休暇を付与するものである。取り扱う商品がいかなるものであるかを問わず、一定の売上目標を達成するにはさまざまな困難が伴い、心身のエネルギーが消耗され、疲労が蓄積する。このような営業社員の心身をリフレッシュし、新しい英気を養い活力を取り戻すことによっ

て、再び新鮮な気持で業務に邁進することができることを目的としている。
（福地一雄）

→リフレッシュ休暇

ボランタリズム（voluntarism／voluntaryism／volunteerism）······························Ⅱ－1
主意主義とも訳され、人間の意志の働きに重きを置く立場のことである（voluntarism）。知性や理性の働きを重視する主知主義や感情の働きを重視する主情主義と対置される。

また、主体的意志によって自己の便益のためではなく、他者への関心と他者の便益に向かって自発的に行動しようとする姿勢（voluntaryism）や、ボランティアとして活動しようとする意志（volunteerism）もボランタリズムの概念とされる。

また、自らのことは自らで行った上で、余裕のある者が他者を支援するという考えが前提にあり、国や地方政府が中心となり、社会的弱者救済に責任を持つという社会福祉の考え方とは異なる。つまり、政策主体としての国や地方政府の活動よりも、市民の自発性に基づく活動により重きを置く考え方である。

一般的には、ボランティア活動を支える理念として捉えられ、個人の自由意志のもとに、自発的に関わり活動しようとすることを指すことが多い。自らの状況を改善しようとする考え方にも通じ、組織のあり方の見直しやコミュニケーションの活性化など組織課題の改善を企図した、組織における様々な活動や取り組みにも通底する概念である。（福留浩太郎）
→ボランタリー組織

は行

ボランタリー組織 （voluntary organization）

....Ⅰ-1

　メンバーへの賃金やサービスの提供を行わず、またメンバーの管理においていわゆる官僚組織的な機構に依存することなく、主として、無給の有機的な結合に基づいて形成・維持される組織を指す。NPOなどがその典型例である。主要な共通点は、①大部分のメンバーが無給のボランティアであり、そうしたメンバーの参加目的が経済的利益の獲得以外にあること、②組織自体の目的が営利の追求にないことである。ただし、現実のボランタリー組織には、かなりのバリエーションがあり、メンバーの一部が有給職員である場合や、政府や地方公共団体などから財政的支援を得ている場合などもある。　　　　　　　　　　　　（服部泰宏）

→NPO

ボランティア休暇 （volunteer leave）

....Ⅰ-2-A

　労働者が自発的に無報酬で社会に貢献するボランティア活動を行う際、その活動に必要な期間について付与される休暇。労働者が地域・社会貢献活動、自然・環境保護活動や災害復興支援活動などに従事する際に付与されることが想定される。法定外休暇であり、こうした休暇が認められるか否かは各企業の制度設計による。「労働時間等見直しガイドライン」（労働時間等設定改善指針）では、事業主に対しボランティア休暇制度等導入の検討を要請している。国家公務員については、人事院規則に基づき、年5日間の社会貢献活動休暇が認められてい

る。　　　　　　　　　　　（石崎由希子）

→休暇、法定外休暇、特別休暇

ホランド理論 （Holland's theory）.........Ⅱ-2

　ホランド（Holland, J. L.）によって提案された職業的行動を説明する理論のこと。職業選択の意思決定支援といった実践的活用が企図されている。パーソナリティと環境をそれぞれ6つの類型に分類し、パーソナリティと環境との交互作用によって、職業的行動が決定されるとする。分類はパーソナリティと環境ともに、現実的、研究的、芸術的、社会的、企業的、慣習的の6つからなる。

　もっとも優勢なパーソナリティに合致する職業群から職業選択をし、離職、キャリア開発、仕事満足度、キャリアアップなどはパーソナリティと環境との一致度に影響される。また、6つの類型は、表記順に正六角形の頂点に配置され、相互の距離が短いほど、類似性が高いとされる。つまり、現実的と研究的は類似性が高く、現実的と芸術的は中程度の類似性であり、現実的と社会的は類似性が低い。類型の判断には、6つの類型にあてはまる職業名のリストで構成される、VPI職業興味検査（Vocational Preference Inventory：VPI）が知られる。VPIではリストアップされた職業名に対する興味の有無の回答から、各パーソナリティの得点が求められ、パーソナリティの類型への分類がなされる。　　　　（玉利祐樹）

ポリテクセンター （Polytech Center）

....Ⅰ-1

　職業能力開発促進センターの愛称。独

立行政法人高齢・障害・求職者雇用支援機構が国の委託を受けて運営する公共職業訓練施設。求職者の再就職を支援するための離職者訓練の他、中小企業の人材育成支援等を行う。雇用保険受給者がポリテクセンターで訓練を受ける場合、訓練期間につき、雇用保険の受給期間が延長される。より専門性の高い職業訓練を行う施設として、高度ポリテクセンターがある。　　　　　　　　（石﨑由希子）
→職業能力開発促進センター

ホワイトカラー（white collar）……Ⅰ−1

　工場においてブルージーンズを着て作業をするブルーカラーに対して、白襟のワイシャツを着て事務的な仕事をする人たちのことをホワイトカラーと総称した。

　職種としては、事務員、技術者、専門職業従事者、管理者、公務員、団体職員などを含んでいる。ホワイトカラーがブルーカラーから区別された理由は、第1に、ブルーカラーが肉体作業を中心に担当するのに対して、ホワイトカラーは精神的労働・知的労働が中心になることである。第2に、賃金支払形態においても、ブルーカラーは欧米においては時間給または出来高給であるのに対して、ホワイトカラーは週給または月給あるいは年俸で支払われた。第3に、行動様式からしてもブルーカラーは連帯意識・平等意識が強いのに対して、ホワイトカラーの場合は個人主義・能力主義の意識が強い傾向にあった。

　職種意識の強い欧米ではホワイトカラーとブルーカラーは別々の組合に組織される場合が多かった。それに対し日本の場合は同じ企業に所属している従業員が、ブルー、ホワイトを問わず、同じ組合に所属する企業別組合であることが欧米からすると特異に見えた。

　ホワイトカラーの人口がブルーカラーのそれを上回るようになると多様な職業がそれに含まれ、知識労働者として研究されるようになった。そこには、研究科学者、設計技術者、ソフトウェア技術者、音響技術者、法律家、経営コンサルタント、金融コンサルタント、経営情報専門家、戦略プランナー、工業デザイナーなどが含まれ、その特徴が研究されている。　　　　　　　　　　　（奥林康司）
→年俸制

ま行

マイスター→親方

マイヤーズ・ブリッグスタイプ指標
（Myers-Briggs Type Indicator：MBTI）
……………………………………Ⅱ−2

　米国の企業組織でよく利用されている目録法形式の性格検査として、マイヤーズ・ブリッグスタイプ指標と呼ばれるものがある。ビッグ・ファイブ性格検査が5つの性格特性を連続的に捉えるのに対してこの検査は性格のタイプを2分法的に把握する。

　この検査では、さまざまな状況における個人の行動や感情に関して100の質問

項目に対する回答が求められる。そして、得られた回答から、性格を、「外向的 vs. 内向的」、「感覚的 vs. 直観的」、「思考的 vs. 感情的」、「知覚に訴える vs. 判断力に訴える」の4次元の組み合わせによって16種類にタイプ分けする。たとえば、"内向的−直観的−思考的−判断力に訴える"タイプの個人は、独創的で、意志が強く、頑固といった特徴を持つ。また、"外向的−感覚的−思考的−判断力に訴える"に分類される人は、組織の運営や実践的な職務に向いている。

MBTIは企業のほか、教育機関、病院、軍隊などの多くの組織で利用されており、キャリア選択を考える上で大変人気の高い検査で、アメリカだけで年間200万人以上の人がこの検査を受けているという。しかしながら、心理学者からは、この検査の妥当性、信頼性について批判がなされている。　　　（松原敏浩）

→ビッグ・ファイブ性格検査

マインドフルネス（mindfulness）……Ⅱ−2

今ここでの経験に、評価や判断を加えることなく、能動的な注意を向けることを指す。今ここでの経験とは、私たちの生活におけるその瞬間瞬間に感じていること、そこから生じる考えのことである。過去の失敗や憂慮するべき未来に気を取られ、思考を彷徨わせる（mind wandering）のではなく、今この瞬間に生じている感覚や思考に意識を留めること、また、過去や未来や理想との比較において現在に対してネガティブな評価を行ったり、逆に、そうしたネガティブな考えを無理に排除したりする代わりに、そのような判断を保留し、あるがままの今を体験することを通じて、心理面、身体面での適応を図る考え方である。

（服部泰宏）

→ヒア・アンド・ナウ（今、ここで）

マクロ経済スライド（macro-economic slide formula）……………………Ⅰ−1

少子高齢化が進む中でも公的年金の持続性を確保するため年金額を調整していく仕組みをいう。2004年の改正で導入された。持続性の基準は100年後に給付費1年分の積立金を持つことである。このための調整期間中は、賃金や物価の伸びから被保険者数の減少や平均余命の伸びを反映する一定率を差し引いて年金額を改定する。年金の実質的な給付水準は徐々に引き下げられるが、片働き世帯の平均的な年金額が現役の平均賃金の50％を下回らないという下限が法定されている。　　　（福山圭一）

マーケティング（marketing）……Ⅰ−2−A

マーケティングの定義といえば、AMA（American Marketing Association）及びコトラー（Kotler, P.）の定義がよく知られている。

AMAによれば「マーケティングとは、個人と組織の目的を満足させる交換を創造するために、アイディア、財、サービスの概念形成、価格、プロモーション、流通を計画・実行する過程（方式）である」。またコトラーによれば「マーケティングとは、個人や集団が、価値あるモノを創造したり、提供したり、また他者と交流したりして、必要とする、あるい

は欲するモノを獲得する社会的、管理過程（方式）である」。

この2つの定義を参考にすると次のようにまとめられる。「マーケティングとは、個人ないし集団がその目的を達成すべくアイディア、財、サービスのコンセプトを想像し、ニーズと欲求を充足させることを通じて価値の創造と交換を計画・実行し、顧客満足の獲得を目指す社会的、管理的プロセスである」。

近年、情報技術が飛躍的に向上しAIを利用したデジタルマーケティングが普及してきている。顧客の行動、趣向の把握、店舗での購買履歴というビッグデータをAIで活用して顧客の行動を予測し、顧客ごとに購買確率の高い商品を提示するなどの高精度のマーケティング手法が進展している。　　　　　　（井上博文）

摩擦的失業（frictional unemployment）
…………………………………………I−1
失業には自発的失業と非自発的失業とがあり、一般に問題となるのは非自発的失業である。後者の最も大きな原因となるのは有効需要不足失業で、有効需要が完全雇用の水準にないために発生する。これに対し、摩擦的失業は有効需要が完全雇用の水準にあっても存在する。失業と未充足求人との共存という形で現われ、雇用機会の情報や労働移動に関する労働市場の不完全性などによって生じる。そこで、摩擦的失業のことを完全雇用失業ともいう。　　　　　　（田村　剛）
→自然失業率

マシン・システム→機械的組織

マスター→親方

マズロー , A. H.（Maslow, A. H.、1908
〜1970年）………………………………I−1
マズローとは、精神分析や行動主義心理学に対して、精神的に健康な人間を人間総体として研究する第三勢力の人間性心理学を提唱したアメリカの心理学者である。人間の基本的欲求は、生理的、安全、所属と愛、承認、自己実現の欲求の順に低次から高次への階層をなしているとする欲求階層説を提唱した。自己実現の概念は経営学においても動機づけ論を中心に自己実現を可能とする職務編成や組織開発の考え方に大きな影響を与えた。　　　　　　　　　　（高橋哲也）
→欲求階層説、X理論vs.Y理論

マタニティ・ハラスメント……………I−1
妊娠・出産に関する休業制度の利用を妨げたり、妊娠・育児中に良好な就労環境が損なわれている等の状態を指す。改正「雇用の分野における男女の均等な機会及び待遇の確保等に関する法律」（2022年）等では、セクシュアル・ハラスメント防止に加え、妊娠・出産時のハラスメント防止、産前産後休暇や育児休業取得に対する不利益取扱の禁止が定められ、事業主には防止措置を講じることが義務付けられている。併せて、改正「育児休業介護休業等育児又は家族介護を行う労働者の福祉に関する法律」（2023年）でも制度の周知とハラスメント防止を定めている。　　　　　　　　　　（村田晶子）

マテリアリティ………………………I−1

ま行

513

企業が持続的な成長と中長期的な企業価値向上を実現するうえで対処すべき重要課題を指す。マテリアリティを特定するプロセスは各社様々であり、例えば、外部環境の分析や国際的な情報開示の枠組み等を活用してマテリアリティ候補を作成し、その中から自社にとっての重要度や社会にとっての重要度等を評価してマテリアリティを特定する方法などがある。企業は、特定したマテリアリティを自社の戦略に組み込み、マテリアリティへの取組みを通じて、企業価値を向上させることが期待されている。（徳田展子）

マトリックス組織（matrix organization）
....Ⅰ−2−A

多元的な指揮命令系統をもつ組織形態。マトリックスとは行列のことで、横の行と縦の列を組み合わせた格子状の態様が想起されるが、マトリックス組織とはまさにこうした格子状に指揮命令系統が整備される組織形態である。職能別組織であれば職能（研究開発、製造、販売等）ごとの指揮命令系統があり、事業部制組織であれば具体的な地域や製品・市場（例えば家電事業部とパソコン事業部）ごとに指揮命令系統が整備されているが、この双方を格子状に組み合わせて設計されたのがマトリックス組織である。

職能別組織では深い専門知識が蓄積されるが市場への迅速な対応は難しく、逆に事業部制組織では市場対応は機敏にできても職能に関する知識の蓄積は不十分となるという問題点があった。その双方のメリットを両立させようと考案されたのがマトリックス組織である。組織論で

は、ガルブレイス（Galbraith, J. K.）が1980年にマトリックス組織に関する書籍『横断組織の設計』を公刊したことで注目された。

マトリックス組織では、指揮命令系統が一元化されていないため上司が複数存在することになり、双方の上司から発せられる指揮命令に矛盾が含まれている場合には、従業員はどちらに従えばよいかが判断できないといった問題点が生じやすいとされる。　　　　　（上林憲雄）

→職能別組織、事業部制

マニュアル・トレーニング（manual
training）.....................................Ⅱ−3−A

マニュアルは「手」を意味するラテン語に由来する表現であって、マニュアル・トレーニングとは「手に職を付ける」ための訓練のこと。古代から産業革命までの数千年間、王侯・貴族などの一部の支配層を除き、大部分の人びとは手に職を付けなければ生きるすべがなかった。徒弟制度（apprenticeship）のシステムが生まれ、マニュアル・トレーニングはその代名詞だった。10歳前後から子どもは親方の元に預けられ、一人前のしごとができる職人になるまで、徒弟として親方から手仕事を習った。

18世紀後半、マニュアル・トレーニングを整然とした教育法に高めたのはペスタロッツィ（Pestalozzi, J. H.）で、「マニュアル・トレーニングの父」（the father of manual training）と呼ばれている。彼は徒弟制度とは別の流れの中で、貧しい子どもの教育法として、つまり貧困を克服し、社会不安の因子を除去するため

に手に職を付けるべきだとした。その教育法では手仕事を体験学習の形で、言葉よりも体験を通じ、しかもそれを自然との触れ合いの中で行うことが重視された。このやり方がスキル向上だけでなく、人間的成長にもつながるという。ペスタロッツィのマニュアル・トレーニングの教育法はそれなりの実績をあげ、欧米諸国にも拡がった。　　（二神恭一）
→徒弟制度、ペスタロッツィ, J. H.

マネジメント（management）……I−2−A
　管理と訳され、主体が意図した状態や方向へ対象をもたらすための、主体の一切の活動や行為を指す。マネジメントは、経営学の最も基本的な概念の一つであり、経営学という学問領域を表す英語もかつてはbusiness administrationという語が使われたが、昨今ではmanagementという語があてられることも増えてきている。マネジメントは、より具体的には、ヒト・モノ・カネ・情報といった経営諸資源を活用しながら、組織目的の達成へ向けて行われる多種多様な制御活動のことである。日本語の日常用語として「管理」という語を用いる際、とりわけヒトが対象となる場合には、主体が対象であるヒトを統制して押さえつけ、ヒトには何もさせないといったニュアンスを暗に含む場合が多いが、英語のmanagementという単語は必ずしもそうした意味はなく、対象の意思面への配慮も含め、主体の意図する方向へと向かわせるといった含意のある単語である。日本語の適訳がないため、最近では「マネジメント」とカタカナで表記することの

方が多くなっている。
　経営学においては、上述の各経営資源にそれぞれマネジメントの体系を構築しようという努力がなされ、ヒトに関しては労務管理（人事管理、人的資源管理）、モノに関しては生産管理や販売管理、カネに関しては財務管理や会計学、情報に関しては情報管理といった下位領域が展開される。これらすべてを統合して考察するのが経営管理であり、人々が協働する組織をマネジメントするという点を強調する場合には組織管理と称される。
　米国では、一般にマネジメントとは"get things done through other people"（他者を使いながら物事を行うこと）であり、組織としてなすべき全体業務の中の一部を他人に委ね任せながら活動を進めていくことがここには含意されているが、そこでの重要なポイントは「任せるが任せっぱなしにはしない」ことである。時に進捗度合いや仕事の緻密さ、無駄がないかどうかといった点を確認し、改めるべき点があれば指導が必要となるのであって、こうした体制を構築できるかどうかがマネジメントの重要な鍵となる。
　このように、マネジメントは主体の行為やプロセスを含意する用語として使われる場合が多いが、文脈によっては主体そのものを意味する場合もある。例えば、トップ・マネジメントやミドル・マネジメントといった用語では、管理する主体（具体的人員や単位組織）を指す用語としてマネジメントという語が使われている。　　　　　　　　　　　　（上林憲雄）
→経営学、経営資源、トップ・マネジメン

ま行

ト、ミドル・マネジメント

マネジメントゲーム（management game）
···Ⅱ-3-A
　ゲームを通して、会社設立から始まり、原材料の調達、生産、マーケティング等企業活動を展開し、意思決定やマネジメントについて把握・体験することを目指す。リスク評価や損益計算書・貸借対照表の作成、戦略会計による経営評価に至るまで、ビジネス・マネジメントの展開を経験することになる。1970年代当初、当時ベンチャー企業であったソニーの一隅で行われた「マネジメントゲームMG」が有名。講義や演習と組み合わせることにより、擬似体験した企業活動への理解を深化させることができる。
　　　　　　　　　　　　　（丹羽浩正）
→ビジネスゲーム

マネジメント・プロセス（management
process）·····································Ⅰ-2-A
　アメリカでは19世紀末から20世紀初頭にかけて、テイラー（Taylor, F. W.）の「科学的管理」に代表されるような、しごとの「科学化」の挑戦が始まったが、その際の基本は複雑なしごとはいくつかに分割し、有効性と能率の見地から分割した個々のしごとを分析し、再構築することだった。そして、しごとの分割は、しごとの順序、流れ（プロセス）に沿い行われるのが一般的だった。プラン・ドゥ・シーはよく知られている。当時「人にしごとをしてもらう」ことだとされたマネジメント、上司のしごとについても、それが計画活動（planning）、組織化

（organizing）、指導（leading）ないし動機づけ（motivating）、統制（controlling）というプロセスがある（マネジメント・プロセス）とされ、各プロセスの合理的な形成が問われた。
　（経営）計画活動は人にしごとをしてもらうための様々な準備、意思決定、組織活動はしごとの分担など、指導ないし動機は担当者や職場にやる気をもって、しごとを遂行してもらうこと、統制は実績を測定し、計画したこととのチェックをし、教訓を得ることである。統制の結果得た教訓は次なる計画活動に生かすという意味で、マネジメント・プロセスはマネジメント・サイクルにもなる。アメリカの伝統的マネジメント論の骨格はこのマネジメント・サイクルである。
　　　　　　　　　　　　　（二神恭一）
→マネジメント、経営計画活動、経営組織、動機づけ

マネジリアル・グリッド（managerial grid
model／leadership grid model）····Ⅰ-2-A
　ブレークとムートン（Blake, R. R. and Mouton, J. S.）はリーダーシップ・スタイルモデルを提案した。当初（1960）はマネジリアル・グリッドといわれたが、その後リーダーシップ・グリッドモデルと改名（Blake and McCanse（1991））され現在に到っている。
　マネジリアル・グリッドはリーダーの関心が「業績への関心」、「人間への関心」の2次元から成り立っていると考える。そして横軸に業績に関する関心、縦軸に人間に関する関心を配置し、リーダーの関心度はそれぞれの軸上で9段階の

評価がされる。それによってマネジリアル・グリッド（格子）が構成される。

9.1型のリーダーは業績への関心が高く、人間への関心は低い、業績重視型である。1.9型は9.1型とは反対で人間関係重視型である。1.1型の管理者はどちらにも無関心であり、最も望ましくない結果をもたらすスタイルである。5.5型（中央）は双方の軸への関心は中位で、繰り返し起こる問題は解決できるが、革新促進力は弱い。9.9型は業績と人間の双方に関心を示し、それらを統合しようとするもので、最も理想的なリーダーシップ・スタイルである。このモデルはマネジャーの能力開発、および組織開発のモデルとして世界中で活用されている。

（松原敏浩）

→マネジリアル・グリッドとリーダーシップ・スタイル、PM理論、リーダーシップ

マネジリアル・グリッドとリーダーシップ・スタイル (managerial grid and leadership style)……………………Ⅰ−2−A

ブレークとムートン（Blake, R. R. and Mouton, J. S.）によって考案されたリーダーシップ・スタイルの類型化である。それは、管理者のもつスタイルを「業績への関心」（横軸）と「人間への関心」（縦軸）の2次元とし、その強さをそれぞれ9段階で評定し、得られた双方の次元の各得点を組み合わせることによって9×9のグリッド（格子）上に5つのリーダーシップ・タイプが類別されることになる。その具体的な内容はマネジリアル・グリッドを参照されたい。 （松原敏浩）

→マネジリアル・グリッド、リーダーシップ、PM理論

万華鏡のキャリア (kaleidoscope career)
……………………………………Ⅱ−3−B

万華鏡をメタファーに用いて、女性たちがライフサイクルに沿って様々なキャリア・パターンを形成することをさす。マイニエロとサリヴァン（Mainiero, L. A. and Sullivan, S. E.）は、高学歴の女性たちが企業内で昇進しないことを自ら選択し、自発的に撤退する理由について分析し、万華鏡のキャリアの概念を提唱した。マイニエロとサリヴァンによれば、女性たちは初期キャリアにおいて挑戦、中期キャリアではバランス、後期キャリアでは確実性・信頼性に高い優先順位をおきながら、キャリアを形成する。万華鏡を回転させると、その内側で様々な模様が作り出されるように、女性たちは自分たちの人生の様々な局面において自分たちの役割や他者との関係を選択・模索しながら、様々なキャリア・パターンという模様を作り出す。

これからは女性のみならず、男性も仕事生活や家庭生活、そして地域社会生活へ積極的に参加するなかで、万華鏡のキャリアを描くことが予測されるだろうし、企業もそうしたキャリア・マネジメントを想定しなければならない。

（二神枝保）

→キャリア、ワーク・ライフ・バランス、キャリア・マネジメント

満足化原理 ……………………………Ⅰ−2−A

人間の合理的意思決定メカニズムにつ

ま行

いてサイモン（Simon, H. A.）が提唱した
理論。

　人間の認知的な能力には限界がある
（限定合理性）ため、可能なすべての選択
肢を目前に並べ、その結果についての完
全な知識と評価に基づいて意思決定する
ことはできない。与えられた目的や条件
に照らして満足できる基準に達する選択
肢を発見するまで探索を行い、その基準
を上回ったものを選択するという人間の
行動についての理論。これにより最適解
を探索するのにかかる時間や労力を節約
し、限られた合理性の下で目的を達成す
ることができる。　　　　　（浅井希和子）
→サイモン, H. A.、意思決定

ミクロ経済学 (microeconomics)‥‥‥‥Ⅰ－1

　スミス（Smith, A.）が「見えざる手」に
導かれるとした、市場機構について検討
する経済学。主たる理論的枠組みは、新
古典派経済学によって与えられている。
個々の経済主体の合理的行動が検討さ
れ、合理的行動に従った市場調整が解明
される。市場の経済学とも、あるいは市
場調整において価格が調整シグナルの役
目をはたすことから、価格理論とも呼ば
れる。経済学の標準的体系は、ミクロ経
済学と、ケインズ（Keynes, J. M.）によ
りその基礎が与えられたマクロ経済学
（macroeconomics）とによって構成されて
いる。

　ミクロ経済学における経済主体の合理
的行動は、一般に、制約条件つき最適問
題の解（最適解）として求められる。経
済主体として家計を例にとるなら、家計
の合理的行動は、予算制約下の効用極大

化行動として定式化される。最適解は、
2次元空間で考えた時、効用を示す無差
別曲線と予算制約を示す予算線の接点と
して得られる。異なる価格水準に対する
異なる最適解から、需要曲線が得られ
る。企業の合理的行動からも、同様に最
適解を求めることにより、供給曲線が導
出される。両曲線が示すように、経済主
体は、価格の変化に応じて最適な需要量
と供給量とをその都度決定する。需要量
と供給量の一致は、価格の変化に伴う模
索過程を通して実現し、需要曲線と供給
曲線の交点として得られる。ここに市場
均衡が成立する。市場均衡においては、
ミクロ経済学の最も重要な理論的貢献の
一つに数えられる命題が示すように、資
源の最適配分であるパレート最適
（pareto optimum）が実現する。

　ミクロ経済学は、各経済主体の行動、
市場調整、市場均衡の存在と安定性の分
析を、主たる研究対象としてきた。とり
わけ数理経済学的アプローチは、新古典
派的ミクロ経済学の理論体系構築に大い
に寄与してきた。

　市場均衡の分析は、マーシャル
（Marshall, A.）が展開した部分均衡分析
（partial equilibrium analysis）とワルラス
（Walras, L.）の一般均衡分析（general
equilibrium analysis）に分けることができ
る。部分均衡分析は、ある特定の財・サー
ビスの市場に注目し、市場間の相互作
用を捨象して考える。すなわち、他の事
情は一定であるという仮定を設け、特定
市場の均衡を分析する。一般均衡分析で
は、相互作用を考慮した全ての市場につ
いての均衡分析が行われる。

近年の新しい傾向として、ミクロ経済学をゲーム理論（game theory）により再構築する試みがなされている。ゲーム理論は、市場参加者間の相互依存関係に注目し、交渉や戦略等の経済行動あるいは経済現象について、理論的検討を可能にしている。

ミクロ経済学は、国際経済学や環境経済学、教育の経済学等、経済の広範囲にわたる諸分野において理論的枠組みを提供してきた。その意味で、それら各分野の経済学は、一般にミクロ経済学の応用経済学として位置づけられている。

（藁谷友紀）

→ゲーム理論、教育の経済学

ミシガン研究（michigan leadership study）
·· Ⅱ−2

リーダーシップ研究において、オハイオ州立大学研究と双璧をなすのがミシガン大学社会調査研究所によって推進されたミシガン研究である。リーダーの一人リッカート（Likert, R.）は、高業績をあげている部門のリーダーと、低業績にとどまっている部門のリーダーとの比較から、3つの重要な発見をしている。

第1に、低業績部門のリーダーには、決められた方法、時間、作業手順通りにフォロワーをコントロールしようとする仕事中心的監督行動が多く見られたのに対して、高業績部門のリーダーには、フォロワーの自主性に任せる従業員中心行動が多く見られた。第2に、低業績部門のリーダーたちは、フォロワーに対してこと細かく指示を出し、彼らとの接触頻度も多く、つまり極めて仔細にわたる監督方式をとっていたのに対して、高業績部門のリーダーたちは、目標と達成要件については明確にするものの、具体的なやり方についてはフォロワーたちの裁量に委ねるという、全般的監督方式をとっていた。そして第3に、低業績部門のリーダーは、フォロワーの失敗に対して処罰や批判でもって対処していたのに対して、高業績部門のリーダーは、謝りに対して理解を示しつつ、失敗の経験からも学ぶべきものが多いというスタンスをとっていた。

一連の調査結果から、リッカートは、（1）支持的関係の原則、（2）集団的意思決定と管理、（3）高業績への期待の3原則からなる、システム4と呼ばれる経営管理システムを提唱している。

（服部泰宏）

ミドルアップ（middle up）············· Ⅰ−2−A

ミドルマネジャーは、単なる命令・報告の結節点ではなく、現場の実情を踏まえ戦略性を帯びた提言や実践を行うことが求められる。このような現場（ボトム）ではなくミドルの提言や実践を重視する経営をミドルアップ型の経営と呼ぶ。以上の考え方は、野中と竹内が『知識創造企業』（1996）で提示した「ミドルアップダウンマネジメント」によって、理想的な経営のあり方として広く共有されるようになった。　　　（日野健太）

ミドル・マネジメント（middle management）·· Ⅰ−2−A

企業組織における職位階層のうち、トップ・マネジメントとロワー・マネジメ

ま行

ントの間に挟まれた中間（ミドル）のマネジメント層を指す。一般に中間管理職と呼ばれる層を指し、日本企業では例えば部長や次長、課長、マネージャーといった職位がこれに当てはまる。ミドル・マネジメントは、トップ・マネジメントによって策定された戦略や方針に基づいて、事業をより具体的に展開する役割を担っている。事業展開のために組織を整備したり、資源を調達して運用したりといった多様な業務を担っているのがミドル・マネジメントである。

　かつて1970～80年代前半頃までの日本企業では、ミドル・マネジメントが欧米諸国のそれよりも経営戦略の策定上、重要な役割を担っているとされていた。ミドル・マネジメントがまず実質的な戦略プランの大半を立て、トップ・マネジメントから承認を得られれば、そのプランを即座に実施するとされ、こうしたシステムが当時の日本企業の世界的躍進の原動力になっているとされた。欧米企業ではトップ・マネジメントが大きな権限を有し、戦略策定を主導しているのと対照され、日本企業の強みとして議論されてきたのであった。然るに1990年代以降、バブル経済が崩壊し海外での日本企業の存在感が低まるにつれ、日本企業のミドル・マネジメント層に厳しい目線が向けられるようになり、中間層を圧縮する組織フラット化や組織スリム化が進められたという経緯がある。　（上林憲雄）

→トップ・マネジメント、部課制廃止、フラットな組織

みなし労働時間 ……………………Ⅰ－1, 2－B

　事業場の外で労働することにより労働時間の算定が困難である場合や、算定は必ずしも不可能ではないけれど、業務の性質上、その遂行方法を労働者の裁量にゆだねる必要のある場合、あるいは事業活動の中枢にある労働者が、仕事の進め方や時間配分に関し主体的に働きたいという場合等において、一定要件のもと、実際の労働時間にかかわらず、一定の労働時間労働したものとみなす制度を「みなし労働時間制」と言う。①事業場外労働、②専門業務型裁量労働、③企画業務型裁量労働の3つがある。　（鈴木寿信）

見習（apprentice／probationer）……Ⅱ－3－A

　見習（apprentice）は徒弟とも訳される。徒弟制度は、使用者が年少者を雇用し、予め定められた期間中その一業態のためにOJTにより組織的に徒弟を訓練する制度である。先輩の作業を見習い、自然に仕事に必要な技術の熟練度を増す見習制度は、現場の哲学や価値について学び、自分を成熟させていく場としても機能する。英国では近年、就労しつつ大学にも通学する見習い学位制度（Degree Apprenticeship）が創設されたことで、「ビジネスと教育が密接に連携し、高度な技能を産み出す」と期待されている。

（大木裕子）

→徒弟制度、親方、OJT

見習賃金 …………………………………Ⅰ－2－B

　仕事を覚えるまでの訓練期間における賃金。ドイツ等のように見習制度が残る国では、見習期間（2～3年）については見習賃金（正式には賃金ではなく、見習手

当）が支払われる。日本には見習制度はないが、やや近いものとして従業員としての適格性を判断することを目的とする試用期間の制度が見られる。ただし、試用期間中の賃金は、本採用された正社員と同じ賃金制度のもとで決定されるのが一般的であり、その意味でも見習賃金とは趣旨、性格を異にしている。

（市村剛史）

ミニジョブ（Minijob）·················· I − 2 − A

ミニジョブとは、1960年代以降、労働力不足が深刻化したことを背景に、主婦や学生等の非労働者の労働参加を促すために、ドイツで導入された労働時間、または、給与に制限が設けられている雇用形態である。正式名称は「僅少雇用」（geringfügige Beschäftigung）である。僅少雇用の規定は、ドイツの社会法典（SGB）第4編8条に定められており、月給の「僅少限界」（Geringfügigkeitsgrenze）を超えていない、または、雇用期間が暦年で3か月もしくは計70の労働日を超えていない、雇用形態を指す。2022年10月より、僅少限界はドイツの最低賃金を基に計算されている。2024年3月現在では、僅少限界が538ユーロである。

ミニジョブの被用者は労災保険に加入するが、社会保険料を支払わないため、雇用保険と健康保険には加入していない。2013年より、538ユーロのミニジョブの被用者は年金保険に加入する義務が課されているが、義務の免除を申請することも可能である。一方、雇用者は労災保険料の他、健康保険や年金保険を負担する義務がある。ミニジョブの被用者は

パートタイム従業員とみなされており、休暇や諸手当に関しては正社員と同様の労働権利を有する。

（ブリュックナー ステファン、佐藤友紀子）

無作為抽出（random sampling）·········· I − 1

例えば、20歳以上の日本人を対象としてアンケート調査を行いたいとき、全員にアンケートを実施するのは費用等がかかるので、より少人数の対象者に対してアンケートを実施することがよく行われる。20歳以上の日本人を母集団、より少人数の対象者を標本という。

調査の目的は母集団の特徴を知ることであるため、標本は母集団を偏りなく代表していなければならない。言い換えると、母集団の各構成要素が標本に選ばれる機会が均等で、かつ互いに独立に選ばれなければならない。このような方法での抽出を無作為抽出という。母集団から標本を無作為に抽出するには、あらかじめ母集団の構成要素に番号を割り当てておいて、乱数表を用いて1から母集団の構成要素数までの数字をランダムに発生させて、その数字が割り当てられた構成要素を標本として、標本の数だけ抽出すればよい。

母集団が大きい場合、多段抽出法が用いられる。上述の20歳以上の日本人を抽出する例でいうと、第1段階として調査を行う市区町村を抽出し、第2段階で各市区町村の中の地域を抽出し、第3段階で各地域の中の個人を抽出するというように多段階で標本を抽出することによって、標本抽出にかかる労力を小さくできる。

（二神常爾）

無人工場······················Ⅰ-2-A

　コンピュータの制御システムにより産業用ロボットが工場における全工程を行うことを可能とした工場のこと。工程は無人化できても制御システムの監視や、産業用ロボットの維持管理のための人材が必要となるため、完全な無人工場を実現することは困難だが、工場におけるすべての工程を産業用ロボットに任せることができ、大幅な省人化が可能となるため、工場における人手不足の解消や人件費が削減できるなどのメリットがある。

（大野貴司）

→FA

名目賃金（nominal wage）··········Ⅰ-2-B

　労働への対価として支給される賃金の金額のこと。労働者の生活を支える基盤となる。これは、労働者に対して自己の評価・肯定感、自己の成長および仕事へのモチベーションやスキルの向上さらには業務パフォーマンスに大きな影響を与える。一方、雇用企業は、適切な賃金支払いで従業員の生産力向上、離職率の低減、企業の競争力・企業業績の改善を確保できるとともに社会全体の経済活動にも大きな影響を与える。名目賃金の引上げは労働収入の増加となり、労働者の購買力が上昇し、消費は活発化する。それによって景気は良くなると言われる。名目賃金は一般的には物価動向に応じて変化し、物価が上昇すれば上昇するし、下落すれば下落しよう。しかし、実際に物品を購入するとなると、その購入量は名目賃金通りにはいかない。実際の経済生活を考える場合には名目賃金を物価上昇率で割った実質賃金を考慮する必要がある。

　　実質賃金＝（名目賃金）/（1＋物価上昇率）

　もし30万円の名目賃金が不変で、物価が例えば20％上昇したとすると、実質賃金は30万円/（1＋0.2）で25万円となる。ゆえに、それ以前と同じ購入をしようとするなら5万円を超える額を追加しなければならないだろう。

（樋口清秀）

→実質賃金

メイヨー，G. E.（Mayo, G. E.、1880～1949年）·························Ⅰ-2-A, Ⅱ-2

　1880年オーストラリアのアデレード生まれ。大学で、医学、心理学、論理学、哲学などを学ぶ。1929年から47年までハーバード大学ビジネススクール教授。後に、クイーンズランド大学哲学心理学教授。経営学、産業社会学、社会心理学などに貢献。特に「人間関係論」を展開したことで有名。生産性向上の要因として、騒音や照明などの物理的要因よりも、労働者の満足度などの心理的要因が大きいことを示したホーソン実験に参加。

（玉利祐樹）

目利き···················Ⅰ-1

　目利きは製品の高度化において必須の存在である。製品評価のフィードバックとしては販売量だけとはいえない。現在も、パワーユーザーということばによって、製品を評価し、製品の質をリードする目利きが表現されている。

　目利きを失うとどうなるのか。中国の

陶磁器では文化大革命で高度な製品はブルジョワ的であるとされ、紅衛兵によって壊され、あるいは保有者が保身のために自ら破壊した。富裕層が再生され、購入を始めるまでに20年ほど中断した。目利きはいなくなり、評価の基準は金額になった。この作家の作品がいくらの値がついた、ならばこれはこの値段となる。製品としては精緻で均整がとれ、見た目が華やか、いわばロココ風のものが市場にあふれる。力を失っている。

（日置弘一郎）

メセナ（mécénat）················· I − 1，2 − A
　メセナ（mécénat）は芸術文化支援を意味し、音楽、美術、演劇など多岐にわたる芸術分野で実施されている。文化への助成体制が脆弱な我が国では、1990年に企業メセナ協議会が設置され、企業が主体となって多様な芸術・文化活動を支援してきた（企業メセナ）。メセナには直接の対価を求めずにプロジェクトの実施を支援する含意があったが、近年では、戦略的社会貢献活動として捉えられている。アメリカでは、幅広い公益事業・社会奉仕を意味するフィランソロピーの語が使われる。メセナが恣意的であるのに対し、フィランソロピーは継続性を担保する支援を意味しており、その支援動機や効果への期待には違いもある。

（大木裕子）
→パトロン、フィランソロピー、**文化政策**

メタ分析（meta-analysis）················· I − 1
　別個だが関連した研究成果を統合することを指し、同じテーマについての矛盾する研究成果の統合を指すことも多い。とくに医学の分野の研究成果を統合する場合を指す。文献データベースも利用して関連する文献を探し、集めた文献の中から必要な文献を偏りが入らないように注意しながら選んだ後、各文献の成果を注意しながら統合する。医学の分野におけるメタ分析が公衆衛生の新しい進歩につながることもある。問題点の一つは、文献の中に質が良くないものが含まれることである。

（二神常爾）

メトリックス（metrics）················· II − 3 − A
　メトリックスは企業のプロジェクトの現状を把握するための指標であり、株主などにも利用される。メトリックスはかつてコスト（費用）と納期であった。現在は財務に関連したメトリックスとプロジェクトに関連したメトリックスが用いられる。財務に関連したメトリックスは企業の目標がどのくらい達成されているかを測るもので、ROI（投資利益率）、コスト削減率、市場占有率、売上高成長率、新規顧客獲得数などがある。プロジェクトに関連したメトリックスはプロジェクトごとに変わり、一つのプロジェクトについても時間とともに変わる。プロジェクトに関連したメトリックスとして、コスト、納期の他に、品質、顧客満足度などがある。

　メトリックスの一種としてKPI（Key Performance Indicator：重要業績評価指標）がある。KPIはプロジェクトを遂行する上で好ましくない状況が存在していないかを調べ、企業が将来業績を上げることに関して示唆を与える指標である。KPI

ま行

にはコストが計画時にその時点までに予定していた予算を超えていないか、進捗が予定より遅れていないか、それに加えて顧客が企業やその商品・サービスに対して感じる信頼や愛着、従業員の離職率、時間外労働の割合、時間当たりの事故の発生割合などがある。　（二神常爾）

→プロジェクト、プロジェクト・マネジメント

面接試験（interview test）…………Ⅰ-2-B

　従業員を採用する際の選考手続きは、主に書類選考、筆記試験、面接試験によって実施されるが、面接試験は通常これらの手続きの最終段階で行われるものであり、最も重要視されている。面接試験は、書類選考や筆記試験では把握できない考え方、価値観、人間性、意欲、一般常識等を、採用する側が応募者本人と口頭で対話もしくは質疑応答する形で進められる。一般的には、一次面接から数回の面接を行い最終面接で合否が決定する。面接には、応募者1人に対して行う個別面接、応募者数名を一度に面接する集団面接、課題を与えて応募者数名が議論し時間内に結論を導くグループディスカッション、等の方法がある。

（牛窪　潔）

メンター（mentor）………………Ⅱ-3-A

　メンターとは指導者や助言者、相談者などを意味する言葉で、組織に新しく入ったメンバーや若手のメンバーなどに対話や相談、助言を通して職場での適応やキャリア支援を行う年長で経験豊富な熟練者をさす。一方支援を受ける人をメンティ（mentee）ないしはプロテジェ（protégé）という。プロテジェはフランス語で被支援者などという意味である。そしてメンターがメンティに行う役割・行動をメンタリングという。

　メンターの語源はギリシャ神話の英雄オデッセウスがトロイ遠征に際し子息の養育を親友メントルに託したというところからきている。

　メンターの役割行動（メンタリング行動）については多くの研究があるが、基本的にはクラム（Kram（1988））のいう「キャリア的機能」と「心理・社会的機能」の2つがある。キャリア的機能とは主にメンティのキャリア・デベロップメントを促進、向上させる働きで、「知識やスキルの伝達」や「リスクからの保護」、「プロジェクトへの推薦」、「挑戦的課題に取り組むことへの支援」が含まれる。心理・社会的機能とはメンティにとっての「役割モデルになること」、「メンティを個人として尊重」、「カウンセリング」、「友好」などである。

　メンタリングには日常的自然発生的なインフォーマルなメンタリングと組織が行うフォーマルなメンタリングがある。後者は現在企業だけでなく、病院、教育、地方自治体などでも注目され実施されている。職場の上司は職務・業務の指示命令を行い、組織目標の達成を行う。それに対してメンター制度は経験豊かな先輩社員（メンター）が後輩社員に双方向の対話を通じて後輩社員のキャリア形成上の問題、悩みなどを解決する。したがってメンターは職場の上司以外の人が望ましい。インフォーマルなメンタリン

グは期間も長く、その有効性を指摘する研究も多いが、フォーマルなメンタリング（メンター制度）はその成果を上げるためには十分な準備が必要である。

メンター制度は政府もポジティブ・アクションとの関連もあり、力を入れているが、この制度が成功するためには組織全体の体制づくり、経営幹部の合意が必要で、そのうえで①対象者の選定、②事前研修、③メンタリングの実施と実施状況の把握、④振り返りと改善に向けた課題の整理などが必要とされている。

メンター制度はメンティの成長だけでなく、メンターの成長も期待される。そしてメンティがやがてメンターになるチェンジサイクルも期待される。

（松原敏浩）

→メンタリング・プログラム、キャリア、キャリア開発プログラム

メンタリング・プログラム

（mentoring program）⋯⋯⋯⋯⋯Ⅱ－3－A

メンター（mentor）であるベテランが、新参者であるメンティ（mentee）の組織適応と成長を促すために行っている行動（mentoring）を、組織の制度的仕組みとして行うものをいう。メンタリングは、メンティが組織の習慣を理解し、仕事に慣れるまで指導や助言を行ったり、組織内での認知度を高める働きかけを行うなどのキャリア支援機能と、メンティの良き理解者として相談にのったり、無用な圧力から守ったりする心理社会的支援機能がある。

直属上司もメンターにはなれるが、職責上の評価者ではないベテラン社員との間にマッチングを図られる方がうまく機能する。期待する機能が効果的に果たされるように、導入目的を明確にし、メンターになる人とメンティにもその趣旨がきちんと説明されなければならない。配属先の責任者である上司の理解を得ることも重要である。

メンター人材の育成には、コーチングやカウンセリングのトレーニングを行うことが効果的である。企業や行政組織だけでなく、大学などもメンター・プログラムを導入している。例えば、教員メンター・プログラムは、新人教員が大学の仕事に早く適応するための支援を制度的に行う仕組みである。（藤井　博）

メンタルヘルス（mental health）

⋯⋯⋯⋯⋯⋯⋯⋯⋯⋯⋯⋯⋯Ⅰ－1，2－B

「心の健康」のこと。日本では、1998年以降14年連続して自殺者数が年間3万人以上に達したが、その背景には長引く経済不況に加え、長時間労働や職務上のメンタルストレスに起因するうつ病等による自殺者の増加が指摘されてきた。「過労死等防止対策推進法（2014年施行）」において「過労死等」とは「業務における強い心理的負荷による精神障害を原因とする自殺による死亡」を含むと定義され、メンタルヘルス対策の重要性が再認識された。

厚労省は、「労働者の心の健康の保持増進のための指針（メンタルヘルス指針：2015年改正）」を定め、労働者の心の健康の保持増進のための措置（メンタルヘルスケア）が適切に実施されるようメンタルヘルス対策を推進してきた。2015

年度から開始されたストレスチェック制度等を活用しメンタルヘルス不調を未然に防止する「一次予防」、メンタルヘルス不調を早期発見し適切な措置を行う「二次予防」、メンタルヘルス不調者の職場復職支援を行う「三次予防」に取組むと共に、事業場における「4つのケア」＝「セルフケア」「ラインによるケア」「事業場内産業保健スタッフ等によるケア」「事業場外資源によるケア」を計画的、継続的に推進するよう示している。

（西川將巳）

→メンタル・ヘルス教育、ストレスの管理

メンタル・ヘルス教育（mental health education）······························Ⅱ-3-A

事業場におけるメンタル・ヘルスケアの適切な実施を目的に、労働者にメンタル・ヘルスケアに関する知識などを与え、メンタル・ヘルスケアの能力を伸ばすこと。事業者には、労働者が自身で行う「セルフケア」、管理監督者が部下に対して行う「ラインによるケア」、産業医・衛生管理者・保健師・心の健康づくり専門スタッフなどが行う「事業場内産業保健スタッフ等によるケア」「事業場外資源によるケア」を促進するために、それぞれに教育を行うことが求められる。

（玉利祐樹）

→メンタルヘルス、ストレスの管理

燃え尽き症候群→バーンアウト

目標設定理論（goal setting theory）
······························Ⅰ-2-A, Ⅱ-2

具体的かつ適切な目標（goal）を設定

することが、人のモチベーションを高めることを説明した理論である。

人のモチベーションを高めるためには、「do your best」のような曖昧な目標ではなく、数字などで表される具体的な目標を設定する必要がある。次に、その目標は達成が容易ではなく、適度に困難である必要がある。また、その目標を達成する過程でフィードバックがあることが必要である。さらに、そうした目標は、他者から強制されるのではなく、人が主体的に設定し、その目標を受容することが必要である。

目標の具体性は、遂行すべき課題を明確にし、現状との差を認識させる機能を持つ。また、高すぎる目標の設定は人のモチベーションを低下させ、簡単すぎる目標の設定は、モチベーションを引き出す役割を果たせないため、達成の難易度が中程度の目標を設定することが重要になる。

さらに、フィードバックの有無は、自分の進捗状況を理解させ、目標との距離感を明確にする機能を持つ。

最後に、自己決定された目標は組織メンバーの目標達成に向けたコミットメントを引き出すことに繋がる。つまり、人がその目標に納得して、自ら目標を設定することが重要になる。（貴島耕平）

目標（による）管理（management by objectives）······························Ⅰ-2-A

組織目標を個人目標へとブレークダウンし、各部門・階層の組織構成員一人ひとりが、組織に貢献できる個人目標を設定し、その達成に向けて自律的に行動す

ることを促すことで、組織目標の達成を目指すマネジメントの概念であり手法である。

ドラッカー（Drucker, P. F.）が、『現代の経営』（*The Practice of Management*（1954））で"Management by Objectives and Self-control"（目標と自己統制によるマネジメント）と提唱した考え方がベースになっているといわれる。

それによれば、目標管理（以下、MBO）は、以下のように特徴づけられる。①本来は、人事評価ではなく組織のマネジメントのための考え方であり手法である。②目標のブレークダウンは、組織部門・階層を目的・手段関係として体系的・効果的に繋ぐ意図がある。③組織構成員（以下、部下）は、自らが設定した個人目標の達成に向けて、自己統制（自律的・自主的な行動）により組織の全体目標の達成に貢献する。

実務上は、半年や一年といった一定期間の個人目標を、組織目標とすり合わせながら設定し、その目標の達成を組織目標の達成に結びつける仕組みである。最初の目標設定時の承認とその結果と取り組みに対する評価は、現場の管理職（以下、上司）が行う。また、MBOで設定した目標の達成度合いは、部下の人事評価の判断材料の一つとして活用されるのが一般的である。

MBOの一般的なプロセスは以下のとおりである。①期初、まず組織の経営管理職層を中心に、組織全体および各部門・階層の組織目標を設定する。設定した組織目標を部下と共有する際には、その設定背景（組織のビジョンや戦略など）

も説明する。それに基づき、部下が個人目標を作成し、上司と面談しながら、組織目標との整合性、目標達成の難易度の適切さなどの観点から検討・修正して確定する。②期中、上司は部下と定期的に面談し、個人目標の進捗状況を確認し、課題があれば、その解決に向けて助言や支援をする。③期末、部下がまず自身で目標の達成状況について評価し、上司との面談で自己評価結果の妥当性を検討する。

これらのプロセスでは、現場の上司の役割が重要になる。期初の目標設定段階では、組織の全体目標を踏まえつつ、所属部門・階層目標と部下の目標との間に目的・手段の関係が成立するように調整しなければならない。期中の進捗度把握の段階では、部下の目標達成が難しそうな場合には、適宜、助言や支援をする必要がある。また、期末の評価・フィードバック段階では、部下の自己評価を客観評価し、その根拠を説明すると同時に、意欲の増大と自己啓発に結びつけていかねばならない。　　　　　　　（齊藤　博）

モティベーション→動機づけ

モデル退職金（modeled retirement allow-
　　ance）………………………………Ⅰ−2−B
　新規学卒者が入社後に継続して勤務し、標準的に昇進・昇格した場合に、自社の退職金制度にもとづいて支給される退職一時金の水準をいう。退職金の支給額を決定するにあたり、自社のモデル退職金を算出して世間相場（公的な調査結果等）と比較することで、支給水準等の

客観的な検証が可能となる。比較に使用する調査として、東京都産業労働局「中小企業の賃金・退職金事情」、人事院「民間企業退職給付調査」、経団連・東京経営者協会「退職金・年金に関する実態調査」などがある。　　　　　　（市村剛史）

モデル賃金（model wages）……Ⅰ－2－B
　新規学卒者が入社後に継続して勤務し、標準的に昇進・昇格した場合に支給される賃金の水準をいう。通常は、学歴・職種・年齢・扶養家族数などについて一定のモデル条件を設定し、これにもとづいて抽出したモデル賃金データを使用する。具体的には、モデル賃金と世間相場（公的な調査結果等）を比較して自社の賃金水準を検証したり、モデル賃金と実際の賃金支給額を比較して制度が適切に運用されているかをチェックするなど、様々な活用方法がある。（市村剛史）
→賃金相場、賃金水準、基本給

もにす認定制度………………………Ⅰ－2－B
　障害者の雇用の促進や雇用の安定に関する取組が優良な中小事業主を厚生労働大臣が認定する制度。認定を取ると、日本政策金融公庫の低利融資の対象となる、公共調達などの加点評価を受けられる場合があるなどの特典があり、これにより障害者雇用の取組に対するインセンティブを与えている。また、認定を受けた事業主の取組を他の事業主のロールモデルとなるよう公表することなどを通じて、中小事業主全体の障害者雇用の進展を目指している。　　　　　（村木厚子）

モノのインターネット（IoT）………Ⅰ－1
　Internet of Things の略語である。様々なモノ（物）がインターネットに接続されることで、モノとモノがインターネットを経由して情報交換可能になることにより、相互に制御できる仕組みのこと。2016年4月20日に成立した特定通信・放送開発事業実施円滑化法の附則では「インターネット・オブ・シングスの実現」を「インターネットに多様かつ多数の物が接続され、及びそれらの物から送信され、又はそれらの物に送信される大量の情報の円滑な流通が国民生活及び経済活動の基盤となる社会の実現」と定義している。また、IoTデバイス向けに、総務省は2017年1月1日付で、020で始まる約8000万回線の電話番号をM2M（マシン・ツー・マシン）専用の電話番号として新たに割り当てるなど、デジタル社会実現のための重要技術として注目されている。実際、令和5年版情報通信白書によると2022年の時点で324.1億台のIoTデバイスが接続されており、2025年には440.2億台に増加すると予想されている。　　　　　　　　　（谷岡広樹）

モラール（morale）…………………………Ⅱ－2
　働く人間の勤労意欲を意味し、士気・やる気とも訳されるが、モラールとそのまま使われることが多い。本来は、ナポレオン時代の軍隊の戦闘意欲に対して用いられた用語といわれているが、産業におけるモラールの概念を初めて体系的に提出したのはホーソン研究である。モラールは人間のあるべき態度を意味する道徳的概念である「モラル」とは区別され

る。モラールは一般に個人としてのモラールと集団としてのモラールに分けられる。前者は職務満足感、後者は集団の団結度を意味するものとして使われる。

（松原敏浩）

→ ホーソン工場実験、職務満足、モラール・サーベイ、動機づけ

モラール・サーベイ（morale survey）

·· Ⅱ-2

職場におけるモラールの調査を指す。モラールは士気や作業意欲を意味するフランス語であり、職場環境や労働条件、職場における人間関係などに影響されて生じる、従業員の意識を表す。従業員のモラールを客観的・定量的に測定する手法として体系化されているのがモラール・サーベイである。モラールそのもの、さらにはそれを規定する要因を同時に測定し、分析を行うことで、従業員のモラールの水準やそれに影響を与える要因を特定することを目指す。日本におけるモラール・サーベイの嚆矢は、1955年に一般社団法人日本労務研究会が開発したNRK方式モラール・サーベイだとされる。

（服部泰宏）

森田療法 ································· Ⅰ-1, 2-B

森田正馬によって創始された不安症に対する精神療法である。神経質性格（内向的、過敏、心配性、完全主義など）を有する人は、不安や恐怖の感情を「こうあるべき」「こうあってはならない」と排除しようとするとらわれがある。そのとらわれから脱して「あるがまま」の心の姿勢を獲得できるように援助する。患者の不安や葛藤を取り除くのではなく、それを受け入れ、現実を認めたうえで行動できるようになることを目指す。臥褥・作業・日記が治療の核である。

（河村茂雄）

問題解決学習（problem-based learning）

·· Ⅱ-3-A

PBLと略されることも多いが、この場合は、Project Based Learningと区別がつきにくいので注意が必要である。問題解決の過程において、反省的思考が働き、それによって新しい知識や能力、態度が習得されるとする学習方式で課題解決型学習ともいう。

問題解決学習は、系統的に知識伝達する授業過程に対立する。そして、学習者の興味や要求を生かすべく、教師は教授者でなく助言者としてある立場を取る。当時の進歩主義教育思想によって支えられ発展した。

児童・生徒の直面する課題に対応する学習方略として注目された一方で、教師の指導力量不足から十分な対応が取れず学力低下を招くという指摘もあった。従来、児童・生徒に対する学習方略のように捉える向きが多かったが、現在では高等教育や成人学習でも多く取り入れられてきている。また、問題解決学習と並んで、問題（課題）発見学習にも注目が集まっている。

（森 玲奈）

や行

野外での学習……………………Ⅱ-3-A

　子どもを取り巻く自然の世界での実際的、経験的な学習のことである。児童生徒を学校外の豊かな自然に直接触れさせ、共同生活をさせ、学校での学習を補強し、発展させるもので、自然や社会について実地に学ぶ体験や、諸種のスポーツ、レクリエーションを通して、健康を増進し、スキルを身につけることを目的としている。19世紀には、すでに欧米諸国の理科教育において、子ども自身による自然との直接的対話の重要性が指摘されており、野外での学習は一般的な教育方法の一つとして認識されていた。

　野外での学習を効果的に行う方法として、学習教科の枠組みを超えた教師の協力体制の確立と、野外での学習を実施する地域の資源の活用が重要である。また、今日において野外教育は、子どもに対する環境教育や総合的な学習の時間の中でも重要な位置を占めており、多彩な形態で実施されている。　　　（雨宮和輝）

役職手当……………………………Ⅰ-2-B

　部長、課長等の役職に対して支払われる給与。役職手当の要素としては、①遂行すべき職務の責任度、遂行の困難度、遂行に要する知識・能力、遂行に当たっての精神的負荷に報いるという職責の大きさに対応する部分と、②管理監督者として割増賃金の支払義務が除外されるこ

とから、割増賃金の見合い分とする部分の2つから構成される。近年は役割給など、担当する職務の職責の大きさに基づいて基本給が決定される賃金制度も増加しており、役職手当を廃止する動きも見られる。　　　　　　　　　　（大津章敬）

→割増賃金、基本給、所定内賃金 vs. 所定外賃金、職務評価、職務給、職能給、仕事給

役割（role）………………………Ⅰ-2-A, Ⅱ-2

　役割とは、社会的な状況の中でいかに振る舞い、どのような権利や義務を有するかといったことに関して概念化された様式を指す。社会学者のゴフマン（Goffman, E.）によれば、人間は皆、学生、教師、父親や母親、子ども、会社員など、社会の中で何らかの役割を演じながら生きている。「子どもなら元気よく外で遊ぶ」とか「教師なら休日でも社会の模範としてしっかりと振る舞う」といったように、それぞれの役割には、その役割にあるがゆえに他人から期待される振る舞いの様式がある。これを役割期待という。

　社会学者のミード（Mead, G. H.）によれば、「子ども＝元気よく外で遊ぶこと」とか「教師＝休日でも模範として振る舞う」といったことは、そのように振る舞うことを本人たちが受け入れることで初めて意味を持つ。私たちは特定の国や組織や集団に社会化される中で、他人からの役割期待を理解し、特定の振る舞いをすることができるようになっていく。つまり、社会において、「子ども」という役割があらかじめ存在しているというよ

りも、「子ども」としての役割期待を人々が受け入れることで、社会の中に「子ども」が現れるという側面がある、ということである。

こうした役割にうまく適応できている状態を役割適応と呼ぶが、私たちは時に、社会における役割にうまく適応できないことがある。その一つの例が、役割葛藤である。個人が複数の役割を担うことになり、それらの役割によって期待される振る舞いの様式が異なるような場合、私たちはそれぞれの役割の矛盾や対立を経験することになる。これが役割葛藤である。また私たちは、特定の役割からあえて距離を取り、その役割を周囲からの期待通りに演じない、といったことをすることもある。「外科医が手術室内で冗談を言う」といった行為がそれにあたるが、これは厳密に規定された役割からあえて逸脱することで、自身の有能さを示したり、緊張感を和らげたりといった目的で行われることになる。このように私たちは、一方で、周囲からの期待にしっかりと応えつつ、他方で、それを積極的に逸脱するという形で、役割に対して様々なスタンスをとることで、生活者としての平衡を保っているといえる。

（服部泰宏）

役割演技→ロール・プレイング

役割期待（role expectancy）……………Ⅱ−2
　社会における特定の地位や立場にある人物に対し、その特定の地位・立場の役割に応じて「こういう地位・立場にあるのだから、この人はこうであるべきだ」

というように暗黙に了解されている規範的な期待のこと。役割期待に沿って実施する行動は役割行動と呼ばれる。

例えば、夫と妻としての役割、教師としての役割、組織における上司としての役割など、社会における家族や性別、職業、地位等に応じてさまざまな類型の役割期待が存在し、一般用語としては「〇〇らしさ」といった表現で俗に用いられる概念に近いといってよい。

昨今は、社会における既存の価値規範や人々の意識が大きく変容しつつあり、したがって役割期待も大きく揺らいでいる。例えば、かつてであれば「男らしさ」、「女らしさ」といった表現は日常的に誰しもが用いていたが、昨今ではそうした表現は性差別の助長に繋がりかねないとの認識から忌避されることが多く、そうした表現方法は公にはほぼ用いられなくなった。これも社会の変化に応じて役割期待が揺らいでいる一例である。

一般に、企業における人事考課や評価システムには、当該企業が労働者に対して抱く役割期待が反映されているといえる。
（上林憲雄）

→役割行動、役割認知、役割のあいまいさ

役割行動（role behavior）………………Ⅱ−2
　社会における特定の地位・立場にある者が、その役割期待に沿って取った行動のこと。ここに役割とは、社会の中でその人が果たすべきであると期待されている働きを指している。例えば、企業における従業員は、当該企業によって割り当てられている業務をきっちりとこなすことが期待されており、従業員がこうして

職務を全うする行動を取った場合には、当該従業員は役割行動を果たしたものとして評価を受ける。

一般に、人はある役割を与えられると、自分の意に反してでも、その役割にふさわしい行動を取ろうとする傾向があることが、社会心理学の実験によって明らかにされている。アイヒマン実験として知られる模擬監獄実験では、看守役と囚人役を割り振られた人々は、最初は戸惑いつつも、次第にその役割にふさわしい行動を自ら取るようになることが発見されている。いわば、人は実験という仮想場面であることを承知していながらも、付与された役割期待を無意識のうちに体得し、その役割期待に沿った役割行動を取ろうとするのである。

昨今では、社会における価値規範や人々の意識が大きく変容しつつあり、したがって役割期待や役割行動も変容しつつある。　　　　　　　　　　（上林憲雄）

→役割期待、役割認知

役割認知（role cognition）……………… Ⅱ－2

社会における特定の地位・立場にある者が、その地位や立場に即し、自身の役割として抱いているイメージのこと。役割期待、役割行動とともに、役割の重要な側面の一つである。

役割認知の背後には社会規範が存在しており、社会や他者からの役割期待と自身の役割認知は多くの場合一致しており、共有されることが多い。しかし、両者が必ずしも完全に一致するとは限らない。なぜなら、同一の社会規範を人々が共有しているとは限らないためである。

むしろ社会規範の認識が個人ごとに異なるからこそ、役割認知という概念があるといってよい。

ごく単純な例を挙げれば、企業における管理職の役割に関して、管理職である上司自身は「管理職は、部下の業務面に加え、業務に影響を及ぼしうる日常生活面においても口をはさむべきだ」と考えるのに対し、部下は「管理職は、日常生活にまで逐一口出しすべきではない」と考えるとすれば、上司と部下との間で、管理職という地位に関する役割認知が異なるということになる。

組織においては、役割認知が個人ごとに異なっているという前提に立って日々の業務に従事し対処する方が人間関係上の軋轢を生じにくく、組織運営上、望ましい結果を導きやすい。　　　（上林憲雄）

→役割期待、役割行動

役割のあいまいさ（role ambiguity）… Ⅱ－2

個人が、組織や集団の中ではたすべき役割について、不明瞭かつ不十分な情報しか有していない状態をいう。役割理論を背景として組織のストレス研究を行ったカーン（Kahn, R.）らによれば、役割のあいまいさは客観的なものと主観的なものに分類できるという。客観的な役割あいまいさとは組織環境が個人に提供する役割情報の不正確さを指し、主観的な役割あいまいさとは役割情報に関する個人の知覚・認知の不正確さを指す。

経営組織における客観的な役割あいまいさは、業務分掌規程等の管理上の諸規程が整備されていない場合や、上司が部下に明確な役割を伝えない時に起こりが

ちである。一方、主観的な役割あいまいさは、周囲の人々や組織が明確な役割期待を示しても、個人の心理的・認知的状態や傾向によってそれが歪んで受けとめられたり、個人の仕事に対する基本的な態度が周囲の人がもっているものと異なる場合等に見られる。

役割あいまいさは、役割葛藤（role conflict）［相矛盾する役割期待が同時に存在する状態］と対で用いられる概念であり、役割分業と権限の階層構造を基本とした官僚制組織の円滑な運営を阻害する要因として指摘されてきた。また、官僚制組織で働く個人にとっても役割あいまいさと役割葛藤はストレッサーとして機能するとされてきた。しかし、昨今の官僚制を排した経営組織の形態では、役割あいまいさと役割葛藤はむしろどのような仕事にも伴う事象であり、人々にはむしろそれらの中で職務を遂行することが求められている。　　　　（渡辺直登）
→役割期待、官僚制

友愛会 ……………………………… Ⅰ−1
20世紀初頭、社会問題、労働問題が顕在化する日本に、その実践的解決に各方面で奔走したクリスチャンのソーシャル・アントレプレナー達がいたが、その一人である鈴木文治が結成した労働者の自発的結社。従来、日本における労働組合のプロトタイプとしてのみの位置づけが一般的であったが、その技能向上と人格陶冶による社会参加という活動内容は、同時代に同じく深刻化する社会、労働問題の解決に同様の視角からアプローチし、人事労務管理とその専門化の発展

を含め、社会改良に尽力した米国のプログレッシビズムとの関連づけが必要であると共に、スキル形成と自立的職業生活への関心が増す今日的視点からも友愛会の再評価が待たれる。　　　（篠田　徹）

誘因と貢献 （inducement and contribution）
……………………………… Ⅰ−2−A，Ⅱ−2
バーナード（Barnard, C. I.）およびサイモン（Simon, H. A.）による組織均衡理論の根底をなす概念。バーナードとサイモンによると、組織が長期間存続していくためには、組織活動を支えるさまざまな貢献（contribution）に対して、その見返りとなる誘因（inducement, incentive）が、バランスよく支払われている必要があるとされる。その典型は従業員の貢献に対する給与の支払いである。マーチ（March, J. G.）とサイモンは、従業員への誘因としては、給与以外の非金銭的報酬（地位や名誉、対人関係満足、仕事の達成感等）も有効であることを指摘した。そして彼らは、誘因が貢献より大きいか等しい（誘因と貢献が均衡する）場合にのみ、従業員は組織に参加する決定を行うと主張した。しかし組織は、従業員に加え経営者、株主、顧客（消費者）など潜在的な構成員を多く抱えた存在である。そのため、経営者の経営サービスに対しては報酬が、株主に対しては配当金が、顧客に対しては商品・サービスが、それぞれの貢献とバランスする形で提供されなければならない。一方組織は、これらの構成員から十分な貢献を引き出すため、適切な誘因の配分を行う必要がある。しかし、逆に十分な誘因の確保は、

や行

構成員からの有効な貢献を得てはじめて可能となるため、両者の間で均衡が図られることが、基本的に重要な経営課題となる。以上の通り誘因＝貢献のバランス理論は、組織存続のための基本的条件を論じたもので、組織均衡理論を支える基本命題と言える。　　　　　（若林　満）

有機的組織（organic organization）
　　　　　　　　　　　　　　Ｉ－２－Ａ
　環境変化に柔軟に対応できる特性を備えた組織をいう。すなわち、職務・権限はゆるやかに規定され、組織のメンバーは中央からのコントロールや規制に厳しい拘束を受けることなく専門的知識や経験に基づいて判断し、横断的情報交換によって他との行動を調整することができ、上司への忠誠心より組織全体の目的に貢献することに価値がおかれるような組織である。市場での競争や変化の激しい業種、技術進歩の早い業種には、一般に有機的組織が適合する。（徳重宏一郎）
→機械的組織

有期労働（fixed-term labor）……Ｉ－１，２－Ｂ
　半年や１年などの期間を定めた労働契約を締結した労働（者）を指す。期間の上限は原則３年であり、専門知識がある場合、あるいは満60歳以上の労働の場合、上限は５年となる。非正規雇用労働者に対して、不合理な待遇差をなくすために、2020年に「パートタイム・有期雇用労働法」が施行された。当該法は、中小企業にも適用される。待遇に関する説明義務の強化、行政による紛争解決援助体制の整備等を通して「同一労働同一賃金」実現を目指すことが謳われた。
　　　　　　　　　　　　　　（丹羽浩正）

有効求人倍率 ……………………………Ｉ－１
　有効求職者数に占める有効求人数の割合。公共職業安定所（ハローワーク）に登録された求職票で有効期限が残っている就職未決定の求職者数を「有効求職者数」、未充足の求人数を「有効求人数」という。１人の求職者に対して求人がどれだけあるかを示し、労働市場における需給バランスを測る指標として利用されることが多い。厚生労働省による一般職業紹介状況（職業安定業務統計）において毎月公表される。　　　　　（友利厚夫）

有効性（effectiveness）……………Ｉ－２－Ａ
　行動結果に対する評価指標の一つ。バーナード（Barnard, C. I.）によれば、組織の有効性は目標の達成度であり、それは操作可能で数値化可能である。企業は、収益性や生産性の向上といった具体的な数値目標を設定し行動するので、その結果に対しての有効性を判断することができる。企業の行動結果は環境状況や組織の能力次第で異なるが、たとえば、人材育成についてその有効性が高いというのは、目標とした指標より達成度が高いことを意味する。　　　　（大月博司）

有料職業紹介事業（private employment service）…………………………………Ｉ－１
　職業紹介事業は、①公共職業安定所、②民営有料職業紹介事業、③民営無料職業紹介事業の３種類に大別される。
　1997年および1999年の職業安定法改

正により営利紹介が解禁された。有料職業紹介事業で取り扱える職業が、新たに事務的職業と販売の職業が加わったことで、ホワイト・カラー全般（新卒や保安、農林水産業、建設、採掘等、一部の職業を除いて）に広がった。

1997年6月に開催されたILO（国際労働機関）総会において、民間企業による職業紹介を原則的に自由化する案が採択された。これは雇用の流動化が進み労働市場が変化する中で、民間職業紹介所のはたしてきた役割が認識されたことを意味している。

なお、有料職業紹介事業は、厚生労働大臣の許可事業である。　　（丹羽浩正）
→職業紹介、ヘッドハンティング

ユーストレス (eu-stress)…………Ⅰ－2－B

人間にとってよい影響を及ぼす外的刺激（ストレッサー）、およびその結果として個人が経験する望ましい内的な心理・身体的反応（ストレイン）を指す言葉。ストレス研究は当初、人間に害悪を及ぼす有害刺激の同定と、有害刺激にさらされた結果としての心身の病的反応の観点から研究がなされてきた。しかし、人間を取り巻く環境には、害悪ばかりでなく人間にとって有益な刺激が存在することからその同定や影響力についても解明を行う必要があるとして、この概念が提唱された。有害刺激や人間の不適応反応をディストレス（distress）と呼んで、ユーストレスと区別することも行われている。

勤労生活における外的刺激因としてのユーストレスには、仕事の達成、収入の増加、昇進、承認、仲間との交友等があり、それらは結果として個人に心理的な安寧（well-being）、自信、有能感、高い動機づけ等をもたらすと考えられている。しかし、ユーストレスの原因や結果については、ディストレスに関するものほど解明がなされてはいない。その原因は、ユーストレスはディストレス以上に当事者の認知や価値観、心理的状態、当事者の置かれた社会的文脈の影響を受けるため（例えば、「栄転」を喜ぶ人がいる一方で、重荷に感じる人がいるように）、科学的な観察や実験・調査に乗せにくいことにある。　　（渡辺直登）
→組織ストレス、職務ストレス

ユニバーサル・オーナー………………Ⅰ－1

巨額の運用資産を持ち、世界の資本市場全体に長期にわたって幅広く分散して運用する投資家を指す。具体的には、年金基金などの機関投資家であり、ユニバーサル・オーナーが長期的に安定した収益を獲得するためには、投資先の企業価値向上が必要で、そのためには持続的で安定的な社会と資本市場の成長が欠かせない。そのため、ユニバーサル・オーナーにとって環境や社会問題による負の影響を最小化することは、長期的な投資リターンの最大化を目指すうえで合理的であるといえる。　　（徳田展子）

要員計画 ……………………………Ⅰ－2－B

企業の中長期経営計画に基づく戦略的な目標を達成するために、通常3年から5年のスパンで将来的に必要となる労働力を算定していく計画のこと。具体的に

や行

は、人材採用、配置、異動、能力開発などの面での計画を策定する。

　要員計画の策定に当たっては、トップダウン方式（マクロ的算定方式）とボトムアップ方式（ミクロ的算定方式）の2つの方式が存在する。トップダウン方式は、中長期経営計画の一環として、新製品の開発計画・設備投資計画・資金調達計画・販売計画に基づく利益計画から算定される人件費総額を、労働分配率や損益分岐点等から算出される従業員1人当たりの年間給与額で除することで算出するもの。ボトムアップ方式は、個々の部門が将来的な事業計画や業務目標に基づき必要とする人員を算定し、それを積み上げることによって要求要員総数を定めるものとなる。かつて要員計画で策定するのは人員数が中心であったが、近年は業務の多様化・高度化を背景に、必要な人材のスキルや経験を重視する傾向が強まっており、現場のヒアリング（要因調査）を通じた必要人材像の明確化が重要になっている。　　　　　　　　　（大津章敬）

要求水準（level of aspiration）

.... Ⅱ-2

　個人がある課題に直面する時、その課題をどの程度達成できるかについての主観的な目標を設定する。これを要求水準という。そして人は課題解決の際、その水準以上の成果を達成できれば成功感を体験し、逆に失敗すれば失敗感を体験する。また、同じ結果でも要求水準の低い人は成功感を、高い人は失敗感を感じることがある。心理学の要求水準の研究は①課題の難易度、②賞罰の有無、③競争

事態の有無、④個人の性格との関連で研究されてきた。　　　　　　（松原敏浩）

養成工制度 Ⅰ-2-B

　養成工制度は、欧米の徒弟制度の下での技能養成に類似した日本的な技能養成制度であり、終身雇用慣行や年功制度の基盤でもある。養成工制度は、日本の重工業化が欧米からの企業ごとに異なる技術の導入によって進められ、そのため企業特殊的な技能の存在と企業特殊的技能労働者の確保の必要性から生じている。新規学卒者中心の雇用や企業内訓練制度はここから生じている。　　（石井脩二）
→**請負、親方、職人**

余暇（leisure time）.................... Ⅰ-1，2-B

　余暇とは一般的には、労働から解放されて個人の自由になる生活時間のことを指すが、その時間をどのように有効に活用するかは、生活の充実のみならず、仕事の成果にも影響を与えると考えられることから、その時間の使い方の内容が問われる。

　例えば、総務省統計局の「社会生活基本調査」は、余暇時間を以下のように分類・定義している。同調査では、1日の行動を20種類に分類し、時間帯別の行動状況を調査して、この20種類の行動を大きく3区分にまとめている。すなわち、睡眠、食事など生理的に必要な活動を「1次活動」、仕事、家事など社会生活を営む上で義務的な性格の強い活動を「2次活動」とし、さらに、これら以外の活動で各人の自由時間における活動を「3次活動」としている。一般に「余暇

活動」と呼ばれるものは「3次活動」に当たる。

この定義における「余暇活動」には、「通勤・通学」を除く移動、テレビ・ラジオ・新聞・雑誌、休養・くつろぎ等以外の、「学習・研究」、「趣味・娯楽」、「スポーツ」、「社会的活動」の行動時間の計を「積極的余暇活動時間」と名付けて、着目している。　　　（白木三秀）
→余暇管理

余暇管理（leisure time management）
……………………………Ⅰ-2-B

仕事と余暇の境目をマネジメントする能力は、それが高ければ高いほど、仕事のパフォーマンスにも好影響を与えるということで、その重要性が『労働経済の分析』（令和元年版）でもつとに指摘されている。余暇時間をいかに有効に、創造的に活用するかを意味する「余暇管理」の巧拙は、短期的に疲労の回復やストレスの解消に結び付くだけでなく、長期的に労働者の能力開発にも大きく影響するものであり、「仕事能力」と同様に重視される必要がある。　　　（白木三秀）
→余暇

欲求（needs）…………………Ⅰ-1, Ⅱ-2

「要求」（needs）とも呼ばれる。人間が行動を惹起するに至る過程（動機づけの過程）を説明することに関わる概念の一つで、人間（有機体）内部の緊張状態を意味する。言わば、人間を行動に駆り立てる原動力のことである。

人間（有機体）が環境への適応や生命の維持のために発生する欲求を生理的欲求と呼ぶ。睡眠欲、食欲、性的欲求など最も低次の基本的欲求である。これらの欲求は生得的なもので一次的欲求とも呼ばれる。この一次的欲求から派生し後天的に獲得される欲求を二次的欲求（社会的欲求）と呼ぶ。金銭や他人との親交を希求したり、地位や権力を求める衝動は社会的欲求である。

人間には多様な欲求が存在すると仮定される。例えば、心理学者のマレー（Murray, H. A.）は社会的欲求だけで親和、達成、支配、養護など20もの欲求を分類している。この中で最もよく研究されているのが親和、達成である。親和欲求は人間関係に関する行動、達成欲求は作業行動、個人業績を説明する概念としてよく使用されている。心理学者のマズロー（Maslow, A. H.）は、欲求間に階層的な構造を仮定し、①生理的欲求→②安全欲求→③社会的欲求→④自尊欲求→⑤自己実現欲求の5段階からなる、いわゆる「欲求階層説」（theory of need hierarchy）を提唱した。この欲求階層説によれば、人間の行動は、欲求の充足化行動として定式化され、最下層の生存の充足化から始まり、順次に上層の欲求へと及んでいくとされる。

また、アルダーファー（Alderfer, C. P.）はマズローの理論を修正・拡張して3つの基本的欲求を仮定している。すなわち①生存欲求（existence）：生理的欲求、安全欲求、②関係欲求（relatedness）：社会的承認、親和欲求など人間関係に関するもの、③成長欲求（growth）：自己を発展成長させたい欲求である。この理論はERG理論と呼ばれる。この理論もマズ

や行

ロー同様の欲求階層を仮定している。このほか欲求に基礎をおいた理論にマグレガー（McGregor, D. M.）のX理論–Y理論がある。この理論も動機づけ、とりわけ、日本の経営管理に大きな影響を与えた理論である。欲求は常に満たされるとは限らず、欲求不満（フラストレーション）に陥ることも多い。その場合、何らかの対処行動が求められる。　（松原敏浩）
→動機づけ、動機づけ理論、欲求階層説、ERG理論、X理論vs.Y理論

欲求階層説 （need hierarchy theory）
.... Ⅱ−2
　マズロー（Maslow, A. H.）による欲求階層説（Maslow（1954））は、ワーク・モティベーションに関する代表的な内容理論の一つである。マズローは、人間は自己実現に向かって成長するという人間観に基づき、人間の行動を動機づける欲求を5つに階層化して分類した。低次の欲求から順に、生理的欲求（飢え、渇き、性欲などの一次的欲求）、安全の欲求（恐怖や不安、危険を避け、安心、安全を得たいという欲求）、所属と愛の欲求（集団からの受容や他者からの愛情を得たいという欲求）、承認の欲求（物事を成し遂げ、他者からの尊敬や承認を得たいという欲求）、自己実現の欲求（自分が持っている能力を最大限に生かし、理想的な自己を実現したいという欲求）である。
　生理的欲求から承認の欲求までの4つは、欠乏状態を解消するための欲求であり、欠乏欲求と呼ばれる。欠乏欲求は、充足されればそれ以上求めることはない。一方で、自己実現の欲求は、完全な充足はなく、理想的な自己に向かって限りなく持続することから、成長欲求と呼ばれる。マズローは、低次の欲求ほど強く、より低次の欲求がある程度充足されることでその欲求の重要性は減じ、次の段階の欲求が活性化され、人間を動機づけると考えた。　（久保沙織）
→ERG理論、X理論vs.Y理論、Z理論、マズロー , A. H.、動機づけ

ら行

ライフ・キャリア・レインボー
（life career rainbow）................. Ⅱ−3−B
　スーパー（Super, D. E.）が提唱した概念であり、キャリア発達理論の一つの考え方である。
　スーパー（1980）によれば、人は生涯において、子供、学生、職業人、配偶者、家庭人、親、余暇人、市民、年金生活者の9つの役割を果たす。そして、その役割を演じる劇場として、家庭、地域社会、学校、職場の4つを挙げている。その人の9つの役割の組み合わせが虹のようにその人の人生に彩りを加え、人生を輝かせる。人によってその役割の濃淡は様々であり、ライフステージによっても、それぞれ役割の濃淡は様々である。そして、この様々な役割の組み合わせが、ライフステージを通して、その人のキャリア・パターンになる。
　なお、スーパーは、ライフステージを成長段階（growth stage）（0–14歳）、探索

段階（exploration stage）（15-24歳）、確立段階（establishment stage）（25-44歳）、維持段階（maintenance stage）（45-64歳）、下降段階（decline stage）（65歳以降）の5つの段階に分けている。スーパーはこの一連のライフステージにおいてキャリアが発達していくとしているが、節目（transition）においても成長、探索、確立が螺旋状に繰り返され、キャリアが発達すると述べている。

　このように、ライフ・キャリア・レインボーでは、人はライフサイクルを通して様々な役割を果たすこと、一生を通してキャリアは発達することを指摘している。　　　　　　　　　　（二神枝保）
→キャリア、ワーク・ライフ・バランス

ライフサイクル（life cycle）……I-1, 2-A
　生命体は、誕生から成長・成熟・衰退という一連の変化を余儀なくされるが、これと同じことが世代をこえて繰り返されることを表したもの。製品ライフサイクルという発想はこの応用であり、製品も生命体と同じように、その誕生後うまくすれば成長・成熟につながる。しかし、市場において製品価値が認められなくなると、退場を余儀なくされる（衰退）というライフサイクルが製品の世代をこえ繰り返される。

　たとえば家庭用テレビの場合、白黒テレビが誕生後、急成長したが次第に成熟するに至り、やがて衰退してしまった。とはいえ、テレビという製品は、イノベーションによって新たにカラーテレビが誕生し、成長・成熟することになった。そして、個別の製品には衰退したものが

あったとはいえ、イノベーションが繰り返し起こり、アナログ方式からデジタル方式へ、ブラウン管方式から液晶方式へとテレビの誕生・成長・成熟は繰り返し、しかも小型から大型画面へ、世代毎にライフサイクルを繰り返している。これは企業の人材開発にも該当することであり、採用された人材が成長・成熟・退職というライフサイクルを繰り返すので、この発想を前提に人材活用することが重要とされる。　　　　　（大月博司）
→フロイト, S.

ライフプラン研修（life plan training）
　　　　　　　　　　　　　　　　Ⅱ-3-A
　厚生労働省によると日本人の平均寿命は男性81.05歳、女性87.09歳（2022年）である。80年をこえる人生を「いかに生きるか」ということは、それぞれの人間の大きな課題である。これは、人間として基本的なニーズの充足だけでなく、より高次のニーズを満足できる生活を実現するために実施される研修である。研修の内容には、体力づくり、広範にわたる学習活動、退職金の効果的な利用法等が含まれる。　　　　　　　　（馬場房子）
→キャリア・プランニング

ライン（line）……………………I-2-A
　階層型組織を前提に、トップからミドル・ロワーまで、命令統一の原則にしたがい直接的に結び合っている組織様式である。また企業活動の基幹的な業務をさすこともある。自動車メーカーの場合は、設計-製造-販売などが基幹業務でライン部門といえるが、建設会社では、営

ら行

業−設計−メンテナンスなどがライン部門と呼ばれる。しかし、事業内容が多角化すると、複数のラインが形成され、組織の複雑性を避けることが出来なくなる。
（大月博司）

→組織形態、ライン組織、ライン権限、ライン・アンド・スタッフ組織

ライン・アンド・スタッフ組織（line and staff organization）……………Ⅰ−2−A

　組織の中核業務を担うライン部門は、当該部門の上級管理者の意思決定を軸に運営される組織だが、これに付加して、企画や人事といったスタッフ部門が専門家としての観点からこのライン部門に助言や支援を行う体制になっている組織をいう。これは、基本的には、命令統一の原則を活かすライン組織と専門化の原則を活かすスタッフ組織の融合体である。

　しかし、組織が大規模化するにつれ、ライン部門とスタッフ部門が併存する組織形態の内容は実質的に変容せざるを得なくなる。なぜなら、事業規模が増大するにつれて専門家の知見がますます必要とされるため、スタッフ部門が相対的に強大化し、収益に貢献するよりコストがかかるスタッフ帝国が生まれる可能性が高まるからである。しかも、スタッフ部門の巨大化によってライン部門とスタッフ部門が相対立すればするほど、組織の目標達成と存続は危うくなる。それゆえ、ライン・アンド・スタッフ組織は大規模組織の基本型といえるが、ライン部門とスタッフ部門のバランス問題は規模の増大に伴い重要度を増し、その解決を余儀なくされる。とはいえ、バランス問題の解決はバランス内容に多様な組み合わせがあるためそう容易でない。
（大月博司）

→組織形態、ライン、ライン組織、ライン権限、経営組織、スタッフとゼネラルスタッフ、スタッフ権限

ライン・カウンセリング（line counseling）
……………………………………Ⅰ−2−B

　上司が、部下が困って相談に来た時や、部下を指導して育てるために行う非指示的な面接のこと。

　部下が気楽に相談に来られるように、日頃から接触を心がけること、共感的・受容的に話を傾聴することや本人の自主性を尊重すること等、カウンセリング・マインド（counseling mind）をもって接することが大切である。面接の基本的技法としては、質問、受容、繰り返し、明確化、支持がある。

　なお、とりわけコロナ禍以降、多様な心の悩みの相談窓口が、インターネットや電話を用いて設けられた。当該カウンセリングを、（オン）ラインカウンセリングやネットカウンセリングと呼ぶことがある。
（桐村晋次）

→カウンセリング・マインド

ライン権限（line authority）………Ⅰ−2−A

　自動車メーカーの生産部門のように企業の中核業務を担うライン部門は、タテに分業され、当該部門の管理者には決定権限が付与されるとともに、命令・指揮系統でつながっている。そのため、権限を有する管理者が発する命令は部下に伝わり、実行される。この権限をライン権

限という。通常、ライン部門の上司と部下の関係は正当化された権限を前提として成り立っている。したがって、部下はライン権限に逆らうことは出来ない。

（大月博司）

→組織形態、ライン組織、ライン、ライン・アンド・スタッフ組織、スタッフ権限、経営組織、スタッフとゼネラルスタッフ

ライン組織（line organization）……Ⅰ-2-A

組織において事業目標達成に資する中核業務を担うライン部門は、事業規模が増大するにつれ、数を増す。たとえば、自動車メーカーの場合、生産モデルが多くなれば、それに応じてライン部門の数も多くなるのである。そして、ライン毎に管理責任者がおかれるとともに工場現場の担当者まで、命令統一の原則が一気通貫する組織階層が形成される。このように、ライン毎に命令・指揮系統が形成された組織をライン組織という。

（大月博司）

→組織形態、ライン、ライン権限、ライン・アンド・スタッフ組織

ラダイト運動（Luddite movement）

....Ⅰ-2-A

1811〜12年からイギリスのノッティンガムで起こった労働者による機械打ち壊しの争議。産業革命直後の工場制生産について、労働者間に機械の導入が自分たちの失業を生むという強迫観念のようなものがあり、たとえば編物工場において編物機械を屋外に抛り投げるといった（Warner, F.）衝動的行為を伴う争議がまたたく間にイングランド中部に広まった。当時のイギリスの産業には労使のトラブルが多いとするイメージが生じ、これが投資意欲に水を差したとも言われるほどであった。　　　　（二神恭一）

→労使関係

ラッカー・プラン（Rucker plan）

....Ⅰ-2-A, B

米国の経営コンサルタントのラッカー（Rucker, A. W.）が1930年代に考案した成果配分制度の一つ。米国製造業統計データをもとに付加価値に占める労務費の割合がほぼ一定である（ラッカー常数）ことから、これを公正な労働分配率とする。会社の数年間の財務データからラッカー常数を算出し、当月の付加価値にこれを乗じて得られる賃金総額が実際のそれを上回る時、その超過分を労働者に配分するものである。　　　　（正亀芳造）

ラーニング→学習

ラーニング・トランスファー→学習転移

リアリティ・ショック（reality shock）

....Ⅱ-2

入社前に個人が感じていた会社や仕事に対する期待と、実際に入社した後に直面する現実とのギャップによって個人が経験することになる、心理的なショックを指す。リアリティ・ショックを理解する上で重要なのは、これが個人の側の「期待」と「現実」との差引きの結果として経験される、という点になる。同じ現実であっても、事前の期待の高低によって、「がっかり」にもなれば、「思って

ら行

いた以上」にもなりうる。同様に、同じレベルの期待を持っていたとしても、直面する現実いかんによって、「がっかり」にも「思っていた以上」にもなりうる。一般的にリアリティ・ショックとは、このような差引きの結果として、個人が「期待＞現実」つまり期待が現実を上回っていると知覚した時に起こる。一般的に、この場合には個人の組織や仕事に対する愛着やモチベーションが下がり、組織からの離脱の可能性が高くなる。反対に、「期待＝現実」つまり期待と現実が釣り合っていると知覚された場合には、リアリティ・ショックは経験されないことになる。

ただし、全てのリアリティ・ショックが悪い影響を与えるわけではないことに注意が必要である。仮に「期待＞現実」であった場合でも、「思っていた以上に仕事はハードだったが、この仕事を一人前にこなせるようにもっと力をつけよう」と、個人が奮起することもありうるからである。またリアリティ・ショックには、「期待＜現実」つまり現実が期待を上回るというタイプのものもある。「仕事の厳しさについて事前に覚悟をしていたが、実際には、さほどでもなかった」という場合がこれにあたり、この場合にも、必ずしも上記のようなネガティブな帰結はもたらさない。　（服部泰宏）

→入社前教育

利益 ……………………………… I−2−A

利益は、企業の一期間の業績指標となる金額である。

会計学では、利益は、財産法と損益法の2つの方法によって算定することができるものとされる。財産法では、一期間の期首と期末における資本の純増加として算定される。また、損益法では、一期間における収益から費用を差し引いた額として算定される。

財産法：利益＝期末資本−期首資本
損益法：利益＝収益−費用

なお、財産法において、当該期間において所有主（株主）からの直接的な拠出または所有主に対する分配（配当等）があった場合には、これらの額を資本の直接的な増減として調整しなければならない。

現在の損益計算書においては、段階的に複数の利益が表示されている。売上高から売上原価を差し引いて売上総利益が表示され、売上総利益から販売費及び一般管理費を差し引いて営業利益が表示される。さらに、営業利益に営業外収益を加え、営業外費用を差し引くことによって経常利益が表示される。さらに、経常利益に特別利益を加え、特別損失を差し引いて、税引前当期純利益が表示される。税引前当期純利益から、法人税、住民税及び事業税を控除して、当期純利益が表示される。

最近では、当期純利益に「その他の包括利益」を加減して、包括利益が表示されるようになった。包括利益の報告は、損益及び包括利益計算書において表示する方式（一計算書方式）と損益計算書とは別に作成される包括利益計算書において表示する方式（二計算書方式）が認められている。

管理会計では、経営上の意思決定に役

立つように、様々な利益が開発されてきた。例えば、売上高から変動費のみを控除して算定される限界利益、事業部門について本社費を控除する前に算定される貢献利益などが挙げられる。　（川村義則）

利益参加（profit participation）
‥‥‥‥‥‥‥‥‥‥‥‥‥‥‥ I－2－A, B
　企業が従業員や役員に対しておこなう報酬体系の一部である。利益の超過分の一定割合を報酬として分配する。この方式においては、企業が利益を上げられない場合には分配をする必要がなく、収益を分配する方法と比較すると、会社にとっては事業が安定しやすいというメリットがある。この方式を社債化したものが利益参加社債である。これは、確定した利子払いに加え、社債発行会社の獲得利益に応じた利益分配を受ける権利を有する社債である。　　　　（高橋　賢）

リエンジニアリング‥‥‥‥‥‥I－2－A
　リエンジニアリングは米国の経営コンサルタントのハマー（Hammer, M.）らによって提唱された。「業務プロセスのリエンジニアリング（根本的革新）」の英語の頭文字をとってBPRとも呼ばれる。リエンジニアリングは、スミス（Smith, A.）以来の行き過ぎた「分業」の反省に立ち、「統合」の概念を中心として業務プロセスを根本的に見直し、最新の情報・通信技術を用いて生産性を劇的に向上させる手法である。具体的には、既存の業務プロセスや管理方法について「そもそもなぜそんなことをするのか」と自問することからはじめて、業務の流れを分析しつつ仕事のやり方を根本的に革新し、しかもその間、一貫して顧客満足・顧客本位の視点に立つことが強調される。なかでもホワイトカラー業務を中心とする事務・管理間接部門の業務革新が強調され、これが当時生まれてきた統合業務ソフト（ERP）の導入とセットとなって大きなブームを呼ぶこととなった。
　米国では、このリエンジニアリングによる業務効率性を目指す経営合理化が、1990年代初頭のリストラによるダウンサイジングと結びついて推進されることになった。しかし、これは、ホワイトカラー層を中心とした大規模な解雇を招いたことへの反発と反省もあって、その後急速にブームは終焉を迎えることになった。　　　　　　　　　　（風間信隆）
→リストラクチャリング

力動心理学→心理動態論

リクルーター（recruiter）‥‥‥‥‥I－2－B
　人材募集・採用担当者。一般的に新規大卒者の募集・採用活動の支援・調整役をする社員を指す。役割や権限は各企業により異なり、厳密な定義はない。通常は人事部等の関係部署には属さず、募集・採用の一定期間だけ就職活動で企業訪問を希望する学生（特に同窓の後輩）に情報提供したり、1次選抜のための面接等をすることが多い。　（齊藤　博）
→新規学卒採用、募集、採用、求人活動

リスキリング（reskilling）‥‥‥‥‥‥I－1
　昨今の技術革新やビジネスモデルの変化に対応するために、新たな分野や職務

ら行

543

において新しい知識やスキルを習得することを指す用語。一般的には「学び直し」と訳されている。

　業界構造の変化や人材不足、人的資本経営へのシフトや自律的なキャリア形成など、変化するビジネス環境に対応するためにリスキリングの必要性が叫ばれている。企業が従業員に対して職業能力の再開発を行うことを指し、多くの企業が導入や導入検討を進めている。

（吉田　寿）

リスク ……………………………………Ⅰ-1

　一般にリスクは有害事象が発生する確率、あるいは有害事象の発生確率と発生時の損害の大きさの積で評価される。金融機関のリスク管理に用いられるバリュー・アット・リスク（VaR）は一定の期間においてある確率（信頼水準）で被る可能性のある最大損失額である。さらに発生確率は極めて低いが巨大な損失をもたらすリスク（テールリスク）は、損失がVaRを超えたという条件の下での損失の期待値（期待ショートフォール）で測定される。一方、標準偏差でリスクを測定する場合は、当事者にとって利益になる方向の変動も含まれる。リスク下での意思決定については、効用の期待値（期待効用）が最大になる選択肢を選ぶとする期待効用仮説が標準的な理論である。

　ただし、アレ（Allais, M.）のパラドックスは、期待効用仮説における独立性の公理に反する現象で、確実性が期待効用仮説の想定する程度を超えて重視されること（確実性効果）を示している。確実性効果を記述できる意思決定理論の例と

して、効用関数に替えて参照点を境に利益が出ているときはリスク回避的、損失が生じているときはリスク愛好的になる価値関数を用い、確率についての認識の歪みを反映する確率加重関数を導入したプロスペクト理論が挙げられる。

（熊谷善彰）

リスク管理→リスク・マネジメント

リスク・コミュニケーション …………Ⅰ-1

　リスク・コミュニケーションは、個人、集団、そして組織間でリスクに関する情報や意見を交換する相互作用的過程と定義される。この定義は1989年、全米研究評議会（U.S. National Research Council）によるものだが、それ以前のリスク・コミュニケーションは、専門家である伝達者から非専門家である受け手への一方向の情報伝達の側面が強く、受け手が伝達者の意見や主張を理解し、受け入れることをもって成功とみなしていた。

　リスクに関してはステークホルダー間の価値観の分散、利害関係の対立が大きく、信頼関係の欠如した中で専門家が一方的に働きかけても同意を得ることは困難である。また、発生確率と被害程度が同一のリスクであっても、個人の性格・職業・価値観、その時の社会状況、リスクの性質によってリスク認知は異なる。そこで、価値観や立場の違いを認めつつ、合意形成を目的とせずに、ステークホルダー間の相互理解と信頼関係の向上をもって成功とする相互作用の過程としてリスク・コミュニケーションが定義さ

れるようになった。リスク・アナリシスを構成する、リスク測定、リスク評価、リスク・マネジメントといった各段階のそれぞれにおいてリスク・コミュニケーションが必要とされる。　　　（熊谷善彰）

リスク・マネジメント……………Ⅰ−2−A

　「リスク・マネジメント」あるいは「リスク管理」とは、個人の効用や企業価値を高めることを目的に、身の回りのリスクを適切に管理する意思決定のプロセスである。リスクは結果が不確実な状況を意味する幅広い概念であるが、ここでは経済上の損失が発生する可能性に範囲を限定して議論する。

　リスク・マネジメントの手法は、「リスク・コントロール」と「リスク・ファイナンス」という2つのタイプに分類される。リスク・コントロールとは、損失が発生する確率もしくは潜在的な損失額を引き下げることで、起こりうる損失の期待値（期待損失）を低減させる手法の総称である。一方で、リスク・ファイナンスとは、発生した損失を補填することを目的として、資金を調達・確保する手法の総称である。

　さらに、リスク・ファイナンスは、「保有」と「移転」に分類される。保有とは損失に対して自己で責任を持ち続ける手法のことであり、具体的には、現金等の流動性の高い資産を確保することで損失に備えたり、あるいは損失が発生した際に外部から資金調達を行うことで事後的に損失を補填したりするといった行動があげられる。移転は自己のリスクを第三者に移転する手法であり、代表的な

手法として保険やデリバティブがあげられる。　　　　　　　　　　（山﨑尚志）

リストラクチャリング…………Ⅰ−2−A, B

　企業における事業構造の再構築のこと。成長戦略の中で、不採算部門の縮小や撤退、統廃合、売却といった不採算事業の整理とともに、成長事業や高収益事業へ経営資源を集中することにより、企業の全体的な事業構造を成熟事業分野から成長事業分野へと転換する戦略的なプロセスを意味する。日本では、「リストラ」と省略して、人員削減や事業縮小というダウンサイジングによる収益構造の改善を意味することが多いが、本来の意味では、それはリストラクチャリングの一つの方策に過ぎない。　　（齊藤　博）
→アウトソーシング、コーポレート・カルチャー

リゾーム組織………………………Ⅰ−2−A

　リゾーム（原義は根茎）は、ドゥルーズ（Deleuze, G）とガタリ（Guattari, P. F.）が、幹・枝・葉という秩序と階層構造を象徴するツリー（樹木）に対置させた現代思想的な概念である。組織論の視点から、情報技術の進歩と普及により、新たなネットワーク概念として注目された。リゾーム組織は、いわゆる官僚制組織の対極にあり、非階層的、横断的で相互関係のない異質なシステムが自在に連結し新たなシステムを生成し可変的で自己増殖していく特徴をもつ。　　（齊藤　博）
→組織形態、官僚制、ネットワーク

リーダー（leader）…………Ⅰ−2−A, Ⅱ−2

ある目標を達成するために集団や組織のメンバーに対して影響力を行使する主体（個人）を意味する。「マネジャー」とは対照的に、使命や倫理（道徳）、または組織の変革、結果と責任に関わる役割を強調して用いられることが多い。例えばバーナード（Barnard（1938））は、「道徳的創造性」、セルズニック（Selznick（1957））は「制度の使命と役割」、ベニスとナナス（Bennis and Nanus（1985））は、「物事を正しく行うのがマネジャー、正しいことを行うのがリーダー」と言う表現で、それぞれ、組織の存在意義や価値観を明確にし、環境適応的な意思決定とその実行に取り組むことがリーダーの役割だとした。マネジャーが階層組織上の地位であることを考えれば、「リーダーシップのとれるマネジャー」を想定できるように、議論や困難はあるものの両者の役割は同一人物の中に存在すると仮定することができる。

マインドルら（Meindl *et al.*（1985））によって、実際に結果に影響を与える要因は多数存在しうるのに、認知資源の節約やシンボリックな理由から、人びとがリーダーを物事の原因として見なし、リーダーがもたらした結果を好意的に評価する「リーダーシップの幻想化」傾向が存在することも、明らかになっている。従って、物事を理解する際に、リーダーの役割を過剰評価していないかどうか、留意する必要がある。　　　（日野健太）
→リーダーシップ、行動のリーダーシップ、
　インフォーマルリーダー

リーダーシップ（leadership）

················· I-2-A, II-2
【概念の意味】リーダーシップは組織行動のなかでも中心的な概念の一つである。リーダーシップに対する関心は古く、紀元前の古代ギリシア、エジプト、中国などですでにリーダーシップに関連した記述がみられる。リーダーシップは日常用語としても学術用語としても使用されているが、厳密さを要求する学術用語としての定義は必ずしも研究者間で明確な一致があるわけではない。現在のところ次のような定義が最も一般的といえよう。すなわちリーダーシップとは「集団の目標達成、および集団の維持・強化のために成員によってとられる影響力行使の過程」である。リーダーシップは必ずしもリーダーだけがとるものではない。状況によってはリーダー以外のメンバーがリーダーシップをとることもある。ただ、組織においてはリーダーシップは役職者に最も期待される役割行動となる。

【リーダーシップの諸領域と理論】リーダーシップ現象を解明しようとする多くの研究者が取り組んだのはリーダーシップと集団効果との関係、すなわちどのようなリーダーあるいはリーダーシップ行動（スタイル）が効果的かであった。これらの理論のなかにはリーダーシップ特性理論、リーダーシップ・スタイル論、コンティンジェンシー理論があるが、その他の研究領域としてリーダー・メンバー関係、リーダーシップと文化、ジェンダー・リーダーシップ、リーダーシップ能力開発など、リーダーシップ現象の多様性に応じた様々な領域、理論が

ある。リーダーシップ特性理論は、リーダーのもつ知能、性格などの資質が集団効果とどのような関係にあるのかを検討しようとしたもの。リーダーシップ・スタイル論は効果的なリーダーシップ行動（スタイル）を研究するもので、これには、三隅二不二のPM理論から、比較的最近の変革型リーダーシップ理論、倫理的リーダーシップ理論（サーバント・リーダーシップなど）などがある。コンティンジェンシー理論は一つのリーダーシップ・スタイルがすべての状況で最適であるとはいえないという基本的な立場をとる。そこでは、いかなる状況下でいかなるスタイルが有効なのかを体系的に説明する理論が求められる。フィードラー（Fiedler, F. E.）の条件即応モデル、ハウス（House, R.）のパス・ゴール理論、SL理論などが知られている。リーダーシップ能力開発、リーダー・メンバー関係はそれらの項目を参照されたい。

（松原敏浩）

→変革型リーダーシップ、PM理論、パス・ゴール理論、SL理論、条件適合モデル、リーダーシップ能力開発、リーダー・メンバー関係

リーダーシップ特性とスキル（leadership traits and skills）·············· Ⅰ−2−A, Ⅱ−2

リーダーシップ特性は、リーダーのもつ知能、性格などの資質が集団効果とどのような関係にあるのかを検討するものである。当初は両者の間に明確な関係が見いだされなかったが、資質の測定尺度の改善、リーダー資質の精選、あるいは理論的枠組に基づいた資質の組み合わせなどの研究によって特性の有効性が再評価されてきている。スキルは個人が資質の上に経験などを通して獲得した能力で概念的スキル、人間関係的スキル、技術的スキルなどがある。　　　（松原敏浩）

→リーダーシップ

リーダーシップ能力開発（leadership development）···························· Ⅱ−3−A

組織が生き残っていくためには効果的なリーダーシップを発揮できるリーダーの育成が不可欠である。とりわけ、海外で活躍できるグローバル・リーダーの育成は組織にとっては喫緊の課題である。

リーダーシップ能力開発にはリーダーシップ訓練プログラム、職務配置、コーチング等が考えられる。リーダーシップ訓練は第2次大戦後にアメリカから導入されたTWI（Training Within Industry）から最近の変革的リーダーシップ訓練まで長い歴史を持っている。その多くは特定の理論を基礎にして明確な目的、手続きに従ってOFF-JT形式で行われるもので比較的短期間でその効果を求めているところに特徴がある。よく知られたものとして、ブレークとムートン（Blake, R. R. and Mouton, J. S.）のマネジリアル・グリッド法、日本では三隅二不二のPM式訓練法がある。長期による能力開発としては挑戦的な職場配置による経験の蓄積が焦点になっている。「一皮むけた体験」である。海外勤務などは一例である。コーチングは経営者を対象として外部のコンサルタントによって指導される場合が多い。

リーダーシップ能力開発についてはそ

の有効性は認められているが、投資効果などを考慮したより厳密な評価方法が求められている。　　　　　　（松原敏浩）

→リーダーシップ、マネジリアル・グリッド、PM理論、OFF-JT

利他主義（altruism）……………………Ⅰ−1
　利他主義とは、フランスの社会学者のコント（Comte, A.）によって利己主義の対概念として唱えられた概念であり、それは謂わば、他者の利益のために自己の適合性を犠牲にし、しかもまったく見返りを期待しない生き方であり、純粋な利他主義とも呼ばれるものである。他方で利他主義のより広義の意味として、他の有機体の利益のために、短期的には自己の適合性を犠牲にするが、長期的・間接的には他の有機体から何らかの利益を受け取るような生き方、すなわち啓蒙された利己主義があり、これを弱い利他主義と呼ぶ。

　近代組織論の代表的な研究者であるサイモン（Simon, H. A.）は、1980年代に有機体が社会において選択され、存続し、繁栄するメカニズムとして啓蒙された利己主義について研究対象とした。今日、持続可能な開発目標（Sustainable Development Goals）の実現に取り組む企業が増大しているのは、企業及びその従業員が利他性を発揮して、自社の事業や利益だけでなく、社会全体の課題解決にも貢献することが求められる時代に入ったことを示唆している。京セラの稲盛和夫の経営哲学に明らかなように、企業が利他的に行動し、経済社会に存続・繁栄するには、利他主義的な価値を持つ経営理念を組織内に浸透させることが本質的に重要である。　　　　　　（永島暢太郎）

→サイモン, H. A.、企業の社会的責任（CSR）

リーダー・メンバー関係（leader-member exchange relationships）… Ⅰ−2−A, Ⅱ−2
　組織が優れた業績を上げるためには、リーダーと部下との緊密な関係、信頼関係が不可欠である。組織行動の研究者はリーダーとメンバーとの関係を一種の交換関係と理解している。

　ホランダー（Hollander, E. P.）によればリーダーは部下に仕事を割り振り、昇進、社会的承認等の報酬を提供する。部下はその見返りとしてリーダーの指示に従い、尊敬、畏敬の念を払う。こうして両者の信頼関係は蓄積されていく。グレン（Graen, G. B.）はこのリーダー・メンバーの関係をLeader-Member-Exchange model（LMXモデル）と呼んでいる。この交換モデルの特徴はリーダーシップを理解するにはリーダー個人だけではなく、リーダー・メンバーの「関係」が重要であるとする。このリーダーとメンバー関係は集団内において必ずしも平等ではなく、あるメンバーとは好ましい関係、他のメンバーとは好ましくない関係というように差別化が現れる。このリーダー・メンバー関係を一つの変数として捉えた時、その変数とメンバーの業績、満足度とはプラスの関係、転職とはマイナスの関係が実証されている。もちろん差別化が大きいことは望ましいことではなく、リーダーとすべてのメンバーとの成熟した関係の発達が期待される。

（松原敏浩）

→リーダーシップ、変革型リーダーシップ、SL理論

リッカート, R. (Likert, R.、1903～1981年)
....Ⅱ-2

現在ではリッカート尺度として知られる態度測定法の研究で1932年にコロンビア大学で博士号を取得。1946年にミシガン大学で調査研究センターを創設し、1948年にレヴィン（Lewin, K. Z.）がマサチューセッツ工科大学に設置した集団力学研究センターを受け入れて「社会調査研究所」（Institute for Social Research）へと改組。初代所長となり、1970年に所長を退任。「行動科学」（behavioral sciences）の確立に大きく貢献した社会心理学者の1人で、上司のリーダーシップの在り方が組織全体の生産性に大きな影響をもつことを体系化した。（南　隆男）

リッカート・スケール (Likert scale)
....Ⅱ-2

アメリカの社会心理学者リッカート（Likert, R.）が社会調査法として提唱したリッカート・スケールは、質問紙法の心理検査やアンケートで用いられる。質問紙法では測定したい対象に対して、それを捉える複数の用意した選択肢の文を提示して、それに対して回答を求めるものである。回答者はその文に対する合意／非合意の度合いなどを答える。その項目群の回答の合計を点数化して、測定したい対象の高低や強弱を理解するものである。以下に具体例を示す。

「以下の項目について、自分の考えに最も近い数字に〇をつけてください」

・自分の考えと違っても、集団の決定を尊重する
   5.　とてもそう思う
   4.　少しそう思う
   3.　どちらともいえない
   2.　あまりそう思わない
   1.　まったくそう思わない

1～5の選択肢間の距離は等しいことが求められる。心理学者によっては、肯定か否定かを選ばせるため、「どちらともいえない」を省いて、選択肢数を偶数にする場合もある。　（河村茂雄）

リハビリテーション (rehabilitation)
....Ⅰ-2-B

リハビリテーションは、「更生」と翻訳され、この表現は現在も障害者総合支援法や生活保護法で使用されている。ラテン語でrehabilitatio、形容詞にはhabilisがあり、持てる、行う能力を持っている、相応しいという意味がある。

WHOが1981年に公表した「障害の予防とリハビリテーション」において、リハビリテーションは、「能力低下やその状態を改善し、障害者の社会的統合を達成するためのあらゆる手段を含んでいる。リハビリテーションは、障害者が環境に適応するための訓練を行うばかりでなく、障害者の社会的統合を促すために全体として環境や社会に手を加えることも目的とする。そして、障害者自身・家族・そして障害者が居住する地域社会が、リハビリテーションに関するサービスの計画と実行に関わり合わなければならない」とされ、あらゆる手段とは、医

ら行

学的、心理的、教育的、職業的、社会的なアプローチである。障害者だけでなく社会の取組みを必要とする概念である。

（眞保智子）

リフレクション→内省

リフレッシュ休暇……………………Ⅰ－2－B

　法定外福利厚生の一環として企業が独自に定める特別休暇の一つ。主に勤続年数を条件とした休暇であることが多く、これまで長年にわたる労働をねぎらって従業員に心身共にリフレッシュしてもらうことを目的とする。企業によっては、勤続3年ごとに5日間の休暇を付与するなどの形をとっているケースもある。労働者にとっては有意義であることは言うまでもないが、経営者も企業イメージを向上でき、離職を防止することにもつながると考えられるため、経営者にとってもメリットのある制度として注目されている。

（上林憲雄）

→法定外福利、特別休暇、ボーナス休暇

リモートワーク→テレワーク

両利き性（ambidexterity）……………Ⅱ－2

　既存の知識を利用し洗練していく（探索）と同時に、活動の中で判明した知識の不足・欠落を解消するための新しい知識の創造（深化・深耕・活用）を行うことを指す。端的に言えば、知の探索と深化・深耕・活用を、同時に追求することである。ここで、探索あるいは深化・深耕・活用の主体として想定されるのは主に組織体（企業そのものや事業体）である

が、個人のレベルにおいても、知の探索と深化・深耕・活用の同時追求を行うことがありうる。

　組織や個人は、ともすれば、過去の成功にとらわれ、引きずられてしまうものである。そのため、新しいやり方に挑戦したり探求したりすることの重要性に気づきながらも、これまでのやり方にとらわれてしまいがちになる。ここに両利き性の実現の難しさがある。両利き性を実現するためには、組織あるいは個人の中で、2つのタスクや管理のあり方、評価のあり方を明確に分けること、人々に挑戦や試行錯誤を行うことを奨励するような仕組みを導入すること、などが有効であることが確認されている。（服部泰宏）

→知識創造

両立支援等助成金（subsidies to support of work-family balance）……………Ⅰ－1

　職業生活と家庭生活が両立できる職場環境づくりを行う事業主を支援し、一定額の給付を行う助成金。職業生活と家庭生活との両立支援に関する取組を促し、もって労働者の雇用の安定に資することを目的とする。雇用保険法に規定される雇用安定事業に基づいて支給される雇用関係助成金の一つ。育児休業・介護休業の円滑な取得及び職場復帰に資する取組や仕事と育児・介護との両立に資する制度の整備又は利用を円滑にするための取組等に対して助成がなされる。

（石﨑由希子）

→雇用保険法、雇用関係助成金

稟議制度……………………………Ⅰ－2－A

部下による業務の計画・遂行に関する稟議書（目的、概要、費用など記載）の起案から始まり、回議、決裁、記録に至るプロセスからなる日本の企業や官庁にみられる意思決定システムである。この制度は、決裁事項に関して、最終決裁者まで各階層の決裁者の検討を経るため、経費抑制と情報共有・合意形成という効果が期待される一方、多段階決裁方式のため時間を要し、責任の所在が曖昧になる恐れがある。制度自体の見直しや、決裁までの時間短縮を実現する電子システムの導入等、改善を図る組織が増えている。　　　　　　　　　　　（齊藤　博）

→日本的経営、意思決定、権限委譲、アカウンタビリティー、経営家族主義、フラットな組織、分権化、機械的組織、有機的組織

臨時給与 ·······························Ⅰ-2-B

月給、日給、時間給等といった定期的に支払われる「定期給与」に対する言葉で、臨時的に支払われる給与。一般的には賞与のことを指すことが多いが、結婚祝金や弔慰金などの慶弔見舞金や勤続の節目に支給される永年勤続表彰金等を含む場合もある。臨時に支払われる給与であるため、原則として、割増賃金や社会保険料等の対象とはならない。「臨給」と略されることもある。　　（大津章敬）

→賞与

リーン生産 ···························Ⅰ-2-A

米国のウォーマック（Womack, J. P.）らのマサチューセッツ工科大学（MIT）の研究者たちが提唱した「リーン生産」論は、トヨタ自動車を代表とする日本の自動車メーカーの生産方式を観察する中で、19世紀の手作り（クラフト）生産と20世紀のフォード社で具体化された大量生産の双方の利点（柔軟性とスピード）を実現する一方、両生産方式の欠点（高コストと硬直性）を克服するものであり、徹底した無駄の排除を志向し、かんばん方式等の活用によるプル・システム等によるジャスト・イン・タイムの実現や現場の作業者の多能工チームによる市場連動型生産方式であった。　　（風間信隆）

→ジャスト・イン・タイム、かんばん方式、生産性、チーム

倫理的リーダーシップ（ethical leadership theory）······························Ⅰ-2-A

倫理的リーダーシップはリーダーシップの倫理的側面を強調したものである。この領域の理論的基礎はアリストテレス（Aristotle）にまで遡るといわれるが、倫理的リーダーシップの科学的研究は企業経営者の不祥事をきっかけに20世紀末から注目されだしたリーダーシップの新しい分野である。倫理的側面の必要性を強調したリーダーシップは変革型リーダーシップ、サーバント・リーダーシップの中にもみられるが、倫理的リーダーシップそのものに最初に焦点をあてたのはブラウン、トレビノとハリソン（Brown, Treviño and Harrison（2005））の倫理的リーダーシップである。

彼らは倫理的リーダーシップを「個人的な行為や対人関係を通してリーダーが規範上適切な行為を示すこと、また、二者間のコミュニケーション、強化（賞罰）

ら行

および意思決定を通じて部下にそのような行為を促進すること」としている。そのためにはリーダー自らが「良き個人であること（誠実さ、思いやりなどの徳をもつ）」と部下に対しては「良きマネジャー」として規範的に適切な行動（公平である、他者を尊敬するなど）を示し、また賞罰および意思決定を通して部下の倫理的行動を促進することが求められる。倫理的リーダーシップの実証的研究は、この種の行動が組織のポジティブな結果と結びつくという。　　　　　　（松原敏浩）
→変革型リーダーシップ、サーバント・リーダーシップ、リーダーシップ

ルター，M. (Luther, M.、1483～1546年)
………………………………………… Ⅱ-2
　ルターは宗教改革の旗手として非常に有名だが、また人材開発史上、教育改革を主唱した人物としても注目されている。彼はカトリック教会によるヨーロッパでの教育への強い束縛を「僧侶の圧制」(monkish tyranny) として批判し、教育は宗教的教義を押し付けるのではなく、世俗の生活に役立つ古典、算数、論理、歴史、科学等を教えることだとした。また富める者にも貧しい人にも、また男女を問わず、そうした教育を施すべきだと主張した。ルターの主張は啓蒙主義による教育へのきっかけになった。
　　　　　　　　　　　　　（二神恭一）

ルーブリック (rubric) ……………… Ⅰ-1
　ルーブリックは教育分野における評価基盤の一つである。ルーブリックの種類には達成度合いを列、評価基準を行とし

て2次元で評価する分析ルーブリック、定義された達成度を単一の基準にて評価するホリスティックルーブリックなどがある。
　分析ルーブリックは個人の苦手や得意を評価しフィードバックするのに優れている。しかし、欠点として明確に評価を定義していない場合、評価者によって評価が異なる場合がある。
　ホリスティックルーブリックは学習者ができることを示すのに適している。しかし、単一基準で評価するため、学習者に改善を促すためにフィードバックすることが難しいという欠点がある。また、教育の観点を学習目標で段階分けした指標を指す。ルーブリックでの評価は観点を学習目標で段階分けすることにより、学習者の個々の能力について発達度や到達度を詳細に評価できる利点がある。欠点として分析ルーブリックと同じく評価者によって評価が異なってしまう場合がある。　　　　　　　　　　　　（齋藤大輔）

レイオフ (layoff) ……………… Ⅰ-2-B
　レイオフとは、企業の業績悪化などを理由とする一時的な解雇、または操業停止に伴う一時帰休を指す。アメリカでは、生産量変動が理由による要員削減をレイオフと呼び、失業手当とは別に企業による補足的失業給付が支払われ、賃金相当額の95％が支払われる。日本では、一時帰休者には労働基準法第26条により賃金の60％が支払われるため、「休業者」として捉えられ、「失業者」として扱われない。　　　　　　　　（藤本昌代）
→勤続年数、先任権、レイオフ、雇用調整

助成金

レヴィン, K. Z. （Lewin, K. Z.、1890～1947
　年）……………………………………Ⅱ－2
　グループ・ダイナミクス（集団力学）
を提唱した社会心理学者である。レヴィ
ンは、人間の行動（*B*）は「人（*P*）」と
その「環境（*E*）」との関数で表される（*B*
=*f*（*P, E*））とし、場の理論を展開した。
場の理論に基づき、集団における成員の
相互作用の力学的特徴を明らかにしよう
とするグループ・ダイナミクスを生み出
した。レヴィンの主な研究として、葛藤
に関する研究、リーダーシップに関する
研究などが挙げられる。　　　（久保沙織）

レクリエーション→余暇

レスリスバーガー , F. J. （Roethlisberger,
　F. J.、1898～1974年）……Ⅰ－2－A, Ⅱ－2
　ホーソン実験の主導的な担い手として
活躍し、実験の経緯や成果をディクソン
（Dickson, W. J.）との共著『経営と労働
者』（1939）で詳細に記録として残し、
後にハーバード・ビジネス・スクールの
看板教授となった人物。ホーソン実験
は、条件がよくなるほど成果が高まると
いう「条件⇒成果」という図式を証明し
ようとして照明実験から始まったが、暗
くしても条件を悪くしても、成果が落ち
るどころかさらに高まるという予想外の
結果となる問題に直面した。そこでその
解明を託されて招聘されたのがハーバー
ド大学教授のメイヨー（Mayo, G. E.）ら
研究者であった。そして、その弟子であ
るレスリスバーガーが実質的中心とな

り、一連の実験・調査の中から「ホーソ
ン効果」や「インフォーマル・グループ」
の存在など、物理的条件以外にも人間関
係が生産性を高める条件であることを明
らかにした。単著としては『経営と勤労
意欲』（1941）が有名。　　　（大月博司）
→グループ・ダイナミックス、動機づけ-衛
　生理論、タビストック研究所

連結ピン （linking pin）………………Ⅰ－2－A
　リッカート（Likert, R.）が創出した用
語。組織はトップ・ミドル・ロワーに区
分され単純な三角形の階層図で表示され
ることが多いが、実際はトップを基点
に、階層的に三角形が重複しているとし
て捉えることもできる。そのため中間管
理者は、トップ層直属の部下であるとと
もに部下からすると上司となり、両者を
連結する機能を果たすことになる。これ
は、管理者を欠いては組織がバラバラに
なることを示唆して、管理者の重要性を
示すものといえる。　　　　　（大月博司）
→組織形態

連合……………………………………Ⅰ－1
　1989年以来約700万の組織人員を束
ね、全国に地方組織を持つ、日本の労組
の最大の全国組織。主な産業の主要な企
業別組合が約50の産業別連合体を通し
て傘下にあり、日本の企業社会の労働者
統合を果たすと同時にその従業員の政治
的代表を目指して政策制度要求活動を展
開し、政権交代可能な二大政党制確立の
ために野党を支援し、中央、地方政府の
審議会に代表を送る等、国政や地方政治
で一定の政治的影響力を持つ。今後は日

ら行

本の所得再配分機構としての春闘で大幅
賃上げを実現し、キャリア支援の社会的
整備が課題となる。　　　　（篠田　徹）

ロイヤリティ→忠誠心

労災保険給付（workers accident compen-
　sation benefits）‥‥‥‥‥‥‥‥‥‥‥Ⅰ-1
　労働者災害補償保険法（労災保険法）
にもとづき、業務災害、複数業務要因災
害または通勤災害による労働者の負傷、
疾病、障害、死亡等に関して支給される
給付をいう。原則として無料で治療等を
受けることができる療養補償給付、療養
のために労働できず賃金を受けられない
場合の所得補償として支給される休業補
償給付などをはじめとする様々な給付が
ある。業務外の傷病等を対象とする健康
保険給付に比べ、労災保険給付は相対的
に手厚くなっている。　　　（市村剛史）
→労働災害補償

労使関係‥‥‥‥‥‥‥‥‥‥‥‥‥Ⅰ-1, 2-B
　労使関係とは、労働者とその使用者で
ある経営者との関係である。集団的労使
関係と個別的労使関係から構成される。
一般的に、使用者は労働者に支払う賃金
を抑え、会社の儲けを大きくしたいと考
える。他方、労働者は自分がもらう賃金
に関心を寄せることが多い。このよう
に、双方の利害が異なることから生じる
対立を、調整したり解消したりする過程
を指す。
　個々の労働者は、使用者に対して弱い
立場に置かれる。そこで、労働組合のよ
うな団体を作り、団結して使用者と対峙

する。使用者も従業員一人ひとりとでは
なく、組合と労働条件等を協議する。こ
うした関係を集団的労使関係と呼ぶ。制
度面の基本的な枠組みは、団体交渉制度
と労使協議制度である。憲法第28条は、
勤労者の権利として「団結権」、「団体交
渉権」、「団体行動権」を認めている。よ
って、労働者は労働組合等の組織を結成
し、使用者側と団体交渉できる。団体交
渉では、賃金水準や労働時間などの労働
条件や労使間のルールについて話し合
う。交渉が妥結すれば労働協約となる
が、交渉が合意に達しなかった場合、労
働組合は労働争議に出ることが権利とし
て認められている。一方、労使協議制
は、労使がコミュニケーションを図り、
相互理解や認識共有を深めるための仕組
みである。協議される内容は、賃金、安
全衛生、経営方針、生産計画など幅広
い。なお、労使の意見の一致がみられな
くとも争議行為には訴えない。
　個人としての労働者と一企業における
使用者との関係を個別的労使関係と呼
ぶ。近年の日本では個人の成果等に応じ
た処遇、労働組合の組織率低下などもあ
り、集団的労使紛争は減少している。一
方で、個別労働紛争は増加している。こ
うした中、2006年に個別紛争処理のた
めの労働審判制度の運用が開始された。
同制度は、雇い止め、賃金不払い、労働
条件切り下げなど、個々の労働者と事業
主との間の労働関係のトラブルを解決す
るための手続きである。労働問題の専門
家で構成する合議体で、3回以内の審理
で話し合いによる解決（調停）を試みる。
また、地域に設けられる、小規模な労働

組合であるコミュニティ・ユニオンは、個別紛争の解決に取り組んでいる。勤務する企業に関係なく、中小企業の社員や、派遣労働者、パートタイム労働者等が個人で加入できる。　　　　（鈴木章浩）

→労働組合、雇用契約

労使協議→団体交渉と労使協議

労働安全衛生法……………………Ⅰ−1

　労働災害対策を推進することにより職場における労働者の安全と健康を確保するとともに、快適な職場環境の形成を促進することを目的とする法。事業場における労働者の安全・衛生のための体制や措置、機械等や危険・有害物に関する規制、労働安全コンサルタント・労働衛生コンサルタント等について規定している。なお、安全衛生関係の規定を具体化するための法令として「労働安全衛生規則」や「ボイラー及び圧力容器安全規則」「酸素欠乏症等防止規則」等、特定の危害に対して災害防止のための措置を規定する関係規則が存在する。

　労働安全衛生法では、職場において労働者の安全と健康を確保することは、事業者の責務であることが明示されている。ここで言う「労働者」は労働基準法第九条で「職業の種類を問わず、事業又は事務所に使用される者で、賃金を支払われる者をいう」と定義されている。一人親方・個人事業主は労働安全衛生法の保護対象とはされていないが、建設アスベスト訴訟最高裁判決（2021年5月17日）において、労働安全衛生法（第22条、第57条）は、労働者と同一の現場、同一の

作業環境下で同一の建築作業に従事する一人親方等については、健康障害が生じる場所、危険・健康障害を生じる恐れがあるものから、他社の事業主や個人事業主といった労働者以外の者も保護する趣旨であると示された。これに基づき、労働安全衛生法に基づく省令が改正された。

　　　　　　　　　　　　（熊﨑美枝子）

労働委員会……………………………Ⅰ−1

　労働者が団結することを擁護し、労働関係の公正な調整を図ることを目的として、労働組合法に基づき設置された機関で、中央労働委員会（国の機関）と都道府県労働委員会（都道府県の機関）が設置されている。労働関係上の紛争を専門的に取り扱う独立の行政委員会であり、公益委員、労働者委員、使用者委員各同数から成る三者構成を特色とする。

　具体的には、労働組合法及び労働関係調整法等に基づき、労働組合と使用者との間の集団的労働紛争を簡易迅速にかつ的確に解決するため、労働争議の調整（あっせん、調停及び仲裁）、不当労働行為事件の審査・救済、労働組合の資格審査等の業務を行っている。

　また、都道府県労働委員会（東京都、兵庫県、福岡県を除く）では、個別労働紛争解決のあっせんも行っており、中央労働委員会では、都道府県労働委員会への助言等を行っている。

　長期的に集団的労働紛争が減少し、個別労働紛争が増加する中、労働委員会の扱う集団的労働紛争においても、近年、中小企業等の労働者が合同労組に加入して自己の解雇、雇止め等について交渉に

ら行

よる解決を図ろうとする実質的個別労働紛争が多く見られるようになっている。

（吉本明子）

労働移動支援助成金⋯⋯⋯⋯⋯⋯Ⅰ−1

　事業規模の縮小などに伴い離職を余儀なくされた労働者等につき、再就職を支援した事業主や、早期に雇い入れた事業主に対して国が支給する助成金。再就職支援には、民間職業紹介事業者への委託、再就職に必要な休暇付与・訓練や研修の実施などが含まれ、支給は再就職が実現した場合に限られる。早期雇入れ支援は、労働者等を離職日の翌日から3か月以内に、雇用保険被保険者かつ期間の定めのない労働者として雇い入れた事業主が支給対象となる。　（村澤竜一）

労働科学（science for labor）⋯⋯⋯⋯Ⅰ−1

　医学や心理学、理学や工学、人間工学、法学、社会科学など、様々な学問的知見を用いることで、人間が営む労働のあり方や生活のあり方の改善を図ること、その結果として、産業社会の発展に寄与することを目的とした学問領域である。

　20世紀初頭に進んだ産業合理化の中で、労働者の心と体の健康の問題が浮上したことを受け、その問題の科学的な改善を企図して探究が開始された。具体的には、①作業条件と労働者の疲労との関係性、作業方法や工程、姿勢、作業強度や速度、休憩、危険事物の問題、②職場の物理的、社会的、化学的、生物学的な環境の問題、③職業病や職業中毒の問題、④職業適性や人材育成のような労働

者の資質・能力の問題、⑤賃金、休日・休暇、福利厚生などを含めた労働契約上の諸問題、⑥社会的文化的な生活の諸問題など、様々な問題を扱う応用科学的な領域である。1970年代に国際労働機関（ILO）などの国際機関が推進を始めたことで世界的に注目をされるようになった、労働者の生活の質（quality of life）の問題と密接に関連している。（服部泰宏）
→労働の人間化

労働基準監督署⋯⋯⋯⋯⋯⋯⋯⋯⋯Ⅰ−1

　労働基準監督署は、厚生労働省の地方出先機関で、都道府県労働局の下に全国に321署と4つの支署がある。労働基準監督署は、会社が労働基準法、労働安全衛生法、最低賃金法などの労働法令を遵守しているかをチェックし、必要があれば会社に指導をし、改善するように働きかける機関である。また、労災事故への補償も行う。労働関係法令に関する悪質な違反があった会社に対しては、司法警察権を行使して捜査や逮捕をし、送検する権限を有する。　（鈴木寿信）

労働基準法⋯⋯⋯⋯⋯⋯⋯⋯⋯⋯⋯Ⅰ−1

　労働基準法（以下、「労基法」という）は、国家による労働条件の最低基準の確保などを目的に1947年に制定された。これは、憲法の勤労条件法定主義（27条2項）および児童虐待の禁止（同条3項）を実現する実定法規である。その内容は、工場法（1911年制定）などの戦前の労働立法の内容を継承する面もあるが、第二次世界大戦以前の封建的な労働関係の民主化を目指し、また、当時のILO条

約に示された国際労働基準の可及的実現を目標としていた。もっとも、制定当時の実際の労働条件水準などによって制約され、例えば労働時間制度では、時間外労働の上限時間規制を欠くなど当時の国際水準とは大きな差があった。現行の労基法の具体的内容としては、生存権思想に裏打ちされ、「人たるに値する生活を営む」ことができる労働条件の実現を原則として掲げ（1条）、また、労使対等の労働条件決定を理念とし（2条）、労働関係における基本的人権を保障するための労働憲章（3-7条）、労働者、使用者および賃金の定義（9-12条）、労働契約（13-23条）、賃金（24-28条）、労働時間、休憩、休日および年次有給休暇（32-41条）、年少者（56-64条）、妊産婦等（64条の2-68条）、技能者養成（69-73条）、災害補償（75-88条）、就業規則（89-92条）、寄宿舎（94-96条の3）などが定められている。そして、労基法は、労働条件の最低基準などについて、罰則付き（117-121条）で使用者に遵守を求めるものであるが、その適用監督のために労働基準監督官および労働基準監督署の設置などを定める監督機関に関する規定（97-105条）、雑則（105条の2-116条）、附則（122条以下）がある。

労基法は、当初、労働条件全般を網羅していたが、1959年に最低賃金法、1972年に労働安全衛生法、1976年に賃金支払い確保法が制定され、個別的な労働条件に関する法制は、労基法だけでなく、個別立法によって補われる仕組みとなった。また、1985年男女雇用機会均等法制定以降、個別的労働条件に関して

多くの個別立法が制定され、今や労基法は、個別的労働条件に関する法制の中心ではあるが、その位置は相対化したと言える。

そして、1987年には、法定労働時間について、1週48時間から40時間に短縮し、また、変形労働時間制度が導入されるなど労基法本体の改正が始まった。労働時間および年休制度については、その後も改正が相次ぎ、2018年働き方改革関連法により、長年の課題であった時間外労働の上限規制が導入されるに至った。現在では、働き方の多様化の中で、雇用類似の非雇用型就業者も増加しており、労基法の適用範囲の見直しなどが課題となっている。　　　　　　　（島田陽一）

労働基本権 ……………………………… I－1
　労働者が健康で文化的な生活を営むために保障する憲法上の基本的権利を総称して労働基本権と呼んでいる。つまり憲法27条1項に定める勤労の権利、27条2項・3項の勤労条件の基準の法定、28条の団結権・団体交渉権・団体行動権（これを労働三権という）を指している。勤労の権利は、国に対して労働者が労働の機会を得られるような政策をたてる義務、立法機関にはそれを実施するための立法を成立させる義務を課している。国が具体的に労働者に就業の機会を提供する義務を認めたものではない。勤労条件の基準の法定も、国に対して法律で勤労条件を定めるという政策義務を課し、立法機関にその立法を授権したものと解される。

　これに対して団結権・団体交渉権・団

体行動権は、国に政策義務を課すだけでなく、労使間の具体的な権利義務関係を生ぜしめる。それは団体交渉によって労使が対等の立場で自主的に労働条件を決定することが労働三権の基本的趣旨に含まれるからである。つまり団体交渉するためには団結権が保障されていなければならないし、団体交渉が行きづまった場合、団体行動権の行使を認めることによって、労使が対等な労働条件の決定方式を維持できるからである。そこで組合の結成や団体交渉・団体行動が正当性を有する限り、刑法上の違法性が阻却され、民事上も債務不履行や不法行為上の違法性が阻却される。　　　　　　（香川孝三）

労働供給曲線（labor supply curve）‥‥Ⅰ－1

　個人の労働供給量は、労働時間を尺度にして測ることができる。例えば、10時間労働した人は、5時間労働した人の2倍の労働供給を行ったことになる（ここでは2人の労働の質＝技能は同じと仮定されている）。個人が雇用されて労働するのは、生活の原資である所得を得るためである。その所得は物価の変化を勘案した時間当たりの実質賃金として捉えることができる。個人は実質賃金が比較的に低い水準では、それが上昇するとより一層働いてより多くの所得を得ようとするであろう。しかし、実質賃金の水準が高くなり、労働時間を以前と同じか、あるいはそれよりも短くしても同額ないしそれ以上の所得を得られれば、労働時間を長くするよりも余暇の方を選ぶようになるであろう。

　このような時間当たり実質賃金と労働供給量との関係を描いた曲線のことを個人の労働供給曲線という。縦軸に時間当たり実質賃金、横軸に労働時間をとると、労働供給曲線はある点までは右上がりで、その先は左上がりの曲線として描かれる。この性質から、労働の後屈供給曲線とも呼ばれる。このようにして描かれる労働供給曲線には、実質賃金が所与という制約のもとで個人は所得と労働時間に従って余暇時間との最適な組み合わせを行っていること、並びに実質賃金の変化には、個人をしてより一層長時間働かせる代替効果と余暇を選択させて労働時間を短くする所得効果があること等が織り込まれている。　　　　　（田村　剛）

→効用関数

労働協約（collective agreement）
‥‥‥‥‥‥‥‥‥‥‥‥‥‥‥‥‥Ⅰ－2－B

　労働組合と使用者との間で締結される協定。「書面に作成され、両当事者が署名または記名押印したもの」が要件である（労働組合法14条）。労働条件に関する部分は労働組合員の労働条件を直接規律する規範的部分とよばれ、「規範的効力」を有する（同法16条）。また「同種の労働者の4分の3」以上に同一の労働協約が適用された場合には、組合員以外の同種の労働者にも適用される一般的拘束力を持つ（同法17条）。　　　（廣石忠司）

労働組合（trade union）‥‥‥‥‥Ⅰ－1，2－B

　わが国の労働組合法第2条によれば、労働組合とは、「労働者が主体となって自主的に労働条件の維持改善その他経済的地位の向上を図ることを主たる目的と

して組織する団体又はその連合団体」とされている。

その特徴は、第1に、労働者が主体となり組織された団体であることである。第2に、その活動目的は労働条件の改善及び社会における労働者の経済的地位を向上させることである。労働組合を法律で認めることにより、労働者の団結権、団体交渉権、労働争議権を認め、使用者との団体交渉により、労働者の経済的地位の向上を目指したのである。

労働組合を市場経済体制の下で合法的な団体として承認する理由は、労働者が市場経済体制の下で経営者と対等な立場で雇用条件を自主的に締結し、その経済的地位の向上を達成しうると考えたからである。労働者に団結権、団体交渉権、労働争議権を認めることにより労働者は経営者と対等な立場に立ちうると考えたのである。

労働組合は20世紀には社会を動かす有力な経済主体として政治的にも注目された。しかし、大量生産様式から多品種大量方式への移行や製造業のサービス経済化等生産様式や労働様式の変化に伴い、その組織率も低下している。しかし、労働者の意見を代弁する組織として社会の三者構成の一角を担っている。

(奥林康司)

→団体交渉と労使協議、労働組合法

労働組合法 .... I−1

第二次世界大戦後の占領下において進められた戦後改革の中で労働改革は、その重要な柱の一つであり、労働組合の発展による労働関係の民主化が期待され

た。その中で、終戦の年である1945年12月には、早くも労働組合を初めて合法化する法律が制定され（旧労組法）、労働組合運動が急速に発達した。そして、1947年制定の憲法には、勤労者の団結権、団体交渉権および団体行動権（労働3権）が明記された。

しかし、当時の日本の労働組合運動は、1947年2月1日にゼネスト（2・1ゼネスト）を企画するなど社会主義を目指す勢力が主流であり、占領政策の枠組みを超えるものであった。2・1ゼネストは、占領軍の命令により中止され、また、労働組合に対する占領政策は、社会主義勢力の伸長を抑制するように転換された。その法制的な表れとして、1949年に旧労組法を全面的に改正して制定されたのが現行の労働組合法（労組法）である。

労組法は、使用者と労働組合が団体交渉を通じて労働協約を締結することにより集団的に労働条件を決定することを支援する仕組みを採用している（1条1項）。また、正当な争議行為については、刑事責任（1条2項）および民事責任（8条、損害賠償）が免責される。これらの規定は、憲法28条の団結権保障に内在する法的効果を確認する規定と解されている。そして、労組法は、労働組合の設立については自由設立主義を採用し、労働者（3条）が主体となって結成された労働組合が使用者から独立し（2条）、かつ、民主的な組合規約を有している（5条2項）ことを労働委員会（19条以下）が認めた場合に、不当労働行為制度（7条）および法人格の取得（11条）などの労組

法の労働組合に対する支援制度を利用できるという仕組みを採用している（5条1項）。不当労働行為制度は、使用者による労働組合の正当な行為に対する解雇その他不利益取扱い（7条1号）、正当な理由のない団体交渉拒否（2号）、および労働組合に対する不当な干渉行為（3号、支配介入）などを禁止しており、労働委員会による救済制度と相まって、労働組合の支援制度として重要な機能を担っている。また、労働協約には、労働契約を強く規制する権能を認めている（労働協約の規範的効力、16‒18条）。さらに、労組法には明文の規定がないが、労働組合は人数の多寡にかかわらず、労働三権について平等の権利があるとする団結平等主義（複数組合主義）という条理があると解されているという特徴がある。

労働組合は、1950年頃には50％の組織率があり、1975年頃までは、30数％を維持していたが、低成長期から徐々に組織率が低下し、2021年では、16.9％にまで低下している。しかも、労働組合は、古くから存在する大企業に偏って組織されており、中小企業における労働組合の存在感が薄くなっている。このため、集団的なコミュニケーションに欠ける労働関係となっており、今後の大きな課題とされている。　　　　（島田陽一）

→労働組合、労使関係、労働協約、不当労働行為

労働経済学（labor economics）…………Ⅰ‒1
労働経済学は労働市場の分析を行う経済学の一分野である。資源配分に関わる社会現象を分析するのが経済学（ミクロ経済学）であるとすれば、労働という資源の配分に関連する事柄を分析するのが労働経済学である。

生産要素としての労働は人間の行為であるから、その取引には他の財やサービスの取引とは異なる側面をもっている。つまり、労働の売り手である労働者は買い手である使用者のもとに出向き、その指揮命令に従うことによって労働の対価である賃金を得る。したがって、労働者には賃金のみで職場を選択するのではなく、ある期間雇用されることを前提にして昇給や昇進等の人事制度、付加給付の種類と内容、当該企業の離職率や将来性、退職金等についても考慮する。また、ひとたび就職すると勤務遂行のために一定時間拘束されてその時間を犠牲にするだけではない。職務遂行能力の向上が求められ、同僚の能力開発の支援やより多くのエネルギーやアイディア発揮が期待されて、そのためにも時間を割かなくてはならない。このようなことは、他方では労働の買い手である使用者も労働の取引上考慮しなくてはならない要素となる。

学説史からみると、労働経済学は労働市場には種々の制度が関わっているので伝統的な古典派経済学の理論ではその機構を充分には解明できないとの認識に基づいて、1920年代のアメリカに起こった。労働の価格である賃金の決定に団体交渉という労使関係や最低賃金制という法制等が影響していることが注目されたのである。当時、アメリカではイギリスで生まれ育った古典派経済学の限界を指摘する制度学派経済学が勢力を得ていた

という事情もあり、貨幣賃金の下方硬直性や失業とインフレの共存という状況を背景にして労働市場における諸制度が注目されたのである。1940年代後半から1950年代前半にかけて労働市場の実態調査や制度の実証分析が積極的に行われ、質の高い研究成果が蓄積された。そして、1960年代に人的資本論が現われることによってその理論化が進み、新古典派経済学におけるミクロ理論およびマクロ理論の応用が試みられその理論的精緻化が進んだ。そこで一般には、労働経済学は労働市場の分析という観点から、労働市場論と労働市場制度論との2分野から構成されると言える。　（田村　剛）
→人的資本、人事管理、制度理論、教育・訓練、教育・訓練予算

労働契約 ··I−1
　労働契約は、労働者が使用者に使用されて労働し、使用者がこれに対して賃金を支払うことを約する契約である（労契法6条、民法623条参照）。従って、労働契約の成立には、書面などの特別の様式は要求されない（諾成契約）。労働契約には、労基法、労契法、最低賃金法、労災保険法などの労働関係法令が適用されることになる。多様な労務供給契約が労働契約と性質決定できるかは、名称や当事者の意思ではなく、その実態から客観的に判断されると解されている。この判断においては、「労働者が使用者に使用され」るという文言について、労働者が使用者の指揮監督によって労働を提供しているかが多様な指標から検討される。
　この判断基準は、使用者が仕事につい

て、労働者の裁量に委ねている場合には、労働契約性を否定する傾向にある。また、IT技術の目覚ましい発展により発達しているプラットフォーム・ワーカーなどとなると、プラットフォーマーは仲介者であり、使用者ではないとされる可能性が高い。労働契約に提供される労働者保護の制度は、プラットフォーム・ワーカーのような雇用類似の非雇用型就業者にも必要であり、労働契約法制をめぐる今後の重要課題となっている。

（島田陽一）

労働災害（industrial accident）
··I−1，2−B
　労働災害には狭義と広義がある。労働安全衛生法第2条1号では、労働災害とは「労働者の就業に係る建設物、設備、原材料、ガス、蒸気、粉じん等により、又は作業行動その他業務に起因して、労働者が負傷し、疾病にかかり、又は死亡することをいう」と定義されているが、これは狭義の労働災害とされる。一方、広義の労働災害は、業務災害（労働者の業務上の負傷・疾病・障害・死亡）と通勤災害（労働者の通勤途上の負傷・疾病・障害・死亡）の両方を含むものとされる。なお、厚生労働省「労働災害動向調査」では、通勤災害は除かれている。
　労働者災害補償保険では、第7条第1項により労働災害に、同条第2項により通勤災害に保険給付が行われる。
　労働災害の発生状況を評価する際に、被災者数に加えて、度数率、強度率等の指標が用いられる。度数率とは、100万延べ実労働時間当たりの労働災害による

ら行

561

死傷者数で、災害発生の頻度を表している。強度率とは、1000延べ実労働時間当たりの延べ労働損失日数で、災害の重さの程度を表している。「労働災害動向調査」によると、2010年から2022年の間、度数率は1.58から2.09の範囲で推移し、強度率は0.07から0.11の範囲で推移している。

（森田雅也）

→労働災害補償

労働災害補償（industrial accident compensation）‥‥‥‥‥‥‥‥‥‥‥‥‥‥Ⅰ－2－B

労働者が、業務上や通勤による労働災害に被災し、負傷、疾病、死亡等に至った場合に、労働者を迅速かつ公正に保護するための賠償・補償等のこと。

使用者の労働災害への賠償責任は、労働基準法（労基法）第8章 災害補償（第75条～第88条）に規定されており、療養補償、休業補償、障害補償、遺族補償、葬祭料等が定められている。しかし、使用者の個別責任のもとでは、使用者の経済的事情等によっては賠償が履行されず、被災した労働者等が十分な補償を受けられないことが起こってくる。こうした場合でも、労働者が迅速かつ公正な保護が受けられるように、労働者災害補償保険法（労災保険法）が制定されている。

労働者災害補償保険（労災保険）は政府が管掌し、使用者が加入者、雇用される労働者が被保険者となることで、使用者が個別に担う賠償責任を共同で担う形となっている。また、労働者を1人でも雇う事業所は原則として加入の義務がある。労災保険の保険給付は、労基法が定める災害補償の種類と対応する形となっており、かつ、労基法が定める補償水準を上回るものとなっている。

なお、通勤災害は労基法では補償責任が定められていないが、労災保険では給付が行われる。

（森田雅也）

→労働災害、労災保険給付

労働時間（working hours）‥‥‥‥‥Ⅰ－2－B

労働時間という用語は、日常では「労働に従事している時間」を指す言葉として使われるが、労働法規上は労働者が使用者の指揮命令下にある時間を指すことが多い。判例では、さらに広く、業務に関連する行為を成している時間であるか否かという観点で労働時間概念を理解するケースも多々あり、これには、作業に従事する時間や手待ち時間、準備や後始末に係る時間、参加義務のある朝礼への参加時間等が含まれることもある。

労働基準法では、フルタイム労働者について、労働時間や休憩、休日、年次有給休暇の原則を定めており、1週40時間、1日8時間（休憩時間を除く）が上限とされている。歴史的に見て日本の労働時間は欧米先進国に比較して長く、戦後、経済水準が他の先進諸国並みに高まっても労働時間が短くならないため、とりわけ21世紀に入ってから労働者福祉の観点から多様で柔軟な働き方の実現やワーク・ライフ・バランス（仕事と生活の調和）を向上させることが推奨され、労働時間の短縮が国の重要な政策課題となった。2019年4月には、「働き方改革」の名の下、これまで法的な定めがなかった残業時間の上限を法律で定め、特別の事情があり労使合意がある場合を除き月

残業45時間・年360時間（1日当たり2時間程度）を上限とすることや、1日の勤務終了後、翌日の出社までの間に一定時間以上の休息（インターバル）を確保する勤務間インターバル制度の導入を促進すること、年5日の年次有給休暇の取得を企業に義務付けることなどが新たに法律で定められることとなった。

さらに、労働者の健康管理の観点から、裁量労働制の適用者や管理監督者も含め、全ての働く人々の労働時間の状況を客観的に把握することも法律で義務付けられることとなり、長時間労働を長年にわたり放置してきた日本企業も、メリハリの付いた仕事管理の方法やより短時間で成果が上がるような管理上の工夫の考案・導入を余儀なくされている。

今日では、法制化された労働時間短縮を性急に実現しようとするあまり、働く労働者の仕事のコンテンツの充実、モチベーションの向上といった質的側面がないがしろにされる懸念も指摘されており、労働時間や休暇日数といった量的側面を想起しがちなワーク・ライフ・バランスという用語に代え、仕事生活と私生活の双方の統合や相乗的発展を企図するワーク・ライフ・インテグレーションやワーク・ライフ・シナジーといった概念が注目されている。　　　　（上林憲雄）

→ワーク・ライフ・バランス、実労働時間、労働時間短縮、労働時間の弾力化、法定労働時間

労働時間管理 ……………………Ⅰ－2－B

働き方改革の下、2019年4月に労働安全衛生法が改正され、企業が労働者の労働時間を客観的に把握しておくことが義務化されたが、こうした状況を受けて企業が労働者の労働時間を適正に管理することを労働時間管理と呼ぶ。

労働時間管理が義務化された背景には、労働者による労働時間の自己申告を経営者が悪用し、過重な長時間労働や割増賃金の未払いといった問題が生じたため、労働時間の適切な管理が必要となったという経緯がある。労働時間管理は、企業規模のいかんにかかわらずすべての企業で義務化されたため、自社で働く労働者の労働時間の適切な把握と管理が各社とも必須となった。そのため、各社ともタイムカード等を用いた始業・終業時刻の確認・記録、賃金台帳の適正な調製、労働時間を記録した書類の保存といった勤怠管理システムを適切に導入・運用し、労働時間を適正に管理するための委員会を設置する等の労務管理を実施せざるを得ない状況になっている。

（上林憲雄）

→労働時間、労働時間短縮

労働時間短縮 ……………………Ⅰ－2－B

企業等の事業所は、労働基準法で定められた1日8時間、週40時間を上限とする法定労働時間を踏まえて独自に所定労働時間を定めているが、これを短くしようとする取組みを指して労働時間短縮と呼ぶ。略して時短と称することも多い。日本は先進諸国の中でも労働時間が長く、労働者福祉の観点から、それをできる限り短縮することが長らく課題となっていた。とりわけ、日本の長時間労働は、日本語である過労死がそのまま

ら行

KAROSHIとして海外にも通じるほどであり、年次有給休暇の取得率の低さは世界でも長らく最悪レベルであった。

こうした状況を改善すべく、いわゆる「働き方改革」の下、働き方改革関連法が2018年に成立し、時間外労働の上限規制や割増賃金率の引上げ等の措置がとられ、各社とも本格的に労働時間短縮の問題と向き合わざるをえないこととなった。労働時間短縮へ向けた動きはさらに今後も続くことが予想されており、例えば2024年に開始される働き方改革関連法の改正により、事業で自動車の運転が必須となる業界や建設事業、医師などは時間外労働の上限規制が猶予されてきたが、物流業界ではドライバーの年間時間外労働は960時間までとなる。

（上林憲雄）

→労働時間、過労死、法定労働時間

労働時間の弾力化 ……………………I−2−B

一般的な働き方として、1日8時間、週40時間が法定労働時間として定められているが、サービス経済化やICT等の技術革新に伴い第3次産業従事者が飛躍的に増加するなかで、労働時間の枠組みを柔軟化し、労働時間短縮を促進するため、例外的にこれらを超えた期間において、週平均労働時間が労働時間規制の原則に収まっている限り労働基準法違反を問わない制度（変形労働時間制、フレックス・タイム制、裁量労働制）が定められている。「労働時間の弾力化」は、具体的にはこれらの制度を指して用いられる用語である。

変形労働時間制は、企業の労働力の需要予測に合わせ、労働者自身が労働時間の配分を決められる制度であり、1か月単位、1年単位、非定型的1週間単位の3種がある。フレックス・タイム制とは、各日の出退勤の時刻を労働者の自由な決定に委ね、この決定を通じ、労働者が各勤務日の労働時間を自由に決定できる制度である。裁量労働制は、仕事の進め方を自分で決定できるよう労働者に決定権を与える制度で、専門業務型と企画業務型に分類される。いずれの制度も、労働者の自主性や主体的な判断に基づいて労働時間が決定できるという点に特徴があり、広義の「労働の人間化」やQWL（Quality of Working Life）の観点からも注目されている。 （上林憲雄）

→フレックス・タイム、変形労働時間制、労働の人間化、法定労働時間

労働施策総合推進法（旧雇用対策法）

……………………………………I−1

2018年の働き方改革関連法により、1966年制定の雇用対策法を抜本的に改正し、労働施策全体を対象とした法律として施行された。目的規定には、労働市場機能の適切な発揮に加えて、「労働者の多様な事情に応じた雇用の安定及び職業生活の充実並びに労働生産性の向上」が掲げられている。

国の責務や事業主の責務には、労働時間の短縮その他の労働条件の改善、多様な就業形態の普及、雇用形態または就業形態の異なる労働者の間の均衡のとれた待遇の確保、育児・介護を行う者または治療を受ける者の職業の安定を図るための雇用継続、再就職促進等が明記されて

いる。

2019年には、事業主にパワーハラスメントの防止義務を課すことを内容とする改正がなされた。パワハラを「職場において行われる優越的な関係を背景とした言動であって、業務上必要かつ相当な範囲を超えたものによりその雇用する労働者の就業環境が害されること」とはじめて定義し、事業主に、パワハラに関する方針の明確化・周知、相談体制の整備、事後の迅速・適切な対応などを義務づけた。　　　　　　　　（吉本明子）

→雇用政策、職業安定法

労働市場法 ………………………… I−1

労働法の理論的体系において、労働契約などの個別的労働関係の規整する雇用関係法（個別的労働関係法）及び労働組合と使用者との関係を規整する労使関係法（集団的労働関係法）と並んで（外部）労働市場を規整する法分野を労働市場法（雇用政策法と呼ぶ場合もある）という。国は、国民の勤労権（労働権）の実現を政策的な義務としている。それは、国民が自由に選択した良好な雇用により生活できる社会を実現することを意味する。このために、労働力需給システムを整備する法体系が労働市場法である。

労働市場法に分類される実定法としては、労働施策の総合的な推進並びに労働者の雇用の安定及び職業生活の充実等に関する法律（労働施策総合推進法、旧雇用対策法）が総則的な位置を占める。同法は国の行うべき施策として、①労働条件の改善及び均衡待遇の確保、②職業指導・職業紹介、③職業訓練・職業能力検定、④労働者の職業展開などの移動の援助、⑤リストラの際の失業防止、⑥女性の就業促進、⑦青少年の雇用促進、⑧高年齢者の就業確保、⑨疾病労働者の雇用継続・再就職促進、⑩障害者の自立促進、⑪雇用形態・就業形態の改善、⑫高度人材の外国人雇用管理の改善、⑬地域雇用促進、⑭パワーハラスメント防止、⑮その他を挙げている。　　（島田陽一）

労働者〔employee〕 ……………… I−1，2

一般に、企業等に雇用されて働き、給与を得て生活する者を指す。労働者には、長期雇用の下、フルタイムで働く正社員だけでなく、パートタイムで働く短時間労働者、期間の定めを設けて働く有期雇用労働者、雇用主とは別の事業主の下に派遣されて働く派遣労働者などの非正規労働者も含まれる。労働者の概念は法律上定義されており、労働関係法令の適用範囲を決定する際に、「労働者」と認められるか否かが問題となる。

個別的労働関係においては、労働基準法9条が、「職業の種類を問わず」、事業又は事務所に「使用される者」で「賃金を支払われる者」という定義を置いている。労働基準法のほか、最低賃金法、労働安全衛生法、労災保険法や男女雇用機会均等法等の個別的労働関係法における労働者概念はこの定義による。裁判例や行政解釈においては、「使用される者」とは「指揮命令を受けて労働する者」と解されており、指揮命令を受けているか否かは、①仕事の依頼、業務指示等に対する諾否の自由があるか、②勤務場所・時間について指定されているか、③業務

の遂行方法について指揮命令がなされているか、④他の者が代わりに労働することができるかといった点を踏まえて判断される。また、「賃金を支払われる者」といえるかは、報酬が仕事の成果ではなく労務の対価といえるかどうかにより判断される。その他、仕事に利用する機械や器具の所有や負担関係、専属性の有無、源泉徴収や社会保険料の控除の有無を踏まえて総合的に判断される。

これに対し、集団的労働関係においては、労働組合法3条が、「職業の種類を問わず」、「賃金、給料その他これに準ずる収入によつて生活する者」という定義を置いている。労働組合法上の労働者概念では、「使用される者」ということが要件とされておらず、また、賃金以外の「これに準ずる収入」によって生活する者を含むこと、また、団体交渉を助成するというその法目的から、労働基準法上の労働者概念よりも広い概念が採られていると解されている。裁判例においては、①労務提供者が事業組織に組み入れられているか、②契約内容が相手方により一方的・定型的に決定されているか、③報酬は労務の対価と評価できるか、④業務の依頼に応ずべき関係にあるといえるか、⑤広い意味で指揮命令関係があるといえるか、⑥顕著な事業者性があるかといった点を踏まえて総合的に判断される。個別的・集団的労働関係法のいずれにおいても、ある就労者が「労働者」と認められるか否かについては、使用者側で操作可能な契約形式や契約の文言だけではなく、就労の実態を踏まえて客観的な判断がなされるべきとされている。

（石﨑由希子）

→非正規労働者、有期労働、労働基準法、最低賃金法、男女雇用機会均等法

労働者供給事業……………………………Ⅰ−1

労働者供給とは、「供給契約に基づいて労働者を他人の指揮命令を受けて労働に従事させること」（職業安定法第4条第6項）である。供給元と労働者間に雇用関係が無い場合（図①）と、ある場合（図②）に分けられる。現在は職業安定法第44条の規定により、民間の労働者供給事業は禁止（厚生労働大臣の許可を受け、労働組合等により無料で行われる労働者供給事業を除く）されている。

労働者供給事業は、古くは口入れ・人入れ稼業等の封建的な支配関係に基づく人夫供給事業等が存在していた。

また、旧職業紹介法（1921年、職業安定法の前身）の時代においては、地方長官の許可を得れば行えるとの規定があったことから、労働者の弱みにつけ込み、強制労働や賃金のピンハネ等による封建的な支配従属関係への悪用が行われていたことも否定できない。戦前では労働者を人格的に支配したり、暴力による支配または強制労働により、労働者の賃金に寄生（ピンハネ等）して利益を得る間接雇用・人夫供給業が行われていた。

封建的・前近代的な労働慣行を解体するために、戦後の1947年に職業安定法が成立し、民間の労働者供給事業が禁止されるにいたった。

なお、厚生労働大臣の許可を受けた労働組合では、無料で次のような労働者供給事業を行っている。ドライバー、通

訳、旅行添乗員、システム・エンジニア、家政婦（夫）、看護師、港湾労働者、卸売市場労働者、音楽演奏家等。

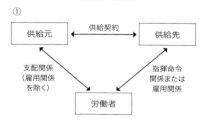

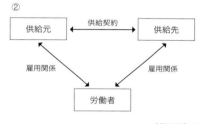

（丹羽浩正）
→労働者派遣事業、二重派遣

労働者災害補償保険法 ……………… I−1

労働基準法や船員法の災害補償において、労働者が業務上災害を被ったときの補償が定められている。それにもかかわらず、使用者に補償能力がなければ労働者も十分な補償を受けられない。そこで、災害補償を保険という形で制度化したのが、「労働者災害補償保険法」である。この保険では労働者保護が徹底されており、保険料は事業主の全額負担。労働災害が起きたときには、保険給付が直接労働者に行われる。本来の保険給付とともに社会復帰促進等事業も併せて可能である。

保険給付の内容は、業務災害に関する保険給付のほかに、通勤災害に関する保険給付、二次健康診断等給付がある。保険給付には、療養補償、休業補償、障害補償、遺族補償などが含まれ、1996年からは介護補償も追加されている。休業補償については、業務上の事由による傷病で休業する労働者の生活を保障するため、給付基礎日額（平均賃金）の6割の補償を行うとともに、社会復帰促進等事業により更に2割が上乗せされ、結果として8割の補償が行われる。　（鈴木寿信）
→業務上疾病、業務上災害

労働者の経営参加（worker's participation in management） …………… I−2−A, B

企業を舞台とする労働者の経営参加とは、その経営上の意思決定に、労働者も加わることを意味する。その点で労働者の持株といった所有参加や、利益への参加、成果参加とは区別される。また労働者の経営参加という場合、厳密には、労働者集団（労働組合など）が、従来は株主や経営者が専有してきた企業経営、その意思決定に参加することを指す。ドイツをはじめヨーロッパ諸国では労働組合がこの意味の経営参加を要求し、労働者の経営参加を義務化した法律がある。そうした法律では、様々な項目について意思決定に係る情報への参加権、意思決定に先立っての協議権、一方が拒否すれば意思決定ができなくなる共同決定権が規定されている。労働条件上の事項には共同決定権が少なからずみられ、人事事項や経営事項では概して協議権や情報権のレベルにとどまっている。

なお、労働者を個々の従業員に置きかえて解釈すると、マネジメントないしリーダーシップのスタイルの問題が浮上する。参加がモティベーション、目標達成、生産性のうえで有効だとされて、参加的マネジメント（participative management）あるいは参加的（民主的）リーダーシップが広くみられる。多くの実証研究でも、参加スタイルのほうが、上長の専断スタイルより、好業績につながることが指摘されている。　（二神恭一）

→共同決定法、労働者の所有参加、参加的マネジメント

労働者の所有参加 ……………Ⅰ-2-A, B

所有参加とは資本参加の意味にも解しうる。A社がB社に資本参加するという言い方がある。ここでの労働者の所有参加とは、労働者参加の一つの形態を意味し、労働者が集団的に企業所有に加わることを指す。この意味での所有参加には、2つの仕方が区別される。一つは個別企業レベルの労働者の所有参加であって、一般に従業員持株制度として知られているものである。古くから日米欧の企業でみられた制度で、一定資格をもつ従業員に自社株をもたせて、企業へのロイヤリティ、帰属意識を高めること、定着率をアップすること、財産形成に資すること、企業経営への関心を喚起すること、企業経営に協力させること等がねらいである。具体的には、所定の勤続年数に達した従業員が自社株式を割引価格で購入する。割引は10～20パーセントが多く、賦払規定があるところも少なくない。ストック・オプションも認められている。ただ、従業員持株といっても、従業員個人が株式の議決権を行使するケースはあまりない。持株会に付託するか、無議決権株式が渡される。

労働者の所有参加には個別企業を越えた制度がある。ドイツをはじめ、ヨーロッパ諸国では財産形成の不均衡、富の偏った集中を是正する労働者の財産形成促進策として、労働者に対し、割引価格で株式を交付する制度がある。ドイツのフォルクスワーゲンの株式が、かつて低所得者層に低価格で配られたのはこうした意図がこめられていた。　（二神恭一）

→労働者の経営参加

労働者派遣契約 ……………………Ⅰ-1

労働者派遣契約とは、派遣元事業主が派遣先に対し労働者派遣を行うことを約する契約をいう。

派遣労働者は、労働者派遣契約に基づいて、派遣先の指揮命令を受け就業することになるので、派遣元事業主は、その契約内容を派遣労働者に明示する必要がある。

労働者派遣契約の当事者は労働者派遣契約の締結に際し、次の必要契約事項を書面に記載しておかなければならない。①業務内容、②就業場所（事業所の名称、所在地）、③指揮命令者、④派遣期間および就業日、⑤就業時間（始業・終業時刻、休憩時間）、⑥安全および衛生に関する事項、⑦派遣労働者からの苦情処理に関する事項、⑧労働者派遣契約解除にあたって講ずる派遣労働者の雇用の安定を図るための措置、⑨派遣元責任者および派遣先責任者に関する事項、⑩時間外労

働に関する事項、⑪派遣労働者の人数。

（丹羽浩正）

→派遣元事業主、労働者派遣事業

労働者派遣事業……………………Ⅰ－1

　労働者派遣事業は、かつて一般労働者派遣事業と特定労働者派遣事業の2種類に分かれていたが、2015年の法改正により、許可制の労働者派遣事業にまとめられた。現在派遣労働者は、常用型と登録型に分けることができる。

　「常用型」とは正規雇用のことであり、派遣労働者を常時雇用者のみに限定している。「登録型」は有期雇用であり、派遣先企業から仕事の依頼があるときのみ、派遣労働者と派遣業者の間で雇用契約が結ばれる。臨時・日雇の労働者を派遣する事業はこれに含まれる。

　一般的に、労働者派遣と人材派遣は同じ仕事として用いられており、それを業として行うことを、労働者派遣事業または人材派遣事業という。ここでいう「業として行う」とは、一定の目的をもって同種の行為を反復継続的に遂行することをいい、1回限りの行為であっても、反復継続の意思をもって行えば、事業性があると認められる。例えば、人材派遣を行う旨、広告、宣伝等の活動を行っている場合等については、原則として、事業性有りと判断される。

　なお、派遣労働者の保護と雇用の安定を図ることを目的とした労働者派遣法（労働者派遣事業の適正な運営の確保及び派遣労働者の就業条件の整備等に関する法律）は、1985年に成立し、翌86年に施行されている。その後改正を重ね、近年では2021年に改正がなされた。

　労働者派遣事業とは、次の図で示すとおり、自己の雇用する労働者を該当雇用関係の下に、かつ、他人の指揮命令を受けて、当該他人のために労働に従事させることを業として行うことをいう。

　すなわち、雇用関係と指揮命令関係が分離されているので、労働者にとっては、雇用関係が派遣元との間にある一方で、指揮命令関係は派遣元ではなく、派遣先にある形態をとるので、三者の関係には注意しなければならない。

（丹羽浩正）

→労働者派遣法、紹介予定派遣

労働者派遣法……………………Ⅰ－1

　労働者派遣法は「労働者派遣事業の適正な運営の確保及び派遣労働者の就業条件の整備等に関する法律」として1985年に成立、86年に施行された。当時は中曽根行革の時代であり、派遣解禁対象の確定と規制緩和を目的とし、労働者の保護強化と人材派遣の規制が主たる内容であった。1996年に業務拡大、1999年に対象業務の原則自由化、2004年に製造派遣解禁がなされ、企業においては柔軟な労働力確保が可能となった。

　2012年には派遣法は「労働者派遣事業の適正な運営の確保及び派遣労働者の

保護等に関する法律」に改正施行され、派遣労働者の保護のための法律であることが明示された。働き方改革に結び付けられ、同一労働同一賃金が唱えられた。2021年の改正では派遣労働者への説明が強化され義務化された。 （丹羽浩正）

労働需給 (the demand and supply of labor)
.... I－1

生産要素である労働は生産主体である企業によって需要され、消費の主体である家計から供給される。この労働の需要と供給とが出合う場が労働市場である。完全競争労働市場を仮定すれば、労働需要量と労働供給量とが一致する点で均衡賃金が成立する。供給に対して需要が上回れば、人手不足が生じ均衡賃金は上昇する。

労働市場の需給関係を知る代表的な指標としては、まず完全失業率（完全失業者数／労働力人口、％）がある。完全失業率が高いと労働供給が労働需要を上回っており、需給関係が緩んでいることを示す。次に有効求人倍率（有効求人数／有効求職者数）がある。この場合の「有効」とは、公共職業安定所に申し込まれた紹介期限内に、まだいる求人数（需要）と求職者数（供給）を指している。この指数が1を割ると需給関係は緩んでいることを示し、1を上回ると人手不足が発生し、労働需給が逼迫していることを示す。その他に、雇用失業率（完全失業者数／（完全失業者数＋雇用者）、％）や未充足求人率（（有効求人数－就職件数）／{（有効求人数－就職件数）＋雇用者数}、％）がある。この2つの指標を組み合わせて、

就業者から自営業主や家族従業者を除いた雇用者の労働市場に関する需給関係を知ることができる。 （田村　剛）

→有効求人倍率、経営資源、公共職業安定所

労働需要曲線 (labor demand curve)
.... I－1

企業の労働需要曲線は、価値限界生産力もしくは貨幣賃金と雇用量との関係として示される。価値限界生産力とは物的限界生産力に生産物の価格を掛けたものである。物的限界生産力とは、労働投入1単位の増加がもたらす生産量の増分のことである。そして、労働投入量が相対的に少ない水準では物的限界生産力は大きいが、労働投入量が大きくなるに従い小さくなるという性質をもっている。この場合、資本は一定と仮定される。価値限界生産力とは、このように逓減する物的限界生産力と生産物の価格との関係である。したがって、縦軸に価値限界生産力、横軸に投入労働量をとると、両者の関係は右下がりの曲線となる。

また、縦軸に貨幣賃金、横軸に労働者数で表す労働供給性をとると、このような理論装置のもとでは、企業の労働供給曲線は横軸に平行となる。つまり、完全競争労働市場では、企業の行動は市場に全く影響を及ぼさず、市場に成立する賃金で欲するだけの労働供給量を獲得し得る。そこで、この労働供給表と上の価値限界生産力曲線とを重ねると、貨幣賃金と価値限界生産力とが一致し、個別企業にとっての利潤極大を実現する雇用量を得ることができる。したがって、縦軸に

価値限界生産力もしくは貨幣賃金、横軸に労働者数で表す雇用量をとると、両者の関係は右下がりの曲線となり、これが企業の労働需要曲線となる。

（田村　剛）

労働生産性（labor productivity）‥‥Ⅰ－2－B

　従業員1人当たりの付加価値額、すなわち付加価値額を従業員数で除した数値のこと。労働の効率性を測る尺度であり、労働生産性が高い場合は投入された労働力が効率的に利用されていることを示す。労働生産性は、生産用具の改良や技術進歩、協業化、熟練などによって高められる。

　日本の労働生産性は先進諸国中でも高くなく、OECD統計によると2021年時点で時間当たり49.9ドル（OECD加盟38か国中27位）、1人当たり81,510ドル（同29位）で、米国の6割弱程度となっている。日本の労働生産性が相対的に低いゆえんは、分業が徹底されていないため1つの業務に携わる従業員数が多く、時間をかけすぎていることや、付加価値を産み出す力が低いことにある。とりわけ昨今では、従業員のワーク・ライフ・バランスを向上させる観点から、より少数の従業員で従前以上の成果を上げるべく、1人当たりの労働生産性を高めることが推奨されている。

　ただし、こうした国際比較データのみをもって日本企業が非効率で無駄が多いといった否定的な結論を導くのは早計である。例えば、日本の労働生産性の低さの一因とされる仕事における分業の低さは従業員のモチベーションの高さと相関

する。また、1業務に関わる従業員数の多さは、丁寧な仕事で信頼性の高い製品・サービスを産出している裏返しとみることもできる。このように、労働生産性の向上を絶対基準のように捉えず、数値の背後にある多様な要因やその意味を考えようとする姿勢が肝要である。

（上林憲雄）

→ワーク・ライフ・バランス、生産性

労働の人間化（humanization of work）
‥‥‥‥‥‥‥‥‥‥‥‥‥‥‥‥‥‥‥‥‥Ⅰ－2－B

　1970年代から1980年代に盛んとなった、労働生活の質的向上を進め、労働をより人間的なものにする諸施策の総称。用語として、労働の人間化が主にヨーロッパやILO（国際労働機関）で用いられたのに対し、米国ではQWL（Quality of Working Life：労働生活の質）が用いられる傾向にあったが、両者はほぼ同義と理解されている。その取り組みは多様で、大きくマクロ的用法とミクロ的用法とに分けられる。

　マクロ的用法は、主に国際機関や各国政府が取り組み、十分かつ公正な報酬、人間の能力を活用し発展させる機会、継続的成長と仕事の保障、安全かつ健康的な作業条件、労働者の基本的権利、所属組織の社会的責任を達成するための政策や施策が追求された。

　ミクロ的用法では、大量生産方式がもたらす単調労働による労働疎外の克服や労働者の職務不満の解消に焦点が当てられた。作業現場での働き方を改善することで、労働者が労働を通じての自己実現や能力開発の機会を得て、人間的欲求を

ら行

充足させることが人間化であると捉えられた。具体的には、職務拡大、職務充実、半自律的作業集団の導入が行われ、労働者の自律性を尊重した新しい作業組織への転換がはかられた。　　（森田雅也）

→職務拡大、職務充実

労働力人口（labor force population）…Ⅰ−1

満15歳以上人口のうち、就業者と就労意欲のある失業者（完全失業者）を合算した人口。つまり、満15歳以上で働いている人と働きたい人の合計値。これに対して、満15歳以上の学生や専業主婦、働く意思や能力のない人は非労働力人口に分類される。労働力人口の数値や増減率は、国の経済力や潜在成長力を示す重要な指標となる。

労働力人口は、総務省統計局が毎月末日（12月は26日）現在で実施している「労働力調査」に基づき公表されている。

（吉田　寿）

→失業者

労働力率（labor force participation rate）

………………………………………………Ⅰ−1

15歳以上人口に占める労働力人口の割合を指す。国勢調査などにおいては、一般的な計算式は、（労働力率）＝（労働力人口）÷（15歳以上人口）×100とされる。「労働力人口」とは、（国勢調査であれば調査期間中に）賃金、給料などの収入になる仕事を少しでも行った就業者（家族の手伝いなども含む）、休業者、そして収入になる仕事を少しも行わなかった者のうち、仕事に就くことが可能かつ職業安定所に申し込むなどして積極的に仕事を探していた完全失業者の総数を指す。　　　　　　　　　（田中秀樹）

→失業者

65歳超雇用推進助成金（subsidies to promote employment of persons 65 years of age and older）……………………………Ⅰ−1

高年齢者が意欲と能力のある限り年齢に関わりなく働くことができる生涯現役社会を実現するため、65歳以上への定年引上げや高年齢者の雇用管理制度の整備、高年齢の有期契約労働者の無期雇用への転換等を行う事業主に対して助成するもの。雇用保険法に規定される雇用安定事業の下で支給される雇用関係助成金の一つ。高年齢者雇用安定法では、高年齢者就業確保措置として、①70歳までの定年の引上げ、②定年の定めの廃止、③希望者全員を対象とする70歳までの継続雇用制度の導入、④他社における継続雇用等が事業主の努力義務とされているところ、助成金を支給することにより、65歳超の高年齢者の雇用継続を可能とする措置を促進するものである。

（石﨑由希子）

→雇用保険法、雇用関係助成金、高年齢者雇用安定法

ロジスティックス………………………Ⅰ−2−A

「物流」の英語訳として認識されることが多いが、「ロジスティクス」は、企業などの活動において、その日々の取り組みがより効率的・効果的なものとなり、顧客満足度の向上、企業の収益の最大化など、その組織の活動の最終目的の成就に貢献できるよう、当該活動に係る

物流の在り方を計画・実施・管理することであり、単なる物流とは違った概念である。元々は軍事用語であったが、今ではビジネスの分野において頻繁に使用されている。　　　　　　　　　（戸崎　肇）

ローラーとポーターのモデル………Ⅱ-2

　動機づけの過程を認知的選択理論の枠組みから捉えるためのモデル。この理論の代表は「期待－誘意性」（Expectancy-Valence：E-V）モデルであるが、これはトールマン（Tolman, E. C.）、レヴィン（Lewin, K. Z.）、エドワーズ（Edwards, W.）等、行動主義に対する認知理論の流れの中から生み出されたものである。このE-V理論を組織の人間行動の説明モデルとして体系的に適用したのはブルーム（Vroom, V. H.）である。彼は古典的認知理論に道具性（Instrumentality：I）の概念を加え、EIV理論として完成させた。このモデルにおいて、Eは努力が業績につながる期待、Vは結果の誘意性、Iは認知された道具性であり、ブルーム・モデルでは人がある対象に向かう力は、$F = E \times \Sigma (I \times V)$ として算出される。すなわちこのモデルでは、行動（努力）はその行動が一定の業績（例えば昇進）につながると認知された確率（E）と、その業績がさまざまな魅力（V）を有する他の諸結果（給与、尊敬、権限、嫉妬等）をもたらすであろうと思われる確率（I）との積和、すなわち $\Sigma (I \times V)$ とを、掛け合わせた大きさによって規定されることになる。換言すれば、人々は職務において、魅力的な結果をより多くもたらすと高く認知（期待）された行動を、そ

うでもない行動と比べて優先的に選択するということである。これが期待理論が認知理論であり、行動選択の理論である所以である。

　ポーターとローラー（Porter, L. W. and Lawler Ⅲ, E. E.）は、ブルーム理論が2つの期待を明確に区別していないとして、第1の期待として（$E \rightarrow P$）、第2の期待として（$P \rightarrow O$）を定義した。ここで、E = Effort、P = Performance、そしてO = Outcome を意味する。すなわち、前者は努力（E）すれば一定の業績（P）が達成できるという期待（主観的確率）であり、後者はその業績が諸結果（O）をもたらす確率である。換言すれば、前者は行動が結果（例えば業績）をもたらす確率であり、後者は第1の結果が第2の結果をもたらす確率で、ブルームが道具性と名づけたものである。このように2つの期待を明確に区別した上で、ポーターとローラーは、ブルームのEIV図式を、$F = \Sigma [(E \rightarrow P) \times \Sigma \{(P \rightarrow O) \times V\}]$ と書き改めた。この図式では、ブルームのEは（$E \rightarrow P$）すなわち第1の期待として、またIは（$P \rightarrow O$）すなわち第2の期待として明確化されているが、動機づけの原理はブルーム理論そのものである。

　　　　　　　　（若林満・渡辺直登）

ロール・プレイング（role playing）

　………………………………………Ⅱ-3-A

　現実の生活では与えられていない、あるいは期待されていないさまざまな社会的役割（social role）を模擬的に演ずること。日本語では役割演技と訳されている。自分に与えられていない役割を演ず

ら行

ることによって、その役割にある人と共感できたり、自分がその立場に立った時の準備的な学習ができるとして、管理職研修、営業研修、カウンセリング研修等に、対人関係を学ぶ手段として幅広く用いられている。　　　　　　　　（渡辺直登）

→サイコドラマ、役割行動

わ行

ワーキングプア（working poor）………Ⅰ-1

　一般には、フルタイムで働いているにもかかわらず、生活保護水準以下の収入しか得られず、生活維持が困難な就労者層を指すが、明確な定義はない。「働く貧困層」とも呼ばれる。1990年代のアメリカで生まれた言葉であり、アメリカ労働統計局では、「16歳以上で年に27週間以上、職に就いているか、職を探すかしているにもかかわらず、その収入が公的な貧困線を下回っている者」と定義されている。

　日本では、バブル経済崩壊後の経済不況に伴うリストラや非正規労働者が増加するなかで2006年7月に放送されたNHKスペシャル『ワーキングプア 働いても働いても豊かになれない』を契機として、その存在が社会に広く認識された。また、2008年のリーマンショックを契機とする派遣切りや雇止めは、この問題に対する社会的関心を高めた。ワーキングプアの中には、公務労働に従事しながら、雇用が不安定で賃金水準が低い

「官製ワーキングプア」や、大学院を修了したにもかかわらず正規の職に就けない「高学歴ワーキングプア」もいる。また、失業と共に住居を失い、インターネットカフェを住まいとしたり、ホームレスとなるワーキングプア（ハウジングプア）もいる。ワーキングプアの増加はニートやフリーターの増加とも関係する。

（石﨑由希子）

→非正規労働者

ワーク・イノベーション→業務革新

ワークシェアリング（work sharing）

……………………………………Ⅰ-2-B

　労働時間の短縮を通じ、雇用が確保・創出できるように仕事を分かち合うこと。一人ひとりの労働時間を短くすることで、全体としての雇用者数の維持、拡大を目指す取組みとして理解される。雇用維持型、雇用創出型、中高年対策型、多様就業促進型などのさまざまな類型がある。

　ワークシェアリングは、英国やドイツ、オランダなどヨーロッパ諸国が先導しているが、成功例として特に注目されるのがオランダのモデルである。オランダでは、オランダ病とも呼ばれる大不況を克服するため、政労使間で合意がなされ、1996年の労働法改正や2000年の労働時間調整法の制定につながり、ワークシェアリングが大きく進展した。労働法改正では「同一労働同一労働条件」が取り決められ、フルタイム労働者とパートタイム労働者の間で時給や雇用期間、昇進等の労働条件に格差をつけることが禁

じられた。加えて、労働時間調整法においては、労働者が自発的にフルタイムからパートタイムへ、あるいはその逆方向の移行を自由に行う権利や、労働者が週当たり労働時間を自発的に決められる権利が定められた。このオランダの事例は、多様就業促進型のワークシェアリングとして分類される。

ただし日本においては、ワークシェアリングはほとんど進んでいない。ワークシェアリングを進めるには、そもそも職務が明確で分割可能となることが求められるが、日本では職務概念が希薄であることから容易に分割ができず、そのことがワークシェアリング推進のボトルネックとなっている。また、労働時間の縮減により賃金の減少が伴うことへの抵抗感が強いこともワークシェアリングが普及しにくい一因である。　　　（上林憲雄）

→職務、同一労働同一賃金

ワーク・シフト（work shift）………Ⅰ−2−B

グラットン（Gratton, L.）の著書のタイトルであり、働き方の未来図を示唆する概念でもある。人生100年時代における未来の働き方への疑問に対して、グラットンは、漠然と迎える未来には孤独で貧困な人生が待ち受け、主体的に築く未来には自由で創造的な人生があると答えている。明るい未来を築くために改めるべき発想を3つのシフトとして論じている。専門技能を連続的に習得すること、すなわちリスキリング（reskilling）、協力ネットワークを形成しイノベーションを創造すること、そしてフレキシブルな働き方によって自分らしいバランスのとれた働き方を主体的に選び、情熱を傾けられる経験をすることである。カリヨンツリー型キャリアは、こうした3つのシフトを可能にする働き方である。

（二神枝保）

→キャリア、キャリア・マネジメント、カリヨン・ツリー型キャリア

ワーク・ライフ・バランス（work life balance）……………………………Ⅰ−1、2−B

仕事生活と家庭生活の調和をさす。個人が生涯を通じてキャリアをデザインするうえで、人生において仕事生活はもちろん、家庭生活や地域社会生活などへの参加も重要であるので、ワーク・ライフ・バランスは大切な概念である。

シャイン（Schein, E. H.）が述べるように、キャリアとは生涯を通じての人間の生き方・表現であり、ワーク・ライフ・バランスは今日不可欠の視点となっている。

また、スーパー（Super, D. E.）のライフ・キャリア・レインボーによれば、人は生涯において、子供、学生、職業人、配偶者、家庭人、親、余暇人、市民、年金生活者の9つの役割を果たしながら、それぞれのライフステージにおいて、ワーク・ライフ・バランスをみつけるとしている。

さらに、マイニエロとサリヴァン（Mainiero, L. A. and Sullivan, S. E.）は、女性たちがライフサイクルに沿って万華鏡のように多様なキャリア・パターンを形成することを述べている。特に中期キャリアでは、女性たちはワーク・ライフ・バランスに高い優先順位をおきながら、

わ行

キャリアを形成するとしている。そして、これからは女性のみならず、男性も仕事生活や家庭生活、地域社会生活へ積極的に参加するなかで、ワーク・ライフ・バランスを実現しながら、万華鏡のキャリアを描くことを予測している。

なお、ワーク・ライフ・バランスを実現している企業は、優秀な人材を確保し、定着させるため、長期的に生産性を上げることが期待できる。こうした点からも、ワーク・ライフ・バランスは、これからのキャリア・マネジメントを展望するうえで、重要なキーワードになっている。 （二神枝保）

→キャリア、キャリア・マネジメント、万華鏡のキャリア、ライフ・キャリア・レインボー

ワーケーション（workcation）
…………………………………… I－1，2－B
仕事を意味するworkと余暇を意味するvacationをつなげた造語であり、生産性の向上や心身の健康増進、ワークライフバランスの実現などを目的として、非日常的な場所で仕事を行うことを指す。確立された学術的な定義があるわけではないが、ワーケーションには、休暇として観光を行いながら仕事を行うタイプ、休暇としてではなくあくまで業務として普段とは異なる場所で働くタイプ、生活・仕事を行う拠点を分散させたり移したりするタイプなど、いくつかのバリエーションがあることがわかってきている。 （服部泰宏）

話術 ……………………………… II－2，3－A

話しの仕方、話す技術。特に巧みに話す技術。対人コミュニケーションにおける目的を達成するためのスキル（技術・技能）であり、後天的に学習、獲得できるものを指す。対人コミュニケーションにおける目的には、自分の考えを表明する（欲求、情動、情報の伝達、自己開示）、他者の態度や行動、情動を変容させようとする（依頼、説得、要請）、他者との対人関係を形成し、維持する、他者との問題を解決することなどがある。 （髙橋南海子）

ワッセナー合意 （Wassenaar agreement：
Akkoord van Wassenaar） ……………… I－1
1982年にオランダのハーグ郊外のワッセナーで政府、労働組合、経営者団体の間で締結された合意をさす。危機的な経済状況に直面したオランダでは、政府、労働者側、経営者側が賃金引き上げの抑制、公務員の賃金引き上げの凍結、労働時間の短縮、税・社会保険料の軽減等に合意した。これを契機に、パートタイムとフルタイムの均等待遇が実現し、驚異的な経済回復に成功した。 （二神枝保）

→オランダ・モデル、フレキシキュリティ

割増賃金 （extra wages）…………… I－2－B
法定労働時間（原則1日8時間、1週間40時間）に支払う賃金額に一定率を上乗せして支払われる賃金のこと。割増率は、法定労働時間超えの労働（＝法定時間外労働）に対して1か月につき60時間までは2割5分以上、60時間超の部分は5割以上、法定休日（原則週1日又は4週4

日）労働に対して3割5分以上、深夜労働（原則午後10時から午前5時）に対して2割5分以上が義務付けられている。尚、法定時間外労働や法定休日労働が深夜に及ぶと割増率は合算され、各々5割以上、7割5分以上、6割以上となる。

（上田純子）

→基本給、所定内賃金 vs. 所定外賃金

1on1 面談（one-on-one meeting）……I−1

　部下が自分自身の業務の振り返りを行ったり、悩みを相談したりする目的で、上司と部下とが一対一で行う面談を指す。人事評価・目標管理を目的に、期初や期中、期末などに行うものではなく、数週間から長くても1か月くらいの頻度で、比較的短時間で行われることが多い。2015年前後あたりから、いくつかの企業において実施され始めたものであり、確立された学術的な定義や、何をもって1on1とみなすか（みなさないか）という厳密な要件が確定されているわけでもない。

（服部泰宏）

→対話活動としての one on one ミーティング

わ行

参考文献一覧

和文献

饗場和彦 (2012)「ボランティア活動の意味と有用性：命を捨ててまで外国人を助けるのは偽善か？」『徳島大学社会科学研究』第25号。

青井和夫 (1980)『小集団の社会学：深層理論への展開』東京大学出版会。

青井和夫編 (1974)『社会学講座1：理論社会学』東京大学出版会。

青井和夫・綿貫譲治・大橋幸 (1962)『今日の社会心理学3 集団・組織・リーダーシップ』培風館。

青井和夫・和田修一 (1982)『中高年齢層の職業と生活 定年退職を中心として』東京大学出版会。

青木武一 (1965)『企業内教育訓練の方法』ダイヤモンド社。

青木武一 (1979)『企業内教育の方法と実際』ダイヤモンド社。

青沼吉松 (1969)『産業社会の展開』日本放送出版協会。

赤岡功 (1995)『現代経営学を学ぶ人のために』世界思想社。

赤岡功 (1989)『作業組織再編成の新理論』千倉書房。

明石純一 (2010)『入国管理政策：「1990年体制」の成立と展開』ナカニシヤ出版。

赤松利恵・永橋久文 (2008)「行動変容段階モデルを用いた小学校における食に関する指導の実践事例」『日本健康教育学会誌』16 (2)。

浅川和雄 (1988)「ニューロコンピュータ」『精密工学会誌』54巻6号。

浅倉むつ子 (2016)「1. 同一価値労働同一賃金原則と法制度上の課題」『国際女性』30 (1)。

アージリス、C.／伊吹山太郎・中村実訳 (1970)『組織とパーソナリティー：システムと個人との葛藤』日本能率協会。

東洋・大山正・詫摩武俊・藤永保編 (1973)『心理用語の基礎知識』有斐閣。

アセモグル、D.・D. レイブソン・J. リスト／岩本康志監訳・岩本千晴訳 (2019)『マクロ経済学』東洋経済新報社。

足立一夫 (1954)『平均賃金と割増賃金』労務行政研究所。

アベグレン、J. C.／占部都美訳 (1958)『日本の経営』ダイヤモンド社。

天野正子 (1982)『転換期の女性と職業：共生社会への展望』学文社。

天野正子他編 (2009)『性役割 新編 日本のフェミニズム3』岩波書店。

甘利俊一 (2011)『情報理論』ちくま学芸文庫。

新井鋼太郎・五島浅男 (1993)『退職金・年金制度の設計と運用』経営書院。

荒木尚志 (1991)『労働時間の法的構造』有斐閣。

荒木尚志 (2016)『労働法 (第3版)』有斐閣。

蘭千壽・外山みどり (1991)『帰属過程の心理学』ナカニシヤ出版。

淡路円治郎 (1949)『労務総論』河出書房。

淡路円治郎（1952）『アメリカの労務管理』ダイヤモンド社。

淡路円治郎（1958）『労務原論（上・下）』ダイヤモンド社。

安藤喜久雄（1990）『産業と組織の社会学』学文社。

安藤喜久雄（1992）『産業社会学』学文社。

安藤堯雄（1952）『最新職業教育論』金子書房。

安藤史江（2019）『コア・テキスト組織学習』新世社。

安藤瑞夫（1967）『組織の中の人間』大日本図書。

安藤瑞夫編（1953）『人事考課』河出書房。

安藤瑞夫編（1966）『産業心理学』有斐閣。

安藤瑞夫編（1976）『現代の人事情報システム』日本労務研究会。

安楽定信（1961）『人事考課』ダイヤモンド社。

飯野春樹編（1979）『バーナード　経営者の役割』有斐閣。

井口哲夫（1994）『図解　創造性発揮のマネジメント：アウトプットの質を高める組織作り』
　　マネジメント社。

池永謹一（1977）『作業研究』森北出版。

石井金之助（1952）『労働科学論』三笠書房。

石井照久（1965）『給与・福祉』ダイヤモンド社。

石井照久（1972）『労働法総論（改訂版）』有斐閣。

石川晃弘（1988）『産業社会学』サイエンス社。

石川晃弘（1975）『社会変動と労働者意識』日本労働協会。

石毛長雄・武沢信一編（1966）『産業集団心理学』朝倉書店。

石坂巌（1992）『人間化の経営学』勁草書房。

石田英夫（1976）『日本の労使関係と賃金決定』東洋経済新報社。

石田英夫・井関利明・佐野陽子（1978）『労働移動の研究　就業選択の行動科学』総合労働研
　　究所。

石田路子（2012）「在宅ケアを担う専門職の養成について：北欧4カ国およびカナダの事例調
　　査から」『城西国際大学紀要』第20巻第3号。

石田光男（1990）『賃金の社会科学：日本とイギリス』中央経済社。

石原孝一（1970）『企業内賃金格差：賃金と年功・職務』日本労働協会。

石原春夫（1950）『職階制度』河出書房。

居城舜子（2011）「同一価値労働同一賃金原則の変遷と課題」『大原社会問題研究所雑誌』632。

井尻昭夫（1988）『モチベーション研究』日本評論社。

泉卓二（1978）『アメリカ労務管理史論』ミネルヴァ書房。

泉卓二編（1974）『賃金管理論』日本評論社。

泉田健雄（1955）『職務権限』東洋経済新報社。

泉田健雄（1958）『職務権限の考え方と問題点』東洋経済新報社。

泉田健雄（1987）『職務権限論：その実践と理論の軌跡』白桃書房。

伊丹敬之（1986）『マネジメント・コントロールの理論』岩波書店。

和文献

伊丹敬之（1987）『人本主義企業　変わる経営変わらぬ原理』筑摩書房。

伊丹敬之・加護野忠男・伊藤元重編（1993）『日本の企業システム：リーディングス　第3巻　人的資源』有斐閣。

伊丹敬之（2005）『場の論理とマネジメント』東洋経済新報社。

一圓光彌（1997）『社会保障論』誠信書房。

市川覚（1983）『人と職場を活性化する新トレーニング技法』日本経営者団体連盟広報部。

市橋英世（1978）『組織行動の一般理論』東洋経済新報社。

一般社団法人アリーナスポーツ協議会監修／大学スポーツコンソーシアムKANSAI編（2018）『大学スポーツの新展開：日本版NCAA創設と関西からの挑戦』晃洋書房。

井出喜胤（1990）『グローバル人事・賃金管理』産業労働出版協会。

伊藤淳已（1953）『インセンティブ・ウェイジ』布井書房。

伊藤淳已（1953）『賃金計算論』創元社。

伊藤格夫（1995）『企業の人材育成』高文堂出版社。

伊藤博（1942）『転業者及び女子労務輔導』東洋書館。

伊藤博（1942）『労務輔導』東洋書館。

伊藤博義（1996）『雇用形態の多様化と労働法：企業活動の自由と労働者の権利』信山社。

伊藤森右衛門（1968）『トップ・マネジメント・リーダーシップ論：理論的課題と実践的課題』税務経理協会。

伊東誼（1982）「FMS（フレキシブル生産システム）の現状と動向」『日本機械学会誌』第85巻第761号。

伊東誼・岩田一明（1984）『フレキシブル生産システム』日刊工業新聞社。

稲垣聖子（2014）「『ボランティア』という言葉の意味の変遷：『異議申し立て運動』との関連で」『21世紀社会デザイン研究』No.13。

稲上毅・H. ウィッタカー・逢見直人・篠田徹・下平好博・辻中豊（1994）『ネオ・コーポラティズムの国際比較：新しい政治経済モデルの探索』日本労働研究機構。

犬田充（1971）『行動科学：その概念とマネジメントへの適用』（アメリカ産業会議編）日本能率協会。

井上好一・上田武人（1939）『能率賃金支払法』ダイヤモンド社。

猪木武徳（1993）『新しい産業社会の条件：競争・協調・産業民主主義』岩波書店。

猪木武徳（1995）『日本の雇用システムと労働市場』日本経済新聞社。

猪木武徳（1996）『学校と工場：日本の人的資源』読売新聞社。

井深大（1971）『幼稚園では遅すぎる』ごま書房。

伊吹山太郎（1953）『職務評価の方法』布井書房。

今井賢一編（1986）『イノベーションと組織』東洋経済新報社。

今井賢一・金子郁容（1988）『ネットワーク組織論』岩波書店。

今井俊一（1955）『経営労務論：現代におけるその性格と系譜』ミネルヴァ書房。

今井芳昭（2006）『依頼と説得の心理学』サイエンス社。

今坂朔久編（1961）『ラッカー・プラン：成果配分の原理と適用』日本能率協会。

今城志保（2016）『採用面接評価の科学：何が評価されているのか』白桃書房。

今田高俊（1987）『モダンの脱構築：産業社会のゆくえ』中央公論社。

今野浩一郎・佐藤博樹（2020）『人事管理入門・第3版』日本経済新聞出版。

今野浩一郎・下田健人（1995）『資格の経済学』中公新書。

移民政策学会編（2020）『移民政策研究vol.12「特集　2018年改定入管法と制度化への多角的分析」』明石書店。

井森陸平（1959）『産業社会学』関書院。

岩内亮一（1989）『日本の工業化と熟練形成』日本評論社。

岩内亮一他（1992）『海外日系企業と人的資源：現地経営と駐在員の生活』同文舘出版。

巌佐庸・松本忠夫・菊沢喜八郎・日本生態学会編（2003）『生態学事典』共立出版。

岩崎秀一（1993）『経営体質の強化と賃金制度』日本経営協会総合研究所。

岩崎隆造（1979）『これからの職業訓練の課題』労働基準調査会。

岩田龍子（1978）『現代日本の経営風土』日本経済新聞社。

岩出博（1989）『アメリカ労務管理論史』三嶺書房。

岩出博（1991）『英国労務管理』有斐閣。

ウィーナー、N.／池原他訳（2011）『サイバネティックス：動物と機械における制御と通信』岩波書店。

上田敏（1992）『リハビリテーション医学の世界：科学技術としてのその本質、その展開、そしてエトス』三輪書店。

上田利男（1989）『マネジャーのための実践ＯＪＴ：変革時代の人づくりをどうするか』産業能率大学出版部。

上原行雄・大芝亮・山岡道男（2021）『用語集 政治・経済（新訂第8版）』清水書院。

ウェーバー、M.／阿閉吉男・脇圭平訳（1987）『官僚制』恒星社厚生閣。

ウォルビー、S・H. ゴットフリート・K. ゴットシャル編著／大沢真理編著・編訳（2016）『知識経済をジェンダー化する：労働組織・規制・福祉国家』ミネルヴァ書房。

牛窪浩（1977）『仕事とモティベーション：働きがいと動機づけ』日本労働協会。

牛窪浩（1979）『新ヒューマンリレーションズのすすめ』日本コンサルタント・グループ。

牛窪浩・大橋泰二・前田勇（1968）『産業の社会心理学』学文社。

牛窪浩・片山義弘編（1966）『産業福祉心理学』朝倉書店。

氏原正治郎（1977）『現代日本の賃金』社会思想社。

氏原正治郎（1977）『賃金問題の課題』社会思想社。

氏原正治郎（1989）『日本経済と雇用政策』東京大学出版会。

内田勇三郎（1951）『内田クレペリン精神検査法手引』日本・精神技術研究所。

内田隆三（2005）『社会学を学ぶ』ちくま新書。

宇野利右衛門（1989）『能率増進の理論と実際：最善の不景気対応策』五山堂書店。

梅澤眞一・何芳（2013）「最低賃金と企業行動に関する調査：結果の概要と雇用への影響に関する分析」独立行政法人労働政策研究・研修機構（No.108）。

梅澤正編（1977）『日本型組織開発：その展開と事例』ダイヤモンド社。

和文献　581

梅津八三・相良守次・宮城音弥・依田新監修（1981）『新版心理学事典』平凡社。

占部都美（1979）『組織のコンティンジェンシー理論』白桃書房。

江村潤朗（1995）『経営革新と情報化人材育成』日科技連出版社。

遠藤公嗣（2019）「ILO100号『同一価値労働同一報酬』条約における職務基準の概念」『経営論集』66（2）明治大学経営学研究所。

遠藤公嗣（2020）『「同一価値労働同一賃金」原則の定義とそれに特有な職務評価の手法：それらを『アメリカ製』となぜ呼べるのか、そして、それらは欧州諸国でなぜ普及しているのか？』明治大学経営学研究所。

遠藤政夫（1974）『教育訓練休暇：その理論と実際』日本労働協会。

遠藤元男（1985）『日本職人史の研究　全6巻』雄山閣。

OECD／山形大学教育企画室監訳・松田岳士訳（2011）『学習成果の認証と評価：働くための知識・スキル・能力の可視化』明石書店。

大池長人（1950）『職務評価と人事考課』森山書店。

大池長人（1960）『職務の分析と評価：技術論と賃金形態論』日本経済新聞社。

大石泰彦・氏原正治郎編（1965）『転型期の賃金問題』春秋社。

大内経雄（1952）『経営と人間関係』ダイヤモンド社。

大内経雄（1953）『職場規律』ダイヤモンド社。

大内経雄（1957）『監督者は監督しているか』日本生産性本部。

大内経雄（1962）『職場の組織と管理』ダイヤモンド社。

大内経雄他（1959）『人事管理』金原出版。

大河内一男（1966）『雇用と雇用政策』有斐閣。

大河内一男（1967）『職業訓練』有斐閣。

大河内一男他（1953）『賃金の理論と実務』労働法学研究所。

大河内一男・氏原正治郎・舟橋尚道・藤田若雄・松尾均・江口英一・薄信一編（1961）『労務管理　講座・日本の労働問題Ⅱ』弘文堂。

大阪ボランティア協会ボランタリズム研究所編（2011）『ボランタリズム研究　Vol.1：特集政治とボランタリズム』大阪ボランティア協会。

太田勝造・草野芳郎編著（2005）『ロースクール交渉学』白桃書房。

太田肇（1993）『プロフェッショナルと組織』同文舘出版。

太田肇（2021）『同調圧力の正体』PHP研究所。

大竹秀男（1983）『近世雇傭関係史論』有斐閣。

大谷進・深谷尚徳（1961）『求人難対策』同文舘。

大谷基道（2021）「国家公務員の人事管理」（西岡晋・廣川嘉裕編著『行政学』）文眞堂。

大塚章男（2021）『ステークホルダー・キャピタリズム時代のコーポレートガバナンス』中央経済社。

大月書店編集部編（1976）『今日の教育改革・職業訓練』大月書店。

大西清治・瀧本忠男（1944）『賃金制度』東洋書館。

大西たまき（2017）「フィランソロピー概念の考察：西欧におけるフィランソロピー研究のシ

ステマティック・レビューと日本のフィランソロピー研究の発展に向けて」『The Nonprofit Review』Vol.17, No.1。

大野耐一（1978）『トヨタ生産方式』ダイヤモンド社。

大橋勇雄（1989）『労働経済学』有斐閣。

大橋勇雄（1990）『労働市場の理論』東洋経済新報社。

大橋昭一・小田章・G. シャンツ（1995）『日本的経営とドイツ的経営』千倉書房。

大橋武夫（1941）『最低賃金と最高初給賃金』大日本産業報国会。

大藤裕康編（1993）『これからの人件費管理：付加価値経営計画と人件費』ぎょうせい。

大宮五郎（1961）『新しい賃金制度のありかた』日本生産性本部。

大矢三郎（1944）『請取賃金制度論』ダイヤモンド社。

大山正・藤永保・吉田正昭編（1978）『心理学小辞典』有斐閣。

岡市廣成・鈴木直人監修／青山謙二郎・神山貴弥・武藤崇・畑敏道編（2014）『心理学概論（第2版）』ナカニシヤ出版。

小笠原慶彰・早瀬昇編（1986）『ボランティア活動の理論』大阪ボランティア協会。

岡沢憲芙（1986）「交渉の理論」（『日本大百科全書 8』）小学館。

尾形裕也（2017）「『健康経営』推進に向けての提言」『日本労働研究雑誌』No.682。

緒方雪子（2019）「企業に求められるこれからの健康経営」『工場管理』Vol.65, No.6。

岡部晃三（1985）『わかりやすい労働統計』労働法令協会。

岡村一成編（1989）『産業・組織心理学入門』福村出版。

岡村一成編（1996）『人間の心理と行動』東京教学社。

岡村一成・手島茂樹編（1994）『援助の科学』福村出版。

岡室博之（1999）「ME化と情報化」（日本労働研究機構編『リーディングス　日本の労働⑪　技術革新』）日本労働研究機構。

小川慎一（2020）『日本的経営としての小集団活動：QCサークルの形成・普及・変容』学文社。

小川忠蔵（1930）『産業心理学』大阪宝文館。

小川俊樹編（2008）『投影法の現在』至文堂。

荻原勝（1972）『日本の週休2日制：労働と余暇を問い直す』ダイヤモンド社。

荻原勝（1993）『ビジネスキャリア講座　人事概要　初級コース（第3分冊）採用活動』総合法令。

奥井規晶（1994）『クライアント／サーバソフトウェア開発』リックテレコム。

奥田健二編（1990）『新時代の人材育成：21世紀を視野において』日本労働研究機構。

奥林康司（1968）「職務分析」『桃山学院大学経済学論集』第10巻第1号。

奥林康司（1975）『人事管理学説の研究』神戸大学研究双書刊行会。

奥林康司（1981）『労働の人間化：その世界的動向』有斐閣。

奥林康司（1991）『増補　労働の人間化：その世界的動向』有斐閣。

奥林康司編（1995）『変革期の人的資源管理』中央経済社。

奥林康司・上林憲雄・平野光俊編著（2010）『入門人的資源管理（第2版）』中央経済社。

奥林康司・菊野一雄・石井修二・平尾武久・岩出博 (1992)『労務管理入門 (増補版)』有斐閣。

奥林康司・坂下昭宜・宗像正幸・神戸大学大学院経営学研究室編 (1999)『経営学大辞典 (第2版)』中央経済社。

奥山哲哉・青木弘一・田中信 (1995)『コラボレーション入門：ダントツ新技術・新商品を生む』日本能率協会マネジメントセンター。

尾高邦雄 (1953)『産業における人間関係の科学』有斐閣。

尾高邦雄 (1963)『産業社会学 (改訂)』ダイヤモンド社。

尾高邦雄 (1984)『日本的経営』中央公論新社。

尾高煌之助 (1993)『企業内教育の時代』岩波書店。

小野旭 (1989)『日本的雇用慣行と労働市場』東洋経済新報社。

小野旭 (1994)『労働経済学 第2版』東洋経済新報社。

小野公一 (1993)『職務満足感と生活満足感』白桃書房。

小野公一 (1994)「仕事への動機づけ」『産業・組織心理学入門』福村出版。

小野恒雄 (1971)『賃金交渉』日本労働協会。

小野豊明 (1961)『職務権限』ダイヤモンド社。

小橋邦彦 (1984)『管理者研修の効果的実践法：K式セミナー・マネジメントの原理』産業能率大学出版部。

小山田英一・服部治・梶原豊 (1997)『経営人材形成史：1945 〜 1995年の展開分析』中央経済社。

外食産業総合調査研究センター (1987)『外食産業における人材開発と研修：外食企業・団体の実態』外食産業総合調査研究センター。

海道進 (1982)『賃金論原理：資本主義と社会主義の賃金』同文館。

海道進・三戸公 (1968)『アメリカ労務学説研究』未来社。

回陽博史 (2003)『情報と人間』オーム社。

鍵山整充・太田滋 (1985)『日本における労働条件の特質と指標』白桃書房。

掛谷力太郎 (1953)『賃金制度の理論と実態』労働法学研究所。

掛谷力太郎 (1963)『これからの労務管理の基本問題』労働法学出版。

影山裕子・浜崎隼彦 (1961)『人事管理とその背景：アメリカの社会と経済』日刊労働通信社。

加護野忠男・野中郁次郎・榊原清則・奥村昭博 (1983)『日米企業の経営比較』日本経済新聞社。

柏木宏 (1990)『セクシュアル・ハラスメント：米国の法律と現状』日本太平洋資料ネットワーク。

梶山皓 (1995)『広告入門 (第2版)』日経文庫。

梶原豊 (1986)『中高年齢者の能力開発：教育訓練プログラムの設計と展開』中央職業能力開発協会。

梶原豊 (1991)『活かそう！ 教育プラン：各種教育訓練技法とその選択』中央職業能力開発協会。

梶原豊 (1993)『新版 人材開発の経営学：人事戦略の視点と展開シナリオ』同友館。

梶原豊（1993）『人材開発戦略：実践的人材開発活動の導入から展開まで』マネジメント社。

梶原豊（1996）『人材開発論：人材開発活動の実践的・体系的研究』白桃書房。

片桐恵子（2012）『退職シニアと社会参加』東京大学出版会。

勝木新次（1948）『産業衛生』東洋書館。

勝沼精蔵・朝比奈一男（1948）『疲労』創元社。

加藤誠一・水野武・小林靖雄編（1976–1977）『現代中小企業基礎講座　全5巻』同友館。

加藤尚文（1960）『労務管理』三一書房。

加藤尚文（1961）『人事管理』良書普及会。

金井壽宏（2002）『働くひとのためのキャリア・デザイン』PHP研究所。

兼子宙（1965）『新しい人間関係管理』日本生産性本部。

兼子宙（1973）『職場職業社会』学陽書房。

兼子宙（1983）『企業内教育訓練（新版）』日本労働協会。

金子美雄（1956）『賃金論』労働法令協会。

金子美雄編（1961）『アメリカの賃金決定』日本生産性本部。

金子美雄編（1972）『賃金：その過去・現在・未来』日本労働協会。

狩野素朗（1985）『個と集団の社会心理学』ナカニシヤ出版。

狩野広之監修（1965）『産業心理学からみた労働と人間』誠信書房。

狩野寧武（1951）『勤務成績評定法』日本労務研究会。

鎌田慧（1976）『労働現場に何が起こった：合理化とたたかう労働者たち』ダイヤモンド社。

鎌田慧（1980）『労働現場：造船所で何が起ったか』岩波書店。

鎌田慧（1983）『自動車絶望工場』講談社文庫。

鎌田勝（1984）『中小企業の人材開発』日本労働協会。

上子武次（1979）『家族役割の研究』ミネルヴァ書房。

神代和欣・連合総合生活開発研究所編（1995）『戦後50年産業・雇用・労働史』日本労働研究機構。

神山幸男（1976）『要員計画と定員管理』白桃書房。

神山幸男（1978）『戦略的人材管理：人的バランス・シートの活用法』白桃書房。

神山幸男（1984）『要員計画と管理システム』白桃書房。

亀井一綱（1988）『産業における創造性の問題』産業経済研究会。

亀井辰雄（1962）『経営教育の理論と実例』日本生産性本部。

亀井辰雄（1962）『トップ・マネジメントの育成』ダイヤモンド社。

亀井辰雄・白木他石（1971）『経営教育論』丸善。

河井芳文（1985）『ソシオメトリー入門』みずうみ書房。

川喜田二郎（1968）『発想法』中公新書。

川喜田二郎（1970）『続・発想法』中公新書。

川越孝司・井上肇（1983）「フレキシブル生産システムの実現」『情報処理』第24巻第1号。

川崎文治（1955）『賃金論』関書院。

川島武宜（1957）『イデオロギーとしての家族制度』岩波書店。

河田美智子（2019）「大学生版エモーショナル・インテリジェンス尺度作成の試み」『商学集志』第88巻第4号。

河出孝雄（1942）『現代心理学　第8巻』河出書房。

河出孝雄（1944）『現代心理学　第9巻』河出書房。

川端大二（1985）『研修管理』産業労働調査所。

川端大二（1990）『戦略型人材のすすめ：変化の時代の自己革新』日本能率協会。

川端大二・鈴木伸一編（1985）『研修用語事典』産業労働調査所。

川元英二（1961）『アメリカ退職年金制度』ミネルヴァ書房。

ガルブレイス、J.／梅津祐良訳（1980）『横断組織の設計：マトリックス組織の調整機能と効果的運用』ダイヤモンド社。

環境経済・政策学会編（2018）『環境経済・政策学事典』丸善出版。

環境省（2020）「環境アセスメント制度のあらまし」環境省。

関西経営者協会編（1956）『停年制実態調査報告』関西経営者協会。

関西大学経済・政治研究所（1993）『現代労働力の雇用構造・階層構造の統計的研究』関西大学経済・政治研究所。

神田孝一（1922）『労働能率研究』東條書店。

菅野康雄（1982）『経営者報酬制度―ストック・オプションとボーナス制度』千倉書房。

菅野康雄（1983）『経営者報酬制度の発達と構造』千倉書房。

上林貞次郎（1952）『賃金理論』創元社。

上林千恵子（2015）『外国人労働者受け入れと日本社会：技能実習制度の展開とジレンマ』東京大学出版会。

上林千恵子（2018）「外国人技能実習制度成立の経緯と2009年の転換点の意味づけ：外国人労働者受け入れのための試行過程」『移民政策研究』第10巻。

上林憲雄・奥林康司・團泰雄・開本浩矢・森田雅也・竹林明（2007）『経験から学ぶ　経営学入門』有斐閣。

管理技術研究会（1960）『提案制度』ダイヤモンド社。

菊野一雄・平尾武久（1989）『雇用管理の新ビジョン』中央経済社。

木笹郁（1952）『職務評価の基本問題』日本労務研究会。

岸恒男（1972）『企業内教育の手引き：能力開発と人材の育成』東洋経済新報社。

岸恒男（1979）『OJTの手引き』東洋経済新報社。

岸田孝弥（1995）『単調労働と副次行動（3訂増補）』高文堂出版社。

岸田尚友（1978）『経営参加の社会構造』広文社。

岸戸護（1961）『経営管理心理学』創元社。

岸戸護（1963）『職務分析と職務評価：体系と実例』ダイヤモンド社。

岸本英太郎（1962）『同一労働同一賃金：その理論と政策序説』ミネルヴァ書房。

基礎経済科学研究所編（1995）『日本型企業社会と家族』青木書店。

北上守俊（2016）「高次脳機能障害者に対する職業リハビリテーションのアウトカムに関する研究」『新潟医学会雑誌』130巻9号。

北里忠雄（1949）『退職金の問題』同文館。

北野利信（1976）「条件理論の現代的意義」『組織科学』10（4）。

北山俊哉・稲継裕昭編（2021）『テキストブック地方自治（第3版）』東洋経済新報社。

北脇雅男（1956）『産業教育の心理学』理想社。

鬼頭豊（1983）『教育訓練の効果測定と評価』日本能率協会。

木下富夫（1990）『労働時間と賃金の経済学：ヘドニック賃金と契約的労働市場モデル』中央経済社。

木下冨雄（2016）『リスク・コミュニケーションの思想と技術：共考と信頼の技法』ナカニシヤ出版。

木下芳美（1949）『職務給制度と人事管理』労働文化社。

木村孝・藤田完二（1995）『心と脳を鍛えるメンタル・トレーニング』日本能率協会マネジメントセンター。

木村達二・木下芳美（1948）『職階制実施上の基本問題』東洋経済新報社。

木元進一郎（1954）『人事管理の基本問題』泉文堂。

木元進一郎（1964）『労働組合の「経営参加」：労使協議制の日本的特質と変遷』森山書店。

木元進一郎（1972）『労務管理：日本資本主義と労務管理』森山書店。

木元進一郎（1977）『人事管理論の基礎』泉文堂。

木元進一郎（1986）『労務管理と労使関係』森山書店。

木元進一郎編（1976）『労使関係論』日本評論社。

木元進一郎編（1981）『現代日本企業と人事管理』労働旬報社。

木元進一郎博士還暦記念論文編集委員会編（1987）『労務管理の基本問題』中央経済社。

京都大学京セラ経営哲学寄附講座編（2009）『経営哲学を展開する：株主市場主義を超えて』文眞堂。

清宮栄一（1976）『人間中心の労働科学：楽しい仕事を求めて』大日本図書。

桐原葆見（1937）『労務管理』千倉書房。

桐原葆見（1938）『産業心理学』千倉書房。

桐原葆見（1953）『最近の産業心理学』金沢書店。

桐原葆見・永丘智郎編（1961）『職場教育：職業訓練の理論と方法』東洋経済新報社。

桐村晋次（1985）『人材育成の進め方』日本経済新聞社。

桐村晋次（1993）『人事マン入門』日本経済新聞社。

楠田丘（1969）『賃金額の算出』日本労働協会。

楠田丘（1978）『新時代の賃金体系：設計と改善のためのマニュアル』産業労働調査所。

楠田丘（1984）『育成型人事考課のすすめ』日本生産性本部。

楠田丘（1985）『職務調査の理論と方法：人材の評価・育成・処遇の基準』経営書院。

楠田丘（1994）『調査の理論と方法』経営書院。

工藤信男（1958）『賃金管理と昇給制度』東洋経済新報社。

久米益雄（1975）『賃金決定の統計的手法』産業労働調査所。

久米益雄（1989）『賃金数学全書』産業労働出版協会。

倉内史郎他 (1963)『企業内教育の動向調査』野間教育研究所。

倉内史郎他 (1965)『企業内教育の諸問題』野間教育研究所。

倉内史郎他 (1967)『企業内教育の五年研究』野間教育研究所。

倉田良樹 (1985)『新しい労働組織の研究』中央経済社。

栗原泰治郎 (1965)『青少年の職場教育：その目標と進め方』労働法学出版。

車戸實 (1985)『経営組織論』八千代出版。

車戸實編 (1978)『管理される管理者』日本経済新聞社。

黒川俊雄 (1956)『賃金論入門』青木書店。

黒川俊雄 (1958)『最低賃金制論』青木書店。

黒川俊雄 (1976)『現代の賃金理論』労働旬報社。

黒坂佳央 (1988)『マクロ経済学と日本の労働市場』東洋経済新報社。

黒住章 (1957)『停年制』日本評論新社。

黒田勲 (1988)『ヒューマン・ファクターを探る：災害ゼロへの道を求めて (第2版)』中央労働災害防止協会。

黒田五六 (1988)『労務管理の指導原理：中小会社の労務管理の実践的指導原理』千倉書房。

黒田五六 (1992)『工場管理職の役割』日科技連出版会。

桑田耕太郎・田尾雅夫 (2010)『組織論 補訂版』有斐閣。

経営教育研究会 (1962)『日本の経営教育』中央経済社。

経営行動科学学会編 (2011)『経営行動科学ハンドブック』中央経済社。

健康保険組合連合会編『社会保障年鑑 (各年版)』東洋経済新報社。

現代フリーワーク研究会 (1986)『人材派遣』有斐閣。

小池和男 (1962)『日本の賃金交渉：産業別レベルにおける賃金決定機構』東京大学出版会。

小池和男 (1981)『中小企業の熟練：人材形成のしくみ』同文舘出版。

小池和男 (1981)『日本の熟練：すぐれた人材形成システム』有斐閣。

小池和男 (1993)『アメリカのホワイトカラー：日米どちらがより「実力主義」か』東洋経済新報社。

小池和男 (1994)『日本の雇用システム：その普遍性と強み』東洋経済新報社。

小池和男編 (1981)『高年者雇用への展望：事例・討論』日本労働協会。

小池和男編 (1986)『現代の人材形成：能力開発をさぐる』ミネルヴァ書房。

小池和男・猪木武徳編 (1987)『人材形成の国際比較：東南アジアと日本』東洋経済新報社。

小井士有治 (1985)『人材派遣法　雇用新時代の到来』税務経理協会。

小井土彰宏編 (2017)『移民受入の国際社会学：選別メカニズムの比較分析』名古屋大学出版会。

厚生省編『厚生白書 (各年版)』大蔵省印刷局。

厚生省五十年史編集委員会編 (1988)『厚生省五十年史 (記述篇・資料篇)』厚生問題研究会。

厚生団 (1988)『厚生年金保険制度回顧録』社会保険法規研究会。

厚生労働省 (2013)「女性社員の活躍を推進するためのメンター制度導入・ロールモデル普及マニュアル」厚生労働省。

厚生労働省（2020）「令和2年人口動態統計月報年計（概数）の概況」厚生労働省。

厚生労働省（2020）「令和2年版厚生労働白書」厚生労働省。

厚生労働省（2021）「令和3年版労働経済白書」厚生労働省。

厚生労働省（2022）「育児・介護休業法のあらまし」厚生労働省都道府県労働局雇用環境・均等部（室）。

厚生労働省（2022）「雇用保険制度の概要」厚労省ホームページ。

厚生労働省労働基準局編（2022）『令和3年版　労働基準法　上』労務行政。

厚東偉介・金子義幸編（2001）『人事マネジメントのケースと理論』五絃舎。

河野豊弘（1958）『近代賃金管理論』ダイヤモンド社。

河野豊弘（1962）『新版　近代賃金管理論』ダイヤモンド社。

公務員制度研究会編（1970）『勤務時間と休暇』学陽書房。

郷田悦弘編（1986）『技術者教育の新展開：先進企業の実例にみる現状と方向性』日本能率協会。

古賀行義編（1969）『産業心理学：経営行動の科学』協同出版。

国際企業研究グループ（1986）『IBMの人材育成：世界一収益企業の社員づくり』三天書房。

国際産業経営情報センター（1989）『国際人育成・派遣マニュアル』産業労働出版協会。

小島健司（1969）『日本の賃金（第2版）』岩波書店。

小寺武四郎（1980）『ケインズと賃金・雇用・利子』有斐閣。

後藤敏夫（1979）『人を活かす管理者：個別的指導のすすめ』学陽書房。

後藤敏夫（1985）『自己啓発』産業労働調査所。

小西國友・渡辺章・中嶋士元也（1995）『労働関係法（第2版）』有斐閣。

小沼十寸穂（1971）『職場不適応と不適応症：産業神経症の問題へ』労働科学研究所出版部。

小林章夫（1994）『大英帝国のパトロンたち』講談社。

古林喜楽（1936）『経営労務論』東洋出版社。

古林喜楽（1953）『賃金形態論』森山書店。

古林喜楽（1986）『賃銀論』千倉書房。

小林謙一（1979）『日本の雇用問題』東京大学出版会。

小林台三（1948）『アメリカの利益分配制度と従業員の株式所有制度』雄元社。

小林巧（1976）『労働問題』時潮社。

小林靖雄（1953）『科学的管理と労働』布井書房。

雇用促進事業団職業研究所（1979）『職業読本』東洋経済新報社。

雇用促進事業団・統計研究会（1994）『労働需給の変化と日本的雇用慣行』統計研究会。

雇用促進事業団職業訓練研究センター編（1986）『これからの職業能力開発：新しい「学習企業」をめざして』大蔵省印刷局。

これからの賃金制度のあり方に関する研究会（1990）『65歳までの継続雇用と賃金制度』雇用情報センター。

近藤貞次・松浦健児編（1966）『産業人事心理学』朝倉書店。

紺野登・野中郁次郎（1995）『知力経営—ダイナミックな競争力を創る』日本経済新聞社。

今野喜清・新井郁男・児島邦宏編（2014）『第3版　学校教育辞典』教育出版。

西城卓也（2012）「行動主義から構成主義」『医学教育』43（4）。

斉藤勇（1990）『やる気になる・させる心理学：心にエンジンをかける67の方法』日本実業出版社。

斉藤勇・藤森立男編（1994）『経営産業心理学パースペクティブ』誠信書房。

斉藤和春（1976）『OJTの発想と展開：職場における能力開発のすすめ』公務職員研修協会。

斎藤和春（1984）『職場研修』産業労働調査所。

斎藤毅憲・幸田浩文編著（1993）『女性のための経営学』中央経済社。

斎藤将（1986）『職業教育訓練法制の研究』法律文化社。

斎藤一（1948）『労働時間』東洋書館。

斎藤弘行（1980）『人間学的経営組織論』白桃書房。

斎藤弘行（1981）『経営学要説：人間化思考のために』中央経済社。

斎藤正彦編（1985）『東京大学教養講座12　ロボット社会と人間』東京大学出版会。

三枝幹夫（1962）『従業員心理の研究』日本能率協会。

坂井正廣編（1979）『人間・組織・管理：その理論とケース』文眞堂。

坂井正廣編（1992）『新版　人間・組織・管理：その理論とケース』文眞堂。

境睦（2019）『日本の戦略的経営者報酬制度』中央経済社。

酒井泰弘（2010）『リスクの経済思想』ミネルヴァ書房。

榊原清則（2002）『経営学入門 上』日本経済新聞社。

坂口茂（1992）『近代日本の企業内教育訓練』坂口茂。

坂本和一・下谷政弘編（1987）『現代日本の企業グループ：「親・子関係型」結合の分析』東洋経済新報社。

坂本金吾（1941）『労務者厚生と環境整備』東洋書館。

坂本藤良（1964）『日本経営教育史序説』ダイヤモンド社。

坂本安一（1952）『賃金会計』国本書房。

阪柳豊秋（1984）『経営学シリーズ3　経営組織論』同文舘出版。

相良守次（1963）『企業内教育の心理学』ダイヤモンド社。

相良守次編（1963）『経営心理学講座第2巻　企業内教育の心理学』ダイヤモンド社。

佐口卓（1977）『日本社会保険制度史』勁草書房。

佐口卓（1984）『社会保障　新訂版』日本労働研究機構。

佐久間賢（1987）『「交渉」の戦略』実務教育出版。

佐久間賢（1989）『交渉力入門』日経文庫。

佐久間賢（1993）『現地経営の変革』日本経済新聞社。

佐久間賢（1994）『国際ビジネスと交渉力』NHK出版。

佐久間賢（1996）『交渉戦略の実際』日経文庫。

桜井信行（1961）『人間関係と経営者』経林書房。

櫻田涼子（2010）「キャリア開発」（奥林康司・上林憲雄・平野光俊編著『入門人的資源管理（第2版）』）中央経済社。

櫻田涼子 (2014)「キャリア研究の変遷：日米比較を中心として」（上林憲雄・平野光俊・森田雅也編著『現代人的資源管理：グローバル市場主義と日本型システム』）中央経済社。

桜林誠 (1969)『賃金の経済理論』東洋経済新報社。

桜林誠 (1977)『労働経済学入門』ダイヤモンド社。

佐護誉 (1985)『ドイツ経営労務論史』泉文堂。

佐護誉・安春植編著 (1993)『労務管理の日韓比較』有斐閣。

佐護誉・韓羲泳 (1991)『企業経営と労使関係の日韓比較』泉文堂。

佐護誉・佐々木常和 (1991)『ドイツの労使関係』中央経済社。

笹川儀三郎・井上宏 (1987)『企業組織と管理・労働』ミネルヴァ書房。

佐々木美加編著 (2012)『交渉の心理学』ナカニシヤ出版。

佐々木力他 (2011)『人事・労務の法律事典（改訂新版）』自由国民社。

笹島芳雄 (1984)『日米欧の雇用と失業：労働市場の比較分析』東洋経済新報社。

佐藤勝昭 (1999)「解説 変革の時代のヒューマンアセスメントを考える」『企業と人材』第32巻第720号。

佐藤啓作 (1949)『賃金と能率』日本経済社。

佐藤忍 (2021)『日本の外国人労働者受け入れ政策：人材育成指向型』ナカニシヤ出版。

佐藤進 (1970)『安全・衛生・災害補償』総合労働研究所。

佐藤博樹・藤村博之・八代充史 (2007)『新しい人事労務管理（第3版）』有斐閣。

佐藤史人・伊藤一雄・佐々木英一・堀内達夫編著 (2018)『新時代のキャリア教育と職業指導：免許法改定に対応して』法律文化社。

佐藤慶幸 (1982)『アソシエーションの社会学』早稲田大学出版部。

佐野守・若林満 (1984)『経営の心理』福村出版。

佐野陽子 (1970)『賃金決定の計量分析』東洋経済新報社。

佐野陽子 (1981)『賃金と雇用の経済学』中央経済社。

佐野陽子・小池和男・石田英夫 (1969)『賃金交渉の行動科学：賃金波及のしくみ』東洋経済新報社。

沢田善次郎・小島敏彦・本野省三 (1989)『モチベーションマネジメント百科：総比較』日刊工業新聞社。

産業・組織心理学会 (1994)『産業・組織心理学研究の動向：産業・組織心理学会10年の歩み』学文社。

産業能率短期大学編 (1960)『社員教育のすすめ方』経林書房。

産業労働事情問題研究会 (1989)『経済のサービス化とこれからの労働』大蔵省印刷局。

産業労働調査所 (1978)『労働時間100問100答』産業労働調査所。

産労総合研究所 (1997)『企業と人材』Vol.30 No.693 産労総合研究所。

潮崎通康・内藤淳 (2000)「管理者適性の測定」（大沢武志・芝祐順・二村英幸編『人事アセスメントハンドブック』）金子書房。

塩野谷祐一 (2006)「知識経済のゆくえ」『季刊家計経済研究』第72号。

重野純編 (1994)『キーワードコレクション心理学』新曜社。

指導者養成委員会委員会編 (2014)『ボーイスカウト日本連盟の指導者養成体制』公益財団法人ボーイスカウト日本連盟。

地主重美 (1983)『社会保障読本』東洋経済新報社。

篠塚英子 (1989)『日本の雇用調整：オイル・ショック以降の労働市場』東洋経済新報社。

柴田彰・加藤守和 (2021)『ジョブ型人事制度の教科書：日本企業のための制度構築とその運用法』日本能率協会マネジメントセンター。

柴田勝次 (1967)『経営労働分析』中央経済社。

渋谷直蔵 (1961)『中小企業のための労務管理』労働法令協会。

島田達巳 (1995)『アウトソーシング戦略』日科技連出版社。

島田晴雄 (1977)『労働経済学のフロンティア』総合労働研究所。

島田晴雄 (1986)『労働経済学』岩波書店。

島田晴雄 (1994)『日本の雇用』筑摩書房。

島田晴雄・稲上毅編 (1993)『高齢者の労働とライフデザイン』第一法規出版。

島田晴雄・太田清編 (1997)『労働市場改革』東洋経済新報社。

島田晴雄チーム (1985)『経済のソフト化と労働市場』大蔵省印刷局。

島袋嘉昌 (1976)『賃金管理論 (改訂増補版)』千倉書房。

島袋嘉昌 (1978)『新訂　賃金管理論』千倉書房。

島袋嘉昌 (1981)『労務管理論』中央経済社。

島袋嘉昌 (1992)『労務管理小辞典』中央経済社。

島袋嘉昌編 (1996)『新労務原論：人材創造をめざして』中央経済社。

島袋嘉昌・三戸公・津田真澂監修／高橋洸・小松隆二・二神恭一編 (1988)『日本労務管理史　第3巻　労使関係』中央経済社。

島袋嘉昌・三戸公・津田真澂監修／中条毅・菊野一雄編 (1988)『日本労務管理史　第1巻　雇用制』中央経済社。

島袋嘉昌・三戸公・津田真澂監修／原田実・奥林康司編 (1988)『日本労務管理史　第2巻　年功制』中央経済社。

清水勤 (1988)『管理の中のOJT：どんな管理者にも実践できる』日本労働協会。

清水勤 (1991)『会社人事入門』日本経済新聞社。

清水傳雄 (1987)『現代日本雇用慣行』労働新聞社。

下井隆史 (1996)『労働基準法　第2版』有斐閣。

下崎千代子 (1993)『人事情報システム』日科技連出版社。

下谷政弘 (1993)『日本の系列と企業グループ：その歴史と理論』有斐閣。

下村英雄 (2013)『成人キャリア発達とキャリアガイダンス：成人キャリア・コンサルティングの理論的・実践的・政策的基盤 (労働政策研究・研修機構研究双書)』労働政策研究・研修機構。

下山房雄編 (1982)『現代日本企業と賃金管理』労働旬報社。

社会経済生産性本部 (1994)『21世紀における日本の人事賃金制度』社会経済生産性本部生産性労働情報センター。

社会政策学会（1922）『賃銀制度並純益分配制度』同文舘出版。

社会政策学会編（1953）『賃銀・生計費・生活保障』有斐閣。

十時厳周（1966）『産業人類学序説：工業化と文化変容』世界書院。

白井晋太郎（1987）『高年齢者雇用対策の確立』労働法令協会。

白井澄（1989）『社内でできる研修プログラムつくり方すすめ方』経林書房。

白石弘幸（2009）「組織学習と学習する組織」『金沢大学経済論集』29（2）。

白木他石（1955）『監督者と教育訓練』ダイヤモンド社。

白木他石（1959）『従業員訓練制度』日本経済新聞社。

白木三秀（1995）『日本企業の国際人的資源管理』日本労働研究機構。

白木三秀（2006）『国際人的資源管理の比較分析』有斐閣。

白木三秀編著（2014）『グローバル・マネジャーの育成と評価：日本人派遣者880人、現地スタッフ2192人の調査より』早稲田大学出版部。

白木三秀・B. シャーマン（2020）『英語de人事：日英対訳による実践的人事』文眞堂。

白樫三郎（1993）「対人行動Ⅰ：社会的促進と社会的手抜き」（山口勧編『社会心理学（改定版）』）放送大学教育振興会。

身体障害者雇用促進協会（1983）『身体障害者の賃金管理をめぐる諸問題』身体障害者雇用促進協会。

進藤勝美（1978）『ホーソン・リサーチと人間関係論』産業能率短期大学出版部。

新・日本的経営システム等研究プロジェクト編（1995）『新時代の「日本的経営」：挑戦すべき方向とその具体策』日本経営者団体連盟。

居樹伸雄（1982）『定年延長の新設計 人件費増をもたらすか』日本生産性本部。

菅原馨編（1960）『採用試験の方法』ダイヤモンド社。

菅原研次（2007）『はじめての分散処理システム』森北出版。

菅野和夫（1995）『労働法（第4版）』弘文堂。

菅野和夫（1996）『雇用社会の法』有斐閣。

菅野和夫（2016）『労働法（第11版）』弘文堂。

菅野和夫（2019）『労働法（第12版）』弘文堂。

須崎正義（1958）『賃金管理』日本経済新聞社。

寿里茂（1987）『産業社会学：労働・組織・経営』中央経済社。

厨子直之（2018）「組織は人をどのように雇い入れるのか」（上林憲雄・厨子直之・森田雅也『経験から学ぶ人的資源管理（新版）』）有斐閣。

鈴木伸一（1984）『研修技法』産業労働調査所。

鈴木伸一監修（1995）『実践研修技法ハンドブック』実務教育出版。

鈴木實（1967）『松下電器の労務管理』三一書房。

鈴木依子（1996）『社会福祉のあゆみ：日本編』一橋出版。

スティグリッツ, J. E.・C. E. ウォルシュ／藪下史郎・秋山太郎・蟻川靖浩・大阿久博・木立力・宮田亮・清野一治訳（2014）『マクロ経済学（第4版）』東洋経済新報社。

角隆司（1973）『組織行動の科学』ミネルヴァ書房。

角隆司 (1993)『ME 技術革新と労働者意識』中央経済社。

隅谷三喜男 (1965)『労働経済論』日本評論社。

隅谷三喜男 (1978)『日本的雇用政策の展望：高齢化社会への対応策を探る』日本経済新聞社。

隅谷三喜男 (1983)『高齢化社会の雇用と生活』日本労働協会。

隅谷三喜男編著 (1970)『日本職業訓練発展史 (上)』 日本労働協会。

隅谷三喜男編著 (1971)『日本職業訓練発展史 (下)』 日本労働協会。

隅谷三喜男・古賀比呂志編著 (1978)『日本職業訓練発展史　戦後編』日本労働協会。

政治・経済教育研究会 (2014)『政治・経済用語集』山川出版社。

千石保 (1987)『会社から逃走する若者たち：新しいインセンティブは何か』リクルート出版。

千住鎮雄・伏見多美雄 (1969)『新版　経済性工学』日本能率協会。

全日本能率連盟人間能力開発センター (1975)『企業における教育機器・教材の利用：その現状と展望』全日本能率連盟人間能力開発センター。

全日本能率連盟人間能力開発センター (1977)『教育メディア情報システム』全日本能率連盟人間能力開発センター。

全日本能率連盟人間能力開発センター (1978)『企業内教育体系と教育メディアのあり方』全日本能率連盟人間能力開発センター。

全日本能率連盟人間能力開発センター (1978)『企業における英語教育の現状』全日本能率連盟人間能力開発センター。

全日本能率連盟人間能力開発センター (1978)『新入社員教育の実情』全日本能率連盟人間能力開発センター。

全日本能率連盟人間能力開発センター (1978)『低速経済下における企業内教育のあり方』全日本能率連盟人間能力開発センター。

全日本能率連盟人間能力開発センター (1978)『労働生産性の日米比較』全日本能率連盟人間能力開発センター。

全日本能率連盟人間能力開発センター (1979)『企業内コミュニケーションと VTR：ビデオ・ソフトウェア作成のノー・ハウ』全日本能率連盟人間能力開発センター。

全日本能率連盟人間能力開発センター (1980)『企業における能力開発の実態と新動向』全日本能率連盟人間能力開発センター。

全日本能率連盟人間能力開発センター (1980)『視聴覚メディアの未来像』全日本能率連盟人間能力開発センター。

全日本能率連盟人間能力開発センター (1981)『戦後企業内教育変遷史：階層別・職能別・テーマ別産業教育の発展』全日本能率連盟人間能力開発センター。

全日本能率連盟人間能力開発センター (1984)『カード産業の展開と人材育成』全日本能率連盟人間能力開発センター。

総務省 (2021)『情報通信白書 (令和 3 年版)』総務省。

総務省 (2023)『情報通信白書 (令和 5 年版)』総務省。

総務省統計局 (2019)「労働力調査」総務省統計局。

総務省統計局編 (2019)「労働力調査の解説 (第 5 版)」総務省統計局。

総務省他編『産業連関表／総合解説編（各年版）』総務省他。

総理大臣官房広報室（1983）『勤労意識に関する世論調査』内閣総理大臣官房広報室。

副島英二（1961）『職務分析』ダイヤモンド社。

外林大作・辻正三・島津一夫・能見義博編（1971）『心理学辞典』誠信書房。

醍醐作三（1954）『労務管理論序説』泉文堂。

ダイヤモンド社（1964）『産業訓練ハンドブック』ダイヤモンド社。

ダイヤモンド社編（1951）『重役・部課長・現場責任者』ダイヤモンド社。

田尾雅夫（1987）『仕事の革新』白桃書房。

田尾雅夫（1991）『組織の心理学』有斐閣。

田尾雅夫（1993）『モチベーション入門』日本経済新聞社。

田尾雅夫編（1997）『「会社人間」の研究：組織コミットメントの理論と実際』京都大学学術出版会。

髙巌（1995）『H.A.サイモン研究：認知科学的意思決定論の構築』文眞堂。

髙尾義明・王英燕（2012）『経営理念の浸透：アイデンティティ・プロセスからの実証分析』有斐閣。

髙岡正（1977）『能力開発トレーニング法』中央経済社。

髙垣寅次郎・金子弘（1932）『産業心理学』千倉書房。

髙木悦子・山口佳子・富田寿都子・木村峰子・瀬下律子・三浦靖彦・野村幸史（2009）「特定保健指導の継続支援における行動変容を促進させる要因についての検討」『人間ドック（Ningen Dock）』24（4）。

髙木督夫・木元進一郎・探björ兼介編（1980）『現代中高年問題と労働組合：定年制・退職金・賃金・雇用の実務』労働旬報社。

髙木幸道（1977）『現代企業社会の心理状況』白桃書房。

髙桑宗右ヱ門（1995）『FA／CIMの経済性分析』中央経済社。

髙須祐三・丸尾直美・坪井珍彦（1976）『職場組織の改善と能率』ダイヤモンド社。

髙田馨（1971）『成果分配論』丸善。

髙梨昌（1995）『新たな雇用政策の展開（改訂版）』労務行政研究所。

髙梨昌編（1994）『変わる日本型雇用』日本経済新聞社。

髙橋修編著／髙橋浩・中嶋励子・渡邉祐子（2013）『社会人のための産業・組織心理学入門』産業能率大学出版部。

髙橋洸編（1968）『賃金の理論』青木書店。

髙橋洸編（1989）『現代日本の賃金管理』日本評論社。

髙橋誠（2002）「創造技法の分類と有効性の研究」博士論文（東洋大学）。

髙橋祐吉（1994）『労働者のライフサイクルと企業社会』労働科学研究所出版部。

髙橋由明編（1996）『教育訓練の日・独・韓比較』中央大学出版部。

髙宮晋（1954）『職務権限規程の作り方』ダイヤモンド社。

髙柳曉（1980）『働きがいの経営学』有斐閣。

髙柳曉・飯野春樹（1977）『経営学（2）管理の理論と実際』有斐閣。

田川義雄（1992）『中小企業のための時短のすすめ方と賃金制度の改善』経営実務出版。

滝沢算織（1976）『これからの賃金の決め方：低成長・高賃金時代の賃金実務』日本経営出版会。

滝沢算織（1979）『労働時間管理マニュアル』産業労働調査所。

滝沢算織（1994）『複線型賃金体系（第2版）』経営書院。

武井正人（2018）『米国における高等教育の現状』ワシントン研究連絡センター。

竹内裕（1986）『新しい賃金制度：その考え方と作り方』同文舘出版。

武澤信一編（1971）『現代経営学全集　第11巻　経営人事』ダイヤモンド社。

武田孝雄（1985）『新・労働統計の見方・使い方』日本経営者団体連盟広報部。

武田実（1961）『中小企業の賃金対策』中小企業経営シリーズⅠ　日本事務能率協会。

武田実（1979）『新・日本的人事管理』日刊工業新聞社。

竹中恵美子（1994）『労働力の女性化：21世紀へのパラダイム』有斐閣。

田崎醇之助（1974）『適性発見とリーダーシップ：部下をもつ人のための職場心理学』日本経営者団体連盟広報部。

田崎醇之助（1975）『働くものの心理学：職場組織への適応と意欲』中央経済社。

田島錦治（1922）『労賃ト利潤』有斐閣。

田島司郎（1981）『アメリカ労務管理形成史』ミネルヴァ書房。

田島司郎（1981）『賃金の経営学』ミネルヴァ書房。

田代空（1984）『事例研究』産業労働調査所。

田杉競（1960）『人間関係』ダイヤモンド社。

田杉競（1977）『経営学全書23　経営行動科学論』丸善。

多田徹佑（1987）『教育訓練技法の戦略的活用』日本能率協会。

田多英範（1994）『現代日本社会保障論』光生館。

田中寛一（1941）『日本の人的資源』蛍雪書院。

田中堅一郎編（2011）『産業・組織心理学エッセンシャルズ（改訂3版）』ナカニシヤ出版。

田中健吾・高原龍二編著（2020）『産業・組織心理学TOMORROW』八千代出版。

田中愼一郎編（1952）『職務分析・職務評価・能率評定』紙パルプ経営者懇談会。

田中久夫・田島伸浩（1984）『企業内教育ガイドブック：企画・運営・評価のすべて』日本経営者団体連盟広報部。

田中秀穂・江幡良平・川端大二（1995）『創造・戦略型リーダーの育成：新しい管理者研修のポイント』中央経済社。

田中博秀（1979）『これからの賃金雇用管理』産業労働調査所。

田中雅康（1995）『原価企画の理論と実践』中央経済社。

田中政光編著（2011）『経営学史叢書Ⅶ　サイモン』文眞堂。

田中要人（1950）『セールスマンの給与の決め方』同文舘。

谷口茂・倉橋重史（1989）『現代産業社会と人間』朝倉書店。

谷本寛治（2006）『CSR：企業と社会を考える』NTT出版。

田村剛（1989）『労働経済学の基礎理論』学文社。

俵実男（1975）『自己開発法：能力貯蓄のすすめ』大日本図書。

俵実男（1978）『従業員教育の考え方・進め方』日本労働協会。

俵実男（1987）『専門能力の育成と活用』日本能率協会。

丹沢安治（2011）「経営倫理」（高橋宏幸・丹沢安治・花枝英樹・三浦俊彦『現代経営入門』）有斐閣。

千々岩勲（1961）『全ての職場の定員の決め方』池田書店。

中央職業能力開発協会編（1986）『三次産業の人材育成システム』中央職業能力開発協会。

中央職業能力開発協会編（1989）『中央職業能力開発協会十年史』中央職業能力開発協会。

中央労働学園編（1947）『給与体系の研究』中央労働学園。

中小企業診断協会編（1961）「求人難：現状とその対策」『企業診断』8（6）。

中小企業労務管理研究会編（1993）『21世紀の人材戦略：人育て・人活かし・企業づくり』かもがわ出版。

中馬宏之（1995）『労働経済学』新世社。

賃金管理研究会（1964）『企業における教育訓練：理論と各社の体系』賃金管理研究会。

賃金管理研究会（1965）『教育訓練制度の実態』賃金管理研究会。

賃金管理研究会（1965）『教育訓練文献総覧』賃金管理研究会。

通運業務研究会（1956）『TWI』通運業務研究会。

通商産業省（1997）『通商白書　平成9年版』通商産業省。

通商産業省産業政策局企業行動課（1975）『企業人教育のあり方：教育システムと経営システム』産業能率大学出版部。

通商産業省産業政策局企業行動課編（1981）『日本的雇用慣行のゆくえ』産業能率大学出版部。

津久井佐喜男（1965）『産業労働の心理学』三和書房。

津越辰秋（1960）『仕事の教え方の基本技術』池田書店。

辻勝次（1980）『仕事の社会学』世界思想社。

津田真澂（1959）『労働問題と労務管理』ミネルヴァ書房。

津田真澂（1970）『日本の労務管理』東京大学出版会。

津田真澂（1977）『日本的経営の論理』中央経済社。

津田真澂（1979）『人事管理の現代的課題』税務経理協会。

土屋守章（1974）『ハーバード・ビジネス・スクールにて』中公新書。

角田禮次郎他編（2016）『法令用語辞典（第10次改訂版）』学陽書房。

津村豊治（1963）『標準時間設定の進め方』日刊工業新聞社。

鶴見平三郎（1961）『監督者訓練』日刊工業新聞社。

帝京大学経済研究所（1987）『マイノリティー・グループの賃金と均等待遇：均等雇用』帝京大学経済研究所。

ディール、T. E.・A. ケネディー／城山三郎訳（1983）『シンボリック・マネジャー』新潮社。

出口仭康（1990）『女子社員戦力化教育の実際：タスクノートによる着実なレベルアップ』中央経済社。

寺本義也（1990）『ネットワーク・パワー』NTT出版。

暉峻義等（1940）『産業と人間：労働科学の回顧と展望』理想社。

暉峻義等監修／労働科学研究所編（1949）『労働科学辞典』河出書房。

土井正己（1979）『OJTの実務：監督者必携』日本経営者団体連盟広報部。

土井正己（1979）『人事・労務の実務』ダイヤモンド社。

東京教育大学教育学研究室編（1951）『職業指導』金子書房。

東京商工会議所（1963）『新入社員教育の実態調査』東京商工会議所。

東京大学労働法研究会（1990）『注釈　労働時間法』有斐閣。

東京都労働経済局（1994）『職場におけるセクシャル・ハラスメント防止マニュアル』東京都労働経済局。

東京労働基準局（1984）『新版・パートタイマー：その実態と意識』日本労働協会。

同志社大学人文科学研究所編（1994）『技術革新と産業社会』中央経済社。

遠山曉・村田潔・岸眞理子（2015）『経営情報論 新版補訂』有斐閣。

研野和人（1975）「無人化工場：工場のインテリジェンス化」『テレビジョン』第29巻第3号。

所正文（1992）『日本企業の人的資源』白桃書房。

所正文（1992）『日本企業の人的資源：管理論と現代的課題』日通総合研究所。

戸田弘一（1954）『職場衛生管理の基礎』労働文化協会。

富沢喜一（1943）『賃金と労務者指導』大日本雄弁会講談社。

富田義典（2011）「ME化：『ME革命』・『IT革命』とは労働にとって何であったか」『日本労働研究雑誌』第53巻第4号。

豊原恒男（1956）『産業心理学』共立出版。

豊原恒男（1958）『人事配置：その心理学的考察』誠信書房。

豊原恒男（1971）『経営心理学』丸善。

内外労働経済研究所編（1959）『産業別賃金体系―実態と分析』至誠堂。

内閣府男女共同参画局仕事と生活の調和推進室（2007）「仕事と生活の調和（ワーク・ライフ・バランス）憲章」内閣府ホームページ。

永丘智郎編（1961）『産業心理学』朝倉書店。

中川俊一郎（1955）『労務管理の基礎知識 改訂版』ダイヤモンド社。

中窪裕也・野田進・和田肇（1996）『労働法の世界　第二版』有斐閣。

永沢幸七（1962）『職場心理学』刀江書院。

中島勝（1997）「完全無人化工場の生産管理システム」『生産管理』第4巻第2号。

中島通子（1994）『男女同一賃金』有斐閣。

中島通子・中下祐子・野村美登（1994）『賃金の男女差別是正をめざし』岩波書店。

中島義明・安藤清志・子安増生・坂野雄二・繁桝算男・立花政夫・箱田裕司編（1999）『心理学辞典』有斐閣。

中島義明・繁桝算男・箱田裕司編（2005）『新・心理学の基礎知識』有斐閣。

中条毅（1982）『現代の雇用管理』総合労働研究所。

中条毅（1986）『日本の労使関係』中央経済社。

中条毅編（1989）『高齢化社会：生きがい・労働・生活』中央経済社。

永田時雄（1974）『生涯教育を求めて：企業内教育の現実と期待』ダイヤモンド社。

永田誠（1995）『現代経営経済学史』森山書店。

長沼弘毅（1948）『各国家族手当制度論　生活賃金全集V』ダイヤモンド社。

中野渡信行（1978）『産業行動の起点：企業における人間の行動』人間の科学社。

中原淳（2014）『研修開発入門』ダイヤモンド社。

中原淳編著（2006）『企業内人材育成入門』ダイヤモンド社。

中村恵子（2007）「構成主義における学びの理論：心理学的構成主義と社会的構成主義を比較して」『新潟青陵大学紀要』7（7）。

中村元一・中西真海（1986）『企業家精神と能力開発』洋光。

中村隆英・西川俊作編著（1980）『現代労働市場分析』総合労働研究所。

中村智一郎（1993）『賃金をめぐる社会政策史論』敬愛大学経済文化研究所。

中山伊知郎編（1956）『賃金基本調査：その構造・形態および体制』東洋経済新報社。

中山伊知郎編（1959）『賃金問題と賃金政策』東洋経済新報社。

中山和久他（1995）『入門　労働法』有斐閣。

中山正和（1980）『NM法のすべて：アイデア生成の理論と実践的方法（増補版）』産業能率大学出版部。

永山武夫（1977）『中小企業労働者と最低賃金制』文眞堂。

永山武夫編（1989）『現代の労働経済』ミネルヴァ書房。

「なくそう！SOGIハラ」実行委員会編（2019）『はじめよう！　SOGIハラのない学校・職場づくり：性の多様性に関するいじめ・ハラスメントをなくすため』大月書店。

名取順一（1954）『労働心理と疲労』産業労働福祉協会。

名取順一（1955）『経営心理学』巌松堂書店。

名取順一（1959）『産業訓練法』昭晃堂。

生田目常光（1993）『組織のしくみと人間関係』北樹出版。

並木高矣・古川光（1967）『工程管理』森北出版。

西泰輔（1961）『賃金：考え方と実際』技報堂。

西垣悦代・堀正・原口佳典編著（2015）『コーチング心理学概論』ナカニシヤ出版。

西川一廉（1984）『職務満足の心理学的研究』勁草書房。

西川一廉他（1990）『新しい産業心理：21世紀のライフ・スタイルを求めて』福村出版。

西川耕平（2006）「変革の抵抗：組織デザイン・組織開発アプローチ」『甲南経営研究』47（2）。

西川俊作（1971）『労働市場』日本経済新聞社。

西川武五郎（1934）『賃金制度の研究』マネジメント社調査部。

西阪幸雄（1984）『賃金に関する諸問題：判例を中心として（増補改訂）』勁草出版サービスセンター。

西嶋昭・居樹伸雄（1985）『改訂　賃金制度の新設計』日本生産性本部。

西田耕三（1976）『ワーク・モチベーション研究：現状と課題』白桃書房。

西田耕三（1978）『日本的経営と働きがい』日本経済新聞社。

西田耕三（1985）『なにが仕事意欲をきめるか（増補版）』白桃書房。

西田耕三（1987）『日本的経営と人材』講談社。

西田耕三・若林満・岡田和秀（1979）『組織の行動科学』有斐閣。

西谷敏（1992）『ゆとり社会の条件：日本とドイツの労働者権』労働旬報社。

西宮輝明（1959）『技術革新下の賃金体系』労務研究所。

西宮輝明（1963）『日本的職務給の理論ととり入れ方』労働法学研究所。

西宮輝明（1965）『賃金体系合理化の実務』東洋経済新報社。

西宮輝明（1971）『賃金管理入門』実業之日本社。

西宮輝明（1976）『賃金管理』ダイヤモンド社。

西宮輝明（1979）『賃金・労務管理への提言』前野書店。

西宮輝明・平野文彦（1983）『労務管理』泉文堂。

西宮輝明編（1963）『職務給導入の存り方：その考え方と実例』ダイヤモンド社。

西村聡（2019）『同一労働同一賃金を実現する職務分析・職務評価と賃金の決め方』日本法令。

西村純・山邊聖士・前浦穂高（2022）「労働政策研究報告書2022企業の賃金決定に関する研究」労働政策研究・研修機構（No. 212）。

西村豁通（1964）『日本の賃金問題』ミネルヴァ書房。

西山美瑳子（1988）「女性労働者と複線型人事管理、柔軟な労働生涯について」『社会学評論』第39巻第3号。

日経連製作調査局編（1997）『改訂新版人事・労務用語辞典』日経連広報部。

二宮厚美（1994）『生きがいの構造と人間発達』労働旬報社。

日本アクチュアリー会年金理論研究会編（1995）『転換期の企業年金制度』ぎょうせい。

日本キャリアデザイン学会監修（2014）『キャリアデザイン支援ハンドブック』ナカニシヤ出版。

日本教育工学会編（2000）『教育工学辞典』実教出版。

日本経営学会編（1993）『新しい企業・経営像と経営学』千倉書房。

日本経営者団体連盟（1960）『賃金体系の近代化と職務分析』日本経営社団体連盟広報部。

日本経営者団体連盟編（1955）『職務給の研究』日本経営社団体連盟広報部。

日本経営者団体連盟編（1956）『主要会社の賃金体系』日本経営者団体連盟。

日本経営者団体連盟編（1956）『退職年金：その理論と方法』日本経営者団体連盟広報部。

日本経営者団体連盟編（1956）『能率給の現代的考察』日本経営者団体連盟広報部。

日本経営者団体連盟編（1960）『賃金体系の近代化と職務分析』日本経営者団体連盟広報部。

日本経営者団体連盟編（1960）『労務管理に関する主要図書目録』日本経営者団体連盟広報部。

日本経営者団体連盟編（1961）『労務管理の実務』日本経営者団体連盟広報部。

日本経営者団体連盟編（1978）『賃金体系：300社の実例』日本経営社団体連盟広報部。

日本経営者団体連盟・（社）日本産業訓練協会（1995）「産業訓練第8回実態調査1995年度企業内教育に関する総合アンケート調査」。

日本経営者団体連盟職務分析センター（1989）『職能資格制度と職務調査』日本経営社団体連盟広報部。

日本経営者団体連盟職務分析センター（1996）『日本型年俸制の設計と運用』日本経営社団体

連盟広報部。

日本経営者団体連盟職務分析センター編（1992）『管理職登用試験問題集』日本経営者団体連盟広報部。

日本経営者団体連盟労務管理研究会編（1955）『総額賃金をいかにきめるか』日本経営者団体連盟広報部。

日本経営倫理学会編（2008）『経営倫理用語辞典』白桃書房。

日本経済新聞社編（1995）『通年採用って何』日本経済新聞社。

日本経団連（2018）「退職金・年金に関する実態調査」日本経団連。

日本経団連出版編（2011）『人事・労務用語辞典（第7版）』日本経団連出版。

日本工業協会（1940）『賃金制度』共立社。

日本交渉学会編（2003）『交渉ハンドブック』東洋経済新報社。

日本コンサルタント・グループ編（1974）『企業内教育訓練実務便覧』日本コンサルタント・グループ。

日本産業訓練協会（1962）『訪米産業訓練研究団報告』日本産業訓練協会。

日本産業訓練協会（1964）『訪欧産業訓練研究団報告　第1次』日本産業訓練協会。

日本産業訓練協会（1971）『産業別訓練百年史―日本の経済成長・職業訓練―』日本産業訓練協会。

日本産業訓練協会（1985）『情報化、ハイテク化、国際化に対応する企業内人材育成の現状と課題』日本産業訓練協会。

日本数学会編（2007）『岩波　数学辞典（第4版）』岩波書店。

日本生産性本部（1960）『産業衛生：産業衛生専門視察団報告書』日本生産性本部。

日本生産性本部雇用システム研究センター編（2020）『第16回日本的雇用・人事の変容に関する調査報告：日本的雇用・人事システムの現状と課題（2019年調査版）』日本生産性本部生産性労働情報センター。

日本生産性本部労使協議制常任委員会編（1984）『昭和59年版　労使関係白書』日本生産性本部。

日本青年心理学会編（2014）『新・青年心理学ハンドブック』福村出版。

日本賃金学会編（2011）『賃金事典』労働調査会。

日本提案制度研究会編（1959）『提案規程集』日本提案制度研究会。

日本提案制度研究会編（1960）『日本の提案制度：代表16社の実例』日本能率協会。

日本電気総合経営研修所（1990）『実践・サテライト教育：衛星がボーダーレス時代の教育コミュニケーションを革新』日本電気文化センター。

日本図書センター（1993）『近代日本青年期教育叢書　第VI期第9巻』。

日本能率協会編（1947）『職務分析』日本能率協会。

日本能率協会編（1962）『新入社員教育：70社の実例』日本能率協会。

日本能率協会編（1979）『人事考課と評価システム：先進企業30社の実施例』日本能率協会。

日本能率協会編（1983）『実例　能力開発と教育訓練システム』日本能率協会。

日本能率協会編（1990）『技術者教育の研究：技術者に必要な能力とその開発方法』日本能率

協会。

日本能率協会編（1994）『リエンジニアリングがわかる本』日本能率協会マネジメントセンター。

日本婦人団体連合会編『婦人白書（各年版）』ほるぷ出版。

日本労働協会（1987）『サービス経済化と新たな就業形態』日本労働協会。

日本労働協会編（1960）『時間短縮』日本労働協会。

日本労働協会編（1961）『労務管理と賃金』日本労働協会。

日本労働協会編（1961）『労務管理と賃金　アメリカ方式の日本的修正』日本労働協会。

日本労働研究機構（1992）『NGO型人づくり協力』日本労働研究機構。

日本労働研究機構（1994）『企業内における技能者の能力開発に関する実態分析：企業内職業能力短期大学校の実態』日本労働研究機構。

日本労働研究機構（1994）『望まれる海外派遣勤務者支援のための総合的雇用管理システムの確立：海外派遣勤務者の職業と生活する調査結果』日本労働研究機構。

日本労働研究機構（1994）『ワーク・モティベーションの構造と変化：既存調査、理論・モデルからの検討』日本労働研究機構。

日本労働研究機構編（1993）『高年齢者の職業訓練』日本労働研究機構。

日本労働研究機構編（1996）『企業内教育訓練と生産性向上に関する研究』日本労働研究機構。

日本労働研究機構編（1996）『企業内教育の現状と課題：ホワイトカラー社員の教育訓練を題材として』日本労働研究機構。

日本労働研究機構編（1996）『民間教育訓練機関の組織と事業』日本労働研究機構。

日本労働法学会（1983）『賃金・労働時間』総合労働研究所。

日本労務学会編（1979）『低成長下の雇用・賃金・労務』中央経済社。

日本労務学会編（1981）『定年延長をめぐる賃金・労務・法律』中央経済社。

日本労務管理研究会編（1959）『定年制度の研究』日本経営者団体連盟。

日本労務研究会昇給制度委員会編（1959）『昇給制度の実証的研究』日本労務研究会。

二村英幸（2009）『個と組織を生かすキャリア発達の心理学』金子書房。

人間能力開発研究会（1974）『企業人教育の基本的ビジョン』産業能率短期大学出版部。

沼上幹（2004）『組織デザイン』日経文庫。

根木昭（1999）『日本の文化政策』勁草書房。

ノイマン、J. von／柴田裕之訳（2011）『計算機と脳』ちくま学芸文庫。

能力開発工学センター（1979）『CAIシステム研究』能力開発工学センター。

能力開発工学センター（1979）『科学教育・コンピュータサイエンス教育』能力開発工学センター。

能力開発工学センター（1979）『技術教育の研究と開発』能力開発工学センター。

能力開発工学センター（1979）『産業と教育の問題』能力開発工学センター。

能力開発工学センター（1979）『社会の転機と教育の転換』能力開発工学センター。

野田経済研究所（1960）『常識　労務読本—採用から退職まで—』野田経済研究所。

野田信夫・森五郎編（1954）『労務管理近代化の実例』ダイヤモンド社。

野中郁次郎 (1974)『組織と市場』千倉書房。

野中郁次郎・永田晃也編 (1995)『日本型イノベーション・システム』白桃書房。

野中郁次郎他 (1978)『組織現象の理論と測定』千倉書房。

野中郁次郎・竹内弘高／梅本勝博訳 (1996)『知識創造企業』東洋経済新報社。

野村総合研究所総合研究本部編 (1992)『共生の戦略：グローバル共生企業のマネジメント革新』野村総合研究所。

萩原久美子 (2017)「書評『知識経済をジェンダー化する：労働組織・規制・福祉国家』」『社会政策』第9巻第2号。

狭田喜義 (1984)『賃金体系の複合的構造』広島大学経済学部。

狭田喜義 (1995)『労働経済学原理』ミネルヴァ書房。

間宏 (1963)『日本的経営の系譜』日本能率協会。

間宏 (1978)『日本労務管理史研究』御茶の水書房。

間宏 (1979)『経営福祉主義のすすめ』東洋経済新報社。

間宏 (1984)『日本労務管理史研究：経営家族主義の形成と展開』御茶の水書房。

間宏 (1989)『経営社会学：現代企業の理解のために』有斐閣。

間宏・北川隆吉 (1985)『経営と労働の社会学』東京大学出版会。

橋詰洋三 (1995)『最新　労働法 (第4版)』総合労働研究所。

橋本勇 (2020)『新版 逐条地方公務員法 (第5次改訂版)』学陽書房。

橋本仁司・山田雄一／兼子宙編 (1969)『職場の人間関係』大日本図書。

長谷川廣 (1960)『労務管理論』青木書店。

波多野完治他監修／広岡亮蔵他 (1968)『学習心理学ハンドブック　第18巻：発見学習』金子書房。

服部英太郎 (1955)『賃金政策論の史的展開 増補版』御茶の水書房。

服部治 (1984)『新体系能力開発：「人」と「組織」の活性化をめざす』マネジメント社。

服部治・竹村之宏編 (1996)『経営・人事労務管理要論』白桃書房。

服部治・谷内篤博編 (2000)『人的資源管理要論』晃洋書房。

服部正中 (1977)『組織・環境・個人　コンティンジェンシー・アプローチ』東京教学社。

服部泰宏・矢寺顕行著 (2018)『日本企業の採用革新』中央経済社。

花岡正夫 (1999)『日本型労務管理の特質』白桃書房。

花岡正夫・向撃 (1973)『職能開発人事管理』白桃書房。

馬場房子編 (1989)『働く女性のメンタルヘルス』同朋舎。

馬場禮子 (2016)『改訂　精神分析的人格理論の基礎』岩崎学術出版社。

ハメル、G.・C. K. プラハラード／一條和生訳 (1995)『コア・コンピタンス経営：未来への競争戦略』日本経済新聞社。

林啓介 (1990)『人材育成のすすめ方 (改訂)』中央職業能力開発協会。

林伸二 (1985)『仕事の価値：新しいモティベーション研究』白桃書房。

林保・山内弘継 (1978)『達成動機の研究』誠信書房。

林敏彦 (1984)『ミクロ経済学』東洋経済新報社。

早津明彦（1990）『経営革新のための能力開発：「管理としての教育」から「戦略としての教育」へ』産業能率大学出版部。

速水敏彦他（1995）『動機づけの発達心理学』有斐閣。

原口俊道（1988）『モチベーションの研究（増補版）』高城書房。

原口俊道（1995）『動機づけ―衛生理論の国際比較：東アジアにおける実証的研究を中心として』同文舘出版。

春木豊編（1977）『人間の行動変容：新しい学習理論とその応用』川島書店。

ピアジェ、J. ／中垣啓訳（2007）『ピアジェに学ぶ認知発達の科学』北大路書房。

日置弘一郎（1994）『文明の装置としての企業』有斐閣。

日置弘一郎・奥野明子・寺本佳苗・中尾悠利子・李超・粟野智子（2021）『利他の構造』ミネルヴァ書房。

樋口美雄（1996）『労働経済学』東洋経済新報社。

日比宗平（1966）『人件費節減の進め方』日刊工業新聞社。

開本浩矢編著（2019）『組織行動論』中央経済社。

平田清明他（1994）『現代市民社会と企業国家』御茶の水書房。

平田冨太郎（1966）『労働問題』前野書店。

平野文彦（1988）『賃金管理：新時代の処遇体系』ぎょうせい。

広井甫（1977）『産業心理学』誠信書房。

広井甫（1981）『経営における人間の科学』中央経済社。

広崎真郎（1942）『勤労人の錬成』東洋書館。

ファンデンボス、G. R.監修／繁桝算男・四本裕子監訳（2013）『APA心理学大辞典』培風館。

笛木正治（1967）『労務管理』同文舘出版。

副田満輝（1977）『経営労務論研究』ミネルヴァ書房。

副田満輝・原田実（1981）『経営労務論』ミネルヴァ書房。

福山重一（1991）『職業指導研究』文雅堂銀行研究社。

藤井得三（1978）『賃金思想の転換：1980年代の賃金問題』総合労働研究所。

藤井得三（1979）『人件費の安定化計画』中央経済社。

藤江澄夫他（1994）『研修施設』市ケ谷出版社。

富士ゼロックス総合教育研究所・日本能率協会マネジメントセンター編（1997）『人事・教育白書：自立型キャリア開発時代の到来』日本能率協会マネジメントセンター。

藤田彰久（1969）『IEの基礎』好学社。

藤田一雄（1960）『労務課長の実務』池田書店。

藤田忠（1962）『人事考課と労務管理』白桃書房。

藤田忠（1979）『職務分析と労務管理（新訂版）』白桃書房。

藤田誠（2011）『スタンダード経営学』中央経済社。

藤田真理子（1990）「ボランタリズムと社会福祉の相克：米国中西部小都市における高齢化社会対応策の事例から」相愛大学総合研究センター。

藤田至孝（1976）『賃金管理の基礎知識：低成長時代の賃金理論と実際』日本経営出版会。

藤田若雄・遠藤湘吉編（1961）『賃金の基礎知識』労働法学研究所。

藤永保監修（2013）『最新心理学事典』平凡社。

藤林敬三（1939）『経済心理学：能率心理学の批判と労働者心理学の研究』東洋出版社。

藤林敬三（1941）『労働者政策と労働科学』有斐閣。

藤林敬三編（1956）『退職金と年金制度』ダイヤモンド社。

藤林敬三編（1958）『新しい賃金体系の在り方』ダイヤモンド社。

藤本武（1948）『賃金』東洋書館。

藤本武（1959）『賃金と労働時間』ミネルヴァ書房。

藤本武（1961）『最低賃金制度の研究』日本評論新社。

藤本武（1963）『労働時間』岩波書店。

藤本武（1990）『国際比較 日本の労働者：賃金・労働時間と労働組合』新日本出版社。

藤原俊昭（1993）『職場研修をどうすすめるか』部落解放研究所。

藤原俊昭・田村宏之・柏木宏（1991）『企業の社会貢献と人権』部落解放研究所。

二神恭一（1969）『現代の経営政策』中央経済社。

二神恭一（1976）『参加の思想と企業制度』日本経済新聞社。

二神恭一（1976）『労務管理』同文舘出版。

二神恭一編（1998）『人材開発辞典』キャリアスタッフ。

二神恭一編著（2006）『新版 ビジネス・経営学辞典』中央経済社。

二神枝保編著（2020）『雇用・人材開発の日欧比較：ダイバーシティ＆インクルージョンの視点からの分析』中央経済社。

二神枝保・村木厚子編著（2017）『キャリア・マネジメントの未来図：ダイバーシティとインクルージョンの視点からの展望』八千代出版。

二村敏子編（1982）『組織の中の人間行動：組織行動論のすすめ』有斐閣。

二村敏子編（2004）『現代ミクロ組織論：その発展と課題』有斐閣。

船津衛（1976）『シンボリック相互作用論』恒星社厚生閣。

舟橋尚道（1957）『日本の賃金形態』大月書店。

舟橋尚道（1963）『新賃金入門』日本評論新社。

舟橋尚道（1983）『日本的雇用と賃金』法政大学出版局。

古川栄一・高宮晋編（1958）『人事管理の理論と方式』有斐閣。

古川昇（1976）『基本給制度の実務と事例：能力と職務に応じた賃金管理』日本出版経営協会。

古川久敬（1988）『組織デザイン論：社会心理学的アプローチ』誠信書房。

古川久敬（1990）『構造こわし』誠信書房。

ブレット、M. J. ／奥村哲史訳（2003）『交渉力のプロフェッショナル：MBAで教える理論と実践』ダイヤモンド社。

法政大学大原社会問題研究所編（1993）『労働の人間化の新展開：非人間的労働からの脱却』総合労働研究所。

外尾健一（1971）『採用・配転・出向・解雇』総合労働研究所。

ポランニー、M. ／高橋勇夫訳（2003）『暗黙知の次元』ちくま学芸文庫。

堀内敏夫（1971）『産業における教育工学』大日本図書。

堀野不二生（1984）『人的資源管理と教育訓練』ぎょうせい。

堀野緑（1994）『達成動機の心理学的考察』風間書房。

ホーン・川嶋瑶子（1985）『女子労働と労働市場構造の分析』日本経済評論社。

本郷孝信（1978）『「支配なき管理」をめざして：Toshiba管理者自己研修マニュアル』青葉出版。

本庄良邦（1964）『企業内教育論』三和書房。

本多勇（1961）『これからの残業管理』学芸書房。

本多淳亮（1971）『賃金・退職金・年金』総合労働研究所。

本多壮一（1982）『応用問題　労務管理練習帳』同友館。

本田時雄・福富護（1974）『産業心理学』福村出版。

本田由紀（2010）「日本の大卒就職の特殊性を問い直す：QOL問題に着目して」（苅谷剛彦・本田由紀編『大卒就職の社会学：データからみる変化』）東京大学出版会。

マイヤーズ、C. A.／横山哲夫・武沢信一訳（1980）『人事労務』マグロウヒル好学社。

マイルズ、L. D.／産業能率短期大学価値分析研究会訳（1962）『価値分析の進め方』日刊工業新聞社。

牧野暢男・洲崎好恵（1991）「日本における退職準備教育の現状と評価」『日本教育社会学会大会発表要旨集録』43。

馬越恵美子（1995）『ホワイトカラー革新：マインドウェアの提唱と新異文化経営論』新評論。

孫田良平（1970）『賃金統計の見方・使い方』一粒社。

孫田良平・本多秀司（1974）『雇用と賃金』一粒社。

正木勝秋・西本茂行（1990）『実践・討議型研修：指導の心得と15の技法』日本生産性本部。

正田亘（1992）『産業・組織心理学』恒星社厚生閣。

正田亘監修（1981）『労働と人間行動』泉文堂。

正戸茂（1968）『職場の能力開発』大日本図書。

増田米治（1963）『生産性と成果配分』日本生産性本部労働部。

増地庸治郎（1939）『賃銀論』千倉書房。

増地庸治郎（1941）『賃銀論（新訂増補）』千倉書房。

マーチ、J. G.・H. A. サイモン／土屋守章訳（1977）『オーガニゼーションズ』ダイヤモンド社。

松井賚夫（1982）『リーダーシップ　第3版』ダイヤモンド社。

松浦健児・金平文二（1956）『職場における人事検査法』日本事務能率協会。

松浦健児・岡村一成編（1992）『経営組織心理学』朝倉書店。

松浦健児・山田雄一編（1981）『経営人事心理学』朝倉書店。

松浦正浩（2010）『実践！交渉学：いかに合意形成を図るか』筑摩書房。

松尾豊（2015）『人工知能は人間を超えるか：ディープラーニングの先にあるもの』KADOKAWA。

松岡三郎（1960）『実務　労働法（上）』ダイヤモンド社。

松下温（1993）「グループウェアの実現に向けて　1.グループウェア実現のために」『情報処理』

34 (8)。

松島静雄 (1962)『労務管理の日本的特質と変遷』ダイヤモンド社。

松島静雄 (1968)『産業社会学』川島書店。

松島静雄 (1983)『高齢化社会の労働者』東京大学出版会。

松島静雄 (1986)『現代の労務管理とその変遷』日本労働協会。

松島静雄・中条毅・竹沢信一・石坂巌編 (1988)『現代労務管理の課題と展望』日本労働協会。

松田憲二 (1985)『精選　能力開発規程とつくり方：能力開発マニュアルの作成と規程の整備・位置づけ』産業労働調査所。

松田憲二 (1987)『キャリア開発と生涯教育』日本能率協会。

松田憲二 (1990)『管理者のための人事管理システム：ライフサイクルにそった人事処遇システムづくり』産業労働出版協会。

松田憲二編 (1985)『賃金制度事例集』産業労働調査所。

松田陽一 (2020)『組織変革のマネジメント第2版：理論と現状』中央経済社。

松永伸太朗 (2017)『アニメーターの社会学：職業規範と労働問題』三重大学出版会。

松本卓三・熊谷信順編 (1992)『職業・人事心理学』ナカニシヤ出版。

松山義則 (1967)『モチベーションの心理』誠信書房。

松山義則 (1981)『人間のモチベーション』培風館。

真鍋義文 (2013)『情報工学レクチャーシリーズ：分散処理システム』森北出版。

真野脩 (1959)『経営年金制度』森山書店。

丸尾直美・永山泰彦 (1975)『世界の経営参加はここまで進んだ』ダイヤモンド社。

圓生和之・大谷基道 (2017)『はじめて学ぶ地方公務員法』学陽書房。

丸山景右 (1994)『奇跡の営業　俺たちのやる気に火がついた！』中経出版。

万成博・杉政孝編 (1967)『産業社会学』有斐閣。

三浦武盈 (1974)『現代労務管理論』森山書店。

三沢房太郎 (1935)『職業指導の理論と実際』香川書店。

水野朝夫・小野旭編 (1995)『労働の供給制約と日本経済』大明堂。

水町勇一郎 (2021)『詳解労働法（第2版）』東京大学出版会。

三隅二不二 (1978)『リーダーシップ行動の科学』有斐閣。

三隅二不二 (1984)『リーダーシップ行動の科学（改訂版）』有斐閣。

三隅二不二編著 (1987)『働くことの意味：Meaning of working Life：MOW の国際比較研究』有斐閣。

三隅二不二・山田雄一・南隆男編 (1988)『組織の行動科学』福村出版。

溝井雅人 (1960)『人事管理実務』日本事務能率協会。

三菱総合研究所経営コンサルティング部 (1995)『インテリジェント・サークルによる人材戦略：グリーンブック・マネジメントのすすめ』ダイヤモンド社。

三菱電機株式会社人事部編 (1986)『三菱電機の人間工学塾』学生社。

三菱電機労働組合編 (1979)『中高年危機の処方箋：つつましくけなげな中高年像からの出発』三菱電機労働組合。

三戸公（1991）『会社ってなんだ：日本人が一生すごす「家」』文眞堂。

三戸公（1994）『随伴的結果：管理の革命』文眞堂。

三戸公・榎本世彦（1986）『フォレット』同文舘出版。

水口弘一編（1992）『日本企業の競争力─共生の時代をどう生きるか』東洋経済新報社。

宮城まり子（2002）『キャリアカウンセリング』駿河台出版社。

宮崎浩（1985）「中高年齢者対象のキャリアガイダンスプログラムの考察と今後の課題」『進路指導研究』(5)。

南隆男（1988）「キャリア開発の課題」（三隅二不二・山田雄一・南隆男編『組織の行動科学』）福村出版。

南隆男他（1993）『組織・職務と人間行動：効率と人間尊重との調和』ぎょうせい。

南博編（1959）『人事管理　応用社会心理学講座　第3巻』光文社。

南満洲鉄道株式会社総務部（1930）『内地及朝鮮に於ける工場賃銀制度の調査研究』南満洲鉄道株式会社総務部労務課。

峰島旭雄編（1991）『「転換期」における中小企業の労働問題』早稲田大学社会科学研究所。

美濃口時次郎（1939）『人的資源論』時潮社。

美濃口時次郎（1949）『賃金論』同文舘出版。

宮川実（1956）『賃金：賃上げはなぜ可能か』青木書店。

宮川実（1984）『賃金の理論』社会科学書房。

宮坂純一（1989）『社会主義経営とモチベーション』中央経済社。

宮坂純一（1989）『報酬管理の日本的展開：賃金とモチベーション』晃洋書房。

宮下憲二（1971）『日本的給与制度：その構想と設計・運用』日本能率協会。

宮下憲二（1984）『資格・賃金・考課：その三位一体化』開発社。

宮島久義（1954）『賃金論』河出書房。

宮本美沙子（1993）『ゆとりある「やる気」を育てる』大日本図書。

宮本美沙子編（1979）『達成動機の心理学』金子書房。

宮本美沙子・奈須正裕編（1995）『達成動機の理論と展開：続・達成動機の心理学』金子書房。

三好豊太郎（1949）『産業人事管理』森山書店。

向井守他（1979）『ウェーバー　支配の社会学』有斐閣。

牟田和恵（2013）『部長、その恋愛はセクハラです！』集英社新書。

宗方比佐子・渡辺直登編著（2002）『キャリア発達の心理学：仕事・組織・生涯発達』川島書店。

村井純（1995）『インターネット』岩波新書。

村上良三（1981）『職務分析の日本的展開：人づくりの再構築』東京布井出版。

村沢義久（1997）『グローバル・スタンダード経営：日本型経営の創造的破壊』ダイヤモンド社。

村田和彦（1983）『労働人間化の経営学』千倉書房。

村田多嘉治（1977）『高齢化時代の賃金：賃金と退職金の決め方』青也書店。

村田多嘉治（1979）『高齢化時代の賃金と退職金：1980年代の考え方（改訂増補版）』青也書

店。

村本芳郎（1982）『ケース・メソッド経営教育論』文眞堂。

室田侔（1972）『教育訓練のシステム化："金の卵"はつくられる』大日本図書。

メンター研究会編（2011）『会社を元気にするメンタリング・ハンドブック：導入から実践』日本生産性本部生産性労働情報センター。

藻利重隆（1951）『経営労務管理―その本質と課題』東洋書館。

藻利重隆（1959）『労務管理の経営学』千倉書房。

藻利重隆（1976）『労務管理の経営学　第二増補版』千倉書房。

藻利重隆編（1954）『人間関係論　第二増補版』如水書房。

藻利重隆編（1956）『労務管理　経営学講座Ⅴ』巌松堂書店。

モキイア、J.／長尾伸一監訳・伊藤庄一訳（2019）『知識経済の形成：産業革命から情報化社会まで』名古屋大学出版会。

本林富士郎（1958）『職務評価』労働科学研究所出版部。

森耕二郎（1949）『労賃学説の史的発展』労働文化社。

森五郎（1953）『経営労務管理論 訂』泉文堂。

森五郎（1955）『労務管理』ダイヤモンド社。

森五郎（1958）『労務管理入門：労務近代化の方法と実例』中小企業診断協会。

森五郎（1959）『基本給合理化の在り方：類型別総合化の研究』ダイヤモンド社。

森五郎（1961）『戦後日本の労務管理：その性格と構造的特質』ダイヤモンド社。

森五郎（1977）『経営学全書32　経営労務論』丸善。

森五郎（1987）『人事・労務管理の知識 新版』日本経済新聞社。

森五郎（1995）『現代日本の人事労務管理　オープン・システム思考』有斐閣。

森五郎編（1960）『産業と労務：産業関係講座Ⅲ』ダイヤモンド社。

森五郎監修／岩出博著（1995）『Lecture 労務管理』泉文堂。

森二三男（1970）『産業心理学入門（改訂新版）』開発社。

森二三男（1982）『産業と職業生活の心理』開発社。

森岡清美（1991）『現代家族の社会学』放送大学教育振興会。

森岡清美・塩原勉・本間康平編（1993）『新社会学辞典』有斐閣。

森清善行・長山泰久編（1981）『産業心理』有斐閣。

森園幸男・吉田耕三・尾西雅博編（2015）『逐条国家公務員法（全訂版）』学陽書房。

森田雅也（2018）「多様化する労働時間と場所を組織はどう管理するのか」（上林憲雄・厨子直之・森田雅也『経験から学ぶ人的資源管理（新版）』）有斐閣ブックス。

森永雄太（2017）「『健康経営』とは何か：職場における健康増進と経営管理の両立」『日本労働研究雑誌』No.682。

森本三男（1991）『経営組織論 改訂版』放送大学教育振興会。

師勝夫（1971）『人材育成のポイント』日本労働協会。

文部科学省（2013）「文部科学省における大学等卒業者の『就職率』の取扱いについて（通知）」文部科学省。

八代尚宏（1997）『日本的雇用慣行の経済学：労働市場の流動化と日本経済』日本経済新聞社。

弥富賢之（1957）『合理的賃金の決め方：職務給による賃金管理』ダイヤモンド社。

弥富賢之（1960）『定員管理：組織改善と定員の決め方』ダイヤモンド社。

弥富賢之（1978）『賃金の法則：賃金管理の病理と診断（新版）』ダイヤモンド社。

柳瀬典由・石坂元一・山﨑尚志（2018）『リスクマネジメント』中央経済社。

山内直人（2012）「フィランソロピー」（山内直人・田中敬文・奥山尚子編『NPO NGO 事典：市民社会の最新情報とキーワード』）大阪大学大学院国際公共政策研究科 NPO 研究情報センター。

山内弘継（1994）『達成動機づけとそれに関連した行動の分析』近代文芸社。

山内祐平（2013）「教育工学とインフォーマル学習」『日本教育工学会論文誌』37（3）。

山川隆一（1996）『雇用関係法』新世社。

山口貫一・千葉堅弥（1949）『労働者の教育』河出書房。

山口年一・服部正中編著（1970）『現代経営心理学講座Ⅰ　経営行動の科学』白桃書房。

山口博幸（1992）『戦略的人間資源管理の組織論的研究』信山社出版。

山下昌美（1983）『現代企業の労務管理』白桃書房。

山城章（1950）『労務管理新論』労働文化社。

山城章編（1959）『労務管理：パーソネルマネジメント　経営学全集Ⅲ』青林書院。

山城章監修／企業研究会編（1958）『人事・労使の規程の作り方 会社規程の作り方全書 第4巻』ダイヤモンド社。

山城章監修／企業研究会編（1966）『稟議的経営と稟議制度』東洋経済新報社。

山田博夫（1978）『企業の教育訓練：その効果的推進マニュアル』産業能率短期大学出版部。

山田雄一（1973）『組織科学の話』日本経済新聞社。

山田雄一（1985）『稟議と根回し』講談社。

山田雄一（1987）『研修指導論』産業労働調査所。

山田雄一（1992）『ヒューマンオフィス：個性尊重の職場心理学』読売新聞社。

山田雄一編（1975）『経営の心理学：人を生かす組織』大日本図書。

山田雄一他（1965）『人的能力の開発』日刊工業新聞社。

山之内昭夫（1992）『新・技術経営論』日本経済新聞社。

山本潔（1982）『日本の賃金・労働時間』東京大学出版会。

山本成二（1976）『組織開発の技法：職場活性化のために』日本経営者団体連盟広報部。

山本成二（1978）『社内教育の転換：意識革新の新路線』同文舘出版。

行沢健三（1976）『労働生産性の国際比較：日米工業を中心にして』創文社。

用語集「現代社会」編集委員会編（2021）『用語集 現代社会＋政治・経済 '22-'23年版』清水書院。

横田象一郎（1965）『クレペリン精神作業検査解説』金子書房。

横田澄司（1978）『性格と職場適応』ブレーン出版。

横山和彦・田多英範編著（1991）『日本社会保障の歴史』学文社。

吉川栄一（1984）『経営組織と人間行働：経営・労働の日本的展開』日本労働協会。

吉川栄一（1987）『管理者育成の新戦略』日本生産性本部。

吉川昇（1959）『賃金規程の実務知識：考え方・作り方』ダイヤモンド社。

吉川昇（1960）『賃金関係資料の見方・使い方』日本法令様式販売所。

吉川昇（1960）『中小企業の給与の決め方』日本法令様式販売所。

吉川昇（1960）『中小企業の労務管理実務』日本法令様式販売所。

吉川昇（1961）『初任給の上昇に伴う賃金調整の仕方：賃金調整から賃金体系の確立まで』日本法令様式販売所。

吉田修（1985）『西ドイツ労働の人間化』森山書店。

吉田修（1994）『ドイツ企業体制論』森山書店。

吉田和男編（1996）『日本型経営システムの再構築：アソシエーテッドカンパニーの提唱』生産性出版。

吉田百秀（1990）『問題解決のOJT：仕事を共育にする工夫』産業能率大学出版部。

吉村司郎（1958）『人事管理の手続』日本経済新聞社。

吉村励（1961）『現代の賃金理論：賃金論序説』日本評論新社。

米沢信二（1979）『中高年人事：再評価と制度改善』ビジネス社。

米山桂三（1960）『産業社会学序説』慶応義塾大学法学研究会。

労研疲労研究班（1948）『疲労判定法』創元社。

労政時報別冊（1992）『若者層社員の人事管理研究』労務行政研究所。

労働運動総合研究所編（1991）『フレキシビリティー　今日の派遣労働者』新日本出版社。

労働省編『労働白書（各年版）』日本労働研究機構。

労働省安全衛生部安全課（1983）『労働安全衛生規則の解説』中央労働災害防止協会。

労働省職業安定局（1995）『中期雇用ビジョン』大蔵省印刷局。

労働省職業安定局（1995）『労働力の長期展望：雇用政策研究会報告』労務行政研究所。

労働省職業安定局編著（1986）『人材派遣法の実務解説（改訂新版）』労務行政研究所。

労働省職業安定局労働市場調査課編（1948）『職務分析方法と票記入手引』職業問題研究会。

労働省大臣官房政策調査部編（1989）『賃金・労働時間制度と企業福祉の実態：賃金労働時間制度等総合調査（昭和63年版）』労働法令協会。

労働省大臣官房政策調査部編（1990）『ワークシェアリング：労働時間短縮と雇用、賃金』大蔵省印刷局。

労働省大臣官房政策調査部編（1989）『産業・労働力構造の変化とこれからの人事・労務管理：21世紀へ向けてのグランドデザイン』労働法令協会。

労働省大臣官房労働統計調査部賃金調査課編（1959）『給与制度：統計資料にもとづく実証的研究』労務行政研究所。

労働省婦人少年局編（1960）『婦人の労務管理』労働法令協会。

労働省労働衛生課編（1992）『新／VDT作業を楽しく：VDT作業従事者用テキスト』中央労働災害防止協会。

労働省労働基準局（1994）『ホワイトカラーの生産性向上と賃金制度』労働準備委員会。

労働省労働基準局編（1994）『労働基準法（上・下）』労務行政研究所。

労働省労働基準局賃金課編（1960）『賃金管理シリーズ　第4巻　昇給制度』労働法令協会。

労働省労働基準局賃金課監修（1961）『実例つき賃金規則の作り方』日本法令様式販売所。

労働省労働基準局賃金時間部編著（1994）『平均賃金の解説』労働基準調査会。

労働政策研究会議準備委員会編（2020）「2019年労働政策研究会議報告：パネルディスカッション『外国人労働者をめぐる政策課題』」『日本労働研究雑誌』2020年特別号（No.715）。

労働政策研究・研修機構（2022）『データブック国際労働比較2022』労働政策研究・研修機構。

労働大臣官房総務課編著（1996）『労政時報別冊　新訂版・労働法規実務入門：これだけは知っておきたい20の法律』労務行政研究所。

労働調査協議会編（1962）『職業技術教育と労働者』大月書店。

労働法令協会（1954）『賃金制度における諸手当の理論と実際』労働法令協会。

労働法令協会（1965）『研修制度の実際』労働法令協会。

労働法令協会調査部編（1953）『今日における退職金制度の問題点』労働法令協会。

労務管理研究会編（1957）『最新労務管理総覧』労務管理研究会。

労務行政研究所（1978）「菱電商事のヒューマン・アセスメント制度：参事補昇格選考制度で管理職の育成，適性配置めざす」『労政時報』第2405号。

労務行政研究所編（1997）『労政時報』第3313号。

労務行政研究所編（1998）『労政時報』第3334号。

労務研究所編（1973）『福利厚生ハンドブック』労務研究所。

ローゼン、R. H.／産能大学メンタル・マネジメント研究会訳（1994）『ヘルシー・カンパニー：人的資源の活用とストレス管理』産能大学出版部。

ロビンス、S. P.／高木晴夫訳（2009）『新版 組織行動のマネジメント：入門から実践へ』ダイヤモンド社。

若林満（1992）『定着と若者のキャリア意識』労務行政研究所。

若林満・松原敏浩編（1988）『組織心理学』福村出版。

若林米吉（1922）『事業心理学』南郊社。

早稲田大学生産研究所組織管理研究部会編（1960）『日本の従業員訓練』ダイヤモンド社。

渡戸一郎（1996）「都市コミュニティ形成とボランタリズム：『福祉コミュニティ』を支える人びとの『結びつき』の諸形態」『明星大学社会学研究紀要』No.16。

渡辺鋭気（1981）『人間破壊工場：大企業の生産現場』三一書房。

渡辺三枝子編著（2018）『新版 キャリアの心理学（第2版）：キャリア支援への発達的アプローチ』ナカニシヤ出版。

渡辺三枝子・E. L. ハー（2001）『キャリアカウンセリング入門：人と仕事の橋渡し』ナカニシヤ出版。

渡辺慶和（1989）「組織内情報ネットワークと組織のゆらぎ」『オペレーションズ・リサーチ』34（2）。

薬谷郁美（2023）「外国語学習デザインの構築と運用」『言語文化とコミュニケーション』慶應義塾大学出版会。

洋文献

Albach, H. (1983) *Der Stand der Betriebswirtschaftslehre in Deutschland*, Gabler Verlag（栗山盛彦訳（1987）「ドイツ経営経済学の現状」『現代ドイツ経営学』千倉書房）.

Albach, H. (1985) *Hat die allgemeine Betriebswirtschaftslehre eine Zukunftschance?*, IDW-Verlag（栗山盛彦訳（1987）「一般経営経済学の将来展望」『現代ドイツ経営学』千倉書房）.

Albach, H. (2001) *Allgemeine Betriebswirtschaftslehre*, Gabler Verlag.

Alderfer, C. P. (1972) *Existence, Relatedness, and Growth: Human Needs in Organizational Settings*, Free Press.

Allais, M. (1953) "Le Comportement de l'Homme Rational devant le Risque: Critique des Postulats et Axiomes de l'Ecole Americaine," *Econometrica* 21.

Amabile, T. M. (1998) "How to Kill Creativity," *Harvard Business Review* 76 (5)（ダイヤモンド社編集部訳（1999）「あなたは組織の創造性を殺していないか」『DIAMONDハーバード・ビジネス・レビュー』24巻3号）.

Amabile, T. M., M. A. Collins, R. Conti, E. Phillips, M. Picariello, J. Ruscio, and D. Whitney (2018) *Creativity in Context: Update to the Social Psychology of Creativity*, Routledge.

American Society for Training and Development, R. L. Craig and L. R. Bittel (1967) *Training and Development Handbook*, McGraw-Hill（アメリカ啓発訓練協会編東京支部訳（1973）『教育訓練ハンドブック』日本能率協会）.

Ancona, D. G. and D. F. Caldwell (1992) "Bridging the Boundary: External Activity and Performance in Organizational Teams," *Administrative Science Quarterly* 37 (4).

Anderson, M. L., J. Goodman and N. K. Schlossberg (2012) *Counseling Adults in Transition: Linking Schlossberg's Theory with Practice in a Diverse World 4th ed.*, Springer.

Ansoff, H. I. (1965) *Corporate Strategy*, McGraw-Hill（広田寿亮訳（1969）『企業戦略論』産業能率短期大学出版部）.

Argyle, M. (1974) *The Social Psychology of Work*, Penguin Books（白水繁彦・奥山正司訳（1983）『労働の社会心理』法政大学出版局）.

Argyris, C. (1957) *Personality and Organization: The Conflict Between System and the Individual*, Garland（伊吹山太郎・中村実訳（1961）『組織とパーソナリティー』日本能率協会）.

Argyris, C. (1962) *Interpersonal Competence and Organizational Effectiveness*, Dorsey Press.

Argyris, C. (1964) *Integrating the Individual and the Organization*, John Wiley & Sons.

Argyris, C. (1972) *The Applicability of Organizational Sociology*, University Press（高橋達男訳（1977）『対人能力と組織の効率：個人の欲求と組織目標の統合』産業能率短期大学出版部）.

Argyris, C. (1992) *On Organization Learning*, Blackwell Publishing.

Arthur, D. (1987) "Managing Human Resources in Small and Mid-sized Companies," American Management Association.

Arthur, M. B. (1994) *The Boundaryless Career: A New Perspective for Organizational Inquiry*,

Journal of Organizational Behavior, 15.

Atkinson, J. (1985) "Flexibility, Uncertainty, and Manpower Management," *IMS Report*, No.89.

Backes-Gellner, U. and S. Veen (2013) "Positive Effects of Aging and Age Diversity in Innovative Companies: Large-scale Empirical Evidence on Company Productivity," *Human Resource Management Journal* Vol.23, No.3.

Baillie, P. H. and S. J. Danish (1992) "Understanding the Career Transition of Athletes," *The Sport Psychologist*, 6 (1).

Bailyn, L. (2006) *Breaking the Mold: Redesigning Work for Productive and Satisfying Lives, 2nd ed.*, Cornell University Press (三善勝代訳 (2011)『キャリア・イノベーション (第2版)』白桃書房).

Baird, L., C. E. Schneier and D. Laird (1983) *The Training and Development Sourcebook*, Human Resource Development Press.

Baldwin, T. T. and J. K. Ford (1988) "Transfer of training: A review and directions for future research," *Personnel Psychology* 41 (1).

Bandura, A., and R. H. Walters (1977) *Social Learning Theory* Vol.1, Prentice-Hall.

Barber, A. E. (1998) *Recruiting Employees: Individual and Organizational Perspectives*, Sage.

Baritz, L. (1960) *The Servants of Power*, Wesleyan University Press (三戸公・米田清貴訳 (1969)『権力につかえる人びと：産学協同批判』未来社).

Barnard, C. I. (1938) *The Functions of the Executive*, Harvard University Press (山本安次郎・田杉競・飯野春樹訳 (1968)『新訳・経営者の役割』ダイヤモンド社).

Bass, B. M. and J. A. Vaughan (1966) *Training in Industry: The Management of Learning*, Tavistock Publications (伊吹山太郎・田中秀穂訳 (1968)『教育訓練』ダイヤモンド社).

Becker, G. S. (1962) "Investment in Human Capital: A Theoretical Analysis," *Journal of Political Economy*, Vol.70, No. 5, Part 2.

Becker, G. S. (1975) *Human Capital: A Theoretical and Empirical Analysis, with Special Reference to Education. 2nd ed.*, University of Chicago Press (佐野陽子訳 (1976)『人的資本：教育を中心とした理論的・経験的分析』東洋経済新報社).

Bell, C. R. (1974) *Men at Work*, George Allen & Unwin Ltd. (長塚康弘訳 (1976)『労働環境の心理』誠信書房).

Bennis, W. and B. Nanus (1985) *Leaders: The Strategies for Taking Charge*, Harper & Row (小島直記訳 (1987)『リーダーシップの王道』新潮社).

Black, J. S., H. B. Gregersen, M. E. Mendenhall and L. K. Stroh (1999) *Globalizing People through International Assignments*, Addison-Wesley (白木三秀・永井裕久・梅澤隆監訳 (2001)『海外派遣とグローバルビジネス』白桃書房).

Blake, R. R. and A. A. McCanse (1991) *Leadership Dilemmas-Grid Solutions*. Gulf Pub Co.

Blake, R. R. and J. S. Mouton (1964) *The Managerial Grid: The Key to Leadership Excellence*, Gulf Pub. Co.

Blake, R. R. and J. S. Mouton (1964) *Managing Intergroup Conflict Industry*, Gulf Pub. Co. (土

屋晃朔訳（1967）『葛藤の行動科学：行動科学による企業内紛争の解決』産業能率短期大学出版部）.

Blake, R. R. and J. S. Mouton (1978) *The New Managerial Grid*, Gulf Pub. Co.（田中敏夫・小見山澄子訳（1979）『新・期待される管理者像』産業能率大学出版部）.

Blake, R. R. and J. S. Mouton (1981) *Productivity, The Human Side: A Social Dynamics Approach*, AMACOM（田中敏夫・小見山澄子訳（1983）『生産性：その人間的側面』産業能率大学出版部）.

Blauner, R. (1964) *Alienation and Freedom: The Factory Worker and His Industry*, University of Chicago Press（佐藤慶幸監訳／吉川栄一・村井忠政・辻勝次訳（1971）『労働における疎外と自由』新泉社）.

Böhrs, H. (1959) *Leistungslohn*, Gabler Verlag（田中慎一郎監訳（1962）『ドイツにおける能率給制度』日本能率協会）.

Boulding, K. E. (1984) *The Organizational Revolution: A Study in the Ethics of Economic Organization*, Greenwood Press（日本経済新聞社訳（1960）『組織体革命』日本経済新聞社）.

Bowen, H. R. (1953) *Social Responsibilities of the Businessman*, Harper & Brothers（日本経済新聞社訳（1960）『ビジネスマンの社会的責任』日本経済新聞社）.

Bowey, A. M. and T. Lupton (1989) *Managing Salary and Wage Systems,* Gower Publishing.

Breaugh, J. A. (2012) "Employee Recruitment: Current Knowledge and Suggestions for Future Research," In Schmitt, N. *ed.*, *The Oxford Handbook of Personnel Assessment and Selection*, Oxford University Press.

Brewer, M. B. (1991) "The Social Self: On Being the Same and Different at the Same Time," *Personality and Social Psychology Bulletin*, 17.

Bridges, W. (2004) *Transitions: Making Sense of Life's Changes, 2nd ed.*, Da Capo Press（倉光修・小林哲郎訳（2014）『トランジション：人生の転機を活かすために』パンローリング）.

Brookfield, S. D. (1987) *Developing Critical Thinkers: Challenging Adults to Explore Alternative Ways of Thinking and Acting*, Jossey-Bass.

Brown, M. E., L. K. Treviño and D. A. Harrison (2005) "Ethical Leadership: A Social Learning Perspective for Construct Development and Testing," *Organizational Human Behavior and Human Decision Processes*, 97 (2).

Bundesagentur für Arbeit (2024) *Minijob*, https://www.arbeitsagentur.de/lexikon/minijob.

Bundesministerium der Justiz (2024) *Sozialgesetzbuch (SGB) Viertes Buch (IV)*, https://www.gesetze-im-internet.de/sgb_4/index.html.

Bundesministerium für Arbeit und Soziales (2024) *Mini-Jobs*, https://www.bmas.de/DE/Soziales/Sozialversicherung/Geringfuegige-Beschaeftigung/mini-jobs.html.

Bundeszentrale für politische Bildung (2024) *Minijobs und Midijobs*, https://www.bpb.de/themen/arbeit/arbeitsmarktpolitik/317249/minijobs-und-midijobs.

Burack, E. H. (1978) *Personal Management: Cases and Exercises*, West Pub. Co.

Byars, L. L. and L. W. Rue (1979) *Personal Management: Concepts and Applications*, W. B. Saunders Company.

Byars, L. L. and L. W. Rue (1997) *Human Resource Management*, Irwin.

Byrnes, W. J. (1992) *Management and the Arts*, Focal Press.

Cai, Q., Y. Cheng and Y. Ke (2022) "Construction of Evaluation Index System for Training Quality of High-Level Tennis Team," *Frontiers in Psychology* 29, June.

Callahan, R. E. and C. P. Fleenor (1988) *Managing Human Relations: Concepts and Practices*, Merrill Pub. Co.

Carter, D. A., B. J. Simkins, and W. G. Simpson (2003) "Corporate Governance, Board Diversity, and Firm Value," *The Financial Review* Vol.38, No.1.

Cartwright, D. (1959) "A field theoretical conception of power," *Studies in social power*, University of Michigan.

Cherrington, D. J. (1983) *Personal Management: The Management of Human Resources*, W. C. Brown Co.

Cole, G. D. H. (1928) *The Payment of Wages: A Study in Payment by Results Under the Wage System*, G. Allen & Unwin, Ltd.

Cowling, A. G. and C. J. B. Mailer (1990) *Managing Human Resources*, Edward Arnold (貴島憲訳 (1922)『労働賃銀論』大鐙閣).

Coyne, K. P., P. G. Clifford, and R. Dye (2007) "Breakthrough Thinking from Inside the Box," *Harvard Business Review* 85 (12).

Craig, E. S. and W. B. Richard (1978) *Personnel Administration Today: Readings and Commentary*, Addison-Wesley Publishing Company.

Craig, R. L. (1967) *Training and Development Handbook*, McGraw-Hill.

Daft, R. L. (1997) *Management, 4th ed.*, Dryden Press.

Dahrendorf, R. (1956) *Industrie und Betriebssoziologie*, Walter de Gruyter (池内信行・鈴木英寿訳 (1961)『産業社会学』千倉書房).

Dale, E. (1960) *The Great Organizers*, McGraw-Hill (岡本康雄訳 (1962)『現代の企業組織と経営者』ダイヤモンド社).

Davenport, T. H., J. Harris, and J. Shapiro(2010)「情報技術が人事管理を変える『人材分析学』がもたらす競争優位」『DIAMONDハーバード・ビジネス・レビュー』35 (12).

Davis, K. (1977) *Human Behavior at Work: Organizational Behavior*, McGraw-Hill.

Deci, E. L. (1975) *Intrinsic Motivation*, Plenum Press (安藤延男・石田梅男訳 (1980)『内発的動機づけ』誠信書房).

Deci, E. L. and R. M. Ryan (1985) "Conceptualizations of Intrinsic Motivation and Self-Determination," *Intrinsic Motivation and Self-Determination in Human Behavior*, Springer.

Dessler, G. (1978) *Personal Management: Modern Concepts and Techniques*, Reston Publishing Co.

Dessler, G. (1983) *Applied Human Relations*, Reston Publishing Co.

Dessler, G. (2001) *A Framework for Human Resource Management*, Prentice-Hall.

Diener, E., R. A. Emmons, R. J. Larsen and S. Griffin (1985) "The Satisfaction with Life Scale," *Journal of Personality Assessment*, 49 (1).

Diener, E., E. M. Suh, R. E. Lucas and H. L. Smith (1999) "Subjective Well-being: Three Decades of Progress," *Psychological Bulletin*, 125 (2).

Dobb, M. H. (1928) *Wages*, Harcourt, Brace (正田淑子訳 (1931)『賃銀制度の諸問題』万里閣).

Dobb, M. H. (1928) *Wages*, London, rev. *ed.* 1956 (氏原正治郎訳 (1954)『賃金論入門』新評論社).

Dobb, M. H. (1948) *Wages*, Nisbet & Co., Ltd. (氏原正治郎訳 (1966)『賃金論』新評論).

Doucouliagos, C. (1995) "Worker Participation and Productivity in Labor-Managed and Participatory Capitalist Firms: A Meta-Analysis," *ILR Review* 49 (1).

Douglas, J., S. M. Klein and D. Hunt (1985) *The Strategic Managing of Human Resources*, John Wiley & Sons.

Drucker, P. F. (1954) *The Practice of Management*, Harper & Row (野田一夫監修／現代経営研究会訳 (1965)『現代の経営』ダイヤモンド社).

Drucker, P. F. (1957) *The Landmarks of Tomorrow*, Heinemann (現代経営研究会訳 (1959)『変貌する産業社会』ダイヤモンド社).

Drucker, P. F. (1965) "Is Business Letting Young People Down?" *Harvard Business Review*, Nov.-Dec..

Drucker, P. F. (1974) *Management: Tasks, Responsibilities, Practices*, Harpert Business (野田一夫・村上恒夫監訳 (1974)『マネジメント：課題 責任 実践』ダイヤモンド社).

Drucker, P. F. (1985) *Innovation and Entrepreneurship*, Harper & Row (小林宏治監訳 (1985)『イノベーションと企業家精神』ダイヤモンド社).

Dubin, R. (1951) *Human Relations in Administration*, Prentice-Hall.

Dubin, R. (1958) *The World of Work: Industrial Society and Human Relations*, Prentice-Hall.

DuBrin, A. J. (1978) *Human Relations: A Job Oriented Approach*, Reston Publishing Co.

DuBrin, A. J. (1981) *Personnel and Human Resource Management*, Van Nostrand.

Dunnette, M. D. and L. M. Hough *eds.* (1990) *Handbook of Industrial and Organizational Psychology, Second Edition*, Vol.1, Palo Alto, Consulting Psychologists Press.

Durman, L. F. (1972) *The Selection, Training and Management of Staff*, Institute of Chartered Accountants in England and Wales.

Edmondson, A. C. (2012) *Teaming: How Organizations Learn, Innovate, and Compete in the Knowledge Economy*, John Wiley & Sons (野津智子訳 (2014)『チームが機能するとはどういうことか：「学習力」と「実行力」を高める実践アプローチ』英治出版).

Edmondson, A. C. (2018) *The Fearless Organization: Creating Psychological Safety in the Workplace for Learning, Innovation, and Growth*, John Wiley & Sons (野津智子訳 (2021)『恐れのない組織：「心理的安全性」が学習・イノベーション・成長をもたらす』英治出

版）.

Ellsberg, D. (1961) "Risk, Ambiguity, and the Savage Axioms," *The Quarterly Journal of Economics* 75 (4).

Erikson, E. H. (1959) "Identity and the Life Cycle," *Psychological Issues* Vol.1, No.1, International University Press（小此木啓吾・小川捷之・岩男寿美子編訳 (1973)『自我同一性：アイデンティティとライフサイクル』誠信書房、西平直・中島由恵訳 (2011)『アイデンティティとライフサイクル』誠信書房）.

Erikson, E. H. (1968) *Identity: Youth and Crisis,* Norton（岩瀬庸理訳 (1969)『主体性 アイデンティティ：青年と危機』北望社、中島由恵訳 (2017)『アイデンティティ：青年と危機』新曜社）.

Eurich, N. P. (1985) *Corporate Classrooms: The Learning Business,* Carnegie Foundation for the Advancement of Teaching（田代空監訳 (1987)『人材育成アメリカ企業の新戦略：カーネギー教育振興財団特別レポート』日本生産性本部）.

European Commission (2012) "EU Guidelines on Dual Careers of Athletes: Recommended Policy Actions in Support of Dual Careers in High-Performance Sport," European Commission.

Feldman, D. C. (1988) *Managing Careers in Organizations,* Scott, Foresman and Company.

Fiedler, F. E. (1967) *A Theory of Leadership Effectiveness,* McGraw-Hill（山田雄一訳 (1970)『新しい管理者像の探究』産業能率短期大学出版部）.

Finlay, W. W., A. Q. Sartain and W. M. Tate (1954) *Human Behavior in Industry,* McGraw-Hill（谷川巌・水谷雅一訳 (1957)『従業員の心理と管理』ダイヤモンド社）.

Fleisher, B. M. (1970) *Labor Economics：Theory and Evidence,* Prentice-Hall（津田真澂訳 (1974)『労働経済学』総合労働研究所）.

Fleisher, B. M. and T. J. Kniesner (1980) *Labor Economics：Theory, Evidence, and Policy 2nd edition,* Prentice-Hall（水野朝夫・兼清弘之訳 (1977)『労働経済学：新訳』総合労働研究所）.

Freeman, R. B. (1979) *Labor Economics 2nd edition,* Prentice-Hall（内海洋一・片上明訳 (1978)『労働経済学』東洋経済新報社）.

French, J. R. P. and B. Raven (1959) "The bases of social power," *Studies in social power,* University of Michigan.

Friedman, M. (1968) "The Role of Monetary Policy," *American Economic Review* 58 (1).

Fryer, D. H., M. R. Feinberg and S. S. Zalkind (1956) *Developing People in Industry: Principles and Methods of Training,* Harper & Brothers（鶴巻敏夫・弓隆明訳 (1958)『新しい教育訓練の在り方』ダイヤモンド社）.

Fuchs, V. R. (1988) *Women's Quest for Economic Equality,* Harvard University Press（江見康一監訳 (1989)『新しい女性たちの経済学：女と男の役割革命を求めて』春秋社）.

Gardenswartz, L. and A. Rowe (2003) *Diverse Teams at Work: Capitalizing on the Power of Diversity, 2nd ed.,* Society for Human Resource Management.

Garvin, D. A. (1993) "Building a Learning Organization," *Harvard Business Review* 71 (4) (ダイヤモンド社編集部訳 (2003)「『学習する組織』の実践プロセス」『DIAMONDハーバード・ビジネス・レビュー』3月号).

Geisen T. and H. G. Harder (2011) *Disability Management and Workplace Integration: International Research Findings*, Gower Publishing.

Geuss, R. (1981) *The Idea of a Critical Theory: Habermas and the Frankfurt School*, Cambridge University Press.

Ghai, D. (2006) *Decent Work: Objectives and Strategies*, International Labour Office.

Gilboa, I. and D. Schmeidler (2001) *A Theory of Case-Based Decisions*, Cambridge University Press (浅野貴央・尾山大輔・松井彰彦訳 (2005)『決め方の科学：事例ベース意思決定理論』勁草書房).

Gilbreth, L. (1973) *The Psychology of Management*, Hive Pub. Co.

Ginzberg, E. (1958) *Human Resources: The Wealth of A Nation*, Simon and Schuster (大来佐武郎訳 (1961)『人間能力の開発：現代の国富論』日本経済新聞社).

Goldstein, I. L. (1989) *Training and Development in Organizations*, Jossey-Bass.

Goleman, D. (1995) *Emotional Intelligence: Why It Can Matter More Than IQ*, Bantam Books (土屋京子訳 (1996)『EQ：こころの知能指数』講談社).

Gosney, M. W. and C. Hughes (2016) *The History of Human Resource Development: Understanding the Unexplored Philosophies, Theories, and Methodologies*, Palgrave Macmillan New York.

Graham, H. T. (1983) *Human Resources Management. 4th ed.,* Macdonald and Evans Ltd. (平野文彦訳 (1987)『人的資源管理：産業心理と人事・労務』同文舘出版).

Gratton, L. (2011) *The Shift*, HarperCollins Publishers (池村千秋訳 (2012)『ワーク・シフト』プレジデント社).

Gratton, L. and A. Scott (2016) *The 100-Year Life: Living and Working in an Age of Longevity*, Bloomsbury Information (池村千秋訳 (2016)『ライフ・シフト：100年時代の人生戦略』東洋経済新報社).

Greenhaus, J. H., G. A. Callanan, and V. M. Godshalk (2010) *Career Management, 4th ed.,* Sage.

Greenlaw, P. S. and W. D. Biggs (1979) *Modern Personnel Management*, Saunders.

Gundersheimer, W. L. (1982) "Patronage in the Renaissance": An Exploratory Approach, in Guy Fitch Lytle and Stephen Orgel *ed. Patronage in Renaissance*, Princeton University Press.

Gunz, H. and M. Peiperl *ed.* (2007) *Handbook of Career Studies*, Sage.

Hackman, J. R. (2002) *Leading Teams*, Harvard Business School Press (田中滋訳 (2005)『ハーバードで学ぶ「デキるチーム」5つの条件』生産性出版).

Hall, D. T. (1976) *Careers in Organizations*, Goodyear Pub. Co.

Hall, D. T. (1996) "Protean Careers of the 21st Century." *The Academy of Management Execu-*

洋文献　619

tive, Vol.X, No.4.

Hall, D. T. (2002) *Careers in and out of Organizations*, Sage.

Hall, D. T. *ed.* (1994) *Career Development*, Dartmouth.

Halloran, J. (1978) *Applied Human Relations: An Organizational Approach*, Prentice-Hall.

Heilman, M. E. and H. A. Hornstein (1982) *Managing Human Forces in Organizations*, Richard D. Irwin, Inc.(山本成二・梅津祐良訳 (1985)『人材活用の行動科学』日本生産性本部).

Heisler, W. J., W. D. Jones and P. O. Benham (1988) *Managing Human Resources Issues: Confronting Challenges and Choosing Options*, Jossey-Bass.

Henderson, G. (1996) *Human Relations Issues in Management*, Quorum Book.

Henry, H. (1959) *Motivation Research*, Crosby Lockwood & Son (山川博慶・出牛正芳訳 (1965)『モチベーション・リサーチ入門』ダイヤモンド社).

Hersey, P. and K. H. Blanchard (1969) *Management of Organizational Behavior 3rd edition*, Prentice-Hall (山本成二・水野基・成田攻訳 (1978)『行動科学の展開:人的資源の活用:入門から応用へ』日本生産性本部).

Herzberg, F. (1966) *Work and the Nature of Man*, World Pub. Co. (北野利信訳 (1968)『仕事と人間性:動機づけ―衛生理論の新展開』東洋経済新報社).

Herzberg, F. (1976) *The Managerial Choice: to be Efficient and to be Human*, Dow Jones-Irwin (北野利信訳 (1978)『能率と人間性:絶望の時代における経営』東洋経済新報社).

Herzberg, F. *et al.* (1987) *Job Attitudes: Review of Research and Opinion*, Garland.

Herzberg, F., M. Bernard and B. B. Snyderman (1959) *The Motivation to Work 2nd ed.*, John Wiley & Sons.

Hickman, A. and M. H. Kuhn (1956) *Individuals, Groups and Economic Behavior*, Dryden Press (岡本秀昭・鶴巻敏夫訳 (1962)『経済行動の社会心理』ダイヤモンド社).

Hicks, J. R. (1963) *The Theory of Wages 2nd edition*, Macmillan (内田忠寿訳 (1965)『賃金の理論』東洋経済新報社).

Hinrichs, J. R. (1974) *The Motivation Crisis: Winding Down and Turning off*, AMACOM.

Hinrichs, J. R. (1978) *Practical Management for Productivity*, Van Nostrand Reinhold.

Hirszowicz, M. (1981) *Industrial Sociology*, Robertson (泉輝孝訳 (1992)『産業社会学入門』ミネルヴァ書房).

Holland, J. L. (1973) *Making Vocational Choices: A Theory of Careers*, Prentice-Hall.

Holley, W. H. and K. M. Jennings (1983) *Personnel Management: Functions and Issues*, Dryden Press.

Holmström, B. (1979) "Moral Hazard and Observability," *The Bell Journal of Economics,* Vol.10, No.1.

Homans, G. C. (1965) *The Human Group*, Routledge & K. Paul.

Inbucon/AIC Management Consultants (1976) *Managing Human Resources*, Heinemann (日本労働協会訳 (1961)『職務評価と賃金管理』日本労働協会).

International Labour Office (1960) *Job Evaluation*, International Labour Office.

Ivanovic, A. and P. H. Collin (1988) *Dictionary of Personnel Management*, Peter Collin Publishing.

Janis, I. L. (1982) *Groupthink: Psychological studies of policy decisions and fiascoes*, Houghton Mifflin.

Jucius, M. J. (1967) *Personnel Management 6th ed.*, R. D. Irwin.

Kahn, R. L. (1966) *The Social Psychology of Organizations*, John Wiley & Sons.

Kahneman, D. and A. Tversky (1979) "Prospect Theory: An Analysis of Decision Under Risk," *Econometrica* 47.

Kanfer, R. (1990) "Motivation Theory and Industrial and Organizational Psychology," In M. D. Dunnette and L. Hough *eds.*, *Handbook of industrial and organizational psychology*, Consulting Psychologists Press.

Katsoulacos, Y. S. (1986) *The Employment Effect of Technical Change*, Harvester Press.

Katz, D. M., N. Maccoby and N. C. Morse (1950) *Productivity, Supervision, and Morale in an Office Situation*, Darel.

Kim, W. C. and R. Mauborgne (2005) *Blue Ocean Strategy*, Harvard Business School Press (有賀裕子訳 (2005)『ブルー・オーシャン戦略：競争のない世界を創造する』ランダムハウス講談社).

Kipnis, D. (1972) "Does power corrupt?," *Journal of Personality and Social Psychology*, 24 (1).

Knight, F. H. (1921) *Risk, Uncertainty and Profit*, Houghton Mifflin (桂木隆夫・佐藤方宣・太子堂正称訳 (2021)『リスク、不確実性、利潤』筑摩書房).

Knowles, W. H. (1955) *Personnel Management: A Human Relations Approach*, American Book Co.

Koontz, H. (1955) *Principles of Management: An Analysis of Managerial functions*, McGraw-Hill (車戸實訳 (1978)『管理者考課：そのチェックポイント73』東洋経済新報社).

Koontz, H. (1971) *Appraising Managers as Managers*, McGraw-Hill.

Koontz, H. and C. O'Donnell (1959) *Readings in Management*, McGraw-Hill.

Koontz, H. and C. O'Donnell (1978) *Essentials of Management*, McGraw-Hill.

Koontz, H. and R. M. Fulmer (1978) *A Practical Introduction to Business*, R. D. Irwin.

Koontz, H., C. O'Donnell and H. Weihrich (1980) *Management*, McGraw-Hill (中原伸之訳 (1979)『経営人事・指導』マグロウヒル好学社).

Kram, K. E. (1988) *Mentoring at Work: Developmental Relationships in Organizational Life*, Scott Foresman (渡辺直登・伊藤知子訳 (2003)『メンタリング：会社の中の発達支援関係』白桃書房).

Kuchinke, K. P. (1999) "Leadership and Culture: Work-related Values and Leadership Styles among One Company's U. S. and German Telecommunication Employees," *Human Resource Development Quarterly* 10 (2).

Latané, B., K. Williams and S. Harkins. (1979) "Many Hands Make Light the Work: The Causes and Consequences of Social Loafing," *Journal of Personality and Social Psychology*

37 (6).

Lawler Ⅲ, E. E. (1971) *Pay and Organizational Effectiveness: A Psychological View*, McGraw-Hill（安藤瑞夫訳（1972）『給与と組織効率』ダイヤモンド社）.

Lesieur, F. G. (1958) *The Scanlon Plan*, John Wiley & Sons（進藤勝美訳（1961）『スキャンロン・プラン』日本能率協会）.

Levine, C. H. (1977) *Managing Human Resources: A Challenge to Urban Governments*, Sage.

Levinson, D. J., C. N. Darrow, E. B. Klein, M. H. Levinson and B. McKee (1978) *The Seasons of a Man's Life*, Knopf（南博訳（1992）『ライフサイクルの心理学（上・下）』講談社）.

Lewin, K. Z., R. Lippitt and R. K. White (1939). "Patterns of Aggressive Behavior in Experimentally Created 'Social Climates,'" *Journal of Social Psychology* 10 (2).

Lewis, P. V. (1983) *Managing Human Relations*, Kent Pub. Co.

Likert, R. (1967) *The Human Organization: Its Management and Value*, McGraw-Hill（三隅二不二訳（1968）『組織の行動科学：ヒューマン・オーガニゼーションの管理と価値』ダイヤモンド社）.

Ling, T. M. *et al.* (1954) *Mental Health and Human Relations in Industry*, H. K. Lewis（笠松章・坪上宏訳（1968）『職場の精神衛生と人間関係』誠信書房）.

Link, H. C. (1919) *Employment Psychology*, The Macmillan.

Locke, E. A., and G. P. Latham (1990) *A Theory of Goal Setting and Task Performance*, Prentice-Hall.

London, M. (1983) "Toward a Theory of Career Motivation," *Academy of Management Review* 8 (4).

Lorsch, J. W. and J. J. Morse (1974) *Organizations and Their Members: A Contingency Approach*, Harper & Row（馬場昌雄・服部正中・上村祐一訳（1977）『組織・環境・個人：コンティンジェンシー・アプローチ』東京教学社）.

Los Angeles Times, Nov.15, 2002.

Luthans, F. (1977) *Organizational Behavior 2nd ed.*, McGraw-Hill.

Luthans, F., C. M. Youssef and B. J. Avolio (2015) *Psychological Capital and Beyond*, Oxford University Press（開本浩矢他訳（2020）『こころの資本』中央経済社）.

Lytle, G. H. and S. Orgel *ed.* (1982) *Patronage in the Renaissance*, Princeton University Press.

Maier, N. R. F. (1952) *Principles of Human Relations: Applications to Management*, John Wiley & Sons.

Maier, N. R. F. (1958) *The Appraisal Interview*, John Wiley & Sons（瀬谷信之訳（1961）『面接による社員教育の実際』圭文館）.

Mainiero, L. A. and S. E. Sullivan (2005) "Kaleidoscope Careers: An Alternate Explanation for the 'Opt-out' Revolution," *Academy of Management Executive*, Vol.19, No.1.

March, J. G. and H. A. Simon (1958) *Organizations*, John Wiley & Sons（土屋守章訳（1977）『オーガニゼーションズ』ダイヤモンド社）.

March, J. G. and H. A. Simon (1993) *Organizations, 2nd ed.*, John Wiley & Sons（高橋伸夫訳

（2014）『オーガニゼーションズ』ダイヤモンド社）.

Marcia, S. (2010) *Informal Leadership*, Xulon Press.

Marrow, A. J., D. G. Bowers and S. E. Seashore (1967) *Management by Participations: Creating a Climate for Personal and Organizational Development*, Harper & Row.

Marsden, D. (1999) *A Theory of Employment Systems: Micro-Foundations of Societal Diversity*, Oxford University Press（宮本光晴・久保克行訳（2007）『雇用システムの理論：社会的多様性の比較制度分析』NTT出版）.

Marx, K. (1923) *Lohn, Preis und Profit*（河上肇訳（1921）『賃労働と資本・労賃、価格及び利潤』弘文堂）.

Marx, K. (1923) *Lohn, Preis und Profit*（横山正彦訳（1965）『賃金、価格、利潤：改訳』大月書店）.

Marx, K. (1927) *Lohnarbeit und Kapital*（長谷部文雄訳（1935）『賃労働と資本』岩波書店）.

Maslow, A. H. (1954) *Motivation and Personality*, Harper & Row.

Maslow, A. H. (1970) *Motivation and Personality*, Harper & Row（小口忠彦訳（1987）『人間性の心理学：モチベーションとパーソナリティ』産業能率大学出版部）.

Maule, F. (1957) *Executive Careers for Women,* Harper（影山裕子訳（1960）『職場の婦人幹部』ダイヤモンド社）.

McFarland, D. E. (1968) *Personnel Management: Theory and Practice*, Macmillan.

McGregor, D. (1960) *The Human Side of Enterprise,* McGraw-Hill（高橋達男訳（1970）『企業の人間的側面（新版）』産業能率大学出版部）.

McKinsey & Company (2012) *Women Matter : An Asian Perspective*.

McLean, A. A. and G. C. Taylor (1958) *Mental Health in Industry*, McGraw-Hill（中村豊訳（1967）『産業における精神衛生』岩崎学術出版社）.

Meindl, J. R., S. B. Ehrlich and J. M. Dukerich (1985) "The Romance of Leadership," *Administrative Science Quarterly*, 30 (1).

Miller, F. A. and J. H. Katz (2002) *The Inclusion Breakthrough: Unleashing the Real Power of Diversity*, Berrett-Koehler.

Mills, C. W. (1951) *White Collar*, Oxford University Press（杉政孝訳（1957）『ホワイト・カラー』創元新社）.

Minijob-Zentrale (2024) *Die Minijobs*, https://www.minijob-zentrale.de/DE/die-minijobs/die-minijobs_node.html.

Moscovici, S. and M. Zavalloni (1969) "The Group as a Polarizer of Attitudes," *Journal of Personality and Social Psychology* 12 (2).

Mottez, B. (1971) *La Sociologie Industrielle*, Press Universitaires de France（寿里茂訳（1972）『産業社会学』白水社）.

Mouton, J. S. and R. R. Blake (1984) *Synergogy: A New Strategy for Education, Training, and Development*, Jossey-Bass（田中敏夫他訳（1985）『シナゴジー理論：教育・訓練・能力開発の新しい戦略』産業能率大学出版部）.

Nash, J. (1951) "Non-Cooperative Games," *Annals of Mathematics*.

National Research Council, Committee on Risk Perception and Communication, Commission on Behavioral and Social Sciences and Education, Commission on Physical Sciences, Mathematics and Resources (1989) *Improving Risk Communication*, National Academy Press (林裕造・関沢純訳 (1997)『リスクコミュニケーション：前進への提言』化学工業日報社).

von Neumann, J. and O. Morgenstern (1944) *Theory of Games and Economic Behavior*, Princeton University Press (銀林浩・橋本和美・宮本敏雄監訳／阿部修一・橋本和美訳 (2009)『ゲームの理論と経済行動』ちくま学芸文庫).

Nicholson, N. (1984) "A Theory of Work Role Transitions," *Administrative Science Quarterly* 29.

Nonaka, I. and H. Takeuchi (1995) *The Knowledge-Creating Company: How Japanese Companies Create the Dynamics of Innovation*, Oxford University Press (梅本勝博訳 (1996)『知識創造企業』東洋経済新報社).

O'Brien, J. (1999) "Niels Erik Bank-Mikkelsen: Father of the Normalization Principle," *Intellectual and Developmental Disabilities*, 37 (5).

Palmade, G. (1948) *La Psychotechnique*, Press universitaires de France (山田悠紀男訳 (1955)『産業心理学』白水社).

Parker, S. R. *et al.* (1967) *The Sociology of Industry*, Allen & Unwin (寿里茂訳 (1973)『産業と社会：産業社会学序説』社会思想社).

Patchen, M. (1970) *Participation, Achievement, and Involvement on The Job*, Prentice-Hall (伊吹山太郎監訳 (1971)『仕事とモチベーション：参画・達成・没入の研究』日本能率協会).

Peters, T. J. and R. H. Waterman (1982) *In Search of Excellence: Lessons from America's Best-Run Companies*, Harper & Row (大前研一訳 (1983)『エクセレント・カンパニー：超優良企業の条件』講談社).

Peterson, J. and D. A. Kaplan (2016) *The 10 Laws of Trust: Building the Bonds That Make a Business Great*, AMACOM (田辺希久子訳 (2017)『信頼の原則：最高の組織をつくる10のルール』ダイヤモンド社).

Petty, R. E. and J. T. Cacioppo (1986) *The Elaboration Likelihood Model of Persuasion*, Springer.

Pfeffer, J. and G. R. Salancik (1978) *The External Control of Organizations: A Resource Dependence Perspective*, Harpercollins College Div.

Pigors, P. and C. A. Myers (1947) *Personnel Administration: A Point of View and A Method*, McGraw-Hill (武沢信一・横山哲夫監訳 (1980)『人事労務』マグロウヒル好学社).

Pigors, P. and C. A. Myers (1951, 1961) *Personnel Administration*, McGraw-Hill (武沢信一編訳 (1960)『人事管理』日本生産性本部).

Pinder, C. C. (1998) *Work Motivation in Organizational Behavior*, Prentice-Hall.

Pink, D. H. (2001) *Free Agent Nation*, Warner Books (池村千秋訳 (2002)『フリーエージェント社会の到来』ダイヤモンド社).

Polanyi, M. (1966) *The Tacit Dimension*, Doubleday & Company.

Preston, D. (1989) *Personnel Management*, Penguin Books.

Pugh, D. S. and D. J. Hickson (1976) *Organizational Structure in Its Context*, Saxon House.

Pugh, D. S. and R. L. Payne (1977) *Organizational Behavior Its Context: The Aston Programme III*, Saxon House.

Raven, B. H. (1992) "A power/interaction model of interpersonal influence: French and Raven thirty years later," *Journal of Social Behavior and Personality*.

Raven, B. H. and J. Z. Rubin (1976) *Social psychology: People in groups*, John Wiley & Sons.

Reiche, B. S., A. Harzing, and H. Tenzer (2019) *International Human Resource Management 5th ed.*, Sage.

Rhodes, S. R. and R. M. Steers (1990) *Managing Employee Absenteeism*, Addison-Wesley.

Rigg, C. and K. Trehan (2014) "Critical Action Learning Research; Opportunities and Challenges for HRD Research and Practice" In Saunders, M.N.K. and P. Tosey *eds.*, *Handbook of Research Methods on Human Resource Development*, Edward Elgar.

Roberson, L., C. Kulik and M. Pepper (2003) "Using Needs Assessment to Resolve Controversies in Diversity Training Design," *Group & Organization Management*, Vol.28, No.1.

Roethlisberger, F. J. (1955) *Management and Morale*, Havard University Press (野田一夫・川村欣也訳 (1969)『経営と勤労意欲 (改訂版)』ダイヤモンド社).

Roethlisberger, F. J. (1958) *The Motivation, Productivity, and Satisfaction of Workers* (磯貝憲一他訳 (1965)『生産者集団の行動と心理：モチベーション・生産性・満足度』白桃書房).

Rosenbloom, J. S. *et al.* (1984) *The Handbook of Employee Benefits: Design, Funding and Administration*, Dow Jones-Irwin.

Rothschild, K. W. (1954) *The Theory of Wages*, Basil Blackwell (賃金問題研究会訳 (1957)『現代賃金論入門』東京創元社).

Rowland, K. M., G. R. Ferris and J. L. Sherman (1983) *Current Issues in Personnel Management*, Allyn & Bacon.

Rummler, G. A. and A. P. Brache (1990) *Improving Performance: How to Manage the White Space on the Organization Chart*, John Wiley & Sons (高橋りう司訳 (1993)『業績改善の技法：部門と部門を効果的に結ぶ3レベル分析』ダイヤモンド社).

Ryff, C. D. (1989) "Beyond Ponce de Leon and Life Satisfaction: New Directions in Quest of Successful Ageing," *International Journal of Behavioral Development*, 12 (1).

Rynes, S. and B. Rosen (1995) "A Field Survey of Factors Affecting the Adoption and Perceived Success of Diversity Training," *Personnel Psychology*, Vol.48, No.2.

Salamon, L. M. (1995) *Partners in Public Service*, Johns Hopkins University Press.

Salovey, P. and J. D. Mayer (1990) "Emotional Intelligence. Imagination, Cognition and Personality," *Scientific Research* 9.

Sanford, A. C. and H. J. Bracey (1977) *Human Relations: The Theory and Practice of Organizational Behavior*, Merrill.

Schaufeli, W. B., M. Salanova, V. González-Romá and A. B. Bakker (2002) "The Measurement of Engagement and Burnout: A Two Sample Confirmatory Factor Analytic Approach," *Journal of Happiness Studies* 3 (1).

Schein, E. H. (1971) "The Individual, the Organization, and the Career: A Conceptual Scheme," *The Journal of Applied Behavioral Science* 7.

Schein, E. H. (1978) *Career Dynamics: Matching Individual and Organizational Needs,* Addison-Wesley (二村敏子・三善勝代訳 (1991)『キャリア・ダイナミクス』白桃書房).

Schein, E. H. (1980) *Organizational Psychology,* Prentice-Hall (松井賚夫 (1981)『組織心理学』(原書第3版) 岩波書店).

Schein, E. H. (1985) *Organizational Culture and Leadership,* Jossey-Bass (稲葉元吉訳 (1993)『新しい人間管理と問題解決』産業能率大学出版部).

Schein, E. H. (1987) *The Art of Managing Human Resources,* Oxford University Press.

Schein, E. H. (1990) *Career Anchors: Discovering Your Real Values,* University Associates, Inc. (金井壽宏訳 (2003)『キャリア・アンカー：自分のほんとうの価値を発見しよう』白桃書房).

Schein, E. H. (1996) "Career Anchors Revisited: Implications for Career Development in the 21st Century," *The Academy of Management Executive* Vol.X, No.4.

Schein, E. H. (2010) *Organizational Culture and Leadership 4th ed.,* Jossey-Bass (梅津祐良・横山哲夫訳 (2012)『組織文化とリーダーシップ』白桃書房).

Schell, E. H. (1950) *The Technique of Executive Control, 7th ed.,* McGraw-Hill (山崎秀雄訳 (1957)『効果的な職場指導の技術』ダイヤモンド社).

Schmidman, J. (1979) *Unions in Postindustrial Society,* The Pennsylvania State University Press.

Schuler, R. S. (1983) *Effective Personnel Management,* West Pub. Co.

Schumm-Garling, U. (1972) *Herrschaft in der industriellen Arbeitsorganisation,* Suhrkamp Verlag (豊田謙二訳 (1983)『労働・組織・支配：批判理論としての労働社会学』ユニテ).

Schumpeter, J. A. (1926) *Theorie der wirtschaftlichen Entwicklung,* Verlag von Duncker & Humblot (塩野谷祐一・中山伊知郎・東畑精一訳 (1977)『経済発展の理論』岩波書店).

Schumpeter, J. A. (1942) *Capitalism, Socialism, and Democracy,* Harper & Brothers (大野一訳 (2016)『資本主義、社会主義、民主主義』日本経済新聞社).

Scitovsky, T. (1976) *The Joyless Economy: An Inquiry into Human Satisfaction and Consumer Dissatisfaction,* Oxford University Press.

Scitovsky, T. (1986) *Human Desire and Economic Satisfaction: Essays on the Frontiers of Economics,* New York University Press (斎藤精一郎訳 (1979)『人間の喜びと経済的価値：経済学と心理学の接点を求めて』日本経済新聞社).

Scott, S. and R. A. Bruce (1994) "Determinants of Innovative Behavior: A Path Model of Individual Innovation in the Workplace." *Academy of Management Journal* 37.

Seiler, J. A. (1967) *System Analysis in Organizational Behavior,* R. D. Irwin (小林肇訳 (1969)

『組織と人間行動：そのシステム分析』丸善).

Seligman, M. E. P.（2011）*Flourish*, Simon & Schuster.

Selznick, P.（1957）*Leadership in Administration: A Sociological Interpretation*, Harper & Row（北野利信訳（1963）『組織とリーダーシップ』ダイヤモンド社).

Senge, P. M.（1992）*The Fifth Discipline: The Art and Practice of the Learning Organization*, Random House（守部信之訳（1995）『最強組織の法則：新時代のチームワークとは何か』徳間書店).

Serrano, L. I., T. Timpka, J. Ekberg, Ö. Dahlström and J. Jacobsson（2018）"Young Athletes' Health Knowledge System: Qualitative Analysis of Health Learning Processes in Adolescent Sportspersons," *Scandinavian Journal of Medicine & Science in Sports*, 28（3).

Shannon, C. E. and W. Weaver（1949）*The Mathematical Theory of Communication*, University of Illinois Press.

Shartle, C. L.（1956）*Executive performance and leadership*, Prentice-Hall.

Shartle, C. L. and R. M. Stogdill（1953）*Studies in naval leadership*, Ohio State University Research Foundation.

Shaw, M. E.（1976）*Group Dynamics: The Psychology of Small Group Behavior*, McGraw-Hill（原岡一馬訳（1981）『小集団行動の心理』誠信書房).

Shen, J., A. Chanda, B. D'Netto and M. Monga（2009）"Managing Diversity Through Human Resource Management: An International Perspective and Conceptual Framework," *The International Journal of Human Resource Management*, Vol.20, No.2, February.

Shore, L. M., A. E. Randel, B. G. Chung, M. A. Dean, K. H. Ehrhart and G. Singh（2011）"Inclusion and Diversity in Work Groups: A Review and Model for Future Research," *Journal of Management,* Vol.37, No.4.

Shurts, W. M. and M. F. Shoffner（2004）"Providing Career Counseling for Collegiate Student-Athletes: A Learning Theory Approach," *Journal of Career Development*, 31（2).

Sikula, A. F.（1977）*Personnel Management: A Short Course for Professionals*, John Wiley & Sons.

Simon, H. A.（1977）*The New Science of Management Decision, revised ed.*, Prentice-Hall（稲葉元吉・倉井武夫訳（1979）『意思決定の科学』産業能率大学出版部).

Simon, H. A.（1983）*Reason in Human Affairs*, Stanford University Press（佐々木恒男・吉原正彦訳（1987）『意思決定と合理性』文眞堂).

Simon, H. A.（1996）*The Sciences of the Artificial, 3rd ed.*, MIT press（稲葉元吉・吉原英樹訳（1999）『システムの科学（第3版）』パーソナルメディア).

Simon, H. A.（1997）*Administrative Behavior, 4th ed.*, Free Press（二村敏子・桑田耕太郎・高尾義明・西脇暢子・高柳美香訳（2009）『経営行動』ダイヤモンド社).

Simonsen, P.（2000）*Career Compass: Navigating Your Career Strategically in the New Century*, Davies-Black Publishing.

Sisson, K.（1994）*Personnel Management,* Blackwell Publishers.

洋文献　**627**

Slovic, P. (1987) "Perception of Risk," *Science* 236.

Spitzley, H. (1980) *Wissenschaftliche Betriebsführung,* Bund-Verlag(高橋俊夫監訳／明治大学大学院経営経済学研究会訳(1987)『科学的管理と労働のヒューマニズム化』雄松堂).

Sprott, W. J. H. (1958) *Human Groups,* Penguin Books.

Stern, D. (1982) *Managing Human Resources: The Art of Full Employment,* Auburn House Publishing Company.

Stogdill, R. M. and A. E. Coons *eds.* (1957) *Leader behavior: Its description and measurement,* Ohio State University, Bureau of Business Research.

Stone, E. F. (1978) *Research Methods in Organizational Behavior, 5th edition,* Goodyear Pub. Co.(鎌田伸一・野中郁次郎訳(1980)『組織行動の調査方法』白桃書房).

Storey, J. and K. Sisson (1993) *Managing Human Resources and Industrial Relations,* Open University Press.

Super, D. E. (1957) *The Psychology of Careers: An Introduction to Vocational Development,* Harper & Brothers(日本職業指導学会訳(1960)『職業生活の心理学:職業経歴と職業的発達』誠信書房).

Super, D. E. (1980) "A Life-Span, Life-Space Approach to Career Development," *Journal of Vocational Behavior* 16.

Swanson, R. A. and E. F. Holton III (2009) *Foundations of Human Resource Development (Second Edition),* Berrett-Koehler Publishers.

Tannenbaum, R. (1961) *Leadership and Organization,* McGraw-Hill(嘉味田朝功・土屋晃朔・小林幸一郎訳(1965)『リーダーシップと組織:行動科学によるアプローチ』池田書店).

Thomason, G. F. (1978) *A Textbook of Personnel Management,* Institute of Personnel Management.

Tiffin, J. and E. J. McCormick (1965) *Industrial Psychology 5th ed.,* Prentice-Hall(正戸茂監訳(1970)『産業心理学:産業行動科学の基礎理論と実践』評論社).

Touraine, A. (1965) *Sociologie de L'action,* Edition du Seuil(大久保敏彦他訳(1974)『行動の社会学』合同出版).

Tracey, W. R. (1992) *Designing Training and Development Systems,* American Management Association.

Tracy, L. (1989) *The Living Organization: Systems of Behavior,* Praeger(廣井孝訳(1991)『組織行動論:生きている組織を理解するために』同文舘出版).

Triplett, J. E. *et al.* (1983) *The Measurement of Labor Cost,* University of Chicago Press.

Trist, E. L. (1981) "The Socio Technical Perspective: The Evolution of Socio-technical Systems a Conceptual Framework and an Action Research Program," in A. H. Vande and W. F. Joyce *eds., Perspectives on Organization and Behavior,* John Wiley & Sons.

Vanek, J. (1977) *The Labor-Managed Economy: Essays,* Cornell University Press.

Vroom, V. H. (1964) *Work and Motivation,* John Wiley & Sons(坂下昭宣・榊原清則・小松陽一・城戸康影訳(1982)『仕事とモティベーション』千倉書房).

Waldman, M. (1984) "Job Assignments, Signalling, and Efficiency," *The RAND Journal of Economics*, 15 (2).

Wanous, J. P. (1992) *Organizational Entry: Recruitment, Selection, Orientation, and Socialization of Newcomers 2nd ed.*, Addison-Wesley.

Weightman, J. (1990) *Managing Human Resources*, Institute of Personnel Management.

Weiner, B. (1985) *Human Motivation*, Springer (林保・宮本美沙子監訳 (1989)『ヒューマン・モチベーション：動機づけの心理学』金子書房).

Weitzman, M. L. (1984) *The Share Economy*, Harvard University Press (林敏彦訳 (1985)『シェア・エコノミー：スタグフレーションを克服する』岩波書店).

Wendell, L. F. (1964) *The Personnel Management Process*, Houghton Mifflin Company.

Werner, L. G. (1982) Patronage in the Renaissance: An Exploratory Approach, in Guy Fitch.

West, M. A. (2012) *Effective Teamwork: Practical Lessons from Organizational Research, 3rd ed.*, Wiley-Blackwell (下山晴彦監修／髙橋美保訳 (2014)『チームワークの心理学：エビデンスに基づいた実践へのヒント』東京大学出版会).

WHO (1981) "Disability Prevention and Rehabilitation," WHO.

WHO (2011) "World Report on Disability 2011," WHO.

Whyte, W. F. (1959) *Man and Organization: Three Problems in Human Relations in Industry*, Richard D. Irwin, Inc. (桜井信行訳 (1961)『人間と組織：産業における人間関係の三つの問題』ダイヤモンド社).

Whyte, W. H. (1956) *The Organization Man*, Simon & Schuster (岡部慶三・藤永保訳 (1959)『組織の中の人間 (上)』東京創元新社、辻村明・佐田一彦訳 (1959)『組織の中の人間 (下)』東京創元新社).

Wood, A. (1978) *A Theory of Pay*, Cambridge University Press (間宮陽介他訳 (1982)『賃金とインフレーション：市場と規範』文眞堂).

Wynne, R. and D. McAnaney (2004) *Employment and Disability: Back to Work Strategies*, European Foundation for the Improvement of Living and Working Conditions.

Yoder, D. (1939) *Personnel Management and Industrial Relations*, McGraw-Hill (本多元吉・遠藤正介訳 (1951)『事業経営と人事管理』石崎書店).

Zajonc, R. B. (1965) Social facilitation, *Science* 149 (3681).

Zaleznik, A., C. R. Christensen and F. J. Roethlisberger (1958) *The Motivation, Productivity, and Satisfaction of Workers: a Prediction Study*, Harvard University, Division of Research, Graduate School of Business Administration.

Zeidner, J. (1986) *Training and Human Factors in System Design*, Praeger.

Zweig, F. (1952) *The British Worker*, Penguin Books (大内経雄・藤本喜八・安藤瑞夫訳 (1957)『労働者：生活と心理』ダイヤモンド社).

　参考文献表の作成にあたっては、項目の説明文で言及した文献をリストアップし、さらに旧版の文献表を参照した。それぞれの領域を代表する論文を網羅したわけではないが、活用願いたい。

事項索引

［A〜Z］

ADDIE ……………………………………… 31
ADEA ……………………………………… 31
AFL-CIO …………………………………… 31
AHRD ……………………………………… 32
AI ……………………………………………… 32
ASTD ……………………………………… 32
BPR …………………………………………… 32
CAD …………………………………………… 32
CAM …………………………………………… 33
CCS研修 …………………………………… 33
CDP …………………………………………… 33
CEO …………………………………………… 33
CHRO ……………………………………… 34
CI ……………………………………………… 34
CIM …………………………………………… 35
CS ……………………………………………… 35
CSR …………………………………………… 36
DX ……………………………………………… 423
EdTech ……………………………………… 36
EEOC ……………………………………… 36
ERG理論 …………………………………… 36
ESG経営 …………………………………… 37
ESG投資 …………………………………… 37
FA ……………………………………………… 37
FMS …………………………………………… 38
H1Bビザ …………………………………… 38
HRD …………………………………………… 39
HRDの動向 ………………………………… 39
HRM ………………………………………… 40
ICT …………………………………………… 41

IE ……………………………………………… 41
ILO …………………………………………… 41
IoT …………………………………………… 528
IQ ……………………………………………… 41
ISO …………………………………………… 42
JIT …………………………………………… 42
JMT …………………………………………… 42
JRT …………………………………………… 43
JST …………………………………………… 43
KJ法 ………………………………………… 43
LAN …………………………………………… 43
LMS …………………………………………… 43
ME化 ………………………………………… 43
MPS …………………………………………… 44
NM法 ………………………………………… 44
NPO …………………………………………… 44
OA ……………………………………………… 45
OD ……………………………………………… 45
OECD ……………………………………… 46
OEM …………………………………………… 46
OFF-JT ……………………………………… 47
OJT …………………………………………… 47
PM理論 ……………………………………… 47
QC ……………………………………………… 48
QCサークル活動 ………………………… 48
ROE …………………………………………… 48
ROESG ……………………………………… 49
ROI …………………………………………… 49
RTW …………………………………………… 50
SDGs ………………………………………… 50
SE ……………………………………………… 51
SL理論 ……………………………………… 51

ST	52	eラーニング	64
TA 訓練	52	家元制度	64
TQC 活動	52	異業種交流	64
TWI	52	育児（・介護）休業法	65
UNIVAS	53	意思決定	65
VDT 作業	53	遺族年金	66
VE	53	依存症	66
WHO	53	委託募集	66
XR	54	一時解雇（レイオフ）	67
ZD 運動	54	一時帰休	67

［あ行］

アイデンティティ	54	一時金	67
アウトソーシング	55	一子相伝	67
アウトプレイスメント	55	一斉休憩の原則	67
アカウンタビリティー	56	一般教育訓練給付金	429
アクション・ラーニング	57	イデコ	205
アクション・リサーチ	57	イノベーション	68
アストン研究	58	異文化教育	68
アセアン工学系高等教育ネットワーク	58	異文化適応訓練	69
アセスメントセンター	58	異文化理解訓練	69
アドベンチャー学習	59	今、ここで	468
アートマネジメント	59	移民政策	70
アビリンピック	59	インキュベーター	70
アファーマティヴ・アクション	60	インクリメンタリズム	70
アメリカ自動車労組・フォード社合同訓練		インクルージョン	71
プログラム	60	因子分析	71
安全委員会	60	インセンティブ給	72
安全衛生教育	61	インダストリー 4.0	72
安全衛生政策	61	インターネット	72
安全管理	61	インターネットによる訓練	73
安全管理者	62	インターンシップ	73
安全配慮義務	62	インテグレーション・プロジェクト	73
安全マニュアル	62	イン・バスケット法	73
安定賃金制度	62	インフォーマル組織	74
暗黙知	63	インフォーマルな学習	480
		インフォーマル・ラーニング	74
		インフォーマルリーダー	74

事項索引　　**631**

ウェル・ビーイング	75	海外派遣	87
請負	76	海外赴任手当	87
内田クレペリン性格検査	77	解雇	88
売上高人件費率	77	介護休業	88
衛生委員会	77	外国語研修	88
衛生管理	77	外国人技能実習生	89
衛生管理者	78	外国人研修生	89
永年勤続表彰	78	外国人雇用	90
エコシステム	78	外国人労働者	90
エージェンシー・コスト	78	解雇制限	91
エージェンシー理論	79	介護保険制度	91
越境学習	79	解雇予告制度	91
X理論	79	解雇予告制度の例外	91
エビデンス・ベースド・エデュケーション		解雇予告手当	91
	80	階層別教育	92
エモーショナル・インテリジェンス	81	外的報酬	92
エラスムス・プラス	81	外部不経済	92
遠隔教育	82	外部労働市場	93
エンゲージメント	82	カウンセリング・マインド	93
エンゲージング・リーダーシップ	82	カオス理論	93
エンゲル係数	83	科学的管理法	94
エンパワーメント	83	夏季休暇	95
エンプロイヤビリティ	84	課業	95
縁辺労働力	84	学習	96
オハイオ研究	84	学習環境	96
オーバーオール・レイティング	84	学習管理システム	96
オープン・イノベーション	85	学習棄却	97
オープン・システム	85	学習曲線	97
オポチュニティ・コスト	86	学習する組織	97
親方	86	学習転移	98
オランダ・モデル	86	学習理論	99
オンライン・システム	86	各種学校	100
		確定給付企業年金	100
[か行]		確定拠出年金	100
海外勤務手当	87	カークパトリックの訓練評価モデル	100
海外適応訓練	69	隠れた失業	101

可処分所得	101	関連会社	105
家族手当	101	機械的組織	111
カタルシス	101	機会費用	112
学校教育法	102	期間工	112
学校訪問	102	基幹従業員	112
加点主義	102	機関投資家	112
加点主義人事	102	危機管理	112
カフェテリア・プラン	103	企業家（起業家）	113
家父長制	103	企業家精神	113
ガラスの天井	103	企業環境	114
カリスマ	103	企業制度	114
カリヨン・ツリー型キャリア	103	企業大学モデル	114
カルマル（Kalmar）工場	104	企業特殊的人的資本	115
過労死	104	企業年金	115
環境アセスメント	104	企業の休職命令	116
環境基準	104	企業の社会的責任（CSR）	116
関係会社	105	企業福祉	117
関係会社管理	105	企業別労働組合	118
観察学習	105	企業目標	118
監査役会	106	企業理念	119
感受性訓練	106	企業倫理	119
完全雇用	107	危険手当	120
完全週休2日制	107	危険予知訓練	120
寛大化傾向	107	技術移転	120
監督者教育・訓練	108	技術革新	121
ガントチャート	108	技術者教育	121
カンパニー制	108	技術進歩	121
かんばん方式	108	規準・基準	122
管理者	108	基準職務	122
管理職組合	109	季節労働者	122
管理職研修	109	基礎自治体における人材育成	122
管理職定年制	109	基礎年金	123
管理職適性検査	110	期待理論	123
管理職登用試験制度	110	技能オリンピック	124
管理職任期制	110	技能競技大会	124
官僚制	111	技能検定制度	125

技能者訓練 …………………………… 125	求人広告 …………………………… 139
技能手当 …………………………… 126	教育基本法 ………………………… 140
規範 ………………………………… 126	教育・訓練 ………………………… 140
希望退職 …………………………… 126	教育・訓練課 ……………………… 141
規模の経済 ………………………… 127	教育訓練休暇 ……………………… 142
基本給 ……………………………… 127	教育訓練給付 ……………………… 142
基本的人権 ………………………… 127	教育訓練給付制度 ………………… 143
期末手当 …………………………… 128	教育・訓練計画 …………………… 143
きまって支給する給与 …………… 128	教育・訓練効果 …………………… 143
キャピタル・ゲイン ……………… 128	教育・訓練費 ……………………… 144
キャリア …………………………… 129	教育・訓練予算 …………………… 145
キャリアアップ助成金 …………… 130	教育心理学 ………………………… 145
キャリア・アンカー ……………… 130	教育投資効率 ……………………… 145
キャリア・イノベーション ……… 130	教育の経済学 ……………………… 146
キャリア・ガイダンス …………… 131	強化理論 …………………………… 147
キャリア開発（企業による）…… 131	競業避止義務 ……………………… 147
キャリア開発プログラム ………… 132	共済制度 …………………………… 147
キャリア・カウンセリング ……… 132	教材費 ……………………………… 148
キャリア権 ………………………… 133	業績 ………………………………… 148
キャリア自律 ……………………… 133	業績改善のためのルムラー・ブラッチェ・
キャリア・ストレス ……………… 133	モデル …………………………… 149
キャリアセンター（大学）……… 134	業績診断 …………………………… 149
キャリア・トゥリー ……………… 455	業績パラダイム …………………… 150
キャリアの3次元モデル ………… 134	競争戦略 …………………………… 151
キャリアの発達 …………………… 135	競争優位 …………………………… 151
キャリア・プランニング ………… 135	共同決定法 ………………………… 152
キャリア・マネジメント ………… 136	協同労働 …………………………… 152
キャリア・モティベーション …… 137	強度率 ……………………………… 153
休暇 ………………………………… 137	業務革新 …………………………… 153
休業手当 …………………………… 137	業務上災害 ………………………… 153
休業補償 …………………………… 138	業務上疾病 ………………………… 154
休憩時間 …………………………… 138	業務分掌規程 ……………………… 154
休日 ………………………………… 138	ギルド ……………………………… 155
休職 ………………………………… 138	勤続年数 …………………………… 155
求職者支援法 ……………………… 139	勤務延長制度 ……………………… 155
求人活動 …………………………… 139	勤務間インターバル制度 ………… 155

金融リテラシー教育	156	経営情報	173
苦情処理	156	経営人類学	174
苦情処理と労使関係	156	経営政策	174
口入れ屋	157	経営責任	175
クライエント中心療法	157	経営組織	175
クラスター分析	158	計画活動のグレシャムの法則	175
グランゼコール	158	経験学習	175
クリティカル思考	158	経済性	176
クリティカルなアクション・ラーニング	159	経済性工学	176
グールドナーの官僚制理論	159	形式知	63
グループ	160	契約社員	177
グループウェア	160	系列	177
グループ・ダイナミックス	160	ゲシュタルト心理学	177
グループ討議	161	ゲシュタルト療法	178
グループによる訓練	162	ケース・スタディ	178
グローバル人材	163	ケース・メソッド	179
グローバル人材開発	163	月給	179
グローバル・タレント・マネジメント	164	結婚退職制度	179
訓練ニーズ	164	ゲーミフィケーション	179
訓練評価	165	ゲームベースドラーニング	179
ケア・アシスタント・プログラム	166	ゲーム理論	180
経営科学	166	研究開発	180
経営学	167	研究開発戦略	180
経営家族主義	168	減給	181
経営・管理（職）	168	兼業	484
経営計画	168	権限	181
経営計画活動	169	権限委譲	182
経営経済学	169	健康経営	182
経営権	170	健康保険	183
経営資源	170	健康保険組合	183
経営者	171	健康保険制度	183
経営社会政策	171	研修センター	183
経営者教育	171	現地適応力	184
経営者退職金	172	現物給与	184
経営者報酬	172	減俸	181
		コアコンピタンス	185

事項索引　635

公益通報者保護法	185	高度プロフェッショナル制度	198
降格	185	高年齢者雇用	198
考課昇給	186	高年齢者雇用安定法	198
公教育	186	高年齢者雇用確保措置	199
公共職業安定所	187	幸福	199
公共職業訓練	187	幸福度指数	199
公共職業能力開発校	187	衡平理論	200
公共職業能力開発施設	187	号俸給	201
工業マイスター	188	公務	201
貢献意欲	188	公務員	202
公式組織	188	公務員試験	202
工場法	188	効用関数	202
交渉理論	189	合理化	203
降職	185	合理的配慮	203
向性検査	189	交流分析	204
構成主義	190	高齢化社会	204
厚生年金	190	高齢・障害・求職者雇用支援機構	204
厚生年金基金	191	顧客満足	205
厚生年金保険法	191	国際障害者年	205
構造づくり	191	国際労働機関	205
拘束時間	191	国民年金法	205
交替勤務	192	個人型確定拠出年金	205
公的資格	192	個人情報保護法	206
公的年金	192	個人人格	206
行動科学	193	個人別賃金	410
高等教育機関と基礎自治体の人材開発・　育成	194	コスト・リーダーシップ戦略	206
行動経済学	194	コース別人事管理	207
行動主義	194	コーチング	207
行動的原価企画	195	個別賃金	410
行動のモデル化	196	コーポレート・ガバナンス	208
行動のリーダーシップ	196	コーポレート・カルチャー	209
行動変容	197	コミッション制	210
行動療法	197	コミュニケーション	210
高度職業訓練	486	コミュニケーション過程	211
高度人材	198	コミュニケーション・スキル	212
		コミュニケーション理論	212

コミュニティ・カレッジ ……………… 213	サイバネティクス …………………… 228
コミュニティ・ユニオン ……………… 213	財務 …………………………………… 228
雇用安定資金 ………………………… 213	採用 …………………………………… 229
雇用関係助成金 ……………………… 214	採用基準 ……………………………… 230
雇用管理 ……………………………… 214	採用計画 ……………………………… 230
雇用形態の多様化 …………………… 215	採用内定 ……………………………… 230
雇用契約 ……………………………… 216	採用方針 ……………………………… 231
雇用構造 ……………………………… 216	採用面接 ……………………………… 231
雇用者 ………………………………… 217	裁量労働制 …………………………… 231
雇用政策 ……………………………… 217	作業環境測定士 ……………………… 232
雇用調整助成金 ……………………… 218	作業環境測定法 ……………………… 232
雇用動向 ……………………………… 218	サバティカル休暇 …………………… 232
雇用保険 ……………………………… 218	サーバント・リーダーシップ ……… 232
雇用保険法 …………………………… 219	サービス残業 ………………………… 233
雇用ポートフォリオ ………………… 219	三六協定 ……………………………… 233
コラボレーション …………………… 220	差別 …………………………………… 233
コラボレーティブな学習 …………… 221	産学連携 ……………………………… 234
コンカレント・エンジニアリング … 221	参加的マネジメント ………………… 234
混合学習 ……………………………… 221	残業 …………………………………… 235
コンティンジェンシー理論 ………… 222	産業医 ………………………………… 235
コンティンジェント・ワーカー …… 222	産業カウンセリング ………………… 236
コンテンツ産業 ……………………… 222	残業規制 ……………………………… 236
コンピテンシー ……………………… 222	産業・組織心理学 …………………… 236
コンピテンシー・モデル …………… 223	残業手当 ……………………………… 237
コンピュータ教育 …………………… 224	産業内訓練 …………………………… 237
コンピュータに支援された学習 …… 224	産業別労働組合 ……………………… 237
コンフリクト ………………………… 225	産業民主主義 ………………………… 238
コンフリクト・マネジメント ……… 225	産業用ロボット ……………………… 238
	産業連関 ……………………………… 239

［さ 行］

	シェアド・リーダーシップ ………… 239
再訓練 ………………………………… 226	ジェンダー・ダイバーシティ ……… 239
サイコドラマ ………………………… 226	ジェンダー平等 ……………………… 239
再雇用制度 …………………………… 227	資格 …………………………………… 240
在籍出向 ……………………………… 227	資格試験 ……………………………… 240
在宅勤務 ……………………………… 227	資格取得援助制度 …………………… 241
最低賃金法 …………………………… 228	資格制度 ……………………………… 241

時間研究 …………………………… 242
時間賃金 …………………………… 242
事業場外労働 ……………………… 243
事業部制 …………………………… 243
自己啓発 …………………………… 243
自己効力感 ………………………… 244
自己実現欲求 ……………………… 245
自己資本利益率 …………………… 245
自己申告 …………………………… 245
自己調整 …………………………… 246
しごと ……………………………… 246
仕事給 ……………………………… 247
しごと能力 ………………………… 247
システマティック・ソルジャリング …… 248
システムエンジニア ……………… 248
システムズ・アプローチ ………… 248
システム理論 ……………………… 249
次世代育成支援対策推進法 ……… 250
自然失業率 ………………………… 250
自宅待機 …………………………… 251
時短 ………………………………… 251
自治体 ……………………………… 251
自治体のマネジメント …………… 252
視聴覚教育 ………………………… 252
実業学校令 ………………………… 252
失業者 ……………………………… 252
執行役員 …………………………… 253
実在者モデル賃金 ………………… 253
実質賃金 …………………………… 253
実習併用職業訓練 ………………… 254
実践共同体 ………………………… 254
実務教育 …………………………… 254
実労働時間 ………………………… 255
指定校制度 ………………………… 255
私的年金 …………………………… 255
自動昇給 …………………………… 256

指導方法としてのコーチング ………… 256
シナリオ計画 ……………………… 256
支払い労働時間 …………………… 257
資本 ………………………………… 257
資本回転率 ………………………… 257
シミュレーション ………………… 258
シミュレーション・ゲーム ……… 258
指名委員会 ………………………… 258
指名解雇 …………………………… 259
社会化 ……………………………… 259
社会関係資本 ……………………… 259
社外工 ……………………………… 260
社会参加 …………………………… 260
社会人仮説 ………………………… 261
社会的学習 ………………………… 261
社会的学習理論 …………………… 261
社会的スキル ……………………… 262
社会的勢力 ………………………… 262
社外取締役 ………………………… 263
社会費用 …………………………… 263
社会保険 …………………………… 263
社会保障 …………………………… 264
ジャスト・イン・タイム ………… 264
社内公募制 ………………………… 265
社内ベンチャー …………………… 265
社内報 ……………………………… 265
重回帰分析 ………………………… 266
従業員エンゲージメント ………… 266
従業員持株 ………………………… 267
従業員の健康管理 ………………… 267
就業規則 …………………………… 267
就業構造 …………………………… 268
就業者 ……………………………… 268
集権化 ……………………………… 269
就職協定 …………………………… 269
就職率 ……………………………… 269

終身雇用	270	条件適合モデル	281
住宅援助	270	小集団活動	281
集団圧力	270	昇進	281
集団基準	126	昇進試験	282
集団能率給	271	情緒	282
重度障害者雇用法	271	情動知能	283
重役賞与	271	傷病手当金	283
就労移行支援事業	272	情報化	283
就労継続支援事業	272	情報科学	284
手工芸マイスター	272	情報共有化	285
主成分分析	272	情報リテラシー教育	285
出向	272	賞与	286
出社拒否症	273	常用労働者	286
受容圏	273	職位	286
準拠集団	273	職業	287
情意考課	273	職業あっせん	288
生涯学習	274	職業安定法	288
生涯学習社会	274	職業規範	288
障害者	275	職業興味検査	289
障害者基本法	275	職業訓練	289
障がい者雇用	276	職業訓練サービスガイドライン	290
障害者雇用促進法	278	職業訓練指導員	290
障害者雇用納付金・調整金	276	職業訓練プログラム	290
障害者職業センター	277	職業訓練法	291
障害者職業能力開発校	277	職業訓練法の歴史	292
障害者総合支援法	277	職業指導	293
障害者の雇用の促進等に関する法律	278	職業紹介	293
障害者の就労移行プログラム	279	職業生活	294
障害者法定雇用率	279	職業選択	294
障害年金	279	職業選択の自由	294
紹介予定派遣	279	職業的自我像	295
昇格	279	職業適性	295
試用期間	280	職業適性と人材開発	295
昇給	280	職業能力開発協会	296
昇給カーブ	280	職業能力開発推進者	296
状況的学習論	280	職業能力開発促進センター	297

事項索引　639

職業能力開発促進法	297	職務明細書	312
職業能力開発大学校	297	女性活躍推進法	313
職業能力評価基準	298	女性雇用	313
職業病	298	職階制	314
職群	299	職級	315
職種	299	職工事情	315
職種給	299	所定外賃金	315
職種別研修	299	所定内賃金	315
職種別採用	299	所定内労働時間	315
職種別定年制	300	所定労働時間	316
職種別労働組合	300	所定労働日	316
職掌	300	初任給	316
嘱託	300	ジョハリの窓	316
職人	301	ジョブ型雇用	317
職能給	301	ジョブ・カード	317
職能資格基準	302	ジョブカフェ	318
職能資格給	302	ジョブクラフティング	318
職能資格制度	303	ジョブコーチ	318
職能的権限	304	ジョブ・シェアリング	318
職能別組織	304	ジョブ・ローテーション	319
職場ぐるみ訓練	304	序列法	319
職務	305	シリコン・バレー	320
職務拡大	305	シルバー人材センター	320
職務給	306	人員在庫表	320
職務充実	306	人員整理	321
職務ストレス	306	新規学卒採用	321
職務設計	307	シングルループ学習	321
職務専念義務	308	新結合の遂行	322
職務手当	308	人権デュー・ディリジェンス	322
職務特性調査	308	人件費	322
職務評価	308	人工知能	323
職務評価委員会	309	人材開発	324
職務分掌	309	人材開発支援助成金	324
職務分析	310	人材開発哲学	324
職務分類	310	人材開発費	325
職務満足	312	人材開発モデル	326

人材銀行	326	進路選択制度	341
人材の評価・測定	326	垂直的交換	341
人材派遣事業	326	垂直的評価	342
人事異動	326	推定失業率	342
人事院勧告	327	推定と検定	342
人事院式監督者訓練	327	水平的評価	343
人事管理	327	スキャンロン・プラン	343
人事権	328	スキルの劣化	343
人事考課	328	スキルマトリックス	343
人事考課者訓練	330	図式尺度法	343
人事考課の公開制度	330	スタッフ	344
人事考課の評価基準	330	スタッフ権限	344
人事考課の評価項目	331	ステークホルダー	344
人事情報	331	ストック・オプション	344
人事情報システム	332	ストラテジー	345
人事方針	333	ストレスの管理	345
診断型組織開発	334	ストレングス・ファインダー	345
人的資源会計	334	スーパーの職業発達理論	345
人的資源管理	335	スパン・オブ・コントロール	346
人的資産	335	スペシャリスト	346
人的資本	335	スポーツキャリアサポート	347
人的資本マネジメント	335	スミス・ヒューゲス法	347
人的投資	336	3S	347
人的販売	336	性格検査	348
新入社員教育	337	性格検査の方法	348
人物比較法	337	成果主義	348
シンボリック・マネジャー	338	生活習慣病	349
深夜手当	338	生活習慣病対策	349
信頼	338	生活賃金	349
心理的安全	339	成果配分	350
心理的安全性と組織の生産性	339	生計費	350
心理的契約	339	生産集約化	350
心理的資本	340	生産奨励給	350
心理的ダイナミクス	341	生産性	351
心理動態論	340	生産性基準原理	351
心理力動	341	生産性向上運動	352

事項索引　　641

生産性のジレンマ	352	相関分析	366
成人学習	352	早期教育	366
精神分析	353	早期退職優遇制度	367
正統的周辺参加	353	総合決定給	367
制度理論	354	総資本	367
性別役割分業	355	総人件費	368
制約された合理性	355	創造性	368
整理解雇	355	創造的組織	369
セカンドキャリア	355	創造的破壊	370
責任	356	相対評価	370
責任投資原則	356	想定モデル賃金	253
セクシュアル・ハラスメント	357	創発的戦略	370
世帯賃金	357	総評	371
接合型賃金	358	総労働時間	371
Z理論	358	総労働費用	371
説明責任	358	疎外	372
ゼネラリスト	358	即時解雇	372
ゼネラルスタッフ	344	属人給	372
セラピー	358	ソサエティ 5.0	372
セールスマン	358	ソシオ・テクニカル・システム	372
セールスマンの報酬	359	ソシオメトリー	373
セルフキャリアドック	359	組織概念	373
セルフマネジメント	359	組織開発	375
セルフ・レギュレーション	360	組織学習	375
選択定年	360	組織活性化	375
先任権	360	組織間関係	376
専門実践教育訓練給付金	361	組織形態	377
専門職志向	361	組織行動	377
戦略	361	組織コミットメント	378
戦略経営	362	組織再社会化	379
戦略計画活動	363	組織社会化	379
戦略的訓練	364	組織人格	206
戦略的人材開発	364	組織図	380
戦略的人的資源管理	365	組織ストレス	380
戦略と戦術	365	組織的怠業	381
総括安全衛生管理者	366	組織デザイン	381

組織動態化 ································ 381

組織のゆらぎ ···························· 382

組織パーソナリティ ···················· 382

組織変革 ································ 383

組織変革のルムラー・ブラッチェ・モデル
 ·· 384

組織理論 ································ 384

ソーシャル・ファーム ·················· 385

ソフトロー ······························ 463

ソリューション ························· 385

［た行］

待機 ···································· 386

代休 ···································· 386

体験学習 ································ 386

退職給付引当金 ························· 387

退職金 ·································· 387

退職金算定基礎額 ······················ 387

退職金算定方式 ························· 388

退職金の年金化 ························· 388

退職準備プログラム ···················· 388

退職積立金 ······························ 388

態度 ···································· 389

態度変容研修 ·························· 389

ダイバーシティ ························· 390

ダイバーシティ＆インクルージョン ····· 390

ダイバーシティ訓練 ···················· 391

ダイバーシティ・マネジメント ········· 391

第四次産業革命 ························· 392

対話型組織開発 ························· 393

対話活動としてのone on one
 ミーティング ························· 393

タキソノミー ·························· 393

タスク ·································· 394

タスク・フォース ······················ 394

脱官僚制化 ······························ 394

脱工業化社会 ·························· 395

タビストック研究所 ···················· 395

ダブルループ学習 ······················ 321

多変量解析 ······························ 395

タレント・マネジメント ················ 396

段階的定年延長 ························· 396

探索と活用 ······························ 397

男女雇用機会均等法 ···················· 397

男女同一賃金 ·························· 397

単身赴任 ································ 397

団体交渉 ································ 397

地域雇用開発助成金 ···················· 398

地域職業訓練センター ·················· 398

地域創生 ································ 399

地域手当 ································ 399

地域若者サポートステーション ········· 400

チェンジ・マネジメント ················ 400

知識経済 ································ 401

知識産業 ································ 401

知識集約化 ······························ 401

知識創造 ································ 402

知的資本 ································ 402

知能指数 ································ 402

チーム ·································· 403

チーム型リーダーシップ ················ 403

チームワーク ·························· 403

地方創生 ································ 404

忠実義務 ································ 404

中小企業退職金共済制度 ················ 404

中心化傾向 ······························ 404

忠誠心 ·································· 404

中途採用 ································ 405

懲戒 ···································· 405

長期雇用 ································ 405

直接募集 ································ 406

直接労務費 ······························ 406

事項索引　　643

直間比率	406	定年延長奨励金	418
賃金	406	定年延長法	418
賃金格差	407	適性検査	419
賃金カット	408	適正配置	419
賃金関数	408	出来高給	420
賃金管理	408	適用対象業務	420
賃金規則	408	テクニシャン	420
賃金協約	409	テクニシャン教育	420
賃金決定理論	409	テクノインストラクター	421
賃金構造	409	テクノクラート	421
賃金（支払）形態	410	デザイン・イン	421
賃金支払五原則	410	デジタル・コラボレーション	422
賃金支払い能力	410	デジタル社会	422
賃金水準	410	デジタル・トランスフォーメーション	423
賃金相場	411	データ収集法	423
賃金体系	411	手待時間	424
賃金台帳	411	デュアル・キャリア	424
賃金ドリフト	411	デュアル・システム	424
賃金論	412	テレワーク	425
通信教育	412	電子メール	425
通年採用	413	点数法	426
ツーリズム	413	同一労働同一賃金	426
手当	413	統括安全衛生責任者	426
提案制度	414	動機づけ	427
定員	414	動機づけ-衛生理論	427
定期給与	414	動機づけ理論	428
定期昇給	415	動作研究	428
Tグループ	414	投資利益率	429
定型訓練	415	特殊勤務者の労働時間	429
定昇	415	特殊勤務手当	429
ディスアビリティ・インクルージョン	415	特殊作業手当	429
ディスアビリティ・マネジメント	416	特定一般教育訓練給付金	429
ディスタンス・ラーニング	416	特定技能制度	430
ディーセント・ワーク	417	特定求職者雇用開発助成金	430
定着率	417	特定労働者派遣事業	430
定年	418	得点要素法	431

特別休暇 …………………………………… 431
特別支援学校 ……………………………… 431
特別に支払われた給与 …………………… 431
特例子会社 ………………………………… 432
度数率 ……………………………………… 432
トップダウン ……………………………… 432
トップ・マネジメント …………………… 433
徒弟制度 …………………………………… 433
取締役 ……………………………………… 434
取締役会 …………………………………… 434
トレーニング・クオリティ・インデックス
　………………………………………… 434

［な行］

内省 ………………………………………… 435
内定 ………………………………………… 435
内発的動機づけ …………………………… 436
内部労働市場 ……………………………… 436
ナレッジマネジメント …………………… 436
二重派遣 …………………………………… 437
日給 ………………………………………… 437
日給月給制 ………………………………… 437
日本的（型）職務給 ……………………… 438
日本的経営 ………………………………… 438
日本的経営の変質 ………………………… 439
日本的雇用慣行 …………………………… 440
日本版スチュワードシップ・コード …… 440
入国管理法 ………………………………… 441
入社前教育 ………………………………… 441
入職前教育 ………………………………… 442
ニューロ・コンピュータ ………………… 442
任意退職 …………………………………… 442
人間関係論 ………………………………… 442
人間工学 …………………………………… 442
人間国宝 …………………………………… 443
人間モデル ………………………………… 443

認知科学 …………………………………… 444
認知主義 …………………………………… 445
認知職業訓練 ……………………………… 445
認知スタイル ……………………………… 445
認知的不協和理論 ………………………… 446
認知能力 …………………………………… 446
認知バイアス ……………………………… 447
認定職業訓練 ……………………………… 447
ネットワーク ……………………………… 448
年間実労働時間 …………………………… 448
年季奉公 …………………………………… 448
年金 ………………………………………… 449
年金受給開始年齢 ………………………… 449
年金スライド制 …………………………… 449
年金のポータビリティ …………………… 450
年功賃金 …………………………………… 450
年次有給休暇 ……………………………… 450
年俸制 ……………………………………… 450
年齢給 ……………………………………… 450
年齢ダイバーシティ ……………………… 451
能動性とジョブクラフティング ………… 451
ノウハウ …………………………………… 451
能率 ………………………………………… 451
能率給 ……………………………………… 452
能力開発 …………………………………… 452
能力開発部門 ……………………………… 452
能力開発を助成する制度 ………………… 452
能力給 ……………………………………… 453
能力曲線 …………………………………… 453
能力グリッド ……………………………… 453
ノーマライゼーション …………………… 454
ノン・レイオフ条項 ……………………… 454

［は行］

ハイアラーキ ……………………………… 454
敗者復活 …………………………………… 455

事項索引　645

配置	455	ビジネスゲーム	469
配慮	456	ビジネス・スクール	470
バウンダリレス・キャリア	456	非伸縮的賃金	470
派遣登録	456	非正規労働者	470
派遣元事業主	457	ビッグ・ファイブ性格検査	471
派遣元責任者	457	非定型訓練	471
派遣労働者	457	ビデオ・ゲーム	472
派遣労働者の雇用安定措置	458	日雇労働者	472
パス・ゴール理論	458	ヒューマニズム	472
パーソナリティ	459	ヒューマン・インターフェイス	473
パターナリズム	459	ヒューマン・スキル	473
働き方改革	460	ヒューマン・リレーションズ	473
パターン維持	460	ヒューリスティックス	474
バーチャル・コーポレーション	461	評価者訓練	475
パートタイマー	461	評価面接	475
パートタイム・有期雇用労働指針	462	標準化	475
パートタイム・有期雇用労働法	462	標準生計費	476
パートタイム労働組合	463	標準報酬	476
パートナーシャフト経営	463	標準労働時間	476
ハードロー	463	品質管理	477
パトロン	464	歩合給	477
場の理論	464	ファイナンス	477
パブロフの犬	464	ファクトリー・スクール	477
ハラスメント	465	ファジィ理論	478
ハラスメント防止研修	466	ファブレス企業	478
バランス・スコアカード	466	フィードバック	478
ハロー効果	466	フィランソロピー	479
パワーハラスメント	467	フィリップス曲線	479
バーンアウト	467	フォーディズム	479
範囲職務給	467	フォーマル組織	480
範囲の経済	467	フォーマルな学習	480
ヒア・アンド・ナウ	468	フォロワーシップ	481
ピアレビュー	469	付加価値	481
ヒエラルヒー	469	付加価値分析	482
ピグマリオン効果	469	付加価値分配率	482
非公式組織	469	不確実性	482

部課制廃止	483	ブロックチェーン	495
部下の成熟度	483	ブロックチェーン	495
副業	484	プロティアン・キャリア	496
複雑人モデル	484	プロティアン・キャリアの形成	496
福祉作業所	484	プロデューサー	496
福祉的就労	484	プロデュース	497
復職	485	プロフェッショナリズム	497
複線型キャリア	485	プロフェッショナル	497
複線型人事管理	485	プロフェッション	498
服務規律	486	文化芸術基本法	498
福利厚生	486	文化政策	498
福利厚生費	486	分権化	499
普通職業訓練	486	分散処理システム	499
物価スライド制	487	分社化	500
物価手当	487	文書募集	500
不当労働行為	487	ペアプログラミング	500
フラットな組織	488	平均賃金	501
プラン・ドゥー・シー	488	ベースアップ	501
フリーエージェント	488	別居手当	502
振替休日	489	ヘッドハンティング	502
フリンジ・ベネフィット	489	変革型リーダーシップ	503
ブレインストーミング	489	変形労働時間制	503
フレキシキュリティ	489	変則始終業時刻制	504
プレゼンテーション法	490	ベンチャー企業	504
フレックス・タイム	490	ベンチャー・キャピタル	505
プロアクティブ行動	490	包摂	505
プログラミング	491	包摂的成長	505
プログラミング教育	492	法定外休暇	506
プロジェクト	492	法定外福利	506
プロジェクト・チーム	493	法定職業訓練	506
プロジェクト・マネジメント	493	法定労働時間	507
プロセス・イノベーション	493	ポジティブ心理学	507
プロセス・マネジメント	494	募集	508
プロソーシャルな行動	494	ポスト・フォーディズム	508
プロダクト・イノベーション	495	ホーソン工場実験	508
プロダクト・ポートフォリオ・マネジメント		ボトム・アップ	432

事項索引　647

ボーナス休暇 ……………………………… 509
ボランタリズム …………………………… 509
ボランタリー組織 ………………………… 510
ボランティア休暇 ………………………… 510
ホランド理論 ……………………………… 510
ポリテクセンター ………………………… 510
ホワイトカラー …………………………… 511

［ま行］

マイスター ………………………………… 511
マイヤーズ・ブリッグスタイプ指標 …… 511
マインドフルネス ………………………… 512
マクロ経済スライド ……………………… 512
マーケティング …………………………… 512
摩擦的失業 ………………………………… 513
マシン・システム ………………………… 513
マスター …………………………………… 513
マタニティ・ハラスメント ……………… 513
マテリアリティ …………………………… 513
マトリックス組織 ………………………… 514
マニュアル・トレーニング ……………… 514
マネジメント ……………………………… 515
マネジメントゲーム ……………………… 516
マネジメント・プロセス ………………… 516
マネジリアル・グリッド ………………… 516
万華鏡のキャリア ………………………… 517
満足化原理 ………………………………… 517
ミクロ経済学 ……………………………… 518
ミシガン研究 ……………………………… 519
ミドルアップ ……………………………… 519
ミドル・マネジメント …………………… 519
みなし労働時間 …………………………… 520
見習 ………………………………………… 520
見習賃金 …………………………………… 520
ミニジョブ ………………………………… 521
無作為抽出 ………………………………… 521

無人工場 …………………………………… 522
名目賃金 …………………………………… 522
目利き ……………………………………… 522
メセナ ……………………………………… 523
メタ分析 …………………………………… 523
メトリックス ……………………………… 523
面接試験 …………………………………… 524
メンター …………………………………… 524
メンタリング・プログラム ……………… 525
メンタルヘルス …………………………… 525
メンタル・ヘルス教育 …………………… 526
メンバーシップ型雇用 …………………… 317
燃え尽き症候群 …………………………… 526
目標設定理論 ……………………………… 526
目標（による）管理 ……………………… 526
モティベーション ………………………… 527
モデル退職金 ……………………………… 527
モデル賃金 ………………………………… 528
もにす認定制度 …………………………… 528
モノのインターネット …………………… 528
モラール …………………………………… 528
モラール・サーベイ ……………………… 529
森田療法 …………………………………… 529
問題解決学習 ……………………………… 529

［や行］

野外での学習 ……………………………… 530
役職手当 …………………………………… 530
役割 ………………………………………… 530
役割演技 …………………………………… 531
役割期待 …………………………………… 531
役割行動 …………………………………… 531
役割認知 …………………………………… 532
役割のあいまいさ ………………………… 532
友愛会 ……………………………………… 533
誘因と貢献 ………………………………… 533

有機的組織 …………………………… 534
有期労働 ……………………………… 534
有効求人倍率 ………………………… 534
有効性 ………………………………… 534
有料職業紹介事業 …………………… 534
ユーストレス ………………………… 535
ユニバーサル・オーナー …………… 535
要員計画 ……………………………… 535
要求水準 ……………………………… 536
養成工制度 …………………………… 536
余暇 …………………………………… 536
余暇管理 ……………………………… 537
欲求 …………………………………… 537
欲求階層説 …………………………… 538

［ら行］

ライフ・キャリア・レインボー ……… 538
ライフサイクル ……………………… 539
ライフプラン研修 …………………… 539
ライン ………………………………… 539
ライン・アンド・スタッフ組織 ……… 540
ライン・カウンセリング …………… 540
ライン権限 …………………………… 540
ライン組織 …………………………… 541
ラダイト運動 ………………………… 541
ラッカー・プラン …………………… 541
ラーニング …………………………… 541
ラーニング・トランスファー ……… 541
リアリティ・ショック ……………… 541
利益 …………………………………… 542
利益参加 ……………………………… 543
リエンジニアリング ………………… 543
力動心理学 …………………………… 543
リクルーター ………………………… 543
リスキリング ………………………… 543
リスク ………………………………… 544

リスク管理 …………………………… 544
リスク・コミュニケーション ……… 544
リスク・マネジメント ……………… 545
リストラクチャリング ……………… 545
リゾーム組織 ………………………… 545
リーダー ……………………………… 545
リーダーシップ ……………………… 546
リーダーシップ・スタイル ………… 517
リーダーシップ特性とスキル ……… 547
リーダーシップ能力開発 …………… 547
利他主義 ……………………………… 548
リーダー・メンバー関係 …………… 548
リッカート・スケール ……………… 549
リハビリテーション ………………… 549
リフレクション ……………………… 550
リフレッシュ休暇 …………………… 550
リモートワーク ……………………… 550
両利き性 ……………………………… 550
両立支援等助成金 …………………… 550
稟議制度 ……………………………… 550
臨時給与 ……………………………… 551
リーン生産 …………………………… 551
倫理的リーダーシップ ……………… 551
ルーブリック ………………………… 552
レイオフ ……………………………… 552
レクリエーション …………………… 553
連結ピン ……………………………… 553
連合 …………………………………… 553
ロイヤリティ ………………………… 554
労災保険給付 ………………………… 554
労使関係 ……………………………… 554
労使協議 ……………………………… 397
労働安全衛生法 ……………………… 555
労働委員会 …………………………… 555
労働移動支援助成金 ………………… 556
労働科学 ……………………………… 556

事項索引　**649**

労働基準監督署 ……………………… 556
労働基準法 …………………………… 556
労働基本権 …………………………… 557
労働供給曲線 ………………………… 558
労働協約 ……………………………… 558
労働組合 ……………………………… 558
労働組合法 …………………………… 559
労働経済学 …………………………… 560
労働契約 ……………………………… 561
労働災害 ……………………………… 561
労働災害補償 ………………………… 562
労働時間 ……………………………… 562
労働時間管理 ………………………… 563
労働時間短縮 ………………………… 563
労働時間の弾力化 …………………… 564
労働施策総合推進法（旧雇用対策法）… 564
労働市場法 …………………………… 565
労働者 ………………………………… 565
労働者供給事業 ……………………… 566
労働者災害補償保険法 ……………… 567
労働者の経営参加 …………………… 567
労働者の所有参加 …………………… 568
労働者派遣契約 ……………………… 568
労働者派遣事業 ……………………… 569

労働者派遣法 ………………………… 569
労働需給 ……………………………… 570
労働需要曲線 ………………………… 570
労働生産性 …………………………… 571
労働の人間化 ………………………… 571
労働力人口 …………………………… 572
労働力率 ……………………………… 572
65歳超雇用推進助成金 ……………… 572
ロジスティックス …………………… 572
ローラーとポーターのモデル ……… 573
ロール・プレイング ………………… 573

［わ行］

Y理論 ………………………………… 79
ワーキングプア ……………………… 574
ワーク・イノベーション …………… 574
ワークシェアリング ………………… 574
ワーク・シフト ……………………… 575
ワーク・ライフ・バランス ………… 575
ワーケーション ……………………… 576
話術 …………………………………… 576
ワッセナー合意 ……………………… 576
割増賃金 ……………………………… 576
1on1面談 …………………………… 577

人名索引

［ア行］

アーサー, M. B.（Arthur, M. B.）… 129, 456

アージリス, C.（Argyris, C.）… 58, 319, 321, 374

アダムス, J. S.（Adams, J. S.）……… 200, 428

アトキンソン, J.（Atkinson, J.）………… 215

アナン, K. A.（Annan, K. A.）………… 356

アバナシー, W. J.（Abernathy, W. J.）… 352

アベグレン, J. C.（Abegglen, J. C.）…… 270, 438, 439, 440

アリストテレス（Aristotle）……………… 551

アルダーファー, C. P.（Alderfer, C. P.）… 36, 99, 428, 537

アルバッハ, H.（Albach, H.）…………… 60

アレ, M.（Allais, M.）………………… 544

アレン, L. A.（Allen, L. A.）…………… 109

アロー, K. J.（Arrow, K. J.）…………… 122

アンコーナ, D.（Ancona, D.）………… 403

アンゾフ, H. I.（Ansoff, H. I.）…… 364, 453

伊丹敬之…………………………………… 464

伊藤邦雄………………………………… 49

伊藤裕夫………………………………… 499

稲盛和夫………………………………… 548

今野浩一郎………………………… 240, 241

インガム, H.（Ingham, H.）…………… 316

ウィクステード, P. H.（Wicksteed, P. H.）
……………………………………… 412

ウィーナー, N.（Wiener, N.）………… 284

ウィーバー, W.（Weaver, W.）………… 212

ウィリアムソン, O. E.（Williamson, O. E.）
……………………………………… 355

ウェッブ, B.（Webb, B.）……………… 238

ウェッブ, S.（Webb, S.）……………… 238

ウェーバー, M.（Weber, M.）… 75, 103, 111, 374, 384

ヴェブレン, T. B.（Veblen, T. B.）… 114, 354

ウェルトハイマー, M.（Wertheimer, M.）
……………………………………… 177

ウェンガー, E. C.（Wenger, E. C.）…… 254, 280, 354

ウォーカー, F. A.（Walker, F. A.）……… 412

ウォーターマン, R. H.（Waterman, R. H.）
……………………………………… 209

ウォーマック, J. P.（Womack, J. P.）…… 551

内田勇三郎……………………………… 77

内田隆三………………………………… 248

ヴント, W. M.（Wundt, W. M.）… 177, 236

エドモンドソン, A. C.（Edmondson, A. C.）
……………………………………… 339, 404

エドワーズ, W.（Edwards, W.）………… 573

エラスムス, D.（Erasmus, D.）…………… 81

エリクソン, E. H.（Erikson, E. H.）… 54, 135

エリクソン, T. J.（Erickson, T. J.）……… 103

エルスバーグ, D.（Ellsberg, D.）……… 483

エンゲル, E.（Engel, E.）……………… 83

オオウチ, W. G.（Ouchi, W. G.）……… 358

オズボーン, A. F.（Osborn, A. F.）… 162, 489

オネール, J.（O'Neil, J.）……………… 57

オルソン, M. H.（Olson, M. H.）………… 45

オルダム, G. R.（Oldham, G. R.）… 44, 308

オルポート, G. W.（Allport, G. W.）…… 459

［カ行］

カイ, Q. (Cai, Q.) ･･････････････････････ 435

ガイ, D. (Ghai, D.) ････････････････････ 417

ガイセン, T. (Geisen, T.) ･･････････････ 416

カークパトリック, D. L. (Kirkpatrick, D. L.)
･････････････････････････････････････ 101

加護野忠男 ･･････････････････････････ 210

カーター, D. A. (Carter, D. A.) ･･････ 239

片桐恵子 ････････････････････････････ 260

ガタリ, P. F. (Guattari, P. F.) ････････ 545

カッツ, J. H. (Katz, J. H.) ･･････････ 71

カッツ, R. L. (Katz, R. L.) ･･･････････ 473

ガーデンシュワルツ, L. (Gardenswartz, L.)
･････････････････････････････････････ 390

カートライト, D. (Cartwright, D.) ･･････ 262

カーネマン, D. (Kahneman, D.) ･･････ 194

ガービン, D. A. (Garvin, D. A.) ･･･････ 98

鎌田慧 ･･････････････････････････････ 112

カラセク, R. (Karasek, R.) ･･･････････ 307

カルドア, N. (Kaldor, N.) ･･･････････ 122

ガルブレイス, J. K. (Galbraith, J. K.) ･･･ 171,
514

川喜田二郎 ･･････････････････････････ 43

カーン, R. (Kahn, R.) ･･････････････ 532

ガント, H. L. (Gantt, H. L.) ･･････････ 108

ギテルマン, H. M. (Gitelman, H. M.) ･･･ 412

ギフィン, K. (Giffin, K.) ･･･････････････ 213

キプニス, D. (Kipnis, D.) ･･･････････ 262

ギルフォード, J. P. (Guilford, J. P.) ･････ 369

グェス, R. (Geuss, R.) ･･･････････････ 159

グーテンベルク, E. (Gutenberg, E.) ･･･ 169,
175, 176

クラーク, J. B. (Clark, J. B.) ･･････････ 412

グラットン, L. (Gratton, L.) ･･･ 104, 260, 575

クラム, K. E. (Kram, K. E.) ･････････ 524

クーリック, C. (Kulik, C.) ･････････････ 391

クリフォード, P. G. (Clifford, P. G.) ･････ 489

グリーンリーフ, R. K. (Greenleaf, R. K.)
･････････････････････････････････････ 232

グールドナー, A. (Gouldner, A.) ･･･････ 159

グルンドヴィ (Grundtvig, N. F. S.) ･･･････ 81

クレペリン, E. (Kraepelin, E.) ･････････ 77

グレン, G. B. (Graen, G. B.) ･････････ 548

ケインズ, J. M. (Keynes, J. M.) ･･･ 470, 518

ケネディ, A. A. (Kennedy, A. A.) ･･･ 209, 338

ケーラー, W. (Köhler, W.) ･･････････････ 177

ケルシェンシュタイナー, G.
(Kerschensteiner, G.) ･･････････････ 425

コイン, K. P. (Coyne, K. P.) ･･･････････ 489

コース, R. H. (Coase, R. H.) ･･･････････ 355

小関智弘 ････････････････････････････ 301

コッター, J. P. (Kotter, J. P.) ･･･････････ 384

コトラー, P. (Kotler, P.) ･････････････ 512

コフカ, K. (Koffka, K.) ･･･････････････ 177

ゴフマン, E. (Goffman, E.) ･････････････ 530

コメニウス, J. A. (Comenius, J. A.) ･･････ 81

コモンズ, J. R. (Commons, J. R.) ･･････ 354

コリア, J. (Collier, J.) ････････････････ 57

コールドウェル, D. (Caldwell, D.) ･･･････ 403

ゴールドシュタイン, K. (Goldstein, K.)
･････････････････････････････････････ 245

ゴールドバーグ, L. R. (Goldberg, L. R.)
･････････････････････････････････････ 471

コルブ, D. A. (Kolb, D. A.) ･･･ 176, 208, 387

ゴールマン, D. (Goleman, D.) ･････････ 81

コント, A. (Comte, A.) ･････････････ 548

コンドルセ, N. D. (Condorcet, N. D.) ･･･ 186

［サ行］

サイモン, H. A. (Simon, H. A.) ･････ 65, 175,
181, 225, 228, 273, 284, 355, 374, 384,

455, 484, 518, 533, 548

坂下昭宣 ································· 210

サクセニアン, A. (Saxenian, A.) ········ 320

サランシック, G. R. (Salancik, G. R.) ··· 377

サリヴァン, S. E. (Sullivan, S. E.) ··· 517, 575

サロベイ, P. (Salovey, P.) ···················· 81

下田健人 ····························· 240, 241

シャイン, E. H. (Schein, E. H.) ···· 129, 130,
134, 135, 136, 209, 259, 295, 374, 443,
484, 575

シャートル, C. L. (Shartle, C. L.) ········· 84

シャノン, C. E. (Shannon, C. E.) ··· 212, 284

シュマーレンバッハ, E. (Schmalenbach, E.)
·· 176

シュミット, F. L. (Schmidt, F. L.) ········ 295

シュラム, W. (Schramm, W.) ············ 212

シュルツ, T. (Schultz, T.) ················· 146

シュンペーター, J. A. (Schumpeter, J. A.)
···························· 68, 113, 370

ショア, L. M. (Shore, L. M.) ············ 71

ショウ, M. E. (Shaw, M. E.) ·············· 414

ショーン, D. A. (Schön, D. A.) ····· 319, 374

ジョンソン, L. B. (Johnson, L. B.) ········· 60

スキナー, B. F. (Skinner, B. F.) ······ 99, 147,
195

スキャンロン, J. N. (Scanlon, J. N.) ····· 343

鈴木文治 ································· 533

ストリンガー, R. A. (Stringer, R. A.) ···· 210

スーパー, D. E. (Super, D. E.) ····· 129, 295,
345, 538, 575

スピアマン, C. E. (Spearman, C. E.) ······ 72

スペンサー, L. M. (Spencer, L. M.) ····· 223

スペンサー, S. M. (Spencer, S. M.) ····· 223

スミス, A. (Smith, A.) ···· 304, 412, 518, 543

諏訪康雄 ································· 133

セイラー, R. H. (Thaler, R. H.) ·········· 194

セリグマン, M. E. P. (Seligman, M. E. P.)
···························· 76, 200, 507

セルズニック, P. (Selznick, P.) ······ 384, 546

センゲ, P. M. (Senge, P. M.) ··· 98, 100, 374

千住鎮雄 ································· 176

［タ行］

ダイ, R. (Dye, R.) ························· 489

高橋誠 ··································· 369

武井正人 ································· 213

竹内弘高 ······················· 63, 402, 519

タジフェル, H. (Tajfel, H.) ················ 55

タッシュマン, M. L. (Tushman, M. L.)
·· 383

ダフト, R. L. (Daft, R. L.) ················· 98

タンスレー, A. G. (Tansley, A. G.) ········ 78

チェズブロウ, H. (Chesbrough, H.) ······ 180

チャイルド, J. (Child, J.) ················· 222

チャオ, G. T. (Chao, G. T.) ·············· 379

チューリング, A. M. (Turing, A. M.) ···· 284

ディアギレフ, S. (Diaghilev, S.) ·········· 496

ディクソン, N. M. (Dixon, N. M.) ······· 100

ディクソン, W. J. (Dickson, W. J.) ····· 553

ディーナー, E. (Diener, E.) ··············· 200

デイビス, G. B. (Davis, G. B.) ·············· 45

テイラー, F. W. (Taylor, F. W.) ······· 94, 95,
108, 167, 237, 248, 418, 428, 516

ディール, T. E. (Deal, T. E.) ········ 209, 338

デカルト, R. (Descartes, R.) ·············· 249

デシ, E. L. (Deci, E. L.) ············ 137, 436

デビッドソン, P. (Davidson, P.) ·········· 412

デミング, W. E. (Deming, W. E.) ··· 42, 352,
488

デューイ, J. (Dewey, J.) ·················· 176

ドゥルーズ, G. (Deleuze, G.) ············· 545

ドットリヒ, D. (Dotlich, D.) ················· 57

人名索引　653

ドラッカー, P. F.（Drucker, P. F.）···· 80, 113, 118, 401, 460, 527

トールマン, E. C.（Tolman, E. C.）··· 100, 573

トレビノ, L. K.（Treviño, L. K.）·········· 551

［ナ行］

ナイト, F. H.（Knight, F. H.）············· 483

中山正和 ·· 44

ナッシュ, J. F.（Nash, J. F.）············· 180

ナナス, B.（Nanus, B.）····················· 546

ニックリッシュ, H.（Nicklisch, H.）······ 176

二村英幸 ·· 471

ニューマン, W. H.（Newman, W. H.）··· 333

フォン・ノイマン, J.（von Neumann, J.）
··· 180, 284

野中郁次郎 ······ 63, 374, 402, 436, 461, 519

ノールズ, M. S.（Knowles, M. S.）···· 99, 208, 352

［ハ行］

バイデン, J.（Biden, J.）····················· 70

ハウス, R.（House, R.）················ 458, 547

ハーグリーブズ, D.（Hargreaves, D.）······ 80

バザーリア, F.（Basaglia, F.）·············· 385

ハーシー, P.（Hersey, P.）············· 51, 483

バス, B. M.（Bass, B. M.）················· 503

ハーズバーグ, F.（Herzberg, F.）···· 182, 307, 427, 428, 459

パーソンズ, T.（Parsons, T.）········ 159, 460

ハーダー, H.（Harder, H.）················· 416

バックス・ゲルナー, U.（Backes-Gellner, U.）··· 451

ハックマン, J. R.（Hackman, J. R.）······· 44, 308, 403

ハッチンス, R. M.（Hutchins, R. M.）···· 274

パットン, B. R.（Patton, B. R.）············ 213

バーナード, C. I.（Barnard, C. I.）··· 65, 175, 181, 188, 206, 356, 373, 377, 384, 452, 464, 533, 534, 546

ハニファン, L. J.（Hanifan, L. J.）········ 260

パブロフ, I. P.（Pavlov, I. P.）···· 99, 147, 465

ハマー, M.（Hammer, M.）················· 543

濱口惠俊 ·· 64

濱口桂一郎 ······································· 317

ハメル, G.（Hamel, G.）····················· 185

ハリソン, D. A.（Harrison, D. A.）········ 551

ハル, C. L.（Hull, C. L.）···················· 195

パールズ, F. S.（Perls, F. S.）·············· 178

パールズ, L.（Perls, L.）····················· 178

バーロ, D. K.（Berlo, D. K.）··············· 213

バーン, E.（Berne, E.）······················ 204

バンク・ミケルセン, N. E.
（Bank-Mikkelsen, N. E.）·················· 454

バーンズ, J. M.（Burns, J. M.）············ 503

バンデューラ, A.（Bandura, A.）····· 99, 105, 197, 244, 261, 468

バーンランド, D. C.（Barnlund, D. C.）··· 213

ピアジェ, J.（Piaget, J.）········· 96, 100, 468

ピーターズ, T. J.（Peters, T. J.）·········· 209

ヒックス, J. R.（Hicks, J. R.）·············· 470

ヒッペル, E. V.（Hippel, E. V.）············ 180

ピュー, D. S.（Pugh, D. S.）················· 58

ピンク, D. H.（Pink, D. H.）··············· 489

ファヨール, H.（Fayol, H.）·········· 109, 488

フィードラー, F. E.（Fiedler, F. E.）······ 222, 281, 547

フィッシャー, G.（Fischer, G.）············ 463

フィリップス, A. W.（Phillips, A.W.）····· 479

フェスティンガー, L.（Festinger, L.）···· 446

フェッファー, J.（Pfeffer, J.）········ 374, 376

フォイエルバッハ, L. A.（Feuerbach, L. A.）
··· 372

フォード, H. (Ford, H.) ………… 104, 479
フォード, J. K. (Ford, J. K.) ………… 98
フォレスター, J. W. (Forrester, J. W.) … 250
フォレット, M. P. (Follett, M. P.) ……… 109
ブラウン, M. E. (Brown, M. E.) ……… 551
ブラック, J. S. (Black, J. S.) …………… 69
ブラッチェ, A. P. (Brache, A. P.) ……… 149
プラハラード, C. K. (Prahalad, C. K.) … 185
ブランチャード, K. H. (Blanchard, K. H.) …
　51, 484
フリデリクセン, N. O. (Frederiksen, N. O.)
　……………………………………………… 74
フリードマン, M. (Friedman, M.) ……… 250
ブリューワー, M. B. (Brewer, M. B.) …… 71
ブルーム, B. S. (Bloom, B. S.) ………… 393
ブルーム, V. H. (Vroom, V. H.) …… 99, 123,
　428, 573
ブレーク, R. R. (Blake, R. R.) …… 516, 517,
　547
フレンチ, J. (French, J.) ………… 262, 307
フロイデンバーガー, H. J.
　(Freudenberger, H. J.) ……………… 467
フロイト, S. (Freud, S.) ………… 353, 491
ベイリン, L. (Bailyn, L.) ……………… 130
ヘーゲル, G. W. F. (Hegel, G. W. F.) …… 372
ペスタロッツィ, J. H. (Pestalozzi, J. H.)
　…………………………………… 501, 514
ベッカー, G. S. (Becker, G. S.) …… 115, 146,
　502
ヘックマン, J. J. (Heckman, J. J.) ……… 502
ペッパー, M. (Pepper, M.) …………… 391
ベニス, W. (Bennis, W.) ……………… 546
ベル, D. (Bell, D.) …………………… 395
ベールズ, R. (Bales, R.) ……………… 460
ベルタランフィ, L. V. (Bertalanffy, L. V.)
　…………………………………………… 249

ヘンダーソン, B. D. (Henderson, B. D.)
　…………………………………………… 495
ボーエン, H. R. (Bowen, H. R.) ……… 116
ポーター, L. W. (Porter, L. W.) … 124, 428,
　573
ポーター, M. E. (Porter, M. E.) …… 151, 206
ボヤツィス, R. (Boyatzis, R.) …………… 223
ホランダー, E. P. (Hollander, E. P.) …… 341,
　548
ホランド, J. L. (Holland, J. L.) …… 129, 289,
　346, 510
ポランニー, M. (Polanyi, M.) …………… 63
ホール, D. T. (Hall, D. T.) ………… 129, 496
ボールドウィン, T. T. (Baldwin, T. T.) …… 98
ホワイト, W. (Whyte, W.) ……………… 57

［マ行］

マイニエロ, L. A. (Mainiero, L. A.) …… 517,
　575
マイヤーズ, G. E. (Myers, G. E.) ……… 293
マインドル, J. R. (Meindl, J. R.) ……… 546
マークアット, M. J. (Marquardt, M. J.)
　…………………………………………… 100
マグレガー, D. M. (McGregor, D. M.) … 80,
　428, 443, 473, 538
マーシャル, A. (Marshall, A.) ………… 518
マズロー, A. H. (Maslow, A. H.) …… 36, 80,
　99, 245, 358, 428, 473, 484, 513, 537, 538
マーチ, J. G. (March, J. G.) …… 66, 181, 225,
　229, 533
マートン, R. K. (Merton, R. K.) ……… 273
マハループ, F. (Machlup, F.) …………… 401
マルクス, K. (Marx, K.) ………… 372, 412
マレー, H. A. (Murray, H. A.) …… 348, 537
三隅二不二 ………………………… 47, 196, 547
ミード, G. H. (Mead, G. H.) …………… 530

人名索引　655

ミトロフ, I. I. (Mitroff, I. I.) ・・・・・・・・・・・・ 112

ミュンスターベルク, H. (Münsterberg, H.)
・・・ 237

三善勝代 ・・・・・・・・・・・・・・・・・・・・・・・・・・・・・・・・・・・・・ 130

ミラー, F. A. (Miller, F. A.) ・・・・・・・・・・・・・・・ 71

ミラー, J. G. (Miller, J. G.) ・・・・・・・・・・・・・・ 193

ミンツバーグ, H. (Mintzberg, H.) ・・・・・・・・ 109

ムートン, J. S. (Mouton, J. S.) ・・・・・ 516, 517,
547

メイヤー, J. D. (Mayer, J. D.) ・・・・・・・・・・・・・ 81

メイヨー, G. E. (Mayo, G. E.) ・・・・・・ 74, 262,
474, 509, 522, 553

メジロフ, J. (Mezirow, J.) ・・・・・・・・・・・・・・・・・ 208

森田正馬 ・・・・・・・・・・・・・・・・・・・・・・・・・・・・・・・・・・・・・ 529

モレノ, J. L. (Moreno, J. L.) ・・ 162, 226, 373

[ヤ行]

柳田国男 ・・・・・・・・・・・・・・・・・・・・・・・・・・・・・・・・・・・・・ 439

ユング, C. G. (Jung, C. G.) ・・・・・・・・・・・・・・ 189

ヨーク, L. (Yorks, L.) ・・・・・・・・・・・・・・・・・・・・・・・ 57

[ラ行]

ライアン, R. M. (Ryan, R. M.) ・・・・・・・・・・・ 137

ラインズ, S. (Rynes, S.) ・・・・・・・・・・・・・・・・・・・ 391

ラズウェル, H. (Lasswell, H.) ・・・・・・・・・・・・ 212

ラッカー, A. W. (Rucker, A. W.) ・・・・・・・・ 541

ラビン, M. (Rabin, M.) ・・・・・・・・・・・・・・・・・・・ 194

リカード, D. (Ricardo, D.) ・・・・・・・・・・・・・・・・ 412

リッカート, R. (Likert, R.) ・・・・ 334, 374, 519,
549, 553

リットビン, G. H. (Litwin, G. H.) ・・・・・・・・ 210

リフ, C. D. (Ryff, C. D.) ・・・・・・・・・・・・・・・・・・・ 200

ルイス, P. V. (Lewis, P. V.) ・・・・・・・・・・・・・・・ 213

ルーサンス, F. (Luthans, F.) ・・・・・・・・・・・・・ 376

ルソー, J. J. (Rousseau, J. J.) ・・・・・・・・・・・ 501

ルーズベルト, F. D. (Roosevelt, F. D.) ・・・ 503

ルター, M. (Luther, M.) ・・・・・・・・・・・・・・・・・・ 552

ルービン, J. G. (Rubin, J. G.) ・・・・・・・・・・・・ 262

ルフト, J. (Luft, J.) ・・・・・・・・・・・・・・・・・・・・・・・・ 316

ルムラー, G. A. (Rummler, G. A.) ・・・・・・ 149

レイブ, J. (Lave, J.) ・・・・・・・・・・・ 254, 280, 353

レヴァンズ, R. W. (Revans, R. W.) ・・・・・・・ 57

レヴィン, K. Z. (Lewin, K. Z.) ・・・ 46, 57, 107,
160, 162, 177, 196, 384, 464, 549, 553, 573

レオナルド・ダ・ヴィンチ (Leonardo da
Vinci) ・・・・・・・・・・・・・・・・・・・・・・・・・・・・・・・・・・・・・・・ 81

レスリスバーガー, F. J. (Roethlisberger, F.
J.) ・・・・・・・・・・・・・・・・・・・・ 74, 474, 509, 553

レーブン, B. H. (Raven, B. H.) ・・・・・・・・・・ 262

ロー, A. (Rowe, A.) ・・・・・・・・・・・・・・・・・・・・・・・・ 390

ロジャーズ, C. R. (Rogers, C. R.) ・・・ 93, 107,
157, 162, 178

ローシュ, J. W. (Lorsch, J. W.) ・・・・・・・・・・ 222

ローゼン, B. (Rosen, B.) ・・・・・・・・・・・・・・・・・・ 391

ローゼン, R. H. (Rosen, R. H.) ・・・・・・・・・・ 182

ローゼンサール, R. (Rosenthal, R.) ・・・・・・ 469

ロック, E. A. (Locke, E. A.) ・・・・ 99, 312, 428

ロバーソン, L. (Roberson, L.) ・・・・・・・・・・・・ 391

ローラー, E. E. (Lawler III, E. E.) ・・・・・ 124,
428, 573

ローレンス, P. R. (Lawrence, P. R.) ・・・・・ 222

ロンドン, M. (London, M.) ・・・・・・・・・・・・・・ 137

[ワ行]

ワイク, K. E. (Weick, K. E.) ・・・ 374, 381, 383,
384

和田さゆり ・・・・・・・・・・・・・・・・・・・・・・・・・・・・・・・・・・ 471

ワット, J. (Watt, J.) ・・・・・・・・・・・・・・・・・・・・・・・・ 392

ワトソン, J. B. (Watson, J. B.) ・・・・・・・・・・・ 194

ワルラス, L. (Walras, L.) ・・・・・・・・・・・・・・・・・・ 518

編集体制（50 音順）

〔編集委員（*編集代表）〕

*奥林康司　（神戸大学）

　上林憲雄　（神戸大学）

　坂田一郎　（東京大学）

　丹羽浩正　（八戸学院大学）

　日置弘一郎　（京都大学）

*二神恭一　（早稲田大学）

　松原敏浩　（愛知学院大学）

　村木厚子　（全国社会福祉協議会）

　八代充史　（慶應義塾大学）

*藁谷友紀　（早稲田大学）

〔編集アドバイザー〕

　石﨑由希子　（横浜国立大学）

　大塚宗春　（早稲田大学）

　大場昭義　（日本投資顧問業協会）

　川村義則　（早稲田大学）

　島田陽一　（早稲田大学）

　白木三秀　（早稲田大学）

　関千里　（愛知学院大学）

　高橋賢　（横浜国立大学）

　友利厚夫　（明海大学）

　服部泰宏　（神戸大学）

　二神枝保　（横浜国立大学）

　本田恵子　（早稲田大学）

　湯川次義　（早稲田大学）

〔編集アシスタント〕

　王英燕　（慶應義塾大学）

　大木裕子　（共立女子大学）

　齋藤大輔　（高千穂大学）

　二神常爾　（聖学院大学）

　山中脩也　（明星大学）

〔特別編集顧問〕

　三上芳宏　（株式会社シンプレクス・ファイナンシャル・ホールディングス）

　山本訓史　（リベラグループ株式会社）

　四方田良紀　（未来トラスト株式会社）

執筆者一覧 (50音順)

相原章	(成城大学教授)
浅井希和子	(大阪商業大学)
雨宮和輝	(高崎商科大学)
粟野智子	(㈱ウェイアンドアイ代表取締役)
安藤昇	(青山学院大学)
猪狩廣美	(聖学院大学特任教授)
井川浩輔	(琉球大学准教授)
池田玲子	(羽衣国際大学教授)
石井脩二	(駒澤大学名誉教授)
石毛昭範	(拓殖大学教授)
石﨑由希子	(横浜国立大学教授)
市村剛史	(特定社会保険労務士、社会保険労務士いちむら事務所代表)
一守靖	(事業創造大学院大学教授)
稲葉祐之	(国際基督教大学教授)
井上博文	(東洋大学名誉教授)
岩出博	(元 日本大学教授)
上田純子	(特定社会保険労務士、社会保険労務士法人フシ・コンサルティング代表社員)
鵜飼宏成	(名古屋市立大学教授)
牛窪潔	(琉球大学名誉教授)
宇野斉	(法政大学教授)
梅澤正	(元 東京経済大学教授)
瓜生原葉子	(同志社大学教授)
江夏幾多郎	(神戸大学准教授)
遠藤幸男	(元 労働科学研究所副所長)
王英燕	(慶應義塾大学教授)
大木裕子	(共立女子大学教授)

太田肇	(同志社大学教授)
大谷基道	(獨協大学教授)
大津章敬	(社会保険労務士、社会保険労務士法人名南経営代表社員)
大月博司	(中央学院大学特任教授)
大野貴司	(帝京大学教授)
大山泰一郎	(元 立正大学助教授)
奥野明子	(甲南大学教授)
奥林康司	(神戸大学名誉教授)
小野公一	(元 亜細亜大学教授)
香川孝三	(神戸大学名誉教授)
香川忠成	(特定社会保険労務士、香川社会保険労務士事務所代表)
風間信隆	(明治大学名誉教授)
金藤正直	(法政大学教授)
加納郁也	(兵庫県立大学教授)
上林千恵子	(法政大学名誉教授)
川村一真	(山口大学准教授)
河村茂雄	(早稲田大学教授)
川村義則	(早稲田大学教授)
上林憲雄	(神戸大学教授)
貴島耕平	(関西学院大学准教授)
岸本好弘	(日本ゲーミフィケーション協会代表)
木谷光宏	(明治大学名誉教授)
清木康	(慶應義塾大学名誉教授)
桐村晋次	(元 古河物流㈱社長)
久保沙織	(東北大学准教授)
熊谷善彰	(早稲田大学教授)

熊﨑美枝子	（横浜国立大学教授）
熊迫真一	（国士舘大学教授）
河野憲嗣	（大分大学教授）
古賀修平	（宮崎大学准教授）
古賀比呂志	（早稲田大学名誉教授）
古賀広志	（関西大学教授）
小西琴絵	（立命館大学）
小山敬晴	（大分大学准教授）
児山俊行	（大阪成蹊大学教授）
今野貴之	（明星大学教授）
齋藤大輔	（高千穂大学准教授）
齊藤博	（関東学園大学教授）
三枝匡	（㈱ミスミグループ本社 名誉会長）
坂田一郎	（東京大学教授）
阪柳豊秋	（明治学院大学名誉教授）
櫻井雅充	（中京大学准教授）
櫻田涼子	（甲南大学教授）
佐々木常和	（神戸学院大学名誉教授）
佐藤勝彦	（ブレーメン経済工科大学）
佐藤友紀子	（上智大学）
佐藤慶幸	（早稲田大学名誉教授）
篠田徹	（早稲田大学教授）
柴田好則	（松山大学准教授）
島田陽一	（早稲田大学名誉教授、弁護士）
島田善道	（大阪学院大学准教授）
島弘	（同志社大学名誉教授）
清水敏	（早稲田大学名誉教授）
白樫三四郎	（大阪大学名誉教授）
白木三秀	（早稲田大学名誉教授）
眞保智子	（法政大学教授）

杉山秀文	（特定社会保険労務士、社会保険 労務士法人ヒューマンキャピタル 代表）
厨子直之	（和歌山大学教授）
鈴木章浩	（常葉大学准教授）
鈴木寿信	（社会保険労務士、いわき社労士 事務所所長）
鈴木義秀	（元 早稲田大学職員）
角直紀	（東京富士大学）
清家篤	（慶應義塾大学名誉教授）
関口功	（新潟経営大学名誉教授）
関千里	（愛知学院大学教授）
関朋昭	（鹿屋体育大学教授）
千田直毅	（神戸学院大学教授）
曽布川哲也	（特定社会保険労務士、曽布川社 会保険労務士事務所代表）
髙階利德	（兵庫県立大学教授）
高橋哲也	（日本大学准教授）
髙橋南海子	（明星大学教授）
高橋賢	（横浜国立大学教授）
武田淳史	（東京医療学院大学名誉教授）
田中秀樹	（同志社大学教授）
谷岡広樹	（徳島大学）
玉利祐樹	（静岡県立大学准教授）
田村剛	（元 明治学院大学教授）
田村正文	（八戸学院大学教授）
團泰雄	（近畿大学教授）
長慎也	（明星大学教授）
寺本佳苗	（麗澤大学教授）
寺本義也	（ハリウッド大学院大学教授）
東海林祐子	（慶應義塾大学准教授）
鴇田正春	（元 青山学院大学教授）

徳重宏一郎	（青山学院大学名誉教授）	日置弘一郎	（京都大学名誉教授）
徳田展子	（(一社)日本投資顧問業協会ESG室長）	樋口清秀	（早稲田大学名誉教授）
所伸之	（日本大学教授）	日野健太	（駒澤大学教授）
戸崎肇	（桜美林大学教授）	百田義治	（駒澤大学名誉教授）
飛田正之	（福井県立大学教授）	開本浩矢	（大阪大学教授）
友利厚夫	（明海大学准教授）	平野文彦	（元 日本大学教授）
永井裕久	（明治大学特任教授）	平野光俊	（大手前大学学長）
中尾悠利子	（関西大学准教授）	廣石忠司	（専修大学教授）
中川有紀子	（青山学院大学特任教授）	福井直人	（神戸学院大学准教授）
永島暢太郎	（東海大学准教授）	福地一雄	（東北福祉大学名誉教授）
中村志保	（立命館大学准教授）	福留浩太郎	（㈱コーチネクサスジャパン代表取締役）
中村正道	（元 早稲田大学職員）		
中山久徳	（そしがや大蔵クリニック院長）	福山圭一	（(公財)年金シニアプラン総合研究機構上席研究員）
成瀬健生	（元 日本経営者団体連盟）	藤井浩司	（早稲田大学教授）
西川太一郎	（荒川区長）	藤井宏一	（厚生労働省調査官）
西川將巳	（川村学園女子大学名誉教授）	藤井博	（東京経済大学）
二宮孝	（社会保険労務士、パーソネル・ブレイン二宮事務所所長）	藤岡豊	（西南学院大学教授）
		藤村佳子	（京都光華女子大学准教授）
丹羽浩正	（八戸学院大学教授）	藤本昌代	（同志社大学教授）
庭本佳子	（神戸大学准教授）	二神恭一	（早稲田大学名誉教授）
灰田宗孝	（東海大学名誉教授）	二神枝保	（横浜国立大学教授）
間宏	（早稲田大学名誉教授）	二神常爾	（聖学院大学）
橋本典生	（日本体育大学教授）	ブリュックナー ステファン	（東洋大学）
蓮池隆	（早稲田大学教授）	本多壯一	（元 亜細亜大学教授）
長谷川鷹士	（上越教育大学）	孫田良平	（元 四天王寺大学教授）
服部泰宏	（神戸大学教授）	正亀芳造	（元 桃山学院大学教授）
花岡正夫	（元 大東文化大学教授）	松居辰則	（早稲田大学教授）
馬場房子	（亜細亜大学名誉教授）	松嶋登	（神戸大学教授）
馬場昌雄	（日本大学名誉教授）	松谷葉子	（大分大学准教授）
馬場正弘	（敬愛大学教授）	松田陽一	（岡山大学教授）
原口恭彦	（東京経済大学教授）	松原敏浩	（愛知学院大学名誉教授）

松村彰	（同志社大学名誉教授）	山﨑尚志	（神戸大学教授）
松本芳男	（元 中央学院大学特任教授）	湯川次義	（早稲田大学名誉教授）
丸子敬仁	（北九州市立大学准教授）	横山和子	（元 東洋学園大学教授）
三尾忠男	（早稲田大学教授）	吉田悟	（文教大学教授）
南隆男	（慶應義塾大学名誉教授）	吉田寿	（㈱HCプロデュースシニア
宮澤永光	（早稲田大学名誉教授）		ビジネスプロデューサー）
三輪卓己	（桃山学院大学教授）	吉本明子	（ボストンコンサルティング
村上由美子	（弁護士、鳥飼総合法律事務所）		グループシニアアドバイザー
村木厚子	（全国社会福祉協議会会長		（元 厚生労働省人材開発統括官））
	（元 厚生労働事務次官））	李超	（近畿大学准教授）
村木太郎	（（一社）ダイバーシティ就労支援	李嵐	（早稲田大学）
	機構理事長）	若林正清	（特定社会保険労務士、社会保険
村澤竜一	（HRガバナンス・リーダーズ㈱プ		労務士法人若林労務経営事務所
	リンシパル）		代表理事）
村田晶子	（早稲田大学教授）	若林満	（名古屋大学名誉教授）
森田雅也	（関西大学教授）	涌田幸宏	（名古屋大学准教授）
森玲奈	（帝京大学准教授）	鷲崎弘宜	（早稲田大学教授）
八代充史	（慶應義塾大学教授）	渡邊剛志	（㈱ケイツー　コンサルタント）
谷内篤博	（実践女子大学名誉教授）	渡辺直登	（慶應義塾大学名誉教授）
矢寺顕行	（大阪産業大学教授）	渡部匡隆	（横浜国立大学教授）
山岡熙子	（元 山梨学院大学教授）	藁谷郁美	（慶應義塾大学教授）
山倉健嗣	（横浜国立大学名誉教授）	藁谷友紀	（早稲田大学教授）

編者紹介

二神恭一（ふたがみ　きょういち）

1931年生まれ。早稲田大学大学院商学研究科博士後期課程退学。商学博士（早稲田大学）。早稲田大学商学部助手を経て、早稲田大学教授、愛知学院大学教授。早稲田大学名誉教授。日本労務学会（Japan Society of Human Resource Management）代表理事（会長）等を歴任。専門は人的資源管理、経営学。

主な著書：『西ドイツ企業論：労使共同決定制の実態』（東洋経済新報社）、『参加の思想と企業制度』（日本経済新聞社）、『西ドイツの労使関係と共同決定』（日本労働協会）、『戦略経営と経営政策』（中央経済社）、『産業クラスターの経営学』（中央経済社）、編著『ビジネス・経営学辞典』（中央経済社）、編著『人材開発辞典』（キャリアスタッフ）等。

藁谷友紀（わらがい　ともき）

1954年生まれ。早稲田大学大学院経済学研究科博士後期課程退学。Dr.rer.pol.（独・ボン大学）。現在、早稲田大学教育・総合科学学術院教授。しごと能力研究学会会長等を歴任。専門は経済学、経営学。

主な編・著書：編著『スマート物流―物流サービスのスマート化が社会と経済を変える』（毎日新聞出版）、共監修・著『21世紀経営学シリーズ』（学文社）、共編著『基礎自治体マネジメント概論』（三省堂）。Waragai, T. *Unternehmen im Strukturwandel-Analyse von Strukturbruechen*, Gabler Verlag; Albach, H., Waragai, T., *eds. Business Economics in Japan and Germany*, iudicium Verlag; Albach, H., Futagami, K. and Waragai, T., *eds. Currency Appreciation and Structural Economic Change*, iudicium Verlag等。

奥林康司（おくばやし　こうじ）

1944年生まれ。神戸大学経営学研究科博士後期課程中退。経営学博士（神戸大学）。神戸大学経営学講師を経て、神戸大学大学院経営学科教授、摂南大学教授、大阪国際大学教授。神戸大学名誉教授、大阪国際大学名誉教授。日本労務学会代表理事（会長）等を歴任。専門は人的資源管理、経営学。

主な著書：『労務管理入門』（有斐閣）、『人事管理論』（千倉書房）、『労働の人間化――その世界的動向』（有斐閣）、『旧ソ連邦の労働』（中央経済社）等。

新版　人材開発辞典

2024 年 10 月 8 日発行

編　者——	二神恭一・藁谷友紀・奥林康司
発行者——	田北浩章
発行所——	東洋経済新報社

〒103-8345　東京都中央区日本橋本石町 1-2-1
電話＝東洋経済コールセンター　03(6386)1040
https://toyokeizai.net/

装丁・ＤＴＰ …アイランドコレクション
編集協力………株式会社 KWC
印刷・製本……藤原印刷
Printed in Japan　　　ISBN 978-4-492-96210-7

　本書のコピー、スキャン、デジタル化等の無断複製は、著作権法上での例外である私的利用を除き禁じられています。本書を代行業者等の第三者に依頼してコピー、スキャンやデジタル化することは、たとえ個人や家庭内での利用であっても一切認められておりません。
　落丁・乱丁本はお取替えいたします。